Kohlhammer

Forum Systematik

Beiträge zur Dogmatik, Ethik
und ökumenischen Theologie

Herausgegeben von
Johannes Brosseder, Johannes Fischer
und Joachim Track

Band 27

Ulrich Beuttler

Gottesgewissheit
in der relativen Welt

Karl Heims naturphilosophische
und erkenntnistheoretische Reflexion
des Glaubens

Verlag W. Kohlhammer

Gedruckt mit Unterstützung
der Evangelischen Landeskirche in Württemberg,
der Evangelisch-Lutherischen Kirche in Bayern,
der Vereinigten Evangelisch-Lutherischen Kirche Deutschlands (VELKD)
und des Arbeitskreises für evangelikale Theologie (AfeT).

Alle Rechte vorbehalten
© 2006 W. Kohlhammer GmbH Stuttgart
Umschlag: Data Images GmbH
Reproduktionsvorlage: Andrea Siebert, Neuendettelsau
Gesamtherstellung:
W. Kohlhammer Druckerei GmbH + Co. KG, Stuttgart
Printed in Germany

ISBN-10: 3-17-019549-2
ISBN-13: 978-3-17-019549-3

Inhaltsverzeichnis

Vorwort 11

I. Einleitung 13

1. „Apologetisches" Motiv: Die Auseinandersetzung mit den Naturwissenschaften und das Gewissheitsproblem 13
2. „Metaphysisches" Motiv: Die Suche nach der Einheit der Welt und die naturphilosophische und erkenntnistheoretische Grundlegung eines theologischen Weltbegriffs 17
3. Zur Forschungslage 26
4. Themenstellung, Methode und Aufbau der Arbeit 32

II. Von der „alten" zur „neuen" Apologetik im „Weltanschauungskampf" der Jahrhundertwende 36

1. Der „Kampf der Weltanschauungen" in der Zeit der „Kulturkrise" 36
2. Mechanistische Naturwissenschaft und naturalistischer Monismus 39
3. Die „alte" Apologetik: Rückzugs-, Kompromiss- und Lückenfüllerverfahren 44
4. Die „neue" Apologetik Heims: Destruktion und Konstruktion 49

III. Das „Weltbild der Zukunft": Relationale Erkenntnistheorie und Naturphilosophie 52

1. Der Empiriokritizismus von R. Avenarius 54
   a) Die empiriokritizistische Methode 54
   b) Der natürliche Weltbegriff 56
2. Heims empiriokritizistische Erkenntnistheorie 60
   a) Methodische und sachliche Parallelität zu Avenarius 60
   b) Kritische Rekonstruktion der neuzeitlichen Subjekt-Objekt-Scheidung .. 62
3. Die „Weltformel": Der Verhältnischarakter der Wirklichkeit 65
   a) Die Logik der Verhältnisse: Grund-, Umtausch und Proportionsverhältnis 65
   b) Relative Größen in der Naturwissenschaft nach der Ostwald-Machschen Naturphilosophie 69
   c) Relation als undefinierbarer, logischer Grundbegriff nach „Psychologismus oder Antipsychologismus" 72

4. „Wille": Der Entscheidungscharakter der Weltwirklichkeit 75
   a) Der Wille und Schopenhauers Willensverständnis 75
   b) Plausibilisierung des Willenscharakters der Weltwirklichkeit vom
      Ich-Willen her 79

5. Relationale Naturphilosophie von Zeit, Raum und Materie 83
   a) Die Zeit als doppeltes Umtauschverhältnis und Aristoteles'
      Zeitverständnis 84
   b) Das Raumerleben und Goethes Farbenlehre 88
   c) Die Materie und Ostwalds Energetik 91

6. Das Problem der religiösen Gewissheit 97
   a) Formale Analogie von Weltstruktur und Glaube als Relation
      und Entscheidung 97
   b) Der Grundlegungscharakter des „Weltbild der Zukunft" für Heims
      späteres Werk 102

IV. Die erste und zweite Auflage der „Glaubensgewissheit":
    Von der logizistischen Erkenntnistheorie zur
    Naturphilosophie der irrationalen Zeitordnung 105

1. Umkehrung der Fragestellung: Logizistische Kontrastmethode
   statt Harmonisierung 106

2. Die Denkmöglichkeit der Glaubensgewissheit aus den Widersprüchen
   des logischen Denkens 109

3. Kritische Erkenntnistheorie als in sich widerspruchsvolle
   Naturphilosophie 113
   a) Logische Widersprüche in der Annahme der Exklusivität
      der Erfahrungsformen 113
   b) Alternativlösungen des Kontinuumproblems 118

4. Die irrationale Ordnung und Erkenntnisweise der Wirklichkeit 120
   a) Die irrationale Ordnung als Zeitordnung 120
   b) Die Erkenntniskategorie der irrationalen Intuition 123

5. Die irrationale Kategorie des Schicksals 128
   a) Die naturphilosophische Kategorie „Schicksal" und
      die naturwissenschaftliche Kausalität 130
   b) Schicksal und Zeit bei O. Spengler und Heims Spenglerdeutung 132

V. Die dritte Auflage der „Glaubensgewissheit":
   Nichtgegenständlich-perspektivische Erkenntnistheorie und
   Naturphilosophie 139

1. Von der zweiten zur dritten Auflage der „Glaubensgewissheit":
   Die Synthese von Erkenntnistheorie und Geschichtsphilosophie 139

2. Die kritizistische Ableitung des nichtgegenständlichen Ich nach der
   Reduktionsmethode H. Rickerts 141

3. Der indirekte Nachweis des Nichtgegenständlichen aus den Antinomien
   der Erfahrung von Zeit und Raum 144
   a) Die Sophismen Zenons von Elea 145
   b) Bergsons Verständnis der Zeit als Dauer 146
   c) Das Verhältnis von Zeit und Selbstbewusstsein in
      Kants Erkenntnistheorie 148
   d) Raum 153

4. Der Nachweis des Nichtgegenständlichen aus dem Gesetz der Perspektive   154

5. Die Relativitätstheorie als nichtgegenständlich-perspektivische
   Erkenntnistheorie 157
   a) Die spezielle Relativitätstheorie in der Deutung Heims 157
   b) Kritik: Die Rolle des Beobachters in der speziellen Relativitätstheorie 160
   c) Gleichzeitigkeit bei Kant und Einstein 162
   d) Perspektive, Relativitätstheorie und Glaubensgewissheit 164

6. Zusammenfassung und Kritik an der Begründung der Glaubensgewissheit
   aus dem Nichtgegenständlichen 165

VI. Die erste Auflage von „Glaube und Denken":
    Fundamentalontologie der Zeit 173

1. Die existentielle Fragestellung 173

2. Die formale Struktur der Dimensionenlehre 177
   a) Der Ansatz der Dimensionenlehre im „Leitfaden der Dogmatik" 177
   b) Logische und erkenntnistheoretische Probleme der Dimensionenlehre 179

3. Die Existenzweisen des Ich-in-der-Welt: Heideggers Existentialontologie
   in der Sprache der Dimensionenlehre 185
   a) Essenz als Existenz 185
   b) Dasein als In-der-Welt-sein 187
   c) Die Räumlichkeit des Daseins 191

4. Die Zeitlichkeit des Ich-in-der-Welt 192
   a) E. Grisebachs „Gegenwart" 192
   b) E. Husserls „Phänomenologie des inneren Zeitbewusstseins" 198

5. Zeitphilosophischer Personalismus 203
   a) M. Bubers „Ich und Du" 203
   b) Zeithafte Begegnung im Wort 205
   c) Die Ich-Werdung am zeitlich präsenten Du Gottes und
      das dimensionale Verhältnis von Zeit und Ewigkeit 209

VII. Die fünfte Auflage von „Glaube und Denken": Philosophie der polaren und transzendenten Räume 214

1. Das Problem der räumlichen Transzendenzen 214

2. Kategorienlehre der Räume 220
   a) Der Grundbegriff Raum 220
   b) Das Weltgesetz der Polarität 223
   c) Die Kategorientafel der polaren Unterscheidungsverhältnisse 226

3. Kategoriale Analyse der Räume Ich, Du und Es 229
   a) Das Verhältnis zwischen meiner Gegenstandswelt und
      deiner Gegenstandswelt 230
   b) Das Verhältnis zwischen mir und meiner Gegenstandswelt 231
   c) Das Verhältnis zwischen Ich und Du 231

4. Die Hierarchie der Räume: Der logische Aufbau der phänomenalen Welt   232
   a) Der dreidimensionale Anschauungsraum und das Problem der
      vierten Dimension 234
   b) Gegenständliche und nichtgegenständliche Räume 239
   c) Der Aufbau der realen Welt nach N. Hartmann 244
   d) Schichtung und Dependenzen der transzendenten Räume 246

5. Die Dynamik der polaren Räume 249
   a) Das Möglichkeits- und Entelechieverständnis bei Aristoteles, Leibniz,
      Oetinger und Driesch 251
   b) Polar-dynamisches Naturverständnis 257
   c) Zeit als polarer Raum 260

6. Der überpolare Raum Gottes und die polaren Räume 263
   a) Der Gottesbegriff des überpolaren Raumes 264
   b) Grundkategorie Raum 269
   c) Kategoriale Einheit und Verschiedenheit 273
   d) Erkenntnisweise 275
   e) Hierarchie und dynamisches Verhältnis der Räume 276

VIII. Die Philosophie der Räume als theologische Analogielehre und Kosmologie ... 279

1. Die Raumlehre als theologische Analogielehre ... 279
   a) Analogia proportionalitatis: Heim und Kant ... 281
   b) Analogia attributionis: Heim und Thomas von Aquin ... 285
   c) Analogia fidei: Heim und Barth ... 289
   d) Analogia entis: Heim und Przywara ... 293

2. Die Raumlehre als philosophisch-theologische Kosmologie im Vergleich zu A.N. Whitehead ... 301
   a) Grundbegriffe und Elementarkategorien ... 302
   b) Wirkliches Einzelwesen ... 306
   c) Bipolare Natur Gottes ... 309
   d) Whiteheads Bipolarität und Heims Überpolarität Gottes ... 311

3. Die Raumlehre als kybernetische Metaphysik im Vergleich zu G. Günther ... 314
   a) Das Rätsel des Seins ... 315
   b) Die historische Kategorie des Neuen ... 318
   c) Intra-, Dis- und Transkontexturalität ... 322

IX. Karl Heims Naturphilosophie und Erkenntnistheorie in der gegenwärtigen Diskussion ... 326

1. Die Einheit der Welt unter den polaren Gegensätzen ... 327
   a) Der systematische Ort Karl Heims in der Geschichte der Metaphysik ... 327
   b) Metaphysische Voraussetzungen naturwissenschaftlicher Erkenntnis ... 332

2. Der offene Weltbegriff jenseits von Positivismus und Kritizismus ... 335
   a) Der Weltbegriff des Positivismus und des Kritizismus ... 335
   b) Offener Weltbegriff in Theologie und Naturwissenschaften ... 339
   c) Heims Vermittlung des offenen und des geschlossenen Weltbegriffs ... 342

3. Zeit, Logik, Ewigkeit ... 344
   a) Logik der irreversiblen Zeit und mehrwertige, zeitliche Logik ... 344
   b) Die modale Zeitmatrix, die Zeiterfahrung des Glaubens und Heims dimensionales Verhältnis von Zeit und Ewigkeit ... 347

4. Raum, Horizont, Tiefe ... 350
   a) Phänomenologie von Perspektive und Horizont ... 351
   b) Phänomenologie der räumlichen Tiefe ... 354
   c) Religionsphänomenologie der Tiefenerfahrung ... 356

5. Ich, Erleben, Erkennen 359
      a) Das Verhältnis von Erleben und Erkennen: Woher „weiß" das
         Ich von seinem Erleben? 360
      b) Das religiöse Erleben und die Antinomie des „Ur-Erlebnisses" 363
      c) Teilnehmer und Beobachterperspektive: V.v. Weizsäckers
         naturwissenschaftliche Erkenntnislehre 366
      d) Die quantentheoretische Erkenntnistheorie der zirkulären
         Komplementarität 370

   6. Naturordnung, Kausalität, Kontingenz 374

   7. Materie, Kreativität, polydimensionale Wirklichkeitsstruktur 378
      a) Das Fundamentalproblem der Materie 378
      b) Innenseite und Strukturaufbau der Wirklichkeit 382

X. Zusammenfassende Thesen: Karl Heims Beitrag zum
   theologischen Welt- und Wirklichkeitsverständnis 387

   1. „Apologetisches" Motiv: Aktiver Dialog mit den Naturwissenschaften ... 387
   2. „Metaphysisches" Motiv: Die Suche nach der Weltformel und
      der Einheit der Welt 388
   3. Die Fragestellung: Naturphilosophische und erkenntnistheoretische
      Reflexion des Glaubens 390
   4. Das Verhältnis von Glauben und Denken und die zweilinige
      Erkenntnistheorie 392
   5. Die kategoriale Struktur des phänomenalen Seins 393
   6. Polydimensionale Schichtung der Weltwirklichkeit 394
   7. Transzendenz und Introszendenz Gottes in der Welt 396

Literaturverzeichnis 398

   1. Siglen 398
   2. Schriften von Karl Heim 399
   3. Aufsätze und Monographien zu Karl Heim 401
   4. Weitere Literatur 406

Namenregister 433

Vorwort

Vorliegende Arbeit wurde im Sommersemester 2005 von der theologischen Fakultät der Friedrich-Alexander-Universität Erlangen-Nürnberg als Dissertation angenommen.
Eine anstrengende, aber lohnende Denkarbeit kommt damit zum Abschluss. Dass sie entstehen konnte, bedurfte zahlreicher Voraussetzungen.
Fasziniert, herausgefordert und immer zu neuem und genauerem Nachdenken gezwungen hat mich der Gegenstand der Arbeit, das Denken Karl Heims, selbst.
Angeregt und gefördert wurde ich vielfältig durch den Hauptberichter Prof. Dr. W. Sparn, Erlangen, dessen Assistent ich während der Entstehungszeit der Arbeit sein konnte und der mir alle nötigen Freiheiten ließ.
Ausgezeichnet wurde mein Bemühen von den Juroren des Karl-Heim-Preises Prof. Dr. H. Schwarz, Regensburg, der unabhängig davon auch den Zweitbericht übernahm, Prof. Dr. J. Audretsch, Konstanz, Prof. Dr. J. Hübner, Heidelberg, Prof. Dr. Dr. M. Rothgangel, Göttingen, und Prof. Dr. Dr. W. Schobert, Bayreuth, die die Arbeit ohne Einschränkung für preiswürdig befanden.
Unterstützt wurde meine Arbeit durch jahrelange Teilnahme am Diskurs um Glaube und Naturwissenschaft, durch etliche Diskussionen im Kollegenkreis sowie durch unsere Hilfskräfte bei der Literaturbeschaffung.
Erscheinen konnte das Buch dank der Herausgeber Prof. Dr. J. Brosseder, Köln, Prof. Dr. J. Fischer, Zürich, und Prof. Dr. J. Track, Neuendettelsau.
Mitgetragen wurde alle Mühe durch meine Frau Helga, meine Familie und Freunde.
Allen danke ich herzlich.

Erlangen, Pfingsten 2006 *Ulrich Beuttler*

I. Einleitung

1. „Apologetisches" Motiv: Die Auseinandersetzung mit den Naturwissenschaften und das Gewissheitsproblem

Das Werk Karl Heims (1874–1958)[1], der in den 1920er Jahren als einer „unserer maßgeblichsten Theologen"[2] galt und in philosophischen Kreisen als „scharfsinnigster Denker des gegenwärtigen Protestantismus" und „bedeutendster religiöser Denker der Gegenwart"[3] neben Max Scheler und Oswald Spengler gerühmt worden war, stellt „eine Alternative zu der gesamten Theologie seiner Zeit dar"[4]. Weder kann Heim einer der damaligen theologischen Schulen und Strömungen eingeordnet werden, noch hat er selbst – trotz einiger Schüler – eine Schule gegründet oder Schule gemacht[5]. Sein theologisches Einzelgängertum zeigt sich in den spezifischen Themen, die er bearbeitet hat, und in den singulären Methoden, wie er dies tat.

Er war nicht nur derjenige unter den bedeutenden Theologen der ersten Hälfte des 20. Jahrhunderts, der am intensivsten und zeitlebens das Gespräch und die Auseinandersetzung mit den Naturwissenschaften suchte[6]. Als einer der ersten hat er

---

[1] Zur Biographie vgl. die Autobiographie Heims, Ich gedenke der vorigen Zeiten. Erinnerungen aus acht Jahrzehnten, 1957, sowie F. Hauß, Karl Heim. Der Denker des Glaubens, 1960; A. Köberle, Karl Heim. Denker und Verkündiger aus evangelischem Glauben, 1973; R. Hille, Das Ringen um den säkularen Menschen. Karl Heims Auseinandersetzung mit der idealistischen Philosophie und den pantheistischen Religionen, 1990, 19–27; H. Krause, Theologie, Physik und Philosophie im Weltbild Karl Heims. Das Absolute in Physik und Philosophie in theologischer Interpretation, 1995, 15–30; eine detaillierte Zeittafel zu Leben und Werk gibt T. Kothmann, Apologetik und Mission. Die missionarische Theologie Karl Heims als Beitrag für eine Missionstheologie der Gegenwart, 2001, 324–356; das Werk Heims sowie die Sekundärliteratur bis 1990 sind nahezu vollständig erfasst bei H. Ringen, 446–597; zitiert werden die Schriften Heims im Text mit Kurztiteln, in den Anmerkungen mit Siglen, die Sekundär- und weitere Literatur beim ersten Auftreten mit Titel und Jahreszahl, danach mit Kurztitel. Die genauen bibliographischen Angaben finden sich im Literaturverzeichnis.

[2] K. Barth, Der römische Katholizismus als Frage an die protestantische Kirche, ZThK 1928, 344, zit. nach ders., Gesamtausgabe III. Vorträge und kleinere Arbeiten 1925–1930, 324.

[3] M. Schröter, Der Streit um Spengler, 1922, 120.129; A. Baltzer, Spenglers Bedeutung für die Gegenwart, 1959, 97.

[4] H. Timm, Glaube und Naturwissenschaft in der Theologie Karl Heims, 11.

[5] An Schülern und Theologen, die sein Werk weitergeführt haben, sind zu nennen A. Köberle, W. Künneth, F. Melzer, H.-R. Müller-Schwefe, K. H. Rengstorf sowie U. Mann, Theologische Religionsphilosophie im Grundriss, 1961; H. W. Beck, Weltformel contra Schöpfungsglaube, 1972; E. Wölfel, Welt als Schöpfung, 1981; H. Schwarz (Hg.), Glaube und Denken. Jahrbuch der Karl-Heim-Gesellschaft (GDJ), 1988ff; ders., Schöpfungsglaube im Horizont moderner Naturwissenschaft, 1996.

[6] Dass er „der einzige ev. Denker" seiner Zeit gewesen sei, der „eine produktive Auseinandersetzung mit dem neuesten naturwissenschaftlichen Denken vollzogen hat" (W. Wiesner, Art. Heim, RGG³, 198) ist sicher übertrieben. Zu erwähnen ist daneben A. Titius (Religion und Naturwissenschaft, 1904; Natur und Gott, 1926, vgl. dazu die Rezension Heims, ThLZ 1927). Richtig ist aber, dass das konstruktive Gespräch vorwiegend von christlichen Naturwissenschaftlern v.a. des Keplerbundes wie B. Bavink, K. Beth, E. Dennert und A.W. Hunzinger gesucht wurde (hierzu A. Benk, Moderne Physik und Theologie. Voraussetzungen und Perspektiven eines Dialogs, 2000, 147–170).

die Grundlagenkrise in der Physik, aber auch in der Mathematik, der Biologie und der Psychologie, und die daraus erwachsenden Neuansätze zwischen 1900 und 1930, wahrgenommen und konstruktiv zu verarbeiten versucht. Singulär war die Art und Weise, wie er sich mit den modernen Naturwissenschaften auseinandersetzte und diese Auseinandersetzung von einem apologetischen Randthema zum Thema der Theologie schlechthin machte[7].

In einem frühen, programmatischen Aufsatz von 1908 zum „gegenwärtigen Stand der Debatte zwischen Theologie und Naturwissenschaft" sieht Heim in der „Behandlung der zwischen Theologie und Naturwissenschaft schwebenden Grenzfragen" die zentrale und „gewaltige Aufgabe ..., vor die sich die christliche Theologie angesichts der jetzigen Umwälzung des naturwissenschaftlichen Denkens gestellt sieht."[8] Die „Grenzfragen" sind für Heim gerade keine Grenzfragen, sondern theologische Hauptfragen. Es geht dabei nicht um die Abgrenzung der Theologie von den Naturwissenschaften, sondern um die Integration des neuen wissenschaftlichen Weltbildes in das theologische.

In den Umwälzungen der Naturwissenschaften seit der Jahrhundertwende sah Heim die Chance, dass das materialistische Weltbild des 19. Jahrhundert durch die Naturwissenschaften selbst überwunden und das naturwissenschaftliche Weltbild mit dem des Glaubens wieder versöhnt werden könnte. Die Naturwissenschaften sah er „unabsichtlich dem Glauben den Weg bereiten", weil sie selbst das materialistische Weltbild auflösen und so der Theologie den apologetischen Dienst tun. Wertvoll sei diese „Umwälzung der naturwissenschaftlichen Grundanschauungen", weil ihre Ergebnisse „ohne jede apologetische Absicht gewonnen sind."[9]

Die Zeit zwischen 1900 und 1930 ist die Epoche, in der das klassische, neuzeitliche, mechanistisch-deterministische Naturbild zerbricht und durch ein neues,

---

[7] Insbesondere seit in den 1960/70er Jahren ein intensives Physiker-Theologen-Gespräch u.a. an der Forschungsstelle der ev. Studiengemeinschaft (FEST, Heidelberg) in Gang kam und auch Karl Heim als Protagonist solchen Gesprächs wieder entdeckt wurde (H. Timms vorzügliche Studie entstand im Auftrag der FEST), sodass es 1974 zur Gründung der Karl-Heim-Gesellschaft „Zur Förderung einer biblisch-christlichen Orientierung in der wissenschaftlich-technischen Welt" kam (zum Ganzen vgl. Schwarz, Schöpfungsglaube, 111–122), wird das Verhältnis von Glaube und Naturwissenschaft als zentrales Lebensthema Heims herausgestellt, so bei P. Jordan, Wider das materialistische Weltbild. Theologie und Naturwissenschaft heute. Unbekannter Karl Heim, Christ und Welt 1958; A. Köberle, Gottesglaube und Moderne Naturwissenschaft in der Theologie Karl Heims, ZSTh 1964; Timm, Glaube; M. Büttner, Das „physikotheologische" System Karl Heims und seine Einordnung in die Geschichte der Beziehung zwischen Theologie und Naturwissenschaft, KuD 1973; H.W. Beck, Götzendämmerung in den Wissenschaften. Karl Heim – Prophet und Pionier, 1974; Krause, Weltbild; H.-G. Erdmannsdörfer, Karl Heims Beitrag zur Auseinandersetzung zwischen Naturwissenschaft und Theologie, GDJ 1996; H. Schwarz, Art. Heim, LThK; G. Pfleiderer, Art. Heim, RGG[4].
[8] Der gegenwärtige Stand der Debatte zwischen Theologie und Naturwissenschaft, 1908, GuL 62.
[9] Stand der Debatte, GuL 52.56; „Die materialistische Weltanschauung, deren geistlose Welterklärung Jahrhunderte lang die Naturwissenschaft beherrschte, brauchen wir also nicht mehr mit den Waffen des Christentums zu zerstören. Ihre Zerstörung ist bereits durch unsere atheistischen Gegner besorgt. War haben es also nur noch mit den Neubauten modernen Stils zu tun, die sie auf dem Trümmerfeld des Materialismus aufgeführt haben" (Eine neue Apologetik, 1906, 388).

nichtklassisches ersetzt wird. Die drei Entwicklungsschübe der physikalischen Neuansätze korrespondieren drei Phasen des Wirkens Karl Heims[10]. Die Energetik der Jahrhundertwende, die jedoch bald von der gleichzeitig ab 1900 entstehenden Quantentheorie ersetzt wurde, versuchte auf thermodynamischer Grundlage unter dem Leitbegriff der Energie den Materialismus des 19. Jahrhunderts zu überwinden; die Relativitätstheorie Albert Einsteins reformulierte seit 1905 die klassische Mechanik ebenso wie die Quantentheorie die klassische, deterministische und mechanistische Atomtheorie. Die Energetik hat Heim in den beiden Frühschriften „Psychologismus oder Antipsychologismus? Eine erkenntnistheoretische Fundierung der Energetik" (1902) und dem „Weltbild der Zukunft. Eine Auseinandersetzung zwischen Philosophie, Naturwissenschaft und Theologie" (1904), die Relativitätstheorie in einem Aufsatz von 1921 „Gedanken eines Theologen zu Einsteins Relativitätstheorie" sowie der zweiten und dritten Auflage der „Glaubensgewissheit. Eine Untersuchung über die Lebensfrage der Religion" (1920 und 1923), die Kopenhagener Deutung der Quantentheorie zusätzlich im sechsbändigen Spätwerk „Der evangelische Glaube und das Denken der Gegenwart" (1931–1958), v.a. in „Der Christliche Gottesglaube und die Naturwissenschaft. Grundlegung des Gesprächs zwischen Christentum und Naturwissenschaft" (1941) und „Die Wandlung im naturwissenschaftlichen Weltbild. Die moderne Naturwissenschaft vor der Gottesfrage" (1951) extensiv rezipiert und produktiv zur Ausformulierung eines dynamischen Welt- und Materieverständnisses herangezogen.

Baut sich die Natur nicht mehr „aus toten Atomen", sondern aus lebendigen Materiestrukturen auf, bildet die Natur nicht mehr einen geschlossenen Kausalzusammenhang, sondern eine offene, indeterminierte Organisationsstruktur, dann hat die Physik selbst ein dynamisches Weltbild errichtet: „Das Weltgeschehen entströmt somit einer jederzeit unerschöpflichen Quelle unberechenbarer Potenzen. Damit kommt aber die Naturauffassung aufs neue dem religiösen Bedürfnis entgegen." Das Weltgeschehen ist wieder offen für das Wirken Gottes. Das indeterministische Werden kann nun wieder „als das eigentliche Wesen der Natur, als die Grundform alles Geschehens"[11] angesehen werden. Die Physik selbst nähert sich dem religiösen Naturbild wieder an, sodass die Infragestellung des Glaubens durch den – v.a. naturwissenschaftlich bedingten – Skeptizismus, Relativismus und Säkularismus haltlos geworden ist[12].

---

[10] Vgl. Timm, Glaube, 50–72; Beck, Götzendämmerung, 46–53; H.R. Müller-Schwefe, Karl Heim, GdK 1984, 263ff.

[11] Stand der Debatte, GuL 57.59; dargestellt ist die Umbildung des physikalischen Weltbildes durch Relativitäts- und Quantentheorie unter den Stichworten: die Auflösung des absoluten Objekts, der absoluten Zeit, des absoluten Raumes und der absoluten Determination in WnW, 27–167.

[12] Die „ganze heutige Naturwissenschaft", klagt Heim 1906, sei trotz des Untergangs des Materialismus nach wie vor beherrscht von einem „Skeptizismus gegenüber der Religion. ... Diese modernen Konstruktionen erheben womöglich noch vernichtendere Einwände gegen den Glauben, als der Materialismus" (neue Apologetik, 386.388) und verweist auf den Relativismus und Positivismus auch der

Heims Interesse an den modernen Naturwissenschaften ist also zunächst ein apologetisches, verstanden nicht in einem abgrenzenden, sondern in einem seelsorgerlich-gewinnenden Sinn. Der Adressat seiner Apologetik sind einerseits Christen, die durch den Relativismus und Säkularismus der naturwissenschaftlich-technischen Welt im Glauben angefochten sind, „denen der Zweifel die Seele zerrissen hat", und andererseits Menschen in intellektueller Not, denen „ungelöste Fragen ein Hindernis für den Glauben"[13] sind. So versteht sich Heim als „diakonischer Denker"[14], der die existentiellen Ängste, Nöte und Fragen des Christen und des Zeitgenossen in der modernen Welt, die Heim geprägt sieht von der Geistesmacht der Naturwissenschaften, stellvertretend bearbeitet und intellektuell zu bewältigen sucht.

Er hat daher für seine Hauptwerke eine „neue Literaturgattung"[15] gewählt, die trotz voller Strenge des wissenschaftlichen Denkens „jedem akademisch Gebildeten verständlich"[16] sein sollte, weil die Sache, um die es ging, jedermann existentiell anging. Heims Werk ist der Darstellung und der Intention nach eine populare Religionsphilosophie, eine denkerische Durchdringung und Grundlegung des Glaubens in Auseinandersetzung mit dem naturwissenschaftlichen und philosophischen Denken zum Zweck der Vergewisserung des Glaubens durch das Denken. Die Möglichkeit der Gewissheit des Glaubens für den denkenden Menschen zu erweisen, ist das Ziel der Apologetik Heims. Die Begründung der „Denkmöglichkeit des Glaubens"[17] angesichts seiner Infragestellung durch das wissenschaftliche und allgemeine Denken ist der Sinn seiner Apologetik. Das eigentliche Thema, auf das die Auseinandersetzung mit den Naturwissenschaften gerichtet ist und auf das die Fragen am „Grenzgebiet" hinführen, ist das Problem

---

antimaterialistischen Naturwissenschaften. In gewisser Unterscheidung vom Frühwerk kam Heim seit der Tagung der Weltmissionskonferenz 1928 in Jerusalem zu der Überzeugung, dass die Naturwissenschaften nicht mehr wegen ihres aktiven Widerspruchs gegen den christlichen Schöpfungsglauben, sondern wegen ihres indifferenten Säkularismus, ihrer „radikalen Diesseitsgesinnung" (Der Kampf gegen den Säkularismus, 1930, 148, vgl. hierzu D. Bodenstein, Das Säkularismusproblem und die neue Apologetik bei Karl Heim, 1981; Hille, Ringen, 76–100), antichristlich sind, weil sie zur apathischen Ignoranz jeder Transzendenz und zur schicksalhaften Ergebung in die diesseitige Welt führen (vgl. zum existentiellen Säkularismus und Relativismus GD 1, 305ff sowie GN, 12ff: Das Verstummen der religiösen Frage).

[13] Vgl. den Vortrag vor der Studentenkonferenz in Wernigerode 1905 „Bilden ungelöste Fragen ein Hindernis für den Glauben", das Zitat GuL, 516; die intellektuelle „Not" und den „Schmerz des Fragens" zu bewältigen, sind auch Motiv für W, 10; die Theologie hat auf „die Notlage, in die das Erwachen der religiösen Frage hineinführt" (LI 3, 7) zu antworten, denn ohne Gewissheit über den Sinn des Weltganzen und unseres Lebens kommt die religiöse Frage nicht zur Ruhe. Nur der Glaube erlöst vom Agnostizismus oder Relativismus, der „Krankheit zum Tode" (GD 1, 306, vgl. GN, 177), daher muss die theologische Arbeit darauf ausgerichtet sein, den Relativismus auch denkerisch zu überwinden.

[14] H. Thielicke, Glauben und Denken in der Neuzeit, 1988, 637f; F. Melzer, Karl Heim – nur ein ‚diakonischer Denker'? 1985; Hille spricht in Anlehnung an das Gleichnis vom barmherzigen Samariter, das Heim als Analogie für die theologische Denkarbeit hernimmt (ungelöste Fragen, GuL 515f) vom „intellektuellen Samariterdienst" (Hille, Ringen, 57ff).

[15] GD 1, V, dazu Timm, Glaube, 30f.

[16] W, 6; GD 1, Vf; GN, 5.

[17] G 3, Vorwort.

der Glaubens- und Gottesgewissheit[18]. Es gibt, so Heim, ein „intellektuelles Gewissen"[19], das man nicht hintergehen darf. Heims Theologie ist daher einerseits „Religionsphilosophie, weil das Denken auch in Sachen der Religion zum Prinzip proklamiert wird", und andererseits ist „Heims Religionsphilosophie aber Gewissenstheologie. Das Bedürfnis nach Gewißheit ... ist dringlich"[20]. Das Thema „Glaube und Naturwissenschaften" ist bei Heim also eingeordnet in das Generalthema „Glaube und Denken", in die intellektuelle Auseinandersetzungen mit den prägenden Geistesströmungen und ihrem latenten oder offenen, die Gewissheit des Glaubens infragestellenden Säkularismus oder Atheismus. Dabei ist es unerheblich, ob dieser in den Naturwissenschaften oder in anderen Geisteshaltungen seinen Ursprung hat. Die Tatsache, dass Heims Interesse auf die Auseinandersetzung mit den Naturwissenschaften gerichtet war, ist allein in der Faktizität begründet, dass es sich zu seiner Zeit vorrangig „um naturwissenschaftlich begründeten Säkularismus"[21] handelte – und dass zu seiner denkerischen Überwindung gerade die neuen Naturwissenschaften ihren Beitrag leisteten.

2. „Metaphysisches" Motiv: Die Suche nach der Einheit der Welt und die naturphilosophische und erkenntnistheoretische Grundlegung eines theologischen Weltbegriffs

Das apologetische Motiv und die im nächsten Kapitel noch genauer darzustellende entsprechende Methode der „neuen Apologetik" ist aber nur die eine Seite der Motivation von Heims theologischer Arbeit. Dazu tritt ein zweites – wir kön-

---

[18] Bereits W läuft auf das Schlusskapitel „Das Problem der religiösen Gewissheit" zu. Explizit dem Problem der Glaubensgewissheit gewidmet sind die historische Untersuchung „Das Gewissheitsproblem in der systematischen Theologie bis zu Schleiermacher" (1911) sowie die drei Bearbeitungen der „Glaubensgewißheit" (1916–1923). Neu ist nicht das Thema – zur selben Zeit erscheint eine Fülle von Arbeiten zum fundamentaltheologischen Hauptproblem der Glaubensgewissheit (F.H.R. Frank, System der christlichen Gewißheit, 1881; König, Glaubensgewißheit und Schriftzeugnis, NKZ 1890; Köstlin, Die Begründung unserer sittlich-religiösen Überzeugung, 1893; L. Ihmels, Die christliche Wahrheitsgewißheit, ihr letzter Grund und ihre Entstehung, 1901; G. Daxer, Zur Lehre von der christlichen Gewißheit, ThStKr 1904; J. Kaftan, Glaubensgewißheit und Denknotwendigkeit, 1918; F. v. Ammon, Die christliche Gewißheit in ihrem Verhältnis zur historischen Kritik, 1923; R. Hermann, Zum Problem: Gewißheit und Wissen in der Religion. Zur Auseinandersetzung mit Schleiermachers Grundlegung der Religionsphilosophie, ZSTh 1926; R. Gogarten, Wahrheit und Gewißheit, ZdZ 1929) – sondern die Situierung und Bearbeitung des Themas. Statt des historistischen und des erkenntniskritischen Relativismus rückt der naturwissenschaftliche ins Zentrum und zur erkenntnistheoretischen Methode tritt die naturphilosophische.
[19] Ungelöste Fragen, GuL 521; vgl. das Vorwort zu G 1: „Allein es gibt nun einmal Menschen, für die religiöse und verstandesmäßige Nöte nicht auseinanderfallen. Sie können sich religiösen Eindrücken nicht hingeben, solange nicht gewisse Einwände beseitigt sind, die die Wirklichkeit solcher Erlebnisse von vornherein undenkbar erscheinen lassen. Das sittliche Gewissen solcher Menschen kommt nicht zur Ruhe, solange nicht das intellektuelle Gewissen zur Ruhe gekommen ist."
[20] W. Vollrath, Religionsphilosophie und Gewissenstheologie oder von Heims Glaubensgewissheit zweiter Aufl., NKZ 1921, 320f.
[21] Hille, Ringen, 11f.

nen sagen: metaphysisches – Motiv sowie eine entsprechende naturphilosophische und erkenntnistheoretische Methode: Es ist die Suche nach der „Weltformel" und der Versuch, die Welt als Einheit zu verstehen.

In der Einführung zur Erstausgabe seiner gesammelten Aufsätze und Vorträge hat Heim 1926 Rechenschaft abgelegt über die Motive seines theologischen Denkens. Zwei auf den ersten Blick anatagonistische Kräfte seien es gewesen, die sein Denken bestimmten.

Einerseits war es – noch vor der „apologetischen Absicht" und dem „missionarischen Drang" – das elementare „Bedürfnis, die Welt zu verstehen", das ihn danach drängte, die „Fülle der Erscheinungen auf möglichst wenige Urtatsachen" zurückzuführen, womöglich das „Weltganze in eine Formel zu fassen"[22]. Aufgrund der Suche nach der „Weltformel"[23] und der Reduktion der Erscheinungen auf Grundstrukturen kann sein Denken als Metaphysik in einem induktiven Sinne: als einheitliche Strukturbeschreibung der lebensweltlich und physikalisch erfahrenen Welt, d.h. als phänomenologische Meta-Physik bezeichnet werden.[24] Mit der Bezeichnung „Metaphysik", die Heim selbst nicht explizit verwendet, ist nicht gemeint, dass Heim unkritische Metaphysik betreibe oder ein rationales, metaphysisches System zu konstruieren anstrebe. Heim hat sich, wie wir sehen werden[25], der spätneuzeitlichen Metaphysikkritik vorbehaltlos angeschlossen. Er hat die Kritik eines Nietzsche an der „Hinterwelt", der erträumten „zweiten realen Welt", ebenso aufgenommen, wie die Kritik des Positivismus und logischen Empirismus an den „sinnlosen" metaphysischen Aussagen über Unbeobachtbares und Heideggers Kritik an der „Seinsvergessenheit", d.h. der Verdinglichung und Entzeitlichung des Seienden und der Fixierung der Subjekt-Objekt-Spaltung durch die Fiktion eines weltlosen Subjektes und einer subjektlosen Welt.[26]

Heim hat aber an einem Zentralmoment abendländischer Metaphysik festgehalten, ohne den ein christlich-theologischer Weltbegriff seiner und unserer Meinung nach undenkbar ist: der Einheit der Welt. Er erhebt den Anspruch, die idealistische Einheit der Welt noch einmal, unter nachneuzeitlichen Bedingungen, herzu-

---

[22] GuL, 15f.
[23] W, 32; GN, 154.
[24] Vgl. die präzise, Heims Vorgehen genau entsprechende, Definition von W. Marcus, Art. Metaphysik, induktive, HWPh, 1280: „Die i[nduktive] M[etaphysik] stützt sich bewusst auf Methoden und Ergebnisse der Einzelwissenschaften der Natur und der Geschichte; sie ist indes nicht notwendig durch sie vermittelt, bezieht sich vielmehr unmittelbar auf philosophische, religiöse, künstlerische Urerfahrungen ebenso, wie auf die alltäglichen Erfahrungen von Welt, Sinn und Sein. Sie ist so der Versuch der Deutung und Integration von Erfahrungen und Erfahrungsbereichen angesichts von realen Zusammenhängen und vermittels von Hypothesen über einen Gesamtzusammenhang der Wirklichkeit."
[25] S.u. Kap. III.2.–5.; VI.1.+3.; VII.1; IX.1f.
[26] F. Nietzsche, Menschliches, Allzumenschliches, in: Werke in drei Bänden, Bd. I, 1954, bes. 447–461, 450; ders., Wie die „wahre Welt" endlich zur Fabel wurde, in: Werke, Bd. II, 1955, 963; R. Carnap, Überwindung der Metaphysik durch logische Analyse der Sprache, 1931, 233; M. Heidegger, Überwindung der Metaphysik, 1954, 72; vgl. hierzu auch T. Rentsch / H.J. Cloeren, Art. Metaphysikkritik, HWPh, bes. 1287f.1292f; T. Rentsch, Art. Metaphysikkritik, EPhW.

stellen und sieht sich in der großen Tradition des metaphysischen Denkens, das von der vorsokratischen Suche nach der ἀρχή über Leibniz' „Monadologie" bis zu Hegels „Phänomenologie des Geistes" Natur und Geschichte, Welt, Ich und Gott zur Einheit zusammengedacht hatte[27]. Heims Projekt der „Zusammenschau der ganzen Wirklichkeit"[28], das er in Anlehnung an Hugo Dinglers „Metaphysik als Wissenschaft vom Letzten" (1929) sehr hoch gegriffen auch „Wissenschaft vom Letzten" oder „Wissenschaft vom Ganzen"[29] nennt, hat zwar das Ziel der Synthese eines einheitlichen Weltbildes von Glaube, Philosophie und Naturwissenschaft, sie hat aber gerade nicht den Dinglerschen Anspruch auf theoretisch-rationale Letzt*begründung*. Dingler versuchte, die Universalwissenschaft konstruktivistisch nach Art der Mathematik in einem demonstrativen Sinne von schlechthin unbezweifelbaren Grundoperationen aufzubauen, um dem wissenschaftlichen Denken absolut sichere, rationale Letztgewissheit zu geben[30]. Heim jedoch sucht nicht die Gewissheit des Glaubens als metaphyisches, objektives Wissen bzw. Wissenschaft, sondern die wissende Gewissheit des rational unableitbaren Glaubens.

Denn andererseits ist die Suche nach der Einheit der Welt korreliert von einer zweiten Kraft, die Heims Denken bestimmte: das Anliegen, dem unbedingten Anspruch Jesu Christi auf das ganze Leben, der Heim selbst seit seiner Bekehrung[31] als Student „ganz unabhängig von allem Denken als einer Wirklichkeit feststand"[32], theologisch zur Geltung zu bringen. Mit der Unabhängigkeit des Glaubens „von allem Denken" ist nicht eine Immunisierung verbunden, sondern die unmittelbare Gewissheit des Glaubens ohne die *Vermittlung* durch das *reflexive, rationale* Denken gemeint. Die unbedingte Gewissheit des Glaubens und des Anspruchs Christi bildet den axiomatischen Ausgangspunkt der Theologie Heims – biographisch und systematisch –, weil durch das unmittelbare Gewissheitserlebnis nicht nur ein neuer Erkenntnishorizont eröffnet, sondern auch eine zweite Er-

---

[27] „Nur solange das Denken es noch wagt, das Ganze der Welt aus einem Prinzip heraus zu verstehen, ist es unmittelbar praktisch und führt zu Taten, die das Leben gestalten. ... Sobald wir diesen kühnen Versuch, den Hegel gemacht hat, endgültig aufgeben und uns damit begnügen, nur noch zu sehen und nicht mehr im wahren Sinne des Wortes zu verstehen, sobald wir also nur noch denken, um das einer bestimmten ‚Einstellung' entsprechende Weltbild zu entfalten, neben dem andere gleichberechtigte Weltbilder stehen, sind wir zwar der Gefahr entronnen, der die Weisen der Vorzeit in hohem Maße ausgesetzt waren, der Gefahr, zu ‚spekulieren', ‚konstruktiv' zu denken, die Tatsachen zu vergewaltigen, am grünen Tische ersonnene graue Theorien mit der Wirklichkeit zu verwechseln. ‚Wer nichts macht, macht auch keine Dummheiten.' Aber wir haben damit auf den königlichen Anspruch des denkenden Geistes verzichtet, die Welt zu durchschauen und dem Leben Gesetze vorzuschreiben. Wir haben uns aus dem Kampf mit der Wirklichkeit in ein beschauliches Dasein zurückgezogen" (GuL, 16).
[28] Zu meinem Versuch einer neuen religionsphilosophischen Grundlegung der Dogmatik, ZThK 1923f, GuL, 438–483, 458.
[29] GD 1, 16.19.
[30] Zu Dingler und dem wissenschaftstheoretischen Problem der Letztbegründung vgl. J. Mittelstraß, Gibt es eine Letztbegründung?, 1997.
[31] Vgl. Ich gedenke, 31, dazu Hille, Ringen, 30–39.
[32] GuL, 15.

kenntniskategorie neben dem rationalen Denken etabliert wird: die Erkenntnisweise des unmittelbaren, Gewissheit verleihenden Erlebens. Dadurch kann die Wahrheit und Gewissheit des Glaubens nicht theoretisch konstruiert, wohl aber die praktische Gewissheit erkenntnistheoretisch rekonstruiert werden kann. Heim versucht, gerade die Unbegründbarkeit des nichtrationalen Glaubens rational so zu begründen, dass der unbegründbare Glaube denkmöglich wird. Sein „Denken sucht nach einer neuen Kategorie, um den unbedingten Anspruch zu fassen, mit dem Christus als eine zeitliche und doch allgegenwärtige Größe der Welt gegenübertritt, und um diesen Anspruch allen Einwänden des Denkens und allen Mächten der Natur und der Geschichte gegenüber geltend zu machen."[33] Diese „neue Kategorie", die die Gewissheit des christlichen Glaubens in der zeitlich-relativen Welt erkenntnistheoretisch und naturphilosophisch denkbar macht, ist die „Weltformel". Wenn sie gefunden werden kann, ermöglicht sie die denkerische Durchdringung der Wirklichkeit und des universalen Gehalts des Glaubens, die „Zusammenschau" und den „Durchblick durchs Ganze" der Wirklichkeit, den Heim auch den „Zentralblick für das Ganze"[34] nennt und damit die geistige Tradition andeutet, in der er steht: Es ist einerseits der spekulative schwäbische Pietismus und andererseits der deutsche Idealismus[35]. Heim erweist sich in dieser Synthese als schwäbischer, „spekulativer Kopf, der die Welt als Einheit verstehen wollte"[36]. Heim versucht in Anknüpfung an die christlich-spekulative Theosophie, „ein Weltbild des Glaubens zu schaffen, das von der Christusoffenbarung her Mensch und Erde, Natur und Geschichte zu deuten wagt"[37].

Mit dem missverständlichen Ausdruck „Weltbild des Glaubens"[38] – äquivalent gebraucht Heim den noch missverständlicheren Ausdruck „christliche Weltanschauung" oder „Weltanschauung des Glaubens"[39] und im Spätwerk „christli-

---

[33] GuL, 25.
[34] GuL, 15f; GD 1, 12; GN, 23.
[35] Der schwäbische Pietismus, dem sich Heim immer verbunden gefühlt hat, ist bei ihm in der auch auf den deutschen Idealismus wirkenden, spekulativen Form in seiner biblischen Christozentrik, im Verständnis des Glaubens und der Wirklichkeit als Entscheidung und Wille, in der theosophischen Geistbeseelung der Natur, im realistischen Universalismus und der Einheitsschau der Wirklichkeit höchst wirksam. Heim hat sich selbst als einen „philosophischen und gleichzeitig pietistischen Schwaben" charakterisiert (Ich gedenke, 67). Aus einem Brief Heims noch vor dem 1. Weltkrieg: „Wie herrlich ist doch die stille, altpietistische schwäbische Mystik, die aus Bengelschem Schrifttum erwuchs, kerngesund, frei von aller Nervosität, innig verwachsen mit klaren Gedanken und festen ethischen Grundsätzen. Wenn man sie von Vätern und Großvätern ererbt hat, kehrt man immer wieder zu ihr zurück, auch wenn man sie lange unter exegetischen Einflüssen verachtet hat." (zit. nach dem leider nur allgemeinen Aufsatz von A. Köberle, Das schwäbisch-spekulative Erbe in der Theologie Karl Heims, 1974, 17).
[36] Müller-Schwefe, Karl Heim, 260; das spekulative Moment fand auch scharfen Widerspruch. So kommentierte E. Hirsch den Vortrag über „Das Gebet als philosophisches Problem" (GuL, 484–512): „Mehr als gewagte Philosopheme" (zit. nach GuL, 14).
[37] A. Köberle, Art. Theosophie, RGG³, 846.
[38] GD 1, 378; GN, 241.
[39] W, 6; GuL, 458.

che Lebensanschauung"[40] –, das dem mit säkularistischem und atheistischen Weltanschauungsanspruch auftretenden „Weltbild des Unglaubens"[41] der naturwissenschaftlich-technischen Welt entgegengesetzt werden muss, ist nicht gemeint, dass der christliche Glaube in demselben ideologischen Sinne wie die materialistischen Weltanschauungen des 19. Jahrhunderts eine Weltanschauung wäre oder an ein bestimmtes Weltbild, etwa das biblische, gebunden wäre – der Glaube *ist* keine Weltanschauung, aber er *hat* eine Weltanschauung bzw. ein Weltbild im Sinne einer Anschauung oder besser Auffassung von der Welt, in der er lebt, im Ganzen. Obwohl Heim zwischen Weltbild und Weltanschauung begrifflich nicht unterschieden hat, weil er die Grenze, wie wir im nächsten Kapitel sehen werden, für nicht fixierbar und material flüssig hielt, wollen wir doch um der Klarheit willen funktional zwischen Weltbild und Weltanschauung unterscheiden. Mit Weltbild bzw. Weltanschauung im wörtlichen Sinn soll eine zusammenhängende und explizierbare Auffassung von der Welt, mit Weltanschauung im spezifischen, ideologischen Sinn die gegen Kritik immune Letzterklärung oder Letztorientierung des Lebens und Handelns in der Welt gemeint sein.[42] Im Sinne des Verständ-

---

[40] Untertitel von GD.
[41] GN, 22.
[42] Der Begriff „Weltanschauung", den Heim nirgends theoretisch definiert oder präzisiert, gehört zu den schillernden und vieldeutigen Universalbegriffen des 19. und frühen 20. Jahrhunderts. Er kann seit Kant die theoretische Erfassung der Welt als Einheit unter einem Totalitäts*begriff* meinen (KU § 26, A 91), er kann seit Schleiermachers „Reden über die Religion" die religiös gefühlte Einheit des Ich mit dem Universum, er kann metaphysisch ein geschlossenes System des Endlichen und des Unendlichen (Hegel), eine Gesamtsicht von Ich, Welt und Gott oder naturwissenschaftlich eine physikalische Theorie des Kosmos (A. v. Humboldt) oder weltanschauungs- und lebensphilosophisch eine einheitliche Welt- und Lebensbetrachtung (W. Dilthey, Die Typen der Weltanschauung und ihre Ausbildung in den metaphysischen Systemen, 1911; R. Eucken, Grundlinien einer neuen Lebensanschauung, 1913) meinen, er kann weltanschaulich die sinnstiftende, gesinnungs- und handlungsleitende Letztorientierung des Einzelnen oder einer Gruppe (Materialismus, Monismus) in der Pluralität der Weltanschauungen (vgl. K. Jaspers, Psychologie der Weltanschauungen, 1919) sein, er kann katholisch die christlich-universale Synthese von Natur und Gnade, die Wesens-, Einheits-, und Ganzheitsschau von Welt, Mensch und Gott (R. Guardini, Vom Wesen katholischer Weltanschauung, 1935) oder evangelisch die religiös-sittliche Lebensanschauung in Antithese zu den wissenschaftlichen meinen (Frank, Kähler, Ritschl, Herrmann, vgl. E. Troeltsch, Die christliche Weltanschauung und die wissenschaftlichen Gegenströmungen, ZThK 1893). Heim hat von fast allem etwas. Weltanschauung ist bei ihm *theoretisch* die begriffliche, metaphysisch-naturphilosophische Formel für das Weltganze, *religiös* die universal-kosmische Wirklichkeitssicht des Glaubens, *antithetisch* gegen die naturalistischen Weltanschauungen gerichtet und *synthetisch* Glauben, Leben und Wissen vereinende theologische Gesamtsicht der Wirklichkeit. Die Schrift „Die Weltanschauung der Bibel" (1920) entfaltet nichts anderes als eine knappe, zusammenhängende Darstellung der christlichen Glaubenslehre von der Schöpfungslehre über die universale Christologie bis zur kosmischen Eschatologie. Im Sinne des Verständnisses von der Welt, d.h. der Natur, der Geschichte und des Kosmos, als einem einheitlichem Ganzen im Zusammenhang der Gesamtdarstellung des dogmatischen Gehalts des Glaubens ist der Gebrauch von „Weltanschauung" auch sonst geläufig, z.B. bei H. Stephan, Glaubenslehre. Der evangelische Glaube und seine Weltanschauung, 1921 – der Untertitel wurde in der dritten Auflage 1941 bei sachlicher Identität (!) umgeändert zu: Der evangelische Glaube und sein Weltverständnis.
Zu den vielfachen Nuancen des Weltanschauungsbegriffs in Philosophie, Naturwissenschaft und Theologie der Jahrhundertwende vgl. M. Frischeisen-Köhler (Hg.), Weltanschauung, Philosophie und Religion, 1911; W. Elert, Der Kampf um das Christentum, 1921; H. G. Meier, „Weltanschauung". Studien zu einer Geschichte und Theorie des Begriffs, 1967; J. Neukirch, „Weltanschauung" als Thema der Theologie in der Auseinandersetzung mit den naturalistischen Weltanschauungen in

nisses von der Welt als einheitlichem Zusammenhang *hat* der Glaube ein Weltbild.[43] Das „Weltbild des Glaubens" ist Ausdruck der Universalität des christlichen Glaubens, dass es keinen Bereich der Wirklichkeit gibt, auf den sich der Glaube nicht bezieht und richtet und den er nicht umfasst. Der Glaube impliziert ein „Gesamtbild der Wirklichkeit"[44], denn er glaubt die Einheit des Weltganzen. Begründet ist die Einheit des christlichen Weltverständnisses bei Heim in der universalen Christologie, welche die Einheit der Welt aus der Universalität des Handelns Gottes in Christus begründet. Der Christ glaubt die Einheit der Welt in Gott und nicht in sich bestehend, aber er glaubt doch von Gott her die *Einheit* der *Welt*. Er glaubt also auch die Einheit derjenigen „Welt", die Gegenstand der Naturwissenschaften ist. Der Glaube kann nicht isoliert von der Welt gedacht werden, sondern bezieht sich genau auf die von den Naturwissenschaften erforschte Welt und glaubt diese Welt als Schöpfung und Ort des Handelns Gottes. Der Glaube kann sich nur *in dieser* Welt der Gegenwart Gottes gewiss sein.

Der Glaube impliziert außer dem (existentiellen) Gottes- und Selbstverhältnis auch ein (existentielles *und gegenständliches*) Weltverhältnis und -verständnis, das mit der Anschauung von der Welt, wie sie vom allgemeinen philosophischen und naturwissenschaftlichen Denken entfaltet wird, nicht unvereinbar sein darf. Die Welt des naturwissenschaftlichen Weltbildes und die Welt des „Weltbildes des Glaubens" sind kategorial gesehen die gleiche. „Zum Glauben gehört daher ein Bild dieser Welt, das die jeweiligen – sei es vorwissenschaftlich, sei es wissenschaftlich gemachten – Erfahrungen als nicht nur subjektiv, sondern auch objektiv zusammen bestehende verknüpft"[45]. Der Anspruch Heims ist, „die Welt" begrifflich so im Zusammenhang zu beschreiben, dass diese Weltbeschreibung bzw. „Metaphysik" im genannten, induktiven Sinn sowohl theologisch wie naturphilosophisch akzeptiert werden kann. Nur dann nämlich, wenn mit Recht, d.h. naturphilosophisch begründet, behauptet werden kann, dass die Welt, die von den Naturwissenschaften beschrieben wird, dieselbe ist wie diejenige, in der der

---

der Zeit der „Kulturkrise", 1991; J. Klein, Art. Weltanschauung, RGG³; M. Moxter, Art. Weltanschauung III/1. Dogmatisch und Philosophisch, TRE (Lit!); A. Gethmann-Siefert, Art. Weltanschauung, EPhW (Lit!).

[43] In dieser – Heim entsprechenden – Weise möchte gegenwärtig E. Herms den Gehalt von „Weltanschauung" im Sinne von Weltbild aufnehmen – evtl. ohne am Terminus festzuhalten –, da der Glaube „eines einheitlichen systematischen Zusammenhangs kritisch-rationaler Welterkenntnis" bedarf, wenn er „seinen nicht beliebigen, sondern wahren und nicht privaten, sondern öffentlichen Charakter" – man müsste mit Heim hinzufügen: und universal-kosmischen Charakter – nicht aufgeben will („Weltanschauung" bei F. Schleiermacher und A. Ritschl, in: Theorie für die Praxis, 1982, 142). Ebenso bestimmen W. Härle / E. Herms den Glauben als „Welt-anschauung; nicht im Sinne eines willkürlichen und unausweisbaren Standpunktes, sondern im Sinne seiner Zusammenfassung von vernünftigen, aus Erfahrung und Reflexion gewonnenen Kenntnissen über die Welt im einzelnen und ganzen, die lebenspraktisch wirksam und gleichzeitig rational korrigierbar ist" (Rechtfertigung. Das Wirklichkeitsverständnis des christlichen Glaubens, 1979, 137).

[44] GN, 23.

[45] W. Sparn, Art. Welt/Weltanschauung/Weltbild IV/5. Systematisch-theologisch, TRE, 606.

Glaubende lebt, kann der Glaube mit Recht, d.h. erkenntnistheoretisch begründet, *in der Welt* Gewissheit beanspruchen. Nur wenn – nach Heim – in den Strukturen der Welt trotz und in der Relativität aller Verhältnisse ein absolutes Moment aufgezeigt werden kann, kann der Glaube ebenfalls absolute Geltung beanspruchen, kann die Relativität alles Zeitlich-Weltlichen überwunden werden, der Glaube mithin seiner selbst *begründet* gewiss sein.

Es war Heims Überzeugung, dass die Grundlegung der Theologie und die Rekonstruktion der Struktur des Glaubens nicht rein subjektivitätstheoretisch aus dem Gefühl der schlechthinnigen Abhängigkeit (Schleiermacher), der Glaubenserfahrung der Wiedergeburt und Bekehrung (Frank und die Erlanger Schule), einem religiösen (Troeltsch, Otto und die religionsgeschichtliche Schule) oder sittlich-anthropologischen Apriori (Ritschl und seine Schule), noch rein bibel- (Kähler, Cremer) oder offenbarungstheologisch (Barth, Brunner und die frühe dialektische Theologie) erfolgen kann – obwohl sich Heim mit all diesen fundamentaltheologischen Entwürfen seiner Zeit in Zielsetzung und Methode auch verbunden weiß[46] – sondern auch vom Weltverhältnis des Glaubens und seiner kosmischen und kosmologischen Dimension her, also erkenntnistheoretisch *und* naturphilosophisch erfolgen muss. Die anthropozentrisch-soteriologische Isolierung des Glaubens von Natur und Kosmos hält Heim für ebenso unchristlich wie die Trennung von Gott und Natur, von Christus und Kosmos[47]. Der Glaube muss, um die kosmische Universalität der Schöpfungslehre und Christologie einzuholen, *in der Welt als Weltverhältnis* expliziert werden.

Dabei ist die Gewissheit des Glaubens auch Kriterium für das bestimmte Bild von der Welt, das der Glaube hat, für die spezifische Weltformel, in der es sich ausdrückt. Der Glaube ist nicht an ein bestimmtes kosmologisches Weltbild oder eine einzige Weltformel gebunden, die nicht korrigierbar wären, er ist konkret aber immer an ein Weltbild, eine Kosmologie gebunden, für das der Glaube zugleich letztes Wahrheitskriterium ist. So wird aber der Glaube auch zum *Kriterium* für die Wahrheit des Denkens der Wissenschaften. Die Weltformel, die sich aus der naturphilosophischen Analyse und Reduktion der Fülle der Erscheinungen und Weltverhältnisse auf Grundstrukturen ergibt, darf und kann nicht im Widerspruch zum Glauben stehen, sondern muss die naturphilosophische Formulierung des Schöpfungsglaubens und des Naturbildes des Glaubens sein. Das wissenschaftli-

---

[46] Die verschiedenen Ansätze des 19. Jahrhunderts, den Glauben von der philosophischen und naturwissenschaftlichen Rationalität unabhängig zu begründen, von Schleiermacher über die Erlanger, die Bibeltheologen, Ritschl, die Religionsgeschichtler bis zu Heim, dessen Theologie „trotz verschiedener Zusammenhänge und Analogien, in denen sie mit einzelnen Gebilden der theologischen Arbeit seit Schleiermacher steht, doch eine Größe für sich" ist, stellt E. Schaeder, Theozentrische Theologie. Eine Untersuchung zur dogmatischen Prinzipienlehre. Erster, geschichtlicher Teil, 1916, Zit. 197, dar.

[47] Vgl. A. Köberle, Christus und der Kosmos, 1954.

che Naturbild, d.h. die von den Naturwissenschaften herausgearbeiteten kosmologischen Grundstrukturen der Welt, von Raum, Zeit und Materie, kann umgekehrt nur dann wahr sein, wenn der kosmologische Gehalt des Schöpfungsglaubens dadurch nicht denkunmöglich wird.

Glaube und Naturwissenschaft stehen bei Heim in einem dialogischen, durch die naturphilosophische Reflexion vermittelten Verhältnis: Einerseits kann das religiöse Naturbild des Glaubens auch naturphilosophisch expliziert werden, sodass sich der Glaube auf die Naturwissenschaften zu bewegt, anderseits bewegt sich die naturphilosophische Glaubensexplikation von den Naturwissenschaften her unter Voraussetzung des Glaubens auf den Glauben zu.

Dazu versucht Heim in immer neuen Bearbeitungen philosophisch-erkenntnistheoretisches, naturwissenschaftlich-naturphilosophisches und theologisch-religionsphilosophisches Denken zur Konvergenz einer „einheitlichen Weltanschauung"[48] – gemeint ist: zu einem einheitlichen, konvergierenden Bild von der Welt – zu bringen. Dies bedeutet, eine eigene theologische, nämlich die dem christlichen Glauben „eigentümliche Erkenntnistheorie und Naturphilosophie"[49] in Auseinandersetzung mit dem philosophischen Denken auszuarbeiten. Wie jede Auffassung vom Ganzen der Wirklichkeit enthält auch der Glaube eine bestimmte Auffassung vom Verhältnis zwischen erkennendem Subjekt und erkannter Welt sowie über das Wesen von Raum, Zeit, Ich und Materie. Die Weltformel löst dieses „Weltgeheimnis" und gibt Antwort auf die Frage: „Was ist Sein und Ich und Geist und Kraft und Raum und Zeit und Gedanke?"[50] Die induktive „Metaphysik" Heims ist die naturphilosophische Formulierung einer religiösen Kosmologie und Wirklichkeitsdeutung, die von der Weltformel her Zeit, Raum, Ich, Du, Wille, Naturgesetz und das Problem der religiösen Gewissheit in einheitlicher Weise behandelt[51] und das geglaubte Weltganze als Einheit denkend zu verstehen gibt.

Als Ausblick auf die detaillierte Analyse sei Heims Denkweg und Methodik knapp charakterisiert. Der Erkenntnistheorie kommt bei seinem Projekt die kritische Rolle zu, der Naturphilosophie die konstruktive. Das Weltbild wird im „Weltbild der Zukunft" so ‚erbaut', dass zuerst mittels erkenntnistheoretischer Analyse das alte, dem Glauben widersprechende, philosophische und naturwissenschaftliche Weltbild destruiert, dann unter Hilfe der neuen Naturwissenschaft die „Weltformel" gefunden und daraus ein naturphilosophisches Weltbild entfaltet wird, und zwar so, dass Raum, Zeit und Materie strukturelle Parallelen zum Glauben zeigen, sodass die Gewissheit des Glaubens unter dem Anspruch des philosophischen und des naturwissenschaftlichen Denkens denkmöglich wird.

---

[48] W, 6.
[49] W, 262.
[50] W, 10.
[51] Kapiteltitel von W; vgl. die Abschnitte von GD 1 und GN: Ich und Welt; Ich und Du; Gott, Ich und Welt.

Das Verhältnis von Erkenntnistheorie und Naturphilosophie kann auch umgekehrt werden. So wird in der „Glaubensgewissheit" per naturphilosophischer Analyse das dem Glauben widersprechende Weltbild entlarvt und daraufhin, unter Verwendung einer aus erkenntnistheoretischen und naturwissenschaftlich-naturphilosophischen Überlegungen, hier speziell der Relativitätstheorie, gewonnenen fundamentalen Erkenntniskategorie, dem sog. Gesetz der Perspektive, die Glaubensgewissheit begründet.

In „Glaube und Denken" schließlich wird aus den philosophisch verallgemeinerten physikalischen Grundbegriffen der Dimension, des Raumes und der Polarität eine strukturelle Kosmologie, eine „Philosophie der Räume"[52] entfaltet, die Raum und Zeit sowie die verallgemeinerten Räume (die Strukturverhältnisse von Ich, Du und Es) so zum „Raum Gottes" in Beziehung bringt, dass Transzendenz und Immanenz Gottes im Raum der Welt, in Raum und Zeit, denkbar werden.

In allen Konzeptionen wird ein naturphilosophisch-erkenntnistheoretisches Grundgesetz – das Relativitätsprinzip, das Gesetz der Perspektive oder das Gesetz der polaren Räume – in seiner „vom Raumbild losgelösten letzten Verallgemeinerung als Weltprinzip erkannt und von der Naturwissenschaft auf die Geisteswissenschaft übertragen, [–] dann ergibt sich daraus eine Weltanschauung, die den philosophischen Rahmen bilden kann für den Christusglauben des Neuen Testaments. Es ist wieder, wie zuletzt bei Hegel, ein philosophischer Ausgangspunkt gefunden für die Zusammenschau der ganzen Wirklichkeit von einem geschichtlich gegebenen Wertzentrum aus"[53], nämlich von Jesus Christus, dem perspektivischen Mittelpunkt des Weltganzen, der für den Glauben auch objektiv das letzte absolute Zentrum darstellt, das nicht mehr relativiert werden kann, des Kosmos ebenso wie des persönlichen Lebens, der Menschheits- und der Naturgeschichte[54]. „Das Absurde"[55] und das „Paradox" des Christentums, dass die geschichtliche Person Jesus die Zeitenwende und Wahrheit der Welt darstellt, „dass Gott, der Ewige, in der Zeit geworden ist als ein einzelner Mensch"[56], wird von Heim zwar nicht hegelsch in ein objektives, absolutes Wissen überführt – Heims Anknüpfung an Hegel ist nur teilweise gegeben, denn eine Deduktion der christlichen Religion als absoluter Religion aus dem *Begriff* der Religion hat Heim nicht für möglich gehalten –, wohl aber wird das Paradox logisch einsichtig gemacht. Das irrationale „credo quia absurdum" ist bei Heim ein „credo ut intelligam", ein logisch, erkenntnistheoretisch und naturphilosophisch nachvollziehbares Credo.

---

[52] GD 7, 33f.
[53] GuL, 458.
[54] Vgl. M. Thust, Das perspektivische Weltbild Karl Heims, 1925, 651.
[55] S. Kierkegaard, Abschließende unwissenschaftliche Nachschrift zu den philosophischen Brocken I, 201.
[56] S. Kierkegaard, Abschließende unwissenschaftliche Nachschrift zu den philosophischen Brocken II, 309.

Karl Heims naturphilosophische und erkenntnistheoretische Reflexion des Glaubens im Kontext naturwissenschaftlichen und philosophischen Weltverständnisses darzustellen und zu interpretieren, ist Thema dieser Arbeit.

3. Zur Forschungslage

Um eine genaue Aufgabenstellung für diese Arbeit entwickeln zu können, geben wir einen Überblick über die Ergebnisse und Defizite der bisherigen Heimforschung, die noch überschaubar geblieben ist. Zu Heims Werk sind zu seinen Lebzeiten, insbesondere zwischen 1916 („Glaubensgewissheit") und 1934 (Umarbeitung von „Glaube und Denken") eine stattliche Anzahl kleinerer und größerer Studien, vorrangig zum Problem der Glaubensgewissheit und zum Verhältnis von Glaube und Denken, entstanden, und seit seinem Tod neben einer Reihe kleinerer Aufsätze ein Dutzend monographischer, z.T. leider unveröffentlichter, Dissertationen, vorrangig zum sechsbändigen Spätwerk entweder unter apologetischer oder unter naturphilosophischer Fragestellung.

1. In der zeitgenössischen Diskussion wird Heim als theologischer Einzelgänger „ohne Beispiel" dargestellt, der in „leidenschaftlicher Kritik" alle theologischen, philosophischen und naturwissenschaftlichen Positionen destruiert habe, um aus der „Asche", begründet auf der „eigenen Weltformel", der christlichen Religion „voll urwüchsiger Kraft ihr Weltbild [zu] schaffen"[57]. So richtig es ist, dass Heims Denken „positive Theologie"[58] ist, die den Glauben als irrationale Gesetztheit[59] begreift und daher unabhängig von jeglichen Rationalitätskonzepten bleibt, so gleitet Heim doch nicht in einen irrationalen Offenbarungspositivismus[60] ab, der seine Denkkategorien nur aus der Offenbarung selbst gewinnen könnte, sondern hält am logischen und erkenntnistheoretisch-kategorialen Denken fest[61]. Wahr ist: „Heims Theologie will den Rationalismus überwinden, aber mit den Mitteln des Rationalismus selber"[62].
Heims Mittelweg der Verhältnisbestimmung von Glaube und Denken zwischen einer tendenziell rationalistischen Synthese und der scharfen, dialektischen Diastase hat am klarsten

---

[57] W. Vollrath, Zum Verständnis der Theologie Karl Heims, 1920, 404.406.409; vgl. W, 17: „Erscheint es doch wie der Selbstmord des Geistes, die Fundamente alles seitherigen Denkens in Frage zu stellen. Dennoch gehen wir diesen Weg. Denn die Not zwingt uns zum Äußersten."

[58] Vollrath, Verständnis, 429.

[59] Vgl. F. Traub, Über Karl Heims Art der Glaubensbegründung, 1917, 181; ders., Das Irrationale. Eine begriffliche Untersuchung, ZThK 1921, 396f; H.E. Weber, Rez. zu G 2, 1921, 16.

[60] So der Vorwurf bei R.H. Grützmacher, Wesen und Grenzen des christlichen Irrationalismus, NKZ 1914, 910; K. Leese konstatiert „die Willkür und Gewaltsamkeit, mit der Heim den Offenbarungsinhalt als den archimedischen Punkt alles Denkens und Handelns sich gefügig macht" (Vom Weltbild zur Dogmatik, ZThK 1914, 116); G. Wehrung, Rez. zu G 3, ThLBl 1924, sieht die „positivistische Denkweise" von G 1 und G 2 in G 3 immerhin überwunden, um sogleich zu kritisieren, dass Heim „in seiner Erkenntnistheorie Weltanschauung und Religion so sehr ineinander fließen läßt. Der Philosoph ist ihm zu mächtig geworden" (ThLZ 1924, 455f).

[61] H.E. Weber konstatiert „einen besonderen Typ von rationalem Irrationalismus" einer „durch und durch rationalen Apologetik als Unterbau der Dogmatik", wodurch „Logik ... zur Evangelistik" (Rez. zu L 1, 1913, 347) wird.

[62] Elert, Kampf, 450; ebenso Thielicke, Glauben und Denken, 637.

W. Ruttenbeck herausgearbeitet[63]. Er zeigt, dass Heims Verhältnisbestimmung eine Entwicklung durchläuft. Die „harmonisierende Methode" im „Weltbild der Zukunft" konterkariert Heim durch die „Kontrastmethode" im „Leitfaden der Dogmatik" und in der ersten Auflage der „Glaubensgewissheit". Der Irrationalismus der Methode, der in der Zeit um den ersten Weltkrieg vorherrscht, wird dann in den weiteren Auflagen schrittweise wieder abgebaut und mit der harmonisierenden Methode zusammengeführt. Ruttenbecks Analyse sind auch H.E. Eisenhuth, L. Schlaich u.a. gefolgt[64]. Diese Arbeiten zeigen, dass nur eine entwicklungsgeschichtliche Darstellung der Entwicklung im Denken Heims gerecht werden kann. Daher werden wir die verschiedenen Auflagen der Werke je für sich darstellen und das Verhältnis der rationalen und der irrationalen Momente sowie die Veränderung der Gewichtung zueinander herausarbeiten, die noch in den neueren Arbeiten kontrovers beurteilt werden.

2. E. Gräb-Schmidt widmet sich, wie auch die zeitgenössischen Monographien[65], Heims erkenntnistheoretischer Begründung der Glaubensgewissheit[66]. Sie konzentriert sich auf das Frühwerk Heims im Horizont seiner Auseinandersetzung mit Husserls „Logischen Untersuchungen" in „Psychologismus oder Antipsychologismus". Sie stellt heraus, dass Heim einen dritten Weg der Erkenntnistheorie jenseits des reinen Logizismus und des reinen Psychologismus der Erkenntniskategorien sucht, und entsprechend einen dritten Weg jenseits der rationalistischen Begründbarkeit und der irrationalistischen Unbegründbarkeit des Glaubens. Sie stellt zutreffend fest, dass für Heim „der Glaube einer solchen philosophischen Fundamentierung bedarf. Entgegen aber dem Missverständnis, Heim wolle den Christusglauben in eine Weltformel bringen – das würde seiner ganzen bisherigen Absicht, die Relativierung theoretischer Erkenntnis zu deduzieren, widersprechen –, geht es Heim weiterhin darum, zu zeigen, dass die Strukturformel, nach der das Denken verläuft, Wahrheit, also auch die Christuswirklichkeit, nicht zu erfassen vermag. Die Christuswahrheit kann nicht logisch bewiesen, sie kann nur bezeugt werden. Gerade aber um des Bezeugens willen, muss dieses Zeugnis verstanden werden. Das kann es aber nach Heim nur, wenn es nicht bloß einen persönlichen Eindruck wiedergibt, sondern eingebettet ist in eine Gesamtanschauung."[67] Das Defizit der Arbeit besteht darin, dass nicht im Einzelnen ausgeführt wird, wie die „Gesamtanschauung" material entfaltet und begründet wird. Dass Heim die Antinomie zwischen der Logizität des Denkens und der irrationalen Gesetztheit des Glaubens nicht nur im dritten Weg der Erkenntnis*theorie*, die das logische und das irrationale Moment integriert, überwindet, sondern auch in der Struktur der *Wirklichkeit* von Zeit und Raum vereinigt sieht, wird nur angedeutet[68], sodass der Zusammenhang von Glaube und Wissen eine formale Behauptung bleibt, aber nicht als Denk*weg* nachvollzogen werden kann.

---

[63] W. Ruttenbeck, Die apologetisch-theologische Methode Karl Heims, 1925.
[64] H.E. Eisenhuth, Die Entwicklung des Problems der Glaubensgewißheit bei Karl Heim, 1928; L. Schlaich, Zur Theologie Karl Heims, ZdZ 1929, 461–483.
[65] H.J. Iwand, Über die methodische Verwendung von Antinomien in der Religionsphilosophie. Dargestellt an Karl Heims „Glaubensgewißheit", Königsberg 1924 (verschollen, zusammengefasst in: Nachgelassene Werke, Bd. 6, 1964, 327–329); O. Hoffmann, Die Eigenart der religiösen Gewißheit, ThStKr 1922; Eisenhuth, Entwicklung; E. Schott, Das Problem der Glaubensgewißheit in Auseinandersetzung mit Karl Heim erörtert, 1931; W. Heyderich, Die christliche Gewißheitslehre in ihrer Bedeutung für die Systematische Theologie. Ein Beitrag zur theologischen Prinzipienlehre in Auseinandersetzung mit den von F.H.R. Frank und K. Heim vertretenen theologischen Grundpositionen, 1935.
[66] E. Gräb-Schmidt, Erkenntnistheorie und Glaube. Karl Heims Theorie der Glaubensgewissheit vor dem Hintergrund seiner Auseinandersetzung mit dem philosophischen Ansatz Edmund Husserls, 1994.
[67] A.a.O., 291f.
[68] A.a.O., 42f.91–94.302–304.

Dagegen hat J. Neukirch[69] in einer knappen Darstellung des Denkweges des „Weltbild der Zukunft" einschließlich der naturphilosophischen Durchführung die einheitliche „Weltanschauung" gerade im praktischen Leben, in der *Erlösung* von der Theorie realisiert gesehen, aber eben erst als Ende des *Denk*weges. Er resümiert: „Heims ‚neue Apologetik', die dem christlichen Glauben die kosmologische Sinndimension zurückgewinnen will, hat nicht zum Ziel, mit dieser religiösen Kosmologie den Glauben zu verteidigen, sondern ist einzig und allein darauf angelegt, den Menschen in eine Entscheidungssituation für oder gegen Gott hineinzustellen und ihm in dieser Situation denkerisch beizustehen. Damit ist sie nicht weit entfernt von einer Erweckungspredigt für naturwissenschaftlich und philosophisch Gebildete."[70]

3. Die apologetisch-missionarische Ausrichtung der Theologie Heims stellen R. Hille und T. Kothmann heraus.[71] Hilles These lautet, dass Heim im modernen Säkularismus, unter den er gleichermaßen den naturwissenschaftlichen Materialismus, die idealistische Philosophie und die pantheistisch-mystizistischen Religionen subsumiere, die „apokalyptische Bedrohung des Christentums" gesehen habe. Deren „mystizistische Apotheose des freien Ich bzw. die ontologische Verschmelzung des menschlichen Selbst mit Gott"[72] bestreite Heim philosophisch mit seiner Ontologie der Räume, welche die Transzendenz Gottes zeitgemäß zu denken erlaube. Hille hat richtig gesehen, dass Heim in missionarisch-evangelistischen Äußerungen durchaus die idealistische Philosophie pauschal mit den Indifferenzreligionen unter den antichristlichen Säkularismus subsumieren konnte. Dass dies aber sein Verständnis des Idealismus überhaupt gewesen sei und daher Heims „idealistische Vision einer Grundwissenschaft"[73], die Hille als einzige positive Anknüpfung an den Idealismus herausstellt, nur in Spannung zu seiner Apologetik stehe, resultiert aus Hilles höchst einseitiger Interpretation sowohl von Heims Verständnis von Apologetik als auch von seiner Bewertung des Idealismus – ganz abgesehen von Hilles mehr als holzschnittartiger Darstellung des Idealismus[74]. Hille übergeht völlig, dass Heim sich in der „Glaubensgewissheit" so sehr dem idealistischen Ich-Begriff angenähert hatte, dass ihm selbst der Fichteanismus und die Absolutsetzung des Ich unterstellt wurde. Hier müssen wir genauer zusehen und meinen zeigen zu können, dass Heim in gewisser Weise einen absoluten Ich-Begriff benötigt, um die Glaubensgewissheit begründen zu können, diesen aber in Weiterführung des kantischen und neukantianischen Ich-Begriffs vor der Überzeitlichkeit schützt, indem er das Ich als Zeitbewusstsein fasst. Hier hat schon F.K. Schumann genauer gezeigt, dass Heim mit dem Idealismus zur Begründung des universalen Gehalts des Glaubens soweit als möglich mitgeht und erst, wo der Ich-Begriff überzeitlich zu werden droht, diesen aufgrund der geschichtlichen Christologie offenbarungstheologisch brechen muss[75].

T. Kothmann gibt eine sehr viel ausgewogenere, differenziertere und breitere Darstellung der apologetischen Ausrichtung von Heims Theologie. Er zieht das gesamte Werk einschließlich der Vorträge und Predigten heran und gibt in konzentrierter Form auf 130 Seiten

---

[69] Neukirch, „Weltanschauung", 145–188 (unveröffentl.).

[70] J. Neukirch, Karl Heims ‚neue Apologetik' als ‚Erlösung von der Theorie', GDJ 1992, 118.

[71] Hille, Ringen; Kothmann, Apologetik; vgl. auch F. Burger, Karl Heim as Apologeet, 1954; J. Pemberton III., Karl Heim's Conception of the Apologetic Task of Christian Theology, 1958; W. Kubik, Universalität als missionstheologisches Problem. Der Beitrag von Justin dem Märtyrer, Nicolaus Cusanus und Karl Heim zum Gespräch um Christus und die Mission, 1973 (letztere drei unveröffentl.).

[72] Hille, Ringen, 443.

[73] A.a.O., 294.444.

[74] „Das Ich schafft die Welt – Das Ich postuliert Gott – Das Ich setzt die ethischen Normen – Das Ich ist unsterblich" (A.a.O., 127–152).

[75] F.K. Schumann, Der Gottesgedanke und der Zerfall der Moderne, 1929, 200–220.

die bisher einzige, wenn auch knappe, Gesamtdarstellung der materialen Dogmatik Heims, gegliedert nach dogmatischen Loci von der philosophischen Grundlegung über die „überpolare" Gotteslehre, die existentielle Anthropologie, die universale Christologie und die missionarische Ekklesiologie. Für Kothmann leistet Heim einen Beitrag zu einer gegenwärtigen, theologisch und philosophisch reflektierten, Missionstheologie, da er die missionarische Verkündigung nicht in Evangelistik aufgehen lasse, die den Menschen vor die Entscheidung für oder gegen Gott stellt, sondern auf die Verwirklichung einer christlich-missionarischen Existenz zielt, die sich in reflektierter Weise mit den sie anfragenden religiösen und weltanschaulichen Überzeugungen auseinandersetzt. Christsein erfordert auch eine „hermeneutische Kompetenz", die Gott, Welt und Mensch im Verhältnis zueinander und den Glauben im Nachvollzug *verstehen* will.[76] Dass man diese hermeneutische Kompetenz aber nur im kritischen Diskurs erwerben kann, kommt, weil Kothmann Heims Theologie ohne die externen Bezüge zur philosophischen und theologischen Tradition rein positiv darstellt, nicht heraus. Dass bei Heim seine eigene Bekehrung der „hermeneutische Schlüssel"[77] zum Verständnis seiner Theologie sei, ist nicht falsch, wird aber falsch und lässt Heim als subjektivistischen, gegen das kritische Denken immunisierten Erfahrungstheologen erscheinen, weil Kothmann Heims philosophisch präzise bestimmten Erfahrungsbegriff nicht erkenntnistheoretisch analysiert.

Die philosophische Qualifizierung der Theologie *als* Erkenntnistheorie und Naturphilosophie des Glaubens macht nach Heims Selbstverständnis die Teilnahme am philosophisch-wissenschaftlichen Diskurs konstitutiv. Daher ist die Kontextualisierung Heims für die Wahrheitsfähigkeit und kritische Prüfbarkeit seiner Theologie unerlässlich und nicht nur illustrativ. Die Bezüge zum philosophischen Denken wurden aber in den neueren Arbeiten meist gar nicht oder nur im Überblick bzw. pauschal, aber nicht im Einzelnen herausgearbeitet.

4. H. Timm hat in der bisher besten Studie Heims philosophische Grundlegung der Theologie an der für das „Weltbild der Zukunft" und das Spätwerk zentralen Auseinandersetzung mit den Naturwissenschaften herausgearbeitet. Er hat dazu auch den geistigen und naturwissenschaftlichen Kontext ausgelotet, in dem Heim stand[78]. Daran wird deutlich, dass Heim die Naturwissenschaften nicht nur als gefährlichen Gegner betrachtete, sondern eine echte Synthese von Glaube *und* Naturwissenschaft angestrebt hat durch die Ausarbeitung einer eigenen Naturphilosophie als Kopula. Die philosophische Vermittlung zwischen Glaube und Naturwissenschaft leistet die „Dimensionenlehre mit ihrer These von der Polarität der Räume in der Einheit der Zeit."[79]

Ergänzend zu der naturphilosophischen Relevanz von Heims Zeitverständnis hat K.H. Manzke die theologische Relevanz und das bei Timm nicht berücksichtigte Verhältnis von

---

[76] Kothmann, Apologetik, 301f.
[77] A.a.O., 151.
[78] Timm, Glaube, 51–61.74–79.87f.92f.
[79] A.a.O., 111; Timm fasst die dimensionale Zeitlehre wie folgt zusammen: „Wo immer etwas als etwas fixiert wird, wo ein Subjekt ein Objekt vergegenständlicht, wo der Mensch die Welt veranschaulicht, geschieht dies kraft der Zeit, nämlich kraft des Heraussetzens der Vergangenheit von der Gegenwart. Die Zeit selbst ist das Transzendierende, das die Subjekt-Objektivität allererst Ermöglichende. Alle Fest-stellungen von etwas werden von der nichtfeststellbaren Gegenwart aus getroffen; diese Fest-stellungen stellen also nur die Vergangenheitsaspekte der Wirklichkeit dar. Weltanschauungen sind per definitionem Weltaspekte. Was sich bildlich veranschaulichen und denkerisch verobjektivieren lässt, sind Entscheidungen, nämlich im Zeitmodus der Vergangenheit, aber nicht das zeitlose Wesen der Dinge" (ebd.).

Zeit und Ewigkeit untersucht[80]. Er kommt zum Ergebnis, das unsere Analyse insbesondere der Erstfassung von „Glaube und Denken" bestätigen wird[81], dass Heim die Ewigkeit als Tiefendimension der Zeit versteht, die in der Zeit selbst verborgen liegt, sodass die Lösung des Zeiträtsels nicht nur ein theologisch *und* naturwissenschaftlich akzeptables Zeitverständnis, sondern zugleich die Lösung der Gottesfrage darstellt.

Ebenfalls auf ein zentrales Problem theologischen Naturverstehens hin, am Problem des Wunders, hat H. Schwarz Heims Bemühen um ein philosophisches Verstehen des Glaubens untersucht[82]. Er interpretiert das neue, nichtdeterministische Weltbild als philosophische Rahmenbedingung der Denkbarkeit der Allwirksamkeit Gottes, seines neuschaffenden und heilsgeschichtlichen Handelns in der Welt. Vom dynamischen Weltverständnis als Willensakt her erscheinen die biblischen Wunder als Zeichen der Gottesoffenbarung, die im hinterher auf die bisherigen Gotteserfahrungen beziehbar sind, im Akt selbst aber unerklärbares Geheimnis bleiben. „Gewissheit eines Wunders" gibt es nicht objektivierend, sondern „nur im unmittelbaren Betroffensein"[83]. Der darin implizierte Erfahrungs- und Erlebnisbegriff wird von Schwarz allerdings nicht ausreichend erkenntnistheoretisch analysiert[84].

V. Grüter hat die Christozentrik der Theologie Heims entwicklungsgeschichtlich und im Bezug zu den Haupttypen altkirchlicher Versöhnungslehre herausgestellt[85]. Bei Heim dominiert der Typ „Christus Victor"[86]: Der geschichtliche Jesus und der pneumatisch gegenwärtige und erfahrbare Christus ist für Heim identisch der Verkündiger, Offenbarer und Durchsetzer des Willens Gottes. Als Herr und Versöhner ist Jesus der Retter aus Not und Schuld und die Stimme des unbedingten Sollens; als göttliches Du ist er der Offenbarer Gottes und der Führer durchs Leben; als Weltvollender ist der Auferstandene der Bevollmächtigte Gottes, der seinen universalen Herrschafts- und Heilswillen präsentisch und endgeschichtlich gegen die widergöttlichen Mächte des Verderbens durchsetzt. Die universale Christologie und christologische Eschatologie Heims ist philosophisch fundiert in der Dimensionenlehre, die ein dimensionales Verhältnis von Zeit und Ewigkeit, von präsentischer und futurischer Eschatologie zu denken erlaubt. Der leibhaften Auferstehung Christi korrespondiert die leibhafte Vollendung der Welt.[87] Die Dimensionenlehre führt auch zu einem dimensionalen Verhältnis von geschichtlicher und präsentischer Offenbarung Gottes in Jesus Christus, sodass die geschichtliche Wirklichkeit der Person Jesu und des Glaubens als *Selbst*offenbarung und *Selbst*erschließung Gottes verstanden werden kann. Die religionsphilosophische Fundierung deutet Grüter allerdings oft nur an.[88] Für die material-dogmatische, christologische Ausführung der Fundamentaltheologie, die wir selbst nicht ausreichend berücksichtigen können, sei auf Grüter sowie auf Kothmann verwiesen.

5. Mit der Thematik unserer Arbeit am engsten berühren sich neben Timm die Arbeiten von I. Holmstrand, H. Krause und A. Eerikäinen[89]. Krause orientiert sich in der thematischen

---

[80] K.H. Manzke, Ewigkeit und Zeitlichkeit. Aspekte für eine theologische Deutung der Zeit, 1991, 371–453; vgl. auch M. Wild, Die Bedeutung des Zeitbegriffes für die Eschatologie in der Theologie von Karl Heim, 1976 (unveröffentl.).
[81] S.u. Kap. VI.5.c.
[82] H. Schwarz, Das Verständnis des Wunders bei Heim und Bultmann, 1966.
[83] A.a.O., 204.
[84] A.a.O., 26f.
[85] V. Grüter, Begegnungen mit dem göttlichen Du. Karl Heims Christologie im theologiegeschichtlichen Kontext, 1992.
[86] A.a.O., 297.
[87] A.a.O., 229–234.297f.
[88] A.a.O., 9f.94f.100f u.ö.
[89] I. Holmstrand, Karl Heim on Philosophy, Science and the Transcendence of God, 1980; Krause, Weltbild; A. Eerikäinen, Two Dimensions of Time. The Dimensional Theory of Karl Heim. An ontological Solution to the Problems of Science, Philosophy, and Theology, 2003.

Auswahl und Gliederung an „Die Wandlung im naturwissenschaftlichen Weltbild", wo Heim die theologische Relevanz der neuen Physik darin sieht, dass sie mit der Auflösung des absoluten Objekts, des absoluten Raumes, der absoluten Zeit und der absoluten Determination den Zusammenbruch der Absoluta bewirkt hat, an denen „der Mensch Halt für sein Denken und Leben gesucht"[90] hatte. Krause würdigt „Heims Leistung, den Zusammenbruch der Absoluta der Physik für den Glaubenden nachvollziehbar gemacht zu haben und damit Raum für Gott als den wahren Absoluten geschaffen zu haben."[91] Krause stellt Heims alternatives Raum-, Zeit-, Objekt- und Kausalitätsverständnis dar und beschränkt sich dafür fast ganz auf Heims eigene Darstellung, von eher assoziativen, stichwortverknüpfenden Anmerkungen zum philosophischen und naturwissenschaftlichen Hintergrund abgesehen. Dadurch erscheint Heim aber als ein populärwissenschaftliches Physik-Kompendium, bei dem der theologische und der argumentative Zusammenhang, in dem Heims Naturphilosophie im Denkweg seiner Schriften und kontextuell steht, ganz verloren geht. Insbesondere bleibt unbeantwortet, *wozu* Heim eine dimensionale Theorie der Zeit und des Raumes entwirft oder *warum* er sich z.B. mit den Zenonschen Paradoxien beschäftigt[92], weil das erkenntnistheoretische Problem der Begründung der Glaubens- und Erfahrungsgewissheit völlig übergangen wird.

Auch bei Holmstrand und Eerikäinen wird die theologische Problemstellung nicht ausreichend berücksichtigt. Beide beschränken sich zudem auf die letzte Bearbeitung von „Glaube und Denken", der neben den anderen Bänden des Spätwerks einzigen ins Englische übersetzten Schrift Heims. Vor dem Hintergrund des formallogisch betrachteten Problems der Transzendenz Gottes – die apologetische Motivation und christologisch-soteriologische Begründung des universalen Weltbildes bleiben leider außer Betracht – werden die innerweltlichen, dimensionalen Begrenzungsverhältnisse der Räume sowie der Zeit sehr präzise, allerdings nur formal, ohne zureichenden Realitäts- und Erfahrungsbezug, dargestellt. Eerikäinen arbeitet die wesenhafte Zweidimensionalität der Zeit (gegenständlich-determinierte Vergangenheits- und nichtgegenständlich-indeterminierte Gegenwarts-Dimension), die er „physical time-dimension" und „eternal dimension of time"[93] nennt, formal richtig heraus, ohne jedoch die Zeitkonstitution durch das *Zeit*-Bewusstsein zu erkennen, und findet diese – wie auch unsere Analyse ergeben wird – vom Zeit- und Realitätsverständnis moderner Quanten- und Relativitätstheorie bestätigt[94]. Heims „Dimensional Theory" wird von Eerikäinen als „ontological solution" aller philosophischen, physikalischen und theologischen Probleme gewürdigt, die mit einer nur eindimensionalen Wirklichkeits- und Realitätsauffassung unlösbar sind: der Kontroverse zwischen Idealismus und Realismus in Philosophie und Quantentheorie, des Leib-Seele-Problems, der Debatte um Globalität oder Relativität der Zeit sowie des Verhältnisses von Zeit und Ewigkeit.[95] Heims dimensionale Ins-Verhältnis-Setzung von theologischer und physikalischer Kosmologie und Eschatologie wird allerdings fälschlich als theologische *Folgerung* aus der „ontological foundation of his dimensional theory"[96] und nicht umgekehrt die Dimensionenlehre als *Explikation* des christlichen Weltbildes dargestellt. Betrachtet man jedoch wie Eerikäinen Heims Dimensionen- und Raumlehre als in sich geschlossenes, rationales, ontologisches *System*[97] und vernachlässigt man, wie es bei Holmstrand, Krause und Eerikäinen geschieht, den offenbarungstheologischen Grund sowie den entwicklungs-, theologie- und philosophiegeschichtlichen Kontext, dann

---

[90] WnW, 149.
[91] Krause, Weltbild, 236.
[92] A.a.O., 160f.
[93] Eerikäinen, Dimensions, 170.
[94] A.a.O., 123–148; s.u. Kap. V.5. u. IX.3.a./5.d.
[95] A.a.O., 168f.
[96] A.a.O., 158.
[97] A.a.O., 51.

unterbleibt die Einsicht in die interne Korrektur und die externe Korrigierbarkeit, sodass Heim nur noch als Ganzes, als ontologisch-metaphysisches System, akzeptiert oder abgelehnt werden, aber nicht mehr als Beitrag zum gegenwärtigen fundamentaltheologischen Diskurs gelesen werden kann.

Berücksichtigt man die Entwicklung Heims und seine explizite und implizite Teilnahme am theologischen und philosophischen Diskurs, so erweist sich seine Theologie als ein Denk- und Suchprozess, das Verhältnis zwischen rationaler Begründung und positiver Unbegründbarkeit des Glaubens je neu, unter Aufnahme der öffentlichen Diskussion um sein Werk sowie neuer Denkanstöße philosophischer, naturwissenschaftlicher und zeitgeschichtlicher Provenienz, zu bestimmen[98]. Sein Denken ist kein „fertiges Gebilde, das man annehmen oder ablehnen muss", sondern eine „Bewegung und Umwälzung, deren Ende noch gar nicht abzusehen ist"[99].

4. Themenstellung, Methode und Aufbau der Arbeit

Der Überblick über die Forschungslage zeigt, dass eine Gesamtdarstellung der Hauptwerke, die gleichermaßen die Entwicklung Heims wie seinen geistigen und geistesgeschichtlichen Kontext berücksichtigt, bisher fehlt. Dieses Desiderat versuchen wir im methodischen Anschluss an H. Timm in Aufnahme, Präzisierung und Weiterführung seiner entwicklungsgeschichtlichen, kontextuellen und systematischen Beobachtungen zu schließen und zugleich Heims Erkenntnistheorie und Naturphilosophie im Kontext gegenwärtiger naturphilosophischer und fundamentaltheologischer Fragestellungen einzuordnen und zu aktualisieren. Insbesondere soll der in den neueren Arbeiten nicht beachtete Zusammenhang zwischen den erkenntnistheoretischen und den naturphilosophischen Fragestellungen herausgearbeitet werden.

Die erkenntnistheoretische und v.a. naturphilosophische Reflexion des christlichen Glaubens und seines Weltbezuges zeichnet Heims Denken gegenüber der Theologie seiner Zeit aus und kann auch heute noch als überzeugender Versuch gelten, den Weltbezug des Glaubens systematisch und gegenüber naturwissenschaftlich-naturphilosophischer Rationalität verantwortet zu entfalten.

Heims diesbezügliche Entwürfe insbesondere hinsichtlich seiner naturphilosophischen und erkenntnistheoretischen Methodik im chronologischen und systematischen Zusammenhang zu analysieren und zu interpretieren, ist Thema dieser Arbeit. Wir konzentrieren uns auf die geschlossenen Konzeptionen in den Hauptwerken „Weltbild der Zukunft", „Glaubensgewissheit" und „Glaube und Denken", separiert jeweils nach den verschiedenen Bearbeitungen, arbeiten deren innere Systematik sowie den Zusammenhang und Entwicklungsfortschritt unter-

---

[98] Im Vorwort zur völlig umgearbeiteten 2. Auflage der Glaubensgewissheit heißt es: „Auch in dieser reiferen Gestalt ist das Buch kein abgeschlossenes System, in dem eine Antwort auf alle wichtigen Fragen enthalten wäre."; H.E. Weber bewundert, „mit welcher Beweglichkeit Heim seine Werke unter Aufnahme neuer Motive und Anregungen neu zu schaffen weiß" (Rez. zu G 3, 34).

[99] GuL, 12.

einander heraus und interpretieren sie im expliziten und impliziten Kontext mit dem philosophischen und naturwissenschaftlichen Denken. Die Eigenständigkeit und kritische Unabhängigkeit Heims wird ebenso herausgearbeitet wie die Abhängigkeit und die Bezüge zum Denken seiner Zeit. Das Schwergewicht liegt auf sorgfältiger Quelleninterpretation der Hauptwerke Heims sowie auf der vergleichenden Interpretation der zentralen philosophischen Referenzwerke.

Die Interpretation stellt einige grundsätzliche Probleme: Heim wechselt oft unvermittelt zwischen streng begrifflicher Argumentation und bildhaft-metaphorischer Illustration hin und her. Die immer anschauliche und immer auf den entscheidenden Punkt drängende Darstellungsweise ist oft vereinfachend, manchmal unpräzise. Heim unterscheidet kategorial nicht zwischen der erklärenden und verstehenden Wissensdimension und der existentiellen und deutenden Sinndimension. Er unterscheidet nicht klar zwischen dem Glauben selbst als Relation, seinem Gehalt und dem mit ihm verbundenen Weltbild, zwischen dem Glaubensakt und seinem Welt- und Wirklichkeitsverständnis. Sinn- und Seinsfragen werden immer wieder vermischt. Dies führt an einigen Stellen zu kategorialen Fehlern. Die philosophische Grundlegung der Theologie wird zur Grundlegung und Begründung des doch unbegründbaren Glaubens. Die Argumentation ist nur unter den z.T. nicht durchweg nachvollziehbaren oder gar zwingenden Voraussetzungen stringent. Wir bemühen uns, Heim im Zweifelsfall ad bonam partem zu interpretieren, an ungenauen Stellen begrifflich und argumentativ zu präzisieren bzw. zu verbessern sowie an offenen Stellen weiterzuführen.
Insbesondere der hohe Anspruch, der den Ausdrücken „Weltformel", „Weltbild", „einheitliche Weltanschauung", „Wissenschaft vom Ganzen", „Zusammenschau der ganzen Wirklichkeit" innewohnt, scheint kaum theoretisch einlösbar, es sei denn durch radikale Reduktion der Komplexität der Welt auf populärwissenschaftliche, griffige Formeln. Die angesichts der Adressaten und der Literaturform verständliche vereinfachte Behandlung der philosophischen Problem- und Diskurslage führt aber dennoch nicht zu einer Simplifizierung, weil Heims eigenwillige Problembearbeitung und -lösung nicht solipsistisch isoliert dasteht, sondern in einem breiten expliziten und impliziten Diskurs mit der philosophischen Tradition. Heims philosophische Grundlegung des theologischen Weltbegriffs kann, wie wir zeigen werden, als auf wesentliche Aspekte reduzierte, aber nicht simplifizierte Fassung komplexerer Entwürfe, die sich ihrerseits kaum bzw. nur problemreduziert allgemeinverständlich darstellen lassen, betrachtet werden. Wir werden die Entsprechungen, aber auch die Differenzen zu den diversen philosophisch-metaphysischen Konzeptionen herausarbeiten, auf die sich Heim z.T. explizit, z.T. ganz unausgesprochen bezogen hat. Dies sind im Einzelnen: der Empiriokritizismus von Avenarius und Mach (Kap. III.1f.), die Lebensphilosophie Schopenhauers, Nietzsches, Bergsons und Spenglers (III.4. / IV.5. / V.3.), die

Erkenntniskritik von Kant und Rickert (V.2f.), die Existenzphilosophie und Phänomenologie Heideggers und Husserls (VI.3f.), der Personalismus Bubers und Grisebachs (VI.4f.), das theosophisch-metaphysische Denken von Leibniz, Böhme, Oetinger und Schelling (Kap. VII.5.), die Metaphysik des Aristoteles (III.5. / VII.5.), die Ontologie N. Hartmanns (VII.4.), die Kosmologie A.N. Whiteheads und die Dialektik G. Günthers (VIII.2f), sowie die theologisch-philosophischen Analogielehren von Thomas v. Aquin, K. Barth und E. Przywara (VIII.1.). Heim wird in diesen vergleichenden Analysen als eigenständiger, aber sowohl theologisch wie philosophisch an die Diskurslage sich anschließender und anschlussfähiger Denker hervortreten. Die Allgemeinheit und Erweiterungsfähigkeit seines Denkens ermöglichen es, die zeitgebundenen Entwürfe Heims durch Kontextualisierung zu aktualisieren. Auch die Bindung an heute obsolete naturwissenschaftliche Entwürfe, wie die Energetik, erweist sich als nicht so sehr zeitgebunden, dass die philosophische Grundkonzeption nicht nach wie vor vertretbar wäre. Um die Aktualisierungspotenz von Heims Werk trotz des teilweise überholten naturwissenschaftlichen Wissensstandes aufzuzeigen, werden wir im Kapitel IX. eine Weiterführung auf aktuelle naturphilosophische Fragestellungen geben und im Umriss den Entwurf einer Naturphilosophie vorlegen, der Heims Grundgedanken aufnimmt und eine sowohl theologisch wie naturphilosophisch tragfähige strukturelle Meta-Physik und Kosmologie der lebensweltlich, physikalisch und im Glauben erfahrenen Welt darstellt.

Damit versuchen wir einen gegenüber der bisherigen Forschung weiterführenden und präzisierenden Beitrag zur Heimforschung ebenso wie zur gegenwärtigen Grundlegung eines theologischen Weltbegriffs im Verhältnis zu den Naturwissenschaften und ihrem Weltverständnis zu leisten.

Der Aufbau unserer Arbeit folgt chronologisch und problemgeschichtlich der Entwicklung Heims. Nach einer Situierung in die historische Situation der Jahrhundertwende, in der das Frühwerk entstand (Kap. II), folgt die Interpretation der Hauptwerke, jeweils unterschieden nach den verschiedenen Bearbeitungen. Das „Weltbild der Zukunft" wird als relationale Erkenntnistheorie und Naturphilosophie dargestellt, die die Relationen von Zeit und Raum in Analogie zum „Willenscharakter" der Wirklichkeit und zur relationalen Struktur des Glaubens sieht (Kap. III). Die „Glaubensgewissheit" wird nach den drei Bearbeitungen als logizistische Erkenntnistheorie, als irrationale Naturphilosophie (Kap. IV) und als nichtgegenständlich-perspektivische Erkenntnistheorie und Naturphilosophie dargestellt, die vom philosophischen Ich- und Zeitverständnis und von der Relativitätstheorie bestätigt wird (Kap. V). Die Nichtgegenständlichkeit des Ich und des perspektivischen Zentrums macht die Gewissheit des Glaubens als einer universalen Wirklichkeit trotz und in der geschichtlichen Gebundenheit des Glaubenden denkbar. Das Problem von Zeit, Ich und geschichtlicher Existenz wird in der Erstfassung von „Glaube und Denken" weiter vertieft und systematisch als dimensionale Zeitlehre entfaltet (Kap. VI). Die späteren Umarbeitungen von „Glaube und Denken" behandeln das komplementäre Problem des Raumes. Die möglichen Räume der phänomenalen Welt und ihre Transzendenzverhältnisse werden kategorial analysiert, logisch und dynamisch ins Verhältnis gesetzt sowie zum „Raum" Gottes in Beziehung gebracht. So wird die Allgegenwart Gottes, die unter zeitlichem Aspekt in der Erstauflage von „Glaube und Denken" als zeitliche Allpräsenz erschien, nun als räumliche Allpräsenz interpretiert (Kap. VII). Immanenz und Transzendenz Gottes werden genauer unterschieden, indem Heims Philosophie der Räume in ein kontextuelles Gespräch mit den wichtigsten philosophisch-theologischen Analogielehren, mit der Kosmologie Whiteheads sowie mit der kybernetischen Metaphysik G. Günthers gebracht wird (Kap. VIII). Im abschließenden, kontextualisierenden Kapitel wird einerseits Karl Heims phänomenologische Metaphysik in der Geschichte der Metaphysik situiert, andererseits angesichts aktueller philosophischer und naturwissenschaftlicher Fragestellungen profiliert, verifiziert und aktualisiert zu einem Grundriss theologischer Erkenntnistheorie und Naturphilosophie in eigener Verantwortung (Kap. IX).

II. Von der „alten" zur „neuen" Apologetik im „Weltanschauungskampf" der Jahrhundertwende

1. Der „Kampf der Weltanschauungen" in der Zeit der „Kulturkrise"

Um die Wende des 19. zum 20. Jahrhundert geriet Mitteleuropa in eine „Kulturkrise"[100], welche die bürgerliche Gesellschaft, die Wissenschaften und das Christentum gleichermaßen erfasste. Der Zusammenhang von Kultur, Wissenschaft und Religion, der das geistige und religiöse Leben im Gefolge der idealistischen Synthesen stabilisiert hatte, zerbrach. Der im Erfolg der Naturwissenschaften, insbesondere der kausal-mechanischen Naturerklärung, begründete Fortschrittsoptimismus und das Vertrauen in die menschlichen geistigen und technischen Fähigkeiten, das in der zweiten Hälfte des 19. Jahrhunderts unbegrenzt und unbegrenzbar schien[101], bekamen Risse. Der grenzenlose Kulturoptimismus wich einem Kulturpessimismus, dem „Fin-de-Siècle". Zur Kompensation dieser kulturellen Krise „schuf sich die bürgerliche Gesellschaft der Jahrhundertwende eine verzweigte kulturelle Elite, an die sie die Weltdeutungsfragen delegierte und von der sie Orientierungswissen erhoffte"[102]. Das Sinnvakuum wurde ausgefüllt oder überspielt durch naturalistische und positivistische Weltanschauungen, die wiederum philosophische Gegenentwürfe von antimaterialistischen und neoidealistischen Weltanschauungsphilosophien zur Folge hatten. Dem naturalistischen Monismus eines E. Haeckel stellte etwa R. Eucken seine neoidealistische Welt- und Lebensanschauung entgegen[103]. Das „Spannungsfeld von idealistischem und positivistischem Denkstil" kann geradezu „als *die* intellektuelle Signatur der Epoche"[104] bezeichnet werden. Die idealistische Synthese von Natur und Geist zerbrach in die gleichermaßen monistischen, nach ihrem Selbstverständnis das Ganze der Welt zur Darstellung bringenden und zugleich sinnhaft deutenden, Wissenschaften der Natur und des Geistes. Der bis heute für das öffentliche Bewusstsein

---

[100] R. v. Bruch / F.W. Graf / G. Hübinger, Einleitung: Kulturbegriff, Kulturkritik und Kulturwissenschaften um 1900, in: dies. (Hrsg.), Kultur und Kulturwissenschaften um 1900. Krise der Moderne und Glaube an die Wissenschaft, 1989, 9–24; V. Drehsen / W. Sparn, Die Moderne: Kulturkrise und Konstruktionsgeist, in: dies. (Hrsg.), Vom Weltbildwandel zur Weltanschauungsanalyse. Krisenwahrnehmung und Krisenbewältigung um 1900, 1996, 11–30.

[101] „Selten strahlt ein Zeitraum der Geschichte des Abendlandes so viel Sicherheit, Optimismus und Vertrauen in die menschlichen Fähigkeiten aus wie die zweite Hälfte des 19. Jahrhunderts" (G. Hummel, Die Begegnungen zwischen Philosophie und evangelischer Theologie im 20. Jahrhundert, 1989, 1).

[102] Bruch / Graf / Hübinger, Kultur, 10.

[103] Zu Haeckel vgl. den folgenden Abschnitt, zu Eucken vgl. F.W. Graf, Die Positivität des Geistigen. Rudolf Euckens Programm neoidealistischer Universalintegration, in: G. Hübinger / R. v. Bruch / F.W. Graf (Hrsg), Kultur und Kulturwissenschaften um 1900 II. Idealismus und Positivismus, 1997, 53–85; Neukirch, „Weltanschauung", 51–54.

[104] Hübinger / Bruch / Graf, Kultur II, 10.

und die Wissenschaftskultur offene Bruch der Einheit der Wissenschaften in die „zwei Kulturen"[105] der Natur- und der Geisteswissenschaften griff auch auf das Christentum über, insofern die kulturprotestantische[106] Synthese von Christentum, Kultur und Wissenschaften ebenfalls in die Kulturkrise hineingezogen wurde.

Einerseits wurde das Selbstverständnis der Theologie als auch im Bildungsbürgertum anerkannter „Kulturwissenschaft des Christentums"[107] in Frage gestellt, sodass sich ab 1900 eine innertheologische Diskussion um die kulturelle und weltanschauliche Gebundenheit resp. Unabhängigkeit der Theologie von Kultur und Wissenschaften entspann. Während etwa M. Rade oder W. Herrmann für ein weltanschauungsfreies Christentum plädierten und die Religion im kultur- und weltbildfreien inneren Erleben situierten, versuchte E. Troeltsch den Bruch zu überwinden, indem er die christliche Religion *als Kultur*, als zwar historisch relativierbare, aber faktisch geistig und sittlich höchststehende Kulturleistung des Geistes ansah, die den geschichtslosen naturalistischen Weltanschauungen überlegen sei und gerade die von den Wissenschaften nicht mehr geleistete kulturelle Integration der bürgerlichen Gesellschaft wieder zu vollziehen vermöge[108].

Andererseits zerbrach auch die physikotheologische Synthese zwischen christlichem Schöpfungsglauben und dem wissenschaftlichen Naturbild, die vom 18. Jahrhundert her noch bis weit ins 19. Jahrhundert hinein via physikotheologischem Gottesbeweis und dem Aufweis der sittlich-religiösen Nützlichkeit der physikalischen Welt den christlichen Glauben trotz des Fortschritts der naturwissenschaftlichen Welterklärung plausibel gemacht hatte[109]. Die demonstrative Apologetik konnte in der zweiten Hälfte des 19. Jahrhunderts nicht mehr überzeugen.

Die alte Beweisapologetik – ein letzter Vertreter war O. Zöckler, der Herausgeber der Zeitschrift „Beweis des Glaubens" (Bd. 1–44, 1865–1908), die dann bezeichnenderweise umbenannt wurde in „Geisteskampf der Gegenwart. Monatsschrift zur Förderung und Vertiefung christlicher Bildung" (1909ff) –, die gegen den ideologisch-weltanschaulichen Materialismus den „Weltanschauungskampf"[110]

---

[105] C.P. Snow, Die zwei Kulturen, 1959.

[106] F.W. Graf, Kulturprotestantismus. Zur Begriffsgeschichte einer theologiepolitischen Chiffre, in: Archiv für Begriffsgeschichte 28 (1984), 214–268.

[107] F.W. Graf, Rettung der Persönlichkeit. Protestantische Theologie als Kulturwissenschaft des Christentums, in: Bruch / Graf / Hübinger, Kultur, 103–132.

[108] Zur Debatte um das weltanschauungsfreie Christentum bzw. das Christentum als höhere Weltanschauung bei Rade, Herrmann, Troeltsch vgl. Neukirch, „Weltanschauung", 76–97.193–197.

[109] Vgl. F. Krafft, Physikotheologie als letzter umfassender Versuch einer Synthese von Naturwissenschaften und Theologie, 1999; U. Krolzik, Art. Physikotheologie, TRE (Lit.); W. Sparn, Art. Physikotheologie, EKL; zu Geschichte, Argumentationsstruktur und Scheitern des physikotheologischen Beweises vgl. U. Beuttler, „Denn Zweck der Welt ist der Mensch" – Das Anthropische Prinzip und die christliche Geschichte des Design-Arguments, GDJ 2005.

[110] E. Dennert, Die Naturwissenschaft und der Kampf um die Weltanschauung, 1908; A.W. Hunzinger, Das Christentum im Weltanschauungskampf der Gegenwart, 1909, gegen den M. Rade „Bedenken gegen die Termini ‚Apologetik' und ‚christliche Weltanschauung'" (ZThK 1907) richtete.

aufgenommen hatte und die Wahrheit des Glaubens gegen die naturwissenschaftliche Bestreitung argumentativ beweisen wollte, galt um 1900 allgemein als gescheitert. Auch Heim hat die demonstrative Apologetik definitiv abgelehnt.

Der Kampf der Weltanschauungen, in den das Christentum durch die Angriffe der naturalistischen Weltanschauungen und durch die Kulturkrise hineingezogen wurde, führte auch diejenige theologische Disziplin, in der die Fragen am Grenzgebiet zwischen Theologie und Naturwissenschaften traditionell bearbeitet wurden, die Apologetik, Ende des 19. Jahrhunderts von innen und von außen her in eine Krise[111]. Einerseits bekam die Apologetik, seit Schleiermacher enzyklopädisch im Kanon der theologischen Disziplinen verankert, als Verteidigungswissenschaft[112] angesichts des wachsenden Kulturbewusstseins des Christentums ein Legitimationsproblem[113]. Andererseits hatte sich demgegenüber eine antiapologetische Tendenz der liberalen Theologie breitgemacht, die – so A. Ritschl oder W. Herrmann in Anknüpfung an Schleiermacher – die Religion in einem anthropologischen Apriori situierte und damit immun und unangreifbar für wissenschaftliche Rationalität machte. Gegen solchem antiapologetischem Rückzug auf das Sondergebiet des Glaubens, aber auch gegen diejenigen Theologen, die trotz aller Bedenken gegen die Disziplin der Apologetik in abgemilderter Form an ihr festhielten und ein positives Verhältnis zu den Wissenschaften und allgemein zur Kultur suchten[114], richtet sich Heims Widerspruch. Den Rückzugs- und den Anknüpfungsversuchen, die er allesamt „defensive Apologetik" nennt, setzt er die „offensive Apologetik"[115] entgegen. Die einzig mögliche Haltung christlicher Apologetik ist seiner Meinung nach weder die „Anknüpfungsapologetik"[116] des Kulturprotestantismus, noch der antiapologetische Rückzug der liberalen Theologie, noch die demonstrative Verteidigung des Glaubens gegen die naturalistischen Weltanschauungen, sondern die offensive, den Naturalismus konstruktiv überbietende und so überwindende „neue Apologetik".

Um Heims Motivation und Methode der neuen Apologetik genauer erfassen zu können, sollen in den nächsten beiden Abschnitten die zeit- und wirkungsgeschichtlich bedeutendste naturalistische Weltanschauung, der Monismus E.

---

[111] Vgl. W. Sparn, Religiöse Aufklärung. Krise und Transformation der christlichen Apologetik im Weltanschauungskampf der Moderne, GDJ 1992.
[112] Vgl. K.R. Hagenbach, Art. Apologetik, RE, 1854.
[113] Die Apologetik befinde „sich in einem traurigen Zustande: sie ist sich nicht klar darüber, was sie verteidigen soll, und sie ist unsicher in ihren Mitteln" (A. Harnack, Das Wesen des Christentums, 1900, 4f = 1964, 18). Die Lexikonartikel nennen die Disziplin „vielumstritten", „belastet" usw. (G. Wobbermin, Art. Apologetik, RGG¹, 1909, 558f).
[114] Vgl. etwa die Definition von Wobbermin, Art. Apologetik, 559: Die Aufgabe der Apologetik sei die „wissenschaftliche Vertretung der christlichen Religion im Ganzen des geistigen Lebens", d.h. in der gesamten Kultur „und den ihr entgegentretenden Lebens- und Weltanschauungen" gegenüber. Insofern begreift sie die Religion zwar als Teil der Kultur, greift aber aufgrund ihres Wahrheitsanspruchs auch selbst in den „Kampf um die Weltanschauung" ein.
[115] Neue Apologetik, 387f; Stand der Debatte, 33.
[116] Pöhlmann, Art. Apologetik, EKL, 214.

Haeckels, skizziert und daran anschließend zwei Versuche christlicher Naturwissenschaftler geschildert werden, auf Haeckels Monismus apologetisch zu reagieren, die Heim als ungenügend abgelehnt und dagegen sein Modell der neuen Apologetik entwickelt hat.

2. Mechanistische Naturwissenschaft und naturalistischer Monismus

Das im Erfolg des mechanistischen Erklärungsparadigmas begründete Selbst- und Fortschrittsbewusstsein der Naturwissenschaften des späten 19. Jahrunderts ebenso wie ihre Grenze wird schlaglichtartig an der berühmten „Ignorabimus-Rede" des E. Du Bois-Reymond und den Reaktionen darauf deutlich. Der Botaniker Emil Du Bois-Reymond[117] hatte 1872 in einem Vortrag vor der Gesellschaft Deutscher Naturforscher und Ärzte über die Möglichkeiten, aber auch „Über die Grenzen des Naturerkennens", und 1880 vor der königlichen Akademie in Berlin über „Die Sieben Welträthsel" gesprochen[118].

Naturerkennen, genauer naturwissenschaftliches Erkennen oder Naturerkennen auf wissenschaftlicher Grundlage, sei nichts anderes als die Zurückführung aller Veränderungen in der Natur auf mechanische Ursachen oder die „Auflösung der Naturvorgänge in Mechanik der Atome"[119]. Als Naturwissenschaft gilt allein die quantitative Mechanik der Atome, der kleinsten, nicht weiter teilbaren Körper. Zur Erkenntnis der Natur sind allein die Kenntnis der wirkenden Kräfte und Energien sowie die Gesamtheit der mechanisch wechselwirkenden Körper notwendig. Verknüpft sind Kräfte und Körper über das mechanische Kausalitätsgesetz von Ursache und Wirkung, mathematisch formuliert in den Newtonschen Grundgleichungen. Damit ist es denkbar, dass „der ganze Weltvorgang durch Eine mathematische Formel vorgestellt würde, durch Ein unermessliches System simultaner Differentialgleichungen, aus dem sich Ort, Bewegungsrichtung und Geschwindigkeit jedes Atoms im Weltall zu jeder Zeit ergäbe". Dieses System von Differentialgleichungen ist vollständig. Es beschreibt als Weltformel das Weltall. Seiner Komplexität wegen ist es für den menschlichen Verstand nicht lösbar, doch nicht prinzipiell. Es ist der von Du Bois so genannte „LAPLACE'sche Geist" denkbar: „Ein Geist, der für einen gegebenen Augenblick alle Kräfte kennte, welche die Natur beleben, und die gegenseitige Lage der Wesen, aus denen sie besteht, wenn sonst er umfassend genug wäre, um diese Angaben der Analyse zu unterwerfen, würde in derselben Formel die Bewegungen der größten Weltkörper

---

[117] Zu Person und Werk vgl. den Sammelband von G. Mann (Hrsg.), Naturwissen und Erkenntnis im 19. Jahrhundert: Emil Du Bois-Reymond, darin K.E. Rothschuh, Emil Du Bois-Reymond (1818–1896). Werden, Wesen, Wirken, 11–26.
[118] E. Du Bois-Reymond, Über die Grenzen des Naturerkennens. Die Sieben Welträthsel, 1882.
[119] Du Bois-Reymond, Grenzen, 10, die folgenden Zitate 11.16.12.

und des leichtesten Atoms begreifen: nichts wäre ungewiss für ihn, und Zukunft wie Vergangenheit wäre seinem Blicke gegenwärtig. Der menschliche Verstand bietet in der Vollendung, die er der Astronomie zu geben gewusst hat, ein schwaches Abbild solchen Geistes dar."[120]

Die Begründung für die prinzipielle Möglichkeit der vollständigen mechanischen Naturbeschreibung hatte nach Du Bois bereits Leibniz gegeben. Wenn nämlich „diese Welt nur aus einer endlichen Anzahl nach den Gesetzen der Mechanik sich bewegender Atome bestände, es gewiss ist, dass ein endlicher Geist erhaben genug sein könnte, um Alles, was zu bestimmter Zeit darin geschehen muss, zu begreifen und mit mathematischer Gewissheit vorherzusehen."[121]

Nun hatte aber Du Bois-Reymond in seinem Vortrag neben den Möglichkeiten der Naturerkenntnis des menschlichen Geistes, der vom Laplaceschen Geist nur graduell verschieden ist, auch auf deren Grenzen hingewiesen, die selbst diesem, und also erst recht jenem gesetzt sind. Zwei Welträtsel sind es, für die die Menschheit niemals eine Antwort wird finden können, nämlich das Wesen der Materie und der Kraft sowie das Wesen des Bewusstseins und der Zusammenhang von Geist und Materie. Die philosophischen Bemühungen des 17. und 18. Jahrhunderts von Descartes über Malebranche und Geulincx bis Leibniz hatten das Leib-Seele-Problem nicht lösen können, weil es prinzipiell unlösbar ist. Mechanische Erklärung nämlich führt nach Du Bois immer nur auf mechanische Ursache, nicht aber auf das Wesen der Substanz. Und wenn das Bewusstsein auch auf mechanische Ursachen zurückführbar sein sollte, was er durchaus für möglich hält, ist damit das Wesen des Geistes doch gerade nicht erklärt. Hier gilt nicht nur ein „Ignoramus", sondern ein prinzipielles „Ignorabimus", mit dem Du Bois seine Rede abschloss[122].

Gegen dieses „Ignorabimus" hat sich neben verhaltener Zustimmung leidenschaftlicher Widerstand erhoben, wie man ihn in wissenschaftlichem Umfeld selten erlebt[123]. Allen voran hat in schärfster Form der Zoologe Ernst Haeckel[124] entgegnet, dass in allen offenen naturwissenschaftlichen Fragen zwar ein „Ignoramus", niemals aber ein „Ignorabimus" gelten könne[125]. Es gebe nicht zwei Welt-

---

[120] P.S. de Laplace entwarf den Gedanken einer solchen absoluten „intelligence" in: Essai philosophique sur les Probabilités, Paris 1814, zit. u. übers. bei Du Bois-Reymond, Grenzen, 46f.
[121] Du Bois-Reymond, Grenzen, 14.
[122] A.a.O., 45.
[123] Die Reaktionen samt der Erhöhung der offenen Fragen auf „Die Sieben Welträthsel" in: Du Bois-Reymond, Grenzen, 62.105.
[124] Vgl. R. Hönigswald, Ernst Haeckel, der monistische Philosoph. Eine kritische Antwort auf seine „Welträtsel", 1900; K. Hauser (Hg.), Ernst Haeckel, sein Leben, sein Wirken und seine Bedeutung für den Geisteskampf der Gegenwart, 1920; K. Keitel-Holz, Ernst Haeckel. Forscher, Künstler, Mensch, eine Biographie, 1984.
[125] E. Haeckel, Der Monismus als Band zwischen Religion und Wissenschaft. Glaubensbekenntnis eines Naturforschers, 1892, 18; vgl. noch 30 Jahre später dasselbe wissenschaftliche Selbstbewusstsein des Wiener Kreises: „Die wissenschaftliche Weltauffassung kennt *keine unlösbaren Rätsel*" (R. Carnap /

rätsel, sondern nur eines, nämlich die Frage nach der Substanz oder dem Zusammenhang von Materie und Kraft. Das Rätsel des Bewusstseins sei vollständig auf dieses zurückzuführen, weil jede geistige Erscheinung oder Seelentätigkeit nichts als eine Funktion des Gehirns und Bewusstsein damit als mechanische Wirkung aus der Ursache der materiellen Substanz zu erklären sei. „Das neurologische Problem des Bewusstseins ist nur ein besonderer Fall vom dem allumfassenden kosmologischen Problem. ‚Wenn wir das Wesen von Materie und Kraft begriffen hätten, so würden wir auch verstehen, wie die ihnen zu Grunde liegende Substanz unter bestimmten Bedingungen empfinden, begehren und denken könne'."[126]
Wenn das Wesen des Bewusstseins und der Materie aber identisch sind, gibt es keinen Dualismus von Geist und Materie mehr, sondern nur noch zwei Erscheinungen der einen Substanz. Diese monistische Ontologie nennt Haeckel im Anschluss an A. Schleicher[127] Monismus[128]. Er behauptet die „grundsätzliche Einheit der anorganischen und organischen Natur", die „kosmische Einheit, der untrennbare Zusammenhang von Kraft und Stoff, von Geist und Materie – oder, wie man auch sagen kann, von Gott und Welt"[129].

Haeckels monistische Weltanschauung erneuert manche Thesen von Ludwig Büchners „Kraft und Stoff"[130], das als „Bibel des Materialismus"[131] bezeichnete wirkungsmächtige Machwerk des Materialismus[132]. Büchner hatte mit seinen Thesen von der Unsterblichkeit des Stoffes und der Kraft[133], der Unabänderlichkeit der mechanischen Naturgesetze[134] und der entanthropomorphisierten Gottes-

---

H. Hahn / O. Neurath, Wissenschaftliche Weltauffassung – Der Wiener Kreises, 1929, in: R. Hegselmann (Hrsg.), Otto Neurath. Wissenschaftliche Weltauffassung, Sozialismus und Logischer Empirismus, 1979, 87).

[126] Haeckel, Monismus, 23; der zweite Satz ist Zitat aus David Friedrich Strauß, Der alte und der neue Glaube. Ein Bekenntnis, 1872, der Haeckel als der „größte Theologe unseres Jahrhunderts" (ebd.) gilt.

[127] „Die Richtung des Denkens der Neuzeit läuft unverkennbar auf Monismus hinaus. Der Dualismus, fasse man ihn nun als Gegensatz von Geist und Natur, Inhalt und Form, Wesen und Erscheinung, oder wie man ihn sonst bezeichnen mag, ist für die naturwissenschaftliche Anschauung unserer Tage ein vollkommen überwundener Standpunkt" (A. Schleicher, Die Darwinsche Theorie und die Sprachwissenschaft, 1863, 8).

[128] Zur Begriffs- und Sachgeschichte vgl. J. Mehlhausen / D. Dunkel, Art. Monismus / Monistenbund, TRE; P. Zicke, Monismus um 1900. Wissenschaftskultur und Weltanschauung, 2000; die gesamte Primärliteratur verzeichnet H. Weber, Monistische und antimonistische Weltanschauung. Eine Auswahlbibliographie, 2000.

[129] Haeckel, Monismus, 9f.

[130] L. Büchner, Kraft und Stoff oder Grundzüge der natürlichen Weltordnung. Nebst einer darauf gebauten Moral oder Sittenlehre, 1855.

[131] H. Meyer, Die Weltanschauung der Gegenwart, 1949, 21.

[132] Zu Begriffs- und Sachgeschichte vgl. A. Schmidt, Art. Materialismus, TRE; A. Hüttemann, Art. Materialismus. II. Philosophisch, RGG^4.

[133] „Der Stoff als solcher ist unsterblich, unvernichtbar; kein Stäubchen im Weltall kann verloren gehen, keines hinzukommen" (Büchner, Kraft und Stoff, 15); vgl. Haeckel, Monismus, 24: „Unsterblichkeit in wissenschaftlichem Sinne ist Erhaltung der Substanz. ... Der ganze Kosmos ist unsterblich. Ebensowenig als irgend ein anderes Stofftheilchen oder Krafttheilchen jemals aus der Welt verschwindet."

[134] „Das Naturgesetz ist der strengste Ausdruck der Notwendigkeit. Hier gibt es weder eine Ausnahme, noch Beschränkung" (Büchner, Kraft und Stoff, 83).

idee[135] des „deus sive natura" zusammen mit K. Vogt und J. Moleschott den Materialismusstreit der Jahre 1854–57 provoziert[136].
Der Materialismus galt zwar durch F. Langes historisch und erkenntnistheoretisch großangelegte „Geschichte des Materialismus"[137] als widerlegt und der Streit philosophisch betrachtet als beendet[138]. – Lange hatte Kants Erkenntniskritik auf das Materialismusproblem angewandt und gezeigt, dass der Materialismus nicht objektiv das Wesen der Materie beschreibt, sondern die Vielzahl der Erscheinungen zu einem Objekt zusammenfasst. Die Theorie konstituiere das Objekt als Gegenstand des Subjekts[139]. Die Naturwissenschaft beschreibe die Gegenstände in ihrer empirischen Erscheinung; darüber, wie sie an sich sind, vermag sie nichts auszusagen[140]. Der Materialismus hingegen mache in naturalistischem Fehlschluss die Theorie zur Wirklichkeit und die Erscheinung zum Wesen an sich[141]. –
Doch verhinderte die philosophische Widerlegung nicht, dass der Materialismus gerade außerhalb der Universität in populärer Gestalt umso stärker weiterwirkte[142]. Bereits Lange hatte dies klar erkannt: „Es ist leicht, vom Standpunkt der Philosophie den Materialismus theoretisch zu widerlegen, aber schwer, ihn zu beseitigen."[143] Den Grund hierfür hat Lange ebenfalls genannt: Im populären Materialismus wirkt die idealistische Suche nach der Einheit der Welt weiter, die sich mit philosophischen Argumenten nicht unterdrücken lässt[144].
Haeckel hat sich dies in fast genialer Weise zunutze gemacht, indem er die Triebfeder des populären Materialismus, sein Einheitsstreben, aufgenommen hat, ohne seiner offensichtlichen philosophischen Schwäche zu erliegen. Haeckel erneuert den Materialismus, indem er den Hauptkritikpunkt, nämlich gerade die materia-

---

[135] Büchner, Kraft und Stoff, 340f; vgl. Haeckel, Monismus, 33: „Unsere monistische Gottesidee … erkennt ‚Gottes Geist in allen Dingen'. Sie kann nimmermehr in Gott ein ‚persönliches Wesen' sehen."

[136] Vgl. H. Braun, Art. Materialismus. II. Philosophisch, RGG³, 801f; D. Evers, Art. Materialismus. III. Theologisch, RGG⁴, 806; K. Meschede, Art. Materialismusstreit, HWPh, 689: „Im wesentlichen ging es um die weltanschaulichen Positionen: Materialismus contra Christentum, Spiritualismus und Idealismus". Neben Büchner provozierte K. Vogt, Köhlerglaube und Wissenschaft, 1855.

[137] F.A. Lange, Geschichte des Materialismus und die Kritik seiner Bedeutung in der Gegenwart, Bd. I u. II, 1866; zu Lange vgl. J.H. Knoll / J.H. Schoeps, Friedrich Albert Lange. Leben und Werk, 1975.

[138] Vgl. Timm, Glaube, 55.

[139] Lange, Geschichte II, 158.

[140] Lange, Geschichte II, 98.

[141] Lange, Geschichte II, 156.168.

[142] Vgl. H. Lübbe, Politische Philosophie in Deutschland. Studien zu ihrer Geschichte, 1963, der die bildungsgeschichtliche Bedeutung und Wirkungsgeschichte des Materialismus aufgearbeitet hat: „Der Materialismus der zweiten Jahrhunderthälfte hat in Deutschland die naturwissenschaftliche Kenntnis des Kosmos … soweit popularisierbar, zu einer bildungsmäßigen Selbstverständlichkeit gemacht" (131). „Die materialistische Popularphilosophie war, soweit sich so etwas sagen lässt, in einem geistesgeschichtlichen Sinne notwendig, weil sich im systematischen Rahmen der klassischen deutschen Philosophie das elementare Bedürfnis einer Interpretation der modernen Naturwissenschaften und ihrer positiven Erkenntnisse in das zeitgenössische Bildungsbewusstsein auf eine auch den gebildeten Zeitgenossen einleuchtende Weise nicht befriedigen ließ" (133).

[143] Lange, Geschichte II, 66.

[144] Ebd.; vgl. Timm, Glaube, 57f.

listische Ontologie umgeht: Er betrachtet die Atome nicht als rein materiell-geistlose Partikel, sondern als beseelt[145].

Mit seinem atomistischen Monismus, den man ebenso einen materialistischen wie pantheistischen oder spiritualistischen nennen kann[146], gelingt es Haeckel, mechanische Naturerklärung und monistische Philosophie zu einer einheitlichen Weltanschauung zu verbinden. Mehr noch: Der Monismus integriert als freireligiöse Weltanschauung moderne Wissenschaft und aufgeklärt-humanistische Religiosität. Haeckel proklamiert im Anschluss an Spinoza und Goethe die monistisch-pantheistische Religion. Deren „monistische Gottesidee', welche allein mit der geläuterten Naturerkenntnis der Gegenwart sich verträgt, erkennt ‚Gottes Geist in allen Dingen'. Sie kann nimmermehr in Gott ein ‚persönliches Wesen' sehen. … Hingegen erniedrigt der ‚Homotheismus', die anthropomorphe Vorstellung von Gott, diesen erhabensten kosmischen Begriff zu einem ‚gasförmigen Wirbelthier'"[147]. Haeckels „Glaubensbekenntnis eines Naturforschers"[148] mündet in das Bekenntnis zur „naturwahren Trinität"[149] des Guten, Schönen und Wahren. Der materialistische Monismus sei das „wahrhaft beglückende Band zwischen Religion und Wissenschaft"[150].

Es bedarf kaum der Erwähnung, dass Haeckels Charakterisierung des Christengottes als „gasförmiges Wirbeltier" wenig Zustimmung erhielt. Gleichwohl ging der monistische Materialismus in seiner popularisierten wirkmächtigen Form[151] durchweg mit einer latenten Christentumskritik einher – v.a. das Feuerbachsche Projektions-Argument wurde ständig wiederholt[152] –, gekoppelt mit einer humanistisch-pantheistischen Vernunftreligion[153].

Dass der Versuch, ihr in Gestalt der Monistenbünde[154] institutionalisierte Gestalt zu geben, nur von der Gründung 1906 bis zum ersten Weltkrieg erfolgreich war, hatte v.a. politische Gründe[155]. Aber zur Entkirchlichung und zur Entchristlichung

---

[145] Haeckel, Monismus, 14.
[146] Haeckel, Monismus, 26.
[147] Haeckel, Monismus, 33.
[148] Haeckel, Monismus, 3.
[149] Haeckel, Monismus, 36.
[150] Haeckel, Monismus, 35.
[151] Haeckels „Die Welträtsel. Gemeinverständliche Studien über Monistische Philosophie" fand schon beim Erscheinen 1899 erhebliche Resonanz v.a. in der Öffentlichkeit. Das Werk erreichte bis zu Haeckels Tod 1919 elf und noch zahlreiche Auflagen, wurde mehrfach überarbeitet, auch in Volks- und Taschenausgaben herausgegeben. Es wurde in 25 Sprachen übersetzt und 750000 mal verkauft (vgl. O. Klohr, Einleitung zur Ausgabe 1960).
[152] Vgl. schon Büchner, Kraft und Stoff, 336.
[153] Vgl. Haeckels Nachwort zu „Die Welträtsel": „Das Glaubensbekenntnis der Reinen Vernunft" ab der Volksausgabe von 1903.
[154] Vgl. Mehlhausen / Dunkel, Art. Monismus / Monistenbund; G. Hübinger, Art. Monistenbund, RGG⁴; V. Drehsen / H. Zander, Rationale Weltveränderung durch ‚naturwissenschaftliche' Weltinterpretation? Der Monistenbund – eine Religion der Fortschrittsgläubigkeit, 1996.
[155] Der Monismus war als natürliche Religion pazifistisch, antinationalistisch und antiinstitutionell ausgerichtet. Seine „Gruppenbildung … ist ein Vorgang des geistig-sittlichen Rückzugs der in dieser Vernunft gebildeten Bürger aus dem Staat" (Lübbe, Politische Philosophie, 147).

der Naturwissenschaftler und der bildungsbürgerlichen Öffentlichkeit trug der Monismus, der gesellschaftlich wirksam „bis auf die Schulbuchebene"[156] war – und 1907 die christliche Gegengründung des Keplerbundes[157] unter E. Dennert herausforderte –, entscheidend bei[158].

Im „Kampf der Weltanschauungen"[159] präferierten die Naturwissenschaftler nicht durchweg eine antireligiöse, aber überwiegend eine freireligiös-humanistische, gegen die christliche Religion und das institutionelle Christentum gerichtete, naturalistisch-monistische Weltanschauung.

3. Die „alte" Apologetik: Rückzugs-, Kompromiss- und Lückenfüllerverfahren

Es zeichnet Karl Heims Blick für die geistige Situation und die Fragen seiner Zeit aus, dass er die modernen Naturwissenschaften nicht nur auf der fachwissenschaftlich-universitären Ebene, sondern gerade auch auf der populären-zeitgeistigen Ebene wahrnimmt. Er erkennt, dass die Vermittlung der modernen Naturwissenschaft, so wie sie im Unterricht von Schule und Studium stattfindet, keineswegs weltanschaulich neutral geschieht. Im Gegenteil, gerade in den höheren Schulklassen begegnen die Schüler im Physikunterricht einem offenen Atheismus oder wenigstens „Skeptizismus gegenüber der Religion". Das mechanische Weltbild ist fast untrennbar mit „einer atheistischen Weltanschauung" verknüpft, zu der der christliche Religionsunterricht in einem unaufgelösten Widerspruch steht. Die apologetische Auseinandersetzung mit den Naturwissenschaften ist daher „keine theoretische Angelegenheit, die lediglich den Professor der Apologetik anginge, sondern ein Notstand, der tief ins praktische Leben der Kirche eingreift"[160].

Die derartige Omnipräsenz der Naturwissenschaften mit ihrem weltanschaulichen, ja religiösen Anspruch, hat auf christlicher Seite dazu geführt, eine Reihe von Strategien zu entwickeln, den christlichen Glauben gegen solche Angriffe zu verteidigen.

---

[156] Drehsen/Zander, Weltveränderung, 232.
[157] Vgl. A. Ströle, Art. Keplerbund, RGG²; Benk, Physik und Theologie, 147–170, spez. 151f.
[158] Vgl. W. Ostwalds öffentlichkeitswirksame „monistische Sonntagspredigten" zwischen 1911–1916 – jeweils Sonntag vormittags um 11 Uhr! –, unter dessen Vorsitz der Monistenbund zu einem einflussreichen, 4000 Mitglieder in 70 Ortsgruppen zusammenfassenden „Kulturbund für ‚wissenschaftlich begründete Weltanschauung und Lebensgestaltung'" (A. Ströle, Art. Monistenbund, RGG², 175) wurde; eine Auflistung der Ortsgruppen des Monisten- und des Keplerbundes mit Namen und Zahlen bei Weber, Monistische und antimonistische Weltanschauung, 26–32; hier 158–178 auch die Primärliteratur der beiden Vorsitzenden des Keplerbundes E. Dennert und B. Bavink.
[159] W. Schmidt, Der Kampf der Weltanschauungen, 1904 (zu Büchner, Strauß, Feuerbach, Darwin, Haeckel, Lange); Haeckel, Welträtsel, 1; dagegen E. Dennerts Programmschrift des Keplerbundes: Die Naturwissenschaft und der Kampf um die Weltanschauung, 1908.
[160] Neue Apologetik, 386, unter Aufnahme von W. Schmidt, Die Lage, 1905.

Die überwiegend geübte Methode ist nach Heim die des Rückzugs oder der Abgrenzung. Sie besteht darin „dass die Religion sich darauf beschränkt, ihr Heiligtum gegen die Naturwissenschaft zu verteidigen, sich ein sturmfreies Gebiet abzustecken und einzuzäunen, in der sie frei atmen kann."[161] Dieses Sondergebiet, das die defensive Apologetik von der Natur und damit vom Zugriff der Naturwissenschaften abgrenzte, war „die menschliche Seele als Organ der Religion, das Subjekt der Sünde und der Gegenstand der Erlösung"[162]. Eine solche Gebietsaufteilung der Zuständigkeiten – die Theologie ist zuständig für die Heilsfragen, also das Suprarationale, die Wissenschaften für das Natürliche, das Rationale[163] – funktioniert solange, wie beide Seiten die Begrenzung ihres Gebietes anerkennen. Genau diese Voraussetzung aber wurde von den Naturwissenschaften in der Neuzeit unterminiert, indem sie die „isolierte Zentralstellung der Menschenseele"[164] erschütterte. Die Abzäunung des für die Naturwissenschaft unzugänglichen Seelengebietes wurde mit dem Fortschritt der Wissenschaften immer weniger haltbar. Der Angriff auf die theologische Sonderstellung der menschlichen Seele geschah nach Heim in drei Stufen, die schon S. Freud als die „drei Kränkungen der Menschheit"[165] bezeichnet hatte, nämlich durch die kopernikanische Revolution, durch den Darwinismus und durch die Gehirnphysiologie. „Mit dem Zerfall des ptolemäischen Weltbildes verlor die Menschenseele ihre zentrale Sonderstellung im Raum. Der Evolutionismus nahm ihr ihre Sonderstellung innerhalb der zeitlichen Entwicklung. Die heutige Physiologie endlich brachte sie in den Zustand einer belagerten Festung, um die sich der eiserne Ring immer enger zusammenzieht. Die Außenforts sind längst eingenommen; jetzt wird um die innere Burg gekämpft. Die Hoffnung wird mit jedem Jahr geringer, dass hier die Belagerung zum Stillstand kommen wird."[166] Der Fortschritt der Wissenschaften, die jährlich weiter in bisher noch unerklärt gebliebene Gebiete vorzudringen, verurteilt die defensive Methode des Rückzugs ins unangreifbare Sondergebiet von vornherein zum Scheitern – solange ein „Ignoramus" gilt und kein „Ignorabimus".

Neben dieser Rückzugsmethode wurden „offensivere" Methoden der Apologetik entwickelt, um nicht allein zu reagieren, sondern selbst zu agieren. Man hat ver-

---

[161] Stand der Debatte, GuL 33.
[162] Stand der Debatte, GuL, 34.
[163] In W, 259f, als „supranaturalistische Isolierungsmethode" bezeichnet, die strikt das heilige vom profanen Geschehen unangreifbar trennt.
[164] Stand, GuL 36.
[165] S. Freud, Eine Schwierigkeit mit der Psychoanalyse, in: Gesammelte Werke, Bd. XII, 3–12, 11; zuletzt hat G. Vollmer die Zahl der Kränkungen auf 7–9 ausgedehnt und zur kosmologischen (Kopernikus 1543), biologischen (Darwin 1859) und psychologischen (Freud 1895) noch die ethologische (Heinroth 1910), die epistemologische (Lorenz 1941), die soziobiologische (Wilson 1975), die Kränkung durch das Computermodell des Geistes (heute), sowie die ökologische (demnächst) und die neurobiologische (21. Jahrhundert) hinzugefügt (Die vierte bis siebte Kränkung des Menschen – Gehirn, Evolution und Menschenbild, 1992).
[166] Stand, GuL 44.

sucht, von christlicher Seite aus Lücken in der naturwissenschaftlichen Erklärung aufzuzeigen oder aktiv selbst Gebietsabgrenzungen vorzunehmen, um die Naturwissenschaften in die Schranken zu verweisen. Solche zumeist von christlichen oder religionsfreundlichen Naturwissenschaftlern verfolgte, Lücken- oder Kompromissmethode genannte, Strategien hat Heim in einer Vielzahl von Beispielen angeführt[167]. Davon seien zwei, die sich mit dem Haeckelschen Darwinismus auseinandersetzten, herausgegriffen.

So versuche z.B. der Physiker E. Hoppe den Darwinismus wissenschaftstheoretisch zu widerlegen, indem er ihm „jeden naturwissenschaftlichen Wert"[168] abspreche. Wenn alle Sätze der Naturwissenschaften auf beobachtete Tatsachen begründet sein müssen, hat die Darwinsche Deszendenztheorie lediglich anschaulich-heuristischen, aber keinen wissenschaftlichen Rang, da weder die Umwandlungsformen (die sog. missing links), noch die Umwandlungen selbst beobachtbar sind. Entgegen Heims Darstellung hat Hoppe allerdings weniger gegen den Darwinismus überhaupt als gegen den Haeckelschen Monismus und dessen Letzterklärungsanspruch in allen naturwissenschaftlichen und religiösen Fragen argumentiert. In einer Entgegnung auf Haeckels „Welträtsel" charakterisiert er dessen Monismus als „ein Phantasiegebilde, das mit naturwissenschaftlichen Ausdrücken und Redewendungen operiert, aber weder auf naturwissenschaftlicher Grundlage ruht, noch auch der naturwissenschaftlichen Methode gerecht wird."[169] Hoppe versuchte, dem christlichen Glauben dadurch sein Recht zurückzuerobern, indem er der Naturwissenschaft und insbesondere seiner weltanschaulichen Deutung Grenzüberschreitungen nachwies[170].

Ein vergleichbares Ziel verfolgte der Botaniker E. Dennert, der Gründer des 1907 gegen den Monistenbund gerichteten Keplerbundes, mit der Forderung der scharfen Unterscheidung zwischen Weltbild und Weltanschauung[171]. Diese Unterscheidung diente Dennert im Gegensatz zu Hoppe aber nicht zur Abgrenzung des Glaubens von der Naturwissenschaft bzw. der ihre Grenzen überschreitenden naturwissenschaftlichen Weltanschauung, sondern um Glaube und Naturwissenschaft in ein positives Verhältnis zu bringen[172]. Die Naturwissenschaften könnten gar nicht zum Glauben im Widerspruch stehen, da ihre Naturerklärung weltanschaulich neutral u.d.h. unter Ausschluss von metaphysischen Elementen –

---

[167] Von den Genannten bekannter sind K. Beth, E. Dennert, H. Driesch, G.T. Fechner, E. Hoppe, J. Reinke, G. Portig, O. Zöckler (Stand der Debatte, GuL 48–52; LI 3, 79–95).

[168] LI 3, 87.

[169] E. Hoppe, Der naturalistische Monismus Ernst Haeckels, besonders seine Welträtsel und Lebenswunder, 1906, 87.

[170] E. Hoppe, Das Christentum und die exakten Naturwissenschaften, 1910; ders., Glauben und Wissen. Antworten auf Weltanschauungsfragen, 1914.

[171] E. Dennert, Weltbild und Weltanschauung. Zur Verständigung über das Verhältnis der freien Naturforschung zum Glauben, 1908.

[172] Dennert, Weltbild, 3f: „Es wäre töricht, wollte man leugnen, wie wertvoll das friedliche Zusammengehen von Gottesglauben und Naturwissenschaften sein würde ... dann muß es auch eine der vornehmsten Aufgaben unserer Zeit sein, an ihrer Versöhnung zu arbeiten."

heute würde man sagen: unter methodischem Atheismus – geschehe. Das *Weltbild* sei eine Zusammenfassung des Tatsachenmaterials, das man sich „auf Grund der gerade vorliegenden Tatsachen vom Bau der Welt macht"[173]. *Weltanschauung* wird aus dem Weltbild der Wissenschaften erst, wenn metaphysische Elemente wie Gott oder Zufall zur Welterklärung hinzugenommen werden. Die naturgesetzliche Erklärung lässt beide Letztdeutungen zu: „Sowohl das ‚die Welt mit Gott' als auch das ‚die Welt ohne Gott'. Die Naturwissenschaft ist als solche in dieser Frage völlig neutral."[174] Das positive bzw. negative Verhältnis zum Glauben bestimmt sich allein über die weltanschauliche Deutung. Das naturwissenschaftliche Weltbild sei mit einer Vielzahl von Weltanschauungen verträglich[175].
Nun hat Dennert aber, und das hat Heim an ihm kritisiert[176], die Abgrenzung zwischen Weltbild und Weltanschauung durchweg so gezogen, dass die Weltanschauung dort beginnt, wo die naturwissenschaftliche Welterklärung Lücken aufweist. Mit solcher Lückenapologetik hat er den Gottesglauben als dem Schicksalsglauben überlegen erweisen wollen. Der Anfang wie das Ende der Welt ebenso wie die Sprünge vom unbelebten zum belebten Leben, von den niederen zu den höheren Arten oder die Entstehung des menschlichen Selbstbewusstseins seien mit der Annahme göttlicher Schöpfungsakte besser erklärbar als mit der Nichterklärung durch Zufall[177].
Heim hat an Dennerts Lückenapologetik einerseits kritisiert, dass sie in Wahrheit nur eine Lücken*büßer*apologetik ist und Lücken sich zu schließen pflegen[178], und andererseits, dass Gott dann nur an den wenigen, von der Naturerklärung ausgenommenen, Ereignissen am Wirken sein kann. Damit wird aber der Glaube nicht gestärkt, sondern im Gegenteil der Inhalt und die Gewissheit des Schöpfungsglaubens erschüttert, dass „Gott nicht etwa nur in den der mechanischen Erklärung entzogenen Ereignissen, sondern in allem Weltgeschehen, also auch in den

---

[173] E. Dennert, Die Weltanschauung des modernen Naturforschers, 1907, 332.
[174] Dennert, Weltbild, 67.
[175] „Es gibt viele Weltanschauungen, die sich auf der Grundlage der modernen Naturwissenschaften errichten lassen" (Dennert, Weltanschauung, 343). In unserer Zeit hat A. Gierer die „metatheoretische Mehrdeutigkeit der Wissenschaft" vertreten, sodass die Eindeutigkeit der Naturerklärung – das physikalische Wissen über die Welt – eine Vielzahl von metatheoretischen Interpretation der „Welt als Ganzes" ermögliche, von denen keine den „Anspruch auf alleinige wissenschaftliche Gültigkeit" erheben kann (A. Gierer, Die Physik, das Leben und die Seele. Anspruch und Grenzen der Naturwissenschaft, 1985, 269).
[176] LI 3, 88.
[177] Dennert, Weltbild, 67f.
[178] „Die Wahrheit des Christentums ist also vom Gang der biologischen Forschung abhängig gemacht" (LI 3, 87). Die „Abhängigkeit vom Stande der Naturwissenschaft könnte aber sofort gefährlich werden", sobald die „gute Konjunktur" wieder umschlägt (GN, 27); vgl. die bekannte Ablehnung des Lückenbüßergottes bei D. Bonhoeffer, Widerstand und Ergebung, 162: „Es ist mir wieder ganz deutlich geworden, dass man Gott nicht als Lückenbüßer unserer unvollkommenen Erkenntnis figurieren lassen darf; wenn nämlich dann – was sachlich zwangsläufig ist – sich die Grenzen der Erkenntnis immer weiter hinausschieben, wird mit ihnen auch Gott immer weiter weggeschoben und befindet sich demgemäß auf einem fortgesetzten Rückzug. In dem, was wir erkennen, sollen wir Gott finden, nicht aber in dem, was wir nicht erkennen."

mechanisch erklärbaren Vorgängen, gleichermaßen seine schöpferische und leitende Hand hat."[179] Heim hat Dennerts Unterscheidung zwischen Weltbild und Weltanschauung deshalb nicht rezipiert, weil die Grenze, an der das Weltbild der Naturerklärung in die weltanschauliche Deutung übergeht, flüssig und, je nach Forschungsstand, variabel ist. Darum ist ein „apologetisches Kompromissverfahren"[180], welches Glaube und Naturwissenschaft je ihre abgegrenzten Bereiche zuweist, um auf die von der Wissenschaft noch unbeantworteten und möglicherweise unbeantwortbaren Fragen eine christliche Weltanschauung aufzubauen, nicht akzeptabel.

Nicht akzeptabel ist für Heim aber auch die Strategie, welche die Theologie von Schleiermacher bis Ritschl und seiner Schule verfolgt habe, der Religion dadurch „ihre Sonderstellung zu sichern", dass man eine eigene, theologische „Logik" etablierte, eine besondere „Art des Behauptens und Schließens"[181], welche in den anderen Wissenschaften keine Anerkennung finden, aber deshalb auch den Glauben immun gegen wissenschaftliche Einwände machen würde. Deren – von Heim allerdings missverstandene und zu unrecht disqualifizierte – Methode bestehe darin, die Religion vom übrigen geistigen Leben abzusondern und „einem Spezialgebiet zuzuweisen, das logische Sonderrechte genießt"[182], und den Glauben, von der naturwissenschaftlich-empirischen Methode weder beweisbar noch widerlegbar, nach einem – so der Vorwurf gegen Schleiermacher und Ritschl – besonderen, aber philosophisch inakzeptablen logischen Schlussverfahren zu begründen.
Der „Schluss" Schleiermachers vom Gefühl der schlechthinnigen Abhängigkeit auf den allmächtigen Gott als dem Woher dieser schlechthinnigen Abhängigkeit sei nur der Schluss auf eine relativ stärkere Macht, nicht aber auf eine absolute, ebenso wie das schlechthinnige Abhängigkeitsverhältnis einer Maus lediglich auf die Katze, nicht aber notwendig auf den allmächtigen Gott führe. Damit hat Heim Schleiermachers Argumentation als reinen Erfahrungsschluss dem Schluss der Fliege auf die Kreuzspinne gleichgestellt[183].
Heim hat dabei übersehen, dass Schleiermacher nicht a posteriori, sondern transzendentalphilosophisch a priori argumentiert: Die schlechthinnige Abhängigkeit ist nicht die Summe der Erfahrungen der relativen Abhängigkeit, sondern die Bedingung der Möglichkeit von Erfahrung überhaupt. Also nicht die Erfahrung der

---

[179] LI 3, **88**.
[180] LI 3, 75.
[181] W, 242.
[182] W, 244f.
[183] Ein ähnliches Argument aus der Erfahrung hat bereits Hegel gegen Schleiermacher vorgebracht. Wenn die christliche Religion sich auf das *Gefühl* der schlechthinnigen Abhängigkeit gründe, dann „wäre der Hund der beste Christ, denn er trägt dieses am stärksten in sich" (Vorrede zu Hinrichs Religionsphilosophie, Sämtliche Werke, Bd. 20, 3–28, 19).

relativen Abhängigkeit, sondern die Möglichkeit der Erfahrung überhaupt, d.h. die Existenz des Selbstbewusstseins in der Zweiheit von Abhängigkeit und Freiheit, bedingt ein Woher. ‚Gott' als das Woher der schlechthinnigen Abhängigkeit ist daher nicht *durch* das Selbstbewusstsein (als relativ stärkere Macht) gesetzt, sondern im Selbstbewusstsein – als dessen transzendentale und daher absolute Bedingung – *mitgesetzt*[184].

Auch hat A. Ritschl entgegen Heims Vorwurf mit der Unterscheidung der Werturteile von den Seinsurteilen die Religion nicht in einem vom Wissen abgesonderten geistigen Gebiet situiert, sondern eine kategoriale Unterscheidung in der Urteilsbildung eingeführt. Seins- und Werturteile kommen nie isoliert voneinander vor, sind aber gleichwohl kategorial unterschieden. Stets sind Seinsurteile von sittlich-religiösen Werturteilen begleitet – in Umkehrung von Kants transzendentaler Deduktion, dass das „Ich denke" alle Vorstellungen und Erfahrungen begleiten müsse[185] –, und umgekehrt sind auch die „selbständigen Werturtheile" des „religiösen Erkennens" Erkenntnisurteile, d.h. Seinsurteile, insofern religiöse Erkenntnis einen Sachgehalt hat, der wie das wissenschaftliche Erkennen „auf denselben Gegenstand gerichtet [ist] ..., nämlich die Welt", allerdings nicht in derselben Weise. Im Unterschied zur naturwissenschaftlichen Erkenntnis entspringt das selbständige Werturteil der Religion nicht empirischer Beobachtung, sondern sittlicher Inanspruchnahme, was in der Tat die Unabhängigkeit des religiösen vom naturwissenschaftlichen Erkennen sichern sollte[186].

4. Die „neue" Apologetik Heims: Destruktion und Konstruktion

Heim hält die apologetischen wie die transzendentaltheologischen Versuche seiner Zeit, die Unabhängigkeit der Religion und des theologischen Urteils von den empirisch-positivistischen Naturwissenschaften durch Reklamierung von „sturmfreien" Sondergebieten, durch Zuweisung von Gebietszuständigkeiten oder durch besondere, spezifisch theologische erkenntnistheoretische Methoden zu sichern, für inakzeptabel, weil diese Versuche die „schreiende Dissonanz"[187] im Weltbild zwischen Glauben und Wissen nicht überwinden, sondern verschärfen. Die schiedlich-friedliche Trennung von Glaube und Naturwissenschaften, bedeutet, wie Heim den Theologen seiner Zeit vorwirft, nicht nur, den Glauben um den Preis des Denkens retten zu wollen – sie hätten, bei allen philosophischen Reflexionen doch „immer nur die theologische Absicht, sich ein Gebiet der chaotischen

---

[184] F. Schleiermacher, Der christliche Glaube nach den Grundsätzen der evangelischen Kirche im Zusammenhange dargestellt, ²1830, § 4, Bd. I, 28.
[185] Kant, KrV, B 132.
[186] A. Ritschl, Die christliche Lehre von der Rechtfertigung und Versöhnung, Bd. 3, ³1888, 193–197, Zit. 195.193.
[187] W, 255.

Unberechenbarkeit zu reservieren, auf dem alles möglich ist"[188] – sondern isoliert auch Glauben und Theologie von der Welt. Die Aufspaltung von Glauben und Wissen führt zur Schizophrenie im Denken, zur Weltlosigkeit des Glaubens und zur Ghettoisierung der Theologie[189]. Sie ist zudem illusionär.

Die Meinung, die später auch Karl Barth wieder vertreten hat, dass die Wissenschaften selbst dann, wenn sie mit Weltanschauungsanspruch auftreten, den Glauben nicht gefährden könnten, weil dieser weltanschauungsneutral und damit weltanschauungsimmun sei, ist für Heim realitätsfern und gefährlich, weil es den unangreifbaren, gegen alle Einwände immunen Sonderbereich des Glaubens gerade nicht gibt[190]. Die Wahrheit des Glaubens wird durch die Naturwissenschaften – jedenfalls in der Form ihres weltanschaulichen, gesellschaftlichen Auftretens – beständig angegriffen und in Frage gestellt. Der Weltanschauungsanspruch der Naturwissenschaften hängt dabei nicht daran, ob sie mit einer bestimmten, materialistischen, monistischen oder explizit atheistischen Weltanschauung auftreten, sondern ist allein in der Tatsache begründet, dass Wissenschaft immer mit einer wissenschaftstheoretischen Überzeugung, einer Hermeneutik, verknüpft ist – sei es der Positivismus oder der methodische Atheismus, der de facto meist ein realer ist, – wodurch die weltbildliche Neutralität unterlaufen wird. Auch der Anspruch der Wissenschaften, Theorie der Wirklichkeit im Ganzen zu sein und Gesamtaussagen zu erheben wie: „Alles ist …", „Es gibt …" übersteigt den empirischen Charakter der Naturforschung hin zu weltbildlichen und weltanschaulichen Totalansprüchen. Obwohl die materialistische Weltanschauung und das sie tragende Hauptfundament der atheistischen Naturerklärung, der mechanistische Atomismus, um die Wende zum 20. Jahrhundert durch die Naturwissenschaften

---

[188] W, 260.

[189] Vgl. GN, 5.

[190] K. Barth hat seinem vielzitierten Vorwort zur Schöpfungslehre für den Glauben an den Schöpfer und die Schöpfung freien Raum jenseits aller „naturwissenschaftlichen Fragen, Einwände oder auch Hilfestellungen" reklamiert, wie auch die Naturwissenschaft „freien Raum" habe „jenseits dessen, was die Theologie als das Werk des Schöpfers zu beschreiben hat" (KD III/1, Vorwort). Barth hat die Trennung der Bereiche von Theologie und Naturwissenschaften und den Verzicht auf die Behandlung der Grenzgebiete damit begründet, dass die christliche Schöpfungslehre von der Naturwissenschaft kategorial unterschieden sei. Die Schöpfungslehre habe einen anderen Ursprung, einen anderen Gegenstand und einen anderen Weg als die Naturwissenschaft. Sie ist in der Offenbarung Gottes begründet, behandelt das göttliche Schaffen, das nie Gegenstand der empirischen Wissenschaft werden kann, und ist nur im Glauben, d.h. als Offenbarungserkenntnis, aber nicht empirisch zugänglich. Daher kann aber auch der Schöpfungsglaube anders als die Naturwissenschaften niemals selbst Weltanschauung werden, noch auch sich auf eine Weltanschauung stützen. Folglich kann und braucht sich die Theologie auch nicht mit den Weltanschauungen „auseinandersetzen", braucht und kann kein Gespräch führen oder dialogische Verständigung suchen, sondern kann ihnen nur grundsätzlich widersprechen, weil sie „ihre Wege als solche für letztlich verfehlt halten muss" (KD III/1, 392–394, Zit. 394). So sehr Heim ebenso ein offenbarungstheologisches *Schöpfungs*verständnis vertritt, so sehr sieht er dies als *Natur*verständnis von den atheistischen Naturwissenschaften angegriffen – und nur konstruktiv mit ihnen überwindbar. A. Schlatter, wie Heim früher Vertreter einer Theologie der Natur, hat über Ritschl, Herrmann, Barth etc. gespottet, dass dieser Typ Dogmatiker „vom Menschen und der Natur redete, als ob er sie nie sähe, sondern einzig durch die Sprüche der Schrift von ihnen hörte" (Das christliche Dogma, 1923, 556).

selbst in Auflösung begriffen ist, sieht Heim nach wie vor den Glauben von naturwissenschaftlichem Relativismus, Skeptizismus und Positivismus bedroht. Er registriert eine insgesamt „skeptische Gesamtstimmung" der Naturwissenschaft, die sich in drei Schlagworten charakterisieren lässt: „1. ‚Alles ist relativ' ...; 2. ‚es gibt keine Seele' ...; 3. ‚nur was sich durch Experimente feststellen lässt, ist wahr'"[191].

Daher sucht die „neue Apologetik" statt der Verteidigung selbst den „Angriff, die aktive Teilnahme am naturwissenschaftlichen Parteienkampf der Gegenwart"[192]. Die neue Apologetik hat ein kritisch-destruktives und ein konstruktives Moment. Man muss den Angelpunkt finden, von dem aus das naturwissenschaftliche Weltbild nicht nur eingestürzt, sondern auch neu aufgebaut werden kann. Man muss „auf die Gedankengänge der atheistischen Gegner eingehen und zeigen, dass diese, sobald man sie in ihre eigenen Konsequenzen verfolgt, über den Atheismus hinausführen"[193]. „So bleibt nur ein Weg der Auseinandersetzung mit dem naturwissenschaftlichen Monismus offen, der Versuch, ihn dadurch über sich selbst hinauszuführen, dass man ihn in seine eigenen Konsequenzen verfolgt."[194]
Darum muss der Kritiker Heim so tief in die philosophische und naturwissenschaftliche Theoriebildung eindringen, selbst wenn es „dilettantisch"[195] geschehen sollte, damit er in der Lage ist, sie nach der Zersetzung selbst aufzubauen. „Ich dringe selbst in das Labyrinth des Relativismus ein und gebe den Verhältnischarakter aller räumlichen und zeitlichen Wirklichkeit ohne weiteres zu, suche aber zu zeigen, dass von jedem, auch dem entlegensten Gang dieses Labyrinths aus ein Weg nach dem Ausgang und der Welt des Lichtes führt."[196] Der naturwissenschaftliche Relativismus kann nur überwunden werden, wenn das Prinzip der Relativität als erkenntnistheoretisches und naturphilosophisches Grundprinzip erkannt wird, das in sich selbst und von sich selbst aus über den Relativismus hinausführt.
Konstruktiv durchgeführt hat Heim die neue Apologetik in Gestalt des Aufbaus einer erkenntnistheoretisch und naturphilosophisch begründeten und vor dem philosophischen und naturwissenschaftlichen Denken verantworteten, einheitlichen Weltauffassung vom Grundbegriff der Relativität her im „Weltbild der Zukunft", das wir im Folgenden analysieren und interpretieren wollen.

---

[191] Neue Apologetik, 388.
[192] Neue Apologetik, 387.
[193] Ebd.
[194] LI 3, 82.
[195] W, 6.
[196] Neue Apologetik, 388.

III. Das „Weltbild der Zukunft":
Relationale Erkenntnistheorie und Naturphilosophie

Das „Weltbild der Zukunft" ist der kühne Wurf des jungen Heim, die „Auseinandersetzung zwischen Philosophie, Naturwissenschaft und Theologie" konstruktiv zum „Entwurf einer einheitlichen Weltanschauung"[197] zu synthetisieren. In einer Art „heiligem Rausch" in nur wenigen Wochen im Sommer 1904 abgefasst, löste das Buch ambivalente Reaktionen aus. Während der überhöhte, im Titel implizierte, Anspruch die akademische Welt irritierte und Heim fast die Habilitation kostete, bildeten sich in studentischen Kreisen in Leipzig und Marburg Zirkel, in denen das Buch lebhaft diskutiert wurde.[198] Auf deren Initiative brachte Heim einige Nummern der „Hefte zur Verständigung über Grundfragen des Denkens"[199] heraus, in denen Detailfragen weiterverfolgt wurden.

Das Werk ist trotz der oft überzogen kritischen Urteile über philosophische und theologische Ansätze und der vereinfachenden Darstellung der Problemlage eine beachtliche und ganz einzigartige konstruktiv-synthetische Leistung in der Geschichte der christlichen Apologetik. Da das Buch überdies grundlegende Bedeutung für Heims weitere Arbeit hat – alle wesentlichen Grundgedanken der späteren Werke sind hier schon vorgebildet – soll es ausführlich analysiert und interpretiert werden.

Heim versucht, vier zentrale Tendenzen des neueren Denkens zusammenzuführen. Einerseits greift er das Bemühen der Neukantianer A. Riehl und P. Natorp auf, „die bleibenden Grundgedanken des Kantischen Systems immer völliger von allen scholastischen Elementen zu reinigen" – gemeint ist der Verzicht auf die Hypothese des „Ding an sich" –, dann die „Zersetzung des Ich-Mythus", d.h. die Auflösung des substantiellen Ich-Begriffs, durch den Empiriokritizismus von R. Avenarius und E. Mach. Drittens die Auflösung der atomistischen Physik durch die Energetik W. Ostwalds und schließlich das bei allen Unterschieden doch gemeinsame Bemühen F.H.R. Franks, A. Ritschls, W. Herrmanns oder M. Kählers im „Suchen nach einer von aller Metaphysik und von allen philosophischen Beweisgründen unabhängigen, nur in sich selbst ruhenden Glaubensposition"[200], denen sich Heim trotz aller Kritik im Anliegen verbunden weiß.

---

[197] W, Titel.6.
[198] Vgl. Ich gedenke, 76f; Köberle, Karl Heim, 15f.
[199] Heft 1–7 (1905–1908); erhalten ist nur Heft 3 im Archiv der Karl-Heim-Gesellschaft, Tübingen, mit Artikeln von F. Siegmund-Schultze, Die Überwindung des Solipsismus bei Heim; K. Heim, Leidet die Verhältnisphilosophie an einer Inkonsequenz; J. Schniewind, Die Hauptstücke des Heimschen Weltbildes.
[200] W, 5f.

Die erste Tendenz bedeutet wissenschaftstheoretisch, einen nicht metaphysisch-spekulativen, sondern erfahrungsorientierten Zugang zur Wirklichkeit zu suchen, wie es im alltagsweltlichen und naturwissenschaftlichen Realismus gleichermaßen geschieht. Die zweite Tendenz führt Heim zum Verzicht auf einen substantiellen Ich- und Dingbegriff zugunsten einer relationalen Ontologie. Das Prinzip der Relativität gilt Heim ontologisch und erkenntnistheoretisch als die Weltformel, die drittens von der Tendenz der neuen Physik bestätigt wird. Die vierte Tendenz schließlich führt zur Erkenntnis, dass jedes relative Verhältnis aus Entscheidungen konstituiert ist, denen selbst ein absolutes, nicht-relatives Moment innewohnt – Heim nennt dieses Moment „Wille" – und das den Glauben als nicht-relative Entscheidung in eine formale Analogie zu beliebigen Weltverhältnissen bringt.

Die Aufnahme der vier Tendenzen deutet schon den Gedankengang des Buches an: Nach einer kritischen Zersetzung der neuzeitlichen Erkenntnistheorie durch die empiriokritizistische Erkenntnistheorie wird auf das Prinzip der Relativität eine relationale Erkenntnistheorie und Naturphilosophie aufgebaut. Zeit, Raum und Materie haben eine analoge relationale und „willensartige" Struktur, die auch dem Glauben eigen ist, dessen Gewissheit aufgrund der formalen Analogie zwischen Willensakt, Raum-Zeit-Relationen und Religion denkbar wird.
Wir stellen zunächst die Grundgedanken von R. Avenarius' Empiriokritizismus vor (1.), die Heim fast wörtlich aufnimmt (2.), um daraus die Wirklichkeit verhältnislogisch zu beschreiben (3.). Die Entscheidung in den Verhältnissen hat den Charakter des Willens, der gewisse Parallelen zu Schopenhauers Willensbegriff hat und der gegenüber neueren Überlegungen zur Willensproblematik in eigener Verantwortung plausibilisiert werden soll (4.). Die Relationalität der Verhältnisse zeigt sich auch in der Struktur von Zeit, Raum und Materie. Besonders Heims Zeitverständnis entspricht, ohne dass Heims sich explizit darauf bezogen hätte, der aristotelischen Physik. Ebenso entspricht das Raumverständnis, das Heim in Analogie zum Farbenerleben als Raumerleben entfaltet, zentralen Gedanken von Goethes Farbenlehre. Wir werden die Parallelen ebenso herausstellen wie die kritische Aufnahme der Energetik Ostwalds (5.). Zuletzt schließlich werden die Analogien des Glaubens mit dem Verhältnischarakter der Wirklichkeit aufgezeigt und ungelöste Fragen des „Weltbild der Zukunft" benannt, die unmittelbar auf die folgenden Schriften „Glaubensgewissheit" und „Glaube und Denken" verweisen (6.).

1. Der Empiriokritizismus von R. Avenarius

a) Die empiriokritizistische Methode

Die von Richard Avenarius (1843–1896) begründete und so bezeichnete philosophische Richtung des Empiriokritizismus[201] versucht, die vorwiegend mit naturwissenschaftlicher Methodik arbeitende empirische Psychologie seiner Zeit[202] auf eine philosophisch-erkenntnistheoretisch tragfähige Grundlage zu stellen.
Hatte die alte, vorkritische, naiv-empirische Psychologie mit einem substantiellen Seelenbegriff gearbeitet, der vom Körper räumlich und zeitlich getrennt werden kann, und zwar sowohl realiter als auch begrifflich[203], so ist die neue, in der zweiten Hälfte des 19. Jahrhunderts sich ausbildende empirische Psychologie eine „Psychologie ohne Seele"[204]. Ihr Gegenstand sind die psychischen Zustände, die seelisch-geistigen Funktionen, Tatsachen oder Erscheinungen (Phänomene), die aber mangels eines Substrats oder Trägers derselben in das Innere des Menschen hineinverlegt werden – ein Vorgang, den Avenarius als „Introjektion"[205] bezeichnet. Gegenstand der Psychologie sind damit die inneren Zustände, Vorgänge oder Erlebnisse des Menschen, lokalisiert im Gehirn oder innerhalb des materiellen Körpers. Weil diese aber *im* Menschen angesiedelt gedacht sind, worin der Descartsche Dualismus von res cogitans und res extensae noch immer nachwirkt, sind es gerade nicht die Erlebnisse *des* Menschen selbst, die zum Gegenstand der Psychologie erhoben werden. Durch die Introjektion wird damit „die Bestimmung des Gegenstandes der empirischen Psychologie *gefälscht*"[206].
Eine Rückkehr zum eigentlichen, unverfälschten Gegenstand der Psychologie kann nur durch eine Entlarvung der Introjektion erreicht werden, was eine erkenntnistheoretisch-philosophische Aufgabe ist. Die Erkenntniskritik soll und muss zurückführen zum ursprünglichen sog. „natürlichen Weltbegriff"[207]. Der natürliche Weltbegriff ist nach Avenarius derjenige, der sowohl in der Psychologie, also in den Naturwissenschaften, als auch in der Erkenntnistheorie, mithin der Philosophie, als auch in der lebensweltlichen Erfahrung ursprünglich vorausgesetzt ist und von dem darum ausgegangen werden muss. Die Bestimmung des

---

[201] Vgl. F. Carstanjen, Der Empiriokritizismus. Zugleich eine Erwiderung auf W. Wundts Aufsätze ‚Der naive und kritische Realismus', 1898; O. Ewald, R. Avenarius als Begründer des Empiriokritizismus, 1905; H. Schnädelbach, Erfahrung, Begründung und Reflexion. Versuch über den Positivismus, 1971, 29–61.
[202] Als Initialdatum gilt die Einrichtung des ersten Instituts für experimentelle Psychologie durch Wilhelm Wundt 1879 in Leipzig.
[203] R. Avenarius, Bemerkungen zum Begriff des Gegenstandes der Psychologie, 1894/95, 139; gemeint ist die cartesische Trennung der geistigen, denkenden und unstofflichen Seelensubstanz (res cogitans) von der Körperlichkeit (res extensae).
[204] So das Schlagwort aus Lange, Geschichte II, 381, zit. bei Avenarius, Bemerkungen, 139.
[205] R. Avenarius, Der menschliche Weltbegriff, 1905, 134.
[206] Avenarius, Bemerkungen, 158.
[207] Avenarius, Weltbegriff, 115 u.ö.

natürlichen Weltbegriffs ist daher sowohl eine kritische als auch eine konstruktive Aufgabe. Er muss durch Aufdeckung seiner Verfälschung wieder zurückgewonnen werden und dient dann als Konvergenzpunkt bzw. gemeinsamem Fundament von Philosophie, Naturwissenschaften und lebensweltlicher Erfahrung.

Dass der natürliche Weltbegriff diese Rolle übernehmen kann und also eine Konvergenz von philosophischer Erkenntnistheorie, naturwissenschaftlicher Psychologie und lebensweltlicher Erfahrung erreicht werden kann, liegt darin begründet, dass beide, Erkenntnistheorie und Psychologie natürlicherweise, wenn auch nicht mehr bewusst, vom natürlichen Weltbegriff ausgehen, der in beiden Disziplinen aber in einem ganz analogen Prozess durch kritisch-künstliche Abstraktion verfälscht wurde.

Avenarius bekennt, dass er ganz selbstverständlich zunächst von der idealistischen Grundannahme des „unmittelbaren Gegebenseins des Bewußtseins" ausgegangen war und diese auf die Pschologie anzuwenden versucht hatte. Die „Unfruchtbarkeit des theoretischen Idealismus auf dem Gebiete der Psychologie", der nicht einmal zentrale psychologische Begriffe wie Erkenntnis oder Erfahrung klären konnte, führten ihn dazu, den Ausgangspunkt des Idealismus zu prüfen und auf den „natürlichen Ausgangspunkt aller wissenschaftlichen Untersuchung"[208], nämlich einen realistischen Standpunkt, zurückzugehen und den Weg der Erkenntnistheorie vom Realismus zum Idealismus noch einmal zu rekonstruieren.

Der Übergang der Erkenntnistheorie vom naiven Realismus zu einem kritischen Idealismus ist analog dem Übergang von der naiv-empirischen Psychologie der Seelensubstanz zur naiv-kritischen Psychologie des Inneren ohne Seele. Der *Rückgang* hinter solchen Kritizismus zurück zur ursprünglichen, vorkritischen, lebensweltlichen, zur „reinen Erfahrung" ist für Avenarius der einzige Weg, um über den (naiven) Kritizismus *hinauszukommen*. Dieser Weg ist der *empiriokritische*. Er ist empirisch, weil er die reine Erfahrung aufsucht und er ist zugleich kritisch, weil Erkenntnis und damit Wissenschaft nicht auf reine Erfahrung, sondern nur auf kritisch gereinigte Erfahrung begründet werden kann[209]. Die „Kritik der reinen Erfahrung" muss geübt werden, um zu einer ihrem Gegenstand angemessenen Psychologie ebenso wie zu einer angemessenen philosophischen Erkenntnistheorie zu gelangen. Die Erkenntnistheorie spielt in diesem erfahrungskritischen Prozess der Dekonstruktion und Rekonstruktion der Konvergenz von Lebenswelt, Naturwissenschaft und Philosophie die entscheidende analytische, kritisch-aufdeckende wie synthetische, (re-)konstruktive Rolle.

---

[208] Avenarius, Weltbegriff, X.
[209] Vgl. A. Riehl, Zur Einführung in die Philosophie der Gegenwart (1902), 1919, 61: „Nennen wir den Inbegriff der Tatsachen in der Wahrnehmung: reine Erfahrung, so kommen wir schon hier zum Schlusse, dass *reine* Erfahrung keine Wissenschaft begründen kann, dass sie ungeeignet ist, Erkenntnis eines Objektes zu werden. Schon hieraus erhellt die Notwendigkeit einer *Kritik der Erfahrung*."

Wir beziehen uns im Folgenden nicht auf das Hauptwerk „Kritik der reinen Erfahrung"[210], das selbst von Avenarius nahestehenden Fachkollegen wegen seiner „unsäglich mühseligen Terminologien"[211] als sperrig empfunden wurde, sondern auf das klarere „Der menschliche Weltbegriff"[212] und zwar insbesondere deshalb, weil bei diesem Werk die Abhängigkeit Heims und die Parallelität seiner Argumentation sowohl methodisch als auch bis in die Detailformulierungen hinein unübersehbar ist.

b) Der natürliche Weltbegriff

Der natürliche Weltbegriff ist derjenige, von dem jede philosophische und daher auch naturphilosophische Position ausgehen muss, da alle möglichen erkenntnistheoretischen und ontologischen Positionen vom Realismus über den Materialismus bis zum Idealismus durch Variation aus diesem gewonnen sind. Der natürliche Weltbegriff löst mithin das „Welträtsel"[213]. Er gibt die Antwort auf die Frage „Was ist alles?"[214]. Avenarius setzt also nicht nur die Einheit der Welt voraus – schon dies ist eine nichttriviale Annahme – sondern geht sogar von ihrer Erkennbarkeit aus.

Der natürliche Weltbegriff wird vorgefunden, er ist „als ein Vorgefundenes" gegeben, doch nicht als Einzelerfahrung, sondern als der allgemeine Inhalt aller Erfahrung, „was aller Anschauung der Gesamtheit des Vorgefundenen gemeinsam ist"[215]. Als letztes und zugleich erstes Vorgefundenes ist die Antwort auf die Frage „Was ist alles?" keine Substanz, nicht die Welt als Einzelding, nicht der einheitliche Urstoff der Vorsokratiker – die letzte Einheit ist ein *Verhältnis*!

Der natürliche Weltbegriff ist derjenige, der in jeder lebensweltlichen, unmittelbar-naiven, also vorkritischen Erfahrung vorausgesetzt ist, der aus der lebendigen Anschauung entspringt, noch bevor er in die logische Form des Begriffs geprägt

---

[210] R. Avenarius, Kritik der reinen Erfahrung, Bd. I, 1888; Bd. II, 1890.

[211] W. Windelband, Lehrbuch der Geschichte der Philosophie, 1935, 551; selbst der zu Avenarius „Verwandtschaft" empfindende E. Mach beklagt die „fremdartige, ungewöhnliche ..., künstliche ..., etwas hypertrophische Terminologie" (E. Mach, Die Analyse der Empfindungen und das Verhältnis des Physischen zum Psychischen, 1911, 38–40). Trotz der völlig verschiedenen Terminologie werden Avenarius und Mach häufig in einem Atemzug genannt und der Empirokritismus als der Avenarius-Machsche angesehen.

[212] R. Avenarius, Der menschliche Weltbegriff, 1. Aufl. 1891; zitiert wird nach der um eine entscheidende Passage aus den „Bemerkungen zum Begriff des Gegenstandes der Psychologie" erweiterten 2. Auflage 1905. Dieser Artikel ist in der 3. Auflage von 1912 vollständig mitabgedruckt.

[213] Avenarius, Weltbegriff, 3; zu unterscheiden ist das Welträtsel als philosophische Frage „Was ist alles?" von dem naturwissenschaftlich reduzierten Weltproblem, welches auf die Frage „Was ist alles?" mit „Die Welt als Einzelding" antwortet. Der naturwissenschaftliche Begriff von der Welt als einem Ganzen ist also lediglich ein Individualbegriff, der die universale Frage, das Welträtsel, aber gerade ungelöst lässt (Avenarius, Kritik II, 502f).

[214] Avenarius, Weltbegriff, 114.

[215] Avenarius, Weltbegriff, 2f.

wird. „Ich mit all meinen Gedanken und Gefühlen fand mich inmitten einer Umgebung. Diese Umgebung war aus mannigfaltigen Bestandteilen zusammengesetzt, welche untereinander in mannigfaltigen Verhältnissen der Abhängigkeit standen."[216] Ich und Umgebung sind also ursprünglich immer zusammen, nie getrennt voneinander. Selbst in der Vorstellung des Gedankens sind ich und Umgebung nicht zu trennen. Jedes Ich ist inmitten einer Umgebung und jede Umgebung ist von einem Ich aus. „‚Ich' und ‚Umgebung' sind nicht nur beide *im selben Sinn* ein Vorgefundenes, sondern auch beide immer ein *Zusammen*-Vorgefundenes; keine vollständige Beschreibung von Vorgefundenem … kann ein ‚Ich' enthalten, ohne dass sie auch eine ‚Umgebung' dieses ‚Ich' enthielte – keine vollständige Beschreibung von Vorgefundenem kann eine ‚Umgebung' enthalten, ohne ein ‚Ich', dessen ‚Umgebung' sie wäre."[217]

Diesen unlösbaren Zusammenhang von Ich und Umgebung bezeichnet Avenarius als „empiriokritische Prinzipialkoordination"[218]. Sie ist eine prinzipielle Koordination, deren Glieder das ‚Ich' und die ‚Umgebung' sind. Die Anführungsstriche sollen andeuten, dass Ich und Umgebung nicht dinghaft-substanzhaft als losgelöste Entitäten an sich zu verstehen sind, sondern nur als untrennbare Glieder eines Zusammenhangs gegeben sind. Darin wird die Welt nicht nur als eine erlebt, sondern ist als Einheit gegeben.

Die natürliche Einheit der empirischen Welt aber wird durch den Vorgang der Introjektion aufgespalten. Das natürliche Wahrnehmen und Erkennen als Sichvorfinden in einer Umgebung wird von der Psychologie so interpretiert, dass das Wahrgenommene der Wahrnehmung in das Individuum hineinverlegt, introjiziert wird. Dadurch wird „das ‚Wahrgenommene' (,Gesehene', ‚Gefühlte' u.s.w.) und das ‚Wahrnehmen' (das ‚Sehen' u.s.w.) zu etwas vom ‚wahrgenommenen Umgebungsbestandteil' dualistisch Verschiedenem, das sich ‚im Innern des Individuums' abspielt"[219]. Mehr noch: Das ‚Innere', in das die Außenwelt bei der Wahrnehmung hinein abgebildet wird, wird durch die Hineinverlegung der Wahrnehmungen in den Menschen erst konstruiert. Das Innen ist eine „Schöpfung aus dem Nichts", mit der „die einheitliche Welt in eine ‚Aussenwelt' und eine ‚Innenwelt', das einheitliche ‚Geschehen' in ein äusseres und ein ‚inneres', die einheitliche ‚Erfahrung' in eine ‚Äussere' und eine ‚innere' gespalten"[220] wird. M.a.W.: Die Scheidung und das Gegenüber von Subjekt (Wahrnehmender) und Objekt (Wahrgenommenes) der Wahrnehmung kommen erst durch die Wahrnehmungs- oder Abbildungs*theorie* zustande[221].

---

[216] Avenarius, Weltbegriff, 4.
[217] Avenarius, Bemerkungen, 146.
[218] Avenarius, Weltbegriff, 84f; Bemerkungen, 146.
[219] Avenarius, Bemerkungen, 159.
[220] Avenarius, Bemerkungen, 159; Rechtschreibung wie zit.
[221] Man sieht dies leicht, wenn man einen natürlichen Wahrnehmungsvorgang mit seiner psychologischen Interpretation vergleicht: „Während ich den Baum vor mir als Gesehenes in demselben Ver-

Subjekt und Objekt treten also durch die Erkenntnis*theorie* auseinander und werden durch die Theorie der Introjektion in ein kausales Verhältnis gesetzt: „Das Objekt als außenweltlicher Gegenstand [ist] zur Ursache der Wahrnehmung *im* Subjekt geworden."[222]

Der objektivierte Erfahrungsgegenstand wird aber gerade nicht als Objekt erfahren. Erfahren und erkannt wird ein Gegenstand immer nur so, wie er für mich ist, nicht, wie er außerhalb meines Bewusstseins oder an sich sei. „Der Erfahrungsgegenstand als Objekt ist sonach ein Nicht-Erkennbares geworden"[223]. Vermittels der Sinne als Vermittler zwischen Außen- und Innenwelt ist nur das Bewusstseinsimmanente unmittelbar gegeben, die äußeren Gegenstände sind nur mittelbar gegeben, der Gegenstand selbst aber „bleibt ewig draußen", er ist das unerkennbare „Ding an sich" des kritischen Idealismus.[224] Schärfer noch: Ist das Nicht-Erfahrbare ein prinzipiell Unerfahrbares, wenn es außerhalb meines Denkens oder Bewusstseins kein Sein hat, dann ist es eben ein außerhalb meines Denkens Nicht-Seiendes oder überhaupt ein Nicht-Seiendes.

Aus der idealistischen Erkenntnislehre „Alles unmittelbar Gegebene ist mein Bewusstsein" folgt zwingend die idealistische Ontologie eines Berkeley, die allein dem Bewusstseinsimmanenten Realität zuspricht: „Esse est percipi", Sein ist Wahrgenommenwerden[225]. Die ganze sog. reale Welt hat dann nur Realität in meinem Bewusstsein: „Die ganze ‚reale Welt' – ‚Alles ist *nur* meine Vorstellung.' (Beziehentlich: ‚*Bloß* in meinem Denken', ‚*nur* in meinem Bewußtsein')"[226].

Diese Konsequenz kann nur vermieden werden, indem die Ursache, nämlich die Introjektion ausgeschaltet und zum natürlichen Weltbegriff zurückgegangen wird. Dieser aber kann nur aus der eigenen (= individuell-subjektiven) und nicht aus der allgemeinen (= intersubjektiv-objektiven) Erfahrung, welche die Psychologie zugrundelegt, gewonnen werden. Die Methode zur Rückgewinnung des natürlichen Weltbegriffs ist die *Beschreibung* meiner Erfahrung, nicht aber deren *Erklä-*

---

hältnis zu mir belasse, in welchem er in Bezug auf mich ein Vorgefundenes ist, *verlegt* die herrschende Psychologie den Baum als ‚Gesehenes' in den Menschen (bezw. in das Gehirn desselben). Diese Hineinverlegung des ‚Gesehenen' u.s.w. in den Menschen ist es also, welche als *Introjektion* bezeichnet wird." Darin wird klar, „dass der Wahrnehmungsbegriff der herrschenden Psychologie selbst schon ein Introjektionsprodukt ist" (Avenarius, Weltbegriff, 134).

[222] Avenarius, Weltbegriff, 58.
[223] Avenarius, Weltbegriff, 59.
[224] Heim nennt diese Sicht treffend „populäre Kantauffassung" (W, 29).
[225] Die Grundformel Berkeleys „esse est percipi" (Eine Abhandlung über die Prinzipien der menschlichen Erkenntnis, 1979, § 2f, 26) wurde zumeist erkenntnistheoretisch im Sinne eines subjektiven Idealismus oder sogar ontologisch im Sinne eines objektiven Idealismus gedeutet, dass in der Wahrnehmung die Realität des Gegenstandes im Bewusstsein erzeugt werde. Im Folgenden ist die Erkenntnishaltung „Berkeleyscher Subjektivismus oder Idealismus" immer so gemeint, auch wenn Berkeley selbst die Formel streng auf Gott bezog. Ausschließlich Gottes Wahrnehmung ist eine schöpferische. „Esse est percipi" ist bei Berkeley die Kurzformel für die immerwährende Schöpfung aus dem Nichts: Gott erschafft seine Geschöpfe, weil und indem *er* sie ansieht.
[226] Avenarius, Weltbegriff, 71.

rung.[227] Beschrieben werden kann nur das Vorgefundene, nämlich: Ich und meine Umgebung.

In dieser Kurzformel des natürlichen Weltbegriffs ist eine dreifache Abwehr der Introjektion impliziert, und zwar in Bezug auf das Dass, das Was und das Wie der Erfahrung.

Das Dass der Erfahrung: Die Kurzformel „Ich und meine Umgebung" besagt, dass der Erfahrende nicht ein im Gehirn wohnendes „Ich" ist, sondern ich selbst bin (1. Person), wie auch jeder Gedanke *mein* Gedanke, und nicht ein Gedanke meines *Gehirns* ist[228].

Das Was der Erfahrung: Der Standpunkt, der bei jeder Erfahrung tatsächlich und unausweichlich eingenommen wird und nie verlassen werden kann, ist der der Koordination von Ich und Umgebung. Immer heißt Erfahrung: Ich erfahre etwas. Dabei ist das Ich das relativ Konstante innerhalb einer relativ wechselnden Vielfalt von Einheiten, die in mannigfachen Verhältnissen der Abhängigkeit zu mir und zueinander stehen. Jede Einheit, sei es eine Person oder ein Gegenstand ist wieder in eine Vielheit von Bestandteilen und Merkmalen auflösbar. Die letzten Einheiten sind nicht Substanzen, sondern die einfachen Empfindungselemente wie Farben, Geschmäcke, Töne, Wärmen, Drücke[229]. So ist alles Erfahrene und alles Erfahrbare als Komplex von Empfindungselementen anzusehen. Diese Grundqualitäten der Wahrnehmung sind die irreduziblen Elemente, die die wissenschaftliche Betrachtung als Realität vorfindet und beschreiben kann. Psychologie ist damit Psychologie der elementaren Wahrnehmung, der reinen Erfahrung.

Das Wie der Erfahrung ist im Was bereits enthalten: Gegeben ist nicht das Ich, das den Gegenstand vorfindet, sodass dann der Gegenstand *mir* gegeben wäre als Inhalt meines Bewusstseins. Sondern Ich und Gegenstand sind gleichermaßen Vorgefundenes. Jede Erfahrung umspannt Ich (als ein Umgebenes) und Gegenstand (als Gegenüber des Ich) gleichermaßen. Da aber Ich und Gegenstand nur als Empfindungskomplexe gegeben sind, bedeutet der Erfahrungssatz ‚ich erfahre etwas' als beschreibendes Vorfinden soviel wie: „Eine Erfahrung besteht aus dem einen reichhaltigeren Elementenkomplex ‚ich' und dem andern weniger reichhaltigen Elementenkomplex ‚Baum'", die beide zusammengehörig und unzertrennlich, oder, wie Avenarius sagt, „prinzipialkoordiniert"[230] sind.

‚Welt' ist also die Gesamtheit des Vorgefundenen. Und das Gemeinsame allen Vorgefundenen ist, dass es immer Glied einer Prinzipialkoordination ist. Allein

---

[227] Gerade dieses zugleich positivistische und anti-idealistische Vorgehen hat zu der (zunächst) positiven Aufnahme des Empiriokritizismus im Wiener Kreis beigetragen, vgl. H.R. Ganslandt, Art. Empiriokritizismus, EPhW.

[228] Avenarius, Weltbegriff, 76; die Erkenntnis, dass das Gehirn kein Organ oder Träger des Denkens ist und das Denken keine Funktion oder Zustand des Gehirns ist, und dass aus den beiden Sätzen ‚Ich habe ein Gehirn' und ‚Ich habe Gedanken' niemals der Schluß folgen kann, „dass das Gehirn die Gedanken habe" (ebd.), ist m.E. auch in der heutigen Gehirn-Geist-Debatte unaufgebbar.

[229] Avenarius, Weltbegriff, 82; vgl. Mach, Analyse, 1f.

[230] Avenarius, Weltbegriff, 83.

dieser natürliche Weltbegriff beantwortet die Frage „Was ist alles?", nicht aber die idealistische künstlich-abstrahierende Introjektion: „Alles – d.h. die ganze reale Welt – ist nur meine Vorstellung."[231] Daher kann der natürliche Weltbegriff als der „reine Universalbegriff"[232] gelten.

2. Heims empiriokritizistische Erkenntnistheorie

a) Methodische und sachliche Parallelität zu Avenarius

Wie Avenarius seine ganze Betrachtung auf „die Lösung des ‚Welträtsels'"[233] richtet, so verfolgt Heim kein anderes Ziel als eine „möglichst einfache Formulierung des Weltgeheimnisses."[234] Wie Avenarius unterstellt Heim also, dass ein solches nicht nur existiert, sondern sogar auffindbar, erkennbar ist. Er setzt die Einheit der Welt in ontologischer und erkenntnistheoretischer Hinsicht voraus. Und wie Avenarius geht Heim in zwei Schritten vor, um das Weltgeheimnis freizulegen. Zunächst *konstatiert* er das Problem, welches eine einheitliche Weltanschauung bisher verhindert hat, in der Aufspaltung der natürlichen Einheit der Welt durch Introjektion. Dann *rekonstruiert* er die Geschichte der Erkenntnistheorie als Selbsttäuschung, um sie dadurch zu *dekonstruieren* und in ihrem Selbstwiderspruch über sich hinauszuführen auf das Wirkliche.[235]

Die Einheit der Welt ist zerbrochen durch das westliche Denken von Platon bis zu den Neukantianern. Sie haben ein „System von Scheidemauern"[236] errichtet und so die eine Welt in eine Vielzahl von Doppelwelten[237] gespalten. Sie haben die Welt (1.) getrennt in eine subjektive Innenwelt der psychischen oder inneren Vorgänge und eine objektive Außenwelt der physischen oder äußeren Vorgänge. Jede dieser Doppelwelten existiert in sovielen Exemplaren, wie es Subjekte gibt, sodass (2.) die einzelnen subjektiven Welten voneinander isoliert sind, ja sogar wie leibnizsche Monaden fensterlos-autark sind. Sie sind eingekapselt, ohne Einwirkung aufeinander. Innerhalb jeder Innenwelt wurde wiederum (3.) unterschieden zwischen der Empfindung oder äußeren Wahrnehmung und dem

---

[231] Avenarius, Weltbegriff, 71.
[232] Avenarius, Weltbegriff, 115.
[233] Avenarius, Weltbegriff, 3.
[234] W, 5.
[235] Die ersten beiden Kapitel von W, welche die Problematisierung bieten, lauten „Das Problem: Das gemeinsame Fundament des seitherigen europäischen Denkens – Was uns nötigt, dasselbe in Frage zu stellen" und „Das Wirkliche: Die Selbstauflösung des Subjekt-Objekt-Schemas – Das Gesetz, nach dem dieser Selbstauflösungsprozess verläuft".
[236] W, 12.
[237] H. Rickert, Der Gegenstand der Erkenntnis. Einführung in die Transzendentalphilosophie, 1915, 121, spricht von „Seinsverdopplung".

inneren Vorstellen oder Denken und schließlich (4.) zwischen Empfinden, Vorstellen und Denken einerseits und Wollen andererseits[238].

Jede Doppelwelt wird von einem (psychischen) Ich zusammengehalten gedacht, das als Subjekt des Empfindens, Vorstellens, Denkens und Wollens in einem Menschenleib einwohnend vorgestellt wird. Offenbar beschreibt Heim hier genau den von Avenarius Introjektion genannten Vorgang, welcher den Akt der Wahrnehmung *in* das innerhalb des Gehirn oder Körpers lokalisiert gedachte Innere hineinverlegt, was erst zur Spaltung der Welt in Innen- und Außenwelt, in (psychisches) Subjekt und (physisches) Objekt führt. Dabei ist auffällig, dass Heims Unterscheidungen 1.–3. ihre genaue Parallele bei Avenarius finden,[239] nicht aber die vierte. „Wahrnehmung, Gefühl, Wille … Erfahrung, Erkenntnis"[240] nennt Avenarius gleichwertig als Formen der inneren Wahrnehmung. Die explizite Herausstellung und Thematisierung des Willens hat für Heim, wie wir sehen werden, große Bedeutung und unterscheidet ihn eminent vom positivistisch orientierten Empiriokritizismus.

Dieses System von Unterscheidungen ist für Heim die Ursache für den Kampf der Weltanschauungen, für den ungelösten Streit zwischen den erkenntnistheoretischen und ontologischen Überzeugungen des „Materialismus und Spiritualismus, Empirismus und Rationalismus, über mechanische und teleologische Naturerklärung"[241], der nur deshalb ungelöst bleibt, weil alle Richtungen ihre gegensätzlichen Systeme auf der gleichen Unterscheidung zwischen Subjekt und Objekt aufbauen.

Eine Lösung ist nur möglich, wenn nicht eine neue Antwort gesucht, sondern die Frage hinterfragt wird. Es bleibt nur der eine Ausweg, auch wenn es „wie ein Selbstmord des Geistes" erscheint, „die Fundamente alles seitherigen Denkens in Frage zu stellen."[242]

---

[238] W, 14.

[239] „Jedes Individuum ‚*erfährt*': … Ich selbst habe eine äußere Welt, die ich wahrnehme, erfahre, erkenne, und eine innere Welt, die aus diesen Wahrnehmungen, Erfahrungen, Erkenntnissen besteht [vgl. Heims 1. Unterscheidung]. … Wie nunmehr die Individuen ‚*erfahren*', dass sie eine äußere und eine innere Welt haben, welche sie erfahren, so ‚erfahren' sie auch, dass sie eine äußere und eine innere Erfahrung haben [vgl. Heims 3. Unterscheidung]" (Avenarius, Weltbegriff, 30f). D.h. die Bewusstwerdung der ersten Unterscheidung, welche die fundamentale ist, führt zu den weiteren Unterscheidungen, zur dritten und auch zur zweiten, weil nach Avenarius erst kraft der Introjektion die Innenwelt des Anderen als eine andere im Vergleich zu meiner erkannt wird, während der natürliche Weltbegriff die Mitmenschen als „Wesen … wie ich – ich selbst ein Wesen wie sie" (5) ansieht, was er die „empiriokritische Grundannahme der prinzipiellen menschlichen Gleichheit" (9) nennt.

[240] Avenarius, Weltbegriff, 27.

[241] W, 16; vgl. die vergleichbare Liste bei Avenarius: Der „Streit zwischen Materialismus und Spiritismus, zwischen Determinismus und Indeterminismus, zwischen Empirismus und Apriorismus" (Weltbegriff, 66). Alle diese Richtungen seien nur Spielarten der Aufspaltung von Subjekt und Objekt.

[242] W, 17.

b) Kritische Rekonstruktion der neuzeitlichen Subjekt-Objekt-Scheidung

Für das naive Denken, das den natürlichen Weltbegriff besitzt, ist alles Gegebene eine Einheit. Es kennt noch nicht die Spaltung in Subjektivität und Objektivität. Sobald aber die Unterscheidung zwischen Subjekt und Objekt eingeführt ist, kommt ein mehrstufiger Prozess der Erkenntnistheorie in Gang, wie er in der Neuzeit von Descartes über Locke bis Kant und Berkeley beschritten wurde. Es ist aber auch der Prozess, den jedes kritische Denken geht.[243] Richard Avenarius[244] schildert ihn ebenso wie Ernst Mach[245] nicht nur als allgemeinen, sondern auch als persönlichen Weg der Erkenntnis.

Der naive Realismus, von dem das Denken ausgeht, steht mit seiner Erkenntnistheorie der Übereinstimmung von Gegenstand und Erkenntnis (adaequatio rei et intellectus) in Kritik, sobald Subjektivität ins Spiel kommt. Die Subjektivität hinterfragt die adaequatio der Abbildungstheorie.

Zunächst teilweise: Die Erkenntnis stimmt mit dem Gegenstand nur teilweise, nämlich in den primären quantitativen („objektiven") Qualitäten der Dinge wie Lage, Gestalt, Bewegung etc. (Raum und Zeit) überein, nicht aber in den sekundären qualitativen Sinnesempfindungen wie Farbe, Geschmack etc., welche rein subjektive Reaktionen auf die ersteren sind.[246]

Dann ganz: Die Erkenntnis stimmt mit ihrem Gegenstand gar nicht überein, denn der Gegenstand ist ein unerkennbares x („Ding an sich"). Er ist nur als Phänomen, als Erscheinung gegeben, welche durch die Formen des Denkens und der Anschauung geprägt ist (populäre Kantauffassung)[247].

Und schließlich prinzipiell: Es gibt kein außer der Erkenntnis liegendes Objekt. Die Annahme von Bewusstseinstranszendentem ist ein Selbstwiderspruch. Alles

---

[243] Vgl. auch H. Weyl, Raum – Zeit – Materie, 1918, 2–4, der vom natürlichen Realismus über Descartes' Subjektivität der Sinneswahrnehmung zu Kants Kritizismus und zum idealistischen Phänomenalismus: „Das schlechthin Gegebene sind die Bewusstseinserlebnisse" (3) gelangt.

[244] Avenarius, Weltbegriff, X; s.o. Anm. 208.

[245] „In früher Jugend wurde meine naiv-realistische Weltauffassung durch die ‚Prolegomena' von Kant mächtig erschüttert. Indem ich ein oder zwei Jahre später das ‚Ding an sich' instinktiv als müßige Illusion erkannte, kehrte ich auf den bei Kant latent enthaltenen Berkeleyschen Standpunkt zurück. Die idealistische Stimmung vertrug sich aber schlecht mit physikalischen Studien. Die durch Kant eingepflanzte Abneigung gegen die Metaphysik … führten mich auf einen dem Humeschen naheliegenden Standpunkt zurück" (E. Mach, Die Leitgedanken meiner naturwissenschaftlichen Entwicklung und ihre Aufnahme durch die Zeitgenossen, 1910, in: Die Mechanik in ihrer Entwicklung historisch-kritisch dargestellt, 1988, 662).

[246] Die Unterscheidung zwischen primären und sekundären Sinnesqualitäten geht begrifflich auf J. Locke zurück (Über den menschlichen Verstand / 1, 2000, Buch II, VIII, 9f; 147f; der Sache nach schon bei Demokrit, Descartes, Galilei, Hobbes usw.). Dass Heim ihn hier nicht namentlich nennt, liegt wohl daran, dass diese Sicht zu Heims Zeit von den meisten, von der Physik herkommenden empiristischen Physiologen, wie z.B. H. v. Helmholtz oder J. Müller, vertreten wurde (vgl. Riehl, Einführung, 53).

[247] Vgl. Kants Eigencharakterisierung seines „transzendentalen Idealismus" (Prol., A 70): „Es sind uns Dinge als außer uns befindliche Gegenstände unserer Sinne gegeben, allein von dem, was sie an sich selbst sein mögen, wissen wir nichts, sondern kennen nur ihre Erscheinungen" (A 63).

Gegebene ist Inhalt des Bewusstseins, d.h. nur meines Bewusstseins (Berkeleyscher ontologischer Subjektivismus oder Solipsismus)[248].

Der Weg vom naiven Realismus über den kritischen zum ontologischen Subjektivismus ist nach Heim zwar folgerichtig, aber dennoch eine Selbsttäuschung, weil er die Voraussetzungen aushebelt, auf denen er steht. Dies wird deutlich, wenn man ihn in seine eigenen Konsequenzen verfolgt. Der geschilderte Prozess schiebt nämlich einfach die Grenze, die zwischen Subjektivität und Objektivität aufgerichtet wurde, immer weiter hinaus und holt immer mehr vom objektiven Außen ins subjektive Innere des Bewusstseins herein, bis es gar kein Außen mehr gibt, nur noch die Grenze dorthin[249]. Damit ist aber der Begriff der Grenze unsinnig geworden, er hat sich selbst aufgelöst. Der Subjektivismus ist identisch mit dem naiven Denken, für das Subjekt und Objekt ununuterschieden eins sind, „denn wenn kein Objekt denkbar ist, so kann man auch nicht mehr vom Subjekt reden"[250]. Der Denkfehler war die Unterscheidung zwischen Subjekt und Objekt, zwischen innen und außen selbst.[251]

Interessant ist nun, dass Heim die Geschichte der Erkenntnistheorie nicht nur wie Avenarius oder Mach als Geschichte des Irrtums, sondern auch als eine Geschichte der Verführung schildert und dabei den Begriff des Bewusstseinstranszendenten mit dem Transzendenten überhaupt in Verbindung bringt. Erkenntnistheorie und Ontologie, Erkennen, Wirklichkeit und Wahrheit sind für Heim viel enger verflochten als bei Avenarius. Seine Erkenntnislehre ist, weil sie theologisch ist, immer auch onto-logisch! Es ist die „Geschichte eines Irrtums, ... wie die ‚wahre Welt' endlich zur Fabel wurde"[252], die Heim in genauer Anlehnung an F. Nietzsche erzählt, ohne diesen zu nennen[253]: Die sogenannte wahre Welt des Jenseits ist nur eine Täuschung des (platonisch-christlichen) Teufels, der dem in seiner Welt glücklichen Menschen vorgaukelt, es gebe die andere, bessere und schönere Hinterwelt[254]. Diese aber ist in Wahrheit eine Scheinwelt, sie entsteht

---

[248] Vgl. Kants Charakterisierung des Berkeleyschen Idealismus als „Behauptung, dass es keine andere als denkende Wesen gebe, die übrigen Dinge, die wir in der Anschauung wahrzunehmen glauben, wären nur Vorstellungen in den denkenden Wesen, denen in der Tat kein außerhalb diesen befindlicher Gegenstand korrespondierte" (Prol., A 63).

[249] Vgl. L. Wittgensteins logische Analyse des Solipsismus: „Hier sieht man, dass der Solipsismus, streng durchgeführt, mit dem reinen Realismus zusammenfällt. Das Ich des Solipsismus schrumpft zum ausdehnungslosen Punkt zusammen, und es bleibt die ihm koordinierte Realität" (Tractatus logico-philosophicus, 1963, 5.64, 91).

[250] W, 29.

[251] Vgl. W. Ostwald, Vorlesungen über Naturphilosophie, 1902, 64f: Der Streit zwischen (naturwissenschaftlichem) Realismus und (philosophischem) Subjektivismus sei ein Scheinproblem, weil beide auf der fehlerhaften Voraussetzung der Scheidung zwischen Subjekt und Objekt beruhen.

[252] Nietzsche, Werke II, 963.

[253] W, 25ff.

[254] „Die wahre Welt, unerreichbar für jetzt, aber versprochen für den Weisen, den Frommen, den Tugendhaften" (Nietzsche, Werke II, 963).

erst durch die Unterscheidung von Diesseits und Jenseits. In Wahrheit gibt es nur die eine unermessliche und schrankenlos-unendliche Welt. Was Nietzsche zur Ent-täuschung führt, zur Abschaffung der wahren mit der scheinbaren Welt[255], ist auch für Heim die Konsequenz des seiner selbst bewusst werdenden Denkens: Der Subjektivismus ist mit dem Nihilismus identisch! „Gibt es kein Jenseits, so gibt es kein Diesseits."[256] Gibt es kein Diesseits, so gibt es kein Jenseits. „Die wahre Welt haben wir abgeschafft: welche Welt blieb übrig? die scheinbare vielleicht? ... Aber nein! mit der wahren Welt haben wir auch die scheinbare abgeschafft! ... Ende des längsten Irrtums; Höhepunkt der Menschheit; INCIPIT ZARATHUSTRA."[257]

Wie Nietzsche geht es Heim darum, den Idealismus von Platon über Descartes bis zu Kant und Berkeley zu entmythologisieren und zu überwinden durch Analyse seiner Selbstwidersprüche[258]. Der Solipsismus kann widerlegt werden, indem er auf sich selbst angewandt wird und gefragt wird, was er denn mit Bewusstsein meine. Um die Behauptung „Alles Gegebene ist mein Bewusstseinsinhalt" aufstellen zu können, muss der Solipsismus zwischen dem Innerhalb und dem Außerhalb des Bewusstseins unterscheiden. Der Gehalt der Behauptung widerspricht aber ihrer Voraussetzung. Für den Solipsismus dürfte es kein Außerhalb des Bewusstseins geben. Logisch betrachtet verwickelt sich die Anwendung des Subjekt-Objekt-Schemas auf das Bewusstsein, also auf das Subjekt selbst, in Widersprüche, weil die Tätigkeit des Unterscheidens nicht auf das Subjekt dieser Tätigkeit angewandt werden kann. Der Akt des Unterscheidens muss vom Unterschiedenen unterschieden sein. Das Subjekt kann nicht zugleich Unterscheidendes und Unterschiedenes sein, sonst würden Subjekt und Objekt zusammenfallen und der Zweck der Unterscheidung, nämlich das Unterscheiden von Subjekt und Objekt, wäre aufgehoben.

---

[255] „Die ‚wahre Welt' – eine Idee, die zu nichts mehr nütz ist, nicht einmal mehr verpflichtend – eine unnütz, eine überflüssig gewordene Idee, folglich eine widerlegte Idee: schaffen wir sie ab!" (Nietzsche, ebd.).
[256] W, 28.
[257] Nietzsche, Werke II, 963.
[258] Es ist mir unerklärlich, wie Krause, Weltbild, 80.155, die These des Subjektivismus „alles Gegebene ... ist mein Bewusstseinsinhalt" (W, 20) als Auffassung Heims behaupten kann. Heim benutzt wie Avenarius diese These als erkenntnistheoretischen Ausgangspunkt des Denkens, um sie als ontologische Behauptung zu *widerlegen*, vgl. F. Schulze, Die Überwindung des Solipsismus durch Heim, in: Hefte zur Verständigung 3, ebenso Heims eigene Widerlegung in: Hefte zur Verständigung 5. Leider ist das Heft unauffindbar. Die Argumentation dort ist aber nach der Zusammenfassung bei Ruttenbeck, Methode, 14f, analog derjenigen von PA, 60–69, die wir im Folgenden wiedergeben. Äquivalent ist die Abwehr des Solipsismus bei Weyl, Raum – Zeit – Materie: Objekte sind zwar als Bewusstseinsinhalte (erkenntnistheoretisch) bewusstseinsimmanent, insbesondere in der Reflexion auf den Wahrnehmungsakt, im (primären, nichtreflexiven, erlebenden) Wahrnehmungsakt selbst aber sind sie (ontologisch) „transzendent, d.h. zwar gegeben in einem Bewusstseinserlebnis, aber nicht reelles Bestandstück" (4).

Ergebnis: 1. Die Subjekt-Objekt-Spaltung ist nicht auf den Gesamtinhalt alles Gegebenen, weder auf „das Bewusstsein" noch auf „die Welt" anwendbar. Das unterscheidende Bewusstsein muss vom Unterscheiden ausgenommen sein.
2. Die Annahme des Solipsismus ist selbstwidersprüchlich. Wird das Ich-Bewusstsein als Gesamtheit des Gegebenen angesehen, dann ist das Unterscheiden überhaupt unmöglich, da Unterscheiden die Unterscheidung zwischen der Tätigkeit und dem Gegenstand des Unterscheidens voraussetzt, die für den Berkeleyschen Subjektivismus jedoch identisch sind.

Für ihn „gelingt die gewünschte Unterscheidung zwischen Ich, Bewusstseinstätigkeit und Gegenstand niemals"[259], sie kann nicht gelingen, wenn Ich und Gegenstand zusammenfallen. Der Fehler des objektiven Idealismus war, die Totalunterscheidung von Bewusstsein und Nichtbewusstsein, von subjektiver res cogitans und objektiven res extensae im Sinne eines ontologischen Dualismus überhaupt eingeführt zu haben.

Daraus zieht Heim weitreichende Konsequenzen: 1. Das Unterscheiden im totalen Sinne als Abgrenzung und Isolierung von substantialen Entitäten muss in Frage gestellt werden, da Totalunterscheidungen bei Selbstanwendung zu Widersprüchen führen. Und 2. muss der Punkt aufgezeigt werden, der vom Unterscheiden ausgenommen werden muss, damit Unterscheiden überhaupt möglich ist. Dabei hat Heim nicht die Möglichkeit des Unterscheidens überhaupt in Frage gestellt, wie man ihm unterstellt hat[260]. Die Welt ist für ihn nicht eine amorphe, differenzlose Masse. Wohl aber hat er im „Weltbild der Zukunft" dem absoluten Unterscheiden von ontologisch isolierten Substanzen widersprochen und in der „Glaubensgewissheit" den Punkt aufgezeigt, der beim Unterscheiden vom zu Unterscheidenden ausgenommen werden muss: das perspektivische Zentrum des Erkennens, das erkennende Subjekt selbst[261].

3. Die „Weltformel": Der Verhältnischarakter der Wirklichkeit

a) Die Logik der Verhältnisse: Grund-, Umtausch und Proportionsverhältnis

Aus der Unmöglichkeit von Totalunterscheidungen ergibt sich: Die Wirklichkeit besteht nicht aus ontologisch isolierten und separierten Entitäten, sondern aus einem Geflecht an Relationen. Das „Unterscheiden im allgemeinen", also das ontologische Verabsolutieren der Logik, „das Setzen von Mauern und Ziehen von

---

[259] W, 23.
[260] Schaeder, Theozentrische Theologie, 200f; Traub, Über Karl Heims Art der Glaubensbegründung, 195.
[261] S.u. Kap. V.2./4.

[absoluten, U.B.] Grenzlinien"²⁶² widerspricht der Wirklichkeit. Die Wirklichkeit ist nicht aus definiten, *an sich* unterschiedenen Entitäten aufgebaut. Es gibt keine letzten Gegebenheiten. Kein Gegebenes ist nicht wieder teilbar. Kein Unterschiedenes ist nicht wieder in Unterscheidungen, in Verhältnisse auflösbar. „Wir haben es also überall in der Welt, soweit wir sehen können, immer nur mit Verhältnissen zu tun und niemals mit letzten Gegebenheiten, die sich nicht wieder in Verhältnisse auseinanderfalten ließen. Alle Einheiten, von denen wir sprechen, sind nur latente, mögliche Verhältnisse."²⁶³

Wenn aber alle Einheiten wieder in Verhältnisse auflösbar sind, dann ist die Wirklichkeit aus Verhältnissen, nicht aus Einheiten aufgebaut. Sie ist „ein ungeheures Kontinuum. ... Nirgends treffen wir so auf letzte Grenzen und auf letzte Elemente."²⁶⁴ Die Welt ist nach Heim auf jeder Ebene kontinuierlich, aber nirgends aus diskreten Bausteinen aufgebaut. Die „reine Erfahrung" zeigt das „eigentümliche Ineinandergeschlungensein von Einheit und Verhältnis, die Auflösbarkeit aller Einheiten in Verhältnisse und Verwandelbarkeit aller Verhältnisse in Einheiten. ... Damit tritt aber an die Stelle der seitherigen Einheitslogik, für welche die Verhältnisse nur durch Zusammentreten isolierbarer Einheiten entstehen, eine Verhältnislogik, für welche die Einheiten nur durch Verhältnisse zustande kommen."²⁶⁵

In seiner Logik der Verhältnisse, die er auch „Relationslogik"²⁶⁶ nennt, unterscheidet Heim drei Arten von Verhältnissen: Das Grund-, das Umtausch- und das Proportionsverhältnis.²⁶⁷

Das Grund-verhältnis ist dabei das grund-legende. Es liegt den beiden anderen zugrunde, ist deren „Wurzel"²⁶⁸. Es besagt, dass jedes Verhältnis auch als Einheit betrachtet werden kann und jede Einheit als Glied eines Verhältnisses. Das Grundverhältnis ist eine Kurzformel für den Verhältnischarakter der Wirklichkeit. Jede Einheit kann zum Verhältnis werden, indem sie in eine Zweiheit aufgespalten oder als Glied eines höheren Verhältnisses aufgefasst wird, und jedes Verhältnis kann umgekehrt zur Einheit zusammengefasst werden. Das Grundverhältnis beschreibt die Wirklichkeit als relationales Gefüge und gliedert dieses zugleich hierarchisch. Verhältnis wird eine Einheit immer auf tieferer Ebene und Einheit wird ein Verhältnis immer auf höherer Ebene. So entsteht ein unabschließbares Netz aus Verhältnissen von relativen Einheiten und Einheiten von Relationen. „Unsere ganze, in Zeitablauf und Raumschema zusammengeordnete Welt beruht

---

²⁶² W, 32.
²⁶³ Ebd.
²⁶⁴ P. Kalweit, Religion und Weltbild, 1907, 540.
²⁶⁵ Selbstanzeige zu W, 229.
²⁶⁶ Ebd.
²⁶⁷ Vgl. hierzu Ruttenbeck, Methode, 4f; Kalweit, Religion, 540f.
²⁶⁸ W, 45.

auf einer solchen Kette von Urentscheidungen, die wie aufeinanderfolgende Generationen im Stammbaum eines uralten Geschlechts sich immer weiter verzweigen."[269]

Das Umtauschverhältnis beschreibt die Möglichkeit, in einem Verhältnis die beiden Verhältnisglieder zu vertauschen. Es ist im Grundverhältnis enthalten und doch von ihm verschieden. Denn Einheit und Verhältnis sind im Grundverhältnis nur relativ zueinander bestimmt, wie auch die beiden Verhältnisglieder eines Verhältnisses nur in Beziehung aufeinander bestimmt sind. Doch ist im Grundverhältnis als der Möglichkeit der Verhältniswerdung überhaupt Einheit und Verhältnisglied nur unter Wechsel der Ebene vertauschbar, während im Umtauschverhältnis die beiden Glieder ohne Änderung ihres Verhältnisses vertauschbar sind, wie etwa die Raumrichtungen rechts und links oder das Verhältnis von Ruhe und Bewegung nur relativ zueinander bestehen und durch Wechsel des Standortes gegeneinander vertauscht werden können. Die wechselseitige Vertauschbarkeit der Verhältnisglieder im Umtauschverhältnis ist also zugleich ein Ausdruck der Relativität der Wirklichkeit. Der Begriff der Relativität gilt Heim als „philosophischer Grundbegriff"[270] der Verhältnislogik.

Das Proportionsverhältnis schließlich beschreibt ein Verhältnis, das bei Änderung der Verhältnisglieder immer identisch bleibt, wie das arithmetische Verhältnis von 10:1 mit dem von 100:10 identisch ist. Darum ist für Heim das Proportionsverhältnis ein starres Verhältnis, während Grund- und Umtauschverhältnis als lebendige Verhältnisse gelten.
Das Proportionsverhältnis beschreibt die wesentliche Wirklichkeitssicht der Naturwissenschaft, die man auch als Wissenschaft von (Proportions-)Verhältnissen bezeichnen kann[271]. Für Heim aber beschreibt das Proportionsverhältnis die Wirklichkeit nicht vollständig, sondern nur ihre objektiv-starre, quantitativ-mathematische Seite. Solche Beschreibung bedeutet „die Mathematisierung der Wirklichkeit und repräsentiert so die mechanisch-quantitative Deutung dersel-

---

[269] W, 106.
[270] Selbstanzeige zu W, 229; bei diesem Begriff handelt es sich keineswegs um eine Aufnahme der Einsteinschen Relativitätstheorie, die im selben Jahr erschien (A. Einstein, Zur Elektrodynamik bewegter Körper, Ann. Phys. 1905) – schon gar nicht hat Heim das Relativitätsprinzip vor Einstein entdeckt (so S.M. Daecke, Gott im Hinterhaus des Weltgebäudes? Die Dimensionenlehre Karl Heims als Versuch eines theologischen Wirklichkeitsbegriffs, GDJ 1988, 12; Gräb-Schmidt, Erkenntnistheorie, 51) – sondern um das Relativitätsprinzip der klassischen Mechanik (Relativität von Ruhe und Bewegung), das Heim nach eigenem Bekunden bereits als 15-Jähriger (1889!) vertraut war, auch wenn er es im Rückblick mit dem Einsteinschen verwechselt (Ich gedenke, 70). Das Relativitätsprinzip wurde seit 1881 zwischen Michelson, Lorentz, Poincaré u.a. vieldiskutiert, sodass Einsteins Theorie den Endpunkt einer breiten physikalischen Diskussion darstellt, vgl. den Sammelband mit den Originalarbeiten von H.A. Lorentz / A. Einstein / H. Minkowski, Das Relativitätsprinzip, 1990.
[271] W, 34.

ben"[272]. Die wesentliche Dimension der Wirklichkeit aber wird durch das organisch-lebendige Grund- und Umtauschverhältnis beschrieben.

Die Differenz zum starren Verhältnis- und Wirklichkeitsbegriff der Naturwissenschaften ist jedoch noch nicht das Entscheidende, was das Grund- und Umtauschverhältnis gegenüber dem Proportionsverhältnis auszeichnet. Wesentlich ist, dass von den beiden Möglichkeiten, die das Umtauschverhältnis bietet, immer nur eine realisiert sein kann. Es muss die im Untauschverhältnis enthaltene Alternative zur Entscheidung kommen.

Ebenso muss die im Grundverhältnis enthaltene Alternative zur Entscheidung kommen. Etwas kann in actu nur entweder als Verhältnis-Einheit oder als Glied eines Verhältnisses betrachtet werden. Die Wirklichkeit ist dadurch konstituiert, dass von zwei Möglichkeiten immer eine zur Entscheidung kommt. Ich kann immer nur rechts oder links eines Gegenstandes stehen (Entscheidung im Umtauschverhältnis) usf., etwas kann nur Verhältnis oder Glied eines anderen Verhältnisses sein (Entscheidung im Grundverhältnis). Das Entweder-oder, in dem das Sowohl-als-auch der Alternativen zur Entscheidung kommt, ist die „Weltformel". In der Formulierung Heims: „Das Umtauschverhältnis, in welchem Verhältnis und Verhältnisglied im Grundverhältnis zueinander stehen, ist die Weltformel. Um irgend eine Wirklichkeit zu konstituieren, muss ... die im *Grundverhältnis* enthaltene Alternative zur Entscheidung kommen. ... [Und] es muss die im *Umtauschverhältnis* enthaltene Alternative zur Entscheidung kommen."[273]

Wirklichkeitswerdung ist immer eine Entscheidung zwischen den möglichen Alternativen des Grund- und des Umtauschverhältnisses. Die Wirklichkeit hat damit den Charakter des Willens, der alle Alternativen zur Entscheidung bringt. Der Übergang von der Vielzahl der Möglichkeiten zur einen realisierten Entscheidung konstituiert die Wirklichkeit. Ob und inwiefern der Entscheidungscharakter der Wirklichkeit mit dem Begriff „Wille" angemessen beschrieben ist, soll im folgenden Abschnitt diskutiert werden. Jedenfalls ergibt sich, wenn das Wesen der Wirklichkeit in einer Folge von Entscheidungen gesehen wird, ein neues, nichtdeterministisches Weltbild. Die Grundkonstituentien der Welt sind nicht die Atome und Dinge (die isolierten Entitäten), die sich sekundär zusammenordnen, sondern die Entscheidungen selbst, sodass Wirklichkeit als sich ständig neu konstituierendes, lebendig-schöpferisches Gefüge von Verhältnissen erscheint. „Ein neues Weltbild ist so entstanden. Die tote, starre Wüstenei ist verschwunden ... Bewusstsein und Entscheidung, Bewusstsein und Wille ... ist die alle Wirklichkeit tragende Macht."[274] Statt toter Materie hat die Welt das Wesen

---

[272] Ruttenbeck, Methode, 6.
[273] W, 104f.
[274] Kalweit, Religion, 88.

von Bewusstsein, Wille und Entscheidung[275]. „Die ganze Wirklichkeit webt sich also aus schöpferischen Entscheidungen zusammen, aus Setzungen von Verhältnissen, Entscheidungen der in ihnen enthaltenen Grundverhältnisse und Umtauschverhältnisse. ... Alles Wirkliche ist ... ein Schöpfertritt, der Welten aus dem Nichts stampft, ein kühnes Setzen des Maßes aller Dinge, ein Statuieren der Weltmitte"[276]. Unter all den Welträtsel, welche die Weltformel löst: Zeit, Raum, Personalität, Wille, Naturgesetz, Materie,[277] ist der Wille das zentrale. „Wille" ist „das weltschöpferische Prinzip"[278]. Der Willensbegriff verweist darauf, dass keine theoretischen oder empirischen Gründe für die Bevorzugung des einen unter den gleichberechtigten Möglichkeiten angegeben werden können. Das Werden der Entscheidung ist „übertheoretisch" und „überempirisch". Das Zustandekommen der Entscheidung im Grund- und Umtauschverhältnis kann weder empirisch noch theoretisch abgeleitet, und daher auch weder aus Abwägung der Möglichkeiten selbst noch durch Angabe eines empirischen Grundes, d.h. eines Naturgesetzes, *zureichend* begründet werden. Eine Analyse des Entscheidungscharakters der Wirklichkeit ist nur vorempirisch oder vortheoretisch, d.h. transzendentalphilosophisch und logisch möglich. Wir fragen daher, bevor wir darauf eingehen, wie mittels der Weltformel vom Willen aus das Wesen von Raum, Zeit und Materie bestimmt und das einheitliche Weltbild naturphilosophisch aufgebaut wird, danach, was mit der Bestimmung der Weltformel und der Unterscheidung der drei Verhältnisarten logisch und erkenntnistheoretisch erreicht ist. Dazu sollen alle drei Verhältnisarten sowie der Entscheidungscharakter der Wirklichkeit auf den zugrunde liegenden logischen Grundbegriff der Relation zurückgeführt sowie dieser selbst logisch analysiert werden.

b) Relative Größen in der Naturwissenschaft nach der Ostwald-Machschen Naturphilosophie

Proportionsverhältnisse beschreibt die quantitative Naturwissenschaft, beispielhaft die Psycho-Physik, also die empirische Physiologie, welche die physiologischen Empfindungen quantitativ mit den sie auslösenden Reizen verknüpft. Da

---

[275] Dies ist auch im den Upanishaden entnommene Motto von W ausgedrückt: „Seele nur ist dieses Weltall" (3.207). Mit der Beseeltheit des Kosmos ist bei Heim weder die platonische Weltseele (Kosmos als vernünftig-lebendiges Wesen, vgl. Platon, Tim. 30b: „τὸν κόσμον ζῷον ἔμψυχον ἔννουν") noch die stoische (verstehbar-harmonische Naturordnung, vgl. Zenon nach Cicero, De natura deorum, II, 22: „animans est igitur mundus composque rationis") gemeint, sondern einerseits der Willenscharakter der Weltwirklichkeit und andererseits das Aufgenommensein des Einzelwillens in den Gesamt- oder Weltwillen, hierzu s.u den Abschnitt 4.b.
[276] W, 105f.
[277] Die Kapitel in W lauten: Die Weltformel, Die Zeit, Der Raum, Das Du, Der Wille, Das Naturgesetz, Das energetische Weltbild.
[278] W, 116.

nur die Änderungen, nicht die Empfindungsgrößen selbst eingehen,[279] werden auch die Quantitäten als relative Größen erwiesen.

Das Umtauschverhältnis ergibt sich aus der täglichen raum-zeitlichen Erfahrung. Jede Alltagsorientierung im Raum ist kraft der Rechts-links-, Oben-unten- und Vorne-hinten-Symmetrie vertauschbar. Zugleich verlangt aber jede konkrete Orientierung eine Entscheidung, weil nur eine von zwei Möglichkeiten realisiert sein kann. Wir können nur rechts oder links eines Gegenstandes stehen, nur durch eine Tür gehen oder nicht usf. Wir können zwar in Gedanken und realiter „die Partei wechseln, aber nie über den Parteien stehen"[280]. Der überlegen-unentschiedene Standpunkt der Distanz jenseits der Alternativen – der Gottesgesichtspunkt[281] – ist nicht möglich.

Das Grundverhältnis entspringt ebenfalls der täglichen raum-zeitlichen Erfahrung, doch nicht vollständig. Die Erfahrung zeigt, dass sich jede Mannigfaltigkeit in Einheiten zerlegen und diese sich wieder in Mannigfaltigkeiten entfalten lassen. Im Panorama einer Landschaft etwa lassen sich Einheiten wie Häuser, Bäume, Menschen etc. unterscheiden. Jede Einheit lässt sich wieder als Mannigfaltigkeit betrachten und in kleinere Einheiten auflösen. Soweit geht Heim im „Weltbild der Zukunft" mit Ostwalds Naturphilosophie konform. Während Ostwald aber beim Vorgang der Teilung schließlich auf letzte Einheiten stößt, die nicht weiter teilbar sind, meint Heim den Teilungsvorgang unbegrenzt fortsetzen zu können. Der Grund liegt auf der Hand: Während Ostwald die Welt der Gegenstände im Blick hat, die nur bis zu den kleinsten Einheiten, also den Einzeldingen bzw. den Atomen, teilbar ist[282], betrachtet Heim die Welt der Empfindungskomplexe. Die Empfindungen, die Perzeptionen, sind in der Tat immer weiter teilbar[283].

Dies war auch ein Ergebnis von E. Machs „Analyse der Empfindungen"[284]: Die Elemente der Welt sind die unendlich teilbaren, kontinuierlichen Empfindungen. Aus ihnen, den Farben, Drücken, Räumen, Zeiten, setzen sich die physikalischen Größen der Elektrizität, der Mechanik, der Thermodynamik usw. zusammen, wo-

---

[279] Vgl. das Weber-Fechnersche Gesetz, das auch Helmholtz als Grundgesetz der Physiologie gilt. In der Formulierung Fechners lautet die psychophysische Fundamentalformel: $dE = k*dr/r$ (E = Empfindungstärke, r = Reizstärke, k = Konstante). Für Heim ist es bedeutsam, weil es die quantitativen Empfindungszustände nicht als absolute, sondern als relative Größen betrachtet, da – mathematisch gesprochen – nicht die Empfindungsstärken E selbst, sondern ihre Änderungen dE eingehen, vgl. die ähnliche Deutung bei H. Bergson, Zeit und Freiheit, 1949, 55.

[280] W, 38.

[281] Vgl. H. Putnam, Vernunft, Wahrheit und Geschichte, 1990, 76: „Es gibt keinen Gottesgesichtpunkt, den wir kennen oder uns mit Nutzen vorstellen könnten, sondern nur die verschiedenen Gesichtspunkte tatsächlicher Personen, die verschiedene Interessen und Zwecke erkennen lassen, denen ihre Beschreibungen und Theorien dienlich sind."

[282] „Die Theilung kann offenbar nicht ins Unbegrenzte fortgesetzt werden, denn wenn bei fortlaufender Unterteilung schliesslich die Einzeldinge erreicht sind, aus denen die Mannigfaltigkeit besteht, so hat ein weiteres Theilen ein Ende" (Ostwald, Naturphilosophie, 95).

[283] Selbstanzeige zu W, 228f; als Grund hierfür nennt Heim in PA, 69, die Tatsache, dass alle Perzeptionen als Bewusstseinsinhalte Zeit ausfüllen. Die Zeit ist aber unendlich teilbar!

[284] Mach, Analyse, 7ff.17f.255.261.267f.270f u.ö.

durch „empirische Begriffe an die Stelle der metaphysischen"[285] treten. Die eigentliche empirische Wissenschaft ist die physikalisch-physiologische, denn sie verzichtet auf das metaphysische Postulat der absoluten Substanz oder auch nur des Kantschen Dinges an sich. „Das Ding, der Körper, die Materie ist nicht außer dem Zusammenhang der Elemente, der Farben, Töne"[286] usw. oder, m.a.W., Dinge sind nichts anderes als Komplexe von Empfindungen. Das antimetaphysische Interesse[287] des Empiriokritizismus, das Kantische System von allen unbeobachtbaren Elementen wie dem Ding an sich oder dem transzendentalen Ich zu reinigen, hat E. Mach ist dazu geführt, nicht nur das Ding an sich und das transzendentale Ich, sondern das Ding und das Ich überhaupt in Empfindungskomplexe aufzulösen[288]. Für Mach ist „Ding" wie für Ostwald der Materiebegriff lediglich ein Name, einen Komplex von nur relativer Stabilität als einen zu bezeichnen. „Es gibt in der Natur kein unveränderliches Ding. Das Ding ist eine Abstraktion, der Name ein Symbol für einen Komplex von Elementen, von deren Veränderung wir absehen." Daher sind „nicht die Dinge (Körper), sondern Farben, Töne, Drucke, Räume, Zeiten (was wir gewöhnlich Empfindungen nennen) die eigentlichen Elemente der Welt."[289]

Mit dem Empiriokritizismus verbindet Heim das Interesse, das Kantische System von den unbeobachtbaren Elementen zu reinigen, ohne allerdings selbst einem reinen, antimetaphysischen Positivismus zu verfallen. Daher bestimmt er über die empirische Analyse hinaus das Grundverhältnis apriorisch: Das Grundverhältnis ist als Unterscheidung zwischen Verhältnisglied und Verhältnis die Bedingung der Möglichkeit des Unterscheidens überhaupt. Es ist damit die Bedingung der Erfahrung überhaupt, und zwar sowohl der Gegenstandserfahrung als auch der bewussten Empfindungen. Das Grundverhältnis benötigt jedoch im Unterschied zur Kantschen Transzendentalphilosophie keinen unbeobachtbaren Letztpunkt, weder ein Ding an sich, noch ein transzendentales Ich[290].

---

[285] A.a.O., 271.
[286] A.a.O., 5.
[287] Vgl. Mach, Analyse, Kap. 1: Antimetaphysische Vorbemerkungen, 1–30.
[288] Das Ich sei nichts als „der an einen besonderen Körper (Leib) gebundene Komplex von Erinnerungen, Stimmungen, Gefühlen, welcher als Ich bezeichnet wird" (Mach, Analyse, 2); vgl. T. Ziehen, Psychophysiologische Erkenntnistheorie, 1907, 2: „Alles, was ist oder gegeben ist, ist entweder Empfindung oder Vorstellung. ... Das letzte Ich erreichen wir nicht."
[289] Mach, Mechanik, 4.4 § 2, 495f; vgl. ders., Analyse, 3.
[290] Schmidt, Die Lage, 547.563, hat Heim den Vorwurf gemacht, mit der „Zersetzung des Ich-Mythos" (W, 5), die Heim gemeinsam mit den Empiriokritizisten verfolgt, das Ich überhaupt in einen Komplex von Empfindungen aufgelöst zu haben. Dagegen hat P. Kalweit Heim zurecht verteidigt. Das Ich sei bei Heim keine aus den Empfindungen abgeleitete sekundäre Größe, sondern fundamental, da es Empfindungen nur als Empfindungen eines Ich gibt (Religion, 86). Hinzu kommt ein zweiter, u.E. entscheidender Grund, nämlich Heims Letztbestimmung des Ich als Wille. Wille aber ist für Heim gegen den Empiriokritizismus (z.B. Mach, Analyse, 140) nicht in Empfindungen auflösbar, da der Willensakt unmittelbar wirklich und im Akt selbst absolut, d.h. mit dem realen, leiblichen, empfindenden Ich identisch ist.

Das Unterscheidenkönnen im Grundverhältnis ist als Bedingung der Möglichkeit des reflektiert-bewussten Wahrnehmens aber auch die Bedingung der Möglichkeit des Denkens. Denn Denken ist nichts anderes als Unterscheiden, Bestimmen, Definieren. „Das Grundverhältnis ist die Logik des Denkens als solche. ... Es ist also nichts anderes als das logische Vermögen der Definition."[291] Damit ist das Grundverhältnis logisch begründet, die Erkenntnistheorie auf Logik zurückgeführt. Diese rein logische, apriorische Überlegung ist es, was Heims Weltformel von der positivistisch-empiristischen Naturphilosophie Ostwalds und Machs unterscheidet.[292]

c) *Relation als undefinierbarer, logischer Grundbegriff nach „Psychologismus oder Antipsychologismus"*

Die Bedeutung des Logisch-apriorischen bei Heim wird im entsprechenden Gedankengang der 1902 erschienenen Schrift „Psychologismus oder Antipsychologismus?" deutlich, der zu demselben Ergebnis führt.

Heim stellt sich die Aufgabe, eine Verbindung zwischen der Kantschen Erkenntnistheorie und der Ostwald-Machschen Naturphilosophie herzustellen bzw. deren Energetik ein erkenntnistheoretisches Fundament zu verschaffen[293]. Dazu muss zunächst die herrschende Kantauffassung von dem „scholastischen Element befreit [werden], das in seiner Auffassung des Dings an sich zurückgeblieben ist"[294]. Heftet man nämlich, wie der Neukantianismus es tut, sein Augenmerk auf die Frage nach dem Wesen des bei Kant unerklärlich zurückgebliebenen Dings an sich, dann wird notwendig zur erkenntnistheoretischen Hauptfrage das Problem, ob das, was jenseits des Bewusstseins liegt, also nie zum Bewusstsein kommt (das Ding an sich) existiert oder nicht. Diese angebliche Hauptfrage[295] ist für Heim aber eine Scheinfrage. Denn eine rein logische Überlegung analog der Widerlegung des Solipsismus zeigt, dass schon die Frage unsinnig ist. Etwas, das nie zum Bewusstsein kommt, also nie Bewusstseinsinhalt wird, ist bloße Möglichkeit, ist ein undefinierbares X. Es lässt sich keinerlei Aussage darüber treffen, weder positiv, noch negativ[296]. Eine Aussage treffen, hieße, es denken können. Könnte es gedacht werden, dann läge es, wie alles, was wir denken, innerhalb des Bewusstseins, wäre also kein bewusstseinstranszendentes X. M.a.W.: Die An-

---

[291] H.J. Iwand, Theologiegeschichte des 19. und 20. Jahrhunderts. „Väter und Söhne", 2001, 358, der eine hervorragende Zusammenfassung der Grundgedanken von W gibt.

[292] Der Vorwurf des Positivismus (Wehrung, Rez. zu G 3, 455) gegen Heim ist darum unhaltbar. Die Kritik von M. Schlick an E. Mach trifft Heim nicht: „Wir sehen immer wieder, dass der Positivist sich mit seiner Kritik gegen einen Begriff des Dinges an sich wendet, ... hinterher aber glaubt, den Gedanken eines solchen Dinges überhaupt widerlegt zu haben" (M. Schlick, Allgemeine Erkenntnislehre (1925), 1979, 254f, vgl. 72f).

[293] Selbstanzeige zu PA, 123; vgl. den Untertitel von PA: Entwurf einer erkenntnistheoretischen Fundamentierung der modernen Energetik.

[294] PA, 159; vgl. W, 5.

[295] PA, 61.

[296] In analoger Weise hat R. Carnap, Scheinprobleme in der Philosophie. Das Fremdpsychische und der Realismusstreit, 1966, die Streitfrage nach der objektiven Realität des Außerpsychischen zwischen Realismus und Idealismus als Scheinfrage entlarvt, da sie von der (empirischen) Wissenschaft weder bejaht noch verneint werden kann und daher „die Frage keinen Sinn hat" (61).

nahme eines bewusstseinstranszendenten Dings an sich ist eine Annahme ohne jeden Gehalt, eine bloße, inhaltsleere Möglichkeit. Das Ding an sich ist bloßer, eigentlich undenkbarer, Grenzbegriff.

Dasselbe gilt für das Bewusstsein an sich, abgesehen von seinen einzelnen Inhalten. Auch darüber lässt sich keine Aussage treffen. Denn eine Aussage beschreibt etwas als etwas, schreibt also Merkmale zu bzw. spricht sie ab. Ein indefinites x aber kann nicht als etwas betrachtet werden. Ergo: Es kann nicht definiert und also auch nicht gedacht werden. „Es gibt" kein Bewusstsein an sich. Die Proposition „es gibt" kann auf das Bewusstsein nicht angewandt werden. Es ist nicht als gegenständliches Etwas gegeben und daher nicht *als etwas* bestimmbar.

Damit hat Heim die (populäre) Kantsche Erkenntnistheorie wieder berichtigt. Die Aussage „es gibt" kann weder auf das Ding an sich, noch auf das Bewusstsein angewandt werden. „Es gibt" nicht die Letztpunkte des Dinges an sich oder des transzendentalen Ich, weil diese nicht als isolierte, substantielle Entitäten betrachtet werden dürfen. Gleichwohl müssen sie vorausgesetzt werden. Sie sind also soviel wie in sich ununterscheidbare, d.h. undefinierbare Größen. Erkenntnis kann nicht als die Beziehung eines definiten Erkenntnissubjekts (des Ich oder des Bewusstseins) zu einem definiten Objekt (dem Ding an sich) betrachtet werden"[297]. Die Unterscheidung zwischen dem Ich und dem Gegenstand des Erkennens mag „aus der raumzeitlich angeschauten Erfahrung entspringen, über das Ich an sich aber lässt sich überhaupt nichts, also auch nicht seine Verschiedenheit vom übrigen Ding an sich aussagen"[298]. Entsprechendes gilt für jedes Erkenntnisobjekt. Etwas ist nur als etwas erkennbar in Relation zu dem, mit dem es in Zusammenhang gestellt wird, es ist nie an sich. „Es kann also etwas nur dann inhaltlich bestimmt sein, wenn es zugleich als Teil, also in irgendwelchen Relationen, zum Bewusstsein kommt"[299]. Die Wirklichkeit besteht nicht aus isolierten Inhalten, sondern aus Relationen. Durch Relation erst kommt ein Inhalt zustande. Der Begriff der Relation ist nicht weiter bestimmbar, er ist „als der absolut höchste Begriff notwendig undefinierbar, in keiner Hinsicht bestimmbar"[300]. Relation gilt Heim als „der undefinierbare Grundbegriff"[301].

Die Parallelität zum Weltbild der Zukunft ist offensichtlich. Relation und Inhalt stehen im Grundverhältnis zueinander wie Verhältnis und Verhältnisglied. Relation kann durch Aufspaltung Inhalt werden auf der nächsttieferen Stufe des hierarchischen Relationenbaumes und Inhalte können zur Relation zusammengefasst werden auf höherer Ebene[302]. Das Grundverhältnis ist als die Möglichkeit des Ins-Verhältnis-setzens auch die Möglichkeit des Unterscheidens und insofern auch die Grundbedingung des Denkens. Es ist nicht mehr hintergehbar und insofern apriorisch[303].

Damit ist der Kern von Heims Logikverständnis erreicht. Das Grundprinzip der Logik ist das Unterscheiden-können, genauer „die Unterscheidung des Identi-

---

[297] Sprachlogisch betrachtet, bedeutet also das Ich-denke der transzendentalen Apperzeption, das nach Kant alle Vorstellungen begleitet, nicht eine Subjekt-Prädikat-Objekt-Relation: Ich (= Subjekt) denke (= Prädikat) etwas (= Objekt), sondern das Ich-denke ist eine undefinierbare, nicht hintergehbare, also transzendentale Letztheit. Seine „Realität" kann nicht als substantielle aufgewiesen werden.
[298] Selbstanzeige zu PA, 124.
[299] PA, 70.
[300] PA, 71.
[301] PA, 69.
[302] PA, 71.
[303] Das Grundverhältnis oder die Subjekt-Objekt-Relation „gehört zu den apriorischen Grundformen des Bewusstseins als Umschreibung des undefinierbaren Grundverhältnisses, weil es keine Gründe gibt für die Unvermeidlichkeit ihrer Voraussetzung" (Hefte zur Verständigung 13, zit. nach Eisenhuth, Entwicklung, 25).

schen vom Nichtidentischen"[304], durch welche die Unterscheidungsrelation zustande kommt. Dabei ist die Unterscheidung als Grundbegriff selbst nicht weiter bestimmbar, denn sie entsteht ja erst als Verhältnis des Identischen zum Nichtidentischen. Deren Unterscheidung wie Bezogenheit kommt wiederum erst durch den Akt des Unterscheidens zustande. Kurz: Das Unterscheiden ist identisch mit dem undefinierbaren Grundbegriff der Relation[305].

Die Weltformel, welche im Grundverhältnis Verhältnis und Verhältnisglied ins Verhältnis setzt, ist identisch mit der Relation als nichthintergehbarem Grundbegriff, der zugleich das Grundprinzip der Logik ist. Das Erkenntnis-Mögliche ist das Denk-Mögliche, das Denk-Mögliche aber das Logisch-Mögliche. Die Erkenntnistheorie ist auf die Logik zurückgeführt, genauer gesagt: Erkennen und Denken setzen die Logik als transzendentale Bedingung voraus. Die Unterscheidung von Identischem und Nichtidentischen ist die Bedingung der Möglichkeit von distinkter Erfahrung, von Erkenntnis und Denken.

Die Logik selbst ist dabei nicht mehr begründbar, und zwar weder psychologisch noch metaphysisch aus eingeborenen Ideen o.ä.[306], sie gilt unbegründbar-apriorisch. Sie ist das unableitbare Grundgesetz des Denkens und der bewussten, unterscheidenden Erfahrung, also der Erkenntnis der Wirklichkeit.

Zusammenfassung:
Das Grundverhältnis beschreibt das Gesetz des Denkens, das Umtauschverhältnis das des Wollens und das Proportionsverhältnis das des Empfindens. Die „drei Gruppen geistiger Vorgänge", die W. Ostwald unterscheidet: „Empfinden, Denken und Wollen"[307], sind damit von Heim in einheitlicher Weise beschrieben und auf die Weltformel zurückgeführt. Die psycho-physische Wahrnehmungslehre bekommt so ein erkenntnistheoretisches Fundament. Die drei Gruppen geistiger Vollzüge sind drei Wissenschaften bzw. Erfahrungsweisen der Weltwirklichkeit zugeordnet. Die Naturwissenschaften haben rezeptiv-empirischen Erfahrungscharakter, die Philosophie apriorisch-logischen (Denken als Unterscheiden) und das alltägliche Handeln ist durch den Charakter von Wille und Entscheidung ausgezeichnet. Alle Erfahrungsweisen und psychisch-physischen Vollzüge und daher das leibliche Ich in Bezug auf sich und seine Welt sind relational verfasst entsprechend den drei Verhältnisarten. Sowohl die naturwissenschaftliche als auch die

---

[304] PA, 134; es handelt sich um die Rückseite von Leibniz' Prinzip der Indentität des Ununterscheidbaren (Principium identitatis indiscernibilium).

[305] Die Subjekt-Objekt-Relation ist also ursprüngliche Einheit, sie ist prinzipialkoordiniert, wie Avenarius sagt.

[306] Ausgangspunkt für PA ist die Streitfrage zwischen Psychologisten und Antipsychologisten unter den Logikern, ob die Gesetze der Logik rein psychologische Gesetze oder metaphysisch, d.h. apriorisch begründbar seien (Vorwort PA, V).

[307] Ostwald, Naturphilosophie, 412.

alltägliche Welterfahrung als auch der philosophische Denkvollzug sind einheitlich auf die Weltformel zurückgeführt.

Das üblicherweise „Ich" genannte Subjekt dieser Erfahrungsvollzüge sowie der Vollzug der Entscheidungen in den Verhältnissen bedarf genauerer Erläuterung hinsichtlich Heims Letztbestimmung des Ich, die er „Wille" nennt, sowie des Zustandekommens der Entscheidungen.

4. „Wille": Der Entscheidungscharakter der Weltwirklichkeit

a) Der Wille und Schopenhauers Willensverständnis

W. Ostwald und E. Mach haben unter dem Willen „kein besonderes psychisches oder metaphysisches Agens" verstehen, „keine eigene psychische Kausalität" annehmen, sondern Wille als „Willenserscheinungen aus den organisch-physischen Kräften allein"[308] herleiten wollen. Ausgeschlossen ist damit die Auffassung „des Willens als eines selbständig wirkenden Factors, welche Ansicht bei Schopenhauer eine allmählich immer mehr in den Vordergrund tretende Rolle gespielt hat."[309] Ostwalds Hinweis auf Schopenhauer ist nachzugehen, weil Heim im Unterschied zu Ostwald „Wille" als zentrale Bestimmung des Ich erachtet und sein Willensverständnis dem Schopenhauers in zentralen Punkten nahe kommt, ohne dass ein direkter Bezug vorhanden wäre und ohne dass Heim Schopenhauers problematischen Willens- und Schicksals-Pantheismus übernähme.

Schopenhauer korreliert in seiner Erkenntnistheorie, die er im I. und II. Buch seines Hauptwerks „Die Welt als Wille und Vorstellung" (1818) entwickelt, Vorstellung und Wille.
Zunächst teilt er mit Kant die Auffassung, dass die Welt an sich – unabhängig von ihrer Beziehung zum Subjekt – unerkennbar ist. Was wir erkennen, sind unsere Vorstellungen. Sie gründen in den Erscheinungen und subjektiven Empfindungen, die im Akt des Erkennens zum Objekt geformt werden: zur Welt als Vorstellung.
Soll solche Erkenntnistheorie nicht zum Solipsismus führen, so muss der Welt an sich ein Wesen zugesprochen werden, das sie nicht als Vorstellung ist. Dieses innere Wesen der Welt, was die Welt abgesehen davon ist, dass sie meine Vorstellung ist, ist Wille. Die Welt als Wille ergibt sich nicht aus der Vorstellung, dem Blick nach außen, sondern aus dem Blick nach innen, dem Erleben der eigenen Leiblichkeit. Wie ich von mir so wie von der Welt zwar Vorstellungen habe, aber etwas anderes bin, so ist auch die Welt an sich und ihrem innersten Wesen nach

---

[308] Mach, Analyse, 140.
[309] Ostwald, Naturphilosophie, 413.

etwas anderes, als wie sie erscheint. Sie ist an sich das, als was jeder sich selbst unmittelbar vorfindet, nämlich „als jenes Jedem unmittelbar Bekannte, welches das Wort Wille bezeichnet"[310]. Unmittelbar erlebe ich mich selbst in meiner Leiblichkeit als Wille. Wille ist nach Schopenhauer nicht etwas Rationales, Ziel- und Zweckgerichtetes, sondern das mir unmittelbar Nahe, keiner distanzierten Reflexion zu enthebende Vitale, das nicht-rational Lebendige oder kurz: der Wille zum Leben. Was für den menschlichen Willen gilt „1) dass der Wille zum Leben das innre Wesen des Menschen ist; 2) dass er an sich erkenntnißlos, blind ist; 3) dass die Erkenntnis ein ihm ursprünglich fremdes, hinzugekommenes Princip ist"[311], gilt erst recht für die Welt als Wille: „Das innere Wesen an sich der Dinge ist kein erkennendes, kein Intellekt, sondern ein erkenntnißloses: die Erkenntniß kommt erst als ein Accidenz, ein Hülfsmittel der Erscheinung jenes Wesens, hinzu."[312] Der „Wille ... ist das Wesen der Welt und der Kern aller Erscheinungen."[313]

Karl Heim vertritt keine erkenntnislos-blinde, voluntaristische Willensmetaphysik. Aber dennoch haben Schopenhauers Korrelation von Wille und Vorstellung, die Abwehr des Solipsismus und der nicht-rationale Willensbegriff ein Äquivalent bei Heim.

Alle Erfahrungen und Erlebnisse, ebenso wie gewöhnlich Willensentscheidungen genannte Akte, sind Korrelationen von Vorstellung und Wille. Das Wollen ist für Heim nicht das Zwecksetzen oder die Sichtung der Vielzahl von Möglichkeiten, die zur Entscheidung stehen – diese sind Vorstellungen –, sondern die Entscheidung selbst. „In der Reflexion allein ist Wollen und Thun verschieden: in der Wirklichkeit sind sie eins."[314] Wille ist nichts anderes als die Entscheidung von Umtauschverhältnissen. Der Übergang von der Vielzahl der Möglichkeiten, den Vorstellungen, zur einen realisierten Wirklichkeit, der Akt der Entscheidung, heißt Wille[315]. Er ist insofern nicht-rational, als er nicht mehr hintergehbar, nicht mehr auflösbar ist. Der Wille ist, mit Schopenhauer gesagt, „grundlos"[316]. Der nachträgliche Rückgang zu den Alternativen, die Reflexion der Willensentscheidung von außen, nimmt nicht den Willen, sondern die Vorstellungen in den Blick. Das Denken kommt nie aus den Vorstellungen heraus. Die Welt als Vorstellung besteht aus den Vorstellungen von der Welt.

Soll daraus nicht der Solipsismus folgen, dann muss als Wesen der Welt etwas angenommen werden, was weder bewusste Vorstellung noch völlig unerkennbares, transzendentes X ist. Das Wesen der Welt nach dem Modell „bewusste

---

[310] A. Schopenhauer, Die Welt als Wille und Vorstellung, 1997, Bd. I, § 18, 164.
[311] Schopenhauer, Welt, Bd. II, Kap. 41, 605.
[312] A.a.O., Kap. 50, 833.
[313] A.a.O., Kap. 23, 384.
[314] Schopenhauer, Welt I, 165.
[315] W, 117.
[316] Schopenhauer, Welt I, 173.

Vorstellung" zu verstehen, würde bedeuten, der Welt im Innersten rationale Zweckhaftigkeit und durchschaubare Ordnung zuzuschreiben, sie als schlechthin unerkennbares Ding an sich zu bezeichnen, würde dasselbe wie Zufall oder blindes Schicksal bedeuten[317]. Die Welt kann für Heim weder völlig durchsichtige, rational erkennbare Ordnung noch völlig dunkel chaotisch sein, denn sie ist weder völlig verstehbar noch völlig unverstehbar. Das Wesen der Welt ist nach Heim Wille, ihr Charakter ist Entscheidung. Wille ist „das letzte Geheimnis des Weltgeschehens"[318], das wir ahnend gerade noch erfassen können und das doch der Ratio verborgen bleibt. Für Heim folgt daraus allerdings nicht der Schopenhauersche Schluss, dass das Weltgeschehen prinzipiell dunkel, ziel- und sinnlos ist[319], woraus Schopenhauers unchristlicher, blinder Willens- und Schicksalspantheismus sich ergibt, sondern lediglich, dass das Weltgeschehen *für uns* prinzipiell unberechenbar ist. Dass alles, was über unseren begrenzten Gesichtskreis hinausgeht, unsichtbar bleibt, bedeutet nicht, dass jenseits unserer Perspektive die dunkle Nacht des blinden Schicksals herrschte. Das Unerkennbare ist nicht eo ipso das Nichtexistente. Gerade die prinzipielle Unberechenbarkeit des Weltgeschehens *für uns*, ihre Irrationalität im Sinne des nicht-rationalen *Entscheidungs*charakters legt es nahe, „Wille" im Sinne von Entscheidung als Wesen der Wirklichkeit anzunehmen. Und der Willens- und Entscheidungscharakter des Wirklichen macht die Möglichkeit denkbar, dass der Weltwille vom absoluten Willen Gottes umfasst und im Tiefsten bestimmt sein kann[320]. Die Entscheidungen durch den Weltwillen, das „weltschöpferische Prinzip", können im Glauben auch als schöpferische Entscheidungen Gottes interpretiert werden, ja, sie können es nur dann, wenn auch das Wesen der Welt und der Weltverhältnisse in ihrem Zustandekommen als Wille gesehen werden können. Nur wenn das Weltgeschehen nichtdeterminierter, im Tiefsten unberechenbarer „Wille" ist, kann es „als Ausfluss eines persönlichen Willens"[321] sprich: des absoluten Willens Gottes, betrachtet werden. Die Parallelisierung, oder besser Vereinigung, des Wesens von Ich und Welt unter dem Begriff Wille macht das Weltgeschehen als dynamische Folge von Entscheidungsvollzügen, aber auch das dynamische Wirken Gottes als personalem Willen im Weltgeschehen denkbar.

---

[317] W, 118.
[318] Ich gedenke, 74.
[319] Schopenhauer unterscheidet Stufen der Rationalität im Willensgeschehen. Während menschliches Handeln rationaler Wille sein kann, ist das Naturgeschehen immer blinder Wille. Jedoch ist der Unterschied nur quantitativ, nicht qualitativ. Der Wille „ist das Innerste, der Kern jedes Einzelnen und eben so des Ganzen: er erscheint in jeder blinwirkenden Naturkraft: er erscheint auch im überlegten Handeln des Menschen; welcher Beiden große Verschiedenheit doch nur den Grad des Erscheinen, nicht das Wesen des Erscheinenden trifft" (Schopenhauer, Welt I, § 21, 177).
[320] Vgl. Kalweit, Religion, 83f.
[321] W, 259.

E. Schaeder fasst die Analogisierung von Ich-, Welt und Gottesbegriff durch Heim folgendermaßen zusammen:

„Gott kann nur sein das der ganzen Fülle vorhandener Ich übergeordnete und sie in sich, in seinem Bewusstsein zusammenfassende Ich. Er kann nur das absolute Bewusstsein sein, das alle Verhältnisse in der Welt herstellt, alle Unterscheidungen trifft und von dem alle Entscheidungen ausgehen. So ist Gott der die Welt des Wirklichen schlechthin beherrschende, bewusste Wille, das Absolute. Aber das Charakteristische der hier vorgetragenen Gesamtanschauung ist eben dies, dass Gott auf der höchsten, genauer gesagt: auf der absoluten Stufe das gleiche ist, was auf allen niederen oder begrenzteren Stufen die Wirklichkeit oder das Seiende ausmacht. Auf diese Weise ist alles, lebt alles, unausgesetzt unterscheidend und unterschieden, Verhältnisse setzend und zu Verhältnissen geformt, Entscheidungen treffend und in Entscheidungen fixiert, in Gott und durch Gott. Eine totale Abhängigkeit alles Existierenden von Gott liegt vor."[322]

Schaeder lobt zwar von seiner eigenen theozentrischen Theologie her Heims voluntaristischen Gottesbegriff – „Gott die die ganze Welt in absolutem Bewusstsein überwaltende und mit absolutem Wollen beherrschende Ich-Macht" – als einen „Klang aus der tiefsten Sphäre religiöser Wirklichkeit", verwirft aber die Auffassung der Wirklichkeit auf allen Stufen als Wille, Bewusstsein, tätiges Ich oder Entscheidung als „Weltdichtung", als „poetisch entworfenes Weltmysterium, dem begreifenden Verstehen strenggenommen unerreichbar"[323]. Schaeders Urteil liegt das Missverständnis zugrunde, dass die Ich- und Willenshaftigkeit der Natur bei Heim aktives Bewusstsein, Geist oder tätiges Ich meine. Die Ichhaftigkeit der Natur meint aber die nicht rational-bewusste Willenshaftigkeit. Dann stellt sich allerdings umso schärfer die kritische Rückfrage an Heim, ob dieser nicht-rationale Willensbegriff in akzeptabler Weise als primärer Ich-Begriff verwendet und vom Ich auf den schöpferischen Entscheidungs- und Faktumscharakter der Wirklichkeit übertragen werden kann. Wäre der nicht mehr rational durchschaubare Entscheidungscharakter des Weltgeschehens durch die Begriffe Faktum, Tatsache oder Ereignis nicht besser ausgedrückt als mit dem Begriff Wille?
Eine Rechtfertigung des Willenscharakters der Welt kann nicht empirisch erfolgen, weil von den Phänomenen her keine Aussage über das Innen der Welt getroffen werden kann, da dieses im Phänomen unsichtbar bleibt. Es kann nur im phänomenologischen Blick in unser eigenes Innen geprüft werden, ob der Entscheidungs- und Faktumscharakter der Wirklichkeit, den die logische Analyse der Weltverhältnisse nahelegt, sich auch im Blick auf unser Handeln und unsere Weltverhältnisse zeigt, ob mithin die Betrachtung unserer Handlungen in der Dialektik der Außen- (Faktum) und Innenperspektive (Entscheidung) mit dem Begriff „Wille" sinnvoll erfasst und entsprechend auf die innerlich unzugänglichen „Weltentscheidungen" einigermaßen plausibel übertragen werden kann. Dies ist u.E. cum

---

[322] E. Schaeder, Theozentrische Theologie, 1916, 201f.
[323] A.a.O., 202f.

grano salis möglich. Wir bringen dazu Heims Willensverständnis ins Gespräch mit neueren Analysen des Willensbegriffs[324].

b) Plausibilisierung des Willenscharakters der Weltwirklichkeit vom Ich-Willen her

1. Der *Faktumscharakter des Willens*: So unterschiedliche Richtungen wie der Behaviorismus oder die Sprachanalyse G. Ryles decken sich im Ergebnis darin, dass die Annahme des Willens als eines kausalen Agens hinter den Willenentschlüssen und Willensakten zu kategorialen Widersprüchen führt. Nicht nur, dass die Willenstätigkeit empirisch nicht beobachtet werden kann und daher das mentale Agens wie eine black box behandelt werden muss (B.F. Skinner[325]), das nur von Außen in Gestalt der Handlungen analysiert werden kann, sondern schon die Annahme einer letzten, cartesischen, psychischen Kausalität, das „Dogma vom Gespenst in der Maschine" (Ryle[326]), ist selbstwidersprüchlich. Der Übergang von der kausalen, psychischen Ursache zur physischen Wirkung ist schon bei Descartes unlösbar. Es kann keine letzte, ursächliche Substanz benannt werden. Das Wollen entspringt keiner Tätigkeit eines Willens, keiner getrennten Substanz hinter den Handlungen. Das Wollen ist substantiell mit der Handlung, also dem Faktum der Entscheidung, identisch, es kann höchstens kategorial als „eine Art Disposition, die unsere Handlungen begleitet"[327] davon unterschieden werden.

Gegen die Annahme des Willens als einer freien Kausalität spricht auch, dass keine Handlung vollständig durch bewusste Steuerung determiniert werden kann. Der Faktumscharakter des Willens drückt aus, dass niemals in absoluter Freiheit ein Weltanfang gesetzt oder eine Entscheidung willkürlich gefällt, sondern nur an den eigenen und raumzeitlichen Bedingungen, Vorfindlichkeiten und Vorgeschichten angeknüpft werden kann. Wille als Faktum drückt auch aus, dass unsere Handlungen nicht selbstdurchsichtig in der Ratio gründen, sondern wir in der Erfahrung unserer Endlichkeit „einerseits den Zwang des Fatums über uns, andererseits den Zwang unserer eigenen bewusstlosen Instinkthandlungen unter uns" spüren. „Das Wollen steht also mitten inne zwischen einer Wahl, von der wir glauben, dass sie bereits entschieden ist, und einer Wahl, die uns als solche gar nicht zum Bewusstsein kommt"[328]. Die Mehrzahl unserer Entscheidungen fällt unbewusst und implizit. Die Wahl ist zumeist *entschieden*, also Faktum, wenn sie mir zu Bewusstsein kommt. Sie ist aber durch *mich* entschieden, also *meine* Ent-

---

[324] Zusammengefasst in den Artikeln „Wille" von A. Schöpf, HPhG; O. Schwemmer, EPhW (Lit.!); R. Ferber, Philosophische Grundbegriffe 2, 2003, 156–196.
[325] B.F. Skinner, Science and Human Behavior, 1966.
[326] G. Ryle, Der Begriff des Geistes, 1969, 13.79.
[327] Schöpf, Art. Wille, HPhG, Bd. 6, 1710.
[328] W, 116.

scheidung und sie ist entschieden worden, also *Entscheidung*. Wenn meine Entscheidungen schon für mich – und erst recht behavioristisch nach außen – nur als vollzogene Entscheidungen in Erscheinung treten und zu Bewusstsein kommen, aber gerade dies den Willenscharakter ausmacht, dann können auch die Tatsachen und Faktizitäten des Weltgeschehens als Entscheidungen, d.h. als Willensvollzüge gedeutet werden.

2. Der *Freiheitscharakter des Willens*: Andererseits deutet „Wille" trotz aller Bestimmtheit und Gebundenheit darauf hin, dass wir nicht handlungsdeterminiert sind, sondern Entscheidungsfreiheit besteht. „Wollen nennen wir also die Entscheidung eines Umtauschverhältnisses, das innerhalb des jeweiligen Bewusstseinsumkreises als solches erlebt und entschieden wird."[329] Entscheidungen fällen wir, wenn wir sie willentlich u.d.h. nicht gezwungen tun, freiwillig. Wir erleben den Willen als frei – jedenfalls bezüglich der möglichen, nicht schon prädestinierten Alternativen. Dieser Willensbegriff nimmt, auf die Natur übertragen, die praktische Freiheit des Willens auch für die Weltwirklichkeit in Anspruch. Wirklichkeit ist nicht determinierte Notwendigkeit, sondern resultiert aus einer Entscheidung, wenngleich diese Entscheidung nicht rational begründbar oder kausal auflösbar ist. „Wille" benennt die *Unbegreiflichkeit* der Freiheit des Willens[330]. Wille besagt, dass sich in Entscheidungen trotz und qua Anknüpfung an Voriges Neues ereignet. Wille ist die freie Innenperspektive des äußerlich Gebundenen. Der willentlich Handelnde und die willentliche Weltwirklichkeit ist real[331] frei – in der Innenperspektive. Doch ist, wie gesehen, die willentliche, freie, bewusste Entscheidung nicht an die Existenz einer absolut freien, selbstbewussten, Kausalketten initiierenden Substanz gebunden, sodass die Willenshaftigkeit der Natur nicht mit dem Argument abgelehnt werden kann, dass im Naturgeschehen empirisch kein Entscheidungen setzendes, tätiges Ich-Subjekt beobachtet werden kann.

3. Der *Einungscharakter des Willens*: „Wille" steht für das Gesamt der geistigen Vollzüge, die intentional – bewusst oder unbewusst – auf Realisierung in Handlungen ausgerichtet sind. Die Differenzierung in eine Folge von Elementarvorgängen nach Art eines inneren Parlaments: „Innere Beratung mit sich (Sichtung

---

[329] Ebd.
[330] Vgl. Ferber, Grundbegriffe 2, 196: Hinsichtlich der Willensfreiheit „begreifen wir nur die *Unbegreiflichkeit* eines freien Willens, wie wir auch nur die Unbegreiflichkeit der Entstehung von Etwas aus Nichts oder der Schöpfung begreifen". Das gegenwärtig wieder breit diskutierte Problem der Willensfreiheit in Auseinandersetzung mit dem neurophysiologischen Determinismus einerseits und der religionsphilosophischen Richtung der „free-will-defence", also der Verteidigung des freien Willens zur Erklärung des moralischen Übels zum Zweck einer rationalen Theodizee, andererseits kann hier nicht weiter verfolgt werden.
[331] Kants Analyse, dass „ein jedes Wesen, das nicht anders als *unter der Idee der Freiheit* handeln kann, ... eben darum, in praktischer Rücksicht, wirklich frei [ist], ... eben so, als ob sein Wille auch an sich selbst ... für frei erklärt würde" (GMS, BA, 100) muss präzisiert werden: Wenn wir handeln, *als ob* wir frei wären und eben so *frei* handeln, sind wir in jener freien Handlung tatsächlich, d.h. *real frei*!

und Abwägung der Alternativen) → Beschluss (Entscheidung für eine Alternative) → Beschluss und Entschluss zur Ausführung → Ausführung in Tat" darf nicht als Kausalkette missverstanden werden, bei der das Wollen den Mikrozustand des gefassten Beschlusses oder Entschlusses zur Tat bezeichnet[332], sondern der Vorgang wird bewusst und unbewusst als Einheit, eben als Willensvollzug, erlebt. Der Begriff „Wille" kann schwerlich durch den Terminus „Entschluss" oder das Modell der vernünftigen Beratung ersetzt werden, weil sonst die Lebendigkeit des geistigen Vorgangs als eines leibseelischen Zusammenhangs verloren ginge[333]. Das Ich als Wille meint genau die Einheit des intentionalen, kraftvollen, nach Verwirklichung drängenden und kämpfenden Strebens. Wille meint den Menschen als kraftvolles, leibliches, strebendes Wesen und ebenso das Weltgeschehen als „Willenskampf ... um die kommende Weltgestalt"[334]. Die Welt als Wille ist auch bei Schopenhauer „der säkularisierte theologische Wille"[335]. Nur dieser Willensbegriff kann sozusagen wieder theologisiert werden, also Weltgeschehen und Wirken Gottes wieder zur Einheit zusammenführen, und zwar in drei gedanklichen Schritten:

i) Obwohl meine Willensentscheidung meine freie Entscheidung ist, ist sie doch mit der Entscheidung, die in der Weltwirklichkeit fällt, identisch. Ich und Welt, Wille und Tun sind im Ereignischarakter des Vollzugs eins, mein Wille und der „Weltwille" im Sinne des schöpferisch-neuen Ereignisses sind im Vollzug iden-

---

[332] Wir stellen uns hiermit gegen folgenden konstruktivistischen, nach dem Modell der vernünftigen Beratung verstandenen, Willensbegriff: „Fasst jemand in einer inneren Beratung einen Beschluss, so soll von ihm gesagt werden, dass er einen *Entschluss* gefasst hat. Von jemandem, der einen Entschluss gefasst hat, soll dann gesagt werden: er *will* – nämlich eine Handlung ausführen oder einen Sachverhalt herbeiführen bzw. einen Zweck verfolgen" (P. Lorenzen / O. Schwemmer, Konstruktive Logik, Ethik und Wissenschaftstheorie, 1975, 159f). Auch Heim selbst hat gegen seine eigentliche Intention an einigen Stellen die *rationale* Abwägung und Sichtung der Alternativen als Charakteristikum des Willens benannt (W, 117; Ich gedenke der vorigen Zeiten, 73f) – eine beträchtliche Unschärfe, die seinen schöpferisch-kraftvollen, Wirklichkeit zum Vollzug bringenden, eben nicht distanzierten, über den Möglichkeiten stehenden, sondern in das unberechenbare Geschehen verwickelten und mit dem Geschehen identischen Willensbegriff praktisch wieder aufhebt und die Übertragung in die Natur und das Weltgeschehen unmöglich macht.

[333] Mit J. Mittelstraß, Der arme Wille. Zur Leidensgeschichte des Willens in der Philosophie, 1997, 163 gegen W. Kamlah, der mit dem Begriff „Entschluss" den abendländischen Voluntarismus vermeiden und den Willen rationalisieren will: „Daher ist ‚Entschluss' ein Terminus, dessen wir in der Anthropologie bedürfen, nicht dagegen ‚Wille'. Es ist kein schwerer Mangel der antiken Philosophie, dass sie einen ‚Willensbegriff' gar nicht hatte, und kein Verdienst des ‚abendländischen Voluntarismus' von der Bibel über Augustin, den Nominalismus, Luther bis zu Kant, vom ‚Willen' so viel Aufhebens gemacht zu haben" (W. Kamlah, Philosophische Anthropologie, 1973, 69).

[334] Ich gedenke der vorigen Zeiten, 74.

[335] Mittelstraß, Wille, 149; insbesondere bei Luther meint der Wille Gottes nicht sein rationales Abwägen der Möglichkeiten, sondern sein machtvolles Wirken. Allmächtig ist Gott nicht, weil er alles Mögliche tun könnte, sondern weil er mächtig alles in allem wirkt: „Omnipotentiam uero Dei uoco, non illam potentiam, qua multa non facit quae potest, sed actualem illam, qua potenter omnia facit in omnibus, quo modo scriptura uocat eum omnipotentem" (De servo arbitrio WA 18, 718 = Cl 3, 214,11–14). Mit der Schriftstelle dürfte Eph 1, 11 gemeint sein, sachlich entspricht Dtn 32,39; Ps 115,3; Am 3,6; Jes 45,7, vgl. T. Reinhuber, Kämpfender Glaube, 117. Heim bezieht sich positiv auf die Allmacht Gottes als Allwirksamkeit nach De servo arbitrio („... so kann der Glaube ... sagen: Es kommt alles von Gott", W, 266), leider ohne differenzierende und problematisierende Diskussion.

tisch, weil meine freie Entscheidung genau dasjenige Ereignis ist, was sich in der Welt nach den Gesetzen der Welt vollzieht. Wille bezeichnet die „Handlungseinheit" von Ich und Welt.

ii) Wille bezeichnet aber auch im personalen Verhältnis die Handlungseinheit – in Übereinstimmung oder Widerstreit – zweier freier und aufeinander bezogener Wesen. Ich und Du stehen im Umtauschverhältnis, weil die Willensentscheidungen und „korrespondierenden Erlebnisse des Ich und Du miteinander gleichzeitig"[336] stattfinden. Sie verschmelzen zu einer Einheit, indem sich ihre Willen verstärken oder schwächen. Diese Potenzierung oder Nihilierung zweier Kraftpotentiale, die zwingen und gezwungen werden, kann mit dem Ich-Begriff der rationalen, isolierten Substanz schwerlich erfasst werden.

iii) Ebenso kann die Einheit des freien menschlichen mit dem alles wirkenden Willen Gottes im Begriff „Wille" gedacht werden. Wie Ich-Wille und Weltwille in der Ich-Welt-Einheit zusammenfallen, so fallen Ich-Wille und Gottes Wille in der Willenseinheit mit Gott zusammen – und bleiben doch kategorial unterschieden, wie zwei personale Willen zur Willenseinheit verschmelzen und doch zwei eigenständige, also *zwei gleiche* Willen bleiben.

Nur wenn wie im Verhältnis von Ich und Welt auch im Verhältnis von Ich und Gott beide Subjekte nicht als exklusive Entitäten sich gegenüberstehen, sondern im Willensakt geeint sind, kann ein einzelnes Ereignis sowohl als meine freie Handlung als auch als Willenshandlung Gottes gedacht werden. In den Worten Heims:

„Das lebendige Verhältnis zwischen dem übergreifenden Ich Gottes und dem engeren Ich der ihm hingegebenen Seele drückt sich darin aus, dass zwischen zwei Gedanken hin- und hergegangen wird. Der eine ist: Gott ist in mir, identifiziert sich mit mir, erfüllt mich mit seinem Geist. Der andere Gedanke ist: Ich bin völlig von Gott unterschieden, stehe ihm als gesonderte Persönlichkeit gegenüber. ... Nur wenn wir das Ich-und-Du-Verhältnis von seiner tödlichen Exklusivität erlösen und seine flüssige Oszillation zwischen Identität und gegenseitiger Unterscheidung wiederherstellen, zeigt sich ein Ausweg aus dieser unheilvollen Alternative. In der Einheit mit Gott liegt die absolute Freiheit der Entscheidung für seinen Willensgehalt. In der Selbstunterscheidung von ihm entfaltet sich diese freie Entscheidung zu einem Abhängigkeitsverhältnis von ihm. Der persönliche Charakter dieser Abhängigkeit besteht eben gerade darin, dass sie fortwährend in das Einheitsverhältnis mit Gott zurückflutet und wieder aus ihm hervorquillt wie ein ewiges Einatmen und Ausatmen der Seele."[337]

---

[336] W, 91.
[337] W, 265–267; auch das Verhältnis von Freiheit und Gebundenheit des menschlichen gegenüber dem göttlichen Willen wird von Heim nicht weiter problematisiert und differenziert (etwa in Bezug zu Luthers Kategorie der „cooperatio"). Die religiös gefühlte, mystisch erlebte Willenseinheit genügt ihm.

Ergebnis:
Wird, wie es bei Heim geschieht, der Faktums-, der Freiheits- und der personale Einungscharakter des menschlichen Willens gleichermaßen berücksichtigt, so kann dieser mit gewisser Plausibilität auf die Natur und das Weltgeschehen übertragen und die Einheit des Weltgeschehens mit dem (personalen und allmächtigen) Willen Gottes bei Wahrung der Eigenständigkeit des Weltwillens zusammengedacht werden. Der Weltwille hat – in Einheit mit dem Willen Gottes – die Funktion der grundlosen Letztbegründung der Weltwirklichkeit, doch nicht der theoretischen Letztbegründung, sondern der praktischen Letztursächlichkeit. „Wille" bezeichnet den Entscheidungscharakter des Weltgeschehens, der theoretisch nicht abgeleitet, sondern nur praktisch, „im Leben", erfahren werden kann. Wie der Wille das Gesamt der geistigen Vollzüge des Menschen als Einheit von Abhängigkeit und Freiheit, von Bestimmtheit und Selbstsetzung beschreibt, so auch die Einheit der „Freiheit" und der naturgesetzlichen „Kontinuität" des Weltgeschehens. Der Vollzug der Weltereignisse ist für den Glauben eins mit dem Willenshandeln Gottes, welcher die personale und grundlose letzte Ursache des Weltgeschehens darstellt. Mit seinem Willen weiß sich der Glaubende in Freiheit eins. Die Parallelität des Glaubens mit dem Willenscharakter des Weltgeschehens wird im übernächsten Abschnitt 6. genauer betrachtet werden.

Zuvor soll gemäß dem Gedankengang im „Weltbild der Zukunft" die Weltformel und der Entscheidungscharakter des Weltgeschehen an den formalen Konstituentien der Wirklichkeit aufgezeigt und die Relationalität der Weltwirklichkeit an der Struktur von Zeit, Raum und Materie herausgearbeitet werden.

5. Relationale Naturphilosophie von Zeit, Raum und Materie

Der relationale Charakter der Weltwirklichkeit, der sich logisch als lebendige Folge von Entscheidungen in Grund- und Umtauschverhältnissen zeigte und substantiell als Folge von Willensentscheidungen beschrieben werden kann, zeigt sich auch an der Struktur von Zeit, Raum und Materie. Heims relationale Naturphilosophie wird im Folgenden kontextuell analysiert, indem Parallelen zu Aristoteles' Zeitverständnis, zu Goethes Farbenlehre bzgl. der Raumfrage sowie zum energetischen Materieverständnis aufgezeigt werden.

Es zeichnet Heims Raum- und Zeitauffassung aus, dass er sie nicht einseitig rein naturwissenschaftlich-quantitativ noch rein qualitativ vom Erleben her betrachtet, sondern, geschult an Avenarius' Prinzipialkoordination, Objektives und Subjektives verbindet. Raum und Zeit sind für Heim konstituiert in der Koordination von äußerer Form und erlebtem Inhalt[338]. Die Zeitauffassung entwickelt Heim, indem

---
[338] Vgl. W, 57.

er von der äußeren Form zum Zeitinhalt hinübergeht, während er beim Raum umgekehrt vom Raumerlebnis zu den Formen kommt.

a) Die Zeit als doppeltes Umtauschverhältnis und Aristoteles' Zeitverständnis

Die Zeit ist, äußerlich-quantitativ, d.h. mathematisch, betrachtet, eine stetige, lineare Folge von Zeitpunkten[339]. Jeder Zeitpunkt teilt die Zeitstrecke in eine vergangene und eine zukünftige Hälfte. Da von zwei unterschiedlichen Zeitpunkten a und b nur entweder a vorher und b nachher oder a nachher und b vorher eintritt, ist die (äußere) Zeit durch das Umtauschverhältnis von vorher und nachher konstituiert. Anders der Raum: Hier lässt sich durch Drehung im Raum immer eine Perspektive finden, in der zwei unterschiedliche Punkte zusammenfallen. Bei der Zeit jedoch gibt es „keine mehrdeutigen oder Doppelpunkte"[340].

Da der Punkt des Jetzt, der Vergangenheit und Gegenwart unterscheidet und ins Verhältnis setzt, nicht festlegt, sondern sich verschiebend stets neu die Unterscheidung konstituiert, so kann, was Verhältnisglied, also Zukunft oder Vergangenheit, ist, selbst Verhältnis, also Jetztpunkt werden. Die äußere Zeit ist also ein Umtauschverhältnis aufgrund eines Grundverhältnisses[341]. Die Zeitstruktur entspricht der Weltformel. Der Zeitfluss bedeutet logisch rekonstruiert, dass das Umtauschverhältnis im Grundverhältnis zur Entscheidung kommt. Zeit konstituiert sich je im Entscheidungsakt des Jetzt, welcher vorher und nachher je neu ins Verhältnis setzt.

Das Zeiterleben reproduziert dieses Umtauschverhältnis im Grundverhältnis. In der Erinnerung kann Vergangenheit Gegenwart werden, im Zeiterleben des Traumes kann sogar das Zeitmaß variieren. Schon in der äußeren physikalischen Zeit und erst recht im Zeiterleben sind Zeitform (das Nacheinander der Zeitpunkte, das sich aber je neu bestimmt) und Zeitinhalt (der Modus als Vergangenheit, Gegenwart oder Zukunft) untrennbar verknüpft, wenn ein Jetztpunkt das als Vergangenheit bestimmt, was vom vorhergehenden Zeitpunkt aus Zukunft war oder wenn Vergangenheit in der Erinnerung Gegenwart wird. Zeit kann keinesfalls aufgefasst werden als rein objektive, leere Zeitstrecke, an die dann wie an ein Wäscheseil die Erlebnisse aufgehängt werden[342].

Zwar hat Zeit auch den Charakter einer Strecke – man kann Zeit messen, indem man Einheitszeitstrecken zählt, und man kann diese Einheitsstrecken immer wei-

---

[339] Vgl. W. Ostwald, Das Problem der Zeit, 1904, 246f.
[340] Ostwald, Naturphilosophie, 84.
[341] Heim nennt die Zeit etwas missverständlich „das zweifache Umtauschverhältnis" (W, 51). Seiner Terminologie entsprechend muss es aber „ein Umtauschverhältnis aufgrund eines Grundverhältnisses" heißen, da die Vertauschbarkeit von Jetzt und Vergangenheit ein Grund- und kein Umtauschverhältnis ist.
[342] W, 53.

ter teilen, sodass statt einer diskreten Folge von Streckenabschnitten die Zeitstrecke als Kontinuum entsteht – doch ist anders als bei einer Raumlinie nicht zuerst die leere Linie (mathematisch als Dimension, Koordinatenachse oder Richtung des Einheitsvektors bezeichnet) da als bloße Form, an die dann Inhalte angeheftet werden. Zeitform und Zeitinhalt sind untrennbar, weil die Zeitstrecke erst durch den Zeitinhalt entsteht, nämlich durch das fortwährende Verwandeln von Jetztpunkten in Vergangenheiten[343]. Form und Inhalt stehen in einem lebendigen (d.h. nicht-starren) Wechselverhältnis[344].

Das anschauliche Bild für diesen Prozess[345]: die Quelle, aus der der Strom der Zeit rinnt; die feuerflüssige Glut, die erstarrt; die Fadenrolle, die sich vom Jetztpunkt aus stetig nach hinten, in die Vergangenheit abwickelt, hat Heim erst in späteren Werken entwickelt[346]. Was aber Heim schon im „Weltbild der Zukunft" an Zeitverständnis erreicht hat, wird klarer, wenn wir Heim eine vergleichbare Konzeption gegenüberstellen: Das Zeitverständnis von Aristoteles aus dem IV. Buch der Physik.

Aristoteles hat dort die Zeit wie Heim als ein doppeltes Verhältnis beschrieben. Einerseits konstituiert die Unterscheidung zwischen vorher und nachher die Zeit als messbare Strecke, andererseits konstituiert die kontinuierlich neue Unterscheidung von Vergangenheit und Zukunft durch den Jetztpunkt die Zeit als Kontinuum. Zeit ist bei Aristoteles unter die zwei Charakterisierungen als (Maß-)zahl (ἀριϑμός) und als Kontinuum (συνεχής γραμμή = zusammenhängende Linie) gefasst[347].

Zunächst wird die (äußere) Zeit von der äußeren Anschauung einer Raumlinie her entwickelt und die zeitliche Unterscheidung von vorher und nachher (πρότερον καὶ ὕστερον) als äquivalent der räumlichen Unterscheidung von davor und dahinter (πρότερον καὶ ὕστερον ἐν τόπῳ)[348] erkannt. Die Differenz von vorher und nachher ist wahrnehmbar nur aufgrund der Veränderung der räumlichen Anordnung, also durch Bewegung. Zeit ist damit auf Bewegung zurückgeführt und die Messung der Zeit (die quantitative Bestimmung des Wieviel der Differenz von vorher und nachher) auf die Maßzahl der Bewegung. Zeit ist also die Maßzahl der Bewegung hinsichtlich des davor und danach (ἀριϑμὸς κινήσεως κατὰ τὸ πρότερον καὶ ὕστερον)[349]. Die Rückführung der Zeit auf die Zahl offenbart zugleich ihren Doppelcharakter als äußerer, starrer und innerer, werdender Zeit: Wie der Begriff Zahl doppelt verwendet wird, als das Gezählte wie auch das,

---

[343] W, 52.
[344] W, 55.
[345] Die Erklärung der Zeit als Prozess setzt eigentlich das zu Erklärende, nämlich Zeit schon voraus!
[346] G 3, 187; GD 1, 143; GD 7, 184; GN, 55, angedeutet schon in W, 119.
[347] Aristoteles, Phys., 220a.
[348] Aristoteles, Phys., 219a.
[349] Aristoteles, Phys., 219b.

womit wir zählen, d.h. als Doppelbegriff von „gezählter Zahl und zählender Zahl"[350], so auch die Zeit. Die gezählte ist die gemessene Zeit als Zahl, die zählende Zeit hingegen die fließende Zeit als Folge von Jetztpunkten, die wie eine zusammenhängende Linie in kontinuierlichem Zusammenhang stehen.

Die Zeit als Linie hat ebenso wie die Zeit als Zahl den Doppelcharakter von äußerer (starrer) und innerer (werdender) Zeit. Das Jetzt wird „immer wieder ein anderes" (Zeitlinie als kontinuierliche Folge von Jetztpunkten) und bleibt doch „immer ein und dasselbe"[351] (Zeitmodus der Gegenwart als Unterscheidung zwischen Vergangenheit und Zukunft). Es ist dasselbe Jetzt oder dieselbe Zeit, die in dieser Antinomie beschrieben sind. Die Unterscheidung zwischen äußerer, vergehender, messbarer Zeit und innerer, werdender Zeit ist nur eine Frage der Perspektive, je nachdem, ob man die Zeit als Linie von außen betrachtet (und den Jetztpunkt wandern und so die Zeitlinie konstituieren sieht) oder sich auf den wandernden Jetztpunkt setzt (und immer ein und dasselbe Jetzt bleibt). Paradoxerweise ergibt der von außen betrachtete wandernde Jetztpunkt in Summa gerade die „zeitlose Zeit" der Zeitstrecke und die Innenbetrachtung des Zeitwerdens die „ewige Zeit", das nunc aeternum. Nur die paradoxe Verbindung des ewigen Flusses (Heraklit) und des ewigen Seins (Parmenides, Zenon von Elea) vermag Fluss und Kontinuum der Zeit zu beschreiben. Aristoteles hat hier zwei Perspektiven zusammengefügt, die vor ihm auseinander getreten waren und in der Neuzeit wieder auseinander traten als zeitlose Zeit der Physik und als ewiges, durch das nunc stans des absoluten Ich konstituierten, Jetzt des Idealismus.

Auch bei Heim sind beide Aspekte zusammengefügt. Er hat wie Aristoteles die Zeit als doppeltes relationales Verhältnis beschrieben, nämlich als Form (Verhältnis von vorher und nachher) und als Inhalt (Verhältnis von Jetztpunkt zu Vergangenheit und Zukunft),[352] wobei Form und Inhalt sich gegenseitig konstituieren im Relationsverhältnis von gewordener (gezählter) und werdender (zählender) Zeit. Die aristotelische Rückführung der Zeit auf den Grundbegriff der Zahl ist äquivalent zu Heims Rückführung der Zeit auf Relation und Unterscheidung. Form und Inhalt der Zeit verhalten sich wie gezählte und zählende Zahl, wie Unterschiedenes und Unterscheidung, wie Verhältnis und Verhältnisglied.[353] Dieses Verhältnis ist aber ein dynamisches, ein lebendiges, weil erst durch die Unterscheidung von Form und Inhalt sowohl Form wie Inhalt zustande kommen. Erst in der Zeit gibt es Zeit!

---

[350] J. Derrida, Ousia und gramme, 1993, 270.
[351] Aristoteles, Phys., 218a.
[352] J. McTaggert hat die modale Anordnung von Zeitpunkten nach Vergangenheit, Gegenwart und Zukunft die „A-Reihe" der Zeit genannt und die Anordnung von früher bis später die „B-Reihe" (Die Irrealität der Zeit, 68). Diese Unterscheidung beider Zeitaspekte, die aber bei Aristoteles und Heim wie Inhalt und Form zusammengehören, in A- und B-Zeit hat sich allgemein eingebürgert.
[353] W, 55.

Da die Unterscheidung zwischen gezählter und zählender Zahl den Begriff der Zahl schon voraussetzt, wie die Unterscheidung zwischen Unterscheiden und Unterschiedenem das Unterscheiden schon voraussetzt, so ist Zeit äquivalent zur Relation oder zur Unterscheidung der undefinierbare Grundbegriff[354]. Die Undefinierbarkeit der Zeit, d.h. die Unmöglichkeit, rein aus logischen Gesetzen die Zeit zu definieren und der zirkuläre Charakter des undefinierbaren Grundbegriffs, der zu seiner Definition sich selbst schon voraussetzt, bestimmt die Zeit als Konstituens der Wirklichkeit, die „überall den Charakter irrationaler Positivität"[355] aufweist. Die Undefinierbarkeit der Zeit verweist auf die Irrationalität des Willens, dessen Akt der Entscheidung wie das Werden der Zeit unhintergehbar, d.h. rational-logisch nicht auflösbar, aber gerade darin zutiefst wirklich, d.h. dynamisch wirkend ist.

An diesem Punkt setzt in der Tradition auch die Kritik an Aristoteles' „starrem" Zeitverständnis an, der die dynamische Zeitkonstitution durch das Bewusstsein nicht genügend berücksichtigt hat. Diese Kritik wurde zuerst ausgesprochen von Augustinus, dann aufgenommen von der Lebensphilosophie Bergsons und Spenglers und detailliert weitergeführt von der Phänomenologie Husserls und Heideggers.

Aber auch Heim hat im „Weltbild der Zukunft" einen wesentlichen Zeitaspekt nicht bedacht und damit sein eigenes dynamisches Zeitverständnis praktisch wieder aufgelöst. Er hat, wie auch Aristoteles, auf Objektivität zielend, die Zeit nach ihrem Wesen befragt (τί ἐστιν ὁ χρόνος)[356] und also als „etwas" betrachtet. Als „etwas" betrachtet, d.h. mittels den aus der räumlichen Zeitstrecke gewonnenen objektiven Unterscheidungen von vorher und nachher sowie der Zeitmodi, werden Vergangenheit, Gegenwart und Zukunft prinzipiell gleichwertig und ineinander überführbar. Die Gleichwertigkeit der Zeitmodi wird aber einem wesentlichen Aspekt der erlebten wie der physikalischen Zeit nicht gerecht: ihrer Unumkehrbarkeit.

Weder Heim noch Aristoteles werden diesem Aspekt gerecht, weil sie sowohl die physikalische Zeit als auch das innere Zeiterleben nur von der äußeren Anschauung als Raumlinie her entwickeln. Auch das Zeiterleben wird nur als Zeit*erkenntnis*, d.h. als nachträgliche Reflexion auf das Zeiterleben betrachtet. Als Erkenntnis oder Vorstellung der Zeitachse ist Gegenwart beliebig in Vergangenheit und Vergangenheit in Gegenwart überführbar, man braucht nur mit dem wandernd vorgestellten Jetztpunkt mitwandern. Und selbstverständlich kann das reflektierende Bewusstsein aus der Gegenwart in die Vergangenheit und zurück in die Zukunft wandern. Nimmt man hingegen wirklich das *Zeit-Erleben* in den Blick, dann ist

---

[354] PA, 72.
[355] Kalweit, Religion, 541.
[356] Aristoteles, Phys., 219a.

Zeit so unmittelbar nahe, dass man nicht mehr, sich von ihr distanzierend, über Zeit reden, sondern nur noch sich in der Zeit als zeitlich vorfinden kann. Zeit ist dann wesentlich Gegenwart, die dauert, weil sie nicht als ehemaliger Jetztpunkt in die Vergangenheit zurücksinkt, sondern weil sie ständig und dauerhaft präsent gehalten wird. Heim hat im Spätwerk unter Aufnahme von Spenglers Einsicht in die Unumkehrbarkeit der Zeit, von Bergsons Begriff der „wahren Dauer", von Husserls „Retentionen" und Heideggers Konzept der Zeitlichkeit ein wesentlich besseres, dem Zeiterleben näheres, Zeitverständnis vorgelegt. Wir werden dies an den entsprechenden Stellen weiterverfolgen[357].

b) Das Raumerleben und Goethes Farbenlehre

Die Raumauffassung entwickelt Heim ausgehend vom Raumerleben so, dass er das Erleben der Linien, Formen und Farben zunächst auf die reinen Erlebnisse reduziert, aus deren Verschmelzung erst Raumwahrnehmung entsteht. Reine Erlebnisse sind nach Ernst Mach[358], auf den Heim wohl rekurriert, ohne ihn zu nennen, das rein zeitliche Hören, die Tastempfindungen des dreidimensional Körperlichen und die Sehempfindungen des zweidimensional Flächigen, die wieder in Farb- (reine Flächen) und Formempfindungen (reine Linien) getrennt werden können. Aus den reinen Erlebnissen synthetisiert sich nach Heim das Raumerleben durch „Verschmelzung"[359]. Niemals erleben wir die Farben ohne Form, niemals die reine Fläche ohne Tiefe, niemals den Raum ohne die Zeit. Das Empfinden der Farbqualität, der Quantität der Form, das flächige Sehen, das dreidimensionale Tasten und das zeitliche Hören sind nicht „gesonderte Weltgebiete"[360], sondern jeweils im Verhältnis zueinander. Anschauungsform und Anschauungsinhalt verhalten sich wie Unterscheidung und Unterschiedenes, stehen also im lebendigen Grundverhältnis zueinander, die Formen und die Inhalte je untereinander im Umtauschverhältnis. Die neuzeitliche Subjekt-Objekt-Spaltung hingegen trennte zwischen subjektiven Qualitäten und objektiven Formen, zwischen Anschauungsinhalt und Anschauungsform. „Raum" gibt es aber für uns nur als dynamisches Verhältnis von Inhalten und Formen, deren Zuordnung sich im Erlebnisakt jeden Augenblick neu konstituiert. „Raum" ist daher entgegen der geometrischen Raumvorstellung kein starres Gerüst von Linien und Flächen, sondern ein lebendiges Verhältnis von Grund- und Umtauschverhältnissen.

---

[357] S.u. die Kap. IV.5.b; V.3.b; VI.3.–5.
[358] Mach, Analyse, 84f.
[359] W, 65.
[360] W, 82.

Insbesondere das Farberleben gilt Heim als konstitutiv, weil sich hier der Verhältnischarakter schon im Elementarerlebnis zeigt. Es gibt nämlich im Farberleben keine isolierten Farben, sondern nur Farbverhältnisse, d.h. Farbgrade und Farbabstufungen relativ zu anderen (Umtauschverhältnis). Außerdem ist im „Farbenraum", im Farbkreis der Komplementärfarben jede Farbe als Mischung zweier gleichweit entfernter Farben und also als Einheit im Grundverhältnis oder als Verhältnisglied eines anderen Mischungsverhältnisses zu verstehen. Ob Heim hier bewusst auf Goethes Farbenlehre zurückgegriffen hat oder nur auf den Allgemeingut gewordenen Farbkreis, kann nicht mehr entschieden werden. Jedenfalls sind die Parallelen zu Goethes Farbenlehre signifikant.

Goethe hatte sich dahingehend von Newtons Farbenlehre distanziert, dass er nicht wie dieser die isolierten, reinen Spektralfarben[361], sondern die Farbmischungen, die Farbverhältnisse als elementar ansah[362]. Die Farben entstehen nach Goethe aus der Vereinigung und Mischung von Licht und Dunkel (= Nichtlicht) und nicht aus dem (weißen) Licht allein, wie Newton lehrte.[363] Die Möglichkeit der Mischung als Vereinigung von Verschiedenem und der Entmischung als Entzweiung einer Einheit gilt Goethe über die Farbenlehre hinaus als Grundgesetz der Naturphilosophie. „Treue Beobachter der Natur, wenn sie auch sonst noch so verschieden denken, werden doch darin miteinander übereinkommen, dass alles, was erscheinen, was uns als ein Phänomen begegnen solle, müsse entweder eine ursprüngliche Entzweiung, die einer Vereinigung fähig ist, oder eine ursprüngliche Einheit, die zur Entzweiung gelangen könne, andeuten und sich auf diese Weise darstellen. Das Geeinte zu entzweien, das Entzweite zu einigen, ist das Leben der Natur"[364].

Die immerwährende Entzweiung und Vereinigung als Grundgesetz des Lebens, die bei Goethe genauso dynamisch wie bei Heim verstanden ist, dürfte die geistesgeschichtliche Wurzel für Heims dynamischen Verhältnischarakter der Wirk-

---

[361] Vgl. Newtons Originalskizze seines berühmtem Prismenexperiments in der Ausgabe I. Newton, Optik oder Abhandlungen über Spiegelungen, Brechungen, Beugungen und Farben des Lichts, 1983, XII.

[362] Zu Goethes Farbenlehre vgl. H. Glockner, Das philosophische Problem in Goethes Farbenlehre, 1924; W. Heisenberg, Die Goethesche und die Newtonsche Farbenlehre im Lichte der modernen Physik, in: Wandlungen in den Grundlagen der Naturwissenschaft, 1980, 85–106; F. Höpfner, Wissenschaft wider die Zeit. Goethes Farbenlehre aus rezeptionsgeschichtlicher Sicht. Mit einer Bibliographie zur Farbenlehre, 1990; P. Hofmann, Goethes Theologie, 2001, 188–283.

[363] J.W. v. Goethe, Zur Farbenlehre, 1808, in: Naturwissenschaftliche Schriften I, Werke Bd. 13, 326; vgl. Eckermanns Schilderung von Goethes experimentum crucis, dass die Schatten von Trinkläsern „gegen das Licht gelb und gegen das Dunkle blau erscheinen, und die also die Betrachtungen eines Urphänomens gewähren". Das Phänomen des subjektiven Wechsels von gelbem und blauem Schatten könne nicht newtonsch aus reinen, objektiven Spektralfarben erklärt werden, sondern so, dass die eine Grundfarbe (Gelb) am Licht entsteht und die andere (Blau) an der Finsternis, sodass am Licht sich der Schatten gelb und an der Finsternis blau zeigt. Dasselbe Phänomen zeigt sich an der Zunahme der Bläue einer Spiritusflamme gegen die Dunkelheit oder daran, dass „an einer brennenden Wachskerze … der durchsichtige untere Teil der Flamme dasselbe Phänomen zeige, als wodurch der blaue Himmel entstehe, indem nämlich die Finsternis durch ein erleuchtetes Trübe gesehen werden" (J. Eckermann, Gespräche mit Goethe in den letzten Jahren seines Lebens, 1999, 318f.188).

[364] Goethe, Farbenlehre, Werke Bd. 13, 488.

lichkeit darstellen, wenn auch der Goethesche Terminus der „Polarität"[365] von Heim erst im Spätwerk verwendet wird[366].

Das zweite, was Goethes Farbenlehre mit Heims Raumauffassung verbindet, ist, dass er nicht wie Locke und seine Nachfolger die sekundären Empfindungsqualitäten und die primären Raumformen auseinanderreißt oder gar wie Newton die Farbenlehre auf die objektiven Formen und Farben reduziert, sondern Subjektives und Objektives verbindet. Goethe hat immer das subjektive Farberleben für konstitutiv und nicht für sekundär gehalten. Ein Phänomen ist bei ihm nicht die Wirkung des objektiven Vorgangs im Bewusstsein des Subjekts, sondern wenn ein Phänomen sich ereignet – erscheint, sich zeigt –, sind Objekt und Subjekt schon verbunden[367]. Damit hat Goethe nach dem Urteil von Hermann von Helmholtz „die unmittelbare Wahrheit des sinnlichen Eindrucks gegen die Angriffe der Wissenschaft"[368] gerettet und – noch – das Auseinanderfallen von Physiologie und Phänomenologie verhindern können.

Was aber für das Raum- und Farberleben gilt, dass man seine Sinnlichkeit nicht gegen die (scheinbare) Objektivität der wissenschaftlichen Betrachtung hintanstellen darf, das gilt für das Raumverstehen auch des äußeren Raumes. Man hat nach Goethe und nach Heim das eigentliche Raumproblem gerade nicht erfasst, wenn man die Linien nur nach ihrer „wirklichen" Länge bemisst und vom Wechsel der perspektivischen Darstellung absieht. Denn was den Raum zum Raum macht, ist ja gerade die Variabilität der wahrgenommenen Länge und Form. Die Bemessung der sog. wirklichen, objektiven Länge ist in Wahrheit die Projektion auf eine Fläche. Die eigentlich *wirkliche* Länge ist die wahrgenommene. Was die Geometrie die scheinbare Länge nennt, ist für Heim die tatsächliche.

Besonders das Tiefenerlebnis zeigt die qualitative Differenz zwischen der zweiten und der dritten Dimension. Tiefe wird *als Tiefe* und nicht als Länge erlebt. Wie Länge und Fläche stehen auch Fläche und Tiefe zueinander im asymmetrischen Grundverhältnis und nicht im Umtauschverhältnis. „Die sogenannte dritte Dimen-

---

[365] A.a.O., 489.
[366] S.u. Kap. VII.2.b.
[367] Zu Goethes gestuftem Phänomenbegriff – er unterscheidet 1. das „empirische Phänomen" der sinnlichen Anschauung, das durch Versuche 2. zum „wissenschaftlichen Phänomen" wird und zuletzt, „als Resultat aller Erfahrung und Versuche" zum „reine[n] Phänomen". Dieses „Urphänomen" kann „niemals isoliert sein, sondern es zeigt sich in einer stetigen Folge der Erscheinungen" (Erfahrung und Wissenschaft, in: Werke, Bd. 13, 25) – vgl. C.F. v. Weizsäcker, Einige Begriffe aus Goethes Naturwissenschaft, in: Goethe, Werke Bd. 13, 539–555, 552; R. Welter, Art. Goethe, EPhW, 789; Hofmann, Goethes Theologie, 306–312.
[368] Zit. nach Heisenberg, Farbenlehre, in: Wandlungen, 99, der schön zeigt, dass Newton und Goethe „von zwei ganz verschiedenen Schichten der Wirklichkeit handelten" (94). Während die „Ablösung der Naturwissenschaft von der Sinnenwelt" (96) dazu führt, dass die Naturwissenschaft „nicht mehr von der Welt, die sich uns unmittelbar darbietet" handelt, sondern „diese objektive Welt ... gewissermaßen erst durch unseren tätigen Eingriff, durch die verfeinerte Technik des Beobachtens hervorgebracht" (98) wird, wird „in dieser anderen Wirklichkeit ... das, was geschieht, nicht gezählt, sondern gewogen, und das Geschehene wird nicht erklärt, sondern gedeutet" (95).

sion oder Tiefendimension ist nach alledem nichts Drittes, das zur Eindimensionalität der Zeitstrecke, zur Zweidimensionalität der Fläche hinzuträte; sie ist vielmehr nur das Verhältnis zwischen der Eindimensionalität und Zweidimensionalität. Sie ist die Eindimensionalität, von der Zweidimensionalität aus betrachtet."[369] Heims Phänomenologie der Raumwahrnehmung und des Tiefenerlebnisses, die er mit Recht als Beitrag „zu einer allgemeinen Fundamentierung einer künftigen Metageometrie und Farbenphilosophie"[370] versteht, wird von der neuen Phänomenologie bestätigt und findet sich äquivalent bei O. Spengler, dessen Raumverständnis vermutlich von Heim selbst beeinflusst wurde[371], und bei M. Merleau-Ponty. Diese Zusammenhänge werden wir im Schlusskapitel weiterverfolgen[372].

c) Die Materie und Ostwalds Energetik

Die Energetik war eine innovative, wenn auch von nur wenigen Physikern vertretene Bewegung der Jahrhundertwende, die Mechanik und die Thermodynamik auf einem nicht atomistischen Materieverständnis zusammenzuführen. Aus Gründen, die wir noch nennen werden, hat sie sich nicht durchsetzen können. Heim hat in der Energetik, wenn auch nicht ohne Widerspruch, eine Chance gesehen, den Materialismus mit physikalischen Mitteln durch eine alternative Gegentheorie zu besiegen und sie daher als den physikalischen Beitrag zum neuen, einheitlichen Weltbild gewürdigt.

Die Energetik tritt nach ihrem Gründer und Hauptvertreter Wilhelm Ostwald mit dem Anspruch auf, den wissenschaftlichen Materialismus des 19. Jahrhunderts physikalisch zu überwinden[373]. Die mechanistische Weltsicht, alle Erscheinungen der belebten und unbelebten Natur auf Mechanik der Atome zurückzuführen, sei unhaltbar. Ostwald konstatiert das Scheitern aller Versuche, nichtmechanische Vorgänge wie Wärme, Strahlung, Elektrizität etc. auch nur im Prinzip mechanisch zu erklären. In allen Fällen gilt das „Ignoramus" des Du Bois-Reymond, doch es gilt nur wegen seiner falschen, mechanistischen Erklärungsgrundlage. Fällt die mechanistische Weltanschauung, so fällt auch das „Ignorabimus"[374]! Die Alternative, die Ostwald der mechanistischen Weltsicht entgegensetzt, ist die energetische. Nach der energetischen Weltsicht ist nicht die Materie der Träger von Energie, sondern umgekehrt: Das Wirkliche ist nur die Energie, die Materie ist eine Gedankenkonstruktion, „um das Dauernde im Wechsel der Erscheinungen darzu-

---

[369] W, 79.
[370] W, 82.
[371] So die Vermutung von Schröter, Streit um Spengler, 129.
[372] S.u. Kap. IX.4.
[373] Ostwald, Die Überwindung des wissenschaftlichen Materialismus, 1904.
[374] Ostwald, Überwindung, 229.

stellen."[375] Das Wirkliche ist das, was auf uns wirkt, was erfahren und empfunden wird. Wirklich ist folglich die Energie[376].
Ostwald gründet seine Naturphilosophie auf einer vereinfachten, subjektivistischen Erkenntnistheorie (von Heim treffend populäre Kantdeutung genannt): Das Primäre, das Gegebene, sind die Empfindungen. Wir erkennen die Natur nicht, wie sie an sich ist, sondern wie sie wahrgenommen wird. Dies gilt für die tägliche Erfahrung, aber auch für die naturwissenschaftliche. Die Dinge an sich bleiben hinter dem Kantschen „Ignorabimus" verborgen. Der Begriff der Materie vermag die Gesamtheit der Erscheinungen nicht auszudrücken. Erfahren wird nicht die Materie, sondern die Energie, genauer Energiedifferenzen oder –verhältnisse. „Somit besteht die ganze Summe der Erfahrungen, aus denen wir unsere Außenwelt aufbauen, in den erfahrenen Energieübergängen. Daraus folgt mit Notwendigkeit, dass der Energiebegriff auch ausreichend sein muss, um eben diese mit seiner Hilfe bewerkstelligte Erfahrung darzustellen. … Der Energiebegriff ist nicht allein (neben dem von Raum und Zeit) überall ausreichend, sondern er ist bisher auch das einzige Mittel geblieben, eine hypothesenfreie Darstellung der Erfahrung zu ermöglichen."[377] Nicht Energie ist Erscheinung von Materie, sondern Materie ist Erscheinung von Energie. Da nur der Energiebegriff, nicht aber der Materiebegriff eine positivistische, von metaphysischen „Hypothesen" freie Naturwissenschaft aufzubauen ermöglicht, gilt die Thermodynamik für Ostwald als neue Leitwissenschaft. Sie lässt erwarten, alle Erscheinungen, die physischen (mechanischen, elektrischen und thermodynamischen) wie die psychischen einheitlich zu beschreiben. Ihr Grundgesetz ist anstelle der Erhaltung der Substanz die Erhaltung der Energie.

Gegen die Energetik wurden – neben der unten dargestellten physikalischen Kritik – auch erkenntnistheoretische Einwände vom Standpunkt des Neukantianismus vorgebracht.
A. Riehl hat an Ostwalds erkenntnis- und wissenschaftstheoretischer Rechtfertigung der Energetik kritisiert, dass Ostwald unter der Hand den empirischen Energie- und Realitätsbegriff in einen metaphysischen verwandle. Wenn die Materie Erscheinung der Energie sei, dann müsse – konsequent weitergedacht – die Energie das Ding an sich der Materie sein. Von diesem metaphysischen Begriff gilt aber das Kantsche „Ignorabimus". Wenn über die Energie aber nichts Positives ausgesagt werden kann, so ist der Begriff der Energie unbestimmt-inhaltsleer und der energetische Monismus hat sich selbst aufgelöst.[378]

---

[375] Ostwald, Überwindung, 234; vgl. Mach, Mechanik, 4.4 §2, 495: „Vielmehr ist das ‚Ding' ein Gedankensymbol für einen Empfindungskomplex von relativer Stabilität."
[376] Vgl. Ostwalds Beweisbeispiel: Bei einem Schlag mit einem Stock spürt man nicht den Stock, sondern die Energie (Überwindung, 235f).
[377] W. Ostwald, Die philosophische Bedeutung der Energetik, 1904, 276f.
[378] Riehl, Einführung, 127–131.

Karl Heim empfand das Aufkommen der Energetik mit vielen anderen als Befreiung aus der stummen, toten „Nachtansicht"[379] des Materialismus[380]. Er hat das erfahrungsorientierte, antiatomistische Materieverständnis der Energetik in sein „Weltbild der Zukunft" aufgenommen, ohne den Riehlschen Einwand zu übersehen und wie Ostwald einer metaphysischen Absolutsetzung der Energie zu verfallen.

Vertauscht man nämlich allein die metaphysische Position von Materie und Energie, wie Heim ganz analog zu Riehl an Ostwald kritisiert, und nimmt statt wie vorher die Materie jetzt die Energie als das letzte unbekannte X, als das Ding an sich, das keinen Träger mehr braucht, dann wird die Energie zum nicht mehr ableitbaren letzten Absolutum, zur perennierenden „Summe", zum „Quantum von etwas Undefinierbarem"[381]. Ein solcher Energiebegriff ist aber genauso mythologisch wie der materialistische Atomismus. „Die Auffassung des Weltgeheimnisses als Summe ist die letzte, feinste, weil mathematische Verkleidung des Denkfehlers, aus dem die ganze vergangene Denkepoche hervorging."[382] Der Fehler der Energetiker sei, Energie wie vorher Materie als Absolutgröße, als unveränderliche Quantität statt als Verhältnis zu verstehen. Betrachtet man als Letztgröße hingegen nicht die energetische Summe, die immer konstant bleibt, sondern Differenzen oder Verhältnisse, dann erst bekommt man „ein Weltbild ohne Hintergedanken"[383]. Die solcherart gereinigte Energetik als Wissenschaft von relativen Verhältnissen bildet den Verhältnischarakter der Wirklichkeit in der physikalischen Theorie ab.

Heims Kritik an der Energetik hat als Ideologiekritik ein gewisses Recht. Im sachlichen und prinzipiellem Sinne ist sie jedoch überzogen. Natürlich kann die Größe „Energie" fundamentalistische Züge annehmen, wenn sie als letzte „Summe hinter der Wirklichkeit"[384] in einem pantheistischen Sinne verstanden wird. Sobald eine „rein mathematische Größe religiösen Charakter"[385] erhält, sobald eine physikalische Größe zum universalen Absolutum erhoben wird, muss theologische Ideologiekritik im Namen des ersten Gebots widersprechen. „Überall da, wo in der Naturbeschreibung ein Absolutum auftaucht, wo also mit einer Größe gerechnet wird, die keiner anderen Größe bedarf, zu der sie relativ in Gel-

---

[379] G.Th. Fechner, Die Tagesansicht gegenüber der Nachtansicht, 1879; zu Fechner vgl. die schöne Arbeit von M. Heidelberger, Die innere Seite der Natur. Gustav Theodor Fechners wissenschaftlich-philosophische Weltauffassung, Frankfurt 1993.
[380] Ich gedenke, 72.
[381] W, 156.
[382] Ebd.
[383] W, 157.
[384] W, 156.
[385] WnW, 22.

tung steht, sondern die lediglich durch sich selbst gilt, da ragt der Glaube in die Naturbeschreibung herein."[386]

Doch ist die ideologische Verabsolutierung der Energie nicht zwingend in der physikalischen Theorie begründet. Heims Kritik an der Energetik hat kein sachliches Recht, sondern ist in einem Missverständnis physikalischer Theoriebildung begründet. Da es sich dabei um ein prinzipielles wissenschaftstheoretisches Problem handelt, wollen wir zu Heims Energetikkritik Stellung beziehen.

Heim hat richtig erkannt, dass es sich bei allen energetischen Prozessen um Energieübergänge handelt und daher in die quantitative Formulierung nicht eine Energiesumme, sondern Energiedifferenzen oder Verhältnisse von Energiewerten eingehen. Messbar ist nicht die Energie selber, sondern nur Energiedifferenzen. Damit ist die Energie als quantitative Größe richtig beschrieben, nicht aber ihre Qualität. Denn die Energie hat im Unterschied zur Masse, zur Länge und zum Zeitmaß die fundamentale, experimentell vielfach bestätigte Eigenschaft, dass sie eine Erhaltungsgröße[387] ist, und dies, obwohl ihr Wert nicht absolut festliegt, sondern nur bis auf eine unbestimmt bleibende additive Konstante. Diese freie Konstante bezeichnet aber nicht den Zahlenwert, sondern die Größe Energie selbst.

Die Unterscheidung – und die Zuordnung – zwischen einer physikalischen Größe und ihrem Maß, ist ein wissenschaftstheoretisch fundamentaler Zug physikalischer Begriffsbildung.[388] Zur Quantität wird eine Größe, indem ein Maßstab angelegt wird, welcher die „Menge" der Größe mit dem Maß proportional verknüpft. (Die Anführungsstriche sollen die Fundierungsproblematik des Zusammenhangs von Größe und Einheit andeuten, dass Menge schon ein Maß voraussetzt, Maß aber erst durch Menge definiert werden kann[389].) Sobald aber ein Maß angelegt und eine Einheit festgelegt ist, gilt das Proportionalitätsgesetz zwischen der Größe und ihrem Maß, was Heim ganz richtig als Proportionalverhältnis beschreibt[390]. Was dabei geschieht, ist nichts anderes, als dass ein dem Zahlenstrahl äquivalenter Maßstab angelegt wird, bzw. die Quantität einer Größe auf das Verhältnis von Zahlen zurückgeführt wird. In quantitativer Hinsicht, d.h. qua ihrer Abbildung auf den Zahlenstrahl, sind alle physikalischen Größen äquivalent. Da der Maßstabsnullpunkt und die Elementareinheit aber willkürlich festlegbar sind, ist die Größe quantitativ nicht absolut, sondern nur relativ zum Maßstab bestimmt[391]. Folglich gehen in alle physikalischen Gesetze nur Differenzen, nie Absolutgrößen ein. In dieser Hinsicht ist zwischen Energie und Masse kein Unterschied. Die Quantität der Masse kann wie der Zahlenwert des Energienullpunkts beliebig gesetzt werden.

Nun bezieht sich der Erhaltungscharakter, der die Energie vor anderen Größen wie der Masse oder der Länge auszeichnet, nicht auf das Maß der Energie, also nicht auf die Quantität der Summe, sondern auf die Größe selbst. Die Erhaltung der Energie ist eine maß- oder

---

[386] WnW, 21.
[387] Der Energiesatz wurde experimentell 1859 von J. Mayer gefunden und theoretisch 1916 von E. Noether aus der Homogenität des Raum-Zeit-Kontinuums bei Abwesenheit von äußeren Kräften abgeleitet.
[388] Vgl. R. Carnap, Einführung in die Philosophie der Naturwissenschaft, 1969, 69–83; E. Ströker u.a., Wissenschaftstheorie der Naturwissenschaften, 1981, 48–55.
[389] Was Aristoteles vom Messen der Zeit mittels Bewegung sagt, dass Größe (Zeit) und Maß (Bewegung) je durcheinander bestimmt werden und sich also gegenseitig voraussetzen (Phys., 220b), gilt allgemein für jede physikalische Größe. Zum zirkulären Problem der Metrisierung vgl. E. Ströker, Einführung in die Wissenschaftstheorie, 1973, 49–59.
[390] W, 159.
[391] Das zeitgleiche Schrumpfen von Maßstab und gemessenem Gegenstand bliebe unbemerkt, vgl. W 33f.157.

wie man auch sagt, koordinatenunabhängige Eigenschaft. Trotz der Erhaltung bleibt das Quantum der Energie unbestimmt bis auf eine additive Konstante. Erhalten wird nach dem Energiesatz der unbestimmte und im absoluten Sinn unbestimmbare Energiewert. Die erhaltene Energie ist zwar ein fixes Quantum, aber gegen Heims Interpretation kein absolutes Quantum[392].

Wegen der immer unbestimmt bleibenden Konstanten hat man im 19. Jahrhundert auch lieber mit Arbeit oder Wärme oder Energiedifferenzen gerechnet als mit der Energie selber[393]. Auch Mach hat wegen der Unmessbarkeit des absoluten Energiemaßes Energiewerte stets durch Arbeit ausgedrückt[394]. Dennoch wird von den Energetikern theoretisch die Energie bevorzugt, weil sich damit die thermodynamischen Berechnungen wesentlich vereinfachen. Die Energie ist, in der Sprache Machs gesagt, der ökonomischere Begriff[395].

Eine metaphysische Verabsolutierung der Energie ist weder von den Energetikern beabsichtigt, noch in der Theorie zwingend angelegt. Heim hat aber richtig gesehen, dass die Konstanz der Energie nicht direkt, sondern nur über die Umwandlung der Energieformen ineinander oder in Wärme oder Arbeit messbar ist. Der Schluss aus den gemessenen Energiedifferenzen auf die *Konstanz* der Energie*summe* setzt den Energiesatz logisch schon voraus, wie Heim in „Psychologismus oder Antipsychologismus" richtig feststellte[396]. Außerdem ist der Energieerhaltungssatz experimentell nur näherungsweise verfizierbar. Er gilt zudem nur für geschlossene Systeme, hat also für das Universum als Ganzes nur dann Gültigkeit, sofern dieses als abgeschlossenes System betrachtet werden kann. Eine pantheistische Deutung der Energie als ewig konstanter, immer schon und für immer alles bestimmender Wirkmacht hinter den Erscheinungen, hat physikalisch keine Grundlage und zöge, wenn sie behauptet würde, zurecht Heims Ideologiekritik auf sich.

Die Energetik hat sich aber auch physikalisch nicht durchsetzen können, weil sie einerseits der konkurrierenden thermodynamischen Theorie, der kinetischen Gastheorie, aufgrund ihres geringeren Erklärungsgehaltes unterlegen war und andererseits durch neue Entwicklungen der Physik überholt wurde. Die Energetik betrachtete die Thermodynamik nur auf der phänomenologischen Ebene, während L. Boltzmann Ende des 19. Jahrhunderts aufbauend auf Arbeiten von J. Maxwell und H. Poincaré eine mikroskopische, atomistisch-mechanische Erklärung der thermodynamischen Hauptsätze, insbesondere des zweiten, des Entropiesatzes, geben konnte. Boltzmann war, wenn auch nicht unumstritten, der Meinung, dass mittels mikroskopisch-statistischer Beschreibung der zweite Hauptsatz der Thermodynamik

---

[392] In späterer Zeit hat Heim seine Kritik am Energiesatz nicht wiederholt, sondern im Gegenteil aus der *Erhaltung* der Energie sein dynamisches, nichtdeterministisches Naturverständnis abgeleitet, vgl. G 2, 174, hierzu s.u. Kap. IV. 4.

[393] In differentieller Formulierung lautet der Energiesatz von Mayer: Die Änderung der Energie, die sich aus Änderung der Wärme und Änderung der Arbeit zusammensetzt, ist für ein geschlossenes System gleich null (dE = dW + dA), in integrierter Form: E = const.

[394] Vgl. M. Planck, Die Entstehung und bisherige Entwicklung der Quantentheorie, in: Vorträge und Erinnerungen, 1983, 125–138, 129.

[395] Die „ökonomische Funktion der Wissenschaft" bestehe darin, bevorzugt solche Begriffe zu bilden, welche „leichter zur Hand sind als die Erfahrung selbst und diese in mancher Hinsicht vertreten können" (Mach, Mechanik, 494).

[396] PA, 126.

aus einer mechanischen Theorie bewiesen werden könne[397]. Die Mehrheit der Physiker war davon überzeugt, dass Boltzmann die besseren Argumente vorgebracht habe[398]. Den endgültigen Sieg des Atomismus und die Aufgabe der Energetik brachte aber nicht die mikroskopisch-atomistische Erklärung der Thermodynamik, sondern die Ausweitung des Atomismus auf die Elektrostatik und die Elektrodynamik.

Die beiden grundlegenden Arbeiten von Planck 1900 und Einstein 1905, die zumeist als Beginn der Quantentheorie gelten, bedeuteten zunächst nicht die Ablösung alter Atomvorstellungen zugunsten der neuen Quantenmechanik – davon kann frühestens mit der Einführung halbklassischer Atommodelle durch Bohr und Sommerfeld 1913 die Rede sein –, sondern die theoretische und experimentelle Bestätigung der Atome überhaupt, und zwar in Bereichen, die bisher von Kontinuumsmodellen dominiert waren. Max Planck gelang es 1900 durch die Einführung von Energiequanten das experimentell gut bestätigte allgemeine Strahlungsgesetz für einen sog. schwarzen Strahler theoretisch abzuleiten. Die bisherigen Ansätze hatten alle eine kontinuierliche Energieabgabe der Strahler zugrundegelegt und damit das Stahlungsgesetz entweder für niedere (Rayleigh-Jeans, 1900) oder für hohe Energien (W.Wien, 1896) nie aber über die ganze Energieskala ableiten können. Planck konnte die Strahlungsformel über den gesamten Strahlungsbereich richtig ableiten, indem er diskrete Energiegrößen als Vielfache eines Wirkungsquantum rein aus rein rechentechnischen Gründen einführte. Über deren physikalische Bedeutung war Planck sich selbst lange nicht klar[399], sie bedeuteten aber nichts weniger als die mikroskopische Quantisierung der Energie in wohldefinite Summen und also die Auflösung des kontinuierlichen Energiebegriffs.

Einstein führte 1905 zur Erklärung des Photoeffekts (der Auslösung von elektrischer Ladung aus einer Metallplatte mittels Lichtbestrahlung) Lichtquanten ein und ersetzte die Vorstellung von Licht als kontinuierlicher elektromagnetischer Strahlung durch ein Partikelmodell. Die Einsteinsche Lichtquantenhypothese und die Plancksche Idee der Quantelung der Energie in Vielfachen des Wirkungsquantums setzten sich erst nach mehrfacher experimenteller Bestätigung und weiteren theoretischen Überlegungen durch. Spätestens aber zehn Jahre nach den fundamentalen Theorien von Planck und Einstein, unterstützt durch den Erfolg der kinetischen Gastheorie, war die Vorstellung der Energie als kontinuierlicher Größe durch das Quantenmodell abgelöst.

---

[397] L. Boltzmann, Zu Herrn Zermelo's Abhandlung ‚Über die mechanische Erklärung irreversibler Vorgänge', 1897. Das Kernargument von Boltzmanns statistischer Begründung des 2. Hauptsatzes war, dass ein geordneter Makrozustand nur von einer geringen Zahl an Mikrozuständen realisiert werden kann, während ein ungeordneter Makrozustand einer Vielzahl von Mikrozuständen entspricht. Daher sollte bei statistischer Gleichverteilung ein geordneter immer in den wahrscheinlicheren ungeordneten übergehen. Der wesentliche Einspruch hiergegen war der Wiederkehreinwand durch Poincaré 1890, der zeigen konnte, dass sich jedes geschlossene mechanische System nach endlicher (wenn auch beliebig langer) Zeit beliebig nahe seinem Ausgangszustand nähert, sodass sich die Entropie entgegen dem Entropiesatz nicht erhöht, sondern näherungsweise konstant bleibt. Boltzmann hielt dem entgegen, dass die erforderlichen Zeiten größer als kosmische Zeiten sein müssten.

[398] Vgl. die Erinnerungen Sommerfelds, der von einer leidenschaftlichen Debatte zwischen Energetikern und Atomisten auf der Versammlung deutscher Naturforscher und Ärzte in Lübeck 1895 berichtet mit dem Ergebnis: „Boltzmanns Argumente waren umwerfend. Wir Mathematiker standen alle auf seiten Boltzmanns" (zit. nach K. Simonyi, Kulturgeschichte der Physik, 1995, 396).

[399] Vgl. Plancks Schilderung der Einführung des Wirkungsquantums in seinem Nobelpreisvortrag 1920: „Entweder war das Wirkungsquantum nur eine fiktive Größe; dann war die ganze Deduktion des Strahlungsgesetzes prinzipiell illusorisch und stellt weiter nichts als eine inhaltsleere Formelspielerei, oder aber der Ableitung des Strahlungsgesetzes lag ein wirklicher physikalischer Gedanke zugrunde; dann musste das Wirkungsquantum in der Physik eine fundamentale Rolle spielen, dann kündigte sich mit ihm etwas ganz Neues, bis dahin Unerhörtes an, das berufen schien, unser physikalisches Denken, welches seit der Begründung der Infinitesimalrechnung durch Leibniz und Newton sich auf der Annahme der Stetigkeit aller ursächlichen Zusammenhänge aufbaut, von Grund aus umzugestalten. Die Erfahrung hat für die zweite Alternative entschieden" (Entstehung und Entwicklung, 131).

Wilhelm Ostwald hat sich bald wieder von der Energetik abgewandt.[400] Ernst Mach hat sich, seiner wissenschaftstheoretischen Maxime treu bleibend, erst dann vom Atomismus überzeugen lassen, als er die Atome „gesehen" hatte. Auf dem Totenbett hat man ihm 1916 das Experiment von Crookes (1903) gezeigt, bei dem man von radioaktiven Elementen emittierte α-Teilchen auf einen Zinksulfidschirm auftreffen lässt, die im Mikroskop direkt als Lichtblitze gesehen werden können.[401]

Karl Heim kann der Vorwurf gemacht werden, sein „Weltbild der Zukunft" 1904 auf die weder bestätigte, noch anerkannte oder aussichtsreiche Energetik aufgebaut zu haben, sondern, wovor er später selbst warnte, eine „gute Konjunktur"[402] ausgenutzt zu haben. Seine grundsätzliche Kritik an einer ontologischen Absolutsetzung physikalischer Größen, die er in „Die Wandlung im naturwissenschaftlichen Weltbild" noch einmal detailliert als Kritik an dem absoluten Objekt, der absoluten Determination, dem absoluten Raum und der absoluten Zeit des mechanistischen Weltbildes äußert, ist, sofern sie zutrifft, natürlich berechtigt und von der konkreten historischen Situation unabhängig. Dies allerdings muss Heim gerade in seinem Frühwerk zugute gehalten werden, dass er sich absolut auf der Höhe seiner Zeit mit den Naturwissenschaften auseinandergesetzt hat. Die Gefahr, dass das „Weltbild der Zukunft" dann nur eine kurze Zeit bestand haben und mit dem Fortgang der Wissenschaften immer neu geschrieben werden muss, ist dabei in Kauf zu nehmen. Denn der Glaube hat sich in der Gegenwart, angesichts der aktuell herrschenden Naturwissenschaften zu bewähren und ist ihnen gegenüber zu begründen.

Was das naturphilosophisch und in der Auseinandersetzung mit den neuen Naturwissenschaften gewonnene relationale Naturbild für die Begründung des Glaubens und der religiösen Gewissheit austrägt, soll im nächsten Abschnitt thematisiert werden.

6. Das Problem der religiösen Gewissheit

a) Formale Analogie von Weltstruktur und Glaube als Relation und Entscheidung

Die Frage nach der religiösen Gewissheit ist das zentrale Problem innerhalb der Begründung einer einheitlichen Weltanschauung. Denn der Glaube macht nach Heim Aussagen über das Ganze der Wirklichkeit, die er weder in der Realität der Welt erfahren noch induktiv aus seinem Erleben noch deduktiv logisch erschließen kann. Die Tatsächlichkeit der religiösen Gewissheit steht in Spannung zu sei-

---

[400] In der zweiten, komplett neubearbeiteten, Auflage seiner Naturphilosophie 1914 hat er die Energetik nicht einmal mehr thematisiert, nachdem 9 von 21 Kapiteln der ersten Auflage von 1904 energetischen Themen gewidmet gewesen waren.
[401] Simonyi, Kulturgeschichte, 396.485.
[402] GN, 27.

ner logischen oder empirischen Begründbarkeit. Das Projekt der einheitlichen Weltanschauung muss sich entweder am Problem der religiösen Gewissheit bewähren oder es muss insgesamt scheitern. Die „Tatsache, dass es religiöse Gewissheit gibt", obwohl sie nach den üblichen erkenntnistheoretischen Voraussetzung „absolut unmöglich" ist, führt zu „einer schreienden Dissonanz in unserem Weltbild. ... Entweder jene erkenntnistheoretischen Voraussetzungen sind richtig; dann haben die Glaubenssätze nur den Wert vager Hypothesen, und die Behauptung ihrer Gewissheit ist ein Wahnsinn. ... Oder der Anspruch auf religiöse Gewissheit hat ein Recht; dann sind die erkenntnistheoretischen Voraussetzungen falsch, die ihn widerlegen."[403]

Aus der Weltformel und der Anwendung auf die Probleme der Logik, der Erkenntnistheorie und der Ontologie von Ich (Wille), Zeit, Raum und Materie ergab sich: Die Gesamtwirklichkeit beruht auf einem gemeinsamen Grundcharakter, der in der Weltformel ausgedrückt ist. Logik, Ontologie, Erkenntnistheorie und Naturphilosophie konvergieren zu einer einheitlichen Wirklichkeitssicht.

Da der Glaube ebenfalls etwas Wirkliches darstellt und dazu den Anspruch erhebt, die Wirklichkeit als Ganze zu erfassen, muss der Glaube mit der der Weltformel entsprechenden Wirklichkeitssicht übereinstimmen. Heim zeigt diese Übereinstimmung, indem er nachweist, dass der Glaube strukturell jeder anderen Willensentscheidung gleichartig ist und also der Weltformel genügt. Aufgrund der formalen Gleichheit wird die religiöse Entscheidung in den Verhältnischarakter der Wirklichkeit eingeordnet und die Theologie aus ihrer erkenntnistheoretischen Sonderstellung befreit. Wenn Heims – sogleich darzustellende – Analyse zutrifft, dann hat sich „der Weg als ungangbar erwiesen, den man einschlagen könnte, um die religiöse Überzeugung von allen anderen Willensakten spezifisch zu unterscheiden. Rechnen wir also mit der Tatsache, dass die Entscheidung der Religion allen anderen Entscheidungen der Form nach durchaus analog ist!"[404] Der Entscheidungs- und Willenscharakter kennzeichnet auch die Religion, sodass Religion mit Philosophie und Naturwissenschaft auf die Weltformel zurückgeführt und das einheitliche Weltbild erbaut ist. Glauben und Wissen sind zur Einheit zusammengeführt. Man hat den Eindruck, dass „der Gegensatz von Glauben und Wissen vollständig überbrückt ist. Die schrille Disharmonie ist in eine wundersame Harmonie aufgelöst. Die Antithese ist zur Synthese, der Dualismus zum Monismus geworden. Es kann zu keinem Konflikt zwischen beiden mehr kommen, weil ein großes, Glauben und Wissen umfassendes System konstruiert ist."[405]

---

[403] W, 255.
[404] W, 270.
[405] Ruttenbeck, Methode, 10.

Dies heißt negativ: Der Glaube muss sich wie alle mathematischen, naturwissenschaftlichen und geschichtlichen Behauptungen vor das „unerbittliche Forum der Erkenntniskritik"[406] stellen. Zur Begründung des Glaubens darf es keine Sonderlogik und keine besondere theologische Erkenntnistheorie geben.

Das heißt positiv: Die theologische Erkenntnistheorie ist mit der allgemeinen Erkenntnistheorie identisch. Die in der Weltformel enthaltene Erkenntnistheorie ist auch die theologische. Heims Erkenntnistheorie ist weder eine spezifisch christliche, noch eine spezifisch religiöse, sondern hat den Anspruch, für jeden Philosophen und Naturwissenschaftler akzeptierbar zu sein. Wenn sie allerdings akzeptiert wird, so ist damit auch der Gewissheitsanspruch des Glaubens als denkmöglich akzeptiert. Die Philosophie und Naturwissenschaften haben kann keine theoretischen Gründe mehr, dem Glauben die Geltung vor dem Forum des strengen Denkens abzusprechen. Es gilt sogar, dass der „souveräne Gewissheitsanspruch der Religion ein letzter Überrest der ursprünglichen Gesundheit des Denkens inmitten einer erkenntnistheoretisch erkrankten Weltanschauung"[407] ist. Die Einwände gegen den Glauben, die auf der „falschen", cartesischen Erkenntnis-, Introjektions- und Kausalitätstheorie der von der Materie isolierten Ich-Substanz beruhen, sind darum haltlos.

Der Feuerbachsche Projektionsvorwurf verfängt nur dann, wenn das Ich solipsistisch abgeschlossen gedacht würde, sodass Gedanken über Gott nur „zweifelhafte Schlüsse einer subjektiven Logik auf eine transsubjektive terra incognita"[408] sein könnten – auch die unbezweifelbar gefühlte Gegenwart der Wirklichkeit Gottes wäre nur eine Projektion subjektiver Gefühle an die Wolken. Und die Unmöglichkeit der Denkbarkeit eines immateriellen *und* persönlichen Gottes besteht nur dann, wenn unter Ich und Wille das in ein Gehirn introjizierte Bewusstsein verstanden wird – dann kann es in der Tat ohne Gehirn weder Bewusstsein noch Wille geben.

Die relationale Erkenntnistheorie Heims hat hingegen theologisch folgende fünf Konsequenzen[409]: Sie durchbricht 1. das starre Subjekt-Objekt-Schema der voneinander und von der übrigen Welt isolierten Ich-Substanzen, die über ihre subjektive Gewissheit hinaus keine Gewissheit über das Wesen der Wirklichkeit im Ganzen behaupten könnten, und erlaubt die Denkmöglichkeit transsubjektiver Gewissheit. Sie durchbricht 2. die Auffassung, Willensakte seien kausale Setzungen einer einzigen, isolierten Ich-Kausalität und erlaubt die Denkmöglichkeit der Einheit von verschiedenen Willen, insbesondere der Allwirksamkeit des Willens Gottes im menschlichen Willen – bei Wahrung des „Entscheidungscharakters" des menschlichen Willens für den Willen Gottes. Sie durchbricht 3. die Notwen-

---

[406] W, 252.
[407] W, 256.
[408] W, 257.
[409] W, 261f.

digkeit der Materialität von Bewusstsein und erlaubt die Denkbarkeit eines „gehirnfreien" göttlichen Bewusstseins. Sie durchbricht 4. die Exklusivität der Ich-Zentren zueinander und erlaubt die Denkbarkeit des gleichzeitigen Einwohnens Gottes in den „Seelen". Sie durchbricht 5. die mechanistische, deterministische Kausalitätstheorie und erlaubt, das Weltgeschehen als Entfaltung einer persönlichen Macht zu denken.

Die Anwendung der relationalen Erkenntnistheorie auf den Glauben analog anderer menschlicher Seelenvorgänge wie das Erkennen oder den Willen lässt den Glauben nicht als Seelen-, Gemüts- oder Bewusstseins*zustand* erscheinen, sondern als Relation, genauer als doppelte Relation, als Grund- und Umtauschverhältnis: Der Glaube ist einerseits Relationsglied in einer höheren Relation, indem er sich in einen höheren, überlegenen Gesamtwillen, den Willen Gottes, eingeordnet und aufgehoben weiß, und ist andererseits das Verhältnis zweier aufeinanderbezogener Eigenwillen, das man „als Ich-und-Du-Verhältnis, als ‚persönliches Vertrauensverhältnis'"[410] beschreiben kann.

Der Glaube genügt also strukturell der Weltformel. Er ist Relationsglied im Grundverhältnis und zugleich Relationsglied im Umtauschverhältnis. Diese doppelte Relation macht sowohl die Überlegenheit und Allwirksamkeit des Willens Gottes als auch die eigene Entscheidung für Gott sowie das persönliche Vertrauensverhältnis zu Gott denkbar. Gott kann sowohl als „Subjekt" als auch als „Objekt" des Glaubens gedacht werden. „Der Glaube ist genau wie das Vertrauen, Entscheidung und Wille, und daher immer ganzes Aufgehen in der Identität mit dem Gesamtwillen, weil es hinsichtlich desselben Zieles nur *einen* Willen gibt. … In ihm ist das Subjekt der Entscheidung relativ zu sich selbst als der vollzogenen Relation mit dem Objekt der Entscheidung identisch, weil die beiden Glieder sich als Wille bestimmen. Daher ist Gott als Objekt zugleich Subjekt des Glaubens"[411].

Auf der Grundlage der Bestimmung des Glaubens als Relation und als Wille kann nun auch die strukturelle Gleichartigkeit, die „formale Analogie"[412] des Glaubens als Willensentscheidung mit jeder anderen Willensentscheidung aufgezeigt und die Denkmöglichkeit der religiösen Gewissheit begründet werden. Dabei werden wir die Einsichten über den Faktums-, den Freiheits- und den Einungscharakter des Willens wieder aufnehmen und in Bezug auf den Glauben als Willensentscheidung im Sinne Heims fruchtbar machen. Die Überlegungen gelten nicht spezifisch für den christlichen Glauben, setzen aber, so verlangt Heim, die Unterscheidbarkeit und Beziehbarkeit von Gott, Ich und Welt der „höher entwickelten Religion[en]"[413] voraus.

---

[410] W, 263.
[411] Eisenhuth, Entwicklung, 18.
[412] W, 282.
[413] W, 263.

1. Der Glaube tritt in der Wirklichkeit wie jede Willensentscheidung immer nur als *bestimmter* Glaube, d.h. als vollzogene Entscheidung auf. Er ist, geschichtlich-relativ betrachtet, die Wahl zwischen mehreren theoretisch gleichberechtigten Möglichkeiten, die alle Antwort auf die letzte Sinn- und Seinsfrage zu geben versprechen. 2. Diese Entscheidung ist Willensentscheidung, weil sie, obwohl sie im Glauben als Tat Gottes erkannt wird, doch ebenso an mich als Person gebunden, also meine persönliche, wirkliche Entscheidung ist. 3. Diese Willensentscheidung ist aber nicht Folge eines vorhergehenden Entschlusses für eine bestimmte Religion als Folge der Sichtung der Alternativen, obwohl im Rückblick betrachtet natürlich eine solche Folgekette aufgemacht werden kann, sondern der Vollzug der Entscheidung selbst. Glaube ist der Glaubensakt selbst. Religiöse Gewissheit *ist* die Entscheidung des Umtauschverhältnisses, nicht dessen Folge. 4. Die Glaubensentscheidung ist vom Vollzugs- und Faktumscharakter her also gerade nicht mehr theoretisch ableitbar, sondern unerklärbar und unbegründbar. Wenn 5. die religiöse Gewissheit aber unbegründbar ist, dann ist sie auch unanfechtbar, also gewiss. Sie ist unbegründbar und unanfechtbar, weil sie *grundlos wirklich* ist, wie alle als Willensentscheidung anzusprechenden Wirklichkeiten grundlos wirklich und damit gewiss sind. Die Gewissheit des Glaubens entspringt „der geheimnisvollen Souveränität, mit der alle übrigen Wirklichkeitsentscheidungen … aus den Möglichkeiten hervorbrechen"[414]. Damit hat aber 6. jede Entscheidung eines Umtauschverhältnisses den Charakter von Wille und – *Glaube* im Sinne des Vertrauens auf die Wirklichkeit des unberechenbaren und grundlosen Weltgeschehens. Die Gewissheit von Wirklichem bedeutet, sich zu verlassen auf die praktische Absolutheit von theoretisch Relativem. Die Gewissheit des unmittelbar Wirklichen ist nichts anderes als das Vertrauen des Aufgehobenseins des kontingenten Einzelereignisses in das Gesamtgeschehen. Gewissheit entsteht aus dem „lebendigen Übereinstimmungsverhältnis mit dem die Gesamtwirklichkeit beherrschenden Willen"[415].

Jede Wirklichkeits- oder Willensentscheidung, jedes wirkliche Ereignis hat die doppelte relationale Struktur des Glaubens. Es ist Entscheidung im Umtausch- und im Grundverhältnis. Ein Ereignis ist zugleich Entscheidung als Auswahl aus den Möglichkeiten, also vollzogene Entscheidung, insofern es wirklich ist, und andererseits aufgehoben und eingeordnet in das Gesamtgeschehen, insofern ihm überindividuelle Gewissheit, sprich Faktizität, eignet. Jede Tat und Entscheidung, religiös oder alltäglich, ist zugleich Tat des Einzelwillens, als auch Element im „Gesamtwillen", d.h. des Weltwillens und des Willens Gottes.

Die letzten Elemente der Wirklichkeit sind – das ergab die logische, erkenntnistheoretische und naturphilosophische Analyse – „die schöpferischen Entscheidun-

---

[414] Ebd.
[415] Ebd.

gen, in denen die werdende Wirklichkeit mit Göttertritt über die wallenden Wasserwogen unendlicher Möglichkeit hinschreitet"[416]. Der Entscheidungs- und Willenscharakter kennzeichnet die alltagsweltlichen und naturwissenschaftlichen Weltverhältnisse ebenso wie die Religion. Das philosophische und das naturwissenschaftliche Denken muss dem „religiösen Denken mit seiner eigentümlichen Erkenntnistheorie und Naturphilosophie"[417] recht geben bzw. kann die religiöse Gewissheit nicht mehr erkenntnistheoretisch als unmöglich bestreiten.

Mehr, als die Denkmöglichkeit der christlichen Glaubensgewissheit aus der „formalen Analogie des in der Religion erlebten Willens mit allen anderen weltkonstituierenden Entscheidungen"[418] zu zeigen, hat Heim nicht beabsichtigt. Die Gewissheit des Glaubens selbst wie die Wahrheit des *christlichen* Glaubens ist erkenntnistheoretisch nicht deduzierbar – ebenso wie die Akzeptanz des Willens- und Entscheidungscharakters der Wirklichkeit nicht erzwungen werden kann.

b) *Der Grundlegungscharakter des „Weltbild der Zukunft" für Heims späteres Werk*

Heims Begründung der Glaubensgewissheit aus der Struktur der Weltverhältnisse durch die Rückführung sowohl des Glaubens wie auch der allgemeinmenschlichen geistigen Vollzüge auf die Weltformel hat eine Reihe von offenen Problemen:

Das prinzipielle Problem, ob die Weltwirklichkeit und die Struktur des Glaubens mit der Weltformel zutreffend und zureichend erfasst werden kann, hängt daran, ob der Willens- und Entscheidungscharakter alles Wirklichen als einer praktischen Gewissheit trotz der Relativität der theoretischen Möglichkeiten plausibel gemacht werden kann. Ein logisch-deduktiver oder empirisch-induktiver Beweis der „Weltformel" als *Welt*formel ist nicht möglich. Wohl aber kann u.E., wie gezeigt, der Willensbegriff aufgrund des Faktums-, des Freiheits- und des Einungscharakters des menschlichen Willens auf den Weltwillen übertragen werden, sodass sich eine relationale und dynamische Weltentwicklung ergibt, die im Glauben als umfasst und getragen vom absoluten *und* personalen Willen Gottes aufgefasst werden kann.

Gleichwohl hat Heims erkenntnistheoretische und naturphilosophische Analyse der Weltverhältnisse und die Analogisierung mit der Struktur des Glaubens einige interne offene Probleme, deren Klärung in den auf das „Weltbild der Zukunft" folgenden Hauptwerken schrittweise erfolgt.

---

[416] W, 262.
[417] Ebd.
[418] W, 282.

Die Vergleichbarkeit der Glaubensgewissheit mit der Gewissheit der praktischen Erfahrungen blieb ungeklärt, weil kein Maß für die Art und den Grad der Gewissheit des Glaubens im Vergleich zu anderen Gewissheiten angegeben wurde. In der ersten Auflage der „Glaubensgewissheit" hat Heim den Gewissheitsgrad des Glaubens und der Welterfahrung in Beziehung zur logischen Gewissheit gebracht und so durch einen vergleichenden Gewissheitsmaßstab den Grad der Glaubensgewissheit klarer bestimmt.

Unklar blieb im „Weltbild der Zukunft" auch das Warum der Unbegründbarkeit des tatsächlichen Einzelereignisses. Die Kontingenz des Tatsächlichkeitsfaktors wird von Heim in der ersten Auflage der „Glaubensgewissheit" durch logische Argumente als wesentlich irrational herausgestellt und in der zweiten Auflage verallgemeinert zu einer irrationalen Kategorie der Wirklichkeit, die Heim im Anschluss an Spengler „Schicksal" nennt.

Das Verhältnis zwischen der praktisch-absoluten und logisch irrationalen Tatsächlichkeit des Einzelereignisses und der vielen theoretischen Möglichkeiten blieb ebenfalls ungeklärt. Die Spannung blieb als offene Antinomie bestehen. „Diese Spannung ist normal. Denn sie ist das Leben"[419], hieß es im „Weltbild der Zukunft"!

Das Verhältnis beider Momente der Wirklichkeit wird in der dritten Auflage der „Glaubensgewissheit" geklärt, indem mit dem „Gesetz der Perspektive" eine Vermittlung zwischen der irrationalen und der rationalen Seite der Wirklichkeit geleistet wird. Die perspektivische Figur wird in der ersten Auflage von „Glauben und Denken" theoretisch weiterentwickelt und beide Seiten der Wirklichkeit als Dimensionen begriffen, die in einem dimensionalen Verhältnis zueinander stehen. Außerdem wird die Personalität der Willensentscheidungen hervorgehoben, indem neben Ich und Es das Du als dritte Kategorie eingeführt wird.

Die unklare Formulierung, dass der Weltwille vom Willen Gottes umfasst und in diesem aufgehoben sei, wird in der fünften Auflage von „Glaube und Denken" präzisiert, indem die Wirklichkeit und das Wirken Gottes in der Welt als ein Raum in Beziehung zum Raum der Welt begriffen wird. Das präzise Verhältnis zwischen dem Raum Gottes und den Räumen der Welt wird hier als philosophisch-theologische Analogielehre dargestellt.

Die „Weltformel" aus dem „Weltbild der Zukunft", die sowohl die rationale Nachvollziehbarkeit als auch die positive Unbegründbarkeit des Glaubens impliziert, erfährt so im Laufe der Umarbeitung der Grundkonzeption immer neue Fassungen. Das rationale „Gesetz der Relativität" führt auf die nicht-rationale Entscheidung im Umtauschverhältnis, die als irrationaler Tatsächlichkeitsfaktor betrachtet werden muss und so über sich hinausweist auf Spenglers Kategorie des

---

[419] W, 299.

„Schicksals" der zweiten Auflage der „Glaubensgewissheit", die wiederum mit Kant, Rickert und Einstein auf das rationale und irrationale Momente vereinende Gesetz der Perspektive und das nichtgegenständliche Zentrums der dritten Auflage führt. Darüber hinaus führt die Kategorie des „Transperspektivischen" und des Personalen, die im Anschluss an Heidegger und Buber in der ersten Auflage von „Glaube und Denken" entwickelt wird[420]. Die dritte und fünfte Auflage schließlich greift mit dem Gesetz der Polarität wieder auf die Weltformel vom „Weltbild" zurück und expliziert diese als mehrdimensionale, transzendente Relationen der Räume und der Zeit.

Dieser stichwortartige Ausblick sollte lediglich andeuten, inwiefern das „Weltbild der Zukunft" als grundlegendes, die weitere Arbeit Heims vorzeichnendes und bestimmendes Werk gelten kann. Wir wenden uns nun der Problemstellung und dem Gedankengang des zweiten Hauptwerkes, der „Glaubensgewissheit", zu.

---

[420] GuL, 29.

IV. Die erste und zweite Auflage der „Glaubensgewissheit": Von der logizistischen Erkenntnistheorie zur Naturphilosophie der irrationalen Zeitordnung

Die „Glaubensgewissheit. Eine Untersuchung über die Lebensfrage der Religion", die in erster Auflage mitten im ersten Weltkrieg 1916 und dann umgearbeitet 1920 und 1923 erschien, trug wesentlich zu Heims Stellung als einem der führenden und originellsten Theologen seiner Zeit bei. H.E. Weber geriet in einer Rezension gar ins Schwärmen „über die bewundernswerte Gestaltungskraft und zielsichere Beweglichkeit, ... über den Glanz und die Fülle der Darstellung, über die Energie und Klarheit des logisch-mathematischen Denkens, über den wundervollen Zeugniston bei der Vergegenwärtigung der Glaubensgewissheit und den letzten Ausblicken. Das Buch ein echter Heim – das besagt alles. Es wird in der Heim-Bewegung weiter seine Rolle spielen."[421] Was Heim hier auszeichnet, ist seine streng logisch-rationale Argumentation, um den Weg zur rational unableitbaren Glaubensgewissheit zu zeigen. Er ist in dieser Phase der logizistisch-rationale Theologe des Irrationalismus. Wir stellen in diesem Kapitel die Fragestellung (1.) und den Gedankengang (2.), denn die logische (3.) und erkenntnistheoretische Durchführung (4.) der Argumentation der Erstauflage vor. Die hier eingeführte irrationale erkenntnistheoretische Kategorie wird in der zweiten Auflage zu einer irrationalen Kategorie des Wirklichen erweitert. Diese unglücklich „Schicksal" genannte Kategorie ist primär eine naturphilosophische Kategorie (5a.), wird aber auch im kritischen Bezug auf O. Spengler als existentielle Erfahrungskategorie interpretiert (5b.). Die logische Analyse führt auf ein irrationales Moment in der Erkenntnis der Wirklichkeit und in der erfahrenen Wirklichkeit von Natur, Geschichte und Existenz selbst. Die *Rationalität* der Analyse soll die *Irrationalität* der Erfahrungs- und Glaubensgewissheit aufzeigen. Es geht Heim darum, „die *Unbegründbarkeit* des göttlichen Inhalts in einer solchen Weise aufzuzeigen, daß dieses unbegründbare Gegebensein gleichzeitig *jeder begründbaren Gewißheit überlegen* erscheint"[422].

---

[421] H.E. Weber, Rez. zu G 2, 1921, 343.
[422] LI 1, 9.

1. Umkehrung der Fragestellung: Logizistische Kontrastmethode statt Harmonisierung

Die erste Auflage der „Glaubensgewissheit" (1916) nimmt zum Ausgangspunkt, was im „Weltbild der Zukunft" der Zielpunkt war: das Problem der Glaubensgewissheit. In diesem Ausgangspunkt zeigt sich der veränderte Ansatz gegenüber dem „Weltbild". War dort die Glaubensgewissheit als Spezialfall von allgemeinen Gewissheiten in die einheitliche Gesamtordnung der Wirklichkeit eingeordnet,[423] so geht Heim jetzt von einem Gegenüber von Denken und Wirklichkeit aus, deren Zusammenhang erst aufgezeigt werden muss. Der Ort des Glaubens und sein Gewissheits- und Wirklichkeitsanspruch muss im Verhältnis zu Denken und Alltagswelt erst bestimmt werden. Anders als im „Weltbild" ist also die Einheit der Wirklichkeit nicht vorausgesetzt. Es ist a priori nicht einmal gewiss, ob sie erreicht werden kann. Es ist nicht von vornherein ausgemacht, ob die Denkmöglichkeit des Glaubens und seiner Gewissheit identisch ist mit der Wirklichkeit des Glaubens. Denken und Glauben, Denken und Wirklichkeit bilden keine Einheit, sondern stehen zunächst im Kontrast und Widerspruch zueinander, sodass ihr Zusammenhang explizit aufgezeigt werden muss. Denn die Problemstellung, mit der Heim die „Glaubensgewissheit" einleitet, weist auf eine Diskrepanz zwischen dem Gewissheitsanspruch des Glaubens und dem Gewissheitsmaßstab, der sich aus dem reinen Denken und den Gewissheiten des Alltags ergibt. Da sich also schon aus elementaren Überlegungen ein Widerspruch zwischen Denken und Glauben auftut, muss methodisch und sachlich diesem Widerspruch Rechnung getragen werden. Der Widerspruch zwischen Denken und Glauben muss aufgewiesen und bearbeitet werden, ehe er überwunden werden kann. Die leitende Methodik ist daher anders als im „Weltbild" nicht die harmonisierende Methode, welche eine ursprüngliche Einheit von Glauben und Denken in der Weltformel aufzeigt und dann nur noch in den Bereichen des Denkens und des Glaubens einholt, sondern die kontrastierende Methode, die Glaube und Denken einander gegenüberstellt[424]. Diese Gegenüberstellung prägt die Methode und den Inhalt der „Glaubensgewissheit". Glaube und Denken stehen *inhaltlich* zueinander im Widerspruch, weil sie sich in Bezug auf das entscheidende Problem der Gewissheit widersprechen. Und sie stehen *methodisch* im Widerspruch zueinander, weil sich nur aus der Gegenüberstellung von Glaube und Denken ihr Verhältnis erweisen lässt.

Dementsprechend geht Heim in der „Glaubensgewissheit" in drei Schritten vor: Nach der einleitenden Problemstellung (Teil I), welche den Widerspruch zwi-

---

[423] Die religiöse Überzeugung und Gewissheit sei „allen anderen Entscheidungen der Form nach durchaus analog" (W 270), s.o. Kap. III.6.
[424] Vgl. Ruttenbeck, Methode, 19ff.39ff; Winkler, Art. Karl Heim, RGG², 1763.

schen Glauben und Denken durch eine Gegenüberstellung des Gewissheitsanspruch des Glaubens und dem des reinen Denkens und des Alltagslebens aufzeigt, wird zuerst die Denkmöglichkeit der Glaubensgewissheit (Teil II) bewiesen, indem Widersprüche innerhalb des Denkens selbst aufgewiesen werden, die via negationis zur Denkmöglichkeit des Glaubens führen. Erst danach wird die Wirklichkeit der Glaubens und der Glaubensgewissheit (Teil III) behandelt, die für Heim gerade in ihrer Irrationalität und also im Widerspruch gegen das reine, logische Denken besteht.

Das Ziel ist dabei nach wie vor, zu einer Einheit von Glaube und Denken zu gelangen, zu einer „Zusammenschau des Weltganzen"[425], doch gelingt diese Einheit nicht mehr durch Aufweis einer ursprünglichen Einheit in einer Weltformel, sondern durch den Aufweis eines ursprünglichen Widerspruches, einer ursprünglichen positiven Irrationalität. Dieser Widerspruch zwischen dem Logizismus des reinen Denkens und der Irrationalität des Glaubens ist, wenn er nicht zum Auseinanderfallen der Wirklichkeit, zum reinen Dualismus zwischen Denken und Glauben, führen soll, nur so zu überwinden, dass der Logizismus des Denkens in seiner Reichweite eingeschränkt wird. Widersprüche im Denken bedingen die Einschränkung des puren Logizismus und erweisen die Denkmöglichkeit (Teil II) der irrationalen Wirklichkeit des Glaubens. Oder umgekehrt formuliert: Die Irrationalität des Glaubens, die mit der Irrationalität des Tatsächlichen oder der Wirklichkeit überhaupt formal identisch ist, schränkt die Möglichkeit des Denkens zugunsten des Glaubens ein.

Die irrationale Positivität, die im „Weltbild der Zukunft" zwar das entscheidende, treibende, dynamische Moment der Wirklichkeit gewesen, aber vollkommen in die Einheit von Glauben und Denken eingeordnet war, tritt nun scharf im Widerspruch zum Denken hervor. „Wir stehen offenbar vor der Überordnung des religiös-ethischen Gebietes, der Sphäre der Wirklichkeit, der Irrationalität, über die der Logik, der Rationalität zugängliche Sphäre"[426].

---

[425] G 1, 51.
[426] Ruttenbeck, Methode, 47; die gegenüber dem Frühwerk W umgestürzte Verhältnisbestimmung von Glaube und Denken findet sich erstmals im Skript zu Heims dogmatischen Vorlesungen, im „Leitfaden der Dogmatik", erste Auflage 1912. Hier ist die Schärfe des Gegensatzes von Glaube und Denken geradezu irrationalistisch. Heim geht bei der Grundlegung der Dogmatik von Christus als dem positiven Fundament von Glaube und Kirche (1.Kor 3,11; LI 1, 4), dem „absolute[n] Konkretum" (32) aus, dessen logische *Unbegründbarkeit* das *Kriterium* der Wahrheit des Glaubens und der Dogmatik ist. Jeder Versuch der Harmonisierung von Glaube und Denken wird abgelehnt. „Es bleibt also bei dem Paradoxon eines empirischen Datums, das als empirisches souverän [sic!] über alle Empirie hinausgreift" (4). Etwas weniger scharf hatte Heim in der weitausgreifenden historischen Untersuchung „Das Gewissheitsproblem in der systematischen Theologie bis Schleiermacher" (1911) das „einlinige", Glauben und Wissen vereinende Denken der augustinisch- bzw. neuplatonisch-mystischen Schule (Anselm, Bonaventura, Eckart, Seuse) dem „zweilinigen", antinomischen Denken der aristotelisch-franziskanischen bzw. nominalistischen Schule (Duns Scotus, Biel, Ockham), welche die irrationalistische, überlogische und autoritative Überlegenheit des Glaubens über das Wissen vertrat, gegenübergestellt und die Lösung in der Zusammenführung beider Linien gesehen, die Heim, seiner eigenen Lösung entsprechend, bei Luther, Kant und Schleiermacher repräsentiert findet. Im

Entsprechend dem methodisch und sachlich veränderten Grundansatz verändert sich in der „Glaubensgewissheit" auch die Rolle der Logik, der Erkenntnistheorie und der Naturphilosophie. Anders als im „Weltbild" will Heim die Denkmöglichkeit des Glaubens nicht aus der Ordnung der Wirklichkeit ableiten, indem er ihn auf die Weltformel zurückführt, sondern logisch begründen. Er will der Glaubensgewissheit zu ihrem „*logischen* Recht"[427] verhelfen, indem er ihre Denkmöglichkeit mit den Mitteln der Logik erweist. Dies geschieht allerdings so, dass mittels Logik der Gegensatz und Widerspruch zwischen Logik und Glauben aufgezeigt wird. Die Logik erweist die Denkmöglichkeit des Glaubens, in dem sie die A-logik (Irrationalität) des Denkens aufzeigt und so zur Denkmöglichkeit (Logizität) des a-logischen, irrationalen Glaubens führt.

Die Problemkreise, an denen Heim dies aufzeigt, sind Erkenntnistheorie und Naturphilosophie. Denn die Widersprüche innerhalb des Denkens zeigen sich, wenn man die Grundkategorien von Erkenntnistheorie und Naturphilosophie analysiert, nämlich die Erfahrungsformen Subjekt, Raum und Zeit. Das Verständnis von Subjekt, Raum und Zeit führt zu logischen Widersprüchen, sobald man das Denken auf die Formen des Denkens anwendet und Subjekt, Raum und Zeit mit den Mitteln des Denkens analysiert. Die naturphilosophische Analyse geschieht rein logisch. Naturphilosophie ist vollständig auf Logik und Erkenntnistheorie reduziert. Raum und Zeit kommen nur als Erfahrungsformen im Kantischen Sinne innerhalb erkenntnistheoretisch-logischer Überlegungen in den Blick. Es wird nicht mehr positiv ein Verständnis von Raum und Zeit als wesentlichen, die Wirklichkeit konstituierenden Elementen, aufgebaut. Raum und Zeit werden nicht positiv, sondern rein negativ, in Bezug auf Widersprüche des Denkens mit den Mitteln der Logik analysiert.

Die veränderte Rolle der Naturphilosophie ist damit deutlich: Im „Weltbild" wurde mittels erkenntnistheoretischer Überlegungen die Weltformel bestimmt und von dieser die Naturphilosophie aufgebaut. Raum, Zeit und Materie konstituierten

---

Glauben sind zwei antinomische Momente vereint, die die logische Antinomie zwischen Glauben und Denken im praktischen Erlebnis überwinden, nämlich die Antinomie von Gesetz und Evangelium, von deus absconditus und deus revelatus. Im Glaubenserlebnis wird diese Paradoxie als Einheit erfahren. So überwindet Luther, wie Heim im Aufsatz „Zur Geschichte des Satzes von der doppelten Wahrheit" (1918) mit eigener Sympathie ausführt, die reine averroistische Lehre von der „duplex veritas", dass ein Satz für den Glauben wahr, aber für das Denken falsch sein kann, auf einer höheren Ebene, insofern als der Glaube die Antinomie von Erbarmen und Zorn Gottes sowie von geschichtlicher Relativität und absolut göttlicher Autorität Jesu als paradoxale Einheit erlebt. Für das Denken hingegen bleibt das Ärgernis und die Paradoxie des geschichtlichen Heilsglaubens bestehen. Die Kontrastapologetik, die Heim in der Zeit zwischen W und G 2 insbesondere in L 1 und G 1 vertritt, stellt Glauben und Denken so in einen Gegensatz, dass die Antinomie zwingend zur „Kapitulation des Denkens" (GP, 5), also zur Selbstauflösung des logischen Denkens und zur Anerkenntnis der irrationalen Positivität von Erfahrung und Glaube führt.

[427] Gräb-Schmidt, Erkenntnistheorie, 26.

als mit der Weltformel identisch die Wirklichkeit, in die der Glaube und seine Gewissheit eingeordnet sind.

In der „Glaubensgewissheit" dienen naturphilosophische Überlegungen dazu, den Widerspruch innerhalb des Denkens aufzuweisen, der auf die Irrationalität der Wirklichkeit führt, welche dem Wirklichkeitsverständnis des Glaubens entspricht und diesen denkmöglich macht. Naturphilosophie gehört damit mit Erkenntnistheorie und Logik in den destruktiven Teil des Programms (Teil II: Die Denkmöglichkeit der Glaubensgewissheit[428]), während der konstruktive Aufbau der Wirklichkeit allein aus dem Glauben und seiner Irrationalität erfolgt (Teil III: Die Wirklichkeit der Glaubensgewissheit[429]).

2. Die Denkmöglichkeit der Glaubensgewissheit aus den Widersprüchen des logischen Denkens

Das Problem und der Gedankengang der Erstauflage der „Glaubensgewissheit" können wie folgt umrissen werden: Das logische Problem der religiösen Gewissheit wird deutlich, wenn die Gewissheit, die der Glaube beansprucht, in Beziehung gesetzt wird zur Gewissheitsskala des mathematisch-logischen Denkens und des alltäglichen Lebens.

Für das mathematisch-logische Denken haben nur solche Aussagen Anspruch auf Gewissheit, die nicht gegen den Satz vom Widerspruch verstoßen. Ist das Gegenteil einer Aussage denkbar, u.d.h. widerspruchsfrei denkbar, so kann die Aussage jeden der Gewissheitsgrade von möglich über annehmbar, wahrscheinlich, sehr wahrscheinlich bis zu so gut wie sicher einnehmen. Absolute Gewissheit ist aber nur dann möglich, wenn das Gegenteil der Aussage undenkbar ist, d.h. wenn das Gegenteil zu einem logischen Widerspruch führt. Denn absolute Gewissheit des Denkens ist an das apriorische, unableitbare, aber notwendig vorausgesetzte, Grundgesetz des Denkens gebunden: den Satz vom Widerspruch.

Vom reinen Denken zu unterscheiden ist die Erfahrungswelt des alltäglichen Lebens. Auch hier gibt es absolute Gewissheit. Absolut gewiss ist, was unmittelbar gegeben, d.h. was *mir jetzt* gegeben ist. Dieses Grundgesetz des alltäglichen Lebens nennt Heim das Unmittelbarkeitsgesetz oder „Unmittelbarkeitsprinzip"[430]. Alles mittelbar Gegebene (Vergangenes oder Erfahrung aus zweiter Hand) kann nicht diesen absoluten Gewissheitsgrad beanspruchen. Es ist irgendwo auf der Skala relativer Gewissheit von möglich bis fast sicher eingeordnet; absolut gewiss ist allein das unmittelbar Gegebene. Damit sind das mathematisch-logische Denken und das alltägliche Leben auf einen gemeinsamen Gewissheitsmaßstab zu-

---

[428] G 1, 55–120.
[429] G 1, 121–200.
[430] G 1, 10.

rückgeführt. Das Grundgesetz der Logik und des Denkens und das Unmittelbarkeitsgesetz der täglichen Erfahrung haben denselben Grad von Gewissheit, nämlich absolute, weil sie identisch sind! Das logische Gesetz und das Unmittelbarkeitsgesetz können nämlich ineinander überführt werden.

Dies kann folgendermaßen eingesehen werden:
Der Satz des Widerspruchs „Es ist unmöglich, dass dasselbe demselben in derselben Beziehung zugleich zukomme und nicht zukomme"[431] ist als Grundgesetz des Denkens selbst unbeweisbar[432]. Der Satz des Widerspruchs ist eine unbeweisbare, aber notwendige Setzung[433]. Er ist unbeweisbar, weil jeder Beweis ihn schon voraussetzt und er ist notwendig, weil auch seine Bestreitung ihn voraussetzt[434]. Der Satz vom Widerspruch ist also sowohl das Grundgesetz des Denkens, wie auch die Bedingung der Möglichkeit von Denken überhaupt. Er kann als Transzendentalprinzip des Denkens angesehen werden. Denken aber ist Unterscheiden und das Transzendentalprinzip des Denkens die Möglichkeit des Unterscheidens überhaupt. Das Unterscheiden-Können bedeutet, wie in Kap. III.3 dargelegt, soviel wie „die Unterscheidung des Identischen vom Nicht-identischen"[435]. Formal gesprochen, konstituieren die beiden Relationen $A = A$ (Identität) und $A \neq \neg A$ (Negation) die Logik. Sie implizieren den Satz des Widerspruchs und des ausgeschlossenen Dritten. Der Satz vom Widerspruch und der Identitätssatz lassen sich aufeinander zurückführen, sie sind identisch. Der Satz vom Widerspruch ist die Negation des Identitätssatzes und der Identitätssatz der positive Ausdruck des Widerspruchssatzes: $A = \neg \neg A$.

Nun ist aber auch das Unmittelbarkeitsgesetz mit dem Identitätssatz identisch, denn das unmittelbar Gegebene, das mir hier und jetzt Gegebene, ist das Identische. Damit ist das Unmittelbarkeitsgesetz über den Identitätssatz auf den Widerspruchssatz zurückgeführt. Wie „das Unmittelbarkeitsprinzip aus dem Widerspruchssatz durch einen Schluß aus dem in ihm enthaltenen Identitätsbegriff" abgeleitet werden kann, so kann „umgekehrt der Widerspruchssatz als negative Entfaltung des Unmittelbarkeitsprinzips" aufgefasst werden. Wir können „das Prinzip der Selbstgewissheit des Unmittelbaren als einen besonderen Ausdruck für den Satz des Widerspruchs ansehen"[436].

Damit besitzen der Satz vom Widerspruch als unbeweisbar-gesetztes Transzendentalprinzip ebenso wie der Identitätssatz und das Unmittelbarkeitsgesetz die vier Eigenschaften der Unwidersprechlichkeit, der unmittelbaren Einsichtigkeit,

---

[431] Aristoteles, Met. 1005b.
[432] L 2, 18.
[433] Platon, Phaidon 100a; Aristoteles, Met. 1062a; Thomas von Aquin, STh I/II, 94,2: „Primum principium indemonstrabile est quod *non est simul affirmare et negare.*"
[434] G 3,6.
[435] PA, 134.
[436] G 1, 10.

der Allgemeingültigkeit und der Unbeweisbarkeit[437]. Sie haben den Charakter eines Axioms, denn sie sind, obwohl sie unbeweisbar sind, unwidersprechlich, unmittelbar einsichtig und allgemeingültig. Sie haben damit zurecht den Anspruch auf höchsten Gewissheitsgrad: Dem Denkgesetz und dem Unmittelbarkeitsgesetz eignen absolute Gewissheit.

Das Problem[438] der Glaubensgewissheit entsteht nun daran, dass der Glaube eben diese absolute Gewissheit beansprucht, obwohl er weder unwidersprechlich, noch unmittelbar einsichtig, noch allgemeingültig ist. Der Glaube beansprucht nämlich die Wahrheit über das Weltganze, obwohl sein Gegenteil, also dass er nicht ist oder unrecht hat, denkbar ist, obwohl sein Inhalt nur mittelbar, nicht unmittelbar zugänglich ist und obwohl er nicht überall und immer, sondern nur kontingent gegeben ist. Der Glaube beansprucht die absolute Gewissheit des Unmittelbarkeits- oder Identitätssatzes, obwohl er nach den Gewissheitsmaßstäben des Denkens und der unmittelbaren Erfahrung nur relative Gewissheit haben kann.
Die Lösung, für den Glauben eine andere Logik, eine Ausnahme von der Logik des Denkens zu statuieren, ist für Heim versperrt, weil die Glaubensgewissheit keine Gewissheit wäre, wenn sie sofort unter dem Anspruch des Denkens zusammenbräche. Daher muss Heim die Denkmöglichkeit des Glaubens nach allgemeiner Logik zeigen. Der Anspruch des Glaubens auf absolute Gewissheit besteht nur dann zurecht, wenn er dem Denkgesetz der allgemeinen Logik standhält.
Die Forderung der Logizität des Denkens auch im Bereich des Glaubens führt zu einem exklusiven Entweder-oder: Entweder der Anspruch des Denkgesetzes auf Unbedingtheit besteht zurecht, dann ist der Gewissheitsgrad des Glaubens einzuschränken bzw. Glaubensgewissheit nach den Gesetzen des Denkens unmöglich. Oder die Gewissheit des Glaubens besteht zurecht, dann kann das Denkgesetz nicht unbedingt gelten, obwohl es doch als Bedingung des Denkens ohne Ausnahme gelten muss.

Die Lösung[439] dieser Antinomie gelingt Heim, indem er aufzeigt, dass die beiden Gewissheiten des Glaubens und der Logik, obwohl sie sich widersprechen, auf einer gemeinsamen Vorraussetzung beruhen. Die Glaubensgewissheit und der Identitätssatz lassen sich auf dieselben Voraussetzungen zurückführen.
Wenn dies so ist, dann ist die entscheidende Frage, ob diese Voraussetzungen selbst widersprüchlich sind oder nicht. Sollten die Voraussetzungen des Denkgesetzes selbst denknotwendig, also widerspruchslos, sein, dann hat das Denkgesetz nur sich selbst zur Voraussetzung und gilt absolut. Die Glaubensgewissheit

---

[437] G 1, 22; vgl. Gräb-Schmidt, Erkenntnistheorie, 26, die nur die ersten drei Eigenschaften, nicht aber die Unbeweisbarkeit nennt.
[438] G 1, 37f.
[439] G 1, 37–54.

wäre vor einem solchen Denken nicht zu halten. Oder aber die Voraussetzungen des Denkgesetzes widersprechen diesem, dann ist der Geltungsbereich des Denkgesetzes nicht in seinen Voraussetzungen gültig, die dann aber, da auf ihnen die Glaubensgewissheit aufbaut, diese möglich machen.

Diese gemeinsamen Voraussetzungen der Glaubensgewissheit und des Denkgesetzes sind die Exklusivität der Erfahrungsformen Subjekt, Raum und Zeit. Mit „Exklusivität" ist die Unterscheidbarkeit oder Zählbarkeit der einzelnen Subjekte sowie der Raum- und Zeitpunkte gemeint. In der Tat beruht die Glaubensgewissheit auf dieser Voraussetzung, denn der Glaube ist zwar empirisch nur einem einzelnen Subjekt zu einem bestimmten Ort in Raum und Zeit gegeben, beansprucht aber Gewissheit für alle Subjekte, Raum- und Zeitpunkte. Ohne deren Unterscheidbarkeit wäre der Gewissheitsgrad des Glaubens und sein Gewissheitsanspruch gar nicht angebbar. Und ebenso beruht der Satz des Widerspruchs auf der Unterscheidung von Subjekten, Raum- und Zeitpunkten. Denn der Satz, dass dasselbe demselben nicht in derselben Hinsicht zukommen und nicht zukommen kann, bedeutet konkret, dass etwas nicht für dasselbe Subjekt an demselben Ort zur selben Zeit gelten und nicht gelten kann. Der Satz ist überhaupt nur anwendbar auf beliebige Gegenstände oder Sachverhalte, wenn Subjekte, Raum- und Zeitpunkte unterscheidbar sind.

Wenn sich nun zeigen sollte, dass diese Voraussetzung der Exklusivität logisch widersprüchlich ist und die Subjekte, Raum- und Zeitpunkte in Wahrheit nicht unterscheidbar sind, sondern die Annahme separabler „Iche", Raum- und Zeitpunkte zu Widersprüchen führt, dann wäre in der *Wirklichkeit* die Trennung von Subjekten, Raum- und Zeitpunkten aufgehoben, obwohl sie für das *Denken* notwendig gelten muss. Dann wäre möglich, dass das, was mir gegeben ist, allen Ichen gegeben, was hier ist, zugleich dort und überall und was jetzt ist, auch immer gültig sein könnte. Der Glaube, der rein logisch nur für mich, hier und jetzt Geltung hat, könnte theoretisch für alle Subjekte, Orte und Zeiten gelten.

Wenn die Annahme der Exklusivität zu Widersprüchen führt, wenn die Voraussetzung des Widerspruchssatzes diesem widerspricht, dann können die exklusiven Vorraussetzungen nicht absolut gelten. Die Notwendigkeit der Exklusivität der Erfahrungsformen, die das Denkgesetz fordert, kann dann keine absolute Notwendigkeit, sondern nur eine relative sein. Sie sind nicht für die empirische Wirklichkeit, sondern nur für das Denken notwendig.

Mit dieser Unterscheidung zwischen Denknotwendigkeit und empirischer Notwendigkeit löst Heim das Problem[440]: Das denknotwendige Denkgesetz beruht auf einer Voraussetzung, die selbst nur theoretisch, aber nicht empirisch notwendig ist. Damit ist der Geltungsbereich des Denkgesetzes einzuschränken. Es gilt nicht

---

[440] G 1, 51; vgl. Gräb-Schmidt, Erkenntnistheorie, 28.

absolut, sondern nur im Bereich des reinen Denkens, abgelöst von den Erfahrungsformen – dort allerdings unbedingt. Im Bereich der Erfahrung gilt das Denkgesetz nur relativ.

Die Exklusivität der Erfahrungsformen muss aber vorausgesetzt werden, wenn überhaupt etwas und d.h. etwas Konkretes gedacht oder gesagt werden soll, aber sie gilt nicht als formales Prinzip. Denn die Erfahrungsformen sind, rein formallogisch analysiert, so widersprüchlich wie die Erfahrung und das Leben selbst. Das bedeutet aber: Aus der Wirklichkeit ist der „irrationale Tatsächlichkeitsfaktor"[441] nicht eliminierbar.

Die Ordnung der Wirklichkeit ist nicht diejenige der Exklusivität, der Unterscheidbarkeit und Zählbarkeit ihrer Teile, sondern eine, in der die Exklusivität aufgehoben ist. Diese „höhere Ordnung der Dinge"[442], die Heim auch die „andere Ordnung"[443] oder „andere Dimension"[444] nennt, ist eine wesenhaft irrationale. In ihr ist die „unmittelbare Zusammenschau des Weltganzen"[445] möglich. Das hier und jetzt Gegebene ist identisch mit dem überall und immer Gegebenen. In der höheren Ordnung gilt nicht mehr das Entweder-oder der niederen Ordnung, dass der Teil von anderen Teilen und vom Ganzen geschieden ist, sondern das Sowohl-als-auch: „Ein Teil ist identisch mit dem andern Teil und mit dem Ganzen"[446]. Das Entweder-oder zwischen dem mir hier und jetzt Gegebenen und dem einem anderen zu anderem Ort und anderer Zeit Gegebene ist in ein Sowohl-als-auch aufgelöst. Der Allgegenwarts- und Ewigkeitsanspruch des Glaubens ist denkmöglich geworden.

3. Kritische Erkenntnistheorie als in sich widerspruchsvolle Naturphilosophie

a) *Logische Widersprüche in der Annahme der Exklusivität der Erfahrungsformen*

Die Fragestellung, unter der Heim an die kritische Analyse der Erfahrungsformen herangeht, ist eine logische: Ist es notwendig, dass auch die Voraussetzungen des (denknotwendigen) Satzes vom Widerspruch Denknotwendigkeit beanspruchen?

---

[441] Vgl. G 1, 133–144.
[442] G 1, 118; 134; 146 u.ö.
[443] G 1, 121 u.ö.
[444] G 1, 132; Gräb-Schmidt, Erkenntnistheorie, 90f, spricht etwas unglücklich von der „zweiten Dimension". Wären die beiden Ordnungen abzählbar, dann hätten sie etwas Gemeinsames. Sie sind jedoch kategorial oder dimensional verschieden.
[445] G 1, 51.53.
[446] G 1, 118.

Ist es zwingend, dass Subjekte, Raum- und Zeitpunkte niemals zugleich identisch und voneinander verschieden sein können?[447] Oder kann zwischen ihnen ein nichtexklusives Verhältnis bestehen? Ist die Aufhebung der Trennung der Iche, der Raum- und Zeitpunkte möglich? Heim versucht zu zeigen, dass die Aufhebung der Exklusivität nicht nur möglich, sondern (denk-)notwendig ist, da die Annahme strenger Separabilität und Separiertheit zu logischen Widersprüchen führt. Dazu ist eine erkenntniskritische Analyse der Erfahrungsformen Raum und Zeit erforderlich.

Beginnen wir mit der Analyse des Raumproblems, das u.E. die grundlegende Denkfigur liefert, die dann in der Analyse der Zeit und der Subjekte analog angewandt wird. Heim behandelt sowohl das erkenntnistheoretische Subjekt- als auch das naturphilosophische Zeit- und Raumproblem von räumlichen, u.d.h. von anschaulich vorgestellten Denkfiguren her.[448] Darin liegen seine Stärke und seine Schwäche. Die Stärke liegt in der analogen Behandlung, die zeigt, dass die drei Erfahrungsformen verwandt sind und zum gleichen Problem führen. Die Schwäche liegt, wie wir sehen werden, darin, dass das kritische Denken verräumlicht und Denken mit Anschauung gleichgesetzt wird.

Wir beziehen uns im Folgenden auf die Darstellung in der zweiten Auflage des „Leitfadens der Dogmatik"[449], die knapper und präziser ist als die umständliche der „Glaubensgewissheit", aber auf dasselbe hinausläuft.

i) Raum

Sobald wir eine räumliche Mannigfaltigkeit denken wollen, verwickeln wir uns in Widersprüche. Unter „denken" – das ist das unausgesprochene Implement – versteht Heim hier präzise, sich das Zustandekommen des räumlichen Kontinuums anschaulich vorzustellen und mittels der Gesetze der Logik zu analysieren. Soll eine stetige Reihe (eine Linie oder Fläche) entstehen, so muss Punkt um Punkt, Raumstück um Raumstück, zusammengefügt werden. Der zweite Punkt muss vom ersten räumlich und zeitlich verschieden sein. Er darf noch nicht da sein, wenn der erste da ist. Und doch muss er schon da sein, weil er nur als zweiter vom ersten Punkt unterschieden werden kann, wenn er zugleich mit ihm da ist und „zusammengeschaut"[450] wird. Heim sagt nicht: Zusammen, d.h. getrennt voneinander, geschaut, sondern zusammengeschaut, d.h. identifiziert. Es ist deutlich warum: Es geht ihm nicht um das Zustandekommen einer Reihe durch einzelne Bauklötze, die hintereinander gefügt werden. Eine solche Reihe wäre nicht stetig, sondern bestünde aus Teilen. Es geht um das Zustandekommen einer stetigen Reihe, eines

---

[447] G 1, 55ff.
[448] Die räumliche Grundfigur (G 1, 79) wird auf das erkenntnistheoretische Problem (79f) und auf das Raum- und Zeitproblem angewandt (89).
[449] LI 2, 13–16; vgl. G 1, 75–105.
[450] LI 2, 15; vgl. G 1, 115.

Kontinuums. Ein Kontinuum kommt, wie schon Aristoteles gezeigt hat[451], nur durch Bewegung zustande. Bewegung aber ist zugleich Fließen, wenn das Bewegen, als auch Stillstand, wenn das Bewegte angeschaut wird. Das Kontinuum selbst, die Bewegung, ist für unser statisches Sehen und Vorstellen unvorstellbar. Wenn nun nicht das Kontinuum und die Bewegung überhaupt für eine Illusion[452] gehalten werden sollen, sondern für Realität, dann folgt zwingend, dass das Denkgesetz, das nur für separable Entitäten gilt, in der Praxis aufgehoben sein muss. Die einzelnen Raumpunkte, aus denen das Kontinuum aufgebaut ist, sind zugleich in der Bewegung identisch als auch logisch voneinander verschieden.

ii) Zeit

Zu einem analogen Widerspruch wird man geführt, wenn man die Zeitstrecke aus einzelnen Zeitpunkten zu konstruieren versucht. Soll eine Zeitstrecke AB mit dem Anfangszeitpunkt A und dem Endpunkt B zustande kommen, so muss A von B zeitlich verschieden sein. Wenn A und B zeitlich verschieden sind, können wir uns in einem Moment nur entweder in A oder in B befinden. Sei A der Jetztpunkt, wie ist dann der Übergang zu einem späteren Zeitpunkt B möglich? Doch nur so, dass er als zukünftiger vorgestellt wird. Die Vorstellung des Zukünftigen ist aber eine Vorstellung in der Gegenwart. Sie geschieht im Zeitpunkt A. Es erweist sich als unmöglich, den gegenwärtigen Augenblick in einen zukünftigen zu überschreiten. (Gleiches gilt für Vergangenes: Es ist nur in der Erinnerung, d.h. zum gegenwärtigen Zeitpunkt zugänglich.) Da A und B also zeitlich zusammenfallen, war die Voraussetzung ihrer Unterscheidung falsch. Die ganze Zeitachse ist im Jetzt gegenwärtig. Alle Zeitpunkte sind gleichgegenwärtig, ihre Trennung ist aufgehoben. Jetzt und ewige Gegenwart aller Zeitpunkte sind identisch. Wir sind in einem „Solinuncismus"[453], einem einzigen Jetzt, gefangen, aus dem wir nicht herauskommen.

iii) Ich

Analog versucht Heim, einen Widerspruch in der Annahme getrennter Subjekte aufzuzeigen. Versuche ich mir mehrere Subjekte vorzustellen, so kann ich mir immer nur eines davon als Subjekt denken, nämlich dasjenige, das ich in der Vorstellung gerade einnehme. Und das bin immer ich selbst. Ein anderes Subjekt kann ich nur als Objekt denken, denn von einem anderen Ich habe ich nur die Vorstellung, den Begriff. Ich komme in der Vorstellung nie aus meinem Bewusstsein heraus, ich bin im Solipsismus gefangen. Ein anderes Bewusstsein als meines zu denken, d.h. es als Ich einzunehmen, ist unmöglich, denn sobald es zum Ich wird, ist es meines, bin es Ich. Daraus schließt Heim auf die fehlerhafte Voraus-

---

[451] Aristoteles, Met. 1015b.
[452] Vgl. die Zenonschen Paradoxien, die Heim erst in G 2 und G 3 analysiert, s.u. Kap. V.3.
[453] G 1, 92.

setzung. Die Annahme der Verschiedenheit der Subjekte war falsch. Sie ist nur widerspruchsvoll denkbar.

Ergebnis:
Die Annahme von getrennten Ich-Subjekten, Raum- und Zeitpunkten führt zu logischen Widersprüchen. Zwar müssen wir ihre Verschiedenheit annehmen, wenn wir nicht in einen objektiven, ontologischen Solipsismus bzw. Solinuncismus verfallen wollen. Wir müssen uns die Iche, Raum- und Zeitpunkte als getrennt vorstellen, wenn wir die Logik auf das Kontinuum der Erfahrung *anwenden* wollen. Die Exklusivität der Erfahrungsformen hat nur eine *empirische* Notwendigkeit. In der Erfahrung selbst jedoch ist die Exklusivität und damit das Denkgesetz aufgehoben.
Gegen Heims Analyse sind gewichtige Kritikpunkte vorzubringen, die z.T. auch schon von Heims Zeitgenossen vorgebracht wurden[454]. Die zeitgenössischen Kritiker haben allerdings mit Heims fehlerhafter Analyse seine gesamte Argumentation verworfen. U.E. hat Heim trotz der Fehler in der Analyse den richtigen Schluss gezogen.

Ad iii) Subjekt
Der Fehler in Heims Subjektanalyse liegt darin, für die Vielheit von Subjekten auch die Vielheit von „Bewusstseinen" zu fordern. Ein Plural von „Ichen" ist schon sprachlich und erst recht sachlich eine contradictio in adjecto. Denn natürlich ist es unmöglich, ein zweites Bewusstsein jenseits meines eigenen *als Ich-Bewusstsein* zu denken. Der erkenntnistheoretische Solipsismus ist unvermeidlich. Ich kann *in* meinem Denken nie *aus* diesem heraustreten. Ich kann nur als ich selbst denken, nicht als ein anderer. Ein fremdes „Ich" kann ich gleichwohl denken, obwohl ich es nicht real einnehmen kann. Die Vorstellung des fremden Ich liegt nicht jenseits meines Bewusstseins, der Sachgehalt des Vorgestellten aber sehr wohl. Der erkenntnistheoretische Solipsismus ist vom ontologischen strikt zu unterscheiden. Sonst wird wie bei Heim der Sachgehalt des Gedachten mit dem Gedachten identifiziert bzw. das anschaulich-räumlich Vorgestellte mit dem Wirklichen.

Ad ii) Zeit
Zum Widerspruch zwischen gedachten und wirklichen Zeitpunkten kommt es deshalb, weil die Zeitpunkte als Zeit*punkte*, d.h. verräumlicht, eingeführt, dann aber als *Zeit*punkte, d.h. zeitlich, interpretiert werden. Denn einen zukünftigen Zeitpunkt, der vom gegenwärtigen geschieden ist, zu denken, ist kein Problem, sofern ein Zeitpunkt *gedacht* wird. Einen zukünftigen Zeitpunkt in der Zeit, also

---

[454] A. Messer, Zum Problem religiöser Glaube und Philosophie, 1920; F. Traub, Über Karl Heims Art der Glaubensbegründung, 1917.

als zukünftig, zu denken ist selbstverständlich unmöglich. Wir können die Zukunft nicht als Zukunft denken. Damit ist aber nichts über die Separierbarkeit und Realität von Zeitpunkten gesagt, sondern nur, dass man aus dem Raum nicht in die Zeit hinüberschreiten kann. Man kann zwar die Zeitachse als Strecke durchwandern, aber nicht in Realzeit. Es ist unmöglich, die Zeit *als Zeit* aus der (zeitlosen) räumlichen Zeitstrecke heraus zu konstruieren. In der Zeit sind wir an das Jetzt unserer Gegenwart gebunden.

Ad i) Raum
Die analoge Kritik wie gegen Heims Zeitkonstruktion ist gegen seine Raumkonstruktion vorzubringen. Dass man ein Raumkontinuum nicht aus seinen Teilen räumlich konstruieren kann, liegt nicht an der Unmöglichkeit der Separabilität der Raumpunkte, sondern daran, dass es unmöglich ist, aus dem (zeitlosen) Raum in die Zeit, d.h. in die Bewegung, hinüberzugehen. Das Kontinuum ist nach der richtigen Analyse von Aristoteles[455] nur aus der Bewegung, also in der Zeit, zu „konstruieren". Raum kann man nicht statisch-zeitlos, sondern nur in der Zeit durchwandern, wie man umgekehrt Zeit nicht in der Zeit, sondern nur als Raum durchwandern kann. In der räumlichen, zeitlosen Vorstellung kann aus Punkten kein Kontinuum entstehen, weil Kontinuum Bewegung und also Zeit bedingt. Das zeitfreie, räumliche Denken kommt nur bis zum Klötzchenmodell, nie zum Kontinuum.

Ergebnis:
Der Fehler Heims in allen drei Argumentationsgängen ist, dass er Denken mit anschaulichem Vorstellen bzw. den Begriff mit der Anschauung verwechselt[456]. Dadurch verräumlicht er alle drei Erfahrungsformen. Mit der Verräumlichung der drei Erfahrungsformen wird aber ihre kategoriale Differenz eingeebnet. Zugleich wird damit der unlösbare Zusammenhang von Subjekt, Raum und Zeit verwischt. Das Problem der Exklusivität der Erfahrungsformen ist zwanglos lösbar, ohne dass logische Widersprüche entstehen, wenn Denken und anschaulich-räumliches Vorstellen unterschieden und dadurch die Verräumlichung der Erfahrungsformen vermieden wird. Wir geben dazu zwei unterschiedliche Lösungen des Kontinuumproblems, die beide die Entstehung einer Strecke aus Raumpunkten ohne logische Widersprüche erklären. Die eine ist eine mathematisch-begriffliche, die auf der Unterscheidung von Begriff und Anschauung beruht, die andere eine philosophisch-sprachanalytische, die vom Begriff des Kontinuums ausgehend, Raum und Zeit unterscheidet.

---

[455] Aristoteles, Met. 1016a.
[456] Auch Messer, Problem, 153, sieht die Widersprüche, zu denen Heims erkenntnistheoretische Analysen führen, darin bedingt, dass er „nicht ausreichend scheidet zwischen ‚anschaulich vorstellen' und ‚unanschaulich denken'."

b) Alternativlösungen des Kontinuumproblems

i) Mathematische Lösung mit dem Begriff des Infinitesimalen

Eine mathematisch zufriedenstellende Lösung des Kontinuumproblems konnte erst mit der Einführung der Grenzbegriffe des Infinitesimalen und des Unendlichen durch Newton und Leibniz gelöst werden. Das Infinitesimale ist nach der Analyse von P. Natorp[457] zwischen dem ausdehnungslosen Punkt und der kleinen, aber endlich ausgedehnten Strecke angesiedelt und dabei von beiden qualitativ verschieden. Das Infinitesimale hat keine messbare, feststehende Ausdehnung (quantitas), ist aber auch nicht vom Größenwert Null. Seine Größe ist dabei nicht identisch, sondern variabel. Es ist immer kleiner als jedes konstruierbare Endliche, aber nie von verschwindender Ausdehnung. Es ist in einem Punkt lokalisiert, hat aber nicht wie dieser die Ausdehnung identisch Null. Das Infinitesimale kann daher nicht konstruiert werden, es kann nur gedacht werden. Es ist aus seinen mathematischen Eigenschaften definiert, nicht anschaulich gegeben. Es entsteht aus dem Endlichen durch unendliche Teilung und ist, da unendliche Teilung nicht im eigentlichen Sinn Teilung ist, vom Endlichen qualitativ verschieden. Mittels des Infinitesimalen ist es möglich, vom Punkt zur Strecke und von der Strecke zum Punkt „in voller begrifflicher Strenge überzugehen"[458], obwohl die Konstruktionsvorschrift nur als Regressus ad infinitum beschrieben und also nur gedacht vollzogen werden kann: Beginne an einem Punkt x und füge lauter infinitesimale dx (und zwar unendlich viele von unendlich kleiner, aber nicht verschwindender Ausdehnung) hinzu. Deren Aufsummation ergibt (per definitionem!) die endliche Strecke. Obwohl es sich dabei nicht um eine reale, anschaulich (in der Zeit) vollziehbare Konstruktion handelt, ist sie doch aufgrund der Definition des Infinitesimalen logisch widerspruchsfrei. Strenggenommen handelt es sich allerdings gar nicht um eine Konstruktion des Kontinuums (auch nicht um eine gedachte), sondern um eine Rekonstruktion. Das Kontinuum wird nicht aus dem Infinitesimalen konstruiert – „durch keine Kunst lässt sich aus Diskretem Stetiges machen"[459] –, sondern rekonstruiert, weil die Stetigkeit in der Definition des Infinitesimalen bereits vorausgesetzt ist. Weil zwar ein Ganzes in Teile geteilt, aber nie das Ganze aus den Teilen konstruiert werden kann, da der Begriff des Teils schon den Begriff des Ganzen voraussetzt, hat schon Leibniz das Kontinuum zum metaphysischen Prinzip erhoben und für die Bestimmung des Infinitesimalen bereits vorausgesetzt[460].

ii) Die dialektische Lösung von Derrida im Anschluss an Aristoteles, Hegel und Heidegger

Eine sprachanalytische Lösung in Hegelschen Sprachfiguren hat J. Derrida[461] gegeben.
Der Punkt kann vom Raum her bestimmt werden als dessen Negation. Der Punkt ist der Raum, der keinen Raum einnimmt. Er ist – so das bewusste Sprachspiel Derridas – die

---

[457] P. Natorp, Die logischen Grundlagen der exakten Wissenschaften, 1910, 215–218.
[458] Natorp, Grundlagen, 218.
[459] A.a.O., 181.
[460] Vgl. G.W. Leibniz, Über das Kontinuuitätsprinzip (Principium quoddam generale non in mathematicis tantum sed in physicis utile, 1687), in: Hauptschriften zur Grundlegung der Philosophie I, 62–70.
[461] J. Derrida, Ousia und gramme. Notiz über eine Fußnote in ‚Sein und Zeit' (1968), 1993. Es handelt sich um eine Interpretation des § 82 von Heideggers „Sein und Zeit", in dem dieser sich mit Hegels Zeitverständnis aus der „Enzyklopädie der philosophischen Wissenschaften" auseinandersetzt, welches wiederum eine Interpretation von Aristoteles' viertem Buch der Physik darstellt. Eine literarkritische Analyse ist hier nicht beabsichtigt, wir folgen Derrida, 249–255.

Bleibe, die ausbleibt, der Stellvertreter ohne Stelle, der die Stelle entstellt und an die Stelle der Stelle tritt als Stellvertreter des Raumes. Er ist der Ort ohne Volumen. Er negiert den Raum räumlich und ist doch die erste Bestimmung von Raum. Als Negation des Raumes geschieht die Raumwerdung des Punktes oder seine Verräumlichung. Der Punkt negiert sich selbst, indem er sich auf sich selbst, und zwar „auf sich, das heißt auf einen anderen Punkt bezieht"[462]. Dadurch wird der Raum-Punkt zum Punkt-Raum, zur Linie. „Die Negation der Negation, die räumliche Negation des Punktes ist die LINIE."[463] Der Punkt wird zur Linie, indem er sich negiert und bewahrt, sich ausdehnt und sich behauptet durch Aufhebung in der Linie. Der Punkt verräumlicht sich zur Linie, indem er sich aufhebend ein Anderssein wird.

Wenn sich aber so der Raum verräumlicht als Selbstnegation in der Beziehung auf sich selbst, verzeitlicht er sich. Denn Raum ist Zeit, „sofern er *ist*, das heißt sofern er wird und entsteht. ... Der Raum verzeitlicht, vermittelt und bezieht sich auf sich selbst als Zeit."[464] Der Raum ist daher Zeit, insofern er sich von der Negation des Punktes her bestimmt. Die Zeit ist folglich Aufhebung (Negation) des Raumes. Sie ist aber auch Verräumlichung, insofern sie die Selbstbeziehung des Raumes auf sich selbst ist. Punkt und Zeit sind also zirkulär aufeinander bezogen. Sie bestimmen sich auseinander.

An diesen wenigen Überlegungen Derridas ist mehreres bemerkenswert.

Zum einen wird die Beziehung zwischen Punkt und Linie rein logisch durch die beiden Relationen Identität und Negation bestimmt. Der Punkt ist die Negation der Linie und die Linie die Negation des Punktes. Es gilt das Entweder-oder des Widerspruchsatzes. Dann wird von Derrida aber die Eigenschaft der Logik angewandt, dass zwar die Identität aus der Negation durch zweifache Anwendung hervorgeht ($A = \neg\neg A$), nicht aber die Negation aus der Identität abgeleitet werden kann. Als „Negation der Negation"[465] ist der Punkt zwar mit sich identisch, aber (als Negation) doch von sich verschieden (nicht identisch). Der Punkt wird zur Linie, indem er sich auf sich bezieht (Identität) und zwar als einem anderen (Negation). So wird für Derrida das für Aristoteles und die klassische Logik undenkbare Sowohl-als-auch von A und $\neg A$ denkbar, wenngleich nur als Sprachspiel. Dieses gelingt nur unter völligem Verzicht auf die Anschauung. Es sei denn, dass man drittens von der räumlichen in die zeitliche Beschreibung übergeht. Dann kann sich auch in der Anschauung der Punkt zu sich selbst als einem anderen verhalten und so, indem er er selbst *ist*, ein anderer, nämlich Linie, *wird*. Es ist offensichtlich, dass hier nicht mehr der zeitlose Punkt, sondern das zeitlich sich fortbewegende Nun oder Jetzt im Blick ist. In der Zeit, in der Bewegung also, ist wie bei Aristoteles Kontinuum denkbar. Derrida geht aber doch über Aristoteles hinaus, wenn er die Bewegung nicht von außen, sondern sozusagen von innen betrachtet, sich auf den rollenden Jetztpunkt daraufsetzt. Sprachlich kommt das so zum Ausdruck, dass der Punkt als Subjekt, als handelndes Agens beschrieben ist. Der Punkt verzeitlicht sich, bezieht sich auf sich in der Zeit, er ist, indem er wird! Daraus wird viertens deutlich, dass die Zusammenschau der Punkte zur Linie nicht in einer isolierten räumlichen Betrachtung möglich ist, sondern die Zirkularität von Raum und Zeit (als Punkt und Zeitpunkt sowie als Raum und Zeitraum)

---

[462] Derrida, Ousia und gramme, 250.
[463] Ebd.
[464] Derrida, Ousia und gramme, 251.
[465] Vgl. G.W.F. Hegel, Enzyklopädie der philosophischen Wissenschaften, § 199, in: Sämtliche Werke, Bd. 6, 152f: Die Beziehung des Punktes auf den Raum „ist die Linie, das erste Andersseyn des Punktes; die Wahrheit des Andersseyns ist aber die Negation der Negation. Die Linie geht daher in Fläche über, welche ... die aufgehobene Negation des Raumes, somit Wiederherstellung der räumlichen Totalität [ist]. ... Daß die Linie nicht aus Punkten, die Fläche nicht aus Linien besteht, geht aus ihrem Begriff hervor, da die Linie der Punkt, als, ausser sich seyend, sich auf den Raum beziehend, und sich aufhebend, die Fläche eben so die aufgehobene ausser sich seyende Linie ist."

berücksichtigt werden muss. Die Ordnung, in der die Zusammenschau des Entweder-oder zum Sowohl-als-auch möglich ist, ist daher eine Zeitordnung. Und schließlich wird fünftens klar, dass auch die zeitliche Betrachtung des Problems nicht von außen geschehen kann, sondern nur als Subjekt, in der Gegenwart, als Jetzt in der Zeit. Der Punkt wird nur als Ich, als zeithaftes Subjekt zur Linie.

Ergebnis:
Die beiden vorgestellten Lösungen des Kontinuumproblems erlauben die Aufhebung der absoluten Exklusivität der Subjekte, Raum- und Zeitpunkte, ohne gegen den Satz des Widerspruchs zu verstoßen. Dazu ist die klare Unterscheidung zwischen Anschauung und Begriff oder die Berücksichtigung der Zuordnung von Raum und Zeit erforderlich. Wird die Zirkularität von Raum und Zeit erfasst, ist das möglich, was in einem verräumlichten, zeitlosen Denken unmöglich ist. Die Ordnung, in der das Entweder-oder zu einem Sowohl-als-auch aufgehoben ist, ist die *Zeitordnung*. Wir versuchen im Folgenden zu zeigen, dass Heim trotz seiner fehlerhaften Analyse vom Ergebnis unserer, im Anschluss an Derrida gewonnen, Interpretation nicht weit entfernt war, vermutlich dieses sogar gemeint hat.

4. Die irrationale Ordnung und Erkenntnisweise der Wirklichkeit

a) Die irrationale Ordnung als Zeitordnung

Wir rekapitulieren, was Heim beweisen wollte und was er tatsächlich bewiesen hat. Er wollte unter der Geltung des Satzes vom Widerspruch die Widersprüchlichkeit der Annahme der Exklusivität der Subjekte, Raum- und Zeitpunkte aufzeigen. Obwohl sie nicht denknotwendig seien, müssen wir sie als empirisch geltend annehmen.
Bewiesen hat Heim aber die Widersprüchlichkeit der rein räumlich vorgestellten Exklusivverhältnisse unter Absehung von der Zeit. Sobald die Verhältnisse zeitlich betrachtet werden, verschwinden die Widersprüche. Der eigentliche Gegensatz, auf den Heim uns führt, ist damit nicht der zwischen Denknotwendigkeit und empirischer Notwendigkeit, sondern der zwischen Zeitlosigkeit und Zeithaftigkeit.

Damit ist implizit auf eine weitere zentrale Eigenschaft des Widerspruchsatzes aufmerksam gemacht: Er ist ein zeitloser Satz und gilt absolut nur unter Ausschaltung der Zeit. Nur deshalb ist er allgemeingültig. Man könnte hiergegen den Einwand erheben, der Satz vom Widerspruch sei gerade kein zeitloser Satz, sondern ein zeithafter. Denn die Aussage des Satzes „Es ist unmöglich, dass dasselbe demselben in derselben Beziehung zugleich zukomme und nicht zukomme", heiße nämlich gerade, „dass dasselbe nicht zu ein und derselben Zeit ‚sein' und ‚nicht sein' kann"[466]. Diesem Argument liegt die Verwechslung von Zeit und Zeitpunkt zugrunde. Der Widerspruchssatz gilt zu jedem bestimmten Zeitpunkt in Abgrenzung von davon verschiedenen. Die Abgrenzung der Zeitpunkte voneinander kann aber nicht in der Zeit, sondern nur außerhalb ihres Flusses vorgenommen werden. Der Satz vom Widerspruch kann nur für alle Zeitpunkte gelten, wenn er selbst außerhalb der Zeit steht. Denknotwendig, d.h. für alle Zeiten gültig, kann nur das Zeitlose,[467] nicht das Empirisch-zeitliche sein. Das Empirische ist das für einen bestimmten Zeitpunkt, jedenfalls in der Zeit und nicht zeitlos Geltende. Damit ist der Gegensatz zwischen „denknotwendig" und „empirisch notwendig" im Gegensatz zwischen dem Zeitlosen und dem Zeithaften begründet und auf diesen zurückgeführt.

Es kann aber gezeigt werden, dass die Konsequenz, die Heim aus seiner Unterscheidung von Denknotwendigkeit und empirischer Notwendigkeit zog, auch aus der Unterscheidung zwischen Zeitlosigkeit und Zeithaftigkeit gezogen werden kann. Wir können sogar annehmen, dass Heim mit seiner Unterscheidung eigentlich die von uns gewonnene gemeint hat.

Denn die andere Ordnung der Dinge, in der gelten kann, was nach dem Denkgesetz unmöglich ist, in der ein Teil mit dem Ganzen identisch sein kann, ist auch die Ordnung in der Zeit. Im zeitlichen Dasein des Lebens, im nichtreflexiven, nicht objektivierenden Dasein, „im praktischen Leben"[468], ist die Zusammenschau des Aufeinanderfolgenden, der kontinuierliche Übergang immer gegenwärtig. In der Zeit, in der Bewegung, ist die Exklusivität aufgehoben. Allerdings gilt dies für unser Denken, das immer in die analytische, Zeit- und Raumpunkte separierende Denkform zurückdrängt, nur in einer kurzen Zeitspanne, die man mit Kierkegaard den „Augenblick" nennen könnte[469]. Die Lebens- und Existenzphilosophen Kierkegaard, Bergson, Husserl und Heidegger haben dem Zeit„punkt" eine gewisse Ausdehnung und Qualität zuerkannt[470]. Denn nur dann ist wirklich *Zeit* und *Zeit-*

---

[466] Aristoteles, Met. 1061b.
[467] Leibniz nennt die absolut notwendigen Vernunftwahrheiten (les verités de Raisonnement), deren Gegenteil im Unterschied zu den kontingenten Tatsachenwahrheiten (les verités contingentes ou de fait) aufgrund des Widerspruchssatzes unmöglich ist (Monadologie, § 33.36), auch ewige Wahrheiten. Sie müssen in jeder möglichen Welt gelten, sind also präzise zeitlose Sätze.
[468] G 1, 115.
[469] S. Kierkegaard, Der Begriff Angst, 1984, 76–84.
[470] Vgl. Kierkegaard, Angst, 77: „Der Augenblick erweist sich nun als das wunderliche Wesen (ἄτοπον, das griechische Wort ist hier vorzüglich), das zwischen Ruhe und Bewegung liegt, ohne doch zu irgendeiner Zeit zu sein. ... Der Augenblick wird daher die Übergangskategorie überhaupt." Der Augenblick hat also für die Zeit die dieselbe Funktion wie das Infinitesimale für das räumliche Kontinuum. Wie das Infinitesimale der Punkt unter der Bestimmung des räumlichen Kontinuums ist, so ist „der Augenblick das Nichtseiende unter der Bestimmung der Zeit" (76). Er ermöglicht den Übergang von der Ruhe zur Bewegung, vom zeitlosen Punkt zur zeitlichen Dauer. Der Augenblick, und nicht der zeitlose Jetztpunkt, ist außerdem wahre Gegenwart, erfüllte Zeit. Daher ist „der Augenblick nicht eigentlich das Atom der Zeit, sondern das Atom der Ewigkeit" (82). Der Augenblick ist

erleben Blick, wenn Zeit nicht bloß quantitativ aus zeitlosen Punkten zusammengesetzt gedacht wird. Der Augenblick des Zeithaften kann auch als Intuition oder als intuitive Schau begriffen werden. Die Intuition ist nicht analytisch, sondern synthetisch. Sie erlaubt die unmittelbare Zusammenschau des in der zeitfreien Reflexion Getrennten. In der intuitiven Schau ist die Exklusivität aufgehoben. Die Intuition ist aber wesentlich *unmittelbare* Schau. Mein Hier und Jetzt fällt mit allen Orten und Zeitpunkten zusammen, wenn die Zusammenschau unmittelbar gegeben ist. Die „*unmittelbare* Zusammenschau des Weltganzen"[471] ist eine gegenwärtige, im Augenblick des Jetzt sich ereignende. Die Unmittelbarkeit als einer aktualen Zeithaftigkeit ist u.E. das entscheidende Moment in Heims höherer Ordnung des Irrationalen. Der Zeitbegriff des Augenblicks und der Akt der unmittelbaren synthetischen Intuition konstituieren die eine, die irrationale Ordnung, der zeitlose Begriff des Zeitpunktes und der analytische Denkakt die andere, die Denkordnung.

Die beiden einander widersprechenden Ordnungen der Wirklichkeit, die denknotwendige, logische und die irrationale, alogische sind eigentlich die zeitlose und die zeithafte. Als zeithafte Ordnung ist die andere Ordnung gerade keine überzeitliche, die Begriffe von Zeit und Raum aufhebende Ordnung, sondern eine Ordnung *in der Zeit*. Es geht Heim nicht darum, alle möglichen Iche, Raum- und Zeitpunkte zu einem mystischen All-Ich oder einer ewigen Gegenwart zu verschmelzen[472]. Es geht darum, dass die zeitliche Ordnung im Unterschied zur zeitlosen eine Zusammenschau *im Jetzt* zu denken erlaubt. Genau dies ist mit der ewigen Gegenwart Jesu Christi gemeint, in der Heim die andere Ordnung der Wirklichkeit repräsentiert sieht[473]. Die Gegenwart Christi ist in jedem Augenblick, in jedem Jetzt präsent. Sie erlaubt ein „*unmittelbares* Verhältnis"[474] von mir, in meinem Hier und Jetzt, zu ihm. Sie ist aber keine überzeitliche, die Zeit aufhebende, zeitlos-ewige Gegenwart, sondern eine dynamische, sich zu jedem Zeitpunkt neu ereignende.

Das Verhältnis von Zeit und Ewigkeit und damit das Verhältnis unserer erfahrbaren Wirklichkeit zur anderen, irrationalen Ordnung des Glaubens hat Heim erst ein Jahrzehnt später entfaltet,[475] wie auch die dazu notwendige, ausgearbeitete Zeittheorie unter Berücksichtigung der Kategorie der Intuition und der Zeit-Ewig-

---

„eigentliche Gegenwart", die allererst Zeit eröffnet (M. Heidegger, Sein und Zeit, 338)! Zu Bergsons und Husserls Zeitverständnis s.u. Kap. V.3.b.; VI.4.b.; zum Verhältnis von Zeit und Ewigkeit VI.5.c.

[471] G 1, 51.
[472] Damit ist auch Traubs Kritik, dass die Identität der Iche zu einem mit allen Ichen identischen „All-Ich" (Glaubensbegründung, 188) führe, abgewehrt. Heim redet gewiss keinem mystizistisch-spinozistischen Pantheismus das Wort. Die Zusammenschau ist nicht substantiell-gegenständlich, sondern ungegenständlich-intuitiv.
[473] G 1, 114.
[474] Ebd.
[475] Zeit und Ewigkeit, 1927.

keits-Dialektik in „Glaube und Denken"[476]. Dass aber das von uns herausgearbeitete Verständnis der irrationalen Ordnung als einer intuitiven, nichtrationalen Zeitordnung von Heim schon in der ersten Auflage der „Glaubensgewissheit" im Blick war, kommt in einigen versteckten Andeutungen und dann in den umgearbeiteten Passagen der zweiten und dritten Auflage heraus. Um dies zu sehen, müssen wir Heims Begriff des Irrationalen schärfer fassen.

b) Die Erkenntniskategorie der irrationalen Intuition

Die Kategorie des Irrationalen gehört wie der Willens- und der Erlebnisbegriff zu schillernden, vieldeutigen und umstrittenen Kategorialbegriffen der Philosophie und Theologie des frühen 20. Jahrhunderts. Die zahlreichen lebensphilosophischen (H. Bergson, L. Klages, O. Spengler) und wertphilosophischen (H. Lotze, W. Windelband, H. Rickert, M. Scheler, N. Hartmann)[477] Bemühungen um eine „Metaphysik des Irrationalen"[478] ebenso wie die erkenntnistheoretischen Anstrengungen, dem nichtrationalen Erkennen in der Kategorie der Intuition (H. Bergson), dem Erleben (W. Dilthey), dem Gefühl (H. Fries) oder der Emotionalität (E. Spranger) Geltung zu verschaffen, kamen bei allen Unterschieden darin überein, entgegen der rationalistischen Erkenntnislehre und Metaphysik die Wirklichkeit für nicht durchgängig rational verfasst und nicht vollständig rational erkennbar und begreifbar zu halten.

Die Theologie sah in diesem geistigen Kontext die Möglichkeit, sich in ihrem ureigentlichen Sinn als „Wissenschaft des Irrationalen"[479] zu präsentieren. Man griff dafür auf die Vernunftkritik Luthers, auf Pascals „Logik des Herzens", auf die gegen Kants *reine* Vernunft gerichteten Glaubensphilosophien Hamanns und Jacobis sowie auf Kierkegaards „Paradox" zurück. Allerdings wurde höchst kontrovers diskutiert, ob der irrationale Charakter der Religion in der Gottesidee, in der Kontingenz der Welt, der Erfahrung und des Glaubens, in den Antinomien der Vernunft, der alogischen Erkenntnis oder in der Nichtrationalität der Existenz und des Lebens seinen Ort habe.[480] Wir müssen darum klären, was genau Heim unter dem Irrationalen verstanden hat.

---

[476] Hierzu s.u. Kap. VI.4./5. u. IX.3.b.
[477] Vgl. H. Schnädelbach, Philosophie in Deutschland 1831–1933, 1983, 174–193.205–229.
[478] Windelband, Lehrbuch, 519; R. Müller-Freienfels, Metaphysik des Irrationalen, 1927.
[479] H.E. Weber, Das Geisteserbe der Gegenwart und die Theologie, 1925, 103, gibt einen guten, systematischen Überblick über Philosophie und Theologie des Irrationalismus, bes. 102–150.
[480] Vgl. R.H. Grützmacher, Wesen und Grenzen des christlichen Irrationalismus, NKZ 1914; R. Otto, Das Heilige. Über das Irrationale im Verständnis des Göttlichen und sein Verhältnis zum Rationalen, 1919; F. Traub, Das Irrationale. Eine begriffliche Untersuchung, ZThK 1921; W. Bruhn, Das Problem des Irrationalen und seine Beziehung zur Theologie, ZThK 1924; Weber, Geisteserbe, 140–148; H.E. Eisenhuth, Der Begriff des Irrationalen als philosophisches Problem. Beitrag zur existenzialen Religionsbegründung, 1931.

Das Irrationale ist bei ihm einerseits eine logische und erkenntnistheoretische Kategorie und andererseits eine Kategorie des natürlichen und geschichtlichen Geschehens. Zunächst zu Logik und Erkenntnistheorie.

Man hat Heim den Vorwurf gemacht, die Aufhebung der Exklusivität der Erfahrungsformen führe zu einer Identität aller Subjekte, Raum und Zeitpunkte. Ein solches Verständnis des Irrationalen sei aber nicht bloß arational (unvernünftig), sondern antirational (widervernünftig).[481] Denn hier werde das „Denk*unmögliche*" zur „Bedingung ... für die Denk*möglichkeit* der Religion"[482] gemacht. Wenn in der Ordnung des Glaubens der Widerspruchssatz prinzipiell aufgehoben ist und zugleich a = b und a ≠ b gilt, dann sei der Glaube nicht denkmöglich, sondern bloß widerspruchsvoll oder schlicht widersinnig.
Heim hat mit dem Irrationalen keinesfalls das antirationale Widervernünftige oder Widersinnige gemeint. Sondern „irrational" meint soviel wie instinktiv, intuitiv, unmittelbar, lebendig, tatsächlich. Wir geben absichtlich eine Reihe von Synonymen an, weil der Terminus bei Heim nicht scharf, sondern in gewisser Bedeutungsbreite verwendet wird. Irrational ist immer das Gegenteil von rational, aber in verschiedener Hinsicht.
Die Aufhebung der Exklusivität der Erfahrungsformen in der Zusammenschau ist nicht widersinnig (antirational), sondern wirklich. Sie ist ja gegeben, obwohl sie nicht konstruierend gedacht werden kann. Gegeben ist sie also nicht diskursiv, nicht in einer Folge von Konstruktionsschritten, sondern unmittelbar oder intuitiv. Es ist das „instinktive Wirklichkeitsgefühl, das uns sagt: Das ganze philosophische Unternehmen ist verfehlt, das Bild der nebeneinanderstehenden Subjekte und des ihnen gegenüberstehenden gemeinsamen Objekts von irgendeinem Ausgangspunkt aus konstruieren zu wollen. Dieses Bild ist entweder ganz oder gar nicht da."[483] Dieses instinktive Wirklichkeitsgefühl, das zusammenschaut, was im analytischen, zergliedernden Denken getrennt ist, ist das vorwissenschaftliche, vorlogische oder intuitive Denken. Das irrationale Erkennen ist nicht antirational-widervernünftig, aber wohl antirationalistisch. Es erkennt das zergliedernde, analytisch-logische Denken nicht als den einzigen Zugang zur Wirklichkeit an. Die Intuition erfasst das Wirkliche nicht begrifflich zergliedernd, sondern unmittelbar.

Die Tradition hatte die beiden Erkenntnisweisen als rationale und intellektiv-intuitive Erkenntnis unterschieden[484]. Besonders Duns Scotus hatte in seiner „zweilinigen" Erkenntnistheorie neben die *cognitio abstractiva* durch die ratio die *cognitio*

---
[481] Traub, Das Irrationale, 397f.
[482] Traub, Glaubensbegründung, 188.
[483] G 1, 83.
[484] Vgl. Th. Kobusch, Art. Intuition, HWPh.

intuitiva gestellt, die aus der „irrationalen Gewissheitsquelle"[485] des *intellectus* resultiert. Anders als die neuplatonische Tradition hatte er aber den *simplex intuitus*, den einfachen Schaublick, nicht auf die reine Anschauung der zeitlosen Idee bzw. des einfachen Begriffes, sondern auf das konkrete Individuum bezogen. Während die abstraktive Erkenntnis durch den *intellectus agens* aus dem Sinnenbild (phantasma) ein Erkenntnisbild (species) herauslöst, das sie nie als Ganzes, sondern nur zergliedert in sich gegenwärtig hat, vermag die intuitive Erkenntnisweise die konkrete Sache aktual und direkt als Ganze zu erfassen, so wie sie aktuell existiert.[486] Sie ist nicht auf die Vermittlung durch das Erkenntnisbild angewiesen. Nur die *intuitio* erfasst das Individuum als Individuum, als ungeteiltes Ganzes, und als reales Konkretum. Die Intuition ist *intellektuelle Anschauung* (intellectualis intuitio). Nur sie, nicht aber die *ratio*, kann Wirkliches als Ganzes und unvermittelt, also in Gewissheit erkennen, und nur der *intellectus* kann die übersinnlichen Gegenstände und Wahrheiten erfassen, weil er ganzheitlich erkennt. Die Ganzheitsschau ist allerdings gegen die neuplatonische Mystik weder sinnenfrei noch vollkommen, weil die vollkommene, übersinnliche Schau erst mit der jenseitigen Gottesschau (Theosis) eröffnet wird. Dennoch kommt der *intellectus* dem *intellectus divinus* des göttlichen Geistes, der das Wirkliche unmittelbar und vollkommen als Ganzes fassen kann, am nächsten. Während Duns Scotus den aristotelischen Empirismus und den platonischen Rationalismus organisch zusammengeführt hat[487], wird in der Folgezeit strittig, ob die Anschauung und Intuition überhaupt intellektuell oder nur sinnlich möglich sei. Mit den Empirikern (Hume) hat Kant im Gegensatz zu den Rationalisten (Descartes) nur eine sinnliche, aber keine intellektuelle Intuition zugelassen, weil der Verstand „die Schranken der Sinnlichkeit, innerhalb denen uns allein Gegenstände gegeben werden, niemals überschreiten"[488] kann. Die nichtsinnliche, *intellektuelle* Anschauung und die daraus resultierende intuitive *Erkenntnis* sei nur dem göttlichen Geist möglich[489]. Während dagegen Fichte und Schelling die intellektuelle Anschauung als Ausgangspunkt der Philosophie verstanden, weil hier Sein und Bewusstsein, allem begrifflichen Denken vorausgehend, unmittelbar vereint sind, bezog die Lebens-

---

[485] GP, 178f.
[486] „Est sciendum quod duplex est cognitio; quaedam quidem est per speciem, quae est rei non in se praesentis, et haec vocatur cognitio rei, abstractiva; alia est cognitio rei ut habet esse in actuali existentia, et haec dicitur cognitio intuitiva. / Man muss wissen, dass es zweierlei Erkenntnis gibt: die eine nämlich geschieht durch das Erkenntnisbild, welche Erkenntnis einer Sache ist, die nicht in sich gegenwärtig ist, und diese heißt abstraktive Erkenntnis einer Sache; die andere ist die Erkenntnis einer Sache, wie sie Sein hat in aktualer Existenz, und diese wird intuitive Erkenntnis genannt" (J. Duns Scotus, Reportatio, Prol. q. 2 n. 15, in: Opera omnia, Bd. 22, 41).
[487] Zur Erkenntnistheorie des J. Duns Scotus vgl. jüngst A. Schmidt, Natur und Geheimnis. Kritik des Naturalismus durch scotistische Metaphysik, 2003, 193–234.
[488] Kant, KrV, B 304.
[489] „Nun können wir uns aber auch einen Verstand denken, der, weil er nicht wie der unsrige diskursiv, sondern intuitiv ist, vom Synthetisch-Allgemeinen (der Anschauung eines Ganzen, als eines solchen) zum Besondern geht, d.i. vom Ganzen zu den Teilen" (Kant, KU, A 345f).

philosophie die Intuition auf die unmittelbare Erfahrung des Lebens, auf das intuitive Er-Leben (Dilthey). Ob die intuitive Erfahrung schon als Erkenntnis bezeichnet werden kann, oder noch rational (Rickert) oder symbolisch (Peirce) vermittelt werden muss, blieb bis zu Heims Zeit strittig[490].

Heims Erkenntnistheorie, die er nirgends präzise ausgeführt oder explizit auf die Tradition bezogen hat, kann vorläufig dreifach charakterisiert werden: Er vertritt 1. eine zweilinige, scotistische Erkenntnistheorie von abstraktiver und intuitiver Erkenntnis, wobei er die Kantsche Zweiteilung der Erkenntnisanteile auf die beiden Vermögen Sinnlichkeit und Verstand nicht anerkennt, sondern nur zwei Arten von Erfahrungen zulässt, bei denen jeweils Sinne *und* Verstand beteiligt sind. Bei beiden Erkenntnisweisen ist der Mensch als ganzer beteiligt. Die beiden Erfahrungsweisen spiegeln 2. die kategoriale Differenz von Theorie und Praxis, von Unterscheidung und Kontinuum wieder, sind also nicht zwei Erkenntnisanteile, sondern zwei eigenständige Weisen der Erfahrung. Dabei ist 3. die Differenz zwischen rationaler und intuitiver, zwischen zergliedernder und erlebender Erfahrung entsprechend der scotistischen Erkenntnistheorie als Differenz zwischen der zeitlosen Erkenntnis des zergliederten Erkenntnisbildes und der zeithaften, aktualen Präsenz der Sache als totum im Ereignis des Erlebens verstanden. Der letzteren, irrational-intuitiven Erkenntnis und entsprechend der zeithaften Ordnung der Wirklichkeit, kommt eindeutig der Primat bezüglich der Wahrheit und Gewissheit zu.[491]

Heims impliziter Bezug und Auseinandersetzung mit Kants Erkenntnistheorie, mit Bergsons Begriff der Intuition sowie mit Diltheys Erlebnisbegriff soll im nächsten und im Schlusskapitel weiterverfolgt werden[492].

---

[490] Hierzu ausführlich s.u. Kap. IX.5.a.

[491] Eine mit Heim vergleichbare, aber präziser durchgeführte „zweilinige" Erkenntnistheorie gibt E. Brunner, Das Symbolische in der religiösen Erkenntnis. Beiträge zu einer Theorie des religiösen Erkennens, 1914. Er unterscheidet zwischen intuitiver und begrifflicher Erkenntnis und versteht beide Erkenntnisweisen als aufeinander aufbauende Stufen (76–87). Die intuitive Erkenntnis ist dabei die primäre, die begriffliche die sekundäre Stufe. Der Begriff erfasst nicht die Sache selbst, sondern seine Relationen. Er abstrahiert, verallgemeinert, ordnet ein, objektiviert usw. „Die Wirklichkeit selbst jedoch erfassen wir nur durch Anschauung", genauer in der „inneren Anschauung, der Intuition" (86f). Die religiöse Erkenntnis resultiert entsprechend primär aus der intuitiv-symbolischen Einfühlung. Es ist auf der niedersten Stufe das „Heiligkeitserlebnis" (70), das wie die Intuition ein „unteilbares, einfaches Erlebnis ist" (ebd.), dem allerdings im Unterschied zur Glaubensgewissheit bei Heim keine unmittelbare Evidenz, sondern nur „psychologisch-affektive" Gewissheit eignet (91). Auf höherer Stufe liegt das symbolische Erlebnis der reinen Transzendenz des göttlichen Unendlichen, an dem ich im Erlebnis Anteil habe und das zugleich einen absoluten sittlichen Anspruch an mich stellt (131f). Erst sekundär wird der Gehalt des Glaubenserlebnisses begrifflich versprachlicht und objektiviert zu einem religiösen Symbolsystem (99–109). Während Brunner hier noch entsprechend zu R. Otto, Das Heilige, und F. Heiler, Art. Erlebnis I. Religionswissenschaftlich, RGG³, zumindest auf niederer Stufe das Göttliche im Gefühl präsentiert sieht, hat er später das Glaubenserlebnis nicht mehr affektiv, sondern intuitiv-rein, als „reine Sachlichkeit" verstanden (E. Brunner, Erlebnis, Erkenntnis und Glaube, 1921, 87–96).

[492] S.u. Kap. V.3 u. IX.5.a.

Hier ist vorläufig die Unmittelbarkeit des Lebens als Quelle der intuitiven Erfahrung und der praktischen Erfahrungsgewissheit hervorzuheben, die auch H.E. Weber als Kern der irrationalen Erkenntnis ausmacht: „Die Intuition hat etwas von der Unmittelbarkeit des Lebens. Und in ihr wird das Geheimnis der Wirklichkeit unmittelbar lebendig. In der Unmittelbarkeit des Erfassens berührt sie sich mit der ‚Gewissheit'. Man spricht von intuitiver Gewissheit."[493] Die intuitive Erkenntnis und Gewissheit bedeutet, auf das Problem der Exklusivität der Erfahrungsformen bezogen, dass im wirklichen, im „praktischen Leben"[494], die Zusammenschau der Exklusivverhältnisse immer gegeben ist.

Heim redet also nicht einer prinzipiellen Aufhebung des Denkgesetzes das Wort – sonst wäre das Denken überhaupt aufgehoben – aber er schränkt das Denkgesetz in seiner Gültigkeit ein: Es gilt im Bereich des reinen, des zergliedernden, analytischen Denkens. Dem übergeordnet ist die Wirklichkeitserkenntnis des Lebens. Die Erkenntnisweise des Lebens aber ist synthetisch. Sie schaut zusammen und verbindet, was logisch getrennt ist. In der Erfahrung ist wahr, was logisch widerspruchsvoll ist. Der Übergang von der Exklusivität der Punkte zum in der Unmittelbarkeit des Lebens gegenwärtigen Kontinuum gelingt nicht als schrittweise Konstruktion, sondern nur „durch einen logischen Sprung"[495]. Die Metapher des Sprungs ist nicht so zu verstehen, dass die Zusammenschau durch einen willentlichen Akt herbeigeführt werden könnte, als ob ja ein bewusstes Subjekt wäre, das willentlich springt, sondern das Gegenteil ist der Fall: Die Zusammenschau stellt sich immer unbewusst, unmittelbar ein. Sie wird gegeben. Sie ist einfach da. Die Wirklichkeit der Aufhebung der Exklusivverhältnisse hat den Charakter einer irrationalen Faktizität, oder wie Heim sagt, einer „irrationalen Tatsächlichkeit"[496]. Sie ist immer kontingent gegeben. Dem ist genauer nachzugehen.

Bisher war das Irrationale nur negativ in Abgrenzung vom Logisch-Rationalen und die Aufhebung der Exklusivverhältnisse nur als erkenntnistheoretisches Faktum in Bezug auf die *Denkmöglichkeit* des Glaubens im Blick. Das Irrationale charakterisiert aber auch entscheidend die *Wirklichkeit* des Glaubens[497].

Die Irrationalität der Glaubensgewissheit besteht für Heim in der unauflösbaren Kontingenz des Glaubens[498]. Der Glaube beansprucht zwar überempirische Gewissheit für alle Subjekte, Zeit- und Raumpunkte, er ist aber empirisch ausschließlich unmittelbar gegeben. Glaube ist der Glaube eines bestimmten Subjekts, zu einem bestimmten Ort zu einer bestimmten Zeit. Dass es gerade dieser ist und nicht ein anderer, der glaubt, gerade heute und nicht zu anderer Zeit oder an

---

[493] Weber, Geisteserbe, 113.
[494] G 1, 115.
[495] G 1, 82.
[496] G 1, 140; G 2, Vorwort u.ö.
[497] G 1, Teil III, 121ff.
[498] G 1, 38.

anderem Ort, ist Ausdruck der irrationalen Tatsächlichkeit aller empirisch-historischen Ereignisse. Die Faktizität des Empirischen ist irrational, weil es sich um eine Setzung handelt, die ich nicht mit Wille und Bewusstsein herbeigeführt habe. Sie ist einfach da. Darin gleicht aber alle empirische Tatsächlichkeit der Wirklichkeit des Glaubens. Wie bei der Setzung des Ich, Hier und Jetzt handelt es sich bei der Glaubensgewissheit um eine Gewissheit, die nicht herbeiführbar ist, sondern die sich einstellt, die gesetzt ist, die gegeben wird. Das Passiv ist streng als passivum divinum zu verstehen. Wirklichkeit kann die Glaubensgewissheit nur werden, „wenn die höhere Ordnung der Dinge durch eine Offenbarungstat ihre Tatsächlichkeit kundtut"[499].

Nun ist aber zu beachten, dass es sich bei den irrationalen Tatsächlichkeiten nicht bloß um die Faktizität einzelner Ereignisse, also um (Einzel-)Kontingenzen (im Plural) handelt, wie Heim sich aufgrund der ersten Auflage der „Glaubensgewissheit" fälschlich interpretiert sah.[500] Sondern es handelt sich um die prinzipielle Kontingenz, die unser Dasein grundsätzlich bestimmt. Irrational ist nicht bloß das zufällige, individuelle Ereignis. Das Irrationale ist eine prinzipielle Struktur der Wirklichkeit, der Begriff des Irrationalen daher eine fundamentale ontische Kategorie. Heim hat diese Kategorie der Irrationalität in der zweiten Auflage der „Glaubensgewissheit" im Anschluss an Oswald Spengler nicht unmissverständlich die Kategorie des Schicksals genannt.

5. Die irrationale Kategorie des Schicksals

Die Zeit, in der Heims „Glaubensgewissheit" erscheint, ist die Zeit während und nach dem ersten Weltkrieg. Thema und Durchführung insbesondere der zweiten Auflage 1920 werden von daher verständlich. Der „Angelpunkt" der umgearbeiteten Fassung ist die Irrationalität des Tatsächlichen, bei der es sich „um die Entdeckung einer neuen Kategorie [handelt], deren Dasein, besonders seit dem Krieg, immer allgemeiner geahnt, mit zunehmender Deutlichkeit empfunden und in dichterischer Intuition ausgesprochen wird, für die uns aber immer noch ein zusammenfassender wissenschaftlicher Ausdruck fehlt. Ich nenne sie im Anschluss an Oswald Spengler die Kategorie des Schicksals."[501]

Der erste Weltkrieg und das Ende des Kaiserreiches hatten die Kulturkrise der Jahrhundertwende zu einer gesamtgesellschaftlichen Krise verschärft. Die Stimmung des „fin de siècle" wurde zur apokalyptischen Weltuntergangsstimmung,

---

[499] Traub, Glaubensbegründung 180.
[500] G 2, Vorwort.
[501] Ebd.

die den „Untergang des Abendlandes"[502] nahen sah. Mit dem Zusammenbruch der gesellschaftlichen und politischen Ordnungen ahnte, befürchtete und erlebte man das nahe Ende der christlich-europäischen Kultur mit seiner Religion, seinen Werten, seiner Wissenschaft und seiner Staatsform. Nur aus dem Erscheinen 1918 lässt sich der sensationelle Erfolg – bereits 1922 erschien die 47. Auflage – von Spenglers kultur- und gesellschaftspessimistischer Zeitdiagnose und Verfallstheorie erklären, die man mit gewissem Recht eine „Metaphysik des Untergangs"[503] genannt hat. Allerdings wurden seine problematische Geschichtstheorie, seine grundsätzliche Zivilisationskritik, seine Behauptung der décadence von Religion und Wissenschaft und seine politische Haltung in der Weimarer Republik, jeden Optimismus auf Frieden und ökonomischer Konsolidierung zu denunzieren, auch überaus kritisch rezipiert[504]. Auch Heim hat Spengler, im Unterschied zu anderen Theologen seiner Zeit, nur höchst kritisch rezipiert[505]. „Die religiöse Bedeutung des Schicksalsgedankens bei Oswald Spengler"[506] liegt für ihn gerade nicht in dessen pessimistischer Geschichtsphilosophie. Eine fatalistische Metaphysik des Untergangs oder gar einen Schicksalspantheismus hat Heim nicht vertreten[507], sondern in Spenglers „Schicksal" den Begriff gefunden, die Irrationalität der Tatsächlichkeit des Wirklichen kategorial zu beschreiben. Bevor wir auf Heims Spenglerrezeption eingehen, soll daher der Schicksalsbegriff an der Stelle eingeführt werden, an der er bei Heim seinen sachlichen Ort hat. „Schicksal" ist bei Heim eine eminent naturphilosophische Kategorie, weil der Begriff in Konkurrenz zum naturwissenschaftlichen Kausalitäts- und Zeitverständnis die Realität der Erfahrungsformen Subjekt, Raum und Zeit beschreibt.

---

[502] O. Spengler, Der Untergang des Abendlandes. Umrisse einer Morphologie der Weltgeschichte, 1918; zu Biographie, Werk und Wirkung Spenglers im Kontext seiner Zeit vgl. A.M. Koktanek, Oswald Spengler in seiner Zeit, 1968; ders., Oswald Spengler in unserer Zeit. Nachwort zur Ausgabe 1972.

[503] M. Schröter, Metaphysik des Untergangs. Eine kulturkritische Studie über Oswald Spengler, 1949.

[504] Zu Rezeption und Kritik vgl. Schröter, Streit um Spengler; K.E. Eckermann, Oswald Spengler und die moderne Kulturkritik. Darstellung und Bewertung der Thesen Spenglers sowie der Vergleich mit einigen neueren gesellschafts- und staatstheoretischen Ansätzen, 1980; D. Felken, Oswald Spengler. Konservativer Kritiker zwischen Kaiserreich und Diktatur, 1988.

[505] Zur theologischen Rezeption vgl. außer Schröter, Streit um Spengler, 115–140, U. Körtner, Weltangst und Weltende. Eine theologische Interpretation der Apokalyptik, 1988, 212–239, sowie u. den Abschnitt b.

[506] In: K. Heim / R.H. Grützmacher, Oswald Spengler und das Christentum, 1921, 3–38; zit. nach GuL, 348–379.

[507] Vgl. den Vortrag auf der Konferenz der DCSV 1921 „Der Schicksalsgedanke als Ausdruck für das Suchen der Zeit", in: GuL, 380–403, in dem Heim den Spenglerschen Schicksalsbegriff parallel zum Schicksalsgefühl der griechischen Tragik und zum Schicksalspantheismus von Beethovens 9. Sinfonie zur Illustration der relativistischen, fatalistischen und resignativen Zeitstimmung benutzt, von der der Glaube gerade erlöst.

*a) Die naturphilosophische Kategorie „Schicksal" und
die naturwissenschaftliche Kausalität*

Die irrationale Tatsächlichkeit des Ich, Hier und Jetzt ist eine Auswahl aus einer Mannigfaltigkeit von Möglichkeiten. Wie ist diese Auswahl zu beschreiben und wodurch kommt sie zustande? Ist die Auswahl des Ich, Hier und Jetzt aus der Vielzahl von möglichen Ichen, Orten und Zeiten reine Kontingenz oder eignet ihr der Charakter von Notwendigkeit? Ist die Auswahl unableitbar oder ist sie kausal festgelegt? Der irrationale Tatsächlichkeitsfaktor tritt in den Gegensatz zu einer deterministisch verstandenen Kausalität.
Rekapitulieren wir, inwiefern die Mechanik in der Formulierung von Laplace einen determinierten Kausalzusammenhang beschreibt. Das mechanistische Weltbild benötigt zur vollständigen Beschreibung der Weltentwicklung durch den Laplaceschen Geist drei Faktoren: Zum einen muss der Zustand zu einem beliebigen Zeitpunkt des Weltgeschehens vollständig gegeben sein. Heim nennt diesen Zustand die „Uranordnung"[508]. Zum zweiten muss das mechanische Grundgesetz bekannt sein, nach dem die Entwicklung verläuft und zum dritten muss der zeitliche Abstand vom Zeitpunkt der Uranordnung bestimmbar sein. Dann ist die Entwicklung des Weltgeschehens aus dem Urzustand beliebig in der Zeit vor- und zurückrechenbar. Es scheint nun auf den ersten Blick so, als sei nur das mechanische Gesetz unabhängig von der Zeit, die Uranordnung aber zeitabhängig. Das Gegenteil aber ist der Fall. Nimmt man nämlich nicht das Einzelgeschehen in seiner zeitlichen Entwicklung (die Trajektorien), sondern den gesamten Weltzustand in den Blick, so bleibt nach dem Energiesatz (dem bei Laplace der Massenerhaltungssatz entsprach) die Summe der Energie durch die Zeit konstant bleibt. Die Uranordnung ist damit in allen Anordnungen des Weltgeschehens präsent. Sie wird bloß variiert oder umgewandelt. Die Uranordnung ist insofern unabhängig von der Zeit. Sie ist überzeitlich und allgegenwärtig. Wenn aber die Uranordnung außer der Zeit und in jedem Punkt der zeitlichen Entwicklung gleichgegenwärtig ist, so handelt es sich um eine Setzung. Der präziseste Begriff hierfür ist „Schicksal", in einem ganz neutralen Sinn genommen. Die Uranordnung der Energiesumme im Universum kann nicht erklärt oder abgeleitet werden. Sie ist schicksalhaft einfach da. Die „Ursetzung des Schicksals"[509] liegt damit außer der Zeit, da sie ja an jedem Punkt der zeitlichen Entwicklung gleich gegenwärtig ist. Die Ursetzung hat überzeitlichen Ursprung. Aus ihr gehen zwar einerseits alle Anordnungen nach dem Kausalgesetz gemäß der geschlossenen Reihe von Ursachen und Wirkungen hervor. Zugleich aber wächst das gegenwärtige Weltgeschehen aus der Ursetzung *unmittelbar* hervor, denn alle Zeitpunkte haben ja denselben

---

[508] G 2, 176f.
[509] G 2, 178.

Anteil an der Ursetzung, die als Setzung immer präsent ist. Damit ist aber das Weltgeschehen nicht zu irgendeinem Zeitpunkt der Vergangenheit entschieden worden, sodass alles Spätere im Voraus determiniert wäre. Sondern „die Urentscheidung fällt in jedem Augenblick."[510] Die überzeitliche Uranordnung wird zu jedem Zeitpunkt neu präsent, sodass es sich bei jedem gegenwärtigen Weltzustand um eine Setzung handelt. Denn die Uranordnung könnte auch anders sein, als sie ist, sodass sie in jedem Augenblick anders sein könnte, als sie ist. Es handelt sich bei der Uranordnung des Gesamtgeschehens um einen „überkausalen Schöpfungsakt, in welchem Eine Ordnung der Dinge aus einer Fülle anderer Möglichkeiten auserkoren wird."[511] Die Setzung der Uranordnung ist damit per se die Setzung der Ordnung der Wirklichkeit überhaupt! Das Schicksal hat damit den Rang einer ontologischen Transzendentalkategorie. Die Setzung der Uranordnung als Ursetzung von Ordnung bzw. Setzung von Urordnung ist die Bedingung der Möglichkeit von Ordnung und Anordnung überhaupt. Die Kategorie des Schicksals hat auf das Gesamtgeschehen bezogen dieselbe Rolle wie die Erfahrungsformen Subjekt, Raum und Zeit auf das Einzelereignis. Die Formen Subjekt, Raum und Zeit, die eine Mannigfaltigkeit von Möglichkeiten bilden, benötigen den irrationalen Tatsächlichkeitsfaktor, damit ein konkretes Ich, Hier und Jetzt per Auswahl zustande kommen kann. Ebenso muss aus der Fülle der Möglichkeiten des Weltgeschehens durch irrationale, akausale, schicksalhafte Setzung eine bestimmte ausgewählt werden. Zugleich aber ist die Kategorie des Schicksals die erkenntnistheoretische Grundkategorie, die alle Erfahrungsformen umfasst. Denn jede Setzung des Ich, Hier und Jetzt hat, wie gesehen, an der Setzung der Urordnung, am überkausalen Schöpfungsakt unmittelbaren Anteil.

Es handelt sich bei der Einführung der Kategorie des Schicksals durch Heim um eine Vereinung und Ausweitung der Kantischen Anschauungsformen zu *einer* erkenntnistheoretisch-transzendentalen und naturphilosophisch-ontologischen Fundamentalkategorie.

An diesem überkausalen Schöpfungsakt, an der Setzung der Uranordnung hat nun die Setzung des Ich, Hier und Jetzt unmittelbaren Anteil. Zwar kann ich einerseits das Einzelereignis kausal-notwendig auf Ursachen innerhalb der Kausalreihe zurückführen, aber zugleich ist die Auswahl des Ich, Hier und Jetzt aus der Fülle der Möglichkeiten eine kontingente, akausale Setzung. Es ist ersichtlich, dass die Kategorie des Schicksals bei Heim in Konkurrenz zur naturwissenschaftlichen Kausalität tritt. Die Kausalität wird zwar nicht negiert, aber relativiert. Absolute Geltung hat die akausale Schicksalssetzung, relative Geltung die kausale Naturge-

---

[510] Ebd.
[511] G 2, 179.

setzlichkeit. Damit wird aber die Bedeutung, die der Kausalität im mechanistischen Weltbild zukommt, fundamental relativiert.

Während im Weltbild der Mechanik das mechanische Grundgesetz absolut primär ist und die freie Wahl der Randbedingungen reine *Rand*bedingung – „nur ein unbedeutender Nebenumstand, den wir ignorieren können"[512] – ist für Heim die kausal unableitbare Setzung der Uranordnung absolut primär, das mechanische Gesetz hingegen vollständig untergeordnet. Der kausalen Notwendigkeit des mechanischen Gesetzes tritt eine höhere Notwendigkeit gegenüber, die Notwendigkeit des Schicksals. Die Unverrückbarkeit der Schicksalssetzungen ist absolute Notwendigkeit, gegenüber der der Kausalzusammenhang als etwas relativ Zufälliges erscheint. Das mechanische Grundgesetz wird damit in seiner Bedeutung relativiert wie oben das logische Gesetz. Das mechanische Gesetz hat bloß relative Geltung, weil es allein die *Möglichkeiten* beschreibt, die der Weltverlauf nehmen kann. Die *Wirklichkeit* aber, die er tatsächlich nimmt, ist nicht durch das mechanische Gesetz, sondern durch die schicksalhafte Ursetzung bestimmt. Das mechanische Gesetz bzw. die sog. Naturgesetze im Allgemeinen beschreiben die Möglichkeiten der Weltanordnungen, die jeden Augenblick neu gesetzte Uranordnung bestimmt ihre Wirklichkeit. Die irrationale Gesetztheit der Wirklichkeit steht auch hier über der rationalen Ableitbarkeit. In dieser Relativierung naturwissenschaftlicher Kausalität und der Unterordnung unter die Kategorie des Schicksals kommt Heim zumindest in einem Punkt, nämlich im Zeitverständnis, mit Oswald Spengler überein. Wir vergegenwärtigen uns hierzu Spenglers Zeitverständnis.

b) Schicksal und Zeit bei O. Spengler und Heims Spenglerdeutung

Der Grundfehler des abendländischen Zeitverständnisses ist nach Spengler die Verwechslung und der Ersatz von Zeit durch den Begriff Zeit. Der Urmensch kennt nicht das Wort „Zeit". Er hat Zeit, ist in der Zeit, aber er kennt sie nicht. Die Zeit als Wort ist eine Entdeckung des Denkens. Wir erzeugen es als Begriff aus der räumlichen Anschauung.[513] Dem Umgang mit der Zeit liegt der generelle Umgang des abendländischen, „faustischen" Menschen zugrunde, der durch Begriffsbildung das Unfassliche beherrschen, ordnen und begreifen will.

Wird aber Zeit *gedacht*, so nimmt sie Räumlichkeit an. Nur so ist es möglich, Raum und Zeit als Größen derselben Ordnung zu begreifen und in funktionale Abhängigkeit zu bringen, wie die Physik es seit Newton bis zu Einstein tut. Auch Kant mache denselben Fehler, Raum und Zeit parallel zu behandeln, sodass er die

---

[512] G 2, 181.
[513] Vgl. schon H. Bergson, Zeit und Freiheit, von dessen Zeitverständnis Spengler abhängig ist: „Wir denken fast immer räumlich" (Vorwort).

entscheidende Eigenschaft der Zeit, die Gerichtetheit und Unumkehrbarkeit[514], übersieht. Der fundamentale Gegensatz der Zeit zum Raum einschließlich ihrer Unbeziehbarkeit aufeinander wird wieder sichtbar, wenn man statt des Wortes „Zeit" das Wort „Schicksal" setzt. Denn anders als der Raum und der (physikalische) Begriff der Zeit, ist „das Lebendige unteilbar und nicht umkehrbar, einmalig, nie zu wiederholen und in seinem Verlaufe mechanisch völlig unbestimmbar: das alles gehört zur Wesenheit des Schicksals."[515] Die Zeit steht im Gegensatz zum Raum wie das Schicksal zur Kausalität. Das Schicksal ist wie die Zeit akausal, unvorhersehbar, unberechenbar, ohne Zusammenhang zu Früherem. In der Unfassbarkeit und Unvorhersehbarkeit liegt das „widerspruchsvoll Unheimliche und drückend Zweideutige" der Zeit. Das Rätsel der Zeit ist nach Spengler die „Wurzel der ewigen Angst vor dem Unwiderruflichen, Erreichten, Endgültigen, vor der Vergänglichkeit. … Es ist jene tiefe Weltangst der Kinderseele, welche den höheren Menschen, den Gläubigen, den Dichter, den Künstler in seiner grenzenlosen Vereinsamung niemals verlässt."[516]

Die Nichtumkehrbarkeit der Zeit, die allem Werden den Charakter der Unerbittlichkeit verleiht und die Angst des Menschen vor der Unausweichlichkeit und Unwiderruflichkeit des Schicksals provoziert, ist der Kern von Spenglers Geschichtsverständnis. Gerade das Werden, das organische Sich-entfalten ist ein unumkehrbarer Prozess. Aus dem Kerngedanken der organischen Entwicklung[517] hat Spengler eine Gesamtdeutung der Entwicklung der Weltgeschichte versucht. Die „Morphologie der Weltgeschichte" verläuft in Phasen von sich ablösenden Hochkulturen, deren Entwicklung analog der Entwicklung des pflanzlichen und menschlichen Lebens in vier[518] Stufen der Keimung (Kindheit), der Blüte (Jugendzeit), der Reife (Erwachsenenalter) und des Verfalls (Greisenalter) zu beschreiben ist.[519] Obwohl Spenglers Stufenmodell zumeist als Naturalisierung der Geschichte verstanden wurde, war das Modell eigentlich wohl nicht biologistisch, sondern sind im Sinne der Goetheschen Gestaltidee gemeint, also der Vorstellung, dass sich Entwicklung immer neu als Entfaltung aus einer ursprünglich angelegten Urgestalt vollzieht und nicht als lineare Abfolge von separierten Stufen.[520]

---

[514] Spengler, Untergang, 155; 158f; 167 u.ö.
[515] A.a.O., 159.
[516] A.a.O., 107; zum neuzeitlichen Phänomen der Weltangst – den Begriff hat wohl Spengler selbst geprägt –, der Ungeborgenheit und Einsamkeit im Universum bei Pascal, Kierkegaard, Spranger, Jonas, Tillich vgl. Körtner, Weltangst und Weltende, 88–95.
[517] Vgl. Baltzer, Spenglers Bedeutung, 85ff: Das Zentrum der Spenglerschen Gedankenführung: Der Organismusgedanke.
[518] Spenglers vierstufiges Modell ist ersichtlich gegen das aufklärerische Dreiphasenmodell der reinen Aufwärtsentwicklung von Altertum über Mittelalter zur Neuzeit gerichtet; vgl. G.E. Lessings „Erziehung des Menschengeschlechts" oder A. Comtes Drei-Stadien-Gesetz der geschichtlichen Entwicklung vom religiös-mythischen über das metaphysische zum positiven Zeitalter.
[519] Spengler, Untergang, 3.36; vgl. Koktanek, Nachwort, 1264f.
[520] Spengler, Untergang, 35; vgl. Schröter, Metaphysik des Untergangs, 220: „Gemeint ist aber mit diesem ‚organischen' Vergleich gerade nicht der biologisch-wissenschaftliche, sondern der innere un-

Entwicklung ist also immer lebendiges, offenes, noch unbestimmtes Werden, das nur von innen heraus, aus dem Werden selbst begriffen werden kann, nicht in der Außenbetrachtung des Gewordenen. Gleichwohl erlaubt die Gleichartigkeit der Kulturentwicklungen die Vorhersage von Geschichte. „In diesem Buche wird zum ersten Mal der Versuch gewagt, Geschichte vorauszubestimmen"[521], indem die Zeitdiagnose mit dem Entwicklungsgesetz verglichen wird. Die Parallelisierung mit den Spätzuständen anderer, bereits untergegangenen, Kulturen zeigt: Die Verräumlichung der Zeit, die Technisierung der Kultur, die Verdrängung des Religiösen durch die „faustischen" Wissenschaften sind Zeichen der zivilisatorischen Dekadenz. Die abendländisch-christliche Kultur befindet sich im Stadium des Niedergangs und Verfalls.

Spenglers relativistisches Zeit- und Geschichtsverständnis wurde in der Regel, auch von theologischer Seite, als pessimistische, fatalistische Verfallstheorie gelesen. In die kulturelle décadence und den Verfall abendländischen Kultur sei auch das Christentum als Teil dieser Kultur hineingezogen, der aber auch die Chance biete, durch Wiedergewinnung des ursprünglich Religiösen, wie es im Urchristentum verwirklicht war, und durch diastatische Trennung des Christentums von der Kultur das Christentum vom Untergang zu retten.[522] Besonders W. Elert hat in problematischer Weise so optiert:

„Spenglers Einsicht, dass keine der kulturbildenden Mächte mehr imstande ist, einen einheitlichen reflexionslosen Stil zu finden, geschweige ihm den Geist der Zeit insgesamt aufzuprägen, ist vorerst nicht zu widerlegen. Sollte seiner Voraussage zum Trotz dennoch die Zukunft uns noch einmal eine solche Kultureinheit schenken, so wäre das kein Einwand gegen sein Urteil über die Gegenwart. Wer darum in der Gegenwart das Christentum auf eine der dekadenten Mächte als rettenden Bundesgenossen festlegt, … der bindet den Nachen der Christenheit an ein dem Untergange verfallenes Schiff. Darum gibt es in diesem Augenblick für diejenigen, die von der Christenheit zu ihren Wortführern bestellt sind, nur ein einziges großes Gebot: *das Christentum aus den Verschlingungen mit einer untergehenden Kultur zu lösen, damit es nicht mit in den Strudel hinabgerissen werde.* … Je mehr man von der befreienden, klärenden, hoheitsvollen Macht des Christentums überzeugt ist, desto unbefangen wird man das Zerbrechen falscher Stützen erleben. Erst wenn das Christentum einmal wieder einen Augenblick ganz einsam, d.h. ganz frei von der gegenwärtigen ‚Kultur'

---

endliche Goethesche Sinn des Wortes für das unergründliche Geheimnis allen Lebens, das uns in dem äußeren Bilde des Naturwerdens erscheint."

[521] Spengler, Untergang, 3.

[522] Vgl. J. Wenzel, Zum ‚Untergang des Abendlandes'. Der ‚Skeptiker' und ‚Pessimist' Spengler ein Verteidiger der Religion, 1922; für R.H. Grützmacher, Die Weltanschauung und Geschichtsphilosophie Spenglers, in: K. Heim / R.H. Grützmacher, Oswald Spengler und das Christentum, 1921, ist Spenglers Vorhersage des Untergangs des christlichen Abendlandes sogar positiv als Wiederaufleben des prophetisch-eschatologischen Geistes Jesu und des Urchristentums zu werten, denn „für den Christen hat keine Kultur und kein irdisches Reich die Verheißung ewiger Dauer" (65).

geworden ist, wird es die schon mehr als einmal in seiner Geschichte bewiesene Kraft bewähren, eine neue zu erzeugen."[523]

Karl Heim hat in Spengler weder den Propheten des Weltuntergangs gesehen, noch versucht, daraus apologetisches Kapital zu schlagen. Bestünde Spenglers Bedeutung allein darin, den Relativismus in die Geschichtswissenschaft eingeführt zu haben, dann folgte aus seiner Geschichtsphilosophie zu Recht die müde, buddhistische, aber unchristliche Weltuntergangsstimmung[524]. Spenglers Bedeutung aber liege darin, dass er „in dieser tiefsten Not der Gegenwart ... einen Gedanken ausgesprochen [hat], der uns ... über den toten Punkt des Relativismus hinwegbringt."[525] Dieser Kerngedanke ist die Entdeckung der Nichtumkehrbarkeit der Zeit, die, recht verstanden, nicht zum Relativismus und zum Vergänglichkeitsgefühl führt, sondern zu einem ursprünglich-religiösen Lebensgefühl und damit nicht vom Gottesgedanken und vom Gottesglauben weg, sondern geradewegs auf ihn hin. Christliche Apologetik bedeutet für Heim anders als für Elert nicht die Diastase von Religion und Kultur[526], sondern das Aufdecken des ursprünglich religiösen Kerns von Kultur überhaupt.

Hierzu sind zwei Weltsichten, zwei Weltaspekte zu unterscheiden, die sich beide aus dem Zeitverständnis ergeben. Die Urtatsache der Unumkehrbarkeit der Zeit scheidet das Gewordene von dem, was erst wird. Je nach dem, ob man die Wirklichkeit als Gewordene oder als Werdende ansieht, bieten sich zwei völlig verschiedene Weltbilder mit zwei Arten von Notwendigkeit dar. Die Welt als Gewordene ist die des kausalmechanischen Weltbildes. Es ist die Welt des Starren, Leblosen, Messbaren, die Welt der Zahl, deren Notwendigkeit die des Kausalzusammenhanges ist und die zur Weltangst vor dem Endgültigen führt. Diese Weltsicht ist nicht die einzig mögliche, sie ist die sekundäre Außenansicht der Wirklichkeit. Spenglers Bedeutung liegt für Heim in der „Entdeckung eines neuen, dem kausalmechanischen, mathematisch-physikalischen Weltbild völlig entgegengesetzten Aspekts der Wirklichkeit, der Versuch, dieses lebendige, organische, dichterisch-künstlerische Innenbild der Wirklichkeit dem kausalmechanischen Weltbild ... überzuordnen."[527] Dieses Innenbild der Wirklichkeit – so referiert Heim Spengler –, die die Welt als Werdende begreift, ist die ursprüngliche Weltsicht, die der frühe Mensch, der Urmensch hatte und wie sie ihn das Kind, der Dichter, der Gläubige, auch der Künstler und der Liebende noch haben. Das zugehörige Lebensgefühl ist nicht Weltangst, sondern Weltsehnsucht, die Welt als

---

[523] Elert, Kampf, 489f; zum Einfluss von Spengler auf Elert vgl. N. Slenczka, Selbstkonstitution und Gotteserfahrung. W. Elerts Deutung der neuzeitlichen Subjektivität im Kontext der Erlanger Theologie, 1999, 44–50.
[524] Die religiöse Bedeutung des Schicksalsgedankens bei Oswald Spengler, GuL, 348–379, 350f; 362.
[525] GuL, 363.
[526] Zu Elerts diastatischem Theologieverständnis vgl. O. Bayer, Theologie, 1994, 281–284.
[527] GuL, 351.

Ganzes zu begreifen, als einheitlichen, zusammenhängenden Organismus. Solches „astrologische" Lebensgefühl der „gläubigen Intuition"[528] kennt nicht die Notwendigkeit der toten Kausalität, sondern nur die höhere Notwendigkeit, die man Schicksal, Verhängnis, Fügung, ἀνάγκη, τύχη, fatum oder auch Gott nennen kann.

Denn die Weltangst und Weltsehnsucht sind im Urstadium immer religiös. Noch bei Goethe finden wir nach Spengler das religiöse Schicksalsgefühl, wenn er die Gottheit im Lebendigen, Werdenden, aber nicht im Toten, Erstarrten wirksam sieht. So sind im Aufbau und auf der Höhe einer Kultur nach Spengler die beiden Weltsichten des religiösen „astrologischen" und des kausalmechanischen Weltbildes, von Schicksal und Kausalität, von Gott und Zahl noch ineinander. Erst im Zerfall einer Kultur wird der astrologische Weltaspekt überlagert und zerdrückt vom mathematisch-physikalischen. Die Isolierung dieses einen Weltaspektes in der Technisierung der Kultur und der Diktatur des Geldes ist für Spengler die Ursache für den Niedergang des Abendlandes.[529]

Karl Heim hat den für die zweite Auflage der „Glaubensgewissheit" zentralen Begriff des Schicksals ganz offensichtlich von Spenglers Zeit- und Geschichtsverständnis übernommen. Er hat ihn aber nicht als geschichtsphilosophischen oder metaphysischen Kausalbegriff, sondern im Gegenteil als Begriff für die wahre, innere Natur der Zeit verwandt. Die Antithese des äußeren und des inneren Weltaspektes, der beiden Arten von Notwendigkeit – der niederen der Kausalität und der höheren des Schicksals – und der beiden Erkenntnismethoden der rationalen Analyse bzw. der irrationalen, gläubigen oder dichterischen Intuition beruht auf dem Zentraldatum der Unumkehrbarkeit der Zeit. Je nachdem, ob man die Wirklichkeit als Gewordene oder als Werdende betrachtet, bietet sich eine völlig verschiedene Sicht. Der Außen- oder besser äußerlichen Sicht der mathematisch-logischen Analyse steht die Innensicht der intuitiven Zusammenschau gegenüber. Die Zusammenschau geschieht in der Zeit, die Analyse aber außer der Zeit. Das rationale Denken ist zeitlos. Es trennt, was zusammenhängt. „Nur dem denkenden Menschen bereitet die Bewegung Verlegenheit; dem schauenden ist sie selbstverständlich".[530] Im Innen liegt das Werden, die Dynamik, die Seele, der Wille, die Entscheidung, die Richtung[531], im Außen das Gewordene, Erstarrte. „Schicksal bedeutet ein Wohin, Kausalität bedeutet ein Woher."[532] Schicksal und Kausalität

---

[528] GuL, 371.
[529] Vgl. Kampf gegen den Säkularismus, 150.
[530] Spengler, Untergang, 498.
[531] Spengler, Untergang, 499–501; es ist durchaus wahrscheinlich, dass hier nicht nur Spengler auf Heim, sondern auch Heims „Weltbild der Zukunft" auf Spengler entscheidend gewirkt hat, vgl. Schröter, Streit, 129.
[532] Spengler, Untergang, 500.

implizieren das genau entgegengesetzte Zeitverständnis. Schicksal bedeutet Zeit als Werden, Kausalität bedeutet Zeit als erstarrte Vergangenheit.

An der geschichtstheoretischen Verwendung des Schicksalsbegriffs durch Spengler hat Heim hingegen kritisiert, dass er die Unterscheidung und Überordnung des Innenaspekts der Wirklichkeit gegenüber dem Außenaspekt selbst nicht durchgehalten habe. Die Periodisierung der Geschichte und ihre Deutung als Aufstieg und Verfall nehme nämlich gerade nicht den Standpunkt von innen, sondern von außen ein, indem Spengler vom perspektivischen Standort der eigenen Existenz abstrahiere, den Welthorizont ins Unendliche weite und so die umfassende Übersicht von außen, von oben, also den Gottesstandpunkt zu gewinnen versuche"[533]. Ein solches Weltbild des Objektiven ist zwar das Ideal der Hegelschen Geschichtsphilosophie, überspringt aber gerade die Unumkehrbarkeit der Zeit. Schon Kierkegaard hat gegen das Ideal der Objektivität die unaufhebbare Subjektivität und gegen das abstraktive Denken das konkrete gesetzt: „Während das abstrakte Denken die Aufgabe hat, das Konkrete abstrakt zu verstehen, hat der subjektive Denker umgekehrt die Aufgabe, das Abstrakte konkret zu verstehen. Das abstrakte Denken sieht weg von den konkreten Menschen hin auf den reinen Menschen; der subjektive Denker versteht das Abstrakte: Menschsein in das Konkrete, nämlich dieser einzelne existierende Mensch zu sein, hinein."[534] Immer bin ich beim Nach-Denken *über* die Welt in Wahrheit von einem bestimmten Standpunkt aus und mit meiner ganzen Existenz *in* die Weltgeschichte verwickelt. Der *Nichtumkehrbarkeit der Zeit* entspricht die *Nichtumtauschbarkeit des Ich*. „Diese schicksalhafte Setzung des Jetzt lässt sich aber gar nicht loslösen vom Bewusstsein der eigenen Existenz, die ebenso unerbittlich und unwiderruflich gesetzt ist wie das Jetzt."[535] Wie man nicht aus der Zeit herausspringen kann, so kann man nicht vom eigenen Standpunkt absehen. Das Ich ist nicht umtauschbar. Es ist unmöglich, das eigene Ich mit dem Ich eines anderen zu vertauschen.

Die Nichtaustauschbarkeit des Ich ist der entscheidende Punkt, an dem Heim sich von Spenglers Relativismus trennt. Bei Spengler bleibt unbeantwortet, weshalb und wie es denn von der Außen- zur religiösen Innenansicht der Dinge kommt. Beide Weltaspekte sind gleich möglich und gleichberechtigt. Das Innenbild ergibt aber sich nur dann, „wenn die Zeitrichtung des Weltgeschehens nicht nur in ihrer tragischen Nichtumkehrbarkeit gefühlt, sondern auch auf die ebenso unverrückbar gegebene eigene Existenz bezogen"[536] wird, wenn die Nichtumkehrbarkeit der Zeit als Nichtaustauschbarkeit des Ich erkannt wird. Die Kategorie des Schicksals muss dazu auf mich selbst angewandt und auf die eigene Existenz bezogen wer-

---

[533] GuL, 376.
[534] Kierkegaard, unwissenschaftliche Nachschrift II, 56f.
[535] GuL, 377.
[536] GuL, 378.

den. Nur dann kann das, was neutral Schicksal heißt (oder wie immer die Namen lauten: μοῖρα, εἱμαρμένη, ἀνάγκη, Fatum, Verhängnis, Bestimmung)[537] Sinn bekommen und als Fügung Gottes angenommen werden. Mit der Entdeckung des Schicksals und der Nichtumkehrbarkeit der Zeit „sind wir noch nicht bei Gott"[538]. Erst wenn das Schicksal als Nichtaustauschbarkeit des Ich erkannt wird, erst wenn das Schicksal als mein Schicksal gesehen und angenommen wird, kann die letzte Alternative entschieden werden, ob das Schicksal den Charakter des Zufalls oder der absoluten Notwendigkeit hat. Erst, wenn diese letzte Alternative entschieden ist, schlägt die Verzweiflung, die Weltangst, in Gottesgewissheit um. Dieser Umschlag kann aber wiederum nicht herbeigeführt, nicht abgeleitet oder erzwungen werden, er stellt sich ein. Er wird durch ein „Gnadengeschenk Gottes"[539] gewährt. Es ist wichtig zu sehen, dass Heim die Wirklichkeit der Glaubensgewissheit nicht schon im Spenglerschen „Schicksal" gesehen hat. Vielleicht ist der Schicksalsbegriff, wie W. Vollrath kritisiert hat, „gegen die Gefahren einer Vereinerleiung von Gott und Schicksal ... nicht genügend gesichert". Und natürlich ist „Schicksal ein Neutrum. Vertrauen kommt ihm gegenüber nicht heraus, nur Resignation."[540] Dennoch ist der Vorwurf unberechtigt, Heim habe einen un- oder „unterchristlichen Begriff"[541] verchristlicht. Heim verfällt nicht einem Fatalismus oder einem Schicksals-Pantheismus. Das Schicksal hat keine göttliche Qualität. Es hat keine Wirk-Macht. Es ist auch als Innensicht der Wirklichkeit noch neutral. Es kann als Zufall oder als Handeln Gottes, als Verzweiflung oder als Trost erlebt werden. Es kann in der Haltung des tragischen amor fati, der rebellischen Auflehnung oder der gläubigen Ergebung angenommen werden. Es muss aber in jedem Fall auf die Existenz bezogen werden. Denn in der Existenz gibt es keine neutrale Zuschauerperspektive, keine Außenansicht. Es muss ein Standpunkt gewählt werden. „Das letzte Entweder-Oder"[542]: Gott oder die Verzweiflung, muss entschieden werden, ja ist immer entschieden. „Die andere Frage, wie die Gewissheit tatsächlich d.h. auch psychologisch entsteht, ... erörtert Heim nicht. Das Wesen der Gewissheit, nicht ihre Entstehung ist das Thema. Das nur wird gezeigt, wie man im Schicksalserlebnis unmittelbar Beziehung zu Gott hat und darin allgültige Überzeugungs- und Erkenntnisgewissheit."[543]

---

[537] GuL, 391.
[538] Ebd.
[539] GuL, 403.
[540] Vollrath, Religionsphilosophie und Gewissenstheologie, 334f; vgl. zur Aufnahme dieser Kritik G 3, 248.
[541] Vollrath, Religionsphilosophie und Gewissenstheologie, 335.
[542] G 2, 200.
[543] Vollrath, Religionsphilosophie und Gewissenstheologie, 333f.

V. Die dritte Auflage der „Glaubensgewissheit": Nichtgegenständlich-perspektivische Erkenntnistheorie und Naturphilosophie

1. Von der zweiten zur dritten Auflage der „Glaubensgewissheit": Die Synthese von Erkenntnistheorie und Geschichtsphilosophie

Karl Heim hat aus seiner Beschäftigung mit Oswald Spengler im wesentlichen zwei Erkenntnisse gewonnen. Die erste Erkenntnis war, das Schicksal als Kategorie anzusehen, und zwar in zweierlei Hinsicht. Schicksal ist erstens eine empirisch-existentielle und zweitens eine logisch-erkenntnistheoretische Kategorie. Die zweite Erkenntnis war, dass diese beiden Kategorien identisch sind. Die Kategorie des Schicksals in empirisch-existentieller Hinsicht folgt unmittelbar aus der Unumkehrbarkeit der Zeit. Die Faktizität des Ich, Hier und Jetzt ist der irrationale Tatsächlichkeitsfaktor, der unhintergehbar ist, der logisch nicht aufgelöst werden kann, sondern nur als irrationales, unmittelbares Gegebensein erfahren werden kann. Die Kategorie des Schicksals in erkenntnistheoretischer Hinsicht folgt unmittelbar aus der mit der Nichtumkehrbarkeit der Zeit gegebenen Nichtaustauschbarkeit des Ich. Diese ist identisch mit der Transzendentalität des erkenntnistheoretischen Ich, das für jede Erkenntnis logisch und empirisch immer vorausgesetzt werden muss, aber nie hintergangen werden kann. „Schicksal" bedeutet erkenntnistheoretisch die Gesetztheit des perspektivischen Mittelpunkts. Dessen Unhintergehbarkeit in jeder Erkenntnis, zu jedem Raum- und Zeitpunkt, macht die Perspektive zum Weltgesetz. Die Kategorie des Schicksals hat den Rang der Weltformel. Mit der einerseits erkenntnistheoretischen und anderseits existentiellen Deutung des Schicksals erreicht Heim eine „Synthese von kritizistischer Erkenntnistheorie und perspektivischer Geschichtsphilosophie der Religion"[544].

Der Zusammenhang von erkenntnistheoretischem Ich und Schicksal ermöglicht es Heim, den Zusammenhang von Logik und Wirklichkeit, von Denkmöglichkeit und Wirklichkeit der Glaubensgewissheit herzustellen. Beides stand in den beiden ersten Auflagen der „Glaubensgewissheit" noch recht unverbunden nebeneinander. Es war unklar geblieben, *wie* es denn aus der logischen Widersprüchlichkeit der Exklusivität der Erfahrungsformen zur Zusammenschau kommt. Die Zusammenschau ist zwar in jeder Erfahrung immer gegeben. Aber sie ist bloß irrational, schicksalhaft gegeben. Aus welchem Grund sie zustande kommen kann, blieb un-

---
[544] H. Faber, Religionswissenschaftliche Literatur, ZThK 1924, 242.

geklärt. Die Wirklichkeit des Glaubens ist bloß die Negation der Denkunmöglichkeit. Glaube kann nach der Erstfassung der „Glaubensgewissheit" wirklich sein, weil es denkunmöglich ist, dass er unmöglich ist. Aber wie und warum ist er positiv wirklich? Es geht Heim auch in der dritten Auflage 1923 nicht darum, „den Glauben anzudemonstrieren"[545]. Aber doch wird der Zusammenhang der höheren irrationalen Ordnung mit der logischen Ordnung jetzt darin deutlich, dass schon die Logik der Erkenntnis ein irrationales Moment enthält. Die Kategorisierung des Schicksals führt zu einer Rückwirkung auf die Denkmöglichkeit des Glaubens von der Wirklichkeit her. Der perspektivische Mittelpunkt in Gestalt des transzendentalen Ich enthält in sich schon die irrationale Setzung des Ich, Hier und Jetzt, auf die die Glaubensgewissheit bezogen ist. Und umgekehrt bringt die Unauflöslichkeit der Perspektive ein erkenntnistheoretisches Zentralmotiv in die Wirklichkeit der Empirie ein. Logik und Wirklichkeit, Denkmöglichkeit und Wirklichkeit des Glaubens stehen nicht mehr im Gegensatz, sondern entsprechen sich. Beiden wohnt ein irrationales Zentrum inne, welches die Wirklichkeit des Glaubens als denkmöglich erweist und in der Denkmöglichkeit schon die Wirklichkeit aufscheinen lässt.

Dieses Zentrum ist das nichtaustauschbare erkenntnistheoretische Ich, das in der Kantschen Erkenntniskritik die „transzendentale Apperzeption" und im Neukantianismus das „nichtgegenständliche Ich" heißt. In der Entdeckung des nichtgegenständlichen, erkenntnistheoretischen Ich liegt „der Ertrag des Kritizismus für den Nachweis der Denkmöglichkeit des Glaubens"[546]. Dem Neukantianismus, insbesondere der Erkenntnistheorie von H. Rickert, verdankt Heim, wie er im Geleitwort zur Neuausgabe der dritten Fassung der „Glaubensgewissheit" 1949 noch einmal herausstellt, die entscheidende Einsicht: Versteht man unter dem Ich eine gegenständliche, geistige, raum-zeitlich lokalisierte Substanz, dann ist „Glaubensgewissheit undenkbar. Ein zeitlich und lokal begrenztes Ichbewusstsein kann niemals Gewissheit erlangen über Dinge, die jenseits seines Erfahrungsbereiches liegen." Nur unter der Vorraussetzung, „dass unser Ich seinem tiefsten Wesen nach nichtgegenständlich ist, … ist es denkbar, dass unser Ich seinem tiefsten Wesen nach diesseits aller Schranken der gegenständlichen Welt steht und zu einer Gewissheit über das Weltganze und seinen ewigen Sinn gelangen kann."[547]

Der „Nachweis" des nichtgegenständlichen Ich ist für Heim die zentrale erkenntnistheoretische Aufgabe. Er führt diesen Nachweis erstens streng transzendentalphilosophisch[548], zweitens indirekt aus den Antinomien der Erfahrungsformen[549]

---

[545] G 3, Vorwort.
[546] G 3, 74.
[547] G 4, V.
[548] G 3, 74–83.
[549] G 3, 83–140.

und drittens direkt aus dem Grundgesetz jeder empirischen Erfahrung, dem „Gesetz der Perspektive"[550].

Wir analysieren im Folgenden die entscheidenden, die zweite Auflage weiterführenden, Gedankenschritte des Buches mit Konzentration auf die erkenntnistheoretische und naturphilosophische Durchführung. Zunächst geben wir die Ableitung des nichtgegenständlichen Ich als erkenntnistheoretischem Ich, die Rickert in „Der Gegenstand der Erkenntnis" vorgeführt und der sich Heim angeschlossen hat (2.). Danach wird das nichtgegenständliche Ich indirekt aus den Antinomien der Erfahrung nachgewiesen und in Auseinandersetzung mit dem eleatischen, dem Bergsonschen und dem Kantschen Verständnis des Verhältnisses von Zeit und Selbstbewusstsein als Zeitbewusstsein bestimmt (3.). Das nichtgegenständliche Ich als Zeitbewusstsein bildet den Übergang von der rein transzendentalphilosophischen Theorie der Erkenntnis zu einer kritischen Theorie der *raumzeitlichen* Erfahrung. Das nichtgegenständliche, diesseits der Raum-Zeit stehende, Ich erweist sich als mit dem Zeit erlebenden Ich identisch. Diese, für die Denkmöglichkeit der Gewissheit der Erfahrung und des Glaubens, entscheidende Identität wird als „Gesetz der Perspektive" formuliert (4.), das interessanterweise vom Zeitverständnis und der implizierten Erkenntnistheorie der Relativitätstheorie bestätigt wird (5.). Das nichtgegenständliche Zentrum der Perspektive ist nicht raumzeitlich lokalisiert, sondern entschränkt. Es kann, sofern es mit dem erkennenden und erlebenden Ich identisch gedacht wird, wie der Glaube, oder genauer als glaubendes Ich, Gewissheit über das Weltganze erlangen. Der dadurch hergestellte Zusammenhang zwischen dem nichtgegenständlichen Ich und der Nichtgegenständlichkeit Gottes hat die Kritik der indifferenten, mystischen Verschmelzung von Ich und Gott provoziert, gegen die Heim jedoch u.E. verteidigt werden kann (6.).

2. Die kritizistische Ableitung des nichtgegenständlichen Ich nach der Reduktionsmethode H. Rickerts

Zum erkenntnistheoretischen Ich gelangt man nach der Ableitungsmethode von H. Rickert[551] durch mehrfache Reduktion des Subjektbegriffs im Subjekt-Objekt-Verhältnis.[552]

---

[550] G 3, 140–226.
[551] Heinrich Rickert war der bedeutendste Vertreter der Badischen Schule des Neukantianismus. Seine Habilitationsschrift „Der Gegenstand der Erkenntnis" (1901ff), die v.a. in der zweiten und dritten Auflage stark verändert wurde und bis 1928 sechs Auflagen erlebte – wir beziehen uns auf die auch Heim vorliegende 3. Auflage von 1915 – ist eine explizit auf Kant zurückgreifende und gegen psychologische Erkenntnistheorien gerichtete transzendentalphilosophische Erkenntnistheorie. Rickert gewann außerdem Bedeutung als Vertreter einer Wert-, Weltanschauungs- und Universalphilosophie (System der Philosophie, 1921), vgl. hierzu Neukirch, „Weltanschauung", 29–43; H. Holzey / W. Röd, Die Philosophie des ausgehenden 19. und des 20. Jahrhunderts 2, 2004, 96–104.
[552] Rickert, Gegenstand, 15ff; 34ff.

Im alltäglichen Sprachgebrauch bezeichnet „Ich" dasjenige Subjekt, das meinen Namen trägt. Dieser bestimmten leib-seelischen Einheit, dem psychophysischen Subjekt korrespondiert als Objekt alles, was sich außerhalb meines Körpers befindet. Mein Körper kann aber ebenfalls objektiviert werden, sodass Objekt dann das Bewusstseinsjenseitige im Gegenüber zum psychischen Subjekt ist. Auch die Inhalte meines Bewusstseins, meine Empfindungen, Vorstellungen und Gedanken, kann ich objektivieren, vergegenständlichen. Subjekt ist dann, was sich dieses Bewusstseinsinhaltes bewusst ist. Auch dieses Selbstbewusstsein oder Ich-Subjekt kann wieder Ich-Objekt werden, indem es sich seiner selbst bewusst macht. In dieser fortgesetzten Reihe der Reduktion des Subjekts muss aber als „Grenzbegriff"[553] ein Subjekt angenommen werden, das nicht als Objekt gedacht werden kann. Rickert nennt es „das erkenntnistheoretische Subjekt"[554]. Das erkenntnistheoretische Subjekt ist allein dadurch bestimmt, dass es nie Objekt werden kann. Es ist reine Form ohne Inhalt,[555] undefinierbarer Begriff. Das erkenntnistheoretische Subjekt ist mithin prinzipiell nicht objektivierbar. „Es gibt etwas, das nicht Objekt ist: Ich bin."[556] Dieses Ich ist nicht objektivierbar, weil es erstens weder räumlich noch zeitlich verfasst ist, weil es zweitens bezüglich der Erfahrung irreal ist, denn es ist weder bewusstseinsimmanent noch –transzendent, und weil es drittens nicht zählbar ist. Es liegt jenseits von Einheit und Vielheit. Es kann nicht in den Plural gesetzt werden.[557]

Dieses nichtobjektivierbare, nicht erfahrbare Ich ist das nichtgegenständliche Ich. Es ist das Einzige überhaupt, das sich niemals objektivieren lässt.[558] Wenn das Ich ungegenständlich ist, dann ist auch die Beziehung Ich-Gegenstand nicht eigentlich objektivierbar. Das nichtgegenständliche Ich kann weder aus einer realistischen noch aus einer idealistischen Erkenntnistheorie abgeleitet werden, weil kein Kausalverhältnis zwischen diesem Ich und dem Gegenstand besteht. Weder wirkt der Gegenstand realistisch auf das Subjekt ein, noch das Subjekt idealistisch auf das Nicht-Ich. Solche Erkenntnistheorien sind für Heim und Rickert Mythologisierungen, die das Nichtobjektivierbare verobjektivieren. Die Ich-Gegenstands-Beziehung entsteht nicht kausal durch den Erkenntnisvorgang, sondern ist die Urbeziehung, die für alle Verhältnisse schon vorausgesetzt ist.[559] Das erkenntnistheoretische Ich ist nicht die Subjektseite des Ich-Gegenstand-Verhältnisses, son-

---

[553] Rickert, Gegenstand, 41.
[554] Rickert, Gegenstand, 45.
[555] Rickert, Gegenstand, 46.
[556] Rickert, Gegenstand, 37.
[557] G 3, 64f.
[558] Vgl. Schellings absolutes Ich, das dadurch bestimmt ist, dass es „schlechterdings niemals Objekt werden kann" (Vom Ich als Prinzip der Philosophie, Sämtliche Werke I/1, 57). Während Schellings absolutes Ich aber ontologisch unbedingt ist, sodass es, da es nicht Objekt und also nicht von einem Anderen her sein kann, sich selbst gesetzt hat, ist Rickerts (und Heims) Ich rein erkenntnistheoretisch absolut. Zu Nähe und Ferne von Heims Ich-Begriff mit dem Ich-Begriff Fichtes und Schellings s.u. Abschn. 6.
[559] G 3, 66f.

dern der Ermöglichungsgrund aller Verhältnisse. Es ist in jeder Erkenntnis immer mit da, aber immer unbewusst da. Jede Erkenntnis ist immer vom Subjekt aus, ist immer meine Erkenntnis. Man wird das Ich-Subjekt nie los, sonst gäbe es kein Objekt. Das erkenntnistheoretische Subjekt ist also die Bedingung der Möglichkeit aller Subjekt-Objekt-Verhältnisse, mithin allen Denkens und aller Gegenstandserfahrung. Das nichtgegenständliche Ich ist das transzendentale Prinzip aller Erkenntnis.

Das ungegenständliche Ich kann nicht eigentlich abgeleitet oder erklärt werden, es ist als bloßer Grenzbegriff bestimmt. Es ist nicht beweisbar im Sinne einer deduktiven Demonstration. „Wer es nicht von selbst einsieht, dem ist nicht zu helfen"[560]. Das erkenntnistheoretische Ich ist selbstevident, es leuchtet ein. Für den, dem es einleuchtet, hat es „die Gewissheit eines Axioms, das unbeweisbar ist, aber auch keines Beweises bedarf."[561] Es ist nur unmittelbar oder gar nicht einzusehen, weil es das Nächste, das Allervertrauteste ist, was es gibt: Ich bin.[562]

Als das Allernächste, unmittelbar Vertraute ist das Nichtgegenständliche aber nicht bloß erkenntnistheoretischer Grenzbegriff, sondern eine eigene Erkenntnisart, die von der gegenständlichen Erkenntnis geschieden ist. Dies ist der Punkt, an dem Heim vom reinen Kritizismus Rickerts abweicht, für den das erkenntnistheoretische Ich eine reine Negation, eine bloße Abstraktion, reine Form ohne Inhalt ist. Für Heim ist im Grenzbegriff des Nichtobjektivierbaren „eine zweite Art und Weise, eines Gegebenen inne zu werden"[563] enthalten. Diese zweite Erkenntnisweise ist die nichtgegenständliche, intuitive anstelle der gegenständlichen Erkenntnis. Es ist wichtig zu sehen, dass Heim das nichtgegenständliche Ich nicht bloß kritizistisch als Bedingung der Möglichkeit von gegenständlich-objektivierter Erkenntnis begreift, sondern auch als Bedingung der Möglichkeit der unmittelbaren oder existentiellen Erkenntnis[564].

Wir müssen bei Heim zusammengefasst drei Schritte der Erkenntnistheorie unterscheiden[565]. Der erste Schritt des Kritizismus, der über den Realismus und den Idealismus hinausführt, ist die Erkenntnis, dass das nichtgegenständliche Ich das „Korrelat jeder möglichen Erfahrung"[566] ist. Der zweite Schritt ist die Erkenntnis, dass dieses unableitbare, undefinierbare, nur negativ bestimmbare Nichtgegenständliche das absolut Nahe und mir unmittelbar Vertraute ist. Der entscheidende dritte, über den Kritizismus hinausführende Schritt, mit dem Heim die Erkennt-

---

[560] G 3, 64.
[561] G 3, 73; das erkenntnistheoretische Ich hat die Funktion der Descartesschen Selbstgewissheit (Ego cogito, ego sum) als selbstevidentes fundamentum inconcussum, wenngleich nicht ontologisch, sondern erkenntnistheoretisch.
[562] Rickert, Gegenstand, 37; G 3, 77.
[563] G 3, 77.
[564] G 3, 79.
[565] G 3, 146f; vgl. Gräb-Schmidt, Erkenntnistheorie, 101.
[566] G 3, 146.

nistheorie an die Erfahrung bindet, ist die Einsicht, dass das nichtgegenständliche Ich eine eigene nichtgegenständliche Erkenntnis- oder Erfahrungsweise impliziert. Diese zeigt sich, wenn das nichtgegenständliche Ich als das Zentrum des perspektivischen Erkennens erkannt wird.

Bevor wir den Nachweis des Nichtgegenständlichen aus dem Gesetz der Perspektive führen, soll das Nichtgegenständliche, dem Gedankengang des Buches folgend, in Weiterführung des Logizismus der vorigen Auflagen indirekt aus den Antinomien der Erfahrungsformen aufgewiesen werden.

3. Der indirekte Nachweis des Nichtgegenständlichen aus den Antinomien der Erfahrung von Zeit und Raum

Wie in der ersten und zweiten Auflage analysiert Heim in der dritten Auflage der „Glaubensgewissheit" die drei Erfahrungsformen auf Widersprüche. Ist es zwingend, dass die von der Logik geforderte Exklusivität der Erfahrungsformen und die empirisch erfahrene Kontinuität in einem ausschließlichen Widerspruch, in Antinomie[567] zueinander stehen?

Oder ist es möglich, dass sowohl das exklusive Oder-Verhältnis der Raum- und Zeitpunkte und der Subjekte als auch das Und-Verhältnis ihrer Zusammenschau zum Raum- und Zeitkontinuum bzw. zur Vielheit der Bewusstseinswelten denkbar sind? Es geht wieder um das naturphilosophische Grundproblem des raumzeitlichen Kontinuums und um das erkenntnistheoretische Grundproblem der Verhältnisse des Subjekts zum Objekt und der Subjekte zueinander. Aber sowohl Durchführung wie Lösung unterscheiden sich in der dritten Auflage grundlegend von den früheren Behandlungen.

Die grundlegende Denkfigur entwickelt Heim nicht am Problem der (zeitlosen) Raumlinie, sondern am Problem der Zeit und der Bewegung, wie es sich in den Zenonschen Sophismen und den Kantschen Antinomien zeigt. Heim erkennt, dass die Widersprüche zwischen der logischen Exklusivität der Erfahrungsformen und der in der Bewegung erlebten Kontinuität keine unauflösbaren Antinomien sind, sondern auf ein falsches, verräumlichtes Zeitverständnis zurückgehen. Darum kann das Raumproblem nur vom Zeitproblem her gelöst werden und nicht umgekehrt.

---

[567] Dem Kantschen Sprachgebrauch folgend, versteht Heim unter „Antinomie" einen logischen, unter den bestehenden Voraussetzungen nicht auflösbaren Widerspruch, vgl. G 3, 83.

a) Die Sophismen Zenons von Elea

Nehmen wir, wie Zenon von Elea in seinen Sophismen an, die Zeit sei aus einzelnen Jetztpunkten zusammengesetzt, die nacheinander angeordnet sind,[568] so kann ich mich augenblicklich nur in dem einen oder dem anderen Jetztpunkt befinden, nie in beiden zugleich. Wenn ich mich aber immer nur im einen Zeitteilchen befinde und nie ins nächste hinüberkomme, dann steht die Zeit also still. Zenons Pfeil fliegt nicht: „Der fliegende Pfeil steht still"[569]. Logisch betrachtet ist das Fortschreiten, das Fließen der Zeit unmöglich.

Das Fließen der Zeit wäre logisch nur dann möglich, wenn der Übergang von einem Jetzt zum anderen zustande kommen könnte. Dazu müssten aber beide „Jetzte" gleichzeitig und damit sowohl identisch als auch unterschieden, sowohl gleichzeitig als auch nacheinander sein. Da jedoch die Zeitstrecke empirisch zustande kommt und also die Zeit tatsächlich fließt oder dauert, so muss etwas da sein, was das Sowohl-als-auch des Und-oder-Oder möglich macht, „etwas Drittes"[570], das weder Identität, noch Unterscheidung ist. Dieses Dritte kann nicht gegenständlich beschrieben, sondern nur umschrieben werden, etwa als Zusammenschau, Stetigkeit, Gleiten, Fließen oder Dauer der Zeit. Es kann aber gleichwohl begrifflich präzise gefasst werden.

Schon Aristoteles erkannte die Paradoxien Zenons als Sophismen, als Scheinprobleme, die nur durch die falsche Voraussetzung des eleatischen Zeitverständnisses zustande kommen. Zenons Schluss der Unwirklichkeit von Zeitfluss und Bewegung beruhe auf der „Fehlannahme"[571], die Zeit sei aus „Jetzten" zusammengesetzt. Ebenso Heim: Nur wenn man sich die Zeitlinie „gegenständlich vor Augen stellt", d.h. aus diskreten Raumstücken zusammengesetzt vorstellt, ist die Bewegung „undenkbar"[572]. Unser Einwand, den wir gegen Heims Behandlung des Kontinuumproblems in der ersten Auflage erhoben haben, trifft also nicht mehr. Heim hat klar gesehen, dass man die gedachte, räumlich vorgestellte Zeit(-strecke) von der wirklichen, erlebten Zeit strikt unterscheiden, überhaupt Vorstellen von Denken unterscheiden muss[573]. Zeit kann nicht vergegenständlicht werden. In der anschaulichen, gegenständlichen Vorstellung erfasst man Zeit gerade nicht. Zeit kann nur zureichend begriffen werden, wenn man das erfassende Ich hinzuzieht.

---

[568] Aristoteles, Phys. VI, 9, 239b.
[569] Ebd.
[570] G 3, 90.
[571] So übersetzt H.G. Zekl richtig: „ὅτι ἡ ὀιστὸς φερομένη ἔστηκεν·συμβαίνει δὲ παρὰ τὸ λαμβάνειν τὸν χρόνον συγκεῖσθαι ἐκ τῶν νῦν / dass der fliegende Pfeil stehen bleibt; das ergibt sich durch die Fehlannahme, dass die Zeit aus Jetzten sich zusammensetze" (Aristoteles, Phys. 239b).
[572] G 3, 86.
[573] Darin hat Heim dem von A. Messer (und uns) erhobenen Einwand recht gegeben (G 3, 72).

Das nichtgegenständliche Ich, das bei Kant die transzendentale Apperzeption heißt, ist das Dritte, das die Logik des „Tertium non datur", welche die Synthese der Diskreta zum Kontinuum verbietet, sprengt und die Synthesis des Mannigfaltigen ermöglicht. Ein spontaner Akt meines Bewusstseins setzt die getrennten Zeitteilchen zur synthetischen Mannigfaltigkeit des Zeitkontinuums zusammen. Dies geschieht nach Heim, der sich hier direkt auf Kant bezieht, so, „dass ich mich als identisches Ich weiß und die zusammenhanglosen Eindrücke und Vorstellungen als ‚meine' Eindrücke und Vorstellungen in der Einheit meines identischen Selbstbewusstseins zusammenfasse."[574]

Diese Lösung unterscheidet sich vehement von der früheren. Heim löst das Problem nicht wie in der ersten Auflage dadurch, dass er das Gegebensein der Synthesis einfach als Einbruch der höheren Ordnung konstatiert, welche die Zusammenschau unbegründbar irrational da sein lässt. Der Übergang von den Zeitteilchen zum Zeitkontinuum kann rational begründet werden, indem gezeigt wird, wie die Synthesis mittels des nichtgegenständlichen Ich zustande kommt. Diese Behandlung des Zeitproblems führt allerdings zu einer fundamentalen Uminterpretation von Kants transzendentaler Apperzeption von Bergsons Zeitverständnis her. Während Kant die Synthesisleistung des Bewusstseins auf die begriffliche Verbindung der Sinneseindrücke durch den Verstand, aber nicht auf die Zeiterfahrung bezog, hat Bergson die transzendentale Apperzeption explizit für die Synthese des Zeitkontinuums verantwortlich gemacht. Um zu sehen, dass Heim sich de facto Bergsons Zeit- und Bewusstseinstheorie anschloss, obwohl er sich explizit auf Kant bezieht und Bergson nur an einer Stelle kritisch erwähnt, wollen wir Heim in einen impliziten Diskurs mit Bergsons und Kants Verhältnisbestimmung von Zeit und Bewusstsein bringen.

b) Bergsons Verständnis der Zeit als Dauer

Wir beschränken uns auf Bergsons erstes Werk „Zeit und Freiheit", in dem alles für uns Wesentliche entfaltet ist[575]. Der deutsche Titel ist weniger aussagekräftig als der französische: Essai sur les données immédiates de la conscience (Versuch über die unmittelbaren Gegebenheiten des Bewusstseins). Die Bewusstseinsinhalte sind nach Bergson wesentlich unmittelbar gegeben, d.h. qualitativ und nicht bloß quantitativ als mehr oder weniger intensive psychische Zustände auf-

---

[574] G 3, 91.
[575] H. Bergson, Zeit und Freiheit (1888), 1949; vgl. zu Bergsons Zeitverständnis F. Kümmel, Über den Begriff der Zeit, 1962, 14–22.

grund äußerer Reize, wie die Empiristen und Psychophysiker annehmen[576]. Machen wir uns dies an den drei Phänomenen Zahl, Bewegung und Dauer klar[577]. Mit Aristoteles unterscheidet Bergson, ohne ihn zu nennen, den Doppelcharakter der Zahl als zählende und gezählte Zahl. Jede Zahl ist einerseits eine Summe von Einheiten (gezählte Zahl) und andererseits selbst wieder Einheit (zählende Zahl). Die gezählte Zahl setzt sich aus diskreten, identischen Einheiten zusammen (4=1+1+1+1). Die zählende Zahl aber denken wir uns im Moment des Zählens nicht als zusammengesetzt, sondern als Einheit. Wir sagen „vier" und haben diese Einheit „in ihrer Totalität durch einen einfachen und unteilbaren Intuitionsakt des Geistes"[578] gegenwärtig. Die Zahl als Einheit ist dem Bewusstsein unmittelbar, intuitiv gegeben. Als Einheit schließt die Zahl eine kontinuierliche Mannigfaltigkeit ein. Sie ist ein Ganzes und kann beliebig in Teile zerlegt werden, wobei die Teile (2+2) selbst wieder in Teile zerlegt werden können (1+1) etc.[579] Im Moment der Operation bilden die Teile aber jeweils ein unteilbares Ganzes. Wir dürfen uns die Zahl nicht bloß quantitativ als diskontinuierliche Kollektion von Einheiten ansehen, was immer im gedachten oder vorgestellten räumlichen Nebeneinander geschieht, sondern müssen sie auch als unteilbare Synthese der Einheiten, aus der sie besteht, begreifen. Diese Synthese gelingt aber nie räumlich, sondern nur im synthetischen Akt der Apperzeption[580].

Verkennen wir diesen unauflöslichen Doppelcharakter, ist das Problem der Bewegung unlösbar. Die Zenonsche Illusion, dass Achilles die Schildkröte niemals einholen könne, entsteht dadurch, dass die Teilung mit dem Geteilten, die Bewegung mit dem in der Bewegung durchlaufenen Raum verwechselt wird bzw. Raum und Bewegung vermengt werden. Nur wenn die ablaufende Zeit und der durchlaufene Raum zugleich diskretisiert werden, bleibt die Schildkröte dem Achilles immer ein Stück voraus. Die wahre Dauer bzw. der Akt der Bewegung sind nicht teilbar. Wird eine Raumstrecke in ungeteilter Bewegung durchlaufen, überholt Achilles die Schildkröte in einem Zug. Die Bewegung in der Dauer ist (wie die zählende Zahl) nur durch einen unmittelbaren, intuitiven, unteilbaren Akt erfassbar. „Die wahre Dauer, wie sie das Bewusstsein unmittelbar perzipiert, … [ist] in Wahrheit … überhaupt keine Quantität, und sobald man sie zu messen versucht, substituiert man ihr unbewusst Raum."[581] Die Zeit darf also nicht bloß quantitativ räumlich betrachtet werden.

---

[576] Bergson, Zeit, 7ff.
[577] Bergson, Zeit, 65ff.
[578] Bergson, Zeit, 69.
[579] Das naive Denken, das der räumlichen Anschauung entspringt, kann nicht weiter teilen. Eins ist unteilbare Grundeinheit. Denn die Halbierung eines Kuchens ergibt zwei *ganze* Stücke, wie einem jedes Kind versichern wird, nicht ½ + ½ Stück.
[580] Die Bergsonsche Verwendung des Kantschen Terminus entspricht der Heims, aber nicht Kant selbst, wie wir im nächsten Abschnitt sehen werden.
[581] Bergson, Zeit, 90.

Dauer ist ein qualitativer Begriff, Dauer ist unauflösbare Einheit. Der Nerv von Bergsons Zeitverständnis liegt darin, die wahre Dauer (durée reelle) als Einheit von der physikalischen, quantitativen, teilbaren und messbaren Dauer zu unterscheiden. Die wahre Dauer, die Zeit im eigentlichen, nicht verräumlichten Sinn kann nur erlebt, aber nicht gemessen werden, sie ist nur unmittelbar, aber nicht durch begriffliche Abstraktion erfassbar. Diese Unmittelbarkeit des Zeiterlebens, das auch die eigentliche Erfahrung des Wirklichen ist, bezeichnet Bergson als „intuition" im Gegensatz zur „raison" (Verstand, Vernünftigkeit, Rationalität). Mit Intuition ist also das unmittelbare, nichtreflexive Erleben von Zeit in ihrer Dauer, ihrem Fließen und damit das Erleben des wahren Seins, der Wirklichkeit als Werden, als Leben gemeint[582].

Nun kann natürlich mit Heim gegen Bergson eingewandt werden, dass Begriffe wie Dauer, Fließen oder Werden keine Erklärung des Kontinuums bieten, „sondern lauter indirekte Bezeichnungen und irrationale Umschreibungen von etwas Unanschaulichem, das uns allen unmittelbar vertraut ist"[583], sind. Heim hat darum eine begrifflich klare Lösung gesucht und diese in Kants transzendentaler Apperzeption gefunden. Er hat dazu aber Kants Auffassung so umgeformt, dass sie Bergsons Lösung sehr nahe, wenn nicht gleich kommt. Um dies zu sehen, müssen wir das Verhältnis von Zeit und Selbstbewusstsein in Kants Erkenntnistheorie herausarbeiten.

c) Das Verhältnis von Zeit und Selbstbewusstsein in Kants Erkenntnistheorie

Erkenntnis kommt nach Kant durch das Zusammenwirken zweier Erkenntnisvermögen zustande, die einander gegenseitig ergänzen. Das rezeptive Vermögen ist die Sinnlichkeit, die Eindrücke aufnimmt, Empfindungen registriert und Anschauungen liefert. Zur Erkenntnis braucht es die Verarbeitung der Empfindungen durch das produktive Vermögen des Verstandes, der nach Regeln ordnet und zusammenfasst. In aller Erkenntnis ist beides enthalten: „Ohne Sinnlichkeit würde uns kein Gegenstand gegeben und ohne Verstand keiner gedacht werden. Gedanken ohne Inhalt sind leer, Anschauungen ohne Begriffe blind."[584]

Die sinnliche Rezeption geschieht mittels der beiden Formen der Sinnlichkeit, Raum und Zeit. Denn alle Gegenstände sind nur in Raum und Zeit gegeben. Auch wenn man alle Qualitäten und Quantitäten wegdenkt und zuletzt die Gegenstände selbst, bleiben doch immer Raum und Zeit übrig. Raum und Zeit können demnach nicht den Gegenständen anhaften, sondern müssen allen Vorstellungen schon

---

[582] Zu Bergsons Zentralbegriff der Intuition vgl. den schönen Artikel von K. Albert, Bergson über Leben, Philosophie und intuitives Erkennen, 1995.
[583] G 3, 90.
[584] Kant, KrV, B 75.

zugrunde liegen. Raum und Zeit haben zwar empirische Realität, weil es keine raumlosen und zeitlosen Empfindungen und Vorstellungen gibt, aber sie haben v.a. transzendentale Idealität[585], weil sie die Bedingungen sind, unter denen Gegenstände erst gegeben sein können. Für den sinnlichen Anteil der Erkenntnis sind also bloß Raum und Zeit notwendig, aber kein Verstand und kein Selbstbewusstsein. Mit der Dualität der beiden Vermögen Sinnlichkeit und Verstand hat Kant auch Zeit und Selbstbewusstsein entkoppelt![586] Sinnlichkeit hat mit Selbstbewusstsein nichts zu tun und Selbstbewusstsein hat mit Raum und Zeit nichts zu tun.

Damit Erkenntnis zustande kommt, muss das sinnlich Gegebene durch den Verstand auf den Begriff gebracht, geordnet und zusammengefasst werden. Zur Erkenntnis muss insbesondere die Vielfalt von Vorstellungen (Anschauungen oder Begriffen) zu einer Einheit verbunden werden. Diese Verbindung – Synthesis genannt – kann nicht dem Objekt entstammen. Denn wie den Gegenständen kein Raum und Zeit anhaftet, so haftet ihnen auch keine Verbindung an, denn sie sind ja auf ganz verschiedene Weise zur Einheit zusammenfügbar. Die Einigung muss dem Subjekt entstammen. Sie kann aber nicht durch die Sinne zustande kommen, denn diese sind bloß rezeptiv. Sie muss dem aktiven Vermögen entspringen, das die Synthesis durch einen spontanen Akt vollbringt. Der Akt muss spontan sein, weil die Synthesis in jeder Erkenntnis immer da ist, bevor man sie sich bewusst machen kann, wie auch Sinnlichkeit immer raumzeitlich ist, bevor man sich des Raumes und der Zeit empirisch bewusst werden kann. Es muss eine Eigenschaft des Verbindens gegeben sein, die vor aller bewussten Einungshandlung steht. Die Einigung des Mannigfaltigen besteht nun immer darin, dass ich die Vielzahl der Eindrücke als meine zusammenfasse, sodass „alles Mannigfaltige der Anschauung unter Bedingungen der ursprünglich-synthetischen Einheit der Apperzeption"[587], der „transzendentalen Einheit des Selbstbewusstseins"[588], steht. Weil aber auch die Synthesis der Akt des nichtsinnlichen Denkens, des reinen Verstandes ist, ist diese transzendentale Einheit des Bewusstseins, die alle Synthesis möglich macht, „das: Ich denke", das „alle meine Vorstellungen begleiten können"[589] muss. Ist das transzendentale Selbstbewusstsein aber das „Ich denke", so ist das „Selbstbewusstsein (als Prinzip des Verstandes) ganz aus dem Bezug auf Zeit ausgenommen. ... Anders gesagt: Selbstbewusstsein, als gründend in einem unsinnlichen Erkenntnisstamm, ist unzeitlich verfasst."[590]

Wäre das Selbstbewusstsein selbst zeitlich verfasst und also nicht zeitlos identisch mit sich selbst, sondern wechselhaft in der Zeit, so stellte sich für Kant die Frage,

---

[585] Kant, KrV, B 44.52.
[586] Vgl. M. Frank, Zeitbewusstsein, 1990, 7.
[587] Kant, KrV, B 133.
[588] Kant, KrV, B 132.
[589] Ebd.
[590] Frank, Zeitbewusstsein, 8.

wie es die Einigungsleistung am Sinnlich-zeitlichen, also wechselhaft Gegebenen vollziehen könnte, wenn es selbst keine Einheit, keine Identität wäre. Andererseits kann gegen Kant eingewandt werden, wie denn das unzeitliche Selbstbewusstsein sich auf das Zeitliche beziehen soll. Wie soll das „Ich denke" alle Vorstellung *begleiten* können, wenn es selbst unzeitlich ist? Begleiten erfordert doch eine zeitliche Verfasstheit. Damit das Selbstbewusstsein sich auf das Zeitliche beziehen kann, muss es sich verzeitlichen. Insbesondere ist das Zeiterleben mit einem unzeitlichen Selbstbewusstsein in keiner Weise zu erfassen. Das reine „Ich denke" ist nicht auf das Zeiterleben anwendbar. Darum hat Kant auch konsequent von der Zeit abstrahiert. Die sinnlichen Anschauungen sind in der Zeit, und zwar als transzendentaler Idealität gegeben, nachdem schon die empirische Realität abgezogen wurde; die Syntheseleistung des Verstandes wird ohne Bezug auf Zeit begründet. Diese Kritik an Kant, die zu einer zeitlichen Verfasstheit des Selbstbewusstseins führen muss, wurde prominent von Bergson und den Phänomenologen Husserl, Heidegger und Sartre vorgebracht[591].

Aber auch die frühen Kantschüler[592] und der frühe Idealismus Fichtes und Schellings haben erkannt, dass das transzendentale Selbstbewusstsein kein reines „Ich denke" sein kann, denn in jeder Erkenntnis ist immer Sinnlichkeit mit Verstand verknüpft. Sie haben die Teilung der Erkenntnis in die zwei Stämme zu vermeiden versucht, indem sie beide auf eine ursprüngliche Einheit zurückgeführt haben, nämlich auf das Bewusstsein oder Ich überhaupt. Die Einheit des Objekts der Erkenntnis ist nur dann gewährleistet, wenn es von einem identischen Subjekt erkannt wird. Die Zweiheit von Anschauung und Denken führt zur Zweiheit des Angeschauten und des Gedachten. Der Neukantianismus nimmt diese Kritik an der Unterscheidung der beiden Vermögen, des passiven der Sinnlichkeit und des aktiven des Verstandes, auf und sieht die transzendentale Einheit der Apperzeption nicht im „Ich denke", sondern im „Ich bin", nicht im cogito, sondern im sum. Damit ist die Einheit des Objekts in der Einheit des (erkenntnistheoretischen) Subjekts begründet.

Karl Heim hat mit dem Neukantianismus die Unterscheidung zwischen den zwei Vermögen Sinnlichkeit und Verstand abgelehnt, aber er hat gegen den Neukantianismus Kants transzendentale Apperzeption ähnlich wie Bergson interpretiert. Eigentlich bedeutet für Rickert das „Ich bin", obwohl er diese Formel anstatt des Kantschen „Ich denke" verwendet, weniger als „Ich *bin*", nämlich einfach „Ich". Es ist ein Subjekt ohne Prädikat, eine Form ohne Inhalt. Bei Heim liegt das Gewicht auf dem „sum". Sein „Ich bin" ist weniger Ego als vielmehr „Ich *bin*". Das

---

[591] Vgl. M. Heidegger, Kant und das Problem der Metaphysik, 1929, 183; ders., Sein und Zeit, 24; zur detaillierten Analyse der Zeitbewusstseinstheorien von Husserl, Sartre u.a. vgl. Frank, Zeitbewusstsein, sowie unten Kap. VI.4.b. u. IX.5.a.

[592] Zu K.L. Reinhold vgl. E. Coreth u.a., Philosophie des 19. Jahrhunderts, 1989, 9f.

„Ich bin" ist Ausdruck der Existenz, der Unmittelbarkeit des Selbstverhältnisses, es geht in Richtung des Bergsonschen unmittelbaren Erlebens. Das transzendentale Selbstbewusstsein ist bei Heim, obwohl er selbst nie explizit darauf hinweist, wesentlich zeitlich verfasst! Dies scheint uns der entscheidende Punkt zu sein, an dem sich Heim von Kant, aber auch von Idealismus und Neukantianismus ab- und dem Bewusstseinsverständnis der Existenzphilosophie zuwendet. Dass Heim tatsächlich Bergson gegen Kant in Anschlag bringt, obwohl die Argumentation der „Glaubensgewissheit" genau umgekehrt vorgeht[593], soll im Folgenden gezeigt werden. Hierzu betrachten wir Heims Behandlung und Lösung der Kantschen Antinomien[594].

Kant versucht mit den Antinomien der reinen Vernunft zu zeigen, dass sich die Vernunft dann in Widersprüche verwickelt, wenn sie Totalbegriffe als gegenständlich und vorstellbar auffasst. Unter der Annahme, „die Welt" sei eine Art Gegenstand, der auf dieselbe Art gegeben ist, wie Gegenstände gegeben sind, nämlich in Raum und Zeit, lässt sich sowohl beweisen, dass die Welt raumzeitlich endlich als auch dass sie unendlich ist. Für Kant löst sich die Antinomie, indem die falsche Voraussetzung erkannt wird, „die Welt" als ein gegenständliches Ganzes anzusehen. Heim hingegen liest Kants Antinomien als Problematisierung der Realität von Raum und Zeit, ob Raum und Zeit einen Anfang haben oder nicht, also real endlich sind oder unendlich. Von den Zenonschen Sophismen her findet er als falsche Voraussetzung nicht den gegenständlichen Weltbegriff, sondern den gegenständlichen Raum- und Zeitbegriff.
Gegenständlich betrachtet müssten Raum und Zeit in Teile zerlegbar und wieder aus Teilen zusammensetzbar sein. Das gelingt aber nicht. Insbesondere kann die unendliche Raum- oder Zeitstrecke nicht aus Teilen zusammengesetzt werden. Eine unendliche Strecke kann nie zum Abschluss gebracht werden, weil sie nicht als Ganze angeschaut werden kann. Der Fehler ist die Annahme, die unendliche Raum- und Zeitstrecke habe eine außer unseren Gedanken gegründete Existenz, sie sei ein vom Ich losgelöster Gegenstand. Die Raum- und Zeitstrecke können für Heim nicht deshalb nicht aus den Teilen konstruiert werden, weil sie nur eine transzendentale Idealität, aber keine Realität hätten, sondern weil Raum und Zeit keine Realität an sich haben. Raum und Zeit als Objekt, als Strecke, sind nicht vom Subjekt isolierbar.
Die Lösung bringt die synthetisierende Funktion des transzendentalen Ich. Das Raum- und Zeitkontinuum wird vom Ich in jedem Augenblick vollzogen. Die Raum- und Zeitlinie als Ganze ist nie gegeben, aber immer aufgegeben. Die Eini-

---

[593] G 3, 90f.
[594] G 3, 92–95.

gungsleistung zum Kontinuum wird vom Ich fortwährend als ein Akt der empirischen Synthesis vollzogen.

Heim bringt also die transzendentale Apperzeption für ein Problem in Anschlag, das bei Kant gar nichts damit zu tun hatte. Die Einigungsleistung des Ich ist für Heim eine empirische, die sich in jeder Erkenntnis fortwährend, d.h. in der Zeit vollzieht. Für Kant hingegen ist die transzendentale Apperzeption die objektive Bedingung aller Erfahrung, die jeder empirischen, in der Zeit vollzogenen Einigungsleistung vorausliegt, also selbst außer der Zeit steht.

Wenn das Ich bei Heim aber die Zeitteilchen zusammensetzt, indem es die Zeitstrecke als meine, von mir erfahrene Zeit zum Kontinuum synthetisiert, und zwar so, dass die Synthesis vom transzendentalen Ich fortwährend vollzogen wird, dann ist dieses Ich selbst zeitlich verfasst. „Das Nichtgegenständliche ist das, vermöge dessen der stetige Übergang zwischen Zeitteilchen, Raumelementen und Bewusstseinswelten möglich ist. Es ist das, worin der Widerstreit zwischen Und und Oder aufgehoben ist."[595]

Dieser Satz könnte so gelesen werden, als sei das Nichtgegenständliche der Ermöglichungsgrund des Zeit*begriffs* als Kontinuum[596]. So hätten wir den Satz im Zusammenhang der ersten Auflage der „Glaubensgewissheit" lesen müssen, denn dort war das logische Zustandekommen der Zeitstrecke im Blick. Dann wäre tatsächlich Kants Verständnis der transzendentalen Apperzeption als Einungsbedingung der Begriffe reproduziert. Aber es geht in der dritten Auflage um die *Erfahrung* des Zeitkontinuums. Dann kann der Satz nur so gelesen werden, dass kraft des Nichtgegenständlichen das erlebte Kontinuum *zustande* kommt. Wenn wir nicht sagen wollen: Das vermöge des nichtgegenständlichen Ich mögliche Zeitkontinuum ist schon das erlebte Kontinuum, wenn wir also die Differenz von transzendentalem und empirischen Ich aufrecht erhalten wollen, dann können wir nur sagen: Das transzendentale Ich ist der Grund, welcher im empirischen Ich die Synthesis vollzieht und also die Einung nicht bloß ermöglichender, sondern ermöglichend *vollziehender* Grund ist. Das Erleben des Zeitkontinuums ist dann das Zeiterleben überhaupt und das transzendentale Selbstbewusstsein ist das Zeitbewusstsein, also das Bewusstsein des zeitlichen Verfasstseins.

Wird das Bewusstsein in dieser Weise als Zeitbewusstsein bestimmt, dann ist das ungegenständliche Erleben nicht ein unbestimmtes Empfinden oder bewusstloses Gefühl, sondern es ist „vielmehr die Beteiligung des Selbst, die die Erfahrung zum Erlebnis macht."[597] Wir werden die für die Gewissheit des Erlebten zentrale Frage nach der Bewusstheit des Erlebens im Schlusskapitel weiterverfolgen[598].

---

[595] G 3, 140.
[596] So E. Schott, Das Problem der Glaubensgewissheit in Auseinandersetzung mit Karl Heim erörtert, 1931, 14.
[597] Hermann, Gewissheit und Wissen, 252; in dieser, u.E. zu Heims Bewusstseinsverständnis äquivalenten, Weise hat R. Hermann Schleiermachers unmittelbares Selbstbewusstsein interpretieren wollen, und damit die bei Schleiermacher zwar angelegte, aber zu wenig herausgestellte *Zeitlichkeit* des Ge-

d) Raum

Hier wollen wir prüfen, ob wir Heim richtig interpretiert haben, an seiner Analyse des Raumproblems. Wie beim Zeitproblem auch, wird im Gegensatz zur ersten Auflage nicht das logische Zustandekommen der Raumstrecke, sondern das empirische Problem des Erlebens der Raumlinie behandelt. Weil es um das Erlebnis geht, ist „in der Raumanschauung ... das Zeiterlebnis immer mit enthalten. Es gibt kein räumliches Erlebnis, das nicht Zeit braucht."[599] Als Zeiterleben ist das Raumerleben gerichtet. Ich kann momentan eine Strecke nur in einer Richtung durchlaufen. Wie ist dann der Übergang in eine andere Richtung (Umkehr oder gekrümmte Bahn) möglich, wenn zwischen den Richtungen das exklusive Oder-Verhältnis wie oben zwischen den Zeitteilchen besteht? Die Änderung der Richtung kann empirisch nicht erlebt werden, weil ich ja immer in Richtung „vorne" laufe. Wenn also die Richtungsänderung erlebt wird, so wird sie nichtgegenständlich erlebt. In dem Moment, in dem sie erlebt wird, ist sie nicht explizit bewusst. Wenn sie bewusst wird, wird sie aber nicht erlebt. Denn wir haben nur zwei mögliche Sichtweisen: Entweder wir sind im Erleben oder wir betrachten das Erlebte. Beides zugleich geht nicht! Im Erleben ist die Richtungsänderung nicht bewusst; wird die Änderung bewusst, indem man die zeitliche Bewegung außer der Zeit anschaut und alle Richtungen im Wandern des Richtungszeigers gleich gegenwärtig hat, wird die Änderung selbst nicht erlebt, sondern nach(!)-vollzogen. Die entscheidende Frage ist nun: Weshalb fallen die beiden Sichtweisen nicht auseinander? Wie kommt der Zusammenhang zwischen Erleben und Erlebtem zustande? Weshalb weiß ich das im Erleben Gegebene als identisch mit dem im nachhinein betrachteten Erlebten? Weil das nichtgegenständliche Ich da ist als Subjekt des Erlebens *und* als transzendentales Subjekt der Betrachtung des Erlebens als Erlebtes. Dieses nichtgegenständliche Ich ist, weil es das Subjekt des Erlebens ist, also das Subjekt, welches erlebt, auch wenn es sich im Erleben nicht (reflexiv) bewusst ist, das Zeit- oder Selbstbewusstsein, das „Ich bin". Als erlebendes Sub-

---

fühls der schlechthinnigen Abhängigkeit hervorgehoben. Die zeitliche Bestimmtheit des unmittelbaren Selbstbewusstseins sei zwar nicht in jedem Gefühlsmoment gleich deutlich, sie kann im einzelnen Moment hervortreten und einen Moment für sich allein ausfüllen, sie begleitet aber immer Denken und Wollen und fügt die einzelnen Bewusstseinsakte sowie den Wechsel zwischen Denken und Wollen zur Einheit zusammen. „Das Gefühl kann also nicht der Übergang zwischen den Momenten sein, ohne selbst in den Moment einzutreten" (257). In der *zeitlichen* Struktur des Selbstbewusstseins liegt nach Hermann, wie auch bei Heim, die Gewissheit des Erlebens als Ich-Erleben, die „Erfahrungsgewissheit" (263), und die religiöse Gewissheit – unterschieden vom logisch wahren Wissen und vom moralisch rechten Tun – begründet, dadurch dass die religiöse Erfahrung eine bestimmte Erfahrung und daher „diese Erfahrungsgewissheit die Glaubensgewissheit ist" (264). Dem Gehalt nach ist nach Hermanns Schleiermacher-Interpretation, wie auch bei Heim, die Glaubensgewissheit „das Gestaltgewinnen des Gottesbewusstseins in uns in bestimmter Form" (268). Hierzu s.u. die Abschnitte 5.d u. 6. Zu Hermanns zeitlichem Bewusstseinsverständnis im Anschluss an Schleiermacher vgl. H. Assel, Der andere Aufbruch. Die Lutherrenaissance, 1994, 322–332.

[598] S.u. Kap. IX.5.a./b.
[599] G 3, 97.

jekt muss es zeitlich verfasst sein, kann also nicht das reine Kantsche „Ich denke", noch das Rickertsche unzeitliche „Ich" sein. Das erkenntnistheoretische, transzendentale Ich und das erlebende, nichtgegenständliche Ich sind bei Heim identisch. Dies ist nur möglich, wenn das transzendentale Selbstbewusstsein das Zeitbewusstsein ist. Nur dann kann die synthetisierende Einungsfunktion des Ich sowohl erkenntnistheoretisch transzendental als auch empirische Zeitlichkeit ermöglichend sein.

Die Synthesis, die im Zeitbewusstsein gegeben ist und fortwährend vollzogen wird, ist dann aber der Übergang vom Erleben zum Erlebten, vom intuitiven zum analytischen Erfassen, von der Innen- zur Außenansicht. Im transzendentalen Selbstbewusstsein sind beide Erkenntnis- und Erlebnisweisen zusammengehalten, ja die synthetische Einheit des Selbstbewusstsein ist der Ermöglichungsgrund von Erfahrung und Erkenntnis überhaupt, wenn denn jede Erkenntnis und bewusste Erfahrung sich durch dauernden Übergang vom Erleben zum Erlebten vollzieht. Das Bewusstsein von Erleben, das zeitliche Selbstbewusstsein und der transzendentale Grund der Erkenntnis sind identisch. Daher kann im nächsten Schritt nun die transzendentalphilosophische Erkenntnistheorie auch als empirisch-psychologisches Gesetz der Erkenntnis interpretiert und das nichtgegenständliche Ich auch als nichtgegenständliches Zentrum der empirischen Erfahrung begriffen werden[600].

4. Der Nachweis des Nichtgegenständlichen aus dem Gesetz der Perspektive

Das nichtgegenständliche Ich, „vermöge dessen der stetige Übergang zwischen Zeitteilen, Raumelementen und Bewusstseinswelten möglich ist"[601], wird nun mit dem perspektivischen Zentrum jeder Erfahrung und Vorstellung identifiziert.
Jedes raumzeitliche Erleben, auch das bloß in Gedanken Vorgestellte, geschieht immer von einem bestimmten Punkt in Raum und Zeit aus. Dieses perspektivische Zentrum aber ist selbst unsichtbar, weil sich das sehende Auge im Akt des Sehens selbst nicht sieht. Es ist gleichwohl immer da. Aber es ist nur unmittelbar, intuitiv da. Es kann nicht objektiviert werden. Dieses nichtgegenständliche Zentrum ist die Bedingung jeder Gegenstandserfahrung.
Nun könnte man einwenden, dass es sich bei diesem nichtgegenständlichen Zentrum nicht um das transzendentale Ich jeder Erkenntnis handelt, sondern bloß um

---

[600] Obwohl das Ich transzendentalphilosophisch betrachtet „außerzeitliches Datum" und „überzeitlicher Ermöglichungsgrund" (Versuch, GuL, 475) der Erkenntnis ist, ist „das Ich ist eben nie ... bloß als nichtgegenständliche Wirklichkeit da, es ist immer zugleich als sehender Punkt an einer unverrückbaren Stelle der gegenständlichen Welt festgelegt. Der überempirische Charakter des Ich ist also immer nur zusammen mit einer empirischen Gebundenheit vorhanden" (480).
[601] G 3, 140.

das psychologische Zentrum von empirischer Erfahrung, das, um *erkennendes* Zentrum zu sein, das transzendentale Subjekt zur Voraussetzung haben muss.[602]
In der Tat ist die Perspektive das Grundgesetz der Sinneswahrnehmung. Um „etwas" zu sehen, braucht es das Auge, welches sieht. Handelt es sich bei der Perspektive dann bloß um das „Gesetz der Psychologie der Sinnesorgane", wie Heim sich selbst gegenüber rückfragt, oder kann eingesehen werden, dass die Perspektive die „Grundform der gesamten Erfahrungswelt" und daher das „Weltgesetz"[603] darstellt[604]? Weltgesetz oder notwendige Bedingung jeder möglichen Erfahrung und nicht nur hinreichende Bedingung für empirische Erfahrung ist die Perspektive dann, wenn das nichtgegenständliche Zentrum mit dem nichtgegenständlichen, erkenntnistheoretischen Ich identisch ist, wenn also das perspektivische Zentrum „Ich-Charakter"[605] hat. In der Tat hat das Zentrum jeder empirischen Erfahrung genau die Eigenschaften, die das transzendentale Ich als objektive Bedingung jeder möglichen Erfahrung auch hat: Es ist nicht objektivierbar, nur unmittelbar gegeben und immer im Singular. Identisch können beide allerdings nur dann sein, wenn wir das transzendentale Ich, wie oben gezeigt, nicht rein kritizistisch als bloß abstrakte, außerzeitliche Bedingung der Erkenntnis, sondern als Zeitbewusstsein begreifen. Das transzendentale Ich ist dabei nicht insofern zeitlich, dass es wie das empirische Ich an konkrete Raum- und Zeitpunkte gebunden wäre, es ist aber insofern zeitlich, als es an ein Bewusstsein gebunden ist, ja mit dem unmittelbaren Selbstbewusstsein als Zeitbewusstsein identisch ist. Die objektive Bedingung jeder Erkenntnis, präzise der Erkenntnis eines (menschlichen) Bewusstseins, ist das „Ich bin", das in jedem Augenblick mit dem unanschaulichen Zentrum der Erfahrung identisch wird. Wir müssen zwingend sagen „identisch wird", nicht „identisch ist": Transzendentales Ich und perspektivisches Zentrum haben zeithafte, im Erkenntnisakt sich vollziehende, Identität. Das „Ich bin" als Ermöglichungsgrund jeder Erkenntnis ist in jedem Augenblick das erlebende Ich oder genauer das als Ich erlebende oder, wie Heim sagt, „das ins Ich aufgenommene, im Ich verborgene oder verhüllte Element"[606]. Anders ausgedrückt: Das transzendentale Ich, der Ermöglichungsgrund jeder Erfahrung ist immer nur zusammen mit der empirischen Gebundenheit an ein perspektivisches Zentrum da, nie isoliert davon. Das Ich, das die Bedingung der Möglichkeit meiner Erfahrung

---

[602] So Schott, Glaubensgewissheit, 18f.
[603] G 3, 147.
[604] Der Begriff der Perspektive wurde von Leibniz für die Standpunktabhängigkeit aller Anschauung eingeführt (Monadologie, § 57) und erst später, v.a. von Nietzsche, als Ausdruck für den Relativismus der Urteile und Werte gebraucht (vgl. G. König, Art. Perspektive, Perspektivismus, perspektivisch, HWPh). Heim versucht die rein optisch-psychologische Theorie der Perspektive erkenntnistheoretisch zu verallgemeinern und zugleich den Perspektivenrelativismus zu überwinden, indem er durch transzendentalphilosophische Argumente ein absolutes Moment in das empirische Gesetz der Perspektive einbringt.
[605] G 3, 148.
[606] G 3, 149.

als der meinen ist, bin immer *ich selbst* als leiblich-geschichtliche Person. Nur wenn wir die so verstandene Identität zwischen transzendentalem Ich und nichtgegenständlichen Ich-Zentrum der Erfahrung akzeptieren, können wir das optisch-psychologische Gesetz Perspektive als erkenntnistheoretisches Grundgesetz ansehen.

Die Perspektive als Grundgesetz aller Erfahrung und Erkenntnis bedeutet zweierlei:
1. Jede Erkenntnis geschieht immer von einem bestimmten Zentrum aus: Ein Objekt ist immer das Objekt eines Subjekts. 2. Dieses Zentrum ist unanschaubar: Das Subjekt ist wirkliches, ungegenständliches Subjekt.
Aus Punkt 1. folgt die Relativität des Standortes. Jedes Zentrum kann wieder vergegenständlicht, wieder objektiviert werden. Jedes Subjekt kann zum Objekt werden, allerdings nur, indem ein neues Subjekt hinzutritt. Für dieses folgt aus Punkt 2: Der Standort ist absolut und nicht relativierbar. Das Zentrum als Zentrum ist nicht objektivierbar.
Erkennt man den Zusammenhang beider Aussagen, dann führt die Relativierung des Standortes nicht zu einer perspektivenfreien, absoluten Objektivität, denn der Standpunkt der Neutralität ist unmöglich.[607] Die Möglichkeit der Relativierung des konkreten Zentrums bedeutet zugleich die absolute Notwendigkeit eines Zentrums überhaupt. Beide Seiten der Relation, erkannter Gegenstand und erkennendes Subjekt, sind immer zusammen da.
Eine realistisch-objektivistische Scheidung ist nicht möglich. Erkenntnis ist nicht das Wirken eines Objektes auf ein Subjekt bzw. eines Subjekts auf ein Objekt, sondern die Subjekt-Objekt-Relation. Allerdings, und hier besteht der wesentliche Unterschied der kritizistischen Erkenntnistheorie zum psychologischen Gesetz der Perspektive, ist diese Relation einseitig. Das Subjekt kann zum Objekt werden, aber nicht das Objekt zum Subjekt.[608] Denn das Subjekt hat immer „Ich-Charakter", ist immer Bewusstsein, das darüber hinaus immer an ein konkretes empirisches Ich gebunden ist, dessen Stellung zwar in der räumlichen Perspektive veränderbar ist, sodass Ort von Zentrum und Gegenstand vertauschbar sind, das aber nicht aus der Zeit heraustreten treten kann. Das nichtgegenständliche Zentrum ist selbst zeitlich verfasst. Die Kantischen Erkenntnisformen der Anschauung, Raum und Zeit, sind also nicht rein apriorisch oder empiriefrei, sondern über das transzendentale Subjekt immer an ein konkretes, zu bestimmtem empirischen Raum-

---

[607] Versuch, GuL, 451.
[608] Die kritizistische Interpretation der Perspektive als asymmetrisches Verhältnis ist auch der wesentliche Fortschritt gegenüber dem „Weltbild der Zukunft". Die Weltformel von W gestattet die symmetrische Vertauschbarkeit von Zentrum und Objekt der Perspektive (Umtauschverhältnis im Grundverhältnis), was jedoch wegen der Nichtvertauschbarkeit des Ich bzw. der Unumkehrbarkeit der Zeit, die in W noch nicht beachtet worden waren, nur für den räumlichen Ort des empirischen, nicht für das erkenntnistheoretische Subjekt gilt.

und Zeitpunkt erkennendes Ich gebunden, das seinen Ort in Raum und Zeit nicht instantan wechseln kann. Die Kantsche Erkenntnis*theorie* wird, wenn man nicht nur das perspektivische Zentrum als nichtgegenständliches Ich erkennt, sondern auch umgekehrt das transzendentale Ich im empirischen Ich realisiert sieht, schon als Theorie konkreter an die empirische Erfahrung gebunden, als es bei Kant der Fall ist. Die Interpretation der Kants vom Grundgesetz der Perspektive her führt zu einer veränderten Theorie der Erkenntnis und der Anschauungsformen. Erkenntnis ist ein zeitlicher Prozess, der im transzendentalen Ich als Zeitbewusstsein gründet und qua Bindung des transzendentalen an ein bestimmtes empirisches Ich zu einem bestimmten Ort in Raum und Zeit, dem empirischen Zentrum der Perspektive, stattfindet. Das ungegenständliche Ich, Hier und Jetzt ist das Zentrum der perspektivischen Erkenntnis.

Diese Interpretation der Perspektive ist es, die Heim in Einsteins Relativitätstheorie bestätigt findet. Im Folgenden soll zunächst gezeigt werden, inwiefern die Relativitätstheorie nach Heim das Gesetz der Perspektive, und zwar in kritizistischer Interpretation, enthält[609]. Danach zeigen wir, dass man diese Interpretation entgegen möglicher Kritik aufrecht erhalten kann, allerdings nur, wenn man eine Umdeutung des reinen Kritizismus und der reinen Erfahrungsformen in der eben angegebenen Weise zugesteht.

5. Die Relativitätstheorie als nichtgegenständlich-perspektivische Erkenntnistheorie

a) Die spezielle Relativitätstheorie in der Deutung Heims

Karl Heim hat als einer der ersten Theologen überhaupt die weltbildliche Bedeutung der Relativitätstheorie erkannt und zu ihr Stellung bezogen[610]. In seinem Aufsatz „Gedanken eines Theologen zu Einsteins Relativitätstheorie" von 1921, in der dritten Auflage „Glaubensgewissheit" 1923 und in deren Interpretation „Zu meinem Versuch einer neuen religionsphilosophischen Grundlegung der Dogma-

---

[609] Einstein habe ihn aus dem „dogmatischen Schlummer erweckt", die Perspektive realistisch-gegenständlich zu verkennen (G 3, 146).

[610] Von evangelischer Seite sind außer Heim nur die unbedeutenden und erbaulichen Artikel der Furche-Zeitschrift von R. Lettau, Die Einsteinsche Relativitätstheorie im Verhältnis zur christlichen Weltanschauung, 1920, und der Mitherausgeberin E. Riemeier, Einstein und Kant, 1920, zu nennen, die Einstein als Relativisten darstellen, der den Glauben jedoch nicht erschüttern könne, da die Ewigkeitshoffnung sowieso das Vergehen von Raum und Zeit erwarte. Ähnlich apologetisch sind von katholischer Seite eine ganze Reihe von Artikeln in der „Katholische[n] Monatsschrift für das Geistesleben der Gegenwart" und im „Philosophische[n] Jahrbuch" der Görres-Gesellschaft, u.a. vom Herausgeber C. Gutberlet, Der Streit um die Relativitätstheorie, 1913, der die Relativitätstheorie für logisch widersprüchlich, physikalisch falsch und im Übrigen nur für modische „Propaganda" hält. Zu diesen Texten sowie kritisch zu Heim vgl. Benk, Moderne Physik und Theologie, 99–146.

tik" 1924 bezieht sich Heim vornehmlich auf die spezielle Relativitätstheorie von 1905, aber auch die Grundgedanken der allgemeinen Theorie 1916 (Äquivalenz von Trägheit und Gravitation) einschließlich der Bestätigung durch die 1919 gemessene Lichtablenkung im Gravitationsfeld der Sonne sind ihm schon vertraut[611].

Die spezielle Relativitätstheorie reproduziert nach Heim die beiden wesentlichen Eigenschaften der Perspektive, und zwar in kritizistischer Interpretation: Die Relativität des Standortes (1) und die Notwendigkeit eines Standortes (2). Der Standort ist (3) identisch mit dem erkennenden, bewussten Subjekt.

Ad (1): Die Relativität des Standortes war vorbereitet durch die „kopernikanische" Erkenntnis, dass der ptolemäische, ruhende Weltmittelpunkt ein beweglicher ist und durch Galilei und Newton, die die Relativität von Ruhe und Bewegung konstatierten, allerdings den absoluten Raum und das absolute Maß von Raum und Zeit festhielten. Bei Einstein hingegen sind auch „die raumzeitlichen Urmaße ... zu Funktionen des Bezugskörpers geworden"[612]. Einsteins „Prinzip der Relativität", dass „dem Begriffe der absoluten Ruhe ... keine Eigenschaften der Erscheinungen entsprechen"[613] führt zur Relativität des Zeit- und des Längenmaßes. Länge und Zeitmaß sind nicht unabhängig vom Bezugssystem. Bewegte Körper sind in Bezug auf ein ruhendes Bezugs- und Maßsystem verkürzt (Längenkontraktion), der Gang der Uhren ist verlangsamt (Zeitdilatation). Einsteins Relativitätstheorie bedeutet, wie Heim zu Recht konstatiert, die „Relativierung der naturwissenschaftlichen Grundbegriffe"[614] Raum und Zeit und damit unseres ganzen Weltverständnisses. Diese Abhängigkeit auch der Quantität von Raum und Zeit vom Bewegungszustand sind für Heim die bedeutsamsten Ergebnisse der speziellen Relativitätstheorie, die mit dem klassischen Relativitätsprinzip der Relativität von Ruhe und Bewegung nicht verstanden werden können. Im Gegensatz zu vielen anderen, die in der Relativitätstheorie nur die absolute Relativierung des Standortes[615] oder aber die Rückkehr zur absoluten, d.h. bezugssystemunabhängi-

---

[611] Gedanken eines Theologen zu Einsteins Relativitätstheorie, GuL, 119–137, 131.
[612] Ebd.
[613] Einstein, Zur Elektrodynamik bewegter Körper, 26.
[614] GuL, 137.
[615] Für O. Spengler hat die Relativitätstheorie mit der „Zerstörung des Begriffs der absoluten Zeit ... die Konstanz aller physikalischen Größen aufgehoben, in deren Definition die Zeit eingegangen ist". Der Relativismus der Relativitätstheorie, dieser „Arbeitshypothese von zynischer Rücksichtslosigkeit" (Untergang, 541), zeuge von der Selbstauflösung der faustischen Wissenschaften. E. Friedell sieht in der Relativitätstheorie „das größte geistige Ereignis des neuen Jahrhunderts" und die Antithese gegen den szientifischen Geist der neuzeitlichen Kosmologie. Statt mathematisch und berechenbar betrachte sie den „Kosmos als etwas Endliches, aber vollkommen Unverständliches", weil sie „überhaupt keine Maßstäbe" mehr kenne. Die Relativitätstheorie bewirke den „Sturz der Wirklichkeit", weil durch sie „ein Weltbild sich auflöst, ... dass, was der europäische Mensch ein halbes Jahrtausend lang die Wirklichkeit nannte, vor seinen Augen auseinanderfällt wie trockener Zunder" (Kulturgeschichte der Neuzeit. Die Krisis der europäischen Seele von der Pest bis zum Ersten Weltkrieg, 1927, 1491–1498). Gegen die Parole „Alles ist relativ" und die relativistische Funktionalisierung der Relativi-

gen Geltung der Naturgesetze sahen,[616] hat Heim die Bedeutung des Beobachters für die Relativierung der Maße hervorgehoben.

Ad (2): Jedes Bezugsystem braucht einen Beobachter, der in seinem Nullpunkt ruht. Auf diesen ist die Messung der Länge und der Zeitdauer bezogen. Damit ist das zweite Merkmal des Gesetzes der Perspektive von der Relativitätstheorie reproduziert. „Der erkennende Beobachter wird von vornherein in die Darstellung des physikalischen Tatbestandes hineingenommen als ein Element, von dem nicht abstrahiert werden darf."[617] Denn die Messung der Länge und der Zeitdauer wird durch eine experimentelle Handlung (das Ablesen einer Uhr oder eines Maßstabes) vorgenommen.

Ad (3): Daraus schließt Heim, dass „ein Bezugskörper oder Koordinatensystem im Einsteinschen Sinne immer einen möglichen oder wirklichen Beobachter voraussetzt, also ein sehendes Bewusstsein, ein erkennendes Subjekt", sodass die Bezugssysteme „nicht seelenlose Gebilde, sondern gleichsam beseelte Koordinatensysteme, bewusste Orientierungspunkte"[618] sind. Daraus folge aber wiederum, dass hinter jedem erkennenden, beobachtenden Ich das wollende und wertende Ich stehe. Alle naturwissenschaftliche Welterkenntnis sei damit zugleich ein Werturteil, weil sie von einem wertenden Subjekt erfolgt, das sich in einer bestimmten Beobachtungs- und Lebenslage befindet[619].
Der letzte Gedankenschritt hat natürlich Widerspruch erregt, zumal Heim im erkennenden Subjekt als konstitutivem Element das nichtwegdenkbare, absolut notwendige Zentrum jeder Weltorientierung sah, das selbst nicht hintergehbar, nicht objektivierbar oder ableitbar, sondern kraft einer „Ursetzung" gegeben ist und so ein Verständnis „für die schlechthinnige Abhängigkeit der ganzen Bewusstseinswirklichkeit von Gott", dem absoluten Weltgrund, in dem die „Ursetzungen wurzeln"[620], vermitteln könne.

A. Benk hat Heim die Instrumentalisierung der Relativitätstheorie zum Erweis der völligen Relativität aller Erkenntnis und des menschlichen Daseins vorgeworfen, um auf diesen Relativismus die Notwendigkeit eines Absoluten und die

---

tätstheorie wenden sich schon H. Reichenbach, Die philosophische Bedeutung der Relativitätstheorie, 144, und M. Schlick, Die Relativitätstheorie in der Philosophie, 1922, 64.

[616] Nach A. Sommerfeld ist nicht die Relativierung von Länge und Dauer, sondern die „*Unabhängigkeit der Naturgesetze ... vom Standpunkt des Beobachters*" die Hauptsache der Relativitätstheorie (Albert Einstein, 37). Eine präzise Analyse der „objektivistischen" und der „subjektivistischen" Faktoren in der Relativitätstheorie gibt H. Scholz, Zur Analysis des Relativitätsbegriffs, 1922.
[617] GuL, 132.
[618] GuL, 133.
[619] GuL, 136.
[620] GuL, 137.

schlechthinnige Angewiesenheit des Menschen auf Gott zu begründen[621]. In der Tat hat Heim zum Schluss allzu direkt die Seinsfrage zur Sinnfrage gemacht. Schwerlich kann „die Relativierung der naturwissenschaftlichen Grundbegriffe" uns „ein neues Verständnis ... für Empfänge aus der Sphäre des Absoluten"[622] aufschließen. Heim aber deshalb die „vollständige Verkennung der physikalischen Bedeutung der Relativitätstheorie, wenn man aus ihr eine ‚Standpunktphysik' oder ‚Perspektivenlehre' ableiten will und sie darüber hinaus – durch die willkürliche Gleichstellung von ‚relativ' mit ‚subjektiv' – als eine Form des ‚Subjektivismus' interpretiert"[623], zu unterstellen, verkennt seinerseits die Bedeutung des Beobachters und die erkenntnistheoretischen Implikationen, die diese physikalische Theorie *auch* hat[624].

b) Kritik: Die Rolle des Beobachters in der speziellen Relativitätstheorie

Die kritische Rückfrage kann sich auf die beiden Punkte konzentrieren, an denen Heims Interpretation und Folgerungen aus der Relativitätstheorie hängen: Ist der Beobachter (1) notwendig und (2) notwendig mit Bewusstsein ausgestattet? Die Kritiker Heims haben beide Fragen verneint und damit seine Folgerungen abgewiesen[625]. Doch kann, bei genauerem Nachdenken, beides in gewisser Hinsicht bejaht werden und damit Heims Behauptung der Übereinstimmung von relativitätstheoretischer und krizitistisch-perspektivischer Erkenntnistheorie verifiziert werden. Dazu muss das relativistische Verständnis von Zeit und Raum präzisiert und das Verhältnis zu den Kantschen Anschauungsformen hinsichtlich des Problems der Gleichzeitigkeit geklärt werden.

Ad (1): Vor Einstein wurde die Physik „als Wissenschaft einer vom Beobachter unabhängigen Natur verstanden, die zwar ihre Erkenntnisse experimentell prüfen kann, aber durch diese Möglichkeit nicht in ihrer Struktur beeinflusst wird"[626]. Die klassische Physik, exemplarisch in der Newtonschen Mechanik, impliziert eine streng realistische, objektivistische Erkenntnistheorie. Die Natur und ihre Gesetzmäßigkeiten sind von der physikalischen Theorie und vom beobachtenden Subjekt (vom Experiment) unabhängig. Insbesondere ist die Struktur von Raum und Zeit universal konstant. Die Bedeutung Einsteins besteht zwar auch darin, diese absolute Zeit und den absoluten Raum in ihrer Dauer und Länge relativiert zu haben, v.a. aber erkannt zu haben, dass Raum und Zeit keine Realität an sich zukommt oder diese jedenfalls unbeobachtbar und damit bedeutungslos ist. Hierin besteht eine gewisse Nähe zu Kants Raum- und Zeitverständnis insofern, als Raum und Zeit auch bei Einstein

---

[621] Benk, Moderne Physik und Theologie, 138.
[622] GuL, 137.
[623] A. Benk, Karl Heim und die Relativitätstheorie. Kritische Bemerkungen zu Heims Verhältnisbestimmung von Theologie und modernen Naturwissenschaften, ThPh 2001, 38; ders., Physik, 145.
[624] Vgl. die Anm. 615f zit. Aufsätze von H. Reichenbach, M. Schlick, H. Scholz.
[625] Krause, Weltbild, 123; Benk, Physik, 137f.
[626] P. Mittelstaedt, Philosophische Probleme der modernen Physik, 1989, 33.

Formen der Erfahrung und damit vom Beobachter aus bestimmt sind. Zeit ist für Einstein nämlich allein aus der Beobachtung von Zeit definiert. Zeit ist, was die Uhr anzeigt! Ebenso ist Länge, was der Meterstab anzeigt. Die physikalischen Begriffe werden rein durch Messverfahren definiert. Die beiden einzigen Größen, die für die spezielle Relativitätstheorie, die eine kinematische Theorie ist und auf dynamische Effekte, also auf Kräfte verzichtet, relevant sind, sind Raum und Zeit oder präziser Länge und Zeitdauer. Raum und Zeit in Gestalt von Länge und Dauer sind also die Erfahrungsformen, die Erkenntnisweisen der speziellen Relativitätstheorie. Die Relativitätstheorie ist eine Theorie der Beobachtung, nicht der Natur an sich. Die Beobachtung geschieht immer von einem Bezugssystem aus. Die Bezugssysteme sind bei Einstein aber nicht nur Koordinatensysteme, die sich wie in der Galileischen Relativitätstheorie gegenseitig bewegen, sondern diese Bezugssysteme enthalten konstitutiv Uhren und Maßstäbe. „Seit Einstein ist daher die Physik eine Wissenschaft, die sich ausdrücklich als eine Theorie beschreibt, wie sie sich zeigt, wenn sie mit realen Maßstäben untersucht wird."[627] Jedes Bezugssystem benötigt Uhren und Maßstäbe und zwar reale Uhren und Maßstäbe, denn diese müssen abgelesen werden, um Dauer und Länge zu bestimmen. Raum und Zeit sind in Gestalt der Uhren und Maßstäbe die Erfahrungsformen, die für jede konkrete Beobachtung abgelesen, d.h. empirisch realisiert werden. Die Relativitätstheorie erfordert also nicht nur den Beobachter als konstitutives Element der Beobachtung, sondern auch konkrete Beobachtung in Form des Ablesens von Uhren und Meterstäben. Insofern benötigt der Beobachter tatsächlich so etwas wie Bewusstsein. Jedenfalls muss er eine Uhr ablesen können.

Was bedeutet es nun, dass Längen und Zeitdauer vom Bewegungszustand abhängen? Die Längenkontraktion bedeutet nicht, wie vor Einstein Lorentz angenommen hatte, dass ein bewegter Maßstab materiell zusammengestaucht würde, sondern allein dies, dass er dem Beobachter verkürzt erscheint, u.d.h. dass dieser den Maßstab im Vergleich zu seinem Maßstab kürzer misst, als wenn beide Maßstäbe ruhend nebeneinander liegen. Über den Maßstab an sich und seine materielle Beschaffenheit, über seine etwaige „wahre" Länge etc. ist keine Aussage gemacht[628]. Wir finden in Einsteins Relativitätstheorie exakt das Grundgesetz der Perspektive in seiner kritizistischen Interpretation wieder. Beobachtung ist das Verhältnis eines Objektes zu einem bewussten Subjekt, dem dieses Objekt als Erscheinung gegeben ist. Länge und Zeit haben allerdings keine transzendentale Idealität mehr, sondern bloß noch empirische Realität. Zeit ist, was die Uhr anzeigt und Länge, was der Meterstab misst. Dieser positivistische Zugang Einsteins erfordert aber, dass es sich beim beobachtenden Subjekt um ein empirisches Subjekt handelt. Die Relativitätstheorie ist, obwohl es sich um eine Theorie möglicher Beobachtung handelt (die Längen und Zeitmaße können mittels der Lorentzschen Transformationsformeln zwischen den Bezugssystemen hin- und hergerechnet werden und erlauben so die Vorhersage, was ein Beobachter in einem anderen Bezugssystem beobachten wird), eine Theorie empirischer Beobachtung. Sie sagt, was ein tatsächlicher Beobachter unter bestimmten Umständen, d.h. unter der Bedingung der Art, wie er seine Uhren und Maßstäbe anordnet und abliest, beobachtet.

Ad (2): Mit dem Beobachter ist das empirische Zentrum der Perspektive reproduziert. Inwiefern handelt es sich dabei um ein nichtgegenständliches Zentrum?

---

[627] Mittelstaedt, Probleme, 34.
[628] Man kann sich leicht überlegen, dass aus der Relativität der Bezugssysteme folgen muss, dass wenn ein bewegter Maßstab einem ruhenden Beobachter verkürzt erscheint, auch der Maßstab des ruhenden Beobachters vom bewegten System aus verkürzt ist. Die „wahre" Länge ist ein sinnloser Begriff, weil es das absolute Bezugssystem nicht gibt, in dem sie gemessen werden könnte. Die Paradoxie löst sich übrigens auf, wenn die Relativität der Gleichzeitigkeit berücksichtigt wird, s.u. den nächsten Abschnitt.

Der oben dargestellte kritizistische Einwand gegen das empirische Gesetz der Perspektive könnte hier wiederholt werden. Der Einsteinsche Beobachter mit seinen Uhren und Maßstäben sei nicht das kantsche transzendentale Ich, denn um die Uhr abzulesen brauche es als Voraussetzung das erkenntnistheoretische Ich, damit der Zeigerstand für mich erkanntes Objekt werden kann. Eine solche Anwendung der kantschen Erkenntnistheorie auf die empirische Beobachtung der Relativitätstheorie verkennt die fundamentale Differenz im Zeitverständnis zwischen Kant und Einstein. Das Ablesen einer Uhr ist bei Kant ein empirischer Prozess, der nur in der Zeit erfolgt. Die Zeigerstellung ist nur als sinnliche Wahrnehmung in der Zeit gegeben, sodass Zeit als reine Form der Erfahrung vorgängig sein muss. Diese Vorgängigkeit der Zeit vor der Uhr ist nach Einstein eine Fehlannahme, weil Zeit nicht unabhängig von der Zeigerstellung der Uhr, sondern nur in ihr existiert. Zeit ist, was die Uhr anzeigt, sodass die Beobachtung der Zeigerstellung nicht „in" der Zeit erfolgt, sondern die Zeit (des Bezugssystems) *ist*. Die Uhr ist also streng genommen mit dem beobachtenden Ich, das im Zentrum des Bezugssystems sitzt, identisch. Die „Uhr" ist das nichtgegenständliche Zentrum, das nicht verobjektiviert werden kann. Eine konkrete Beobachtung fordert natürlich eine konkrete Uhr. Auf das tatsächliche, empirische Ablesen der Zeigerstellung kann natürlich Kants Erkenntnistheorie angewandt werden, allerdings nur, sofern Ableser und Uhr sich im gleichen Bezugssystem befinden, also dieselbe Eigenzeit haben. Die Zeit, „in" der der Ableser dann den Zeiger abliest, ist die Zeit der Uhr. Dieser zirkuläre Prozess, dass Zeit aus der Zeigerstellung und die Zeigerstellung in der Zeit festgestellt wird, ist nicht auflösbar innerhalb eines Bezugssystems. Insofern ist das beobachtende Zentrum einschließlich der Uhren und Maßstäbe nichtgegenständlich, nicht objektivierbar. Die Einsteinsche Theorie erlaubt es zwar, mittels der Transformationsformeln (die eine Art absolute Geltung haben) das Zeitmaß vom einen in das andere Bezugssystem umzurechnen, die Unauflöslichkeit des Zirkels von Zeit und Zeitmessung bleibt wegen der Unmöglichkeit, Zeit an einer absoluten Zeit abzugleichen, bestehen. Die Zirkularität von Maß und Größe, die Heim im Unterschied zu seiner Bewertung der Energetik im „Weltbild der Zukunft" klar erkannt hat, und die nur durch eine nichtobjektivierbare Setzung in Form eines Urmaßes aufzulösen ist[629], besteht, wie oben gezeigt, im Übrigen für jede physikalische Größe. Das Urmaß ist schlechterdings nicht hintergehbar. Es ist irrational gesetzt. Es ist relativierbar (messbar) von einem anderen Bezugssystem aus, aber nicht im eigenen. Das Urmeter hat selbst keine messbare Länge, sondern ist als nichtgegenständliches Maß für jede Längenmessung vorausgesetzt. Meterstab und Uhr, die der Einsteinsche Beobachter bei sich hat, bedeuten streng Urmeter und Ursekunde. Das beobachtende Zentrum des Bezugssystems ist identisch mit dem Urmaß von Raum und Zeit. Es ist nicht bloß das nichtgegenständliche, erkennende Ich, sondern das nichtgegenständliche Ich, Hier und Jetzt.

c) Gleichzeitigkeit bei Kant und Einstein

Nun hatte auch Kant schon die Vorstellung der absoluten Zeit und des absoluten Raumes als einer empirischen Realität verworfen. Es gibt auch bei Kant keine kosmische, absolute Uhr, an der man die eigene abgleichen kann. Das Maß von Raum und Zeit ist auch bei Kant nichtgegenständlich gesetzt. Die transzendentale Idealität der Zeit, „in" der man alle Erfahrung macht, ist bei ihm nichtempirisch. Sie ist als Bedingung aller Erfahrung in der Zeit nicht objektivierbar. Diese ideale Zeit ist wie die Uhr des Einsteinschen Beobachters eine reine Zeit ohne Dauer, ohne Maß. Sie ist reine Form. Dennoch bestehen zwischen der Kritik der reinen Vernunft und der Relativitätstheorie tiefgreifende Unterschiede.

---

[629] G 3, 167f.

Machen wir uns am Problem der Gleichzeitigkeit klar, inwiefern die spezielle Relativitätstheorie eine Uminterpretation der kantischen Erfahrungsformen bedingt.

Die Zeit als transzendentale Idealität ist nicht objektivierbar, sie ist apriorisch, d.h. ohne Zeitmaß gegeben. Dennoch muss sie ein Minimum von Eigenschaften aufweisen, um die Form der Sinnlichkeit, also die Form, in der Gegenstände sinnlich gegeben sind, sein zu können. Die transzendentale Grundeigenschaft der Zeit lautet: „Sie hat nur Eine Dimension: verschiedene Zeiten sind nicht zugleich, sondern nacheinander (so wie verschiedene Räume nicht nach einander, sondern zugleich sind)."[630] Obwohl empirisch nicht verifizierbar ob des transzendentalen Charakters, sind diese Eigenschaften für Kant unbezweifelbar. Die transzendentale Zeit ist die Möglichkeit der Anordnung von Ereignissen in einer Reihe. Damit Anordnung möglich ist, muss die Reihenfolge eindeutig sein. Der Formcharakter der Zeit besteht darin, dass eine Ordnung der Zeitpunkte a priori gegeben ist. Mit der Möglichkeit des Hintereinander ist die Eindeutigkeit der Gleichzeitigkeit gefordert. Gleichzeitigkeit ist in dieser Zeit absolut. Gleichzeitigkeit und Nacheinander schließen sich aus. Ereignisse können entweder „zu einer und derselben Zeit (zugleich) oder in verschiedenen Zeiten (nach einander)"[631] sein. Zwei Ereignisse können wegen der Eindimensionalität der Zeit nie sowohl gleichzeitig als auch nacheinander sein.

Die Einsteinsche Relativitätstheorie verletzt die absolute Gleichzeitigkeit. Zwei Ereignisse, die in einem Bezugssystem gleichzeitig sind, können in einem bewegten System nacheinander sein, u.u. Die Reihenfolge kann sogar umgekehrt werden! Die Zeitordnung liegt also nicht a priori fest, sondern ergibt sich empirisch aus dem Bewegungszustand. Sie wird mit der Wahl des Bezugssystems festgelegt. Nicht nur Zeit- und Längenmaß sind mit der Wahl des Bezugssystems, der Einheitsuhren und Einheitsmaßstäbe gesetzt, sondern auch die Ordnung der Zeit. Die Form der Erfahrung im Kantschen Sinne ist damit nicht die reine Zeit, sondern die geordnete Zeit. Diese ist aber die Zeit, die der Beobachter an der Uhr abliest. Die Uhr des Einsteinschen Beobachters hat die Funktion der Zeit als transzendentaler Idealität bei Kant! Sie ist die „reine" Form der Anschauung. Jedes Ereignis, das in der Zeit gegeben ist, ist nur in dieser Zeit gegeben, deren Ordnung und Maß durch die Wahl des Bezugssystems gesetzt wird.

Ergebnis:

Der Beobachter mit seinen Uhren und Maßstäben ist das nichtgegenständliche Zentrum des Bezugssystems. Nicht nur er selbst, sondern sein Ich, Hier und Jetzt sind irrational, d.h. unableitbar gesetzt. Man könnte sogar soweit gehen und sagen, dass mit der Wahl des Zentrums, die ja keine eigentliche Wahl ist, weil es sich um eine Setzung handelt, nicht nur das empirische Raum- und Zeitmaß, sondern mit der Zeitordnung Raum und Zeit überhaupt gesetzt sind.

An dieser Stelle zahlt es sich aus, dass wir in Weiterführung Kants das transzendentale Ich als Zeitbewusstsein interpretiert und mit dem nichtgegenständlichen Zentrum der perspektivischen Erkenntnis gleichgesetzt haben. Die spezielle Relativitätstheorie impliziert mit der Beschränkung dessen, was Zeit ist, auf die Zeigerstellung der Uhr, dass das Zentrum jedes möglichen Bezugssystems, der Be-

---

[630] Kant, KrV, B 47.
[631] Ebd.

obachter inklusiv seiner Uhren und Maßstäbe, ein nichtgegenständliches Zentrum ist. In diesem Zentrum sind die drei Erfahrungsformen, in denen Beobachtung stattfinden kann, nicht reines Ich, reine Zeit und reiner Raum, sondern empirisch festgelegter Beobachter, Zeitdauer und Längenmaß. Der empirischen Zeitdauer und Länge sind keine Formen der sinnlichen Anschauung vorgeordnet und diesen wiederum kein zeitloses „Ich denke", sondern die Uhr und der Maßstab sind die Zeit und der Raum als Formen, in denen Erfahrung (Messung, Beobachtung) stattfindet. Das empirische Zentrum, von dem aus Beobachtung stattfindet, ist zugleich das transzendentale Zentrum der Möglichkeit von Beobachtung.

Dieses Zentrum besteht aus Beobachter, Einheitsuhr und Einheitsmaßstab. In diesem nichtgegenständlichen Zentrum sind keine zeit-, raum- und ichartigen Anteile auflösbar. Das Zentrum ist als Ganzes ungegenständlich gesetzt. Insbesondere die Zeitordnung wird mit der Setzung erst bestimmt. Die Uhr des Beobachters ist damit ganz streng das innere Zeitbewusstsein, das als solches unhintergehbar ist. Das perspektivische Zentrum ist identisch mit dem als Zeitbewusstsein verstandenen transzendentalen Selbstbewusstsein.

d) *Perspektive, Relativitätstheorie und Glaubensgewissheit*

Was ist mit dieser Interpretation und Bestätigung der Perspektive als Weltgesetz von der speziellen Relativitätstheorie her für das Problem der Glaubensgewissheit erreicht?

Zunächst betrachten wir Heims Behauptung, dass hinter jedem erkennenden Ich das wollende und wertende Ich unlösbar stehe. Inwiefern gilt dies für den Einsteinschen Beobachter, der doch eine fiktive Größe darstellt mit seinen idealen Uhren und Maßstäben? Die Relativitätstheorie ist eine Theorie möglicher Beobachtung und zwar präzise eine Theorie möglicher wirklicher Beobachtung. Sie sagt, wie eine Beobachtung, d.h. eine Orts- und Zeitmessung, aus einem in ein anderes Bezugsystem transformiert werden kann, und zwar unter der Voraussetzung, dass sich der Beobachter genau so verhält, wie Einstein es von ihm fordert. Die Relativitätstheorie ist also wie alle physikalischen Gesetze eine Wenn-dann-Aussage: Wenn ein Beobachter in einem Bezugsystem die Länge eines Maßstabes so bemisst, dann misst er in einem dazu bewegten Bezugsystem jene. Damit eine konkrete Messung zustande kommt, muss also der Umstand, technisch gesagt, die Randbedingung festgelegt werden. Die Wahl eines bestimmten Standpunktes ist keine Möglichkeit, sondern Notwendigkeit. Anders als der zu messende Gegenstand ist dieses Zentrum, der Ursprung des Koordinatensystems, die Einheitsuhr und der Einheitsmaßstab, nicht eigentlich wählbar, da es nichtgegenständlich und damit unhintergehbar ist. Es ist also gesetzt. Das perspektivische Zentrum ist das irrational gesetzte Ich, Hier und Jetzt. Diese Setzung ist das physikalisch unerklärliche „Urerlebnis, das das letzte Welträtsel in sich birgt"[632]. Es ist das „Schicksal", zu dem man sich verhalten muss, zu dem man ja oder nein sagen muss, das man Gott oder Zufall nennen muss. Diese Haltung ist eine Haltung der Existenz, die man natürlich im hinterher relativieren und objektivieren kann, nicht aber im Akt selbst. Diese „letzte Urentscheidung, die … keinen Anhaltspunkt in der gegenständlichen Sachlage selbst hat", d.h. nicht abgeleitet oder objektiviert werden kann – die letzte Entscheidung ist eine „Setzung höherer Ordnung" – „kann nur kraft des Nichtgegenständlichen zustande gekommen sein."[633] Und schließlich: „Nenne ich das Nichtgegenständliche Gott, so nenne ich diese letzte Entscheidung Gottes, kraft deren ich mich in diesem Augenblick im Ja befinde, Gnade, die Stellung selbst aber … Glaube, sola fides."[634] Der Glaube selbst ist ungegenständlich, nichtempirisch, unanschaubar.[635] Er ist als mein nichthintergehbares ungegenständliches Zentrum mit dem transzendentalen Selbstbewusstsein als Zeitbewusstsein identisch.[636] Der Glaube ist im Akt selbst unhintergehbar gegeben und hat daher unmittelbare Gewissheit.

6. Zusammenfassung und Kritik an der Begründung der Glaubensgewissheit aus dem Nichtgegenständlichen

Der entscheidende Fortschritt der dritten gegenüber den früheren Auflagen der „Glaubensgewissheit" bestand darin, die Wirklichkeit des Glaubens als irrational gesetzte Positivität der logisch-erkenntnistheoretisch aufgewiesenen Denkmöglichkeit nicht bloß unvermittelt gegenüberzustellen (Kontrastverhältnis von Glaube und Wissen), sondern in der Möglichkeit schon die Wirklichkeit des Glaubens aufscheinen zu lassen, indem gezeigt wurde, dass auch das Wissen und Erkennen konstitutiv ein irrational-positives Moment enthalten, nämlich die irrationale Gesetztheit des raumzeitlichen Ich, Hier und Jetzt, des erkennenden Subjekts als dem perspektivischen Zentrum der Erkenntnis. Diese Gesetztheit kommt zustande durch das nichtgegenständliche Ich, welches den transzendentalen Grund der Erkenntnis oder das unsichtbare, aber immer mit vorhandene Zentrum der Perspektive bildet. Damit das nichtgegenständliche Ich aber nicht bloß Bedingung der Möglichkeit von Erfahrung, sondern der ermöglichende Grund der gesamten Erfahrungswelt, ja die Erfahrung ermöglichend vollziehender Grund, also Erfah-

---

[632] GuL, 137.
[633] G 3, 251.
[634] G 3, 252; kritisch vgl. Schott, Glaubensgewissheit, 61.
[635] Vgl. Brunner, Erlebnis, 87ff: Die Unableitbarkeit des Glaubens.
[636] Hier zahlt sich unsere Bestimmung des transzendentalen Bewusstseins als Zeitbewusstsein erneut aus. Ohne diese Bestimmung könnte das transzendentale Ich auch mit dem Atman der Upanishaden identisch sein (G3, 273), in dem alle Unterschiede aufgehoben sind, sodass es identisch wäre mit dem Identischen, dem Nichts, dem Zeitlosen.

rung konstituierender Grund ist, muss über den rein transzendentallogischen Ich-Begriff des Kritizismus (reine Form ohne Inhalt) hinausgegangen werden. Im nichtgegenständlichen Ich ist eine Erkenntnisweise impliziert, eine Art und Weise, des Gegebenen inne zu werden: das intuitive Erleben, sodass das nichtgegenständliche Ich nicht reine Bedingung der Erkenntnis, sondern das erkennende und erlebende Ich selbst ist. Es muss selbst ein irgendwie „Gegebenes", ein Etwas sein. Aus dem transzendentalen, nichtgegenständlichen Ich wird das Nichtgegenständliche. Unter der – noch ganz unbestimmt genommenen – Bestimmung als Seinsweise kann das Nichtgegenständliche als Sphäre beschrieben werden, als nichtlokalisierte Region, in die das Ich aufgenommen wird und teilhat, sodass es jenseits der räumlichen und zeitlichen Grenzen zu stehen kommt. Es kann Gewissheit erlangen über das Ganze der Erfahrungswelt. Der Durchblick durch das Ganze ist möglich. Die Exklusivität des Ich, Hier und Jetzt, das von allen anderen Ichen, Raum- und Zeitpunkten strikt geschieden war, ist aufgehoben. Die Wirklichkeit des Glaubens ist erreicht. Das konkrete Ich bekommt teil an der Allgegenwart Gottes. Damit ist der Glaube nicht bloß als irrationale Tatsächlichkeit (ex negatione), sondern in seiner Wirklichkeit (positiv) bestimmt. Der Durchblick des Glaubens durchs Ganze hat die Gewissheit des Unmittelbaren, d.h. absolute Gewissheit. Hat sich solche Gewissheit eingestellt, so ist damit die letzte Alternative „Gott oder das Schicksal" zur Entscheidung gekommen. Das Nichtgegenständliche ist bejaht worden, es ist Gott genannt worden.

Besonders gegen diesen letzten Schritt der Gleichsetzung des Nichtgegenständlichen und damit des nichtgegenständlichen Ich mit Gott sind eine Reihe von Einwänden erhoben worden, die zugleich Heims Begründung der Glaubensgewissheit überhaupt in Frage stellten.
Die Gleichsetzung des erkenntnistheoretischen, nichtgegenständlichen Ich mit Gott führe zu einem problematischen Ich-Begriff, der einem ebenso problematischen Gottesbegriff korrespondiere. Die Gleichsetzung von Ich und Gott führe zu einer Erhebung des menschlichen Ich zum Absoluten und daher zur Verwischung des absoluten Gegensatzes zwischen Ich und Gott.
Die Kritik wird an Heims Verständnis des nichtgegenständlichen Ich, der Verortung der Subjektivität, des Willens und der Entscheidung sowie an seiner erkenntnistheoretischen Methode festgemacht.
Heim habe mit der Identifizierung des psychologisch-empirischen Zentrums der Perspektive mit dem nichtgegenständlichen Ich ein subjektives, „psychologisches Moment willkürlich zu erkenntnistheoretischer Grundgeltung"[637] erhoben. Wird aus dem psychologischen Gesetz der Perspektive das Weltgesetz gemacht, so wird das Subjektive zum Objektiv-Geltenden, zum Absoluten. Wenn es nämlich das

---

[637] Bruhn, Problem des Irrationalen, 340.

nichtgegenständliche Ich ist, kraft dessen die letzte Entscheidung zwischen Gott und Schicksal entschieden wird, so ist damit „die Entscheidung des Subjekts als das Letztgeltende"[638] behauptet. Es ist dann so, dass der (menschliche) „Wille das Absolute meistert"[639] oder andersherum gesagt: Es wird „das Absolute durch alogische Willensentscheidung ins Diesseitige"[640] gezwungen.

Die Gleichsetzung von erkenntnistheoretischem Ich und Gott führe nicht nur zur Bindung des Glaubens an eine bestimmte, die kritizistische Erkenntnistheorie, sondern zur idealistischen Ontologie.[641] Wenn das erkenntnistheoretische Ich als nichtgegenständlicher Ermöglichungsgrund allen gegenständlichen Erkennens „unter dem Namen Gottes uns entgegentritt"[642], dann ist es nicht bloß das alles Erkennen Ermöglichende, d.h. Erkenntnisgrund (ratio cognoscendi), sondern das „allem Gegenständlichen zu Grund Liegende, es Bedingende"[643], d.h. Seinsgrund (ratio essendi). Das nichtgegenständliche Ich wird zum „mystischen Hintergrund alles Erkennens"[644], zum unsichtbar-göttlichen Welthintergrund, in dem alles Dasein immer schon steht, zum transzendenten Grund, in dem alles Sein sich immer schon vorfindet. Wenn der nichtgegenständliche Ermöglichungsgrund allen Seins zugleich, wie Heim sagt, „das Allernächste und Allervertrauteste"[645] ist, und *als solches* den Namen Gottes erhält, so ist das Ich-Bewusstsein nicht bloß in das Gesamtbewusstsein oder Selbstbewusstsein Gottes „hineingenommen"[646], sondern mit diesem identisch.[647]

Kurz: Die Identifikation des erkenntnistheoretischen, nichtgegenständlichen Ich mit Gott bedeutet die Identität von Subjekt und Objekt des Glaubens, sodass „der absolute Gegensatz zwischen Gott und Ich aufgehoben wird"[648]. Hätte Heim dies

---

[638] Ebd.
[639] Ebd.
[640] A.a.O., 340f.
[641] Der fundamentale Vorwurf lautet schlicht, aber alles besagend: „Fichte!" (Wehrung, Rez. zu G 3, 456); vgl. Thielicke, Glauben und Denken, 639: „Die Nichtunterscheidbarkeit aber zwischen Gott und nichtobjektivierbarem Ich, wie sie uns bei Heim entgegentritt, scheint sich doch in größerer Nähe zu Fichtes Metaphysik zu befinden, als es Heim lieb sein kann."
[642] Wehrung, Rez. zu G 3, 455.
[643] Ebd.
[644] A.a.O., 456.
[645] G 3, 245.
[646] G 3, 273; gerade in jenem „hineingenommen" oder „teilbekommen" stecke das Grundproblem des Kritizismus, nämlich das ungeklärte „Verhältnis des individuellen Subjekts zum ‚Bewusstsein überhaupt'" (Weber, Rez. zu G 3, 36).
[647] „Für Heim fließt Gott mit dem Nichtgegenständlichen, dem erkenntnistheoretischen Subjekt so zusammen, dass Subjekt und Objekt ununterscheidbar werden" (F. Schneider, Erkenntnistheorie und Theologie. Zum Kampf um den Idealismus, 1950, 155); vgl. Schumanns Kritik an Heim, Gottesgedanke, 212: Wenn Gott uns das Allernächste ist, dann heißt dies, „dass er bei jedem Denken eines Gegenständlichen als das korrelative Nichtgegenständliche immer schon mitgesetzt ist. Als solches ist er immer mit da, wenn irgend etwas gegeben ist. Deshalb gibt es im Grunde nur eine Wirklichkeit, das ens realissimum, Gott, es gibt auch nur ein Ich, nur eine ‚Person', Gott."
[648] Eisenhuth, Entwicklung, 59.

so gemeint, so stünden wir vor der „völligen Preisgabe des christlichen Gottesgedankens und ... seiner Auflösung in den mystischen Gottheitsbegriff".[649]

Gegen diesen Vorwurf des idealistischen, pantheisierenden Ich- und Gottesverständnisses hat sich Heim zurecht verwahrt.[650] Die ihm unterstellte idealistische Ontologie, nach welcher „das nichtgegenständliche Ich die gegenständliche Welt schafft oder wenigstens formt, jedenfalls in ihrem Dasein mitbedingt"[651] mache zwar eine Gewissheit des Ich über das Weltganze denkbar, allerdings nur unter der Bedingung, dass das Ich der empirischen Bindung enthoben wird und „als überempirischer, weltkonstituierender Faktor das Ganze umfasst und mitbedingt"[652]. Dazu müssten Ich und Welt in einem apriorischen, im Ich begründeten Kausalverhältnis stehen, was einer „mythologischen Objektivierung des Nichtobjektivierbaren"[653] gleichkäme. Das Ich wäre identisch mit dem Absoluten. Das Subjekt wäre mit dem Objekt des Glaubens identisch, was sowohl dem christlichen Glaubensgegenstand, der nicht an das absolute Absolute, sondern an Gott in Christus, d.h. an Gott in einem Ereignis der gegenständlichen Erfahrungswelt, nämlich der Person Jesu, glaubt, als auch dem christlichen Glaubenssubjekt wi-

---

[649] Schumann, Gottesgedanke, 208; „Damit mündet Heim in den Gedankengang der ontologischen Mystik: Gott ist das All-Eine. ... Die christliche Erfahrung und ihr personhaftes Gegenüber von Mensch und Gott verfehlt damit Heim" (Schneider, Erkenntnistheorie, 158).

[650] Vgl. die Klarstellung wesentlicher Grundgedanken von G 3 und die Auseinandersetzung mit den Kritikern: Zu meinem Versuch einer neuen religionsphilosophischen Grundlegung der Dogmatik, ZThK 1923/24, in: GuL, 438–483.

[651] GuL, 470f; diese Formulierung entspricht dem, was zur Zeit Heims mit dem Schlagwort „Fichtescher Idealismus" verbunden war, vgl. die Formulierung Schumanns, die präzise den Überschritt von der kritizistischen Erkenntnistheorie zur idealistischen Ontologie benennt: „Alles, was an einem Gegenstand angebbar ist, das stammt aus dem formenden Bewusstsein, es ist nichts angebbar, was nicht aus dem Formgesetz des Bewusstseins stammt. Dann aber ist ‚Formung' gleichbedeutend mit Schöpfung, dann bringt das Bewusstsein seine Gegenstände hervor, das Wesen des Bewusstseins ist Objektsetzung" (Gottesgedanke, 34). Ob damit der erste und zweite Grundsatz von Fichtes „Grundlage der gesamten Wissenschaftslehre" (1794) „Das Ich setzt ursprünglich schlechthin sein eignes Sein" (Fichtes Werke, Bd. 1, 98) und „Das Entgegengesetztsein überhaupt ist schlechthin durch das Ich gesetzt. ... So gewiß wird dem Ich schlechthin entgegengesetzt ein Nicht-Ich" (103f) richtig aufgenommen ist, ist mehr als zweifelhaft. Die neuere Forschung sieht in der Konstitutionsleistung des Ich bei Fichte mehr die Konstitution des Bewusstseins und seines Inhaltes denn eine real-ontologische Setzung, sodass das Ich weniger ontologische Realität als der aktuelle *Vollzug* des Bewusstseins ist, in dem es in einem dynamischen Akt sich selbst setzt und das andere sich entgegensetzt (so richtig auch Heim in GD 1, 113). Wirkungsgeschichtlich bedeutsam wurde allerdings Schellings frühe Interpretation „Vom Ich als Prinzip der Philosophie" (1795), nach der das Ich eine einzige, identische und unendliche Substanz ist, die substantiell mit dem Göttlichen identisch ist („Das absolute Ich beschreibt eine unendliche Sphäre, die alle Realität befasst. ... Das Ich muss schlechthin unendlich sein. ... Wenn Substanz das Unbedingte ist, so ist das Ich die einige Substanz. ... Im Ich hat die Philosophie ihr En kai pan gefunden", Sämtliche Werke I/1, 190–192). Die objektsetzende Tätigkeit des Bewusstseins, die Schelling ausdrücklich mit dem Terminus der Kausalität belegt, ist damit die schöpferische Tätigkeit Gottes („Die höchste Idee, welche die Causalität der absoluten Substanz (des Ich) ausdrückt, ist die Idee von absoluter Macht", 195) und das transzendentale Ich ist selbst verobjektiviert und metaphysisch absolut gesetzt (vgl. Coreth u.a., Philosophie des 19. Jahrhunderts, 23f).

[652] GuL, 471.

[653] LI 3, 15.

dersprüche, das kein überzeitliches, sondern ein bestimmtes, zu einer bestimmten Zeit glaubendes Individuum ist. Der objektive Idealismus ist für Heim definitiv mit dem christlichen Glauben und „mit der christlichen Glaubensgewissheit unvereinbar"[654]. Der idealistische Ich- und Gottesbegriff muss unter allen Umständen abgewehrt werden.

Denn das nichtgegenständliche Ich ist realiter nie, wie der objektive Idealismus meint, rein als nichtgegenständliche, weltumspannende, ewige Wirklichkeit da, sondern immer gebunden an das empirische Ich, an Raum und Zeit. Aufgrund der raum-zeitlichen Gebundenheit ist „das wirkliche Ich … niemals etwas Absolutes"[655].

Daher ist auch die Gleichwerdung[656] von Subjekt und Objekt des Glaubens im Glaubensakt, wenn das Subjekt in die Region des Nichtgegenständlichen aufgenommen wird und so teilbekommt am nichtgegenständlichen, allgegenwärtigen Ermöglichungsgrund des ganzen Seins, sodass ich „in Übereinstimmung"[657] mit Gott komme, keine absolute, sondern eine zeitliche, eine im Glaubensakt geschehende. „Das Wunder der Gnade, durch welches die Alternative: Willkür oder höhere Notwendigkeit, Zufall oder Gott zur Entscheidung kommt, ist nur für den da, der darin steht, und auch für diesen nur in dem Augenblick, da er darin steht und daraus heraus handelt und leidet."[658]

Das nichtgegenständliche Ich ist nicht mit Gott (zeitlos) identisch, das Selbstbewusstsein ist nicht von jeher ins Gottesbewusstsein eingeschlossen, sondern es erhält im Glaubensakt den Namen Gottes, es bekommt teil am Selbstbewusstsein Gottes, am Durchblick durch das Ganze, wenn Gott es teilhaben lässt[659]! Die Identität besteht in actu, im Augenblick der Entscheidung zwischen Gott und

---

[654] GuL, 470.
[655] GuL, 480f.
[656] Das Verbalsubstantiv „Gleichwerdung" drückt die Ereignishaftigkeit der unio mystica besser aus als der logisch-zeitlose Begriff „Identität".
[657] G 3, 244; wir belassen es bei dieser etwas vagen Formulierung Heims, von denen es eine ganze Reihe ähnlicher gibt („teilbekommen" (75), „aufgenommen" (246) sein, „hineingenommen" (273) sein, „teilhaben" (274) usw.). U.E. steckt in der begrifflichen Unschärfe nicht „das große Problem" (Weber, Rez. zu G 3, 36), sondern die Lösung, der reinen Identitätsphilosophie zu entkommen. Alle Formulierungen enthalten präsentische Verbal-, aber keine Ist-Sätze. Glauben ist kein überzeitliches, identisches Sein, sondern präsentisch-zeitliches Geschehen.
[658] GuL, 482f; H.J. Iwand hat an Heims Begründung der Glaubensgewissheit kritisiert, dass der Glaube dann, wenn er nur „im Augenblick einer Setzung von der Selbstgewissheit des absoluten Willens getragen ist, … ebenso leicht durch die danach mögliche Reflektion relativiert, d.h. gegenständlich motiviert und damit entwertet werden" kann. Dies sei nur dann nicht möglich, wenn man den Glauben mit Schleiermacher „auf die religiöse Setzung der schlechthinnigen Abhängigkeit" gründet. In der Tat ist die Glaubensgewissheit bei Heim nur aktual möglich, dafür ist sie *Glaubens*-, also Heilsgewissheit, während Schleiermachers Gewissheit des im schlechthinnigen Abhängigkeitsgefühl mitgesetzten Woher „nur" *Existenzgewissheit* und Gewissheit der „Totalität des Lebens" bedeutet (Iwand, Über die methodische Verwendung von Antinomien in der Religionsphilosophie. Dargestellt an Karl Heims ‚Glaubensgewissheit', 1924, zusammengefasst in: Nachgelassene Werke, Bd. 6, 328).
[659] G 3, 273f.

Schicksal, im Augenblick der Bejahung des Nichtgegenständlichen, wenn es Gott genannt wird, und auch nur in diesem Augenblick, in dem ich „im Ja stehe"[660].

In einem Satz: Der Vorwurf der identitätsphilosophisch-spekulativen Gleichsetzung des nichtgegenständlichen Ich mit Gott wäre nicht erhoben worden, wenn die Zeithaftigkeit des transzendentalen Selbstbewusstseins und damit die Ereignishaftigkeit der Einung von Ich und Gott im Glaubensakt erkannt worden wäre[661]. Die Zeitlichkeit der unio mystica ist dabei schon im Begriff des Nichtgegenständlichen impliziert, sofern es als Zeitbewusstsein verstanden wird. Diese Bestimmung war, obwohl wir sie als den Kern des Heimschen Begriffs des Nichtgegenständlichen herausgestellt haben, in der „Glaubensgewissheit" offensichtlich nicht klar genug herausgearbeitet. Im Folgenden präzisieren wir das entscheidende Detailproblem in Bezug auf das Zeitverhältnis des Nichtgegenständlichen, das sich an einer Ungenauigkeit der „Glaubensgewissheit" entzündet und dessen Klärung umfassend in „Glaube und Denken" erfolgt.

Auch wenn man die Ereignishaftigkeit der Einung von Ich und Gott im Glaubensakt erkennt, kann weitergefragt werden, wie und wodurch die letzte Entscheidung „Gott oder das Schicksal" zustande kommt. Wie und worin begründet wird das Ich hineingenommen in Gott, bekommt es teil am Durchblick Gottes durch das Ganze der Wirklichkeit?

Einerseits ist für Heim ganz klar, dass sich „die Frage nach dem Wie der letzten Entscheidung … nicht mehr vom Standpunkt einer vornehmen wissenschaftlichen Neutralität"[662] beantworten lässt. Die Wirklichkeit des Glaubens ist nicht theoretisch ableitbar, sie hat keinen Anhalt an gegenständlichen Erwägungen oder Möglichkeiten. Der Glaube ist nicht hintergehbar, er ist irrational da kraft einer „Setzung höherer Ordnung"[663]. Diese negative Antwort, die unbeantwortet lässt, wie und warum die letzte Alternative entschieden wurde und Glaubensgewissheit sich einstellte, war noch in der zweiten Auflage der „Glaubensgewissheit" das Letzte, was man sagen kann. In der dritten Auflage kann aufgrund der Einführung des Nichtgegenständlichen etwas mehr gesagt werden. Die Tatsache, dass der Glaube da ist, „dass ich in diesem Augenblick im Ja stehe, obwohl theoretisch betrachtet das Nein ebenso gut möglich ist …, das kann nur kraft des Nichtgegenständlichen zustande gekommen sein"[664]. Der einzige „Grund" des Glaubens ist also das Nichtgegenständliche selbst. Ist damit aber nicht doch mehr gesagt als die abso-

---

[660] G 3, 251.
[661] Eisenhuth, der zwar gesehen hat, dass der Glaubensakt, bei dem es zur „Gleichstellung" des Objekts des Glaubens mit dem Subjekt kommt, ein „in actu esse" ist, verbaut sich diese Erkenntnis damit, dass er zwischen beiden „nur noch das Verhältnis der Identität" bestehen sieht, womit natürlich „der absolute Gegensatz" zwischen Gott und Ich aufgehoben wird (Entwicklung, 57.59).
[662] G 3, 251.
[663] Ebd.
[664] Ebd.

lute Unmöglichkeit der gegenständlichen Begründbarkeit des Glaubens? Bezeichnet „kraft des Nichtgegenständlichen" den Formalgrund oder auch den (raumzeitlichen) Realgrund? Bezeichnet der „Grund" die Möglichkeit der Bejahung und oder auch diese selbst als konkreten, raumzeitlichen Vorgang?

Wenn die Entscheidung zur Bejahung des Nichtgegenständlichen ihren Grund in diesem selbst hat, dann ist doch der *Akt* der Entscheidung für das bejahte Nichtgegenständliche auf dieses zurückgeführt. Das Nichtgegenständliche als allgemeine Begründung des Seins, als Ermöglichungsgrund der gesamten Erfahrungswelt ist dann zugleich der besondere, aktuale Grund des einzelnen Glaubensaktes. Es ist Formal- und Realgrund, Erkenntnis- und Seinsgrund! Ist damit das Nichtgegenständliche doch „auf dem Weg, aus einer rein formalen, nur durch ihre transzendentale Funktion sich konstituierten Relationsgröße sich zu einem selbständigen, für sich bestehenden Etwas zu verdichten, also auf dem Weg zur Vergegenständlichung"[665]? Einerseits muss, wenn nicht nur die Denkmöglichkeit, sondern auch die (konkrete) Wirklichkeit des Glaubens im nichtgegenständlichen Ich begründet sein soll, dieses selbst wirklich, u.d.h. konkret wirklich sein. Es muss ein Etwas, ein irgendwie Gegebenes sein. Es muss zeitlich verfasst sein, wenn es nicht nur Glauben ermöglichender, sondern ermöglichend vollziehender Grund, also Realgrund, sein soll. Andererseits darf die zeitliche Verfasstheit aber keine gegenständliche Zeitlichkeit sein, sonst wäre der Grund des Glaubens empirisch aufweisbar und theoretisch andemonstrierbar. Es darf kein aufweisbares Kausalverhältnis zwischen dem Nichtgegenständlichen als dem Grund des Glaubens und dem Glauben selbst bestehen.

Formal gesagt, besteht die Aufgabe darin, mittels des Begriffes des Nichtgegenständlichen den reinen Kritizismus zu einem transzendentalen Idealismus hin zu überschreiten, ohne einem objektiven Idealismus zu verfallen. Dazu muss die Zeitlichkeit des Ich so bestimmt werden, dass sie von der Unzeitlichkeit des kritizistischen Ich und von der objektiv-ewigen Überzeitlichkeit des idealistischen Ich gleichermaßen unterschieden bleibt. Das Nichtgegenständliche muss als Seinsweise, als irgendwie Gegebenes, als Sphäre, als Region beschrieben werden, ohne dass es mythologisch vergegenständlicht wird. Das nichtgegenständliche Ich muss dazu in ein Zeitverhältnis gesetzt werden zum empirischen, raum-zeitlichen Ich und zum Ich Gottes. Das Verhältnis von Ich und Welt sowie von Ich und Gott muss so bestimmt werden, dass Ich und Welt bzw. Ich und Gott weder isoliert (objektiviertes Kausalverhältnis) noch identifiziert werden (Materialismus bzw. objektiver Idealismus). Das Ich-Welt- und das Ich-Gott-Verhältnis dürfen daher nicht bloß räumlich oder logisch-erkenntnistheoretisch, sondern müssen auch zeitlich und ebenso das Verhältnis des Ich zu sich selbst als primär zeitliches be-

---

[665] Schumann, Gottesgedanke, 214.

stimmt werden. Denn das nichtgegenständliche Ich ist nur als Zeitbewusstsein vor der (mythologischen) Vergegenständlichung geschützt.

Das Ziel in „Glaube und Denken" ist es, eine Philosophie der Zeit[666] zu entwerfen, welche die zeitliche Verfasstheit des Ich sowie die zeitlich-existentiellen Verhältnisse von Ich und Welt sowie von Ich und Gott so bestimmt, dass die Wirklichkeit des christlichen Glaubens philosophisch denkmöglich wird. Bevor wir diesen Faden in VI.2. wieder aufnehmen, geben wir eine zeitgeschichtliche Einführung in das nächste zu besprechende Hauptwerk „Glaube und Denken".

---

[666] Mit diesem Titel wenden wir uns gegen alle Interpreten, die auch schon die erste Auflage von „Glaube und Denken" aufgrund einer Formulierung der fünften Auflage als „Philosophie der Räume" (GD 7, 34) bezeichnen. „Glaube und Denken" ist auch eine Philosophie der Räumlichkeit – der Räumlichkeit des Daseins als In-der-Welt-sein nämlich –, aber zunächst keine Philosophie der Räume. Was in den späteren Bearbeitungen primär ist, ist hier nur sekundär.

VI. Die erste Auflage von „Glaube und Denken": Fundamentalontologie der Zeit

1. Die existentielle Fragestellung

Das „lange mit Spannung erwartete"[667] neue Buch von Karl Heim – die erste, noch während der Drucklegung zweimal erhöhte, Auflage war durch Vorbestellungen bereits bei Erscheinen vergriffen[668] – erschien 1931 unter dem Titel „Glaube und Denken. Philosophische Grundlegung einer christlichen Lebensanschauung". Sein Versuch, „das Wesen des evangelischen Glaubens in den Denkformen der Gegenwart auszusprechen"[669] wurde als „bahnbrechende[s] Werk"[670] gewürdigt und löste eine rege und kontroverse Diskussion aus[671].

Das Buch hat gegenüber den früheren Werken eine etwas veränderte Fragestellung, die mit der veränderten gesellschaftlichen Situation und der veränderten Zeitstimmung zu tun hat. In seinem Aufsatz „Der Kampf gegen den Säkularismus" von 1930 weist Heim darauf hin, dass die den Glauben bedrohenden Mächte nicht mehr so sehr die bestimmten, einander widerstreitenden Weltanschauungen naturwissenschaftlicher, religiöser oder ideologischer Provenienz sind – „Die Zeit der Weltanschauungen ist vorüber"[672], heißt es einleitend in „Glaube und Denken" –, sondern der allgemeine Säkularismus, die „radikale Diesseitsgesinnung"[673]. Einerseits sind die späten 20er Jahre gegenüber den Nachkriegsjahren durch eine wirtschaftliche Konsolidierung und politische Stabilisierung gekennzeichnet, andererseits wurde die Brüchigkeit dieser Stabilisierungen in der Weltwirtschaftskrise und dem Wiedererstarken autoritärer Formen besonders deutlich.[674] Die „praktischen Nöte unserer Zeit" empfand man als Teil einer „umfas-

---

[667] W. Ernst, Glaube und Denken bei Karl Heim, 1932, 210.
[668] Vgl. E. Haenchen, Glaube und Denken, 1931, 139.
[669] GD 1, 10.
[670] F. Traub, Die neue Fassung von Karl Heims „Glaube und Denken", ZSTh 1934, 219.
[671] K. Barth, Brief an Karl Heim, ZdZ 1931; F. Kattenbusch, Glauben und Denken, ZThK 1931; A. Schlatter, Idealismus oder Theologie? MPTh 1931, dazu K. Heim, Offener Brief an Professor D. Schlatter, MPTh 1932; D. Bonhoeffer, Zu Karl Heims Glaube und Denken, 1932; A. Dell, Ontologische Daseinsanalyse und theologisches Daseinsverständnis, 1932; H. Diem, Glaube und Denken bei Karl Heim, ChW 1931; Th. Steinmann, Zur Auseinandersetzung mit Karl Heims philosophischer Grundlegung, ZThK 1933, dazu K. Heim, Zur Frage der philosophischen Grundlegung der Theologie. Antwort auf den Aufsatz von D. Th. Steinmann, ZThK 1933, sowie Th. Steinmann, Noch einmal: Zur philosophischen Grundlegung der Theologie, ZThK 1933; W. Thimme, Einige Fragezeichen und Einwände zu K. Heims „Glaube und Denken", ThStKr 1933; F. Traub, Erkenntniskritische Fragen zu Heims „Glaube und Denken", ZSTh 1933.
[672] GD 1, 1.
[673] Kampf gegen den Säkularismus, 147; zu diesem Aufsatz vgl. Hille, Ringen, 76–95.
[674] D. Schellong, „Ein gefährlichster Augenblick." Zur Lage der evangelischen Theologie am Ausgang der Weimarer Zeit, 1982, zeigt an Äußerungen um 1930 von Barth, Heim, Bultmann, Kuhlmann, Gogarten, Tillich u.a., dass die Ambivalenz von Konsolidierung und Krisis auch *das theologische* Thema der Zeit ist. K. Barth etwa sieht im „Schrei nach der ‚natürlichen' Theologie" und im „Schrei

senderen Krise"⁶⁷⁵, einer Sinnkrise des modernen Menschen. Die Perspektiv- und Ausweglosigkeit, die Heim am Ende der Weimarer Republik wahrnimmt, hätten ihre tiefere Ursache in jener Diesseitshaltung. Der Versuch, durch radikale Diesseitsgesinnung die instabilen religiösen und kulturellen Werte und Ordnungen zu stabilisieren, ist erkauft durch die Preisgabe der Absolutheit Gottes. Der Verlust eines Absoluten und einer absoluten Orientierung aber führe erst recht zur „Relativierung aller Moralen, Maßstäbe, Geltungen, Werte, Lebensordnungen und Wirtschaftsformen"⁶⁷⁶, zum totalen „Relativismus"⁶⁷⁷ und also zu allgemeiner Sinn- und Orientierungslosigkeit. Die Maschinisierung der Arbeit etwa führe zum Sinnverlust der Arbeit und der Verlust der Arbeit in der Massenarbeitslosigkeit zum Verlust von Sinn überhaupt⁶⁷⁸. Das Resultat ist die Heimat- und Obdachlosigkeit des modernen Menschen oder, mit einem Wort, die totale „Verzweiflung"⁶⁷⁹. Für Heim ist der „moderne Skeptizismus ... in seinem Innersten eine religiöse Krankheitserscheinung"⁶⁸⁰. Von der *religiösen* Krankheit aber kann nur der Glaube befreien: „Mit dem Wort ‚Gott' meinen wir das, was uns allein vor der Verzweiflung rettet"⁶⁸¹. Den Weg, den der Glaube gegangen ist von der Verzweiflung zu Gott, religionsphilosophisch zu rekonstruieren und das Glauben auch vor dem Denken redlich zu halten, ist das Motiv für „Glaube und Denken". Dazu nimmt Heim stellvertretend – als diakonischer Denker – die Zeitstimmung auf und macht sich solidarisch „mit dem modernen Menschen, seiner Frage, seiner Krankheit und seiner Verzweiflung"⁶⁸².

Das Problem, von dem „Glaube und Denken" ausgeht, ist nicht mehr die Glaubensgewissheit, sondern die Gewissheit des Lebens, das „Problem der Existenz"⁶⁸³: „Gibt es etwas, das uns die Gewissheit verleiht, dass unser Leben kein

---

nach der Kirche" die verfehlte Haltung, die Konsolidierung und Stabilisierung von Religion und Kirche in der Gesellschaft rein aus menschlichen Bedingungen heraus durch Katholisierung des Protestantismus betreiben zu wollen: „Wir stehen heute im bezug auf diese gefährlichste Möglichkeit in einem gefährlichsten Augenblick. Wenn nicht alle Zeichen trügen, so ist gerade der heutige Mensch, vielfach nicht wissend, was er tut, im Begriff, der atheistischen Rebellion und der neuprotestantischen Kläglichkeit müde geworden, nichts Geringeres als sein katholisches Herz wiederzuentdecken. Der Schrei nach der ‚natürlichen Theologie' ertönt an allen Ecken und Enden und das Werk ihrer Neugründung ist ebenfalls an allen Ecken und Enden ... am Gang. ... Der Zusammenhang ist offenbar der: Man will Konsolidierung und man meint sie durchaus auch ins Werk setzen zu können" (Die Theologie und der heutige Mensch, ZdZ 1930, 395). Auch für Heim ist die radikale Diesseitshaltung des Säkularismus die Illusion, die instabilen Ordnungen und Werte durch „das menschliche Bemühen, dem verfügbaren, welthaften Sein göttlich-ewige Qualität zu verleihen" (Hille, Ringen, 83) stabilisieren zu können.

⁶⁷⁵ Haenchen, Glaube und Denken, 140.
⁶⁷⁶ GD 1, 7.
⁶⁷⁷ Kampf gegen den Säkularismus, 163.
⁶⁷⁸ GD 1, 4.
⁶⁷⁹ Vgl. den Furche-Aufsatz „Gott oder Verzweiflung", 1932, der GD 1 zusammenfasst.
⁶⁸⁰ W. Lütgert, Schöpfung und Offenbarung, 1934, 40.
⁶⁸¹ Gott oder Verzweiflung, 144.
⁶⁸² Bonhoeffer, Glaube, 213.
⁶⁸³ Ontologie und Theologie, 325.

Sturz ins Leere ist?"⁶⁸⁴. Das Leben steht in Frage vom totalen Relativismus, der nicht nur das Denken, sondern die Existenz bedroht. Ursprung und Ziel, Sinn und Wert des Daseins sind fraglich geworden. Die letzte Frage ist, wie auch bei P. Tillich⁶⁸⁵, die Sinnfrage. Sie ist identisch mit der Gottesfrage. Denn jede Frage ist für Heim schon die letzte Frage, die radikale Frage, die rücksichtslos die letzten Voraussetzungen des Denkens und Handelns in Frage stellt. „Nichts darf als feststehend einfach vorausgesetzt werden; alles ist in Frage gestellt."⁶⁸⁶ Deshalb führt jede Frage zur Gottesfrage. Die Gottesfrage bricht nicht als Wissensfrage auf oder als letztes erkenntnistheoretisches Problem⁶⁸⁷, sondern als Frage der Existenz. Was in Frage steht, ist nicht das Subjekt in seinem Verhältnis zur Welt, sondern das Sein des Subjekts⁶⁸⁸. Nicht das Seiende ist fraglich, sondern das Sein des Seienden überhaupt. Heim stimmt mit Heidegger und Tillich überein, dass die Grundfrage der Philosophie „nach dem Sinn von Sein"⁶⁸⁹ auch die Grundfrage der Theologie ist. Als Seinsfrage⁶⁹⁰ ist die Sinnfrage oder die Gottesfrage nach der Gewissheit des Lebens und der Existenz eine fundamentalontologische. Darum ist es unumgehbar, dass die Theologie eine philosophische, genauer eine fundamentalontologische Grundlegung erhält. Denn „jede Theologie, die an einen persönlichen Gott glaubt, wendet ontologische Voraussetzungen über die Struktur des Ich- und Du-Verhältnisses auf die Beziehung zwischen Gott und Mensch an"⁶⁹¹. Jede Theologie enthält ontologische Voraussetzungen, wenn sie Aussagen über Ich und Du, Gott und Welt macht. Die ontologische Grundlegung der Theologie ist nicht die Abkehr von der eigentlichen Theo-Logie, wie man Heim unterstellte⁶⁹², son-

---

[684] GD 1, 2.
[685] Vgl. die mehrfache Zitierung von P. Tillich, Religiöse Verwirklichung, 1929, 31: „Die Grenzsituation, die sich in der Verzweiflung bemerkbar macht, bedroht den Menschen in einer anderen Ebene als der leiblichen Existenz" in „Gott oder Verzweiflung", 143; GD 1, 1.8.426.
[686] GD 1, 15.
[687] Gegen Ernst, Glaube und Denken, 210.
[688] Ontologie und Theologie, 326.
[689] Heidegger, Sein und Zeit, 2; in den einleitenden Kapiteln von „Sein und Zeit" macht Heidegger deutlich, dass die Grundfrage der traditionellen Ontologie und Metaphysik „Was ist Sein?" sinnlos ist, weil sie unterstellt, wir wüssten, was das „ist" in diesem Satz bedeutet (5). Die Grundfrage ist vielmehr die nach dem „ist" in „Was ist Sein?", also die „Frage nach dem Sinn von Sein überhaupt" (13) oder anders gesagt, da das „ist" die Seinsweise des Daseins, die Existenz benennt, die Frage nach den Seinsweisen oder Strukturen des Daseins. Die Fundamentalontologie, die Heidegger im ersten Abschnitt von „Sein und Zeit" entwickelt, besteht in einer existentialen Analyse des Daseins (13). Dabei ist die existentielle Frage nach dem „Sinn" des Daseins (ontische Frage oder allgemeine Existenzfrage) zu unterscheiden von der existentialen Frage nach den die Existenz konstituierenden Strukturen des Daseins (ontologische Frage oder eigentliche Sinnfrage nach dem Sein des Daseins oder dem Sinn von Sein). Bei Heim fließt beides ineinander, sodass Sinnfrage und Seinsfrage identisch sind und zusammenfallen mit der letzten Frage, der Gottesfrage. Bonhoeffer hat an Heim mit gewissem Recht, wie wir sehen werden, kritisiert, dass dadurch, „dass die Sinnfrage die Seinsfrage verschlingt, ... das Sein durch das als nach-Sinn-fragende existierende Dasein vergewaltigt" (Glaube, 215) werde.
[690] Vgl. Tillich, Systematische Theologie I, 193ff.
[691] Ontologie und Theologie, 335.
[692] Der Barthianer N.H. Soe, Religionsphilosophie, 67, hält den Weg von philosophischen Prolegomena zur christlichen Theologie für nicht begehbar. Man müsse wie Barth erst von der Wirklichkeit der

dern die Bedingung ihrer Möglichkeit. Weil jede Theologie philosophische Voraussetzungen impliziert, muss eine solche „Philosophie gefunden werden, die nicht in einem Gegensatz zur Religion steht, die vielmehr das Prinzip der Religion in sich enthält"[693]. Die religionsphilosophische Klärung der letzten Voraussetzungen der Theologie, die Frage nach dem Wesen und der Unterscheidung von Ich und Du, Gott und Welt, ist das Ziel von Heims Fundamentalontologie. Der begriffliche Kern dieser „philosophische[n] Grundlegung einer christlichen Lebensanschauung"[694] ist die sog. Dimensionenlehre[695].

Der ungewöhnliche Grundbegriff der „Dimension" und die logische Struktur der Dimensionenlehre erschließen sich nicht ohne weiteres und sind auch nicht unmissverständlich. Bevor wir daher die materiale existenz- und zeitphilosophische Durchführung darstellen, beleuchten wir zunächst in Abwehr von möglichen Missverständnissen die logische und erkenntnistheoretische Formalstruktur der Dimensionenlehre (2.b.). Sie ist in kürzester Fassung in einem kurzen Abschnitt des „Leitfadens der Dogmatik, 3. Aufl." dargestellt, der auch den sachlichen Zusammenhang von der „Glaubensgewissheit" zur Dimensionenlehre liefert, und daher als Einführung in den Grundgedanken von „Glaube und Denken" dienen soll (2.a.). Danach stellen wir in kontextueller Interpretation die materiale Ausführung der Fundamentalontologie vor, die Heim im Bezug auf M. Heideggers Existialontologie (3.), auf E. Grisebachs und E. Husserls Zeitphilosophie (4.) sowie auf M. Bubers Personalismus (5.) entwickelt und in seine Dimensionenlehre einbaut. Die Hauptwerke dieser bedeutenden Philosophen, die Heim heranzieht, um den Glauben in den aktuellsten Denkformen seiner Zeit grundzulegen – Heideggers „Sein und Zeit" (1927), Grisebachs „Gegenwart" (1928), Husserls „Phänomenologie des inneren Zeitbewusstsein" (1928) und Bubers „Ich und Du" (1923) –, sind nicht mehr idealistisch oder kritizistisch, sondern existenzphilosophisch orientiert. Sie erlauben es, wie sich zeigen wird, die Weltverhältnisse und das Gottesverhältnis als personale Zeitverhältnisse zu denken. Der idealistische Gottes- und Glaubensbegriff, gegen den der Begriff des Nichtgegenständlichen nicht genügend geschützt war, wird so schon in der philosophischen Grundlegung überwunden und der personale, christliche Gottesbegriff besser vorbereitet.

Wir beziehen uns in diesem Kapitel ausschließlich auf die erste Fassung von „Glaube und Denken". Die Akzentverschiebung in Fragestellung und Durchfüh-

---

Offenbarung reden, ehe man von ihrer Möglichkeit spricht. Wie aber soll man von ihrer Wirklichkeit *theologisch sprechen*, wenn man nicht geklärt hat, was theologisches Sprechen (im Unterschied zum primären Sprechen des Glaubens, dem Bekenntnis oder dem Gebet) bedeutet? Auch bei Heim sind die Prolegomena nichts anderes als die philosophische, d.h. vor dem allgemeinen Denken verantwortete, *Explikation* des Glaubens und der Offenbarung.

[693] Ruttenbeck, Methode, 79.
[694] Untertitel von „Glaube und Denken".
[695] GD 1, 38.

rung gegenüber den späteren Umarbeitungen, die von der Heimforschung bisher nicht beachtet wurde, soll auf diese Weise herausgearbeitet werden. Während hier Existenz und Zeit primär sind, sind es dort Raum und Struktur. Während hier Gott primär als zeitlich gegenwärtiges Du begriffen wird (5.c), so dort als räumlich allgegenwärtige Transzendenz. Die Verschiebung im fundamentaltheologischen Ansatz führt zu einer Verschiebung im Gottesbegriff! Um diese Akzentverschiebung deutlich zu machen, geben wir zunächst die zeitphilosophische und im anschließenden Kapitel VII. die raumphilosophische Darstellung von Heims Dimensionenlehre.

2. Die formale Struktur der Dimensionenlehre

a) Der Ansatz der Dimensionenlehre im „Leitfaden der Dogmatik"

Die erste Rohfassung der Dimensionenlehre einschließlich des Begriffes findet sich, von der Heimforschung bisher unbeachtet, in der geringfügigen Umarbeitung der dritten Auflage des „Leitfadens der Dogmatik" (1923), die Heim im Zusammenhang der Diskussionen um die dritte Auflage der „Glaubensgewissheit" vorgenommen hat. Im Abschnitt „Die Denkmöglichkeit einer transzendenten Offenbarung"[696] wird die Thematik und Argumentation der „Glaubensgewissheit" in extremer Kürze zusammengefasst. Das Grundproblem der Gewissheit des Glaubens ist, wie ein einzelnes, singuläres Ereignis zurecht, d.h. vor dem Forum des strengen Denkens, Anspruch auf Allgemeingültigkeit haben kann. Das ist dann unmöglich, wenn schon alle innerweltlichen Verhältnisse bloß gegenständlich verobjektiviert betrachtet werden, wie es der Materialismus und der spekulative Idealismus gleichermaßen tun. Beide objektivieren das Ich und den Gegenstand im Ich-Gegenstands-Verhältnis, indem sie beide in ein Kausalverhältnis zwingen. Schon Gegenstandserfahrung ist hingegen nur möglich, wenn das Ich-Gegenstandsverhältnis als eine „Urbeziehung" zwischen einem nichtgegenständlichen Subjekt und dem Gegenstand verstanden wird, die nicht mehr auf innerempirische Verhältnisse zurückgeführt werden kann, sondern als unerklärliches Urfaktum hingenommen werden muss.[697] Soweit ist die Gedankenführung der aus der „Glaubensgewissheit" bekannten analog. Die Weiterführung im „Leitfaden" besteht darin, dass zwar einerseits wie dort die Urbeziehung als unerklärlich-irrational gegebenes Urfaktum hingenommen werden muss, aber andererseits jetzt dieses Zustandekommen „kraft des Nichtgegenständlichen"[698] erläutert wird. Die Urbeziehung gehört „zum Wesen unserer gegenwärtigen Daseinsform. ... Die

---

[696] LI 3, 13–17.
[697] LI 3, 15.
[698] G 3, 251.

Wirklichkeit, in der wir leben und arbeiten, kommt immer nur dadurch zustande, dass stets gleichzeitig Elemente aus zwei entgegengesetzten Dimensionen gegeben sind, die im Widerstreit zu einander stehen und doch nicht ohne einander sein können. Aus der *nichtgegenständlichen* Dimension kommt die Setzung meines Ich und die Fixierung des Jetzt und Hier. Aus der *gegenständlichen* Dimension kommt die in Raumlinien und Zeitstrecken aufgereihte objektive Welt, innerhalb deren das Ich, Jetzt und Hier eine bestimmte Stelle erhält."[699]

Die Urbeziehung von nichtgegenständlichem Ich und gegenständlicher Welt als Bedingung der Möglichkeit von Erfahrung wird also realisiert, sie wird wirklich, indem zwei inkoordinable Elemente in Zusammenhang treten, und zwar im Jetzt, in der Gegenwart. Natürlich ist dies keine raumzeitliche Beschreibung des Vorgangs des Zustandekommens, sonst wäre ein Kausalverhältnis aufweisbar, wohl aber ist die rein transzendentallogisch-zeitlose Ausdrucksweise überwunden. Die Urbeziehung wird wirklich in der Gegenwart, in jenem ausdehnungslosen Jetztpunkt der Zeitachse. Zu diesem Zeitpunkt, in der Gegenwart ist die Urbeziehung aber *wirklich* gegeben und also nicht mehr logische Bedingung der Erfahrung, sondern diese selbst. Die Gegenwart ist der primäre und einzige Modus, in dem das Wirkliche wirklich, d.h. tatsächlich gegeben ist. Die Gegenwart ist „die eigentliche Wirklichkeit"[700] und umgekehrt: Wirklichkeit ist identisch mit dem Zeitmodus Gegenwart.

Wirklichkeit besteht nun immer darin, dass jeweils zwei Elemente miteinander vorhanden sind, also in einem Verhältnis stehen, obwohl sie nicht koordinabel sind, also nicht in einem Verhältnis stehen können. Der Zusammenhang ist ein Nichtzusammenhang, die Urbeziehung ein „Urwiderstreit"[701]. Begrifflich kann dies Unsagbare, weil Nichtobjektivierbare, mittels des Dimensionbegriffs ausgedrückt werden. Dimensionen sind nichtkoordinable Seinsweisen oder „nicht mehr miteinander koordinierbare Sphären"[702].

Der Dimensionsbegriff ersetzt und präzisiert die früheren Begriffe der beiden Ordnungen, der beiden Regionen oder Sphären. Die Unterscheidung von Dimensionen erlaubt es, Elemente in ein Verhältnis zu setzen, die nicht in einem gegenständlichen Verhältnis stehen können. Die Dimensionenlehre ermöglicht es, alle grundlegenden Verhältnisse der Wirklichkeit (Ich und Welt, Ich und Du, Ich und Gott) nicht nur einheitlich, sondern auch als wirkliche zu beschreiben, indem alle Verhältnisse als Zeitverhältnisse verstanden werden.

In diesen beiden Punkten – der begrifflich-logischen Klärung aller Grundverhältnisse einschließlich des (nichtgegenständlichen) Ich-Begriffs unter einer gemeinsamen Begrifflichkeit und der Beschreibung dieser Verhältnisse als Zeitverhält-

---

[699] Ebd.
[700] GD 1, 34.
[701] LI 3, 34.
[702] GD 1, 60.

nisse – besteht der wesentliche Fortschritt gegenüber den früheren Werken. Die Dimensionenlehre kann als Zusammenführung der Verhältnis-Ontologie des „Weltbild der Zukunft" mit der transzendental-idealistischen Erkenntnistheorie der „Glaubensgewissheit" zu einer fundamentalontologischen Existenz- und Zeitphilosophie charakterisiert werden. Die relationale Wirklichkeit wird als zeitliche und die Verhältnisse von Ich, Welt und Gott als Existenzrelationen in der Zeit begriffen.

b) Logische und erkenntnistheoretische Probleme der Dimensionenlehre

Die Unterscheidung zweier Dimensionen, die Heim aus dem „Leitfaden" in „Glaube und Denken" herübernimmt, der nichtgegenständlichen und der gegenständlichen innerhalb der einen Wirklichkeit, könnte den Eindruck erwecken, als seien zwei abgegrenzte Teilmengen gegeneinander gestellt, die zusammengesetzt das Ganze der Wirklichkeit bilden. Ein kosmologischer Dualismus ist aber nicht gemeint. Die Wirklichkeit ist eine, sie ist ein „ens indistinctum"[703]. Die Dimensionen sind nicht ihre Teile, sondern Hinsichten oder Unterscheidungssphären innerhalb des einen, unteilbaren Seins-Ganzen. Die Wirklichkeit ist nicht aus Dimensionen *aufgebaut*. Gott und Welt, Ich und Gegenstand, Geist und Materie, Nichtgegenständliches und Gegenständliches sind nicht unterschiedene Teile oder Bausteine eines Ganzen, sondern jeweils das Ganze in unterschiedlicher Hinsicht. Das Seins-Ganze ist unteilbar, es ist „esse purum et simplex … Es ist ‚weiselos'"[704]. Die einzelnen Dimensionen sind immer in Hinblick auf das Ganze zu sehen, sie haben teil am weiselosen Ganzen.

Dimensionen sind aber auch nicht verallgemeinerte Erfahrungsformen oder erkenntnistheoretische Gegenstandskategorien[705], in denen uns Gegenstände gegeben sind. Sie sind so etwas wie „Seinscharaktere"[706] des Wirklichen selbst. Dimensionen sind eher Hinsichten oder Modi, nach denen oder auf die Wirklichkeit sein kann. Sie sind so etwas wie Seinsweisen des weiselosen Seins-Ganzen, die nicht mehr begrifflich aufgelöst, sondern nur unmittelbar aufgewiesen werden können. Dimensionen sind Grundstrukturen des Seins. Sie entsprechen den Heideggerschen Existenzialien, den Seins-Weisen, nach denen Dasein sein kann. Dimensionen sind, wie H. Timm treffend formuliert, „vorkategoriale Seinsbestimmungen"[707]. Eine Dimension bezeichnet „die Hinsicht, nach der jedes ens

---

[703] GD 1, 48.54.
[704] GD 1, 48.
[705] Gegen Diem, Glaube, 486f; die dritte Auflage von „Glaube und Denken" ist allerdings explizit als Kategorienlehre entwickelt.
[706] GD 1, 61.
[707] Timm, Glaube, 81; ebenso Gräb-Schmidt, Erkenntnistheorie, 297.

bestimmt werden muss, wenn die Frage, was es ist, vollständig beantwortet werden soll."[708]

Um Dimensionen als Dimensionen erfassen, u.d.h. als Dimensionen unterscheiden zu können (denn „eine Dimension ist keine Dimension"[709]), muss außer dem Begriff der Dimension der der dimensionalen Unterscheidung eingeführt werden. Außer der gewöhnlichen Unterscheidung zwischen einzelnen Teilen oder Elementen innerhalb eines Ganzen gibt es eine zweite Art von Unterscheidung, nämlich die „Unterscheidungen zwischen Unterscheidungen"[710], d.h. „die Unterscheidung zwischen in sich geschlossenen Sphären oder in sich unendlichen Regionen, innerhalb deren dann erst Inhalte unterschieden, verglichen, in Begriffe gefasst und unter ein System gebracht werden."[711] Diese Unterscheidung zwischen Dimensionen nennt Heim dimensionale Unterscheidung. Sie ist Ausdruck der formallogischen Tatsache, dass jedes elementare Unterscheiden, d.h. das Zerlegen in Teile oder logisch ausgedrückt, das Aufmachen einer Disjunktion, immer schon die *Funktion* des Unterscheidens voraussetzt. Das Unterscheiden *innerhalb* einer Dimension setzt schon die *Möglichkeit* des Unterscheidens, also die Dimension als Ganzes oder die *Dimensionalität* der Dimension voraus. Die dimensionale Unterscheidung ist die transzendentale Bedingung der inhaltlichen Unterscheidung.

Eine Dimension ist dadurch definiert[712], dass in ihr Unterscheidungen als disjunktive Verhältnisse ausdrückbar sind. Dimensionen aber stehen nicht im disjunktiven Verhältnis zueinander. „Das Seiende ist nicht bloß in Elemente zerlegbar, die koordinabel sind. Es ‚steht' in Dimensionen, die nicht miteinander koordinabel sind."[713] Für die Unterscheidung von Dimensionen muss, weil sie logisch nicht unterschieden werden können, die Dimensionalität des Seins schon vorausgesetzt werden. Daraus folgt, dass die Dimensionalität des Seins nicht aus Wahrnehmungs- oder Denkakten erkannt werden kann, die dem logischen Grundgesetz folgen. Sondern dem Wahrnehmen und Denken liegt die Dimensionalität des Seins unbewusst voraus. Sie kann nicht erkannt werden, sie ist nicht aufweisbar, obwohl sie für das Sein wesentlich ist.[714] „Die Entdeckung der Dimension steht vielmehr noch diesseits von Empfindung und Denken. In Dimensionen kann man

---

[708] GD 1, 61.
[709] GD 1, 70.
[710] GD 1, 54.
[711] GD 1, 37.
[712] „Jede Mannigfaltigkeit, die in einem disjunktiven Verhältnis ausdrückbar ist, ist eine Dimension" (GD 1, 57); Bonhoeffer weist zurecht darauf hin, dass „die disjunktive Frage als logischer Ausdruck für eine Dimension … zwar eine notwendige aber nicht hinreichende Bestimmung" (Glaube, 217) ist.
[713] GD 1, 63.
[714] „Die Einsicht in die Struktur der Dimensionen beruht also auf einem Innewerden, dem gegenüber Sinneswahrnehmung und Denken erst etwas Zweites sind. Was über die Dimensionen gesagt wird, kann also nicht mehr bewiesen werden … Es macht alle logischen Argumentationen erst möglich" (GD 1, 74).

nur existierend hineintreten und existierend darin stehen und daraus heraus wahrnehmen und denken."[715] Dies bedeutet aber, dass die Wirklichkeit, so wie sie sich mir gerade darbietet, niemals eine definitiv geschlossene Sphäre ist. Es besteht immer die Möglichkeit, dass sich eine neue Dimension auftut. Die Wirklichkeit ist wesentlich vieldimensional. Die Dimensionalität des Seins impliziert die Vieldimensionalität (noch einmal: „eine Dimension ist keine Dimension"[716]). Die entsprechende Haltung ist die grundsätzliche Offenheit „für die Entdeckung neuer Dimensionen, die uns neue Tiefen des Seins erschließen können."[717]

Gleichwohl bleibt das Aufgehen einer neuen Dimension wie die Erfassung der Dimensionalität des Seins immer unverfügbar. Dass sich eine neue Dimension auftut, eine dimensionale Spaltung[718] eintritt, wie Heim sagt, sodass ein Inhalt, der vorher in einer Dimension stand, jetzt in zwei Dimensionen steht, kann nur als Existenzakt erlebt werden.

Am Problem der Entdeckung neuer Dimensionen hat sich Kritik entzündet, auf die wir kurz eingehen müssen, weil sich daran die Problematik der räumlich-geometrischen Analogisierung zeigt. Sie betrifft den Vorgang der dimensionalen Spaltung. H. Diem folgert aus der Definition der Dimension als Mannigfaltigkeit, die in einem disjunktiven Verhältnis ausdrückbar ist, dass dann, wenn ein Inhalt auftritt oder eine Aussage gemacht werden muss, die das Entweder-oder dieser Dimension sprengt, sich automatisch eine neue Dimension eröffne[719]. Hätte Heim die dimensionale Spaltung so verstanden, dann würde allein durch das Faktum einer inkoordinablen Fragestellung sich eine neue Dimension, also neue Wirklichkeit eröffnen. Die höheren Dimensionen der Wirklichkeit könnten erzwungen werden allein durch das Aufspüren von unbeantwortbaren Entweder-oder-Fragen. Dies wäre der Gottesbeweis aus den Paradoxen und den Antinomien der reinen und praktischen Vernunft! Heim behauptet aber nicht die Notwendigkeit, sondern nur die Möglichkeit einer neuen Dimension durch inkoordinable Fragestellung. Das Wirklichwerden einer neuen Dimension ist dagegen unverfügbar. Es ist ein Existenzakt. Eine neue Dimension ist nur als Existenzakt erlebbar, nicht konstruierbar. Die Einsicht, dass überhaupt eine neue Frage da ist, die den bisherigen inkoordinabel ist und nach Antwort, also nach einer neuen Dimension verlangt, habe ich nur, „wenn ich [bereits] mit meiner Existenz in der betreffenden [sc. neuen, U.B.] Beziehung stehe"[720].

---

[715] GD 1, 74.
[716] GD 1, 70.
[717] GD 1, 64.
[718] GD 1, 67; außer der dimensionalen Spaltung kennt Heim noch das paradoxale (= sich exklusiv ausschließende) und das polare (= sich bedingend ausschließende) Verhältnis von Dimensionen (GD 1, 68.70), was u.E. eine Überbestimmung darstellt. Es sind drei Aspekte der Unterscheidung von Dimensionen.
[719] Diem, Glaube, 484f; ähnlich Traub, Fragen, 82f.
[720] GD 3, 228; hier die Entgegnung auf die Kritik von Diem, 227–229.

Dies bedeutet: Die Dimensionenlehre kann nicht konstruiert werden. Es ist unmöglich, die Dimensionen nacheinander von unten nach oben *aufzubauen*. Eine neue Dimension kann nur von *mir*, u.d.h. als Ich-Dimension erkannt werden. Eine neue Dimension ist, wenn sie aufgeht, immer eine nichtgegenständliche Dimension, die im hinterher vergegenständlicht werden kann, nicht aber im Akt selbst. Die neue Dimension, die bei einer dimensionalen Spaltung auftritt, ist immer eine nichtgegenständliche Dimension, die auch nur als nichtgegenständliche Dimension erkannt wird. Sie wird nur *von einem Ich als Ich-Dimension* erfahren. Anders gesagt: Die Möglichkeit neuer Dimensionen ist nicht allgemeine Eigenschaft logischer Verhältnisse, sondern nur Möglichkeit eines Ich. Nur die Dimension des Nichtgegenständlichen enthält in sich die Möglichkeit neuer Dimensionen, die gegenständliche hat dies nicht. Die dimensionale Spaltung entspringt immer nur einem nichtgegenständlichen Zentrum.

Die Illustration oder gar der Aufbau der Dimensionenlehre aus den räumlich-geometrischen Dimensionen kann diesen u.E. entscheidenden Sachverhalt nicht einholen, weil er rein gegenständlich verfährt. Die Dimensionen, mit denen die Geometrie arbeitet, sind alle gleichartig, darum können sie aufeinander gefügt werden. Die Heimschen Dimensionen sind dagegen nicht gleichartig. Beim ‚Aufbau' der Dimensionen, d.h. bei der sukzessiven Eröffnung neuer Dimensionen wechseln sich immer die beiden Grundtypen, nämlich gegenständliche und nichtgegenständliche Dimensionen ab. Jede neue Dimension ist nichtgegenständlich, die dann vergegenständlicht wird, wodurch die Möglichkeit einer nächsten, wieder nichtgegenständlichen, Dimension geschaffen wird.

Heim hätte methodisch und sachlich gut daran getan, auf die räumliche Illustration[721] und den logischen ‚Aufbau' der Dimensionenlehre zu verzichten und stattdessen nur die beiden Grunddimensionen, die gegenständliche und die nichtgegenständliche, in ihrem Verhältnis zu entfalten. Dann wäre die Doppeldeutigkeit des Dimensionbegriffs – einerseits die beiden Ordnungen, andererseits die Abzählung geometrischer Koordinaten – unterblieben und klarer zum Ausdruck gekommen, dass die Vieldimensionalität eigentlich „wesenhafte Zweizahl"[722] meint.

Damit stehen wir beim vorläufig letzten zu nennenden logisch-erkenntnistheoretischen Charakteristikum der Dimensionenlehre.

Den beiden Grunddimensionen, der gegenständlichen und der nichtgegenständlichen Dimension, entsprechen zwei Erkenntnis- oder Erfahrungsweisen: die gegenständliche und die nichtgegenständliche Erkenntnisweise, die man als objektiviertes Außenbild und als nichtobjektivierbares Innenbild der Wirklichkeit unterscheiden kann. Das Innenbild hat nichtgegenständlichen Charakter, es ist das

---

[721] GD 1, 61f.
[722] Timm, Glaube, 82.

Erfassen oder besser Erleben der Wirklichkeit, wenn wir leben und handeln, während sich das Außenbild bietet, wenn wir in Gedanken aus unserer eigenen Existenz herausgetreten sind.[723] Wir haben „der Wirklichkeit gegenüber nur zwei Fähigkeiten ... Wir können sie 1) in unsagbarer Weise erleben und wir können 2) das Erlebte katalogisieren, d.h. in letzte nicht mehr weiter zerlegbare Elemente zerlegen."[724]

Diese beiden Arten der Erkenntnis waren schon in der ersten Auflage der „Glaubensgewissheit" als irrational-intuitives (synthetisches oder unmittelbares) und rational-zergliederndes (analytisches) Erkennen und in der zweiten Auflage der „Glaubensgewissheit" als Innen- und Außenbild unterschieden worden. Der Fortschritt in „Glaube und Denken" besteht darin, dass die beiden Erkenntnisweisen in einen Zusammenhang gebracht werden[725]. Dieser besteht, logisch gesprochen, darin, dass sie dimensional unterschieden sind. Diese Unterscheidung ist, wie sich aus dem Wesen der Dimensionen ergibt, keine gleichordnende Unterscheidung unter einem gemeinsamen Oberbegriff des Erkennens o.ä., sondern eine dimensionale Spaltung, d.h. dass die eine Dimension die andere aus sich heraussetzt, bzw. die andere die eine in sich enthält. Denn das rational-analytische Erkennen ist ein Unterscheiden innerhalb einer unendlichen Sphäre, einer Dimension. Unterschiedenes kann aber niemals da sein, ohne dass die Unterscheidungsfunktion mit dabei ist. „Denn unter einem Unterschiedenen, bei dem die Unterscheidungsfunktion nicht immer schon mit dabei ist, kann ich mir als Fragender nichts denken. Ich bin ja, während ich frage, mit meinem Unterscheidungsakt immer dabei."[726] Dieses Ich ist, wie wir aus der dritten Auflage der „Glaubensgewissheit" wissen, nicht das empirische, sondern das transzendentale Ich. Analytisches Erkennen und Katalogisieren ist nur möglich, wenn als transzendentale Bedingung das nichtgegenständliche Ich immer mit dabei ist (Weltgesetz der Perspektive). Dies heißt in der Sprache der Dimensionenlehre: Die gegenständliche Dimension erfordert als Bedingung der Möglichkeit von Gegenständlichkeit die nichtgegenständliche Dimension, die in jedem Erkenntnisakt mit enthalten ist und als dimensionale Spaltung herausgesetzt wird.

Äquivalentes gilt vom Erleben. Auch das Erleben ist ein Prozess dimensionaler Spaltung. Denn das Erleben ist vom erlebenden Subjekt *logisch*, wenn auch nicht gegenständlich, unterschieden – ohne das transzendentale Ich wäre Erleben, d.h. Ich-Erleben nicht möglich. Das nichtgegenständliche Ich ist also Voraussetzung seiner selbst, sodass im Prozess des Erlebens das nichtgegenständliche Ich aus der nichtgegenständlichen Dimension herausgesetzt wird. Die Dimensionenlehre er-

---

[723] LI 3, 17.
[724] GD 1, 45.
[725] Gegen Gräb, Erkenntnistheorie, 314, die behauptet, Erkennen und Erleben seien nur gegenübergestellt, ohne dass das Verhältnis zueinander bestimmt würde.
[726] GD 1, 81.

laubt es, das nichtgegenständliche Erleben vom nichtgegenständlichen Subjekt des Erlebens zu unterscheiden, oder m.a.W., das nichtgegenständliche Ich als *dynamisches* Selbstverhältnis zu denken.

Mittels der Dimensionenlehre sind sowohl das Erkennen wie das Erleben als dynamische Prozesse beschrieben, die jeweils in der nichtgegenständlichen Dimension des Ich als transzendentaler Bedingung begründet sind. Das Ich ist damit immer ein tätiges, ein zeitliches Subjekt.

Für den Erkenntnisakt bedeutet dies: Das Gesetz der Perspektive („Es gibt keine Zuschauerhaltung"[727] – „Die Gegenstandswelt, die sich uns darbietet, ist immer auf eine perspektivische Mitte bezogen, die wir mit dem Wort Ich bezeichnen"[728]) ist ein dynamisches Verhältnis. „Die perspektivische Mitte ... ist nicht ein ruhender Punkt, sondern ein Punkt, der sich in Bewegung befindet."[729] Erkennen ist immer konkretes, raum-zeitliches Geschehen, sodass die gegenständliche Seite der Erkenntnis immer gebunden ist an ein handelndes, zeitliches Ich. Ebenso beim Erleben: Erleben ist immer das Erleben eines Ich, das also nur als Zeit-erlebendes Ich existiert. „Nur im Vollzug dieser meiner jetzigen Handlung existiere ich. Eine andere Existenz gibt es nicht. Sobald ich ohne Bezugnahme auf diese Handlung von mir selbst rede, rede ich in Wahrheit nicht von mir selbst, sondern versuche außer mir selbst zu sein und verwechsle mein wirkliches Ich mit einem gedachten Ich."[730]

Mittels der Dimensionenlehre wird es möglich, Erleben und Erkennen zu unterscheiden und einander zuzuordnen. Erleben und Erkennen sind dimensional unterschieden. Die dimensionale Unterscheidung ist sachlich eine dynamische Verhältnisbestimmung des Ich in Bezug auf sich und die gegenständliche Welt. Erleben und Erkennen sind zwei aufeinander bezogene Momente oder Weisen des Ich-Verhältnisses im Weltverhältnis.

Der Analyse des Ich-Verhältnisses im Weltverhältnis wenden wir uns im Folgenden zu und zeigen, in welcher Weise Heim die existentiale Analyse Heideggers aufgenommen und in der Sprache der Dimensionenlehre interpretiert hat.

---

[727] GD 1, 100.
[728] GD 1, 96.
[729] GD 1, 100.
[730] GD 1, 103.

3. Die Existenzweisen des Ich-in-der-Welt: Heideggers Existentialontologie in der Sprache der Dimensionenlehre

a) Essenz als Existenz

Da die Erkenntnis jeder neuen Dimension nur als Existenzakt erlebbar ist, ist die Erkenntnis der Dimensionalität des Seins überhaupt nur in der Existenz möglich, aber nicht durch logisch-erkenntnistheoretische Deduktion, welche von der Existenz absieht. Die Dimensionenlehre kann nicht aus den allgemeinen Bedingungen des Seins, sondern nur aus dem konkreten Dasein, nicht als allgemeine Ontologie, sondern nur als Existentialanalyse, d.h. als Fundamentalontologie, entwickelt werden. Darin berührt sich Heims Dimensionenlehre methodisch und sachlich mit der Existenzphilosophie Kierkegaards und v.a. Heideggers. Über die schon erwähnte gemeinsame Grundfrage nach dem Sein des Daseins als dem Sinn von Sein hinaus, ist Heideggers Existentialontologie auch für die Methode und Durchführung der Dimensionenlehre leitend.

Die traditionelle Ontologie arbeitete mit der Unterscheidung von Essenz und Existenz und versuchte, das Sein des Seienden unabhängig von seiner Existenz aus seiner Essenz zu bestimmen. Der Mensch aber ist kein vorhandenes Ding, dessen Wesen vor, neben oder unabhängig von seiner Existenz bestimmbar wäre. „Das Was-sein (essentia) dieses Seienden muss aus seinem Sein (existentia) begriffen werden. ... Das ‚Wesen' des Daseins liegt in seiner Existenz."[731] Dabei meint Existenz nicht das nackte Dass, auch nicht das Wassein des Menschen als seine Eigenschaften, sondern Möglichkeiten oder Seinsweisen des Daseins. Des Menschen „Charaktere sind daher nicht vorhandene ‚Eigenschaften' eines so und so ‚aussehenden' vorhandenen Seienden, sondern je ihm mögliche Weisen zu sein und nur das."[732] Existenz ist die „Möglichkeit seiner selbst, es selbst oder nicht es selbst zu sein."[733] Diese Möglichkeit ist immer ergriffene oder verfehlte. Im Ergreifen oder Versäumen der Existenz besteht das Sein des menschlichen Daseins, und zwar jeden Augenblick und jeden Augenblick neu. Das Dasein des Menschen ist, wie man mit Kierkegaard sagen kann, „ein Verhältnis, das sich zu sich selbst verhält"[734]. Der Mensch ist ein dynamisches Selbstverhältnis, er muss sich fortwährend zu sich selbst verhalten, indem er sein Sein als Möglichsein begreift. Wenn der Mensch sich zu seinem Sein als einer Möglichkeit so verhält, dass er es ergreift und also er selbst ist, existiert er eigentlich, im andern Fall uneigentlich. Dasein ist also immer ein Selbstverhältnis. Dasein hat den Charakter der „Jemei-

---

[731] Heidegger, Sein und Zeit, 42.
[732] Ebd.
[733] Sein und Zeit, 12.
[734] Kierkegaard, Die Krankheit zum Tode, 13.

nigkeit"⁷³⁵. Dasein beinhaltet immer das Personalpronomen: Ich bin, du bist. In der Sprache Heims gesagt: Es gibt keine Zuschauerhaltung. Menschliches Dasein ist immer ein Verhalten zu sich selbst. „Es ist das Dasein, dem es in seinem Dasein um sich selbst geht, das sich zu sich selbst verhalten kann. Es ist ein Seinkönnen als Möglichkeit seiner selbst, es selbst oder nicht es selbst zu sein, also als eigentliche oder uneigentliche Existenz."⁷³⁶

Aus der existentiellen Daseinsverfasstheit des Menschen folgt für Heim erstens, dass es kein reines Denken geben kann, das von sich selbst abstrahiert. Man kann nie vom eigenen Dasein absehen und es beiseitestellen, „wie man einen Stock wegstellt"⁷³⁷. Darum hat Kierkegaard gegen den abstrakten, interesselosen Denker (Hegel!) den existierenden, subjektiven Denker gestellt. „Während das objektive Denken gegen das denkende Subjekt und dessen Existenz gleichgültig ist, ist der subjektive Denker als existierender an seinem Denken wesentlich interessiert: es existiert ja darin."⁷³⁸ Folglich kann die Dimensionenlehre nicht rein abstraktbegrifflich als allgemeine Seinsbestimmung der Weltwirklichkeit entwickelt werden, sondern nur als Analyse der existentialen Verfasstheit des Daseins. Philosophie ist nicht Denken von oder über etwas, sondern Auslegung des Daseins, „das je ich selbst bin."⁷³⁹

Zweitens sind Erkennen und Erleben nicht zwei gleichberechtigte Möglichkeiten der Erfahrung, sondern Erkennen ist im Erleben als Ich-Erleben begründet. Denn auch erkennen, auch sog. wissenschaftliche Objektivität, ist nur von der eigenen Existenz aus möglich.⁷⁴⁰ Die Epoché zu üben und sich der Existenz zu enthalten, wie es noch Husserl gefordert hatte, ist nicht möglich. Das Absehen vom perspektivischen Zentrum ist nur als Abstraktion, aber nie konkret möglich. Es gibt keine Zuschauerhaltung, weil alles Denken, Erfahren und Handeln ein Selbstverhältnis impliziert, sodass Gegenstandserkenntnis immer Ich-Erkenntnis impliziert. Drittens bedarf die Dimensionenlehre der phänomenologischen Methode⁷⁴¹. Dimensionen werden nicht konstruiert, sondern aufgefunden und entdeckt. Das Phänomen ist allgemein das, was sich zeigt, das Sichzeigende, das Offenbare. Phänomenologie ist für Heidegger Auslegung des Daseins und zwar präzise

---

[735] Sein und Zeit, 42.
[736] GD 1, 28.
[737] Kierkegaard, unwissenschaftliche Nachschrift II, 3.
[738] A.a.O., 2.
[739] Sein und Zeit, 114.
[740] Erkennen definiert Heidegger als „betrachtendes Bestimmen des Vorhandenen" (Sein und Zeit, 61). Jedes Objekt wird auf bestimmte Weise betrachtet, was Brentano und Husserl als Intentionalität bezeichnet haben. Erkennen geht einher mit bestimmtem Ausgerichtetsein auf das Vorhandene und ist daher ein „Seinsmodus des Daseins" (ebd).
[741] „Der Ausdruck ‚Phänomenologie' bedeutet primär einen *Methodenbegriff*. Er charakterisiert nicht das sachhaltige Was der Gegenstände der philosophischen Forschung, sondern das *Wie* dieser. ... Der Titel ‚Phänomenologie' drückt eine Maxime aus, die also formuliert werden kann: ‚zu den Sachen selbst!' – entgegen allen freischwebenden Konstruktionen" (Sein und Zeit, 27f).

Selbstauslegung, also das Vernehmen der Möglichkeiten des Daseins, wie sie sich an ihm selbst zeigen. Phänomen ist genau das „Sich-an-ihm-selbst-zeigende"[742], d.h. das sich am (menschlichen) Dasein selbst Zeigende, selbst Auslegende. Phänomenologie ist Hermeneutik, sich selbst auslegendes Verstehen. Sie lässt das, was sich zeigt, so wie es sich von sich selbst her zeigt, von ihm, dem phänomenalen Dasein, selbst her verstehen. So verstanden ist der Existenzakt der Entdeckung neuer Dimensionen, in dem sich das Dasein selbst zeigt, ein Offenbarungsereignis[743].

Ergebnis: Die Dimensionenlehre formuliert begrifflich, was sich aus der Existenz heraus über das Wesen des Daseins und der Wirklichkeit zeigt. Die Dimensionenlehre ist die existentiale Analyse des Ich in seinem Selbstverhältnis und von daher auch im Welt-, Du- und Gottesverhältnis. Es werden Grundstrukturen des Daseins aufgewiesen, welche als Seinsmöglichkeiten immer schon ergriffene – oder verfehlte –, jedenfalls immer verwirklichte Grundmöglichkeiten des Selbstverhältnisses sind. Das Ich ist damit unhintergehbar als zeitliches, als geschichtlich existierendes Dasein bestimmt.

Aus der Parallelität wichtiger Grundelemente der Dimensionenlehre mit Heideggers Phänomenologie folgt noch einmal die wichtige Charakterisierung, dass die Dimensionenlehre – jedenfalls in der Erstfassung von „Glaube und Denken" – nicht als allgemeine Ontologie der Weltwirklichkeit, sondern als Existenzialanalyse des Daseins, als Fundamentalontologie im Sinne Heideggers anzusehen ist. Anders als im „Weltbild der Zukunft" kommen nicht die Strukturen der Verhältnisse, sondern die Verhältnisse, wie sie sich von der Existenz aus zeigen, in den Blick, also als Strukturen der Existenz, d.h. als Ich-Verhältnisse.

Der methodische und sachliche Einfluss Heideggers führt nun allerdings auch zu einer wesentlichen methodischen und sachlichen Verschiebung gegenüber der „Glaubensgewissheit". Sowohl die Methode als auch der Ich-Begriff verändern sich. Die kritizistische Methode und der Zentralbegriff des transzendentalen Ich werden in die phänomenologische Methode mit dem zugehörigen existentialen Ich-Begriff als In-der-Welt-sein überführt. Darauf ist im Folgenden einzugehen.

b) Dasein als In-der-Welt-sein

Heideggers Begriff der Existenz ist gegen den Ich-Begriff des Idealismus und des Kritizismus gerichtet. Heidegger weiß sich mit der Lebensphilosophie und Phä-

---

[742] Sein und Zeit, 28.
[743] Auch bei Heidegger hat das Sich-selbst-auslegen des phänomenalen Daseins Offenbarungscharakter, allerdings ohne jede religiöse Konnotation. Die Offenbarung ist bei ihm „völlig verweltlicht" (F. Heinemann, Neue Wege der Philosophie, 1929, 375).

nomenologie von Bergson über Dilthey bis Husserl und Scheler (und Karl Heim) darin einig, dass die cartesische Vorstellung vom Ich als einer verdinglichten Seelensubstanz überwunden werden muss: „Die Person ist kein Ding, keine Substanz, kein Gegenstand."[744] Aber auch Kant und den Kritizisten ist die Auflösung des „Mythus vom Ich-Ding"[745] nicht gelungen, wie Heim mit Heidegger konstatiert, weil sie zwar das Ich mittels der kritizistischen Reduktionsmethode allem Gegenständlich-Konkreten entkleiden wollten, aber nicht mehr sagen konnten, was „positiv denn nun unter dem nichtverdinglichten Sein des Subjekts, der Seele, des Bewusstseins, des Geistes, der Person zu verstehen sei."[746] Denn das Ich als rein transzendentallogisches Subjekt ist ein derart von der Welt „isoliertes Subjekt"[747], dass auch dieser isolierte Ich-Begriff der „Ontologie des ‚Substantialen'"[748] verhaftet bleibt. Was mit dem Wort „Ich" gemeint ist, kann nicht durch Abstraktion des Ich von seiner Umgebung – sei es substanzhaft-konkret wie bei Descartes oder transzendental-logisch wie im Kantianismus – bestimmt werden, sondern nur durch Aufweis einer ursprünglichen Einheit. „Das Ich-sagen meint das Seiende, das je ich bin als: ‚Ich-bin-in-einer-Welt'. ... Im Ich-sagen spricht sich das Dasein als In-der-Welt-sein aus."[749]

Wenn die Existenz als ein Verhältnis zu sich selbst bestimmt wird, dann ist ein isoliertes Subjekt, das sich erst einmal zu nichts und niemand verhält, unmöglich. Jedes Selbstverhältnis impliziert als Selbstverhältnis ein Verhältnis zu einem anderen, wie auch Kierkegaard gesehen hat: Das Selbst ist „ein Verhältnis, das sich zu sich selbst verhält und, indem es sich zu sich selbst verhält, sich zu einem anderen verhält."[750] Dieses „andere" im Selbstverhältnis kann so unbestimmt und allgemein wie möglich als „Welt" bezeichnet werden. Welt ist damit nicht ein Zweites neben dem Ich, sondern Dasein ist als In-der-Welt-sein ein Ganzes. Der Ausdruck meint die Grundverfassung des Daseins, die apriorisch gegeben ist und sich im ursprünglichen Ich-Erleben zeigt. Ich-in-der-Welt bezeichnet die Gleichursprünglichkeit von Selbst und Welt.

Das In-Sein bezeichnet daher nicht ein räumliches Sein-in wie das Wasser im Glas ist, das Kleid im Schrank usw. sondern meint „eine Seinsverfassung des Daseins und ist ein Existenzial."[751] Das In-der-Welt-sein meint das Dasein, das ich je selbst bin. Die oben gegebene Bestimmung der Jemeinigkeit des Daseins wird im In-der-Welt-sein konkretisiert. Existieren, d.h. zu seinem Sein ein jemeiniges Verhältnis besitzen, heißt konkret In-der-Welt-sein. Welt ist das Grundmoment

---

[744] Sein und Zeit, 47.
[745] GD 1, 109.
[746] Sein und Zeit, 46.
[747] A.a.O., 321.
[748] A.a.O., 320; vgl. GD 1, 113.
[749] Sein und Zeit, 321.
[750] Kierkegaard, Die Krankheit zum Tode, 13.
[751] Sein und Zeit, 54.

des Daseins als Selbstsein, als Vertrautsein, als bei sich oder ganz da-sein, wie sich aus der ursprünglichen Wortbedeutung ergibt: In-Sein heißt bei etwas sein, wohnen bei, vertraut sein mit. „Welt" meint die Weise des Existierens, die sich im unmittelbaren existentiellen Erleben zeigt. „Welt" bezeichnet die Weltlichkeit des Daseins selbst.

Die existentiale Verfasstheit des Daseins als In-der-Welt-sein hat Heim in die Sprache der Dimensionenlehre übersetzt[752]. Betrachten wir, wie sich von Heideggers Phänomenologie her Heims Ich- und Weltbegriff verändert. Zunächst zum Ich-Begriff.
Der Grundbegriff des nichtgegenständlichen Ich, auf den die Theorie der Glaubensgewissheit aufgebaut war, war das Resultat einer transzendentallogischen Reduktion gewesen, die, vom konkreten empirischen Ich ausgehend, in einem mehrstufigen Abstraktionsprozess alles Konkrete abzog, bis das reine transzendentale Ich übrigblieb. Um dem (auch von Heidegger ausgesprochenen Verdikt gegen den) Kritizismus zu entgehen, behielt Heim kein isoliertes Subjekt als Bedingung von Erkenntnis übrig, sondern interpretierte dieses idealistisch als nichtgegenständlichen, Erkenntnis vollziehenden Grund des Daseins und band es als Zentrum der Perspektive an die Empirie. Dieser Ich-Begriff der „Glaubensgewissheit" ist in der Lage, Heideggers Ich-Begriff aufzunehmen.
Negativ betrachtet entspricht der Grundbegriff der Existenz dem des nichtgegenständlichen Ich. Existenz ist wie das nichtgegenständliche Ich der Grundbegriff, der nicht mehr definiert werden kann, auf den man nur verweisen und sich gegenseitig daran erinnern kann, weil es allzu nahe ist, als dass eine Distanzierung möglich wäre. Dies folgt daraus, „dass es etwas gibt, das sich nicht denken lässt: das Existieren."[753] Der Existenzbegriff bringt die Nichtgegenständlichkeit des Ich klar zur Sprache. Er verweist darauf, dass die Epoché des Absehens vom perspektivischen Zentrum auch nicht einmal in Gedanken, als Abstraktion möglich ist.
Positiv betrachtet nimmt das nichtgegenständliche Ich als perspektivisches Zentrum Heideggers Bestimmung der Existenz als In-der-Welt-sein auf und wird von daher präzisiert. Als In-der-Welt-sein ist das perspektivische Zentrum nicht ein Element der gegenständlichen Welt (der optisch-perspektivische Punkt etwa), sondern eine Seinsweise des Ich. Das Ich bestimmt als In-der-Welt-sein Welt als *meine* Welt. „Die Gegenstandswelt, die sich uns darbietet, ist immer auf eine perspektivische Mitte bezogen, die wir mit dem Wort Ich bezeichnen, wenn wir

---

[752] GD 1, 126f.
[753] Kierkegaard, unwissenschaftliche Nachschrift II, 9; vgl. GD 1, 94: „Wir können das Wort Existenz … nicht mehr positiv definieren."

sagen: es ist meine Welt. … Diese Erkenntnis ist erreicht, wenn Heidegger sagt: die Welt hat den Charakter der Jemeinigkeit, Dasein ist In-der-Welt-sein."[754]
Das In-der-Welt-sein beschreibt, was im „Weltbild der Zukunft" die Prinzipialkoordination und im „Leitfaden der Dogmatik" die Urbeziehung von Ich und Welt hieß: Ich in meiner Welt. Ich und Welt sind nicht inhaltlich-gegenständlich, sondern dimensional unterschieden. Es sind nicht zwei Objekte einer Dimension, sondern zwei Dimensionen, d.h. zwei Strukturmomente, zwei Hinsichten eines Phänomens, nämlich Dasein als Selbst-sein und Dasein als Welt-sein oder, als kürzest mögliche Formel, Ich als Ich und Ich als Welt. Ist das Ich immer Ich-in-meiner-Welt, so gibt es kein weltloses Ich. Als Kurzformel: „Ich bin Welt."[755] Die Gefahr der Isolierung und der gegenständlichen Verobjektivierung des Ich ist damit vollständig überwunden, sofern hinzugefügt wird, dass diese Formel nicht als identitätsphilosophischer Definitionssatz, sondern als dynamische, dimensionale Verhältnisbestimmung gemeint ist.

Gilt dies aber auch für die Umkehrung? Gilt für Heim auch der Satz: Es gibt keine ichlose Welt? F. Traub hat gegen Heim eingewandt, dass Heim den Ich-Bezug der Welt nicht als ursprünglichen deutlich machen kann, weil er Welt immer nur als gegenständliche Welt begreife, sodass ein Rest von objektivem Realismus nicht ausgetilgt sei.[756] Verfällt Heim damit seinem eigenen Verdikt gegen den Realismus oder Objektivismus, dass dadurch der Gottesglauben unmöglich gemacht wird?[757] Das wäre dann der Fall, wenn die Dimensionenlehre statisch und nicht dynamisch verstanden würde. Dann wäre es möglich, zwar im Ich-Begriff eine dimensionale Unterscheidung zwischen Ich als Ich und Ich als Welt einzuführen, die aber in Bezug auf den Welt-Begriff ohne Einfluss bliebe. Welt wäre weiterhin ein objektiver Block. Dass Heim dies so nicht gemeint hat, wird klar, wenn wir das Zeitverhältnis von Ich und Welt betrachten. Dann wird deutlich werden, dass vom Zeitsein des Ich her auch die Welt in den dynamischen, dimensionalen Spaltungsprozess einbezogen ist, sodass dann Welt als gegenwärtige Ich-Charakter bekommt und von der Welt als vergangene dimensional geschieden ist. Allerdings wird Heim diese Differenzierung im Weltbegriff nur möglich über das vermittelnde zeitliche Ich.

---

[754] GD 1, 96f.
[755] GD 7, 129; nach Timm ist „dieses ‚Ich bin Welt' … so etwas wie die Systemformel" (Glaube, 76) von Heims Dimensionenlehre und *gegen* Heideggers In-der-Welt-sein gerichtet. Letzteres stimmt nun gerade nicht.
[756] Traub, Fragen, 72.
[757] „Wenn das Universum … eine in sich ruhende Objektivität ist, die ohne eine handelndes Ich durch sich selbst existiert, dann ist die Frage nach einem letzten Warum und Sinn des Lebens … von vornherein zur absoluten Bedeutungslosigkeit verurteilt. … Wenn es also eine in sich ruhende ichlose Objektivität gibt, so können wir uns gegen die Gottesfrage einfach dadurch absichern, dass wir über sie zur Tagesordnung übergehen" (GD 1, 393f).

In Heideggers Phänomenologie hätte das Potential gesteckt, auch schon rein räumlich den Weltbegriff zu differenzieren, um die Gefahr eines ichlosen, rein gegenständlichen Weltbegriffs auch abgesehen vom Zeitproblem abzuwenden. Heim hat diese Möglichkeit, obwohl er sie, wie einige Randbemerkungen in „Glaube und Denken" zeigen[758], gesehen hat, nicht weiter aufgegriffen.

Er hat es wohl deshalb nicht getan, weil ein selbständiger Ich-Charakter der Welt ohne explizite Abhängigkeit vom nichtgegenständlichen Ich (Gottes) den Pantheismusverdacht kaum hätte abweisen können. Diese Gefahr besteht nur dann, wenn man den Weltbegriff zunächst logisch isoliert und erst im zweiten Schritt den Ich-Charakter und den Bezug zum Ich bestimmt. Sie besteht dann nicht, wenn man das Ich-Welt-Verhältnis von vornherein als Einheit begreift und daran Momente in Bezug auf das Ich und in Bezug auf die Welt differenziert, wie Heidegger es getan hat.

c) Die Räumlichkeit des Daseins

Wir geben einige Hinweise, wie Heim die existentiale Bestimmung des Weltbegriffs hätte weiterführen können.

Heideggers Bestimmung des Daseins als In-der-Welt-sein wurde bisher hinsichtlich des Daseins ausgelegt, es kann aber auch nach der Seite der Welt hin ausgelegt werden. Dabei ist zu beachten, dass Heideggers veränderter Existenzbegriff in Bezug auf das menschliche Dasein („Das ‚Wesen' des Daseins liegt in seiner Existenz"[759]) auch zu einer Veränderung im Begriff der Existenz anderer Dinge führt. Existenz bedeutet auch für Gegenstände nicht einfach die Tatsache des nackten Dass, sondern eine bestimmte Weise zu sein. Die Seinsweise des Gegenständlichen muss unterschieden werden als das Vorhandene und das Zuhandene. Das Vorhandene ist die gegenständliche Welt in ihrer quantitativ-räumlichen und daher messbaren Ausdehnung, das Zuhandene hingegen meint Räumlichkeit als Nähe. Etwas ist zur Hand, heißt nicht: es hat einen Ort im Koordinatensystem, sondern: es hat *seinen* Platz.[760]

Das Dasein als In-der-Welt-sein hat wie das Vorhandene und das Zuhandene ebenfalls Räumlichkeit, aber auf andere Weise. Es hat nicht seinen Ort *im* Raum, sondern es *gibt* Raum. Das Dasein räumt Raum ein. Die Räumlichkeit des Daseins ist aktiv. Das Dasein hat eine Tendenz auf Verräumlichung, es tendiert auf Entfernung (wörtlich genommen als Rücknahme der Distanz, also als Annäherung) und auf Ausrichtung.[761] Das Einräumen geschieht auf zweierlei Art, es schafft

---

[758] Vgl. GD 1, 163.
[759] Sein und Zeit, 42.
[760] A.a.O., § 22 (Die Räumlichkeit des innerweltlich Zuhandenen), 103.
[761] A.a.O., § 23 (Die Räumlichkeit des In-der-Welt-seins), 105.

Nähe, es holt her („Erleben", Vertrautheit) und es richtet aus („Erkennen", Bestimmtheit). Die Einräumung von Raum, von Nähe und Distanz, greift auf die Welt über. Dasein als In-der-Welt-sein beinhaltet die Räumlichkeit des Daseins und der Welt. Es ist nicht zuerst die Welt da, in die der Mensch hineinkommt, sondern die Welt hat ihre Räumlichkeit von der Räumlichkeit des Daseins her. Das Dasein gibt den Dingen Raum. Das Dasein ist der „Ursprung", von dem her „der ganze Raum erst wird"[762]. Dieser Raum ist weder im Subjekt (gegen Kant), noch ist die Welt im Raum (gegen Newton).[763] Sondern Raum ist vom In-der-Welt-sein her ein Strukturmoment von Welt. Dieser Heideggersche Weltraum ist keine in sich ruhende Objektivität, sondern ein werdender Raum. Er wird ja erst eingeräumt. Der Raum „ist" nicht, er wird von einem Ursprung her, auf den er bezogen bleibt. Dieses dynamisch-werdende Raumverständnis ist unmittelbar anschlussfähig für die Dynamik der Dimensionenlehre. Der Prozess der dynamischen Spaltungen, der beständig neue Verhältnisse und Beziehungen konstituiert, kann verstanden werden als Raumwerdung der Welt. Verhältnisse und Beziehungen werden, indem sie eingeräumt werden, indem ihr Raum wird, indem neue, nun auch räumlich zu verstehende, Dimensionen, sich auftun. Die mit der räumlichen Analogisierung verbundenen Missverständnisse hätten vermieden werden können, wenn Heim die neuen Dimensionen nicht *in* den Raum hineingestellt, sondern den Raum mit den neuen Dimensionen werdend verstanden hätte.

Heim hat die Dynamik der Dimensionenlehre nicht mit dem Raum, sondern nur mit der Zeit verbunden und das Ich-Welt-Verhältnis, das In-der-Welt-sein, als Zeitverhältnis interpretiert. Beeinflusst wurde er dabei vom Zeitverständnis E. Grisebachs, E. Husserls und M. Bubers, denen wir uns nun zuwenden. Wir stellen wieder die Grundgedanken vor und zeigen Heims Aufnahme und Übersetzung in die Dimensionenlehre.

4. Die Zeitlichkeit des Ich-in-der-Welt

a) E. Grisebachs „Gegenwart"

Gegen Heideggers Existentialontologie wurde v.a. von E. Grisebach[764] ein Einwand erhoben, dem sich Heim angeschlossen hat[765] und der uns direkt zum zentralen sachlichen Gehalt der Dimensionenlehre führen wird, nämlich der Bestim-

---

[762] GD 1, 163.
[763] Sein und Zeit, § 24 (Die Räumlichkeit des Daseins und der Raum), 111.
[764] E. Grisebach, Gegenwart. Eine kritische Ethik, 1928; zu Grisebach, dessen heute kaum mehr bekanntes Hauptwerk „Gegenwart" zur Erscheinungszeit ebenso bedeutend wie Heideggers „Sein und Zeit" war, vgl. aus theologischer Sicht J. Cullberg, Das Du und die Wirklichkeit. Zum ontologischen Hintergrund der Gemeinschaftskategorie, 1933, 121–138.
[765] GD 1, 30f.

mung der Verhältnisse von Ich und Welt bzw. von Ich und Du als Zeitverhältnisse.

Der ganzen abendländischen Philosophie wird der Vorwurf gemacht, sich eingeschlossen zu haben in Scheidewände und Systeme, deren Zentrum das in sich abgeschlossene Erkenntnissubjekt ist, welches selbstgewiss in sich gründet.[766] Damit aber werde dem Problem der Existenz in der Gegenwart, die eine penetrant gefährdete ist, konstant ausgewichen. Auch Heideggers Versuch, die Existenz fundamentalontologisch zu begründen, indem existentiale, immer gleichartige Wesensstrukturen herausgearbeitet werden, begreife Existenz nicht radikal als Gegenwart, sondern als Vergangenheit. Auch er weiche der radikalen Fraglichkeit der Gegenwart aus in die abgesicherte Selbstgewissheit des monarchischen Subjekts[767]. Die wahre Existenz des Menschen ist nicht das strukturidentische Dasein, das immerseiend es selbst bleibt, sondern die ethische Existenz, die immer in Frage steht und immer in Frage gestellt bleibt. Sie ist reine Krisis, reine Gegenwart und immer Problem.[768] Grisebach erteilt dem Selbst als dem sicheren Erkenntnisstandort, von dem aus das Wesen der Wirklichkeit erfasst werden kann, die Absage, weil das Streben des selbstgewissen Ich nach Objektivität der Gegenwart ausweiche in Vergangenheit.

Infrage gestellt ist das Ich vom Du, das gegen Heidegger nicht als strukturgleiches Dasein (als alter ego), sondern immer nur als das Fremde, nie Vertraute entgegentritt.[769] Philosophie ist darum nie als Erkenntnislehre oder Seinslehre möglich, sondern bloß als Ethik, genauer gesagt als reine Situationsethik[770].

Die Begründung der Philosophie als kritische Ethik führt zu einem profilierten Zeitverständnis, dessen Kern die radikale Verschiedenheit der Gegenwart von der Vergangenheit ist. Begriffe man die Zeit physikalisch als Zeitstrecke, so wäre Gegenwart immer nur ein ausdehnungsloser flüchtiger Punkt, der immerzu in Vergangenheit abgleitet. Mit solchem rein quantitativen Verständnis von Gegenwart wäre man aber der eigentlichen Gegenwart mit ihren Konflikten und der Nötigung

---

[766] Grisebach, Gegenwart, 37f.
[767] Vgl. GD 1,34; Grisebach wirft Heidegger die „Wiederholung des ontologischen Gottesbeweises" vor. Er leite das Sein des Daseins aus der unbedingten Idee des Seins ab, statt seine Kontingenz auszuhalten. „Ein im Dasein sich vorfindendes existentielles, natürliches Denken erschließt im Seinsverständnis als einem historischen Prozess den Urquell der Wahrheit, dem es selbst schon entstammt, und zielt auf die unbedingte Idee des Seins als die Bedingung für die Frage nach dem Sinn des Seins ab" (Interpretation oder Destruktion? Zum kritischen Verständnis von Martin Heideggers ‚Kant und das Problem der Metaphysik', 1930, 223, zit. nach Dell, ontologische Daseinsanalyse, 230).
[768] Grisebach, Gegenwart, 130–136.
[769] Dass der andere das Du ist, an dem ich erst Ich werde, verbindet Grisebach mit Buber und Ebner, dass er der ganz andere, immer Fremde ist, der mir nur im Wider-Spruch entgegentritt, trennt ihn von jenen, vgl. Hummel, Begegnungen, 81.
[770] „Dem kritischen Denker darf es nicht entgehen, dass eine wissenschaftliche Ethik trotz ihrer angeblichen absoluten Begründung keinem Menschen im Augenblicke sagt, was er jetzt und hier tun soll, dass sie keine Gewähr übernehmen kann, irgendjemand zur ethischen Existenz in der Gegenwart zu führen" (Grisebach, Gegenwart, 187); zur theologischen Problematik von Grisebachs Situationsethik vgl. W. Kreck, Grundfragen christlicher Ethik, 1990, 36–39.

zur Verantwortung ausgewichen. Gegenwart ist als Qualität der ethischen Verantwortung und Existenz von der Vergangenheit abgrundtief geschieden. Gegenwart ist „somit nicht nur von Vergangenheit gänzlich verschieden, sondern sie ist auch dem Vergangenen gar nicht mehr anzufügen oder aus ihr abzuleiten, eben weil sie dem Zeitmaß der Erinnerung immer widerspricht. Sie ist nicht nur zeitlich von der Vergangenheit geschieden, sondern sie stellt sich aus dem Zeitraum der Erinnerung völlig heraus."[771] Gegenwart ist der Wider-Spruch gegen die Vergangenheit, der Widerspruch der Verantwortung gegen die Erinnerung, des Werdens gegen das Sein, des Handelns gegen die Erkenntnis, der ethischen Existenz gegen die wissenschaftlich und technisch objektivierte Welt.[772]

Karl Heim hat von Grisebachs kritischer Ethik die radikale Verschiedenheit von Gegenwart und Vergangenheit, die zusammenhängt mit der radikalen Verschiedenheit von Ich und Du bzw. von Ich und Welt aufgenommen, dann aber in seine Dimensionenlehre eingebaut und so entscheidend uminterpretiert.
Zunächst versteht er von Grisebach her die gegenständliche Welt als Welt der Erinnerung, die von einer objektivierenden Zuschauerhaltung her konstruiert ist und allein dadurch Bedeutung gewinnt, dass der Mensch im Drang, dem Erleiden der Gegenwart zu entkommen und der „Werdenot der unentschiedenen Gegenwart"[773] Herr zu werden, diese erkennend ordnet, d.h. sie im Begreifen zu besitzen, sich ihrer zu bemächtigen versucht. Das gegenständliche, kausale Erklärungsverfahren der Naturwissenschaften reiht alle Ereignisse in der Ordnung des raumzeitlichen Neben- und Nacheinander vor sich auf, um der so bezwungenen, objektivierten Welt einen Kausalzusammenhang zu oktroyieren[774]. An die Gegenwart aber, d.h. an die eigentliche Wirklichkeit kommt sie nicht heran[775].
Wäre dies Heims letztes Wort gewesen, wäre zwar „die Alleinherrschaft des gegenständlichen Weltbildes"[776] der Naturwissenschaft abgewehrt, aber nicht überwunden, denn es wäre nichts an seine Stelle getreten. Eine auch nur relative Wertschätzung der Naturwissenschaften und ihrer Erkenntnisweise wäre nicht mehr möglich. Heim wäre dann aber auch hinter dem zurückgeblieben, was er mit dem Gesetz der Perspektive erreicht hatte, dass nämlich das objektivierende Erkennen

---

[771] Grisebach, Gegenwart, 147f.
[772] Vgl. die zusammenfassend gegenüberstellende Tabelle, a.a.O., 596.
[773] GD 1, 138.
[774] Seit F. Bacon ist dies die Erkenntnishaltung der modernen Naturwissenschaften. Der Natur sollen auf der „Folterbank des Experiments ihre Geheimnisse abgepresst" (zit. nach H.B. Gerl, Philosophie der Renaissance, 36) werden. Die Distanzierung im Subjekt-Objekt-Verhältnis, die „Vergegenständlichung des Seienden", die, „indem der Mensch zum Subjekt wird", die Welt zum Objekt, „zum Bild" macht (M. Heidegger, Die Zeit des Weltbildes, 80.81.85), impliziert ein Herrschafts-Knechtschafts-Verhältnis (vgl. Kants Charakterisierung des Experimentators als des Richters, der die Natur „nötigt, auf die Fragen zu antworten, die er ihnen vorlegt", KrV, B XIV, vgl. zur Interpretation der Zitate U. Beuttler, Das neuzeitliche Naturverständnis und seine Folgen, GDJ 2002.
[775] GD 1, 153.
[776] GD 7, 162.

einer der beiden möglichen, ja sogar notwendigen, Weltzugänge ist, der aber gleichwohl an das erlebende, nichtgegenständliche, perspektivische Zentrum gebunden bleibt.[777] Im dynamischen Weltbild der Dimensionenlehre ist die naturwissenschaftliche Weltsicht eingeordnet in den beständigen Wechselprozess des Ich-Welt-Verhältnisses zwischen Erkennen und Erleben.

Heim hat darum von der Dimensionlehre her Grisebachs radikale Verschiedenheit von Gegenwart und Vergangenheit, von Ich-Existenz und Welt als einen polaren Gegensatz interpretiert, bei dem sich die beiden Pole je gegenseitig konstituieren und aufeinander angewiesen sind.[778] Er hat den „Urgegensatz" in eine „Urbeziehung" oder „Urzweiheit"[779] verwandelt. Die Verschiedenheit von Gegenwart und Vergangenheit ist wie die von Ich und Welt keine absolute, sondern eine dimensionale. Die Pointe der Grisebach-Interpretation Heims besteht in der Gleichsetzung der beiden Verhältnisse Ich-Welt und Gegenwart-Vergangenheit, was vielleicht „zu den überraschendsten Entdeckungen Heims"[780], aber sicher zu den folgenreichsten gehören dürfte. „Das Verhältnis von Ich und Welt ist dasselbe wie das Zeitverhältnis von Jetzt und Vergangenheit."[781] Die Gleichsetzung der beiden Verhältnisse setzt auch die Elemente einander gleich: „Was als Welt gegenübertritt, ist immer das, was sich bereits als Vergangenheit niedergeschlagen und auf diese Weise objektiviert hat. Mit dem Wort Ich meinen wir das, was noch unentschiedene Gegenwart ist. Wir haben es also in beiden Fällen mit einer und derselben Urbeziehung zu tun. Das Verhältnis von Ich und Welt ist die Rückschau vom Jetzt auf das, was nicht mehr jetzt ist."[782]

Diese Gleichsetzung ist missverständlich. F. Traub hat darin eine „metaphysische Konstruktion" gesehen, „die den von Heim bekämpften spekulativen Systemen an spekulativem Gehalt nicht nachsteht."[783] Wenn nämlich die unentschiedene

---

[777] GD 1, 182f.
[778] Wir betonen ausdrücklich, dass Heim damit, wohl ohne sich dessen bewusst zu sein, Grisebachs kritische Haltung verlassen hat. Wenn er sagt: „Es gibt keinen Erinnerungsraum ohne die Gegenwart, aus der er hervorströmt, von der aus er in zeitlicher Rückschau gesehen wird; und es gibt umgekehrt keine Gegenwart, die sich nicht fortwährend in Vergangenheit verwandelt" (GD 1, 166), nimmt er zwei gleichwertige Sichtweisen ein und betrachtet einmal die Vergangenheit von der Gegenwart her, dann aber auch die Gegenwart von der Vergangenheit aus. Genau dies ist nach Grisebach gerade nicht möglich (vgl. das obige Zitat Grisebach, Gegenwart, 147f = GD 1, 141 in Anm. 771). Bonhoeffer, Glaube, 217, wirft Heim darum vor, dass er Grisebachs kritischen Gegenwartsbegriff aufgibt, wenn er in die objektivierende Haltung der Theorieperspektive ausweicht. Ein dimensionales *Verhältnis* von Gegenwart und Vergangenheit, Ich und Es „gibt es" nur aus der Erkenntnishaltung, also aus der Vergangenheit heraus. Heim hätte, wenn er ausschließlich aus der kritischen Existenz der Gegenwart heraus hätte argumentieren wollen, den Dimensionsbegriff und die Dimensionen*lehre* aufgeben müssen. Dass er es nicht getan hat und Grisebachs Radikalität die Spitze abgebrochen hat, zeigt, dass er mehr von Bubers als von Grisebachs Zeitverständnis beeinflusst wurde, der das Zeitverhältnis von Vergangenheit, Gegenwart und Zukunft als Wechselverhältnis zwischen Ich und Welt begriff.
[779] Vgl. GD 1, 128 mit 136.
[780] Traub, Fragen, 75.
[781] GD 1, 131.
[782] GD 1, 129.
[783] Traub, Fragen, 79.

Gegenwart die entschiedene Vergangenheit aus sich hervorgehen lässt und diese Gegenwart das Ich, die Vergangenheit die Welt ist, dann folgt doch, „dass das Ich die Welt aus sich hervorgehen lässt. ... Das Ich wird zur weltschöpferischen Instanz."[784]

Der Vorwurf des objektiven Idealismus[785] bestünde zu Recht, wenn das Verhältnis von Gegenwart und Vergangenheit das von Elementen innerhalb einer Dimension wäre. Dann wäre das Ich die weltschöpferische Quelle „Gegenwart", aus welcher der Strom der Welt und der Zeit gegenständlich hervorginge. Das Ich als „Gegenwart" wäre die mythologisch-hypostasierte Urquelle des Seins[786]. Gegenwart und Vergangenheit sind aber wie Ich und Welt dimensional unterschieden. Das Verhältnis von Gegenwart und Vergangenheit ist wie das von Ich und Welt eine Urbeziehung, die nicht vergegenständlicht werden kann. Der quasi-schöpferische Augenblick, in dem das Nichtsein ins Sein tritt, das Mögliche zum Wirklichen wird, das Unentschiedene zum Entschiedenen gerinnt, ist der unerklärliche und unerklärbare „Urvorgang"[787]. Es besteht kein Kausalverhältnis zwischen Gegenwart und Vergangenheit. Es ist überhaupt nichts darüber gesagt, *wie* die Gegenwart die Vergangenheit aus sich hervorgehen lässt.[788] Die Gegenwart ist der reine, ungegenständliche Nullpunkt, aus dem das Zeitkontinuum hervorgeht. Dieser Akt ist der primäre Akt des Werdens, der unanschaubar ist, im Unterschied zum sekundären Werden, das *als* Werden sichtbar ist, weil es als Veränderung innerhalb der gegenständlichen Welt beobachtet wird.[789] Die Zeit, das primäre Werden, ist genauso undefinierbar wie das nichtgegenständliche Ich. Die Gegenwart ist wie dieses allzu nahe, als dass sie verobjektiviert werden könnte. Zeit und Ich sind als undefinierbare Grundbegriffe identisch und nur als solche.[790] Gleichwohl kann einiges über die Wechselseitigkeit der beiden Verhältnisse Ich-Welt und Gegenwart-Vergangenheit gesagt werden. Denn sie erläutern und bestimmen sich gegenseitig.

---

[784] Ebd.
[785] Derselbe Vorwurf besonders scharf bei Thimme, Fragezeichen, 21–24, und Schlatter, Idealismus oder Theologie?, 256f.
[786] Thimme, Fragezeichen, 22; Heims Formulierung „der allgegenwärtige Mutterschoß" (GD 1, 144) ist zwar missverständlich, aber im Zusammenhang klar entgegenständlich gemeint, wenn er im Satz darauf neutral der „Nullpunkt" des Zeitkontinuums heißt. Auch das nichtgegenständlich Gemeinte kann eben nur gegenständlich ausgedrückt werden. Alle Bilder für das Werden der Zeit (die Urquelle, der Mutterschoß, der tiefe Brunnen, die feuerflüssige Glut, die erstarrt etc., vgl. GN, 55.57) sind Versuche, sich dem Unsagbaren zu nähern.
[787] GD 1, 160 u.ö.
[788] Vgl. Heims Zurückweisung des Vorwurfs der idealistischen Objektivation des Gegenwarts-Ich, GD 3, 240
[789] GD 1, 160; Aristoteles hatte, wenn er Zeit auf Bewegung, d.h. auf messbare, beobachtbare Veränderung zurückführt, nur dieses sekundäre Werden im Blick.
[790] Es sei an die undefinierbaren und deshalb identischen Grundbegriffe aus PA, 72, erinnert: Zeit, Ich, Zahl, Relation, Unterscheidung und Identität, Möglichkeit und Wirklichkeit usw.

Betrachten wir zunächst, wie das Ich von der Zeit her bestimmt wird, dann wie sich das Zeitverständnis durch die Gleichsetzung der Verhältnisse verändert und schließlich, inwiefern das Ich-Welt-Verhältnis als Zeitverhältnis anzusehen ist.

Die Gleichsetzung von Ich und Gegenwart „erklärt", warum das Ich der Ich-Welt-Beziehung das unnennbare, nichtgegenständliche Ich bleibt, warum der sehende Punkt des perspektivischen Zentrums sich nicht selbst sehen kann: Weil das Ich die noch unentschiedene, gerade erst werdende und darum nicht wissbare, nicht erkennbare Gegenwart ist.[791] Dass ich mir selbst niemals gegenüberstehen kann und sich das sehende Auge niemals selber sieht, ist nicht bloß ein räumlich-optisches, auch nicht bloß ein logisch-erkenntnistheoretisches, sondern ein konstitutiv zeitliches Problem.

Unsere Bestimmung des nichtgegenständlichen Zentrums der Perspektive als dem unmittelbaren Selbstbewusstsein oder Zeitbewusstsein erfährt so eine klare Präzisierung. Wenn das nichtgegenständliche Ich mit der Gegenwart identisch ist, dann gibt es kein transzendentales Ich, das aus der Zeitbewegung heraustünde. Die Zeit ist keine Anschauungsform des Ich, das, wie bei Kant, als „Ich denke" selbst außerhalb der Zeit steht. Wie es keine ichlose Zeit gibt, so gibt es auch kein zeitloses Ich, sondern Ich-Sein ist Zeit-Sein, „Dasein ist Zeitsein"[792], oder, um die kürzeste Formel zu geben: Ich bin Zeit, d.h.: „Die Zeit ist die Existenzform unseres Ich"[793]. Das In-der-Welt-sein als existentiale Grundverfasstheit des Dasein ist nicht nur ein Räumlich-sein, sondern auch ein Zeitlich-sein. Die Zeitlichkeit des Daseins ist mit der Räumlichkeit korreliert, ja sogar identisch im Sinne der Identität der undefinierbaren Grundbegriffe. Dasein als In-der-Welt-sein ist Ich-Sein als Zeit-Sein[794].

Das nichtgegenständliche Ich, das als perspektivisches Zentrum von der kausalen Weltbetrachtung als deren Voraussetzung (überkausaler Ermöglichungsgrund von Kausalität) ausgenommen bleiben muss, ist darum nicht überräumlich oder überzeitlich, sondern, obwohl es keinen Ort auf der Zeitstrecke hat – diese kommt ja erst aus ihm zustande –, selbst zeitlich. Das nichtgegenständliche Ich ist genauso Zeit wie die gegenständliche, werdende und gewordene Welt, wenn auch in anderer Weise. Das Ich ist als noch unentschiedenes Gegenwartsstadium der Zeitbewegung selbst zeitlich, als Quelle der Zeitbewegung jedoch nicht ewiges Jetzt,

---

[791] Heim spricht auch vom „nonischen Charakter" (GD 1, 137) aller Aussagen über Ich und Gegenwart. Dass man über die undefinierbaren Grundbegriffe gar nichts sagen könne als nur die Verneinung aller Bestimmungen, ist aber gerade nicht Heims Meinung gewesen. Die Dimensionenlehre versucht gerade, über die bloße Negation hinauszukommen.

[792] GD 1, 281; der Zusammenhang lautet: „Wenn wir den Übergang aus der Gegenwart in die Vergangenheit mit dem undefinierbaren Wort ‚Zeit' bezeichnen wollen, so können wir also sagen: Dasein ist Zeitsein. Unsere Ich-Existenz besteht darin, dass fortwährend ein konkretes Geschehen, das die bewegte Mitte bildet, Vergangenheit wird."

[793] Heim, Zeit und Ewigkeit, 17.

[794] Bei Heim besteht die Zeitlichkeit des Daseins mehr im Werden und der Veränderung, bei Heidegger mehr in der Vergänglichkeit, dem „Sein zum Tode" (Sein und Zeit, 252).

sondern Werde-Jetzt.[795] Der Zeit-Modus der Gegenwart ist echter *Zeit*-Modus, wenn auch dimensional von Vergangenheit und Zukunft unterschieden. Als unentschiedene Gegenwart hat das Ich teil an der Zeitbewegung. Die Zeit gehört für Heim wie das nichtgegenständliche Ich zur geschaffenen Welt. Als werdendes und Werde-Jetzt ist „das Nichtgegenständliche … genau so weit von Gott entfernt wie die Gegenständlichkeit."[796]

Das nichtgegenständliche Ich ist von der zeitlosen Ewigkeit genauso unterschieden, wie von der Veränderung in der Zeit. Das Ich steht in Gestalt des werdenden Jetzt sozusagen zwischen dem Ungewordenen und dem Gewordenen. Die Gegenwart hat „ein Doppelgesicht"[797]. Sie steht einerseits außerhalb der Zeit, weil aus ihr erst die Zeitstrecke zustande kommt, sie steht andererseits in der Zeit, da sie als Modus Gegenwart auch Punkt auf der Zeitstrecke ist.

Für die Zeit bedeutet dies, dass deren Wesen weder platonisch als Gegensatz zu und von der Ewigkeit her, noch aristotelisch von der zeitlich-räumlichen Veränderung her bestimmt werden kann. Zeit ist etwas Mittleres zwischen Ewigkeit und Veränderung. Sie hat an beiden teil, ist auf beide bezogen und doch von beiden unterschieden.[798] Begrifflich können wir dies nur so fassen, dass das nichtgegenständliche Ich als Gegenwart sowohl von der ewigen Nichtgegenständlichkeit Gottes, als auch von der Gegenständlichkeit des (sekundären) Werdens dimensional unterschieden ist. Die Gegenwart ist der Akt des primären Werdens, in dem das nichtgegenständliche, zeitliche Ich in einem Akt dauernder dimensionaler Spaltung in die gegenständliche Welt hinübertritt.

b) E. Husserls „Phänomenologie des inneren Zeitbewusstseins"

Es bleibt die Frage, wie man diesen dauernden Übergang, diesen Prozess fortwährender dimensionaler Spaltung von Gegenwart in Vergangenheit verstehen kann, sodass sowohl die Unterscheidung wie der Zusammenhang deutlich werden. Eine Lösung, welche die Probleme des Aristotelischen, aber auch des Kantschen und

---

[795] Die idealistische Verewigung des Jetzt als nunc aeternum, das angeblich nur dann die Zeit aus sich heraussetzen kann, wenn es selbst unzeitlich, also ewig gedacht ist, weist Heim mit Recht zurück (GD 1, 404f). Zwar ist die Zeitlosigkeit die notwendige Bedingung für Unveränderlichkeit, aber die Umkehrung gilt nicht. Die Unveränderlichkeit des Jetzt *als* Jetzt impliziert nicht dessen Zeitlosigkeit, sondern kann an der Zeitbewegung teilhaben (vgl. I. Dalferth, Gott und Zeit, 1997, 232). Die unglückliche Bezeichnung des Jetzt als nunc aeternum, die Heim an einigen Stellen aufnimmt (G 3, 273; JH, 24; GN, 55.101), ist als ewiges *Jetzt*, nicht als *ewiges* Jetzt gemeint, vgl. die zustimmende Zitierung H.W. Schmidts auf GD 1, 281: Das „Fließen der Zeit" sei eine „ständige Wiedergeburt", eine „ununterbrochene Neuschöpfung des immer identischen Jetzt" (Schmidt, Zeit und Ewigkeit, 1927, 229). Es ist darum mehr als unglücklich, wenn Eerikäinen das nunc aeternum als Kern des Heimschen Zeitverständnisses und der Dimensionenlehre behauptet (Dimensions, 17.114).
[796] GD 1, 405.
[797] GD 1, 143; 147.
[798] Vgl. Heim, Zeit und Ewigkeit, 29.

des Bergsonschen Zeitverständnisses vermeidet, hat Husserl in seinen Vorlesungen zur „Phänomenologie des inneren Zeitbewusstseins"[799] gegeben. Heim hat sich dieser Lösung angeschlossen[800] und so eine Vertiefung seines Zeitverständnisses erreicht.

Wir rekapitulieren kurz das bisher Erreichte und dessen Problematik.

Die Bestimmung der Zeit als einer doppelten Relation von früher und später (B-Reihe) bzw. der drei Modalitäten (A-Reihe) durch Aristoteles bzw. dem „Weltbild der Zukunft" hatte zwar die äußere, physikalische Zeit zureichend erklärt, aber nicht die Unumkehrbarkeit der erfahrenen Zeit sowie die subjektiv erlebte Zeitdauer integriert. Diese Zeit kann nicht ohne Bezug auf das erlebende und erkennende Ich erklärt werden. Das transzendentale Ich darf allerdings nicht wie bei Kant außerhalb der Zeit, sondern muss als Zeitbewusstsein innerhalb der Zeit verortet werden. Das Ich ist nach Bergson dasjenige, was im Unterschied zur physikalischen Messung die wahre Dauer erlebt. Bei Bergson blieb allerdings die Frage, ob und wie denn das zeiterlebende Bewusstsein selbst zeitlich zu verstehen ist. An diesem Punkt setzte Husserl an, indem er die Zeitlichkeit in das Zeitbewusstsein einführte. Das Bewusstsein von Zeit ist nach Husserl selbst zeitlich. Damit ist gemeint, dass nicht nur das Erleben von Zeit zeitlich ist, sondern schon die transzendentale Voraussetzung allen Erlebens, das Ichbewusstsein, zeitlich verfasst ist. In der Sprache Heims gesagt: Das nichtgegenständliche Ich als Gegenwart ist selbst zeitlich, sodass Gegenwart vom Ich her eine gewisse zeitliche ‚Ausdehnung' haben muss. Nur wenn die Gegenwart im Bewusstsein ein klein wenig nach vorwärts und rückwärts verlängert ist, können wir *Zeit*bewusstsein haben.

Der zeitliche Fluss von Ereignissen könnte nicht als Fluss erlebt werden, wenn das Bewusstsein reine, momentane, ausdehnungslose Gegenwart wäre. Dann wären alle Erlebnisse zwar nacheinander erlebt, aber nicht im Zusammenhang. Der Zusammenhang von Ereignissen muss durch das Bewusstsein hergestellt werden, und zwar im Moment des Erlebens. Man kann sich dies am Erleben von Musik klar machen, ein Beispiel, das schon Augustin gegeben hat, um die Einheit des erlebten Nacheinander im Bewusstsein zu begründen.[801] Wenn wir eine Folge von

---

[799] Sie wurden von Husserl bereits 1905–1910 gehalten, aber erst 1928 von Heidegger herausgegeben, sodass sie Heim für W und G noch nicht zur Verfügung standen.
[800] GD 1, 152.
[801] Augustin, Confessiones XI, 28; vgl. Husserl, Phänomenologie, 8f; Augustinus hat die Einheit der Modalzeit (A-Reihe) so erklärt, dass den drei Modi Vergangenheit, Gegenwart und Zukunft jeweils ein Gegenwartsmodus im Bewusstsein entspricht, durch den die Zeiten zusammengehalten werden, die Erinnerung als Gegenwart des Vergangenen (praesens de praeteritis memoria), die Gegenwart von Gegenwärtigem (praesens de praesentibus contuitus) und der Erwartung als Gegenwart des Zukünftigen (praesens de futuris expectatio, Confessiones, XI, 20). Der Zusammenhang wird bei Augustinus wie bei Husserl nicht einfach durch das Gedächtnis oder das Bewusstsein hergestellt, sondern durch eine Bestimmtheit, eine Intentionalität des Bewusstseins, durch das Gegenwärtighaben von Gegenwart. Gegenwart hat auch bei Augustinus eine Art Ausdehnung (distentio, XI, 23), die aus einer Anspannung der Seele (attentio, XI, 28, oder intentio, XI, 29) resultiert. Zum Einfluss Augus-

Tönen wahrnehmen, so müssen die Töne, damit wir sie als Melodie, als Zusammenhang erfassen, obwohl sie nacheinander sind, doch zugleich sein. Nur indem die ganze Folge schon und noch da ist, erleben wir den einzelnen Ton als Teil der ganzen Melodie. Das Bewusstsein muss also den einzelnen erlebten Ton, die Urimpression, wie Husserl sagt, noch eine gewisse Zeit festhalten, bevor er im Gedächtnis versinkt. Das Erleben von Dauer ist aber nicht auf die Dauer der Töne selbst zurückzuführen, sonst hätten wir zwar „eine gleichzeitige Summe von Tönen, aber keine Sukzession in unserer Vorstellung."[802] Der Zusammenhalt der Töne in einer Art Gleichzeitigkeit kann nur aus dem Bewusstsein stammen. Wie kann ein erlebter Ton im Bewusstsein festgehalten werden und weiter gleichzeitig sein, obwohl er schon vergangen ist? Husserl nennt dieses bewusste Festhalten in Anlehnung an Locke Retention[803]. Retention ist nicht Wiedererinnerung – die Erinnerung holt ein vergangenes Erlebnis aus dem Gedächtnis hervor und macht es *neu* zu einem gegenwärtigen – sondern der Nachhall der unmittelbar verflossenen Urimpression im aktuellen Bewusstsein, also das Gegenwärtighaben des eben Vergangenen. „Wenn das Tonjetzt, die Urimpression, in Retention übergeht, so ist diese Retention selbst wieder ein Jetzt, ein aktuell Daseiendes. Während sie selbst aktuell ist (aber nicht aktueller Ton), ist sie Retention von gewesenem Ton. ... Der Ton ist noch da, ist noch empfunden, aber im bloßen Nachhall."[804]. Der als primäre Erinnerung bezeichnete Nachhall ist nicht der tonale Nachhall, sondern die Retention, welche eine Modifikation der Urimpression ist. Sie ist aktual bewusst, doch nicht primär bewusst wie die Urimpression. Die Retention ist der Übergang von der Gegenwart in die Vergangenheit und ist ein Mittleres. Sie ist nur so zu verstehen, dass das Gegenwartsbewusstsein selbst eine gewisse zeitliche Breite hat. Im Jetztbewusstsein sind die gerade verflossenen Vorstellungen noch mitpräsent. Das Gegenwärtighaben der Urimpression mit den Retentionen der eben gewesenen (und den Protentionen der sogleich kommenden) Impressionen bildet ein „Präsenzfeld"[805]. Das Selbstbewusstsein als Jetztbewusstsein ist ein zweidimensionales Gebilde, das sowohl in der ablaufenden Dimension der Jetztpunkte steht (und als deren transzendentale Bedingung von der Veränderung ausgenommen ist) als auch in sich eine Art zeitliche Ausdehnung hat, sozusagen eine

---

tins auf Husserl vgl. K. Flasch, Was ist Zeit?, 1993, 42–51; G. Eigler, Metaphysische Voraussetzungen in Husserls Zeitanalysen, 1961, 103f.

[802] Husserl, Phänomenologie, 10.

[803] J. Locke bestimmt „retention" als „keeping the idea which is brought into [the mind], for some time actually in view" (An Essay Concerning Human Understanding I / II, X (= dt. Versuch, Bd. 1 / Buch II, X, 173), zit. nach P. Bieri, Zeit und Zeiterfahrung, 1972, 208).

[804] Husserl, Phänomonologie, 24.26.

[805] F.J. Wetz, Edmund Husserl, 1995, 99; auch M. Merleau-Ponty benutzt den für die Phänomenologie der Zeitwahrnehmung zentralen Terminus „Präsenzfeld" im Anschluss an Husserl (Phänomenologie der Wahrnehmung, 1966, 472–474).

zeitliche Ausdehnung nach innen hin, die nicht die zeitliche Ausdehnung der Zeitachse ist[806].

Husserl erläutert die Retentionalität des Bewusstseins an einer zweidimensionalen Figur[807]:

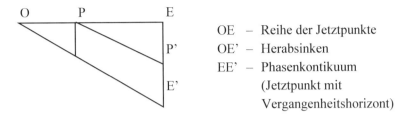

OE – Reihe der Jetztpunkte
OE' – Herabsinken
EE' – Phasenkontikuum
(Jetztpunkt mit Vergangenheitshorizont)

Husserls Figur gibt klar wieder, was Heim mit der dauernden dimensionalen Spaltung der Zeit aus der Gegenwart heraus und der Doppelgesichtigkeit des Jetzt meint. Die Gegenwart steht in der Reihe der ablaufenden Jetztpunkte (OE) und ist zugleich mit Vergangenheit (und Zukunft) über die Retentionen (und Protentionen, nicht eingezeichnet) verbunden (EE'). Der fortwährende Übergang der Gegenwart in Vergangenheit ist im Zeitbewusstsein begründet, welches ein Präsenzfeld des Gegenwärtighabens darstellt (OE wird als EE' festgehalten). Der Zusammenhang von Urimpression (E) und Retention (P'), der bei Husserl primäre Erinnerung heißt, ist durch die innere Ausgedehntheit des Bewusstseins, durch das Gegenwärtighaben des retentionalen Feldes gewährt. Zeit als Zeit, also das Fließen von Zeit, ist im retentional strukturierten Jetztbewusstsein begründet. Diese Zeit gibt es nicht ohne Ich. Sie hat kein ich-unabhängiges Sein. Die Zeit als Kontinuum, als Zeitfluss ist begründet im Zeitbewusstsein, welches die Wahrnehmung von Dauer ermöglicht, indem es in sich eine Dauer von Wahrnehmung präsent hält.

Die Husserlsche Theorie des Zeitbewusstseins „erklärt" die Gleichsetzung von Ich und Gegenwart durch Heim. Das Ich ist echte *zeitliche* Gegenwart, weil das Zeitbewusstsein eine zeitliche Ausdehnung nach innen hat, aber es ist kein nunc aeternum, das schon die ganze Zeitstrecke in sich trüge. Das primäre Werden ist ein neues, noch unbestimmtes Sein, das aber gleichwohl in retentionaler Kontinuität zum Vergangenen und in protentionaler Kontinuität zum Kommenden steht. Ebenso ist das Ich immer neu und nicht mit sich identisch absolut, aber gleichwohl steht es in Kontinuität zu seiner eigenen Vergangenheit.

Der Verdacht, das Ich sei die Quelle der Zeit und also weltschöpferisch, ist damit abgewehrt. Das Zeitbewusstsein stiftet die Einheit der Zeit, den Zeitfluss. Es gewährt, dass zwischen der je neuen Gegenwart und den vorigen „Gegenwarten" ein

---

[806] Auch bei Augustinus ist die distentio temporis des Augenblicks eine distentio animi, „eine nichträumliche Ausdehung ... in der Seele" (Flasch, Was ist Zeit?, 382).
[807] Husserl, Phänomenologie, 23.

Zusammenhang besteht und schafft die zeitliche Verbindung zwischen der gegenständlichen Welt (den Ereignissen, dem sekundären Werden), dem Bewusstseinsinhalt (den Erlebnissen und Erkenntnissen) und dem unanschaulichen, primären Werden. Die Zweidimensionalität des Jetztbewusstseins „erklärt" die Heimsche Doppelgesichtigkeit des Jetzt. Das Ich ist als Teil der ablaufenden Zeitstrecke auch Teil der gegenständlichen Welt, aber es steht ihr auch als das primäre Werden gegenüber, das man als die unanschauliche Innen-*Zeit* des Ich begreifen kann.

Damit ist angedeutet, dass das Bewusstsein nicht Herr und Schöpfer seiner Zeit, sondern selbst zeitlich ist. Allerdings ist das Erleben von Gegenwart bei Husserl ausschließlich im retentionalen Zeit*bewusstsein* begründet. Husserls transzendentalphilosophische Bewusstseinstheorie erklärt das *bewusste* Zeiterleben. Sie erklärt die Wahrnehmung von Dauer bei intentionaler Ausgerichtetheit des Wahrnehmungsapparates. Dass das Gegenwartserleben aber außer dem Erleben des Zeitflusses auch ein qualitativ-kairologisches, ganz außer dem Zeitfluss stehendes, Moment haben kann, ist nicht genügend berücksichtigt. Wenn einem etwas plötzlich präsent wird, ganz intensiv gegenwärtig wird, ohne dass ein bewusster, intentionaler Akt vorherginge, dann wird Gegenwart nicht als Dauer (chronos), sondern als Zustand, als Qualität (kairos) erlebt. Dieses Zeiterleben resultiert nicht aus dem Zeitbewusstsein des Ich, sondern von der Gegenwärtigkeit eines Du her. Ein entsprechendes Zeitverständnis hat M. Buber mit seiner Ich-Du-Philosophie entwickelt, die, wie wir zeigen werden, nicht bloß als Personalismus, sondern als personale Zeitphilosophie zu bezeichnen ist. Heim hat in Bubers „Ich und Du" mit allen sog. personalistischen Theologen[808] primär eine zweite, personale Weise des Ich-Welt-Verhältnisses gesehen neben dem gegenständlichen Weltverhältnis. Aber er hat das Personale auch zeitlich interpretiert, sodass jedes Du-Verhältnis, insbesondere das Gottesverhältnis auch als Zeitverhältnis zu verstehen kommt.

Wir stellen wieder zunächst den Grundgedanken von Bubers „Ich und Du" vor und zeigen dann, wie Heim von Bubers zeitphilosophischem Personalismus bzw. personalem Zeitverständnis her die personalistische und zeitphilosophische Ausrichtung der Dimensionenlehre profiliert und daraus einen personalen und in der Zeit präsenten Gottesbegriff sowie ein personales und zeitliches Gottesverhältnis gewinnt.

---

[808] Vgl. die umfassende philosophische Situierung der dialektischen Theologen (Barth, Brunner, Gogarten, Tillich, Heim) in Bezug auf Feuerbach, Scheler, Heidegger, Ebner, Buber, Grisebach u.a. bei Cullberg, Das Du und die Wirklichkeit, 1933.

5. Zeitphilosophischer Personalismus

a) M. Bubers „Ich und Du"

Die Beziehung des Menschen zur Welt ist nach M. Bubers „Ich und Du" auf zweifache Weise möglich. „Die Welt ist dem Menschen zwiefältig nach seiner zwiefältigen Haltung."[809] Die beiden Möglichkeiten des Weltverhältnisses sprechen sich in den beiden Grundwortpaaren Ich-Du und Ich-Es aus. In den beiden Grundwortpaaren ist die Welt je eine andere und ist der Mensch je ein anderer. Die Welt der Ich-Es-Beziehung ist die gegenständlich erfahrene Welt. Sie ist immer das „Etwas"[810], das empfunden, wahrgenommen, gewollt, begriffen usf. wird. Die Es-Welt wird konstituiert, indem „die Schranke zwischen Subjekt und Objekt aufgerichtet; das Grundwort Ich-Es, das Wort der Trennung"[811] gesprochen wird. Dies Wort der Trennung, das identisch ist mit der Erfahrung oder Erkenntnis des Etwas, bedeutet die Ablösung des Ich vom Es. Das Ich-Es-Verhältnis ist exklusiv nach beiden Seiten hin: „Es" ist dadurch „Etwas", dass es von anderem Etwas begrenzt und unterschieden ist. Ich ist im Ich-Es-Verhältnis das vom Es abgelöste Ich, es ist Subjekt eines Objekts. Mit der Trennung wird „Urdistanz"[812] aufgerichtet. Sie ist aber nicht ursprünglich.

Ursprünglich ist das Gegenüber als Du. Das „Du grenzt nicht"[813], es schließt nicht aus, sondern ein, es trennt nicht, sondern schließt zusammen. Die Du-Beziehung ist unmittelbar. Zwischen Ich und Du steht nichts dazwischen: Kein Begriff, kein Wissen, kein Zweck, kein Mittel.[814] Die Ich-Du-Beziehung ist ursprüngliche Unmittelbarkeit des Mensch-Welt-Verhältnisses, wie sie dem Primitiven und dem Kind eigen ist. Hier sind Ich und Welt eins. „Im primitiven Beziehungsereignis ist das Ich eingeschlossen."[815]

Aber in der reinen Unmittelbarkeit ist kein Leben möglich. Der Mensch muss das kindlich-primitive Urverhältnis auflösen, eine Es-Welt aufbauen und sich darin einrichten. „Du muss ... zu einem Es werden."[816] Die Du-Welt muss von der Es-Welt geschieden werden. Diese Scheidung ist ein zeitlicher Vorgang, der die Verhältnisse Ich-Du und Ich-Es zugleich in ein Zeitverhältnis bringt. Die Scheidung der Du-Welt von der Es-Welt ist identisch mit der Scheidung zwischen Gegenwart und Vergangenheit.

---

[809] M. Buber, Ich und Du (1923), 1995, 3.
[810] A.a.O., 4f.
[811] A.a.O., 23.
[812] Vgl. M. Buber, Urdistanz und Beziehung, 1950.
[813] Buber, Ich und Du, 4.
[814] A.a.O., 12.
[815] A.a.O., 22.
[816] A.a.O., 33.

Im Du-Verhältnis ist reine Gegenwärtigkeit. Gegenwart ist für Buber nicht der Jetztpunkt der Zeitachse, sondern die Qualität der Zeit als wirklicher und erfüllter Zeit. Zeit ist insofern personal verstanden. Zeit hat Du-Charakter, jedenfalls als Gegenwart, ja Gegenwart ist identisch mit Du, mit Gegenwärtigkeit, mit Begegnung. Zeit, Gegenwart *wird* erst dadurch, dass ein Du gegenwärtig wird. „Nur dadurch, dass das Du gegenwärtig wird, entsteht Gegenwart."[817] Und an diesem Du wird das Ich. Die berühmten Buberschen Sätze „Der Mensch wird am Du zum Ich"[818], „Alles wirkliche Leben ist Begegnung"[819], meinen präzise: Der Mensch wird wirklich, wird wesentlich, wenn er gegenwärtig wird. Das wird er am Du, indem er teilhat an der Gegenwärtigkeit des Du. Das Ich-Werden am Du ist die Anteilhabe an der reinen Gegenwärtigkeit des Du, die unausgesprochen die reine Gegenwärtigkeit des Absoluten ist[820]. Am Du Gottes, „in der Fülle der Gegenwart" wird einem „die Welt ganz gegenwärtig" und man kann „zur Wesenheit aller Wesen Du sagen. Da ist keine Spannung mehr zwischen Welt und Gott, nur die Eine Wirklichkeit."[821]

Die Es-Welt hingegen ist Vergangenheit. Das Wesen der Gegenstände besteht im Gewesensein. Gegenstand heißt soviel wie Gegen-Stand, d.h. „Beziehungslosigkeit, die Präsenzlosigkeit."[822] Die gegenständliche Welt ist die kausal geordnete, berechenbare und verfügbare Welt.[823] Die Vergegenständlichung kommt dadurch zustande, dass der Mensch die ungeschiedene Einheit der unmittelbaren Beziehung scheidet und sein Ich vom Gegenüber trennt. Es-Welt ist die Welt nicht an sich, sondern vom trennenden Ich her. Die Es-Welt wird als Gewesensein gesetzt, sie *wird* Gewesensein. Vergangenheit *ist* nicht, sondern *wird* am Ich, indem die unmittelbare Gegenwärtigkeit der Welt als Du aufgehoben und ins Es der gewordenen Welt überführt wird.

Gleichwohl ist diese Umwandlung der Welt in das Es der Gegenständlichkeit unumgänglich.

„In bloßer Gegenwart lässt sich nicht leben. ... Aber in bloßer Vergangenheit lässt sich leben, ja nur in ihr lässt sich ein Leben einrichten"[824]. Die reine Unmittelbarkeit der Primitiven und Kinder wäre illusionär und gefährlich, sie wäre Flucht aus der Weltverantwortung und Missachtung der geschöpflichen Welt. Ohne Es kann und soll der Mensch nicht leben. „Aber wer mit ihm allein lebt, ist nicht der Mensch."[825] Also gilt: „Es" soll und kann „zu einem Du werden"[826]. So gesehen

---

[817] A.a.O., 13.
[818] A.a.O., 28.
[819] A.a.O., 12.
[820] B. Casper, Das dialogische Denken, 2002, 265f, stellt zu Recht als leitendes Motiv und ursprünglichste Absicht von „Ich und Du" heraus, die reine Gegenwärtigkeit des Einen zu beschreiben.
[821] Buber, Ich und Du, 104.
[822] A.a.O., 13.
[823] A.a.O., 49.
[824] A.a.O., 34.
[825] Ebd.

ist die Vergegenständlichung der Welt nicht nur Abfall von der Du-Beziehung, sondern „zugleich eine Bedingung für ihre volle und eigentliche Verwirklichung"[827]. Die am Anfang stehende Du-Beziehung soll auch am Ende stehen, aber eben nur durch die Es-Beziehung hindurch. Die neue Du-Beziehung ist nun nicht wie die ursprüngliche eine unmittelbare, sondern vermittelte Gegenwärtigkeit. Dies zeigt sich in den Grundformen von Beziehung, der Liebe und der Sprache[828]. Wie die Liebe nicht in der unmittelbaren Beziehung verharren kann, sondern nur dauert, indem sie durch das Wort vermittelt ist, so ist jede Du-Beziehung auf die Sprache angewiesen, durch die sie vergegenständlicht, aber auch wieder vermittelt wird. Die Du-Beziehung ist dialogisch, sie ist echte Beziehung. Das Einschließen des Ich in die Ich-Du-Beziehung vom Du her führt nicht zur Identität. Begegnung enthält immer noch ein Moment von Differenz. Begegnung ist Be-geg-nung. Du bleibt der Andere. Ich und Du sind nicht unmittelbar eins, sondern konstituiert und vermittelt durch das „Zwischen"[829]. Begegnung konstituiert sich aus dem Zwischen, im Wort. Dieses Zwischen der Begegnung ist präzise die wortvermittelte Gegenwärtigkeit des Du, aber so eben die *Gegenwärtigkeit* des Du. Das gesprochene Grundwort „Du" ist nicht distanzierend, wie das andere Grundwort „Es", sondern präsentierend. Im Wort „Du" ist das Du präsent, gegenwärtig. Das Wort ist (gesprochen) die Gegenwärtigkeit des Du.

b) Zeithafte Begegnung im Wort

Martin Bubers Zeitverständnis ist in der Bedeutung für Heims Dimensionenlehre kaum zu überschätzen, ist ihm doch am dialogischen Denken Bubers eine ganze „Dimension" aufgegangen. Die Dimension des Du führt erst eigentlich heraus aus der Gefangenschaft durch die Subjektphilosophie von Descartes bis Husserl, welche die Welt durch das Subjekt konstituiert sein ließ und folglich kein anderes Ich und keine andere Welt als die der Ich-Es-Beziehung kannte. Die Dimension des Du erweitert das Selbst-, das Welt und das Gottesverhältnis des Ich entscheidend. Ist die Ich-Es-Welt wesentlich vom Subjekt her bestimmt – der Mensch als Subjekt verfügt über die gegenständliche Welt –, so ist in der Ich-Du-Beziehung umgekehrt das Ich vom Du her bestimmt. Das Ich ist begründet durch den Anruf und Anspruch des Du. Ist die Ich-Es-Beziehung, mithin die naturwissenschaftliche und erkennende Weltsicht, exkludierend – sie richtet Distanz auf –, so ist die Du-Ich-Beziehung inkludierend, sie schafft Nähe. Der Unterschied der Buberschen

---

[826] A.a.O., 33.
[827] Kümmel, Zeit, 43.
[828] Buber, Ich und Du, 17f.
[829] M. Theunissen spricht treffend von der „Herkunft von Ich und Du aus dem Zwischen" (Der Andere, 1977, 273), vgl. Casper, Das dialogische Denken, 271f.

Du-Dimension gegenüber Heideggers Zuhandensein ist die Ereignisrichtung. Heideggers Zuhandenes hat Nähe vom (menschlichen) Dasein her – sie entspringt *seiner* „Umsicht des Besorgens"[830] – die Nähe des Du bei Buber ist hingegen vom Du her. Der zweite Unterschied betrifft das Raum-Zeit-Verhältnis. Während bei Heidegger sowohl das Vorhandene wie das Zuhandene primär im räumlichen Verhältnis zum Dasein stehen, sind bei Buber beide Verhältnisse (Ich-Es und Ich-Du) primär Zeitverhältnisse. Distanz und Nähe sind für Buber eigentlich Zeitbegriffe. Diese Zeitverhältnisse werden durch die Weise der Beziehung konstituiert. Das Ich im Ich-Es-Verhältnis setzt die Es-Welt als Vergangenheit und ist insofern selbst Gegenwart, wenn auch nicht im Vollsinn. Gegenwart im Vollsinn, echte Gegenwärtigkeit, wird das Ich nur vom Du her.

Die Ich-Es-Beziehung Bubers ist identisch mit Heims Ich-Welt-Verhältnis, welches nun durch den Zusammenhang mit der Ich-Du-Beziehung eine neue Dimension erhält. Denn der Prozess der dimensionalen Spaltung von Ich und Welt im Urvorgang des Übergangs vom Werden zum Gewordensein findet genau an dem Punkt statt, an dem auch die Dimension des Du erscheint. Damit spaltet sich der Urvorgang, in dem die Gegenwart zur Vergangenheit wird, selbst auf und das Ich steht als Gegenwart in zwei Dimensionen. Es sind zwei Weisen von Gegenwart, wie das Ich Gegenwart ist. Das eine Mal, im Ich-Es-Verhältnis, ist das Verhältnis vom Ich her, also Aktion, das andere Mal, im Ich-Du-Verhältnis, vom Du her, also Passion. Diese Unterscheidung unterscheidet im Ich dimensional zwei Weisen des Gegenwart-Seins. In beiden Beziehungen ist das Ich Werden, ist der Urvorgang „Geschehen", wie man noch neutral sagen kann[831]. Aber im Ich-Es-Verhältnis ist das Werden, das Geschehen, ein handelndes, im Ich-Du-Verhältnis ein leidendes Werden. „Das Du-Erlebnis ist also von vornherein ein Leiden"[832], ein Widerfahrnis, wie das Aufgehen jeder neuen Dimension. Sagten wir oben, jede neue Dimension sei eine nichtgegenständliche Dimension, so können wir nun, das Herkommen der neuen Dimension miteinschließend, sagen: Jede neue Dimension hat Du-Charakter. Unter dem Einfluss Bubers vollzieht sich in Heims Denken eine wesentliche Neuorientierung. Das Nichtgegenständliche hat nicht nur Ich-, sondern wesentlich Du-Charakter. Das nichtgegenständliche Ich ist wesentlich passiv, nicht aktiv. Es ist ein Werden *an* mir, nicht durch mich oder von mir her.

Das weltkonstituierende Werden aus dem Ich ist damit relativiert. Jedes Werden, jedes Ich verdankt sich einem Du. Ohne Passion keine Aktion, ohne Leiden kein

---

[830] Heidegger, Sein und Zeit, 102.
[831] GD 1, 215.
[832] GD 1, 218.

Handeln, ohne Be-geg-nung keine Begegnung. Das Du ist also eo ipso immer auch begrenzend, widerständig, willensartig.[833]

Ist damit der Überschritt von der idealistischen Subjektphilosophie zur personalen Theologie endgültig geleistet und insbesondere der Gottesbegriff vom letzten Rest der identitätsphilosophischen Spekulation gereinigt und der Begriff des Nichtgegenständlichen vom tendenziell absoluten Ich ins echte, personale, willentliche Du überführt? Oder ist das Du in Wahrheit nur ein anderes Ich, wie Bonhoeffer und Theunissen an Heims theologischem Personalismus kritisiert haben[834]?
Das Du wäre dann als alter Ego verstanden, wenn man nicht zwei Ich-Du-Verhältnisse unterscheiden würde, das unmittelbare und das über die Ich-Es-Beziehung vermittelte. Einmal ist die Ich-Du-Beziehung die Unmittelbarkeit des ursprünglichen, mystisch-animistischen Erlebens. Das Du ist hier die reine Unmittelbarkeit des Ich-Erlebens. Dann aber ist die Ich-Du-Beziehung die worthaft, d.h. Es-Welt-vermittelte Beziehung.
Wir müssen von daher die beiden möglichen Weltzugänge um einen dritten ergänzen, auch wenn Heim dies so nicht ausgesprochen hat. Das Erleben beschreibt das Ich-Welt-Verhältnis als unmittelbares Du-Verhältnis, als Ureinheit ohne Distanz. Das Erkennen beschreibt das Ich-Welt-Verhältnis als Urzweiheit. Das Ich setzt sich aktiv in Distanz zur Welt. Die Begegnung beschreibt das Werden des Ich als passives Werden an der Gegenwärtigkeit des personalen Du. Sie ist Nähe mit einem Moment von Distanz. Das Distanzmoment ist die mediale Vermitteltheit der Begegnung durch das Wort. Das Wort ist auch ein Element der Es-Welt, als gesprochenes Wort nämlich. Es schafft aber als sprechendes Wort Nähe. Das Wort, das Zwischen, konstituiert beide, Ich und Du, in der Begegnung. Vom Wort her ist das Du mehr als ein anderes Ich. Es ist echtes Du.[835]
Das Wort ist bei Heim die Gegenwärtigkeit des Du. Es bildet sozusagen den „Präsenzraum"[836], in dem ich am Du zum Ich werde. Denn es verändert dialogisch, im

---

[833] Die Ich-Du-Beziehung „ist kein objektives Gegenüberstehen, sie ist vielmehr eine unheimliche Nähe und Verbundenheit und zugleich eine unendliche Ferne zwischen zwei einander ewig fremden Welten. Es ist das Verhältnis der immerwährenden Begegnung" (GD 1, 214). „Die Ur-erfahrung der Welt ist Erfahrung einer Du-artigen Willensmacht" (222f).

[834] Bonhoeffer kristisiert, dass über das Du überhaupt keine kategoriale Aussage gemacht werden könne. Das Du sei für mich schlechthin undurchdringliche Grenze. Jede Koordination des Du als anderem Ich in eine Ich-Du-Beziehung stelle sich schon an neutralen Ort, also aus der Beziehung heraus. Eine solche Koordination des Inkoordinablen sei unkritische Ontologie, welche im ontologischen System auch das Du Gottes als anderes Ich koordinabel mache (Glaube, 219f). Theunissen kritisiert ebenfalls, dass bei Heim das Du, und insbesondere das Du Gottes, nicht als echtes Du, sondern als anderes Ich verstanden sei (Der Andere, 366–373).

[835] Dass „die Theologie nicht der Tendenz Bubers gefolgt [sei], die Wirklichkeit Gottes in dem Geheimnis ‚zwischen' Ich und Du zu suchen" (W. Pannenberg, Anthropologie in theologischer Perspektive, 1983, 177) und daher das Du nur als anderes Ich verstehen konnte, mag für Brunner und Gogarten zutreffen, für Heim nicht.

[836] GD 3, 168; JH, 153; die Bestimmung des Wortes als Begegnungsstelle (GD 3, 162) oder als Identitätspunkt zweier Bewusstseinswelten (JH, 152) ist dagegen wenig glücklich. Sie suggeriert, Ich und

Sprechen und Hören des Wortes das Ich. Zu einem solchen Wort kann jedes Element der Es-Welt werden.[837] Damit ist das werdende Ich vom Du her von vornherein welthaft, es besitzt Leiblichkeit. „Ein leibloses Ich ist ein Ding der Unmöglichkeit."[838] Ist das Ich nur von der Gegenwärtigkeit des Du her wirklich, d.h. Gegenwart, so kann es nicht „ohne das polare Verhältnis zur Vergangenheit und damit zum raumzeitlichen Kontinuum"[839] gedacht werden. Die Ich-Du-Begegnung ist nicht gestaltlos, sondern leibhaft durch das Medium des Wortes.

Damit ist aber auch das Welt- und Selbstverhältnis des Ich überhaupt nur leibhaft zu denken. Die Rickertsche Isolation des erkenntnistheoretischen vom empirischen Ich ist damit entgültig überwunden. Das Selbstverhältnis ist ein explizit konkret-zeitliches Geschehen. Es ist ein worthaftes, sprachliches Selbstverhältnis. Die Selbstbezüglichkeit des Ich ist recht verstanden eine Du-Beziehung, nämlich das Verhältnis zu mir als einem Anderen oder genauer zu mir als einem, der von anderswo, von einem Anderen, her ist. Nur ein solcher, nicht aber der idealistische Ich-Begriff, nimmt die Geschöpflichkeit des Ich ernst.[840]

Vom Du her verändert sich die Zeitlichkeit des Selbstbewusstseins noch einmal. Die Gegenwarts-Breite des Zeitbewusstseins, die Ausdehnung des Jetzt nach innen hin, findet ihre Begründung in der Zeitlich-werdung des Selbstbewusstseins am Du. Dass ich in mir eine Innen-Zeit habe, sodass ich mir selbst gegenwärtig sein kann, ist begründet im Du, dessen Gegenwärtigkeit meine Gegenwart konstituiert. Im allerletzten muss darum das Zeitbewusstsein als die verhüllte Präsenz des zeitschöpferischen Gottes verstanden werden.

Du seien schon vorhanden und träfen sich dann an einer Stelle. Sie *werden* aber beide erst zu Ich und Du im Präsenzraum des Wortes.

[837] Dadurch, dass Heim neben den gesprochenen Worten eines anderen Ich auch du-artige Worte annimmt, zu denen jedes andere Wesen und jedes Ereignis werden kann, entgeht er dem reinen Alter-Ego-Personalismus und betont die weltlich-leibliche Vermittlung der Begegnung, vgl. auch die Verteidigung gegen den Einwand Thimmes, Fragezeichen, 29, man könne nur ein menschliches Du als Du bezeichnen: „Was wir im Vollsinn Du nennen, ist nur die oberste Stufe einer Leiter, die in vielen Abstufungen durch die ganze Natur geht. Auch im biblischen Naturbild ist nicht, wie in dem Weltbild der Aufklärung, von dem Thimme herkommt, der Mensch das einzige Ich-Wesen, dem die übrige Welt als Ich-lose Kreatur gegenübersteht. Die ganze Kreatur ist vielmehr eine Lebenseinheit, innerhalb deren es nur Abstufungen und relative Unterschiede gibt, die vom Menschen über Tier und Pflanze zu den anorganischen Energien führen. Wir können also unbestimmte Ausdrücke wie ‚das Du-artige' nicht ganz entbehren" (GD 3, 249). Zur Beseeltheit, Du- und Willensartigkeit der Natur bei Heim s.o. Kap. III.4. und u. VII.5.

[838] GD 1, 242.

[839] Ebd.

[840] GD 1, 277f; dass die dialogische, in der Geschöpflichkeit des Menschen begründete, Form des Selbstverhältnisses – ich kann mich nur zu mir selbst verhalten, indem und weil ein Anderer sich zu mir und ich mich zu ihm verhalte – auch pervertiert werden kann zur Selbstabgeschlossenheit des Monologes, zur incurvatio in seipso, verhindert nicht, dass auch in der Pervertierung noch die Dialogstruktur erhalten bleibt. Auch das selbstgenügsame Ich wird nur am Du zum Ich, wenn es auch das zum Du fingierte eigene Ich ist. Das idealistische Ich hingegen ist ein konstruierter, ein isolierter singulärer Punkt. Die Ich-Einsamkeit des transzendental-idealistischen, selbstbezüglichen Ich ist „nichts Ursprüngliches im Ich, sondern das Ergebnis eines geistigen Aktes in ihm, einer Tat des Ichs, nämlich seiner Abschließung vor dem Du" (F. Ebner, Das Wort und die geistigen Realitäten, 1921, 15).

c) *Die Ich-Werdung am zeitlich präsenten Du Gottes und das dimensionale Verhältnis von Zeit und Ewigkeit*

Wie ist zuletzt vom Du her das Gottesverhältnis und dessen Zeitbezug zu denken? Das Du-Ereignis, das sich im Aufbrechen einer Du-Dimension zeigt, kann wieder in ein Es verwandelt werden, indem das Wort der Trennung, das zweifelnde Wort gesprochen wird. Vergegenständlichung ist eo ipso Relativierung. Die gegenständliche Abgrenzung macht das Abgegrenzte zu einer relativen, bedingten, kontingenten Größe. Die Kontingenz des Seins kann als Faktum einfach hingenommen werden; sobald aber die Warum-Frage auftaucht, ist der Relativismus existentielle Wirklichkeit[841]. Die relativierende Frage stellt, wenn sie als Frage erwacht, alles in Frage. Wenn dies und jenes so oder auch anders sein könnte, dann könnte alles, Ich und Welt, so oder auch anders – oder auch nicht sein. „Es ist eine neue Frage aufgewacht, die, wenn sie überhaupt gestellt wird, alles in Frage stellt, was es gibt. … Sind also die letzten Grundlagen unseres Daseins zufällige und willkürliche Setzungen, die im Nichts stehen? Ist also das verzweifelte Bewusstsein, dass unser Sein und Handeln Zufall und Willkür ist, eine unheilbare Krankheit?"[842] Der Relativismus ist Ver-zwei-flung: Entzweiung der Du-Einheit, absolute Trennung von existentiellem Ich und Welt[843].

Die letzte Frage „Gott oder die Verzweiflung"[844] kann nur gelöst werden[845], wenn im Übergang vom Werden ins Gewordene ein Du auftritt, das nicht wieder relativiert, nicht wieder zu einem Es gemacht werden kann. Gott ist in der Logik der Dimensionenlehre dadurch definiert, dass er erstens schlechthin Du ist, also nie Es werden kann, und zweitens Du in voller Gegenwärtigkeit ist, also nie Vergangenheit werden kann. Gott ist die praesentia schlechthin, das Jetzt, das nie Gewesenes werden kann, das also jenseits des Übergangs der Gegenwart in die Vergangenheit steht. Gott ist „das ewige und allgegenwärtige Du."[846] Mit F. Ebner gesagt:

---

[841] Man kann kritisieren, dass Heim nicht genügend zwischen der geschöpflichen („Faktum") und der existentiellen Kontingenz („Willkür") unterscheidet (Bonhoeffer, Glaube, 219f). Denn nicht jede Relativierung ist eo ipso Relativismus. Hier zeigt sich wieder, dass bei Heim die Sinn- und die Seinsfrage identisch sind, ja die Sinnfrage die Seinsfrage verschlingt. Die naturwissenschaftliche Warum-Frage führt für ihn, sobald sie gestellt wird, zwangsläufig zum letzten Warum und Wozu, weil der wahre Denker immer ein existentieller Denker ist.

[842] GD 1, 307.

[843] Kierkegaard hat gezeigt, dass Ursprung der Verzweiflung die Absolutsetzung eines Pols im Selbst- und Weltverhältnis ist, also die Auflösung und einseitige Übersteigerung der Synthese von Endlichem und Unendlichem, von ‚Welt' und ‚Ich' im Selbst: Verzweifelt, man selbst, oder verzweifelt, nicht man selbst sein wollen, bedeutet die radikale Verunendlichung oder die radikale Verendlichung des Selbst im Welt- und Gottesverhältnis (vgl. Die Krankheit zum Tode, 28ff); zu Kierkegaards Sündenverständnis vgl. kurz U. Beuttler, Gestörte Gemeinschaft. Das biblische Verständnis der Sünde, GDJ 2001, 52–54.

[844] GD 1, 307ff; vgl. Heims Zusammenfassung des Schlussteils von GD 1 in Gott oder Verzweiflung.

[845] GD 1 lässt sich nach Heim „in den Satz zusammenfassen: Mit dem Wort ‚Gott' meinen wir das, was uns allein vor der Verzweiflung rettet" (Gott oder Verzweiflung, 144).

[846] GD 1, 317.

„Es gibt aber auch nur ein einziges Du, und das eben ist Gott."[847] Die Ich-Werdung am Du gelingt im Vollsinn nur am Du Gottes. Der Gott, der mir im Glauben begegnet, ist das einzige wahre Du, das ewige Du, das Ur-Du. Gott ist das Du, das alle Du in sich schließt.

Oder im System der Dimensionenlehre gesagt: Gott ist „die letzte Dimension"[848], also nicht eine Dimension unter anderen, sondern „die Dimension der Dimensionen, die Dimension, in der das Ganze steht"[849]. Gott wird niemals fassbar und fixierbar. Er ist *reine* Gegenwart.

Aber dennoch ist Gottes Anderssein nicht so zu verstehen, dass es ein schlechthin Anderes, ein abstraktes Unbedingtes oder Absolutes (als Neutrum) wäre. Denn das Du Gottes begegnet in der Zeit. Wie die Gottesfrage in der Zeit aufbricht, so ist Gott die Antwort darauf in der Zeit. Er ist der letzte Sinn der Zeit.

Die Offenbarung, die Enthüllung Gottes in der Zeit, ist zugleich die Enthüllung der Zeit Gottes, der Ewigkeit, in der Zeit. Die Offenbarung ereignet sich auch als Differenz von Ewigkeit und Zeit, jedoch nicht wie in der frühen dialektischen Theologie als Gericht über die Zeit oder als Ende der Zeit[850], sondern als Lösung des existentiellen Zeiträtsels, also als Überwindung der existentiellen Füllung der Zeit durch die Verzweiflung, als Aufhebung der Zeit*form* und der Flucht der Zeit.

Wenn die letzte Frage „Gott oder die Verzweiflung" ihre Lösung findet und die menschlich unüberbrückbare Kluft zwischen Mensch und Gott sowie zwischen der existentiell erlebten Zeit und der Zeit Gottes geschlossen wird, findet mit der Gottesfrage auch das existentielle Rätsel der Zeit Antwort und Erfüllung. Die unaufhaltsame Flucht der Zeit, die existentiell als Verzweiflung erlebt wird, enthält in sich verborgen als ihr Gegenteil die Möglichkeit der Erfüllung und Vollendung. Ewigkeit ist nicht wie in der dialektischen Theologie der „Krisis" die Negation der Zeit, sondern bezogen auf die Zeit[851]. Ewigkeit ist die Vollzeit der Erfüllung

---

[847] Ebner, Wort, 24, zit. in GD 1, 316 und GD 7, 206.
[848] GD 1, 320.
[849] GD 1, 321.
[850] Zum Zeitverständnis der dialektischen Theologie vgl. die folgenden Anm. sowie außer den zeitgenössischen Auseinandersetzungen von H.W. Schmidt, Zeit und Ewigkeit. Die letzten Voraussetzungen der dialektischen Theologie, 1927, und F. Holmström, Das eschatologische Denken der Gegenwart. Drei Etappen der theologischen Entwicklung des zwanzisten Jahrhunderts, 1936, auch K.H. Manzke, Ewigkeit und Zeitlichkeit. Aspekte für eine theologische Deutung der Zeit, 1992 (29–35: Althaus; 210–258: Bultmann / Heidegger; 454–489: Tillich; 490–534: Barth) und Pannenberg, ST 3, 639–643.
[851] An dieser Stelle ist auf Heims Auseinandersetzung mit Barth zu verweisen, die für GD „irgendwie zentral" (Bonhoeffer, Glaube, 227) ist. Heim hat Barth vorgeworfen, er instrumentalisiere die radikale Differenz zwischen Gott und Mensch dazu, den Menschen vor dem Zugriff Gottes zu schützen, um der Entscheidung für oder gegen Gott auszuweichen (GD 1, 407f.423; vgl. Haenchen, Glaube, 142). Stattdessen sei jede existentielle Frage schon die letzte, die Gottesfrage, d.h. die Frage Gottes an mich, unter der ich entweder zusammenbreche oder mich unter dem Anruf Gottes für ihn entscheide (GD 1, 409). Dass der Vorwurf der Instrumentalisierung des Unterschieds zwischen Gott und Mensch, um den Menschen dem Zugriff Gottes zu entziehen, genau das Gegenteil von dem ist, was Barth gewollt hat, nämlich umgekehrt Gott dem Zugriff des Menschen zu entziehen, ist offensichtlich (vgl. Bonhoeffer, Glaube, 228). Dass Barth umgekehrt Heim vorgeworfen hat, die jeden Augenblick

der Zeit *in der Zeit*, also nicht „,Überzeitlichkeit' oder ‚Zeitlosigkeit', [so] dass die Ewigkeit nicht ein Negativum ist, nicht eine gestaltlose Aufhebung aller Formen, sondern die allein wahrhaft positive Daseinsform, in der der unabgeschossene Zustand, in dem wir jetzt leben, zur Erfüllung kommt"[852]. Ewigkeit ist bei Heim die Vollzeitlichkeit[853] der Erfüllung der Zeit, die in der Zeit kraft der All-Präsenz Gottes in der Zeit als ihre Tiefendimension verborgen liegt und im Offenbarwerden Gottes hervortritt. Zeit und Ewigkeit sind bei Heim nicht diastatisch-dualistisch auseinandergerissen, sondern dimensional unterschieden und verbunden. Die zeitliche Struktur der Welt wird wesenhaft und vollständig nur erfasst, wenn „die Dimension der Ewigkeit aufgegangen"[854] ist und als Tiefendimension der Zeit auf die anderen Dimensionen der Zeit bezogen wird.

In einem Aufsatz von 1926 mit dem Titel „Zeit und Ewigkeit, die Hauptfrage der heutigen Eschatologie" hat Heim sowohl gegen das platonische Zeitverständnis, das die Zeit in einen statisch-räumlichen Dualismus zur über- oder nichtzeitlichen Sphäre der Ewigkeit bringt, aber auch gegen Althaus' frühe axiologische Eschatologie, die jeden Zeitpunkt unmittelbar zur Ewigkeit sah und ebenso zur Entzeitlichung der eschatologischen Erwartung führt[855], Stellung bezogen. Angesichts

---

offene und immer neu zu entscheidende Gottesfrage, führe zu nichts als „Werkerei und Erlebnistheologie" (Karl Barth an Karl Heim, 1931, 453), ist nicht weniger polemisch und überzogen. Es ist für Heim nicht weniger klar als für Barth, dass die existentielle Frage nicht schon an sich die Frage nach Gott und die Frage Gottes an mich ist. Es gibt auch für Heim keine Offenbarung Gottes außerhalb der Offenbarung in Christus (gegen Bonhoeffer, Glaube, 229), d.h. außerhalb des Anspruchs Gottes an mich – die Dimensionenlehre ist der Offenbarungslehre nicht vorgeordnet als allgemeine philosophische Prolegomena, sondern die Offenbarungslehre selbst, nur in philosophischer Sprache –, die Differenz zwischen Barth und Heim zeigt sich aber präzise im Zeitverständnis. Während für Heim die Gottesfrage in der Zeit, d.h. schöpfungstheologisch, auftritt und beantwortet wird, weil Gott in der Zeit, d.h. in der Existenz des Menschen, in all seinem Fragen und Tun am Wirken ist, nämlich indem von Gott her ständig neue, paradoxale, also für den Menschen aus sich heraus unbeantwortbare, Existenz-Fragen gestellt und beantwortet werden, wenn neue Dimensionen aufgehen, so steht für Barth Gott im Gegensatz zur Schöpfungs-Zeit. Die Offenbarung ereignet sich bei Barth nicht eigentlich in der Zeit, sondern sprengt die Zeit, weil in der Offenbarung die Ewigkeit in die Zeit hereintritt und so eine neue Zeit, die qualifizierte, nicht-geschöpfliche, kairologisch-eschatologische Zeit setzt. Barths Differenz des unendlich-qualitativen Unterschiedes von Mensch und Gott ist auch die Zeit-Differenz des „unendlichen qualitativen Unterschied[es] von Zeit und Ewigkeit" (Der Römerbrief, 2. Aufl. 1922, XIII), „das Verhältnis der radikalen Exklusivität zwischen Zeit und Ewigkeit" (Schmidt, Zeit und Ewigkeit, 21), bei Heim die dynamisch sich ereignende Differenz zwischen Mensch und Gott in jedem Moment der Zeit. Gott ist für Barth (jedenfalls im Römerbrief) die Krisis der Zeit und Ewigkeit das schlechthinnige Gericht über die Zeit (vgl. Schmidt, Zeit und Ewigkeit, 54), für Heim die Krisis in der Zeit als der letzte Sinn der Zeit.

[852] GD 1, 387.
[853] Heim kommt mit H.W. Schmidts Kritik an der frühen dialektischen Theologie überein, der gegen Barth und Althaus Ewigkeit nicht als Aufhebung der Zeit, sondern als die besondere Gegenwart Gottes in der Zeit, als „Vollzeitlichkeit" und „Vollendung" der Zeit bestimmt (Schmidt, Zeit und Ewigkeit, 299.302.306f.309).
[854] GD 1, 332.
[855] P. Althaus, Die letzten Dinge, 1. Aufl. 1922, 64f.96; in der 4. Aufl. 1933 hat Althaus immer noch jeden Zeitpunkt als letzte Zeit verstanden, jedoch die Ewigkeit nicht mehr ausschließlich als Gericht, sondern auch als wesentliche Nähe, d.h. als Heilsgegenwart Gottes in Christus verstanden. „Das Ende ist *wesentlich* nahe. Die Welt hat *grundsätzlich* ihr Ende an dem Gerichte und an dem Reiche, an

der ersten Kantischen Antinomie kann weder die Unendlichkeit noch die Endlichkeit der Zeit widerspruchsfrei bewiesen werden. Die Entscheidung, ob die Zeit selbst ewig ist, also die Zeitform ins Unendliche weitergeht, oder irgendwann aufgehoben werden wird, kann nicht theoretisch, sondern nur existentiell getroffen werden. Die Antinomie der Zeit, die darauf verweist, dass die Zeit selbst rätselhaft ist und etwas Unvollendetes in sich trägt, kann weder durch die platonische Flucht in eine überzeitliche Sphäre noch durch unmittelbare Anknüpfung an die lineare Zeitform überwunden werden, sondern nur durch Aufhebung und Vollendung der Zeit in einer neuen Zeit*form*, also nur durch Gott selbst. Die Aufhebung der Zeitform ist, wie auch das ntl. Verständnis von καιρός und τέλος nahe legen[856], nicht nur Vernichtung der Zeit, sondern auch „Enthüllung ihres jetzt noch verborgenen Ewigkeitsgehaltes."[857] Die irdische Zeitform hat sowohl Anfang wie Ende: Sie ist nicht Ewiges, das unverändert fortdauern dürfte, in ihr ruht aber auch Ewiges, „wenn Gott die höchste Realität ist, auf der alles Dasein beruht"[858]. So ist bei Heim Ewigkeit Vollendung der Zeit als „Enthüllung ihres verborgenen Gottesgehaltes"[859] und Gott selbst die ungegenständliche, verborgene Gegenwart und der letzten Sinn der Zeit. Zeit und Ewigkeit, geschöpfliche und vollendete Zeit, präsentische und futurische Eschatologie stehen im dynamischen, dimensionalen Verhältnis. „Die Zeit hat ihren Sinn nicht in sich selbst; sie drängt einem Moment entgegen, wo sie vollendet und in eine höhere Daseinsform aufgehoben wird. Dieser Moment ist von der einen Seite gesehen ein letzter Zeitpunkt, von der anderen Seite gesehen Ewigkeit."[860]

Die Offenbarung der Ewigkeit als Vollzeitlichkeit wird proleptisch realisiert in der Offenbarung Gottes im Glauben als Gegenwart und als Du. Gott ist absolute Gegenwärtigkeit, er ist aus der Perspektive des Glaubens die Gegenwart in allem Werden, in jeder Begegnung. Gott ist „das wahre Du jedes Ich."[861] Die Präsenz Gottes als Du ist v.a. zeitlich gemeint. Die Allgegenwart Gottes ist echte, zeitliche All-Gegenwart. Seine Präsenz wirkt das primäre Werden aller Ereignisse, er ist der All-Wirksame, der All-Handelnde. Die Omnipräsenz Gottes ist seine Omnipotenz. Entsprechend ist die Zeit Gottes und die Präsenz Gottes in der Zeit, die

---

Christus. In diesem Sinne ist jede geschichtliche Zeit wie die Geschichte im Ganzen *letzte* Zeit, weil im Einzelnen und Ganzen strandend an die Ewigkeit, unmittelbar zu ihrem Gerichte und ihrer Erlösung" (264f).

[856] Heims Exegese wird bestätigt durch die präzise Studie von G. Delling, Das Zeitverständnis des neuen Testaments, 1940, der ebenso die Begriffe Kairos und Telos als zentrale Zeitbegriffe des NT herausstellt (83ff; 106ff). Zum kairologisch-eschatologischen Zeitverständnis des NT vgl. auch U. Beuttler, Art. Stunde, CBL.

[857] Heim, Zeit und Ewigkeit, 28.
[858] Ebd.
[859] A.a.O., 22.
[860] A.a.O., 29.
[861] GD 1, 316.

Ewigkeit, nicht eine weiselose Überzeitlichkeit oder Zeitlosigkeit[862], sondern die positive Erfüllung der Zeit, die „Urzeit und Vollzeit"[863], also die wahre und volle, die wirkliche und vollendete Gegenwart und Gegenwärtigkeit des geschöpflich-zeitlichen Daseins.

---

[862] Das (neuplatonische) Verständnis der Ewigkeit als Zeitlosigkeit hat breite theologische Tradition seit Augustin, vgl. noch Schleiermachers Definition der Ewigkeit Gottes als „die mit allem Zeitlichen auch die Zeit selbst bedingende schlechthin zeitlose Ursächlichkeit Gottes" (Der christliche Glaube, § 52, Bd. 1, 267). Die Zeitlosigkeit Gottes muss aber unterlaufen werden, sobald sein Verhältnis zur Welt gedacht werden soll, was Schleiermacher durch die Kategorie der absoluten Kausalität versucht, die aber kaum schlechthin zeitlos gedacht werden kann. Man kommt nicht umhin, die Ewigkeit Gottes in zeitlichen Kategorien zu beschreiben, wenn man nicht nur Negatives, sondern Positives von Gottes Zeit aussagen will, was aber nicht gelingt, wenn man Gottes Zeit nicht konkret auf die geschöpfliche Zeit bezieht. So hat Barth in späterer Zeit zwar die Ewigkeit nicht mehr als Negation der Zeit, sondern als *Zeit* Gottes verstanden. Als Zeit *Gottes* hat er sie aber nur als Potenzierung der Zeit, als „Vorzeitlichkeit, Überzeitlichkeit und Nachzeitlichkeit" (KD II/1, 720) bestimmen können. Als Gottes Zeit sei die Ewigkeit absolute Zeit, d.h. Quellort der Zeit und Einheit der Zeitmodi. Diese Zeit Gottes bleibt aber weiterhin überzeitlich und inkommensurabel zur geschaffenen Zeit (KD III/1, 72f). Gottes Zeit muss von der Zeit aus in der Zeit, aber unterschieden von der Zeit, gedacht werden, was entweder trinitarisch-christologisch durch Erzählen der Geschichte Gottes in der Zeit oder wie bei Heim logisch durch dimensionale Zuordnung und Unterscheidung geschehen kann. Für Problem(-geschichte) und (trinitarische) Lösungsversuche vgl. u.a. A.I.C. Heron, The Time of God, 1986; Dalferth, Gott und Zeit; M. Welker, Gottes Ewigkeit, Gottes Zeitlichkeit und die Trinitätslehre, 1999; A. Jackelen, Zeit und Ewigkeit, 2002, 114–150.

[863] GD 1, 387.

VII. Die fünfte Auflage von „Glaube und Denken": Philosophie der polaren und transzendenten Räume

Karl Heim hat „Glaube und Denken" für die dritte Auflage 1934 komplett und den Schlussabschnitt „Die Transzendenz Gottes" für die fünfte Auflage 1957 nochmals umgearbeitet, das Werk dabei um die Hälfte gekürzt und die an Heideggers Phänomenologie und Bubers Sprachdenken angelehnte Sprache durch eine straffere, klarere und gegenständlichere Begriffssprache ersetzt. Die äußere Umarbeitung, die zu einer streng systematisch fortschreitenden, geschlossenen Darstellung führt, geht allerdings mit einer inhaltlichen Schwerpunktverschiebung einher. Aus der existentialen Ontologie des Daseins wird die relationale Logik der Verhältnisse, aus der Philosophie der Zeit wird die Philosophie der Räume. Alle Weltverhältnisse werden als Verhältnisse von Räumen beschrieben (2.). Die Verhältnisse der Räume werden erstens kategorial analysiert (3.), die Räume zweitens hierarchisch geschichtet (4.) und drittens als dynamisch wechselwirkend beschrieben (5.). Die Zeit ist der Dynamik der Räume vollkommen eingeordnet (5c.). Entsprechend wird der Gottesbegriff weniger im zeitlichen als vielmehr im räumlichen Verhältnis zur Welt expliziert. Der Gottesbegriff wird in Analogie und Differenz zu den Räumen der Welt als „überpolarer Raum" entfaltet (6.). Wir versuchen die Akzentverschiebung von der Zeit auf den Raum im Ich-, Welt-, und Gottesbegriff durch eine separate Interpretation der fünften gegenüber der ersten Auflage herauszuarbeiten, wohl wissend, dass bis auf den Schlussabschnitt über die Über-Räumlichkeit Gottes fast jeder Satz der ersten auch in der dritten und fünften Auflage stehen könnte.[864] Überschneidungen und Wiederholungen zur Darstellung der ersten Auflage, besonders im logisch-kategorialen Teil, lassen sich nicht immer vermeiden und sollen der weiteren Klärung dienen.

1. Das Problem der räumlichen Transzendenzen

Die Verlagerung des Schwerpunkts von der Zeit auf den Raum zeigt sich bereits in der veränderten Fragestellung. War in der ersten Auflage das Grundproblem die Existenz- und Sinnfrage des in seinem Dasein, seinem Sinn und Wert radikal

---

[864] Zitiert wird die fünfte Auflage von „Glaube und Denken" 1957 nach der siebten, inhalts-, aber nicht seitengleichen Auflage von 1974. Ergänzend wird das gesamte, in zeitlicher und sachlicher Nähe stehende, Spätwerk herangezogen (insbesondere GN, zitiert nach der dritten Auflage von 1976, die mit der Erstauflage von 1949 inhalts-, aber nicht seitengleich ist).

bedrohten Menschen, so ist jetzt das Grundproblem die Transzendenz Gottes: „Seit wir die Welt nicht mehr als ein abgeschlossenes Gehäuse, sondern als ein unendliches Ganzes betrachten müssen, hat der Gedanke der Jenseitigkeit Gottes seinen ursprünglichen, klar definierbaren, räumlichen Sinn verloren."[865] Die Infinitisierung des Universums in der Neuzeit[866] seit Giordano Bruno lässt mit dem „jenseits" der Jenseitigkeit Gottes keinen räumlichen Sinn mehr verbinden. Die Gottesfrage bricht für Heim seit 1934 nicht mehr primär an der Bedrohung der eigenen Existenz durch das zeitliche Nichts, nicht an der zeitlichen Endlichkeit und Vergänglichkeit auf, sondern an den kosmologischen Weltanschauungen, die die Unterscheidung von Gott und Welt aus unterschiedlichen Gründen für unmöglich halten. Das theologische Zentralproblem ist der kosmologisch-weltanschauliche Monismus[867], der in zwei Formen auftreten kann: Entweder als „Pantheismus, der Gott und Welt in eins setzt" oder als „Nihilismus, der die Transzendenz Gottes für einen logisch unvollziehbaren Gedanken erklärt"[868]. Nicht der Sinn des Daseins an sich, sondern die Denkbarkeit der Transzendenz Gottes steht in Frage. Die existentielle Gottesfrage ist auch eine Verstehensfrage. Es geht um den Sinn der räumlichen Präpositionen „über" und „jenseits", um die Bedeutung und das Verstehen der Grenzlinie zwischen Immanenz und Transzendenz Gottes. Meine Existenz ist nicht primär von meinem Dasein, von meiner Zeitlichkeit her, bedroht, sondern vom Kosmos, den Weltbildern und Weltanschauungen. Dass ich *bin* und dass die Welt *ist*, ist erst einmal vorausgesetzt. In Frage steht mein Sinn im Kosmos. Hatte Heim noch in der ersten Auflage die Sinnfrage und die Existenzfrage in eins gesetzt, so werden beide jetzt, wenigstens tendenziell, unterschieden. Statt die Grundfrage nach dem Sinn von Sein zu stellen, können wir die Welt als gegeben voraussetzen. „Wir fragen hier nicht nach den letzten Entstehungsursachen der Wirklichkeit. Wir gehen von der Erfahrungswelt aus, die uns gegeben ist und in die wir, die wir hier miteinander reden, unter allen Umständen hineingestellt sind."[869] „Glaube und Denken" wird ab der dritten Auflage nicht mehr als Fundamentalontologie, sondern als Ontologie, als Metaphysik im ursprünglichen Sinn entwickelt. Es wird ausgegangen von der gegebenen, erfahrbaren Welt (vom Seienden, von der Physik), um deren grundlegende Strukturen her-

---

[865] GD 7, 219.
[866] Vgl. A. Koyré, Von der geschlossenen Welt zum unendlichen Universum, 1980.
[867] Beispiele für kosmologische Monismen sind für Heim auch die nationalsozialistische Blut- und Bodenideologie, der marxistisch-leninistische Materialismus und Atheismus oder die totalitären Staatsideologien, vgl. die Einleitungen zu GD 3, 1934, und GD 5, 1957. All diese naturalistischen, wissenschaftlichen, religiösen, totalitären oder wertideologischen Monismen meinte Heim dadurch bekämpfen zu können, dass die logische Struktur des Monismus überhaupt als widersprüchlich entlarvt wird. Nicht mehr der Kampf der Weltanschauungen, sondern der durchgängige, mit einem scharfen Atheismus verknüpfte, Monismus ist die Signatur der Zeit seit 1933. Die Durchführung ist aber von der zeitgeschichtlichen Situation völlig abgelöst und rein auf die kosmologische Sachfrage konzentriert, sodass wir den zeitgeschichtlichen Kontext nicht weiter zur Interpretation heranziehen brauchen.
[868] GD 7, 219.
[869] GD 7, 49.

auszuarbeiten (das Sein des Seienden, die Metaphysik) und daraus die Denkmöglichkeit der Jenseitigkeit Gottes zu begründen.

Dazu wird zunächst die „Struktur jener innerweltlichen Transzendenzverhältnisse für sich"[870], ganz abgesehen von der Gottesfrage, ins Auge gefasst. Die Denkbarkeit der Transzendenz Gottes wird im zweiten Schritt plausibel gemacht, indem die Differenz von Gott und Welt aus den innerweltlichen Transzendenzverhältnissen so bestimmt wird, dass Gott sowohl von der Welt unterschieden, d.h. jenseitig (gegen den Pantheismus), als auch auf die Welt bezogen (gegen den kosmologischen Atheismus und Nihilismus) gedacht werden kann. Es geht also um die Frage: „Was meint der Glaube, wenn er auch im nachkopernikanischen Zeitalter noch von der Jenseitigkeit Gottes spricht?"[871] Dies ist ein primär logisch-erkenntnistheoretisch-räumliches, erst sekundär ein existentiell-zeitliches Problem.

Der erste der beiden Schritte – die Analyse der innerweltlichen Transzendenzverhältnisse – wird als „Philosophie der Räume"[872] entwickelt. Der Grundbegriff des Raumes ist zwar auch ein Grundbegriff der nichteuklidischen Geometrie und Relativitätstheorie[873], er wird von Heim aber nicht primär geometrisch verstanden. Heims Raumlehre ist ursprünglich rein philosophisch als Kategorien- und Formenlehre entwickelt, dann aber aufgrund der möglichen räumlichen Veranschaulichung zur „Brücke des gegenseitigen Verständnisses"[874] zwischen Glaube und Naturwissenschaft geeignet, weil sowohl im Glauben als auch in der Physik mit einer „Vielheit von möglichen Räumen"[875] gerechnet wird. „Raum" versteht Heim im Rückgriff auf das „Weltbild der Zukunft" primär als Relationsbegriff.

Wie dort der Verhältnischarakter der Wirklichkeit und die Relativität (= Relationalität) aller Verhältnisse im Grundbegriff der Relation den Ausdruck fand – „wir haben es also überall in der Welt, soweit wir sehen können, immer nur mit Verhältnissen zu tun und niemals mit letzten Gegebenheiten, die sich nicht wieder in Verhältnisse auseinanderfalten ließen"[876] – so jetzt im Grundbegriff des Raumes. Räume bedeuten – wir werden sogleich präzisieren – soviel wie Unterscheidungs- oder Transzendenzverhältnisse. Der Verhältnischarakter der Wirklichkeit ist in der Struktur der Räume, in der Art der Unterscheidungsverhältnisse, abgebildet. „Raum" meint hier nicht v.a. den dreidimensionalen Anschauungsraum – dieser ist nur ein „anschaulicher Spezialfall"[877] von Räumen –, sondern ist der allgemeinste logische Grundbegriff.[878] Alle möglichen Verhältnisse, sowohl die logi-

---

[870] GD 7, 48.
[871] GD 7, 219.
[872] GD 7, 29.34.
[873] Timm, Glaube, 79; Gräb-Schmidt, Erkenntnistheorie, 296.
[874] GN, 121.
[875] GN, 126; vgl. WnW, 100ff.
[876] W, 32.
[877] GD 3, 227; vgl. GD 7, 61.
[878] In vielen Interpretationen Heims wird der Grundbegriff Raum an der Geometrie des Anschauungsraumes erläutert und daraus die Denkmöglichkeit anderer Räume wie Ich, Du, Es abgeleitet (z.B.

schen, wie die zeitlichen und die im engeren Sinne räumlichen sind logisch-strukturell räumliche Verhältnisse. Raum ist der Oberbegriff für alle Verhältnismöglichkeiten. Auch die Zeit ist in diesem Sinne Raum. Wie im „Weltbild der Zukunft" wird hier die Zeit (als Strukturverhältnis) auf den Grundbegriff des Raumes bzw. der Relation zurückgeführt.

Die Philosophie der Räume entwickelt Heim wiederum in zwei Schritten. Der erste Schritt bestimmt Grundprinzipien von Räumen und Verhältnissen, der zweite zeigt diese an den Verhältnissen von Ich, Du und Es auf.[879] Der erste Teil wird konsequent als Kategorienlehre entwickelt, wobei diese primär als Seinskategorien, nicht (kantisch) als Verstandes- bzw. (neukantianisch) als Erkenntniskategorien betrachtet werden.[880] Die Heimschen Kategorien sind *auch* Erkenntniskategorien, aber keine erkenntnis*theoretischen* Kategorien. Die Kategorien sind nicht Ergebnis einer transzendentallogischen Reduktion, welche von den Erscheinungen auf die für Erkenntnis transzendentalen Strukturen des Erkenntnisapparates zurückschließt. Es werden, ganz bescheiden im Anspruch, nur die Grundstrukturen der innerweltlichen Verhältnisse aufgezeigt, wie sie sich im alltäglichen Weltumgang zeigen. Die Methode ist entsprechend phänomenologisch, nicht transzendentallogisch oder kritizistisch. Phänomenologie heißt hier soviel wie Beschreibung dessen, was sich im natürlichen Weltumgang zeigt, was „uns als phänomenologische Struktur der Ich-Du-Es-Welt unmittelbar vor Augen liegt"[881], und zwar weder im Bewusstsein (Husserl), noch im Dasein (Heidegger), sondern in der Welt. Der Anschluss an die Husserlsche Phänomenologie, den Heim selbst herstellt[882], ist unglücklich, da das, was Heim im Auge hat, gerade nicht Husserls transzendentale Phänomenologie ist, welche die eidetischen Wesenheiten herausarbeiten will, die allem empirisch Erscheinenden *voraus*liegen, und zwar im Bewusstsein vorausliegen. Heims Phänomenologie ist ab der dritten Auflage von „Glaube und Denken" auch nicht mehr wie in der ersten Auflage die hermeneutische Phänomenologie Heideggers, welche auslegt, was sich *im* (menschlichen)

Soe, Religionsphilosphie, 58f; H. Schulte, Vom Weltbilde Karl Heims, 1963, 9f; Krause, Weltbild, 84ff). Der Überschritt will aber nicht recht gelingen, weil die Analogie unklar bleibt. Wir werden darum den Raumbegriff, Heims Sachlogik folgend (der Darstellungsgang vermischt immer wieder beides), zuerst allgemein-prinzipiell bestimmen und dann erst auf Anschauungs- und andere Räume anwenden.

[879] Auf Abschnitt II „Die gemeinsame Struktur aller innerweltlichen Transzendenzverhältnisse" folgen die Abschnitte III „Meine Gegenstandswelt und deine Gegenstandswelt", IV „Ich und Es" und V „Ich und Du".

[880] Gegen Beck, Weltformel 56, der Heims Kategorien als Erkenntniskategorien a priori interpretiert. Aber GD 3–7 ist eben keine Erkenntnistheorie, sondern eine phänomenologische Ontologie, vgl. auch die folgenden Anmerkungen.

[881] „Ich verzichte auf alle Aussagen, die über das hinaus führen, was uns als phänomenologische Struktur der Ich-Du-Es-Welt unmittelbar vor Augen liegt. Ich stelle nur die ganz bescheidene Forderung, dass wir einmal über den Sinn der Worte Auskunft geben, die wir alle immer gebrauchen, und dass wir uns über den Sinn der Unterscheidungen klar sind, die wir alle vornehmen" (GD 3, 229f).

[882] GD 7, 51.

Dasein zeigt, also keine Existentialphänomenologie mehr, sondern eine Phänomenologie der natürlichen Welt und des natürlichen Weltbegriffs.[883] Es werden die Seinsverhältnisse der realen Welt, die Realkategorien, entfaltet, wie sie sich zeigen. Dabei handelt sich nicht um einen Rückschritt zur vorkantischen Metaphysik. Die Raumlehre ist keine unkritische Ontologie, wie Heim gegen die Kritik an der ersten Auflage klarstellt[884]. Es werden nicht aus dem Denken die Strukturen des Seins aufgewiesen. Die Identität von Denken und Sein ist nicht unkritisch-axiomatisch vorausgesetzt. Ein Zusammenhang von Denken und Sein muss dennoch ganz unspezifiziert vorausgesetzt werden, sonst könnten überhaupt keine allgemeinen Strukturen erkannt werden.[885] M.a.W.: Der Seinsbegriff, den Heim seiner Kategorienlehre zugrunde legt, ist der natürliche Weltbegriff. Er zeigt sich im alltäglichen Weltzugang, für den Ich, Du und Es zwar unterschieden, aber zugleich noch unzerlegt und unzerlegbar ineinander sind[886]. Die Erkenntnistheorie, die Heims Kategorienlehre impliziert, ist ein kritischer Realismus, der aber anders als im „Weltbild der Zukunft" nicht erst unter Abwehr des naiven Realismus und des Idealismus herausgearbeitet werden muss, sondern unproblematisch unterstellt werden kann, weil ihm die Erkenntnis*haltung* des natürlichen (nicht naiven!) Weltumgangs entspricht. Die Heimschen Kategorien sind also die Seinsverhältnisse der natürlichen Welt, die Realkategorien der Ich-Du-Es-Welt, welche die Erkenntniskategorien, also die Erkenntnishaltungen von Ich, Du und Es im Verhältnis zueinander, einschließen.

Den Ausgang nimmt Heim nicht mehr wie in der „Glaubensgewissheit" vom mittels kritizistischer Reduktionsmethode (re-)konstruierten transzendentalen Ich, auch nicht mehr vom existentiell gegebenen und existential zu analysierenden Dasein (erste Auflage von „Glaube und Denken"), sondern wie im „Weltbild der Zukunft" von der alltäglich gegebenen und erfahrenen Welt[887]. Wir können die

---

[883] Zum unterschiedlichen Phänomenologieverständnis der verschiedenen phänomenologischen Richtungen von Husserl über Heidegger bis Merleau-Ponty u.a. vgl. B. Waldenfels, Einführung in die Phänomenologie, 1992.

[884] GD 3, 229.

[885] GD 3, 228; Heim nimmt hier das Ergebnis von PA auf, wo er gezeigt hatte, dass die Behauptung, die Kategorien seien bloß psychologische Veranlagungen, sich zwar nicht widerlegen lässt, aber für jede sinnvolle Behauptung mit normativem Anspruch die logischen Kategorien bereits vorausgesetzt und anerkannt sind. Darum können die Kategorien aber auch nicht apriorisch, rein aus dem Denken bewiesen werden, weil sie für den logischen Beweis schon vorausgesetzt sind. Es bleibt keine andere Wahl, als die logischen Grundkategorien unbeweisbar vorauszusetzen, also vom Zusammenhang von Denken und Sein auszugehen, obwohl dieser weder apriorisch, noch empirisch-psychologisch zureichend (im Sinne der Angabe des zureichenden Grundes) begründet werden kann.

[886] GD 7, 51.

[887] „Wir haben ja hier nur klarzustellen, was mit den Verhältnisbezeichnungen gemeint ist, von denen wir im alltäglichen Leben sprechen … Die Verhältnisse, von denen wir reden, können aber nur der Welt angehören, wie sie uns gegeben ist, also der Welt, in der es kein Es gibt, das nicht einem Ich gegenübersteht, und kein Ich, das sich nicht gegenüber einem Du und einem Es abgrenzt. Von dieser gegebenen Welt mit ihrem unzerlegbaren Ineinander von Ich, Du und Es müssen wir ausgehen" (GD 7, 51).

dritte bis siebte Auflage von „Glaube und Denken" eine phänomenologische Ontologie der Realverhältnisse nennen.

Heims kategoriale Analyse der Realverhältnisse berührt sich, wie wir zeigen werden, mit N. Hartmanns Realontologie, der ähnlich die Seinsstrukturen der realen Welt mittels einer Kategorialanalyse aufbaut[888], aber auch mit den Kategorienlehren der Tradition. Heims Kategorienlehre ist nach seiner expliziten Absicht eine „Weiterführung"[889] der Kantischen Formen- und Kategorienlehre zu einer Lehre der realweltlichen Unterscheidungsverhältnisse unter dem Grundbegriff des Raumes, aber ebenso implizit eine Auseinandersetzung mit der vor- und nachkantischen Kategorienlehre und Metaphysik.

Um dem, was Heim in seiner neuen Dimensionenlehre, der kategorialen Raumlehre, macht, klare Kontur zu verleihen, werden wir diese streng als Kategorienlehre darstellen und diverse Parallelen zur metaphysischen Tradition aufzeigen. Damit ist weder behauptet, Heims Dimensionenlehre sei eine vollständige Kategorienlehre, noch, Heim habe sich an eine bestimmte Kategorienlehre angelehnt. Im Gegenteil, anders als in den früheren Werken orientiert sich Heim nicht an einem philosophischen System der Gegenwart, sondern entwickelt seine Raumlehre völlig eigenständig. Die dritte bzw. fünfte Auflage von „Glaube und Denken" ist nach dem „Weltbild der Zukunft" sein eigenständigster und geschlossenster Entwurf überhaupt. Die ganz losen Parallelen zur ontologisch-metaphysischen und erkenntnistheoretischen Tradition, die wir im folgenden anführen, haben den Zweck zu zeigen, dass Heims Philosophie der Räume rein philosophisch als Formen- und Kategorienlehre entwickelt ist und nicht aus der Geometrie oder der Phänomenologie des dreidimensionalen Anschauungsraumes.

Wir besprechen zunächst ausführlich den ersten Schritt des Programms – die Analyse der innerweltlichen Transzendenzverhältnisse – und entfalten die kategoriale Strukturlehre (2. u. 3.) und danach die hierarchische Schichtung (4.) und Dynamik der Räume (5.). Dann wird die Kategorienlehre in analoger Weise auf den „Raum" Gottes angewandt und Zuordnung und Differenz zu den Welt-Räumen bestimmt (6.).

---

[888] N. Hartmann, Der Aufbau der realen Welt. Grundriss der allgemeinen Kategorienlehre, 1939.

[889] GD 7, 34; GD 3–7 verfolgt zwar dasselbe Ziel der Weiterführung von Kants Lehre von den Anschauungsformen wie PA und W (vgl. die beiden Selbstanzeigen in den Kantstudien) und begründet diese wie dort auf die Grundkategorie des Raumes bzw. der Relation, aber die Durchführung ist wesentlich verschieden. Das Frühwerk geht logisch-erkenntnistheoretisch, das Spätwerk phänomenologisch vor. „Die Frage, ob Raum und Zeit Anschauungsformen des Subjekts sind oder Daseinsformen der Welt, wie sie an sich ist, diese Frage stellen wir hier zurück. Es ist uns hier nur darum zu tun, die Eigenart der Unterscheidungen deutlich zu machen, die uns innerhalb der raumzeitlichen Welt selbst entgegentreten" (GD 7, 49).

2. Kategorienlehre der Räume

a) Der Grundbegriff Raum

Vorausgesetzt ist wie in „Glaube und Denken", erste Auflage, die Einheit des Seins-Ganzen, allerdings nicht explizit, da die Einheit hinter allen Gegensätzen und Verhältnissen der Ich-Du-Es-Welt phänomenologisch nicht erkennbar ist[890], sondern nur implizit, damit die Möglichkeit einer Ontologie und Kategorienlehre, also die Möglichkeit des Unterscheidens, gewährleistet und die Funktion des Unterscheidens eingeführt ist.

Die grundlegende Weise zu sein, die allgemeinste Seinsweise von Seiendem, ist der Raum. Der Begriff des Raumes ersetzt den der Dimension. Er meint aber nicht mehr eine existential-ontologische Seinsweise des (menschlich)-weltlichen Daseins, sondern allgemeiner eine kosmologische, also im vorheideggerschen Sinn ontologische, Seinsweise der Weltwirklichkeit. Der Begriff des Raumes kann (wie der der Dimension bzw. der Relation) nicht mehr begrifflich aufgelöst werden, weil kein *genus proximum* angebbar ist, als dessen *differentia specifica* er gelten könnte. Raum ist der allgemeinst mögliche Begriff von Seiendem, er ist das *esse in se*. Er besteht in sich,[891] ist also *ens indistinctum*. Der undefinierbare Grundbegriff „Raum" wird wie folgt bestimmt:

„Das Wort ‚Raum' muss dabei in einem erweiterten Sinn genommen werden. Ein Raum ist ein in sich unendliches [1] Kontinuum [2], in dem nach einem bestimmten Strukturgesetz [4] eine Mannigfaltigkeit von Inhalten angeordnet ist. ... Das Dasein der einzelnen Räume und ihrer inneren Strukturgesetze bildet also die Voraussetzung, durch die es erst möglich wird, dass sich Inhalte gegeneinander abgrenzen [5]. Jeder dieser Räume, die das Fundament der Wirklichkeit [6] bilden, trägt ein eigenes Ordnungsgesetz in sich, zum Beispiel der Zeitraum mit seinem Nacheinander, der Flächenraum mit seinem Nebeneinander, der dreidimensionale Körperraum, der alle diese Räume in sich schließende Gegenstandsraum und der unanschauliche Gegenwartsraum, in dem ich und du einander begegnen. Aber so verschiedenartig die Inneneinrichtung der Räume ist, so ist doch *ein* Grundzug ihnen allen gemeinsam. Jeder Raum ist ein in sich geschlossenes Kontinuum [3]."[892]

---

[890] Vgl. GD 7, 191.
[891] Das In-sich-Bestehen impliziert nicht die Selbstursächlichkeit. Außerdem ist nichts darüber gesagt, ob der Raum ens realis, Phänomen oder bloß ens rationis (Begriff) ist, vgl. GD 7, 49: Die erkenntnistheoretische Frage nach dem Realitätswert des Raums und die Frage, ob Raum Anschauungsform des Subjekts oder Daseinsform der Welt an sich ist, bleibt ausgeklammert. Die unglückliche Formulierung: „Die letzten Gegebenheiten, auf die wir stoßen, sind Räume" (179) ist stark substanzontologisch konnotiert und kann nur ad bonam partem phänomenologisch gelesen werden.
[892] GD 7, 179; vgl. WW, 186: „Wir nennen ‚Raum' ein Kontinuum, das unbegrenzt ist und alles Gegebene umfasst. Das Wesen eines solchen Raumkontinuums besteht lediglich in seiner Struktur, also in dem Gesetz, nach welchem innerhalb dieser Struktur die Inhalte geordnet sind."

Wir geben einige Erläuterungen zu dieser ‚Definition'.[893]

Raum ist 1. in sich unendlich: Die Unendlichkeit meint nicht die unendliche Ausdehnung im Ortsraum. Die Beispiele der Linie, der Fläche etc. sind Veranschaulichungen. Zudem sind unendliche, d.h. unbegrenzte, aber gleichwohl geschlossene geometrische Räume denkbar wie die Oberfläche einer Kugel[894]. Die Unendlichkeit meint präzise potentielle, nicht aktuale Unendlichkeit. Ein potentiell Unendliches ist nicht abgeschlossen, wie jedes aktuale Seiende, sondern unabschließbar[895]. Unendlichkeit ist ein Potentialitätsbegriff[896]. Ein Raum muss alles enthalten können, was darin enthalten sein soll. Jedes mögliche Element muss tatsächlich Element des Raumes sein können, z.B. ist jeder beliebige Gegenstand potentiell in meiner Gegenstandswelt enthalten.

2. Kontinuum: Der Begriff Kontinuum wird von Heim nicht näher erläutert. Er kann entweder dasselbe wie die Unabschließbarkeit bedeuteten, oder besagen, dass innerhalb des Raumes ein Zusammenhang bestehen soll. Dann meint Kontinuum nichts anderes als eine zusammenhängende Ordnungsstruktur, dass jedes Element mit jedem in Verbindung gebracht werden können muss. Oder Kontinuum meint die Gleichartigkeit des Ganzen mit den Teilen und der Teile mit dem Ganzen. Ein Kontinuum bleibt bei Teilung immer es selbst. In Bezug auf die personalen „Räume" Ich und Du scheint dies Heims Verständnis zu sein. Denn das Ich bleibt auch bei dimensionaler Spaltung, wenn es sich selbst objektiviert, immer Ich. Das Ich ist als Ich nicht hintergehbar, es bleibt immer „Kontinuum", d.h. ein unteilbares Ganzes. Kontinuum meint dann Selbstidentität im dynamischen Prozess der dimensionalen Spaltung bzw. Teilung.[897] Darauf weist auch die dritte Bestimmung.

3. In sich abgeschlossen: Die Abgeschlossenheit widerspricht nicht der Unabschließbarkeit, sondern meint, dass ein Raum in sich ein Ganzes, eine Einheit darstellt, ein *unum*, wie die Transzendentalienlehre das *esse* bestimmt. Metaphorisch gesagt, darf nichts von dem, was im Raum ist, aus diesem herausfallen. Raum ist in sich und nach außen ein geschlossenes, unteilbares Ganzes.

---

[893] Ausführlich vgl. Holmstrand, Karl Heim, 107ff; Eerikäinen, Dimensions, 57ff.

[894] Vgl. GN, 123f; 137f; WnW, 101ff; WW 186; die Kugelsphäre dient in der Literatur über Allgemeine Relativitätstheorie generell zur Veranschaulichung eines nichteuklidischen, gekrümmten, unbegrenzten, aber geschlossenen Raumes. Er beschreibt den auf zwei Dimensionen reduzierten Raumanteil des Raumzeitkontinuums des Kosmos im einfachsten denkbaren Fall, nämlich einer homogenen und isotropen Materieverteilung mit konstanter Dichte über den gesamten Kosmos. Die Sphäre dient Heim zur Plausibilisierung der These, dass es reale Räume geben kann, obwohl wir sie uns im dreidimensionalen Anschauungsraum nicht mehr vorstellen können. Zur geometrischen Beschreibung des kosmischen, gekrümmten Raumes, abgesehen von der materiellen Dynamik, ist allerdings noch nicht die nichteuklidische, riemannsche Geometrie erforderlich. Es genügt die euklidische Flächentheorie von Gauß, der bereits die Kugelsphäre als einen der möglichen Räume konstanter Krümmung (neben Ebene und Hyperboloid) beschrieb. Diese drei Räume tauchen in der Allgemeinen Relativitätstheorie als mögliche Lösungen des kugelsymmetrischen Universums mit konstanter Materiedichte wieder auf (Friedmannsche Lösungen).

[895] Vgl. GD 7, 61: „Ein Raum ist jedes in sich unabschließbare Kontinuum."

[896] Auch für Aristoteles kann das Unbegrenzte nur im Modus der Möglichkeit vorkommen (δυνάμει εἶναι τὸ ἄπειρον, Phys. III, 6, 206a, 18). Möglichkeit ist hier nicht eine Möglichkeit, die zur Verwirklichung kommen kann, sondern eine, die immer Möglichkeit bleibt, wie etwa das Durchlaufen oder die Teilung eines Kontinuums, die nie an ein Ende kommen.

[897] Auch Aristoteles kann das Zusammenhängende (συνεχές) nur aus dem „operative[n] Charakter" (Wieland, aristotelische Physik, 301) des Unendlichen bestimmen: Denn ins Unendliche teilbar, das ist eben zusammenhängend (τὸ εἰς ἄπειρον διαιρετὸν συνεχὲς ὄν, Phys. III, 1, 200b, 20). Das Kontinuum ist aber aus dem Diskreten nicht operational konstruierbar, es hat keine echten, vom Ganzen verschiedenen Teile (vgl. Heims vergebliche Versuche in G 1, s.o. Kap. IV.3.). Jeder Teil ist wieder das Ganze, nämlich unbegrenzt teilbares Kontinuum.

4. Strukturgesetz: Jeder Raum ist nach einem bestimmten Strukturgesetz geordnet. Die Ordnungsstruktur bringt jedes Element mit jedem in einen möglichen Zusammenhang, sodass die einzelnen Inhalte untereinander geordnet werden können. Im einfachsten Fall ist dies das Hintereinander der Punkte einer Linie, die mit der Vorher-nachher-Relation eineindeutig geordnet sind. Logisch ist die Ordnungsstruktur das Gesetz des ausgeschlossenen Dritten. Jedes Element steht so im Zusammenhang zu jedem anderen, dass es von den anderen zugleich unterschieden ist. Es muss ein disjunktives Verhältnis zwischen allen möglichen Elementen aufgemacht werden können. Das logische Grundgesetz ist, wie wir früher gezeigt haben, identisch mit dem Grundbegriff der Relation als der Bedingung der Möglichkeit von Unterscheidung und Verhältnissetzung. Dem ist auch hier so:

5. Das Strukturgesetz bzw. das logische Grundgesetz ist die transzendentale Bedingung nicht nur der Anordnung, sondern auch der Abgrenzung der Elemente voneinander. Ein bestimmtes Ordnungsgesetz kann die besondere Form der Abgrenzung genauer regeln (vgl. die Beispiele). Es impliziert aber immer das allgemeine, logische Strukturgesetz.

6. Räume bilden das Fundament der Wirklichkeit: Raum ist die allgemeinst mögliche Seinsweise von Wirklichem, der primäre *modus essendi*. Die universalste Seinsweise liegt aller begrifflichen Abgrenzung voraus. Raum, Kontinuum, Relation sind identisch im Sinne der Identität der undefinierbaren Grundbegriffe. Die Definition des Raumes ist nicht eigentlich Definition, sondern versucht durch zirkulären Verweis auf Identisches das undefinierbare *ens indistinctum* zu bestimmen.

Als die universale Seinsweise von Wirklichem sind Räume das „Fundament", aus dem und auf das die Wirklichkeit „aufgebaut" ist. Raum ist ontologisch das *esse in se*, das keines Trägers mehr bedarf, sondern selbstständig in sich besteht. Räume sind in der Sprache der vorkantischen Ontologie die einfachen Substanzen, die Monaden oder Atome, aus denen die Wirklichkeit aufgebaut ist. Die „Substanz" des Raumes, die erste Kategorie, aber ist die Relation. Die bei Aristoteles akzidentielle Kategorie der Relation (πρός τι) wird hier substantiell.[898] Die Relation, die Grundordnungsstruktur, das Kontinuum ist das Wesen (οὐσία) des Raumes, das, was er eigentlich ist (τὸ τὶ ἦν εἶναι).

Zusammengefasst: Die Definition „in sich unendliches, in sich geschlossenes Kontinuum" bestimmt den Raum als Grundgegebenheit der Wirklichkeit wesenhaft nach innen und nach außen. Raum ist nach innen die Möglichkeit der Anordnung von Elementen (primäre Kategorie Relation) und nach außen ein unteilbares Ganzes (primärer Seinsmodus des Seienden). Metaphorisch gesprochen: Raum ist nach innen ein Behälter, in dem Inhalte geordnet sind und nach außen ein abgeschlossenes Ganzes, das wieder mit anderen (geschlossenen) Räumen in Beziehung treten kann. Räume sind so etwas wie relationale Monaden, sie bilden die Grundbausteine der Wirklichkeit, aus denen das Ganze „aufgebaut" ist. Sie haben eine Innenstruktur, die Unterscheidung und Anordnung ihrer Inhalte ermöglicht. Sie sind nach außen ἄτομοι, fensterlose, unteilbare Ganze. Sie sind nach innen immer weiter teilbar und mit anderen Räumen zu neuen, ‚größeren' synthetisierbar. Die Welt ist kein abgeschlossenes System, sondern eine nach unten und oben offene hierarchische Struktur von in Relationen stehenden Räumen.

---

[898] Erstmals wird bei Kant (auch unter dem Einfluss der Naturwissenschaften) die Relation zu einer der Grundkategorien erhoben, der Substanz und Akzidenz untergeordnet sind (KrV, B 106), während für die alte Ontologie die Relation bloß äußerlich, bloß relativ war, vgl. Hartmann, Aufbau, 278–280.

b) Das Weltgesetz der Polarität

Ausgehend vom Raum als Wesensbestimmung des Seienden, als Grund und Fundament der Wirklichkeit und zugleich erster Kategorie wird nun die Kategorienlehre im Einzelnen entwickelt. Die Kategorien sind die möglichen Unterscheidungs- und Zusammenhangsverhältnisse der Weltwirklichkeit. Die innerweltlichen Verhältnisse sind für Heim Transzendenzverhältnisse, d.h. Begrenzungsverhältnisse, also Trennungsverhältnisse, welche einen Zusammenhang implizieren. Die primäre Kategorie, die mit dem Begriff der Relation oder des Kontinuums identisch ist, aber präziser nachfasst, ist die Kategorie der Polarität. Sie beschreibt das Wesen, die „Substanz" jeden Raumes, und zwar nach innen hin und nach außen im Verhältnis zu anderen Räumen. Polarität bezeichnet einen Gegensatz, welcher einen Zusammenhang ausdrückt. Diese Bestimmung ist allgemein genug, dass alle möglichen Verhältnisse, gegenständliche und nichtgegenständliche, damit erfasst sind. Polarität beschreibt, wie ein Raum nach innen strukturiert ist und wie er nach außen in Erscheinung tritt. „Die Polarität ist das Weltgesetz, unter dem wir stehen. Es beherrscht nicht nur die Inneneinrichtung eines jeden Raumes, es bestimmt auch das Verhältnis, in dem die Räume, in denen sich unser Leben abspielt, zueinander stehen."[899] Nach innen hin bezeichnet Polarität das gegensätzliche Verhältnis zweier Inhalte, was im „Weltbild der Zukunft" das Umtauschverhältnis hieß, und nach außen hin die Unterscheidung von Inhalt und Relation, was früher das Grundverhältnis hieß. Denn nach außen hin ist jeder Raum (unteilbarer) Inhalt eines höheren Raumes. Bevor wir weiterverfolgen, wie diese Doppelgesichtigkeit des Raumes – nach innen in Bezug auf die Inhalte, nach außen in Bezug auf andere Räume – näher bestimmt wird, erläutern wir das Gesetz der Polarität.

Die Polarität ist die Fundamentalkategorie der realen Gegensätze. Heims konkretes gegenständliches Beispiel, das auch die romantische Naturphilosophie immer wieder anführte, ist die Polarität des positiven und negativen Pols der Elekrizität.[900] Die Natur ist nach Ansicht der Romantiker polar beschaffen. Gemeint sind

---

[899] GD 7, 185.
[900] GD 7, 191; JH, 20; GN, 151; Begriff und Bedeutung beginnen gegen P. Probst, Art. Polarität, HWPh, nicht erst mit der romantischen Naturphilosophie, sondern sind dieser über die kabbalistisch-hermetische Tradition, v.a. über Paracelsus, J. Böhme (vgl. S. Mason, Geschichte der Naturwissenschaft, 1974, 418–425) und F.Chr. Oetinger vermittelt (zum Einfluss Oetingers auf Goethes Naturphilosophie vgl. R. Zimmermann, Das Weltbild des jungen Goethe, 1979, Bd. 1, 139f; 149ff; Bd. 2, 353ff u.ö., vgl. Register; auf Schelling vgl. E. Benz, Schellings schwäbische Geistesahnen, 1970). Die in den 1780er- und 90er-Jahren entdeckten elektrochemischen und galvanischen Phänomene (vgl. Mason, Geschichte der Naturwissenschaft, 563f) dienten der romantischen Naturphilosophie als Paradigma, die organischen *Lebens*prozesse zu verstehen, so bei Ritter, bei Steffens, auch bei Schelling und Oken (vgl. H.A. Korff, Der Geist der Goethezeit, 1954, Bd. II, 260f). Zur fundamentalen Bedeutung der Elektrizität für die frühe Auseinandersetzung von Theologie und Naturwissenschaften im 18. Jh., v.a. bei Oetinger und Fricker, vgl. E. Benz, Die Theologie der Elektrizität. Zur Begeg-

Gegensätze, die nur zusammen das Ganze geben, Gegensätze, die dynamisch sich entzweien (abstoßen) und wieder vereinigen (anziehen). Während bei Goethe mehr die lebendige Spannung zwischen den Polen im Vordergrund steht[901], betont Schellings Identitätsphilosophie den Indifferenzzustand, aus dem jede Polarität hervorgeht und in den sie wieder zurückgehen soll[902]. Auch bei Heim geht die Polarität aus einem Indifferenzzustand hervor, welcher die polaren Gegensätze aus sich heraussetzt, in allen Gegensätzen als Hintergrund und Voraussetzung, als Ureinheit (ens indistinctum), mitgeführt wird und in den die Gegensätze wieder zurückkehren können.[903] Der Indifferenzzustand wird aber nicht als Ziel, als Entelechie des Weltprozesses gesehen, sondern als dynamische Potentialität, sich wieder zu entzweien. Anders als die Identitätsphilosophie versteht Heim die Polarität nicht als Unvollkommenheit[904], sondern wie Goethe als dynamisches Lebensprinzip. Lebensprinzip – wir kommen darauf zu sprechen – ist die Polarität in concreto[905], in abstracto ist sie erste Kategorie, also Seins- und Denkprinzip.

Unmissverständlicher als die Beispiele ist die logisch-begriffliche Formulierung. Polarität ist ein Verhältnis, bei dem die Verhältnisglieder einander gegenseitig bedingen und konstituieren[906]. Sie sind immer zusammen da (koordiniert, in Zusammenhang), obwohl sie sich ausschließen (nichtkoordinabel, im Gegensatz).

---

nung und Auseinandersetzung von Theologie und Naturwissenschaft im 17. und 18. Jahrhundert, 1970.

[901] Vgl. das schon zum Raumverständnis von W angeführte Goethezitat aus der Farbenlehre: „... was uns als Phänomen begegnen solle, müsse entweder eine ursprüngliche Entzweiung, die einer Vereinigung fähig ist, oder eine ursprüngliche Einheit, die zur Entzweiung gelangen könne andeuten und sich auf eine solche Weise darstellen. Das Geeinte zu entzweien, das Entzweite zu einigen, ist das Leben der Natur. ... Das Elektrische, als ein Gleichgültiges, kennen wir nicht. Es ist für uns ein Nichts, ein Null, ein Nullpunkt, ein Gleichgültigkeitspunkt, der aber in allen erscheinenden Wesen liegt und zugleich der Quellpunkt ist, aus dem bei dem geringsten Anlass eine Doppelerscheinung hervortritt, welche nur insofern erscheint, als sie wieder verschwindet" (Werke, Bd. 13, 488f; zu Goethes Polaritätsbegriff vgl. R. Zimmermann, Goethes Polaritätsdenken im geistigen Kontext des 18. Jahrhunderts, 1974); vgl. auch Oetingers Art. Rad der Geburt im „Biblischen und emblematischen Wörterbuch": „In Jakobus 3,6 aber lesen wir von dem Rade der Geburt, als dem Umlauf, durch den etwas zum Wesen wird, das vorher nur aus flüchtigen Dingen bestand. Das ist die eigentlichste Beschreibung des Lebens. Nun gehören zum Leben verschiedene, in einem gewissen Gegensatz des Aktiven und Passiven oder in einer gewissen Gegeneinanderwirkung auf einen bestimmten Zweck vereinigte Kräfte. Der hervorragende gottselige Newton hat unter den Weltweisen eingesehen, dass zwei gegensätzliche Zentralkräfte der Anfang des Rades der Geburt seien, woraus der Umlauf der Dinge entsteht" (nach: F. Chr. Oetinger, Die Weisheit auf der Gasse, 1962, 70).

[902] Vgl. das Urteil von B. Kanitscheider, Über Schellings ‚spekulative Physik' und einige Elemente einer idealistischen Epistemologie in der gegenwärtigen Kosmologie, 1983, 240: „Schellings Idee, dass hinter scheinbar Gegensätzlichem eine verborgene Identität zu suchen ist, bewog ihn zu besonderem Interesse an solchen physikalischen Phänomenen, wo sich Polaritäten offen zeigten."

[903] GD 7, 191.

[904] Vgl. Novalis: „Polarität ist eine Unvollkommenheit – es soll keine Polarität einst sein" (Fr. 479, in: Schriften, Bd. 3, 342).

[905] Vgl. R. Guardini, der auf die Polarität des Konkret-Lebendigen sein System der Gegensätze aufbaut, aber den Begriff Gegensatz bevorzugt (Der Gegensatz. Versuche zu einer Philosophie des Lebendig-Konkreten (1925), 1998, 24).

[906] GD 7, 191; vgl. GD 1, 70.

Sie sind *notwendig* zusammen da, sie konstituieren sich gegenseitig[907]. Die begriffliche Formulierung macht deutlich, dass unter Polarität nicht nur Gegensätze, die auf gleicher Ebene, sondern auch solche, die nicht auf gleicher Ebene stehen, gefasst werden können. Die beiden Pole können entweder im Umtauschverhältnis oder aber im Grundverhältnis zueinander stehen. Die Polarität ist identisch mit der Weltformel aus dem „Weltbild der Zukunft". Mit Schelling gesagt: „So ist wohl das Gesetz der Polarität ein allgemeines Weltgesetz."[908]

Unter die Fundamentalkategorie Polarität fallen alle realen und logischen Unterscheidungen und zwar solche von gleichwertigen Gegensatzpaaren als auch von ungleichwertigen. Erstere sind inhaltlich voneinander unterschieden, letztere dimensional. Polarität ist die Fundamentalkategorie, die alle möglichen innerweltlichen Unterscheidungsverhältnisse umfasst. Beispiele[909] für reale gleichgeordnete Paare sind Licht-Finsternis, Ruhe-Bewegung, actio-reactio, Glück-Leid usw., für logische gleichgeordnete Paare positiv-negativ, mehr-weniger. Dimensional unterschiedene reale Paare sind Ich-Welt, Gegenwart-Vergangenheit, gegenständlich-nichtgegenständlich, dimensionale logische Paare sind Teil-Ganzes, Identität-Verschiedenheit, Relation-Inhalt, Kontinuum-Diskretum, Möglichkeit-Wirklichkeit etc. Heim hat darauf verzichtet, die Paare im Einzelnen zu klassifizieren, weil es ihm nicht auf den Gehalt der Gegensätze, sondern nur auf die logische Struktur der Unterscheidungslinien ankommt.[910] Seine Kategorientafel unterscheidet nur zwischen verschiedenen Arten von inhaltlichen und dimensionalen Unterscheidungen[911].

---

[907] Vgl. Hegels Definition von Polarität: „Denn der Gedanke der Polarität ist eben nichts Anderes, als die Bestimmung des Verhältnisses der Notwendigkeit zwischen zwei Verschiedenen, die Eines sind, insofern mit dem Setzen des Einen auch das Andere gesetzt ist. Diese Polarität schränkt sich nur auf den Gegensatz ein; durch den Gegensatz ist aber auch die Rückkehr aus dem Gegensatz als Einheit gesetzt, und das ist das Dritte. Dies ist es, was die Notwendigkeit des Begriffs mehr hat, als die Polarität" (System der Philosophie, 2. Teil: Die Naturphilosophie, Zusatz zu § 248, Sämtliche Werke, Bd. 9, 57).

[908] Schelling, Von der Weltseele (1798), Werke I/2, 489; vgl. L. Oken, Lehrbuch der Naturphilosophie, 1843, 425: „Die Polarität ist die erste Kraft, welche in der Welt auftritt. Wenn die Zeit ewig ist, so muss auch die Polarität ewig seyn."

[909] Alle folgenden Beispiele, allerdings ungeordnet, als Beispiele oder in usu vgl. JH, 17–21; GN, 151–154 u.ö.

[910] Auch P. Tillich hat in der Polarität den fundamentalen ontologischen Strukturbegriff gesehen. In der materialen Füllung bestehen zahlreiche Übereinstimmungen. Er hat aber anders als Heim die formale Kategorisierung der Weltverhältnisse weniger mittels logischen, als vielmehr durch ontologische und naturphilosophische Polaritäten vorgenommen: als Polarität von Sein und Nichtsein, von Endlichem und Unendlichem, von Selbst und Welt, von Individualisation und Partizipation, von Dynamik und Form, von Freiheit und Schicksal, von Kontingenz und Notwendigkeit, von Spontaneität und Gesetz, sowie von Zeit, Raum, Kausalität und Substanz, jeweils „von außen", in Beziehung zur Welt, und „von innen", in Beziehung zum Selbst betrachtet (ST I, 199–235).

[911] Auch N. Hartmann ordnet seine Kategorien, allerdings nach Vollständigkeit strebend, in 12 logischen Gegensatzpaaren (Prinzip und Concretum, Struktur und Modus, Form und Materie, Inneres und Äußeres, Determination und Dependenz, Qualität und Quantität, Einheit und Mannigfaltigkeit, Einstimmigkeit und Widerstreit, Gegensatz und Dimension, Diskretion und Kontinuität, Substrat und Relation, Element und Gefüge, vgl. Aufbau, 230f). Dessen Hauptordnungskriterium (Kategorien der

c) Die Kategorientafel der polaren Unterscheidungsverhältnisse

Folgende fünf Arten von Unterscheidungs- und Begrenzungsverhältnissen werden unterschieden:
„1. Die Unterscheidung zwischen Inhalt und Raum.
2. Die Unterscheidung zwischen inhaltlicher und dimensionaler Identität und Verschiedenheit.
3. Die Unterscheidung zwischen einem inhaltlichen und einem dimensionalen Verhältnis zwischen dem Ganzen und den Teilen.
4. Die Unterscheidung zwischen der inhaltlichen und der dimensionalen Begegnungsmöglichkeit, also zwischen Distanz und Berührung von Inhalten auf der einen Seite und gegenseitiger Durchdringung von Räumen auf der anderen Seite.
5. Die Unterscheidung zwischen zwei Erkenntnisweisen, der einen, die sich auf Inhalte richtet, und der andern, die sich auf Räume bezieht."[912]

Zu Heims Kategorientafel, die bei genauem Hinsehen im Detail recht unklar ist, einige knappe Erläuterungen[913] zur Abwehr von möglichen Missverständnissen.

Die möglichen Arten von Unterscheidungsverhältnissen werden in zwei Reihen angeordnet. Sie entsprechen der früheren Unterscheidung zwischen der gegenständlichen und der nichtgegenständlichen Dimension bzw. zwischen inhaltlicher und dimensionaler Unterscheidung, werden jetzt aber genauer differenziert (2.–4.). Wir können sie auch als Innen- und Außenstruktur von Räumen unterscheiden, sodass beide nun im Oberbegriff des Raumes verbunden werden. Nach innen ist Raum die Unterscheidung von Inhalten, nach außen steht Raum im Verhältnis zu anderen Räumen. Die Verbindung von innen und außen ist die Unterscheidung zwischen dem Raum und seinem Inhalt. Sie ist bereits im Begriff und Wesen des Raumes impliziert und bildet nun die erste Kategorie (1.), die fundamentale polare Unterscheidung, die die transzendentallogische Bedingung für alle weiteren Unterscheidungen ist. Die Unterscheidung zwischen Inhalt und Raum ermöglicht diejenige zwischen Inhalten (Unterscheidung zwischen gleichgeordneten, koordinablen Elementen, also innerhalb eines Raumes) sowie dimensionale Unterscheidungen (zwischen nicht gleichgeordneten, inkoordinablen ‚Elementen', also zwischen Räumen).
Mit dimensionaler Identität und Verschiedenheit (2.) ist nicht die Identität und Verschiedenheit von Dimensionen gemeint – das wäre dasselbe wie inhaltliche Identität und Verschiedenheit, denn *von außen* betrachtet sind Dimensionen Inhalte einer höheren Dimension – sondern Identität und Verschiedenheit eines und desselben Inhalts von verschiedenen Dimensionen aus gesehen. Z.B. ist ein und derselbe Gegenstand, von mir aus betrachtet, Teil meiner Gegenstandswelt, aber von dir aus betrachtet auch Teil deiner Gegenstandswelt, obwohl meine und deine Gegenstandswelt dimensional verschieden sind. Wir können dies *dimensionale Einheit unter perspektivischer Verschiedenheit* nennen. Die Kategorie „dimensionale Identität und Verschiedenheit" drückt aus, was mit Kants Ding an sich ge-

---

Quantität, 390ff – Kategorien der Qualität, 352ff) entspricht der Heimschen Grundunterscheidung von inhaltlichen (gleichgeordneten) und dimensionalen (nichtgleichgeordneten) Paaren.
[912] GD 7, 75f.
[913] Vgl. auch Traub, neue Fassung, 221f; Eerikäinen, Dimensions, 60ff.

meint ist, nämlich die unerkennbare Einheit des Gegenstandes unter der Vielzahl seiner Erscheinungen.

Auch die 3. Unterscheidung ist unklar. Ein inhaltliches Teil-Ganzes-Verhältnis ist eigentlich das Verhältnis eines größeren Teils zu einem kleineren, den jener enthält, also ein quantitatives Teilmengenverhältnis (größer – kleiner). Das eigentliche Teil-Ganzes-Verhältnis ist nur das dimensionale zwischen einem Ganzen *als Ganzem* und seinem Teil (Inhalt). Ein solches Verhältnis von nichtkoordinablen Elementen könnte man auch qualitatives Teil-Ganzes-Verhältnis nennen.

Die 4. Unterscheidung erlaubt eine Abstufung im Grad der Transzendenzen. Die Grenze zwischen Inhalten ist selbst ein inhaltliche. Zwischen Inhalten besteht ein größerer oder kleinerer Zwischenraum, der bis auf eine Grenzlinie minimiert sein kann. Zwischen Räumen kann kein inhaltlich-anschauungsräumlicher Zwischenraum angegeben werden. Sie sind logisch unterschieden, können sich aber gleichwohl berühren, was Heim dimensionale Begegnung oder Durchdringung nennt. Das Beispiel[914] von den zwei Flächen, die einander schneiden, sich dabei aber gegenseitig nicht begrenzen, sondern durchdringen, d.h. trotz Berührung unendlich bleiben, ist missverständlich, wenn es von der dritten Dimension aus betrachtet wird. Dann sind die beiden Flächen nichts als Inhalte und ihre Durchdringung ist eine inhaltliche Begegnung. Sie haben ja offensichtlich eine gemeinsame Grenzlinie. Klarer ist die frühere Bezeichnung dimensionale Spaltung: Ein Element kann in zwei Dimensionen stehen, sodass es eines und dasselbe bleibt, obwohl es unterschieden ist, etwa wenn zwei perspektivische Punkte auf denselben Gegenstand bezogen sind. Das Verhältnis zwischen den beiden perspektivischen Punkten (den Räumen) ist exklusiv. Sie stehen in überhaupt keinem Zusammenhang, man kann weder ein Entweder-oder noch ein Sowohl-als-auch zwischen ihnen formulieren. Gleichwohl berühren sie sich, im gemeinsamen Gegenstand nämlich, auf den sie bezogen sind. Die Transzendenz zwischen Dimensionen ist eine stärkere als zwischen Inhalten. Es kann überhaupt kein ‚Abstand' angegeben werden, weder ein räumlicher, noch ein logischer, weil kein ‚Zusammenhang' besteht. Gleichwohl besteht ein *dimensionaler* Zusammenhang, der aber nicht direkt, sondern über ein drittes Element vermittelt ist (vgl. z.B. die Begegnung zwischen Ich und Du im Wort).

Die 5. Unterscheidung zwischen der auf Inhalte bezogenen gegenständlichen Erkenntnisweise und dem auf Räume bezogenen existentiellen Erleben bezieht die Erkenntnisweisen in die kategorialen Weltverhältnisse mit ein. Damit gelingt der entscheidende Fortschritt gegenüber der relationalen Ontologie des „Weltbild der Zukunft" zu einer *perspektivischen* relationalen Ontologie, d.h. zu einer kritischen Ontologie der Weltverhältnisse.

In einer Tabelle zusammengefasst, lautet die Kategorientafel der polaren Unterscheidungsverhältnisse:

Polare Kategorie	Raum ‚nach innen' (als Anordnung von Inhalten)	Raum ‚nach außen' (als nichtgegenständl. Ganzes)
1. Grundkategorie Relation (Raum als 1. Kategorie)	Inhalt	Raum
2. Identität-Differenz	inhaltliche Gleichheit und Verschiedenheit	dimensionale Einheit unter perspektivischer Differenz

---

[914] GD 7, 93.

3. Teil-Ganzes	inhaltliches Teilverhältnis (quantitativ)	dimensionales Teilverhältnis (qualitativ)
4. Begrenzung / Transzendenzgrad	Distanz / Berührung	dimensionale Spaltung / Begegnung
5. Erkenntnisweise	gegenständliches Erkennen	existentielles Erleben

Mit den Unterscheidungen 2.–4. erreicht Heim, ohne selbst darauf einzugehen, eine Erweiterung der zweistelligen zu einer dreistelligen Logik. Damit wird das, was Heim früher das Paradox genannt hat (das Sowohl-als-auch des Entweder-oder), logisch formulierbar.

Die klassische Logik vom ausgeschlossenen Dritten ist deshalb zweistellig, weil der Beobachter, der das logische Urteil fällt, außer Betracht bleibt. Dessen Einbeziehung, also der Zusammenschluss der klassischen Logik mit dem Gesetz der Perspektive, führt zu einer dreistelligen Logik. Die Unterscheidung zwischen zwei Elementen impliziert immer auch die Unterscheidung zwischen dem Unterschiedenen und der Unterscheidung, was optisch und erkenntnistheoretisch im Gesetz der Perspektive formuliert ist. Zwei unterschiedliche Inhalte sind nur unterschieden, sofern der Unterscheidende ungegenständlich mit da ist. M.a.W: Die Logik der zweistelligen Verhältnisse ist eigentlich eine perspektivische, eine dreistellige Logik.

Was schon für die inhaltlichen Verhältnisse gilt, dass der Beobachter implizit mit da ist, gilt nun explizit für die dimensionalen Verhältnisse. Diese sind explizit dreistellig. Bei der dimensionalen Gleichheit und Verschiedenheit etwa sind zwei Beobachter auf dasselbe Objekt bezogen. Das Objekt ist zwar dasselbe, erscheint aber wegen der unterschiedlichen Perspektiven nicht in identischer Gestalt. Die Perspektiven der beiden Beobachter sind zwar formal dieselben, wenn sie sich in derselben Weise auf dasselbe Objekt beziehen, aber doch nicht identisch. Sie sind aber auch nicht verschieden, weil zur Unterscheidung eine höhere Dimension nötig wäre, von der aus man sie unterscheiden könnte, also ein dritter Beobachter. Meine Gegenstandswelt und deine Gegenstandswelt sind je in sich abgeschlossene unendliche Ganze, sie stehen aber weder im Verhältnis der Identität, noch der (inhaltlichen) Verschiedenheit zueinander. Sie sind sich schlechthin transzendent, haben aber ein gemeinsames Element, den dimensionalen Berührungspunkt des gemeinsamen Objektes. In einer zweistelligen Logik ist ihr Verhältnis nicht ausdrückbar, wohl aber in einer dreistelligen. Zu den beiden logisch exklusiven Zuständen „Identität" und „Differenz" kommt als dritter Zustand „dimensionale Einheit unter perspektivischer Verschiedenheit" hinzu. Dieser dritte Zustand ist, wie wir später zeigen und weiter verfolgen werden[915], äquivalent zu der sog. ana-

---

[915] S.u. Kap. VIII.1.d/3. u. IX.3.a.

logen Prädikation der klassischen Logik und Ontologie im Unterschied zur Univokation und zur Äquivokation.

3. Kategoriale Analyse der Räume Ich, Du und Es

Karl Heim hat seine Kategorientafel mit großer Akribie auf die Grundräume der Ich-Du-Es-Welt angewandt und ihre Unterscheidungsverhältnisse kategorial analysiert. Die beiden Buberschen Grundrelationen Ich-Es und Ich-Du sowie ihr Verhältnis zueinander ergeben die „drei wichtigsten Abgrenzungen, die der Ich-Du-Es-Welt ihre Gestalt geben"[916]:

a) Das Verhältnis meiner Gegenstandswelt zu deiner Gegenstandswelt.
b) Mein Verhältnis zu meiner Gegenstandswelt bzw. deines zu deiner Gegenstandwelt.
c) Mein Verhältnis zu dir bzw. dein Verhältnis zu mir.[917]

Durch Anwendung der Kategorientafel auf diese Verhältnisse kann gezeigt werden, dass alle drei Abgrenzungen nicht inhaltlicher, sondern dimensionaler Art sind und daher Ich, Du, meine und deine Gegenstandswelt Räume im echten Sinn, nämlich in sich abgeschlossene, unendliche Ganze sind. Die Grundräume „Es", „meine Welt", „Ich", „deine Welt" und „Du", die noch zusammengeführt und erweitert werden können zu „Wir" und „unsere Welt", sind aber nicht substantielle Entitäten, die sekundär ins Verhältnis gesetzt würden, sondern selbst schon Verhältnisse. Die dimensionalen Begrenzungsverhältnisse sind *Verhältnisse von Verhältnissen*. Daher sind die Abgrenzungen zwischen Ich, Du und Es zwar scharf gezogen zum Zweck der kategorialen Verhältnisbestimmung, aber material durchlässig und verschiebbar.

Das konkrete Verhältnis und die konkrete Unterscheidungslinie ergibt sich erst vom Phänomen her. Aufgrund der phänomenologischen Methode wird daher gegenüber der Vorgehensweise in der „Glaubensgewissheit" nicht ein transzendentallogischer, „punktförmiger" Ich-Begriff vorab herauspräpariert, sondern vom vieldeutigen alltäglichen Ich-Begriff ausgegangen. Einmal ist das Ich durch die Grenze zwischen mir und meiner Welt markiert, was der Leib, wenn „meine Welt" meine Gegenstandswelt meint, oder das Bewusstsein, wenn „meine Welt" meine Bewusstseinswelt meint, sein kann, und ein andermal durch die Grenze zwischen mir als Person und dir als Person bzw. zu personhaft begegnenden Wesen. Die Vieldeutigkeit des Ich-Begriffs in den unterschiedlichen Beziehungen

---
[916] GD 7, 220.
[917] GD 7, 79f.

lässt das Ich gegenüber dem nichtgegenständlichen Ich der „Glaubensgewissheit" ebenso zeitlich und vieldeutig wie alles Gegenständliche erscheinen und vermeidet schon im Ansatz die Gefahr der substanzhaften Überräumlichkeit und Überzeitlichkeit des Ich[918].

Heim hat die kategoriale Analyse auf fast hundert Seiten in großer Ausführlichkeit, aber auch etlichen Ungenauigkeiten und Unklarheiten, die der schematischen Anwendung der fünf Kategorien und der Vieldeutigkeit des Ich-Begriffs geschuldet sind, ausgeführt[919]. Wir geben der Vollständigkeit halber eine knappe Zusammenfassung[920] und wenden uns danach der interessanteren Frage nach der hierarchischen Schichtung der Räume zu.
Die Anwendung der fünf dimensionalen Kategorien (1. Grundkategorie Raum und dimensionale Grenze; 2. Dimensionale Einheit und Verschiedenheit; 3. Dimensionales Teilverhältnis; 4. Dimensionaler Begegnungspunkt; 5. Dimensionale Erkenntnisweise) auf die drei Beziehungen ergibt folgende Begrenzungsverhältnisse.

a) Das Verhältnis zwischen meiner Gegenstandswelt und deiner Gegenstandswelt

1. Meine Gegenstandswelt ist ein unendliches unabschließbares Kontinuum: Sie ist beliebig erweiterbar und wird jeden Augenblick erweitert durch neue Erlebnisse oder Erkenntnisse, die in meinen Horizont treten. Sie ist gleichwohl fensterlos abgeschlossen, weil keiner außer mir in meine Welt hereinschauen kann. Dasselbe gilt mutmaßlich für deine Welt.
2. Beide, meine und deine Welt, sind auf denselben Inhalt bezogen, auf dieselbe ‚Welt', und zwar im Einzelnen wie im Ganzen. Diese eine gemeinsame Welt bildet die Einheit unter den beiden Perspektiven.
3. Meine und deine und alle möglichen Gegenstands- und Bewusstseinswelten sind Teilräume eines umfassenden Raumes, den wir Weltraum im Sinne eines regulativen Totalbegriffs nennen. Der ‚Weltraum' kann mir niemals gegenständlich werden, wie auch deine Welt nicht. Er ist mir transzendent, auch wenn ich mich ‚in' ihm befinde. Meine Welt umfasst, obwohl sie Teilraum des Weltraums ist, potentiell ebenfalls das Ganze der Welt, ebenso wie auch deine Welt.
4. Meine und deine Welt sind einander undurchdringlich, sie haben keine gemeinsame inhaltliche Grenze. Dennoch haben sie eine Begegnungsstelle, dort nämlich, wo mir in einem unerklärlichen und unerklärbaren Akt zu Bewusstsein kommt, dass deine Welt auf denselben ‚Inhalt' bezogen ist wie meine Welt und deine Welt genauso wirklich ist wie meine Welt, obwohl meine Welt doch schon die ganze Welt umfasst.
5. Diese Begegnungsstelle kann nur auf dimensionale Weise in einem erlebenden Existenzakt erkannt werden.

---

[918] Vgl. Schott, Problem, 105f.
[919] Ausführlich GD 7, 82–161; Eerikäinen, Dimensions, 75–94, ist Heims Darstellung gefolgt und hat die fünf dimensionalen Unterscheidungen ebenso akribisch, dafür aber recht formalistisch und wenig ertragreich, auf die drei Raumbeziehungen angewandt.
[920] Vgl. GD 7, 220–222.

b) Das Verhältnis zwischen mir und meiner Gegenstandswelt

1. Ich bin von meiner Gegenstandswelt dimensional, nicht inhaltlich abgrenzt. Ich bin ebenso unabschließbar unendlich wie meine Gegenstandswelt, da ich mich immer selbst hintergehen kann und mich zum Teil meines Gegenstands- und Bewusstseinsraumes machen kann. Dabei kann ich mich aber doch gerade nicht hintergehen, sondern bleibe abgeschlossen Ich, wie ich auch meine Welt nie verlassen kann.
2. Die dimensionale Einheit und Verschiedenheit zwischen mir und meiner Welt besteht darin, dass Ich und meine Welt dasselbe bezeichnen, wenn auch in unterschiedlicher Hinsicht. Ich bin einerseits meine Welt selbst, weil mein Ich-Bewusstsein und meine Bewusstseinswelt identisch sind. Ich bin aber andererseits auch Teil meiner (Gegenstands-)Welt, wenn ich mich als Körper vergegenständliche.
3. Ich und meine Welt sind zusammengefasst in einem, wieder als regulative Idee genommenen, totalen Ich, einem Selbst, welches ich bin, obwohl es mir unanschaubar ist. Ich und meine Bewusstseinswelt sind jeweils Teilräume dieses Selbst, wiewohl sie beide je auch das Selbst ganz sind.
4. Ich und meine Welt begegnen sich im perspektivischen Zentrum, welches von der einen Seite nichtgegenständlich, also nicht lokalisierbar ist, von der anderen Seite betrachtet aber einen Ort innerhalb der gegenständlichen Welt einnimmt.
5. Dass ein solches Ich existiert, welches Korrelat meiner Gegenstandswelt ist, lässt sich nicht durch Wahrnehmungs- oder Schlussverfahren feststellen, sondern nur in einem erlebenden, intuitiven Existenzakt.

c) Das Verhältnis zwischen Ich und Du

1. Das Du ist vom Ich aus gesehen ein abgeschlossenes, undurchdringliches Ganzes.
2. Die dimensionale Einheit und Verschiedenheit zwischen Ich und Du besteht in der Spannung, dass sowohl Ich als auch Du den Anspruch erheben, Ich zu sein, obwohl doch Ich nie in den Plural gesetzt werden kann.
3. Ich und Du sind beide gleichgegenwärtig in der Welt, sie sind Teil der wiederum als Totalidee genommenen Gegenwartswelt.
4. Ich und Du können sich nicht inhaltlich berühren, aber sie begegnen sich, indem sie auf ein gemeinsames Drittes bezogen sind, nämlich das Wort, welches von der einen Seite aus Aktion, von der anderen Seite aus Passion ist.
5. Das Wissen darum, dass das Wort, das ich höre, ein Wort des Du ist, habe ich nicht aus einer analytischen Erkenntnis, sondern aus der unerklärbaren Gewissheit des Erlebens.

Zusammenfassung: Die dimensionalen Verhältnisse zwischen mir und meiner Welt, zwischen mir und dir, zwischen dir und deiner Welt sowie zwischen meiner und deiner Welt sind Verhältnisse von Räumen. Es sind jeweils perspektivisch polare, also dreistellige Verhältnisse. Es ist in jeder der zweistelligen Polaritäten immer latent ein drittes Element mit da, welches die Beziehung, die Einheit und Verschiedenheit der Pole konstituiert. Beide Pole sind immer latent in einen übergeordneten Raum aufgehoben und immer ist unanschaulich ein drittes Element – das „Zwischen" – zwischen den Polen da, das weder dem einen noch dem andern Pol angehört.

Dies latente, dritte Element bedeutet die potentielle Erweiterbarkeit der Räume. Das dritte Element kann selbst Pol einer Polarität werden. Die Polarität ist also eine dynamische, nie abgeschlossene Polarität. Es kann immer ein neuer Raum aufgehen und Wirklichkeit werden, der bisher nur latent, potentiell vorhanden war. Wir müssen prinzipiell „mit einer Vielheit von möglichen Räumen zu rechnen."[921] Im polaren Raumbegriff ist bereits die potentielle Vielheit von Räumen impliziert. Der Zusammenhang der Polaritäten über das dritte latente Element bedeutet nun aber, dass die vielen möglichen Räume nicht auseinanderfallen, sondern auseinander hervorgehen. Es sollte also möglich sein, die Räume hierarchisch anzuordnen, sodass jeweils der höhere Raum aus dem niederen hervorgeht und der niedere im höheren aufgehoben ist. Mit einer solchen hierarchischen Ordnung der Vielheit der Räume sollte es auch möglich sein, innerhalb des Gegenstands-, des Ich-, und des Du-Raumes genauer zu differenzieren, indem jeweils Teilräume unterschieden werden.

Das Ganze führt dann zu einer Schichtung der Wirklichkeit nach kategorial unterschiedenen Räumen, zu einer phänomenologischen Ontologie der polaren Räume, wie sie vergleichbar auch N. Hartmann durchgeführt hat. Dessen Schichtenmodell ist, wie wir zeigen werden, im Grundgedanken zu Heims Schichtenstruktur äquivalent. Heim selbst hat allerdings keine systematische Darstellung der hierarchischen Schichtung der Räume vorgeführt. Er hat aber in seiner Kategorialanalyse der Ich-Du-Es-Verhältnisse genügend Hinweise gegeben, wie er sich den hierarchischen Aufbau der Räume aufeinander, die Einordnung ineinander und das Hervorgehen auseinander vorgestellt hat. Wir systematisieren Heims Einzelbeobachtungen zu einem „logischen Aufbau der phänomenalen Welt". Da Heim auch im Spätwerk trotz der eigenständigen, fast bezuglosen Darstellung in einem weiten impliziten Kontext zur philosophisch-metaphysischen Tradition steht, sollen die unthematischen Bezüge wieder explizit gemacht werden.

Der folgende Abschnitt 4. liefert in kontextueller Auseinandersetzung mit anderen Theorien des Raumes und des logischen Aufbaus der Welt die Statik und Hierarchie der Räume, der darauffolgende 5. im Gespräch mit dynamischen Naturphilosophien von Aristoteles über Leibniz, Oetinger und Schelling bis Driesch die polare Dynamik der Räume.

4. Die Hierarchie der Räume: Der logische Aufbau der phänomenalen Welt

Zunächst benötigt die Vielheit von Räumen ein Ordnungsprinzip, nach dem die Räume geordnet, u.d.h. voneinander unterschieden werden können. Das eine Ordnungsprinzip ist mit der Unterscheidung von Inhalt und Raum bzw. inhaltlicher

---

[921] GD 7, 31.

und dimensionaler Unterscheidung gegeben. Räume unterscheiden sich nach gegenständlichen und nichtgegenständlichen Räumen. Diese Unterscheidung ist zwar kategorial absolut, aber für den konkreten Raum immer durchlässig. Jeder gegenständliche Raum enthält latent ein nichtgegenständliches Element und jeder nichtgegenständliche Raum enthält latent ein gegenständliches Element, weil jeder Inhalt Raum und jeder Raum Inhalt werden kann. Diese Hierarchie ist die prinzipiell offene der polaren Verhältnisse. Sie kennt nur zwei Zustände (Inhalt/Raum bzw. gegenständliche/nichtgegenständliche Dimension), die sich in einer nach unten und oben offenen Hierarchie abwechseln. Damit sind die phänomenalen Gegenstandsverhältnisse der realen Welt zureichend beschrieben. Die subjektive Begründung der realen Verhältnisse im erkennenden und erlebenden Subjekt, welches scheinbar willkürlich festsetzt, was Verhältnis und was Verhältnisglied sein soll, ist aber nicht zureichend berücksichtigt. Die Perspektivität der polaren Verhältnisse findet in der Tatsache Ausdruck, dass jede Polarität, obwohl sie immer potentiell aufgespalten werden kann, aktual immer abgeschlossen ist. Ein neuer Raum ist nur dann gegeben, wenn er schon erschlossen ist. Die potentielle Vielzahl der Räume ist aktual immer eine bestimmte Zahl. Es gibt dann aber immer einen höchsten Raum, nämlich denjenigen, in dem ich mich im Moment mit meiner Existenz befinde. Die möglichen höchsten Räume können hierarchisch angeordnet und durchnummeriert werden. Eine solche hierarchische Anordnung ist das zweite Gliederungsprinzip, nach dem die möglichen Räume geordnet werden können.

Die Nummerierung kann mit dem Dimensionsbegriff[922] erfolgen, was allerdings nur für abzählbare, d.h. solche Räume möglich ist, die in ein quantitatives Verhältnis gebracht werden können. Das Elementarbeispiel für eine abzählbare Vielheit von Räumen ist der Anschauungsraum, der nach der Zahl der Dimensionen (= unabhängigen Koordinaten) seiner Teilräume (Flächen und Linien) geordnet werden kann. Der dreidimensionale Anschauungsraum ist der phänomenal einfachste Raum, der eine Vielzahl von Räumen in sich enthält. Er ist als „leerer" Raum auch der Raum, der für alle Erscheinungen von Dingen immer mitvorausgesetzt werden muss und ‚in' den Erscheinungen immer mit enthalten ist.

Der Anschauungsraum ist daher der phänomenale Fundamentalraum, von dem der logische Aufbau der Räume ausgehen muss.

---

[922] Die Terminologie Heims ist vielleicht nicht ganz glücklich, aber jedenfalls eindeutig (gegen Gräb-Schmidt, Erkenntnistheorie, 302). Was bis zur ersten Auflage von „Glaube und Denken" Dimension hieß, heißt jetzt Raum. Der nun freie Begriff Dimension nummeriert die unabhängigen Koordinaten des Anschauungsraumes, während das Adjektiv dimensional weiterhin die Eigenschaften der Räume als Ganze im Unterschied zu ihren Inhalten benennt.

a) Der dreidimensionale Anschauungsraum und das Problem der vierten Dimension

Für den dreidimensionalen Anschauungsraum gilt wie für jeden wirklichen im Unterschied zu den konstruierten Räumen der Mathematik, dass er nicht a priori deduziert, sondern nur aufgefunden werden kann. Ein Raum ist nur Raum darin, dass man existierend darin steht. Die Zerlegung des dreidimensionalen Gesamtraums in zwei- und eindimensionale Teilräume hat nicht den Zweck, den Gesamtraum deduktiv-konstruierend aufzubauen. Wie schon in der ersten Auflage von „Glaube und Denken" ist Raum ein perspektivisches Phänomen und also nur induktiv von der Subjektivität aus zu erschließen. „Es gibt nur einen Weg, auf dem uns das Wesen eines Raumes ... zum Bewusstsein kommen kann; dieser Weg besteht darin, dass wir mit unserem ganzen Leben und Denken in einem solchen Raum existieren und sind."[923] Raum (im strengen Sinn) ist immer nur die aktual höchste Dimension. Z.B. ist eine Gerade von einer Fläche aus gesehen nur Teil, also Inhalt der Fläche, nicht aber selbst Raum im Sinne der präzisen Definition als in sich abgeschlossenes Ganzes. Der neue Dimensionsbegriff ermöglicht nun aber trotz der aktualen Abgeschlossenheit die Denkmöglichkeit von neuen Räumen höherer Dimension.

Räume können, wie die Analogie der mathematischen Räume zeigt, immer erweitert und in eine höhere Dimension aufgehoben werden. Die Potentialität eines höherdimensionalen Raumes meint aber nicht die beliebige Erweiterbarkeit von realen Räumen, sondern eine Möglichkeit, die erst dann wirkliche Möglichkeit ist, wenn sie schon verwirklicht ist, d.h. wenn sich eine neue Dimension erschlossen hat. Heims Raumbegriff ist also ein eindeutig realistischer. „Es gibt" keinen Raum an sich, abgesehen davon, dass er erfahren wird. Der wirkliche Raum der wirklichen Welt ist ein Raum, den wir erleben können, und nur als erlebter ist er auch Raum. Raum ist an Materie und an Bewusstsein gebunden. Die Räume, „die potentiell als objektive Möglichkeiten in der Wirklichkeit enthalten sind ... können aber nur realisiert werden, wenn bewusste Wesen da sind, die in bestimmten Räumen leben."[924] Raum ist auch im Modus der Potentialität mit Bewusstsein und Materie verknüpft. Der Anschauungsraum ist für Heim weder der Newtonsche absolute, leere Raum, der an sich und unabhängig von Materie und Bewusstsein

---

[923] GD 7, 32; die Erzählung von den Flächenwesen, auf die Heim wiederholt Bezug nimmt (E. Abbot, Flatland. A Romance of many dimensions, 1884, vgl. GD 3, 232; GD 7, 55; GN 125.134 u.ö.; bereits Helmholtz und Fechner haben solche Analogien bemüht, vgl. R. Eisler, Art. Dimension, Wörterbuch der philosophischen Begriffe, 1927, Bd. 1, 275) ist streng als Ich-Erzählung zu lesen. Es soll nicht die Fläche von der Einbettung in den Raum her, sondern aus der Fläche heraus veranschaulicht werden. Anders als in populären Darstellungen der Allgemeinen Relativitätstheorie dient die (Kugel-)Fläche nicht zur Veranschaulichung von höheren, nicht anschaubaren Räumen, sondern zur Denkmöglichkeit, dass es eine geschlossene, mit Flächenwesen bevölkerte, Flächenwelt geben könnte (GD 7, 32).

[924] WnW, 107.

existiert, noch die Kantische Anschauungsform, die zwar im Bewusstsein, aber unabhängig von Materie existiert. Der konstitutive Zusammenhang von Raum und Materie wurde quantitativ zwar erst von der Allgemeinen Relativitätstheorie formuliert, deren Räume für Heim eine „Brücke"[925] der Verständigung zwischen Glauben und Naturwissenschaft bauen, weil sie die Denkmöglichkeit von höheren, aber gleichwohl realistischen, d.h. an Materie gebundenen, Räumen gestatten[926].

Aber auch phänomenologisch gilt, „dass die Struktur des Raumes, in dem uns die Wirklichkeit anschaulich wird, immer in der Wirklichkeit begründet ist, die uns in der Erfahrung begegnet."[927] M.a.W.: Die Realität und die Struktur von Räumen ist nicht apriorisch ableitbar, sondern nur aus der Erfahrung bestimmbar, weil die Raumstruktur von der Materieverteilung, u.d.h. von den Inhalten des Raumes, konstituiert wird[928].

Wenn der Zusammenhang von Raum und Materie berücksichtigt wird, kann nun auch die zunächst spekulativ erscheinende Frage nach der Dimensionalität des Anschauungsraumes gestellt werden. „Wenn es Räume gibt, die eine Dimension, die zwei Dimensionen und die drei Dimensionen haben, so ist es nur ein Schritt zur letzten Konsequenz: dass wir mit der Möglichkeit eines mehr als dreidimensionalen Raumes rechnen müssen."[929]

Ob der Anschauungsraum exakt dreidimensional ist oder nicht, gehört seit Aristoteles zu den Fragen, die eine Raumtheorie beantworten können muss[930]. Es hat sich aber gezeigt, dass die Frage nicht abgesehen von der Materie rein aus geometrischen Überlegungen beantwortet werden kann[931]. Das dynamische Argument, das erstmals Kant formulierte[932], be-

---

[925] GN, 121.
[926] WnW, 101–107; die rein mathematische nichteuklidische Geometrie ist keine solche Brücke, weil deren Räume zwar korrekt konstruierbar (denkbar), aber nicht erfahrbar sind. Die rein mathematischen Räume sind Räume nur „in übertragenem Sinne" (GN, 135).
[927] GN, 132.
[928] Aus dem schon von Riemann vermuteten und von Einstein quantitativ formulierten Zusammenhang von Raumstruktur (Geometrie) und Materie hat Einstein die Empirie der Geometrie des Raumes gefolgert. Wenn die Materie die Raumstruktur bestimmt, dann kann die Geometrie des Raumes auch nur aus der Anordnung der Materie, d.h. empirisch, und nicht apriorisch (gegen Kant) bestimmt werden. Damit wendet sich Einstein gegen den empirisch unbeweisbaren absoluten Raum Newtons, aber auch gegen Poincarés These von der Konventionalität der Geometrie, der behauptet hatte, dass das Messverfahren selbst schon eine Geometrie voraussetze und also die Wahl der Geometrie reine Konvention sei (vgl. A. Einstein, Geometrie und Erfahrung, 1921, in: Mein Weltbild, 132–141).
[929] GD 7, 32.
[930] Aristoteles sieht mit den Pythagoräern die Dreidimensionalität in der Vollkommenheit der Dreizahl begründet (Über den Himmel A I, 1, 268a). Schon Galilei fordert dagegen den strengen deduktiven Beweis, kann ihn selbst aber nicht geben (vgl. Jammer, 194). Erst im 19. Jahrhundert kommt es zur streng mathematischen Behandlung des Problems (z.B. B. Bolzano, Versuch einer objektiven Begründung der Lehre von den drei Dimensionen des Raumes, 1843, vgl. M. Jammer, Das Problem des Raumes, 1960, 198; K. Mainzer, Art. Dimension, EPhW, 484).
[931] Poincaré hat ein rein geometrisches Argument gegeben, das allerdings nur eine untere Grenze für die Zahl der Dimensionen liefert: Um den Raum zu teilen, braucht man Schnittflächen; um Flächen zu teilen, braucht man Linienschnitte; um Linien zu teilen, braucht man Punkte. Ein Punkt kann nicht mehr geteilt werden, denn er ist kein Kontinuum. Also sind Linien die niedrigstdimensionalen Kontinua, Flächen die nächsthöheren (zweidimensional) und der Raum ein dreidimensionales Kontinuum.

gründet die Dreidimensionalität mit dem Newtonschen Gravitationsgesetz, demzufolge die Gravitationskraft mit dem Quadrat der Entfernung abnimmt. Die Abnahme der Kraft wird von der quadratischen Zunahme der durchdrungenen Kugelfläche kompensiert, sodass stabile Bahnen möglich sind.[933] Dieses Argument setzt allerdings erstens die exakte Gültigkeit des quadratischen Kraftgesetzes voraus (das nach der Allgemeinen Relativitätstheorie nur näherungsweise gilt), gilt zweitens nur für Zentralkräfte und unterstellt drittens, dass der phänomenale Raum, in dem die Naturgesetze gelten, bereits den Gesamtraum der Welt darstellt. Bewiesen ist lediglich, dass der Raum, in dem die Newtonsche Physik exakt gilt, dreidimensional sein muss. Die empirische Geltung der Theorie der Dreidimensionalität erfordert zudem zur Beobachtung und Messung Geräte, die im Dreidimensionalen konstruiert und unter Annahme der Dreidimensionalität verwendet werden. „Zusammenfassend lässt sich also sagen, dass weder die Mathematik noch die Naturwissenschaften … eine Begründung geben, worauf die Auszeichnung der Dreidimensionalität beruht."[934] Wenn sich die Dreidimensionalität des Raumes von der Physik weder theoretisch noch empirisch zureichend begründen lässt, kann die Möglichkeit eines mehr als dreidimensionalen realen Raumes von der Physik zur Zeit nicht abgewiesen werden.[935] Eine rein spekulative Annahme eines höher dimensionalen Raumes ohne Anhalt an den empirischen Phänomenen ist aber ebenso bedeutungslos. Auf den unlösbaren Zusammenhang von Raumstruktur und Materie verweisen die klassische und die allgemeinrelativistische Physik übereinstimmend.

Die Erweiterung des dreidimensionalen Raumes muss nahegelegt sein durch empirische Phänomene, die in einem dreidimensionalen Raum und der entsprechenden Physik nicht erklärbar sind. Solche Phänomene sieht Heim in den spiritistischen oder okkulten Tatsachen gegeben[936]. Für die Möglichkeit eines mehr als dreidimensionalen Raumes gilt, was für alle möglichen Räume gilt. Die Potentialität einer höheren Dimension ist für Heim keine rein spekulative Möglichkeit, sondern provoziert durch Phänomene der empirischen Welt. Die spiritistischen Phänomene sind nach seiner Meinung nur erklärbar, „wenn es außer den drei Dimensionen des dreidimensionalen Körperraums noch eine vierte Dimension gibt, kraft deren etwas möglich ist und geschehen kann, was innerhalb der drei Dimensionen des Körperraums unmöglich wäre."[937] Ohne näher darauf einzu-

---

[932] Über die Möglichkeit oder Unmöglichkeit höherer Dimensionen ist damit nichts gesagt (vgl. Jammer, Problem des Raumes, 203). Dasselbe gilt für das seit Leibniz gegebene Argument, dass der Raum dreidimenional sei, weil höchstens drei Geraden aufeinander senkrecht stehen können.

[933] I. Kant, Gedanken von der wahren Schätzung der lebendigen Kräfte, 1746; ähnlich Bolzano und andere (vgl. Jammer, Problem des Raumes, 196–200).

Eine entsprechende allgemeine Überlegung (vgl. G.J. Whitrow, Why physical space has three dimensions?, 1955) zeigt, dass eine Zentralkraft nur dann stabile Zustände erlaubt, wenn die Kraft mit der (n-1)ten Potenz des Abstandes abnimmt. Da im Newtonschen Gesetz die Kraft quadratisch mit der Entfernung abnimmt, muss der Raum dreidimensional sein.

[934] P. Janich, Das Maß der Dinge. Protophysik von Raum, Zeit und Materie, 1997, 101; hier auf S. 90–130 eine Zusammenfassung seines Buches P. Janich, Euklids Erbe. Ist der Raum dreidimensional? 1989.

[935] Vgl. auch Jammer, Problem des Raumes, 199.

[936] GD 7, 32f.

[937] GD 7, 33; vgl. GD 3, 232; auch die Erscheinungen des Auferstandenen, der durch verschlossene Türen tritt (Joh 20, 19), seien mit der Annahme einer vierten Dimension verstehbar, WW, 172. An anderen Stellen hat Heim paranormale Phänomene wie die Tele- und Psychokinese (Willens- bzw. Kraftübertragung) auf geistige Willenskräfte zurückgeführt, die im kausalmechanischen Weltbild nicht verstehbar sind, vgl. den Aufsatz Gebetswunder und Wunderheilungen, 1927, in: LaG, 150–

gehen, dient Heim die sog. vierte Dimension zur Motivation für seine Philosophie der Räume und die prinzipielle Offenheit der Wirklichkeit für neue Räume.[938] Wir müssen einen kleinen Exkurs einfügen, was mit der vierten Dimension gemeint ist.

Der Begriff der vierten Dimension[939] wurde durch die „Transcendentale Physik" des Leipziger Astronomen F. Zöllner[940] zum „geflügelten Wort"[941] des späten 19. Jahrhunderts[942]. Die Einführung der vierten Dimension war der Versuch, spiritistische Phänomene mathematisch-physikalisch zu erklären[943]. Zöllner gibt dafür eine große Anzahl von Beispielen und Experimenten, die er oder andere (v.a. der für seine Experimente zur Sichtbarmachung von Atomen bekannt gewordene Physiker W. Crookes) durchgeführt haben. Z.B. lasse sich das sog. Fern- oder Hellsehen von in den magnetischen Schlaf versetzten Medien mit der vierten Dimension erklären.[944] Wie man auf der Erdoberfläche nur ein beschränktes Gesichtsfeld hat, das größer und größer wird, je weiter man mit einem Ballon in die dritte Dimension aufsteigt, so erweitert sich das geistige Auge der Seele, wenn sie sich in die vierte Dimension erhebt. Man sollte sogar ein Maß für die Größe der Erhebung in die vierte Dimension ermitteln können, indem man einen funktionellen Zusammenhang zwischen der Weite der Fernsicht und der Tiefe des magnetischen Schlafes herstellt. Auch der Transport von Materie ohne mechanische Krafteinwirkung, die gegenseitige Durchdringung von fester Materie oder das unvermittelte Auftauchen von Materie lasse sich so erklären.[945] Das plötzliche Sprühen von Wasser in einem Zimmer, durch das Decke und Wände nass wurden, kann als Wasserstrahl der vierten Dimension erklärt werden, der an einem Raumpunkt in die dritte Dimension eintritt, wie ein Strahl der dritten Dimension, wenn er auf ein Fläche auftrifft,

---

166, hierzu vgl. H. Schwarz, Parapsychologie und Wunder bei Karl Heim, GDJ 2004, der nur auf die Parallelität der Wunderheilungen mit den biblischen Wundern als Resultate von Willenskonzentration, -kampf und Sieg eingeht, nicht aber auf die physikalische Plausibilisierung durch die vierte Dimension.

[938] Einleitung zur fünften Auflage von GD (1957), in: GD 7,31–34.

[939] Der Begriff dürfte im Deutschen auf F. Chr. Oetinger zurückgehen, der in Eph 3,18 den „geometrischen Concept" der vier Dimensionen Breite, Länge, Höhe und Tiefe findet (vgl. M. Weyer-Menckhoff, Christus, das Heil der Natur. Entstehung und Systematik der Theologie Friedrich Christoph Oetingers, 1990, 191); der Ausdruck „quarta dimensio" davor schon bei H. More, Enchiridion Metaphysicum, 1671, Buch I, 28.

[940] F. Zöllner, Die transcendentale Physik und die sogenannte Philosophie, 1879; auch Zöllner führt den Begriff auf Oetinger und dessen Freund J. L. Fricker zurück (576ff).

[941] Weyer-Menckhoff, Christus, 191.

[942] Vgl. die zahlreichen Arbeiten um die Jahrhundertwende (z.T. nach Eisler, Art. Dimension, 275): R. Zimmermann, Henry More und die vierte Dimension des Raumes, 1881; C. Cranz, Gemeinverständliches über die sogenannte vierte Dimension, 1890; L. Pick, Die vierte Dimension, 1898; Zerbst, Die vierte Dimension, 1909; C.v. Richter, Professor Zöllners Hypothese einer vierten Dimension des Raumes, durch Vernunftgründe und Thatsachen widerlegt, 1880; G. Richter, Bewegung, die vierte Dimension, 1912; L. Pick, Die vierte Dimension als Grundlage des transzendentalen Idealismus, 1920.

[943] Die heutige Parapsychologie geht ebenso empirisch vor, verzichtet aber auf eine mathematisch-„naturgesetzliche" Theorie. Die Phänomene werden unterschieden nach „kognitiven" (Außersinnliche Wahrnehmung: Telepathie, Hellsehen, Präkognition) und „motorischen" Aspekten (Psychokinese) und quantifiziert nach der Disposition des Menschen, den Persönlichkeitsmerkmalen, den Faktoren des Auftretens usw., die in die sog. Psi-Funktion einfließen, welche ein Maß für die „Stärke" der außersinnlichen Wahrnehmung bzw. der Kraftübertragung ist, vgl. W. v. Lucadou, Art. Parapsychologie, TRE.

[944] Zöllner, transcendentale Physik, 95f.

[945] Zöllner, transcendentale Physik, 259f.

radial in der Ebene sich ausbreitet.[946] Das Beschreiben von Tafeln durch Henry Slade[947] ohne direktes mechanisches Schreiben sei einer psychophysischen Kraft zuzurechnen, welche entsprechend der Newtonschen Feldtheorie sich als Fernwirkung im Raum ausbreitet und sich an der entsprechenden Stelle materialisiert.[948] Die vierte Dimension ist, wie diese Beispiele zeigen, die Verknüpfung von Raum und Zeit sowie von Materie und Geist, die in der dreidimensionalen Welt getrennt voneinander sind. Der Zusammenhang von Materie und Geist über die vierte Dimension wurde auch von H. More im Zusammenhang seiner Raumtheorie ausgesprochen. Die geistigen Substanzen hätten die Fähigkeit, sich materiell zu verdichten, indem sie aus der vierten Dimension, in der sie an keine räumlichen Grenzen gebunden sind, in die dritte Dimension an einem bestimmten Raumpunkt eintreten. Die vierte Dimension nennt More deshalb auch die „spissitudo essentialis", die Wesensdichtigkeit oder Substanzverdichtung, der geistigen Substanzen.[949]

Diese Verknüpfung einer realistischen, materiell-substantiellen Raumauffassung mit einem materiell-substanzhaften Geist- und einem geistig-substanzhaften Materieverständnis ist deshalb bedeutsam, weil sie auch B. Riemann vertreten zu haben scheint, der erstmals die Vermutung geäußert hat, die geometrische Raumstruktur sei in der Materieverteilung begründet[950]. In seinen mathematischen und naturphilosophischen Schriften gibt es zwar nur wenige Hinweise darauf, dass Riemann die Materie als im Raum verdichtete Geistsubstanz angesehen hat[951]. Nach mündlicher Versicherung eines Schülers von Riemann sei dies aber

---

[946] Zöllner, transcendentale Physik, 267.275.
[947] Vgl. Zöllner, transcendentale Physik, 247–287.
[948] Zöllner, transcendentale Physik, 167f; Crookes hat die Phänomene in 12 Klassen angeordnet, wobei der Grad der mechanischen Krafteinwirkung mit der Klasse ab- und die psychische Kraftwirkung zunimmt (152–168).
[949] More, Enchiridion metaphysicum I, 28, § 7: „Ita ubicumque vel plures vel plus essentiae in aliquo ubi contineatur quam quod amplitudinem huius adaequat, ibi cognoscatur quarta haec dimensio, quam apello spissitudinem essentialem / Wo auch immer also entweder mehr oder ein Mehr an Wesenheiten in irgendeinem Wo enthalten sind, als dem [Maß] ihrer Ausdehnung entspricht, dort wird die vierte Dimension erkannt, die ich Wesensdichtigkeit nenne." Ebenso Oetinger, der die vierte Dimension „Intensum" nennt und neben Breite, Höhe und Tiefe als verdichtete, vertiefte Dimension der Erkenntnis von Geistern versteht: „Unbeschreibliche Schönheiten sind uns für jetzt verborgen und zu begreifen unmöglich. Dahin gehört auch ein geometrischer Concept, nämlich die vierte Dimension. … Die Geister haben Vermögen, die wir nicht kennen. Ihre Gedankenbilder sind intellectualiter perspectivisch, wie in den Propheten …: sie können in die Ferne sehen, ohne ihren Ort zu verändern, sie können einander verstehen und erkennen, ja sich und Andern mit süssen Erquickungen penetrieren, und sind doch in ihrem Sitz unbeweglich. … Die neue Richtung des Intensi oder der vierten Dimension macht alle, auch die gemeinsten, Dinge neu und von ganz anderer Art. Darüber werden sich die Auserwählten unaussprechlich freuen, wenn sie sich in die vierte Dimension erhöht sehen" (Sämtliche Schriften Abt. 2/1, hg. K. Ehmann, 639, zit. nach Zöllner, transcendentale Physik, 577).
[950] Am Schluss seiner berühmten Habilitationsvorlesung von 1854 „Über die Hypothesen, welche der Geometrie zu Grunde liegen" stellt Riemann die „Frage nach dem innern Grund der Maßverhältnisse des Raumes" (Hypothesen, 1959, 23). Wäre der Raum eine diskrete Mannigfaltigkeit, so wären die Maßverhältnisse schon in den Ausdehnungsverhältnissen enthalten. Ist der Raum aber ein Kontinuum, so können die Maßverhältnisse nicht aus den Ausdehnungsverhältnissen abgeleitet werden. Sie müssen „anders woher hinzukommen" (ebd.). Riemann äußert die Vermutung, der Grund der Maßverhältnisse des Raumes, also die Metrik, die Krümmung etc., sollte in den wirkenden gravitativen Kräften, also der Anordnung der materiellen Körper zu suchen sein. Eine solche Theorie des empirischen Raumes wäre eine umgearbeitete Newtonsche Gravitationstheorie. Die allgemeine Relativitätstheorie Einsteins von 1916 *ist* diese allgemeine Raum- oder Feldtheorie, denn sie bestimmt den Zusammenhang von Metrik und Materieverteilung quantitativ und enthält als erste Näherung das Newtonsche Gravitationsgesetz (A. Einstein, Die Grundlage der allgemeinen Relativitätstheorie, 1916).
[951] Vgl. die Bemerkungen in B. Riemann, Neue mathematische Principien der Naturphilosophie (1853), 1892, 529: „…mache ich die Hypothese, dass der Weltraum von einem Stoff erfüllt ist, welcher fortwährend in die ponderablen Atome strömt und dort aus der Erscheinungswelt (Körperwelt) ver-

seine feste Überzeugung gewesen. Er habe „jedes materielle Atom als einen Eintrittspunkt der vierten Dimension in den dreidimensionalen Raum"[952] angesehen.
Die Annahme des Zusammenhangs von Raumstruktur und Materie scheint bei Riemann in einem substantiellen Raumverständnis und einem geist-substantiellen Materieverständnis begründet zu sein, ein Zusammenhang, der in Einsteins rein geometrischem, nicht mehr substantiell-realistischem, Raumverständnis völlig ausgeblendet ist.

Dieser Exkurs weist daraufhin, dass eine zureichende physikalische Raumtheorie auch eine Theorie der Materie und des Geistes sein muss. Eine Theorie des „leeren" Raumes und seiner Dimensionen ist keine Theorie des wirklichen Raumes, sondern Konstruktion. Auch die phantastisch erscheinende Annahme der vierten Dimension ist keine höherdimensionale Theorie des *leeren* Raumes, sondern die unserem Tast- und Sehvermögen unzugängliche Zusammenführung des räumlichen, zeitlichen, geistigen und materiellen Aspekts der Wirklichkeit. Die physikalisch unbeantwortbare Sachfrage nach der vierten Dimension *an sich* kann auf sich beruhen. Der physikalisch verifizierte und phänomenal dauernd erlebte Zusammenhang von Raumstruktur und Materie ist hingegen für das Wesen des wirklichen Raumes zentral. Genau dies ist für Heims Raumtheorie entscheidend und im Zentralbegriff der Polarität impliziert: Die Philosophie der Räume ist eine Raumtheorie unter Einschluss des Materiellen und des Geistigen in Form von körperlicher Gegenständlichkeit und personalem Bewusstsein. Der Raum ist nur als bewusst oder unbewusst *erlebter* und als materiell und geistig *belebter* Raum *realer* Raum.

b) Gegenständliche und nichtgegenständliche Räume

Der reine dreidimensionale Anschauungsraum ist der niederste der möglichen Räume, der aber nur logisch von der Körperlichkeit abgezogen werden kann. Der nächsthöhere Raum in der Hierarchie der Räume ist der von Materie erfüllte Raum der körperlich-gegenständlichen Es-Welt und darauf aufbauend der auf einen perspektivischen Beobachter bezogene, mit Körpern erfüllte Anschauungsraum: der Raum meiner Gegenstandswelt. Diese drei Räume bilden in sich eine Hierarchie, weil jeweils der höhere den niederen umfasst: Der reine Anschauungsraum ist Teilraum des Körperraums und dieser ist Teilraum meiner Gegenstandswelt. Die drei Räume können zwar nicht konkret, aber als künstliche Abstraktion voneinander unterschieden werden. Der Anschauungsraum ist, sobald er *Anschauungs*raum ist, immer mit Körpern und mindestens einem Beobachter erfüllt.

---

schwindet."; „In jedes ponderable Atom tritt in jedem Augenblicke eine bestimmte, der Gravitationskraft proportionale Stoffmenge ein und verschwindet dort."; „Die ponderablen Körper sind hiernach der Ort, wo die Geisteswelt in die Körperwelt eingreift."
[952] Zöllner, transcendentale Physik, 93.

Die Kantische reine Form der Anschauung ist eine künstliche Abstraktion, eine Als-Ob-Fiktion. Gleichwohl sind alle drei Räume echte Räume im Sinne der Definition. Denn sie sind jeweils in sich abgeschlossene, dabei unabschließbare unendliche Ganze. Der Anschauungsraum ist unendlich ausgedehnt, aber dennoch abgeschlossen, weil es kein (räumliches = inhaltliches) Außerhalb gibt. Ebenso ist der Körperraum beliebig erweiterbar – alle möglichen Gegenstände finden darin Platz – und gleichwohl abgeschlossen, weil es keinen möglichen Gegenstand gibt, der (räumlich) außerhalb seinen Platz hätte. Ebenso der Raum meiner Gegenstandswelt: Obwohl beschränkt, weil von mir als Weltmittelpunkt bis zum Horizont reichend, ist er beliebig erweiterbar, der Horizont beliebig verschiebbar. Alle drei Räume sind fensterlose, in sich abgeschlossene, dabei lückenlose, unendliche Kontinua.[953] Das Ineinander dieser drei Räume ist ersichtlich kein inhaltliches Teilverhältnis. Der Körperraum ist nicht „im" leeren Raum wie das Wasser im Glas, als ob erst der leere Raum da wäre, in den die Körper hineingefüllt und dann ich hineingestellt würde, sodass der Raum meiner Gegenstandswelt entstünde. Ihr Ineinander ist ein dimensionales Teilverhältnis. Sie durchdringen sich gegenseitig und begrenzen sich nicht. Sie sind sich schlechthin transzendent, haben aber gleichwohl einen Begegnungspunkt, insofern der niederere Raum Teilraum des höheren ist. Meine Gegenstandswelt umfasst (potentiell) den gesamten Gegenstandsraum und den gesamten Anschauungsraum. Dabei ist z.B. ein bestimmter Gegenstand sowohl Teil meiner Gegenstandswelt als auch Teil des Körperraums, aber nicht auf dieselbe, sondern auf dimensional unterschiedene Weise. Teil des Körperraums ist er, indem er inhaltlich neben, unter oder in anderen Gegenständen angeordnet ist, Teil meiner Welt ist er, weil ich auf ihn perspektivisch bezogen bin. Hier wird noch einmal anschaulich, dass das dimensionale Teilverhältnis keine inhaltliche In-Relation ist. Denn der Anschauungsraum und der Körperraum umfassen je das Ganze des Raumes bzw. der Körperwelt, obwohl sie zugleich Teil meiner Gegenstandswelt sind, sich sozusagen „in" dieser befinden.

Der Raum meiner Gegenstandswelt kann, obwohl in sich abgeschlossen, wieder aufgespalten werden. Meine Gegenstandswelt ist einerseits der Raum aller Gegenstände und Ereignisse meiner Welt und andererseits der Raum aller meiner Erfahrungen. Meine Gegenstandswelt umfasst sowohl das Erfahrene (Erlebte und Erkannte) als auch die Erfahrungen (Erlebnisse und Erkenntnisse). Wir können das eine die „körperliche" Gegenstandswelt und das andere die „seelische Gegenstandswelt" oder „Bewusstseinswelt" nennen[954]. Die beiden Welten sind unterschieden darin, dass in meiner Gegenstandswelt die beiden Pole Welt und Ich auseinandertreten. Die körperliche Gegenstandswelt ist Teilraum der Körper-

---

[953] GD 7, 84.
[954] GD 7, 80.85.

welt, die seelische Gegenstandswelt Teilraum des Ich. Die Grenze ist die unsichtbare Grenzlinie zwischen Innen- und Außenraum meines Bewusstseins. Diese Grenzlinie ist selbstverständlich eine dimensionale Begrenzung. Das Innen und Außen des Bewusstseins sind sich transzendent. Sie sind je in sich abgeschlossene unendliche Ganze. Gleichwohl haben sie eine dimensionale Begegnungsstelle. Denn jedes mögliche Element meiner körperlichen kann auch Element meiner seelischen Gegenstandswelt werden. Die Unterscheidung ist eine Abstraktion. Sie ist gleichwohl sinnvoll, weil wir im natürlichen Weltumgang die Gedanken von den Dingen und Ereignissen unterscheiden.

In der Bewusstseinswelt finden auch diejenigen Räume Platz, die nicht direkt, sondern nur indirekt an Körperlichkeit gebunden sind, etwa der Raum der Meinungen, der Stimmungen und Gefühle, aber v.a. auch der Raum der Theorien der Wissenschaften, wie etwa die mathematischen Räume oder die physikalischen Theoriebildungen, die zwar vergegenständlicht werden können, insofern sie erkennbar (verstehbar) sind, die aber nicht im echten Anschauungsraum (körperlich) erlebt und erkannt werden können. Der Raum des Bewussten enthält das Erlebte und das Erkannte, wobei die Gegenständlichkeit des Erkannten den Charakter einer virtuellen, nichtkörperlichen Gegenständlichkeit hat. Eine psychologische Raum- und Wahrnehmungslehre könnte hier noch genauere Unterscheidungen einführen. Aber die psychologische Analyse des „psychischen" Raumes und des Verhältnisses des psychischen zum physischen Ich würde zu demselben Ergebnis führen wie die phänomenologische Analyse des Bewusstseins: „Es gibt keine ‚äußere Welt', die einer ‚inneren Welt' gegenübersteht, sondern ein physikalisch-physiologisch-psychologisches Kontinuum in einer einzigen Welt mit erforschbaren Strukturen."[955]

Der Raum des Bewussten hat wiederum den Ich-Raum des nichtgegenständlichen Ich zur Voraussetzung, sodass der Raum des Bewussten Teilraum des Ich ist. Etwas ist mir nur dann *bewusst*, wenn es *mir* bewusst ist. Das nichtgegenständliche Ich (das Ich-Bewusstsein) ist transzendentale Voraussetzung des Bewussten und insofern ein höherer Raum als die seelisch-bewusste Gegenstandswelt. Es umfasst diese. Wir wollen diesen nichtgegenständlichen Raum des Ich den Raum des Vorbewussten, Unbewussten oder präreflexiv Bewussten nennen. Er umfasst das nichtobjektivierbare, alle Gedanken und Handlungen bewusst oder unbewusst begleitende, Ich, aber auch alle nichtbewussten Teile des Bewusstseins, also das Gedächtnis, wenn es nicht aktiviert ist, das sog. Unterbewusste und den Willen, bevor er Tat geworden ist.[956] Diese Teile des Bewusstseins sind nichtgegenständliche Elemente im Latenzzustand. Sie können jederzeit aus dem Unter-

---

[955] R. Brandt, Philosophie. Eine Einführung, 2001, 80.
[956] GD 7, 127; im Einbezug des Unbewussten in den Raum des nichtgegenständlichen Ich liegt u.E. die entscheidende Erweiterung des Ich-Begriffs von GD 3 gegenüber GD 1 und G 3.

bewusstsein, dem Raum des Vorbewussten, hervortreten und im Bewusstsein dem Ich gegenständlich, also reflexiv bewusst, werden. Dieses Hervortreten ist (im Moment des Hervortretens) selbst unerklärlich, also nichtobjektivierbar. Es ist einfach da. Man könnte dieses Moment das Lebensprinzip, das unanschauliche Werden oder auch, wie Heim sagt, die „unterbewussten Gestaltungstendenzen der organischen Welt"[957] nennen. Darin ist alles eingeschlossen, was tiefenpsychologisch (Freud), archetypisch (Jung) oder vitalistisch (Driesch) über das Vorbewusste gesagt werden kann, also der Raum der individuell-lebensgeschichtlichen, der kollektiv-sozialen und der organisch-physischen, lebensgestaltenden Prinzipien.

Wir könnten vom Raum des Vorbewussten noch einmal das transzendentale Subjekt, das prinzipiell nie objektivierbar ist, unterscheiden. Dies wäre aber ein Rückschritt in die transzendental-idealistische Subjektphilosophie. Phänomenal können wir nicht hinter das Vorbewusste zurück. Denn der Ich-Begriff der lebensweltlichen Erfahrung ist ein ganz anderer als der idealistische. Das idealistische Ich hat alles nur Mögliche *vor* sich, nichts ist ihm verborgen, während das lebensweltliche Ich den Raum des Vor- und Unterbewussten sozusagen hinter sich hat und v.a. sich selbst verborgen ist. Der Ich-Begriff ist insofern nur ein Idealbegriff zur Verständigung, kein ontologischer Begriff. Er umfasst wie der Weltbegriff eine Gesamtheit, die als Gesamtheit nicht angeschaut werden kann. Ich und Welt sind im Sinne Kants regulative Ideen. Wir verzichten daher für den Aufbau der realen Welt und der realweltlichen Verhältnisse auf den starken, ontologisch-idealistischen Begriff des Ich, dem ja keine Erscheinung entspricht. Wir nennen die entsprechenden Räume lediglich ich-artig und unterscheiden den Ich-Raum des Bewussten vom Ich-Raum des Vorbewussten. Mit dieser Unterscheidung wird die Vieldeutigkeit des phänomenal erlebten Ich und die Leiblichkeit des Ich besser erfasst als mit einem einzigen Ich-Raum.[958]

Als höchster Raum muss der Raum des Du gelten. Wir wollen ihn den Raum des Personalen nennen. Er ist der höchste Raum in der Hierarchie der transzendenten Räume, weil er mir im Unterschied zu allen Teilräumen ‚in' mir schlechthin transzendent ist und nie vergegenständlicht werden kann. Das Personale ist unanschaulich und also ungegenständlich. Was wir sagen können, ist, dass das Du

---

[957] GD 7, 127.

[958] Obwohl Heim in der Aufgliederung der unteilbaren Ich-Du-Es-Welt seine Darstellung bloß nach Ich, Es und Du gegliedert hat (GD 7,3f.220f), hat er doch der Sache nach im Ich-Raum den körperlichen, den seelisch-bewussten und den vorbewussten Teilraum unterschieden (GD 7, 80.127 u.ö). Die Schematik Eerikäinens, der nur die drei Haupträume Es, Ich und Du hernimmt, diese als gegenständliche und nichtgegenständliche Räume mit Klein- und Großbuchstaben beziffert und in symbolischer (= eindeutiger) Notation damit operiert (I = Ich-Raum, T = Du-Raum, i = meine Gegenstandswelt etc.), wird den inneren Differenzierungen weder der gegenständlich-räumlichen noch der Ich-Welt gerecht.

„ein Nicht-Ich, das ein Ich ist"[959], sein muss. Damit ist nicht im Sinne des Idealismus behauptet, dass der Andere ein Ich sei, welches identisch mit meinem Ich ist, als ob es nur ein einziges und daher absolutes Ich gäbe, sondern ist im Sinn einer Ähnlichkeitsrelation gemeint[960]. Wir müssen davon ausgehen, dass der Andere ein Ich ist, in der Art, wie ich Ich bin, obwohl wir dies nie beweisen können. Wir können die Welt nur je von mir aus, von einer „eigenpsychischen Basis" aus, aufbauen und mittels Ähnlichkeitsrelationen weiterschließen.[961]

Das Du begegnet mir jedoch nie als Ich, sondern immer als echtes Du, wenn personale Begegnung stattfindet. In der Ich-Werdung am Du schließt das Du mich als Ich mit ein. Der Du-Raum enthält den Ich-Raum als Teilraum. Er ist insofern der höchste der möglichen Räume der phänomenalen Ich-Du-Es-Welt.

Man könnte zwar den Ich- und den Du-Raum zu einem Wir-Raum zusammenfassen, als dessen Teilräume dann Ich und Du gelten könnten, ebenso wie man meine und deine Gegenstandswelt zu einem Unsere-Welt-Raum zusammenfassen könnte. Doch sind Welt- und Wir-Raum ebenso wie der absolute Ich-Begriff nur theoretische Abstraktionen, regulative Ideen, die für die Theorie der Räume im Sinne einer vollständigen Kategorisierung sinnvoll sein können. Sie sind jedoch phänomenal nicht erfahrbar. Wir verzichten gegen Eerikäinen[962] darauf, den Welt- und den Wir-Raum explizit in die Hierarchie der Räume aufzunehmen und sehen sie in der unanschaubaren und unauflösbaren Einheit des Seinsganzen, in der Totalität der Ich-Du-Es-Welt aufgehoben. Dem Anliegen, die Vielzahl der kör-

---

[959] GD 7, 152.
[960] Gegen Theunissen, Der Andere, 366–373, der Heim unterstellt, sein Du-Begriff sei ein reines anderes Ich.
[961] Diesen Weg des Aufbaus der relationalen Weltstruktur von einer eigenpsychischen Basis aus mittels Ähnlichkeitsrelationen hat R. Carnap gewählt (Der logische Aufbau der Welt, 1928, 85f). Ausgegangen wird von den eigenpsychischen Gegenständen, d.h. von der Menge meiner Erfahrungen, dem mir Gegebenen (= meine Bewusstseinswelt: Erlebnisse, Sinneswahrnehmungen etc.), die in elementare Bausteine, die Elementarerlebnisse, zerlegt werden. Die unzerlegbaren Erlebniseinheiten werden mittels logischer Relationen (undefinierbare Grundrelation: Ähnlichkeitsrelation) und kategorialen Qualitätsklassen (Sinnesklassen, Empfindungen, Farben, Zeitordnung etc.) angeordnet. Aus der so geordneten Erfahrungswelt erschließen sich durch Zuordnung zu den Elementarerlebnissen und Qualitätsklassen die physischen Gegenstände (= meine Gegenstandswelt: Raum-Zeit, Sehdinge, mein Körper, physikalische Gegenstände etc.), die fremdpsychischen (= deine Welt, erschlossen aus den Äußerungen des Anderen) und die geistigen Gegenstände (intersubjektive Welten, Welt der Wissenschaft, Werte etc.). Der mit Heim vergleichbare methodische Ausgang von meiner Welt, vom mir Gegebenen, das unter dem undefinierbaren Grundbegriff der Relation kategorial geordnet wird, führt bei Carnap allerdings, da er auf alles, was mir nicht Phänomen ist, d.h. auf jede transzendentalphilosophische Reflexion aus Prinzip verzichtet, zu einem „methodischen Solipsismus" (a.a.O., 86): Der Andere und seine Welt wird nur aus seinen Äußerungen erschlossen. Die empirisch-positivistische Reduktion auf die Gegenständlichkeit der Erscheinungen unterschlägt die nichtgegenständlichen Räume des Ich und des Du und verfehlt so das Wesen des Personalen.
[962] Eerikäinen setzt ganz mechanisch Ich-Raum und Du-Raum zum Wir-Raum (I&T € W) sowie meinen und deinen Gegenstandsraum zum Weltraum zusammen (i&t € w) und betrachtet sie als gleichwertige polare Räume (Dimensions, 76.83f). Der Weltraum, den Heim als alle Gegenstandswelten übergreifenden Gesamtraum einführt (GD 7,91) hat nur den Zweck, die dimensionale Grenze zwischen meiner und deiner Gegenstandswelt bestimmen zu können. Er hat nur theoretisch-hypothetische, keine reale Qualität. Gegen Eerikäinen sind Wir-Raum und Weltraum nicht „ontologically real" (164).

perlichen Gegenstandswelten und die Vielzahl der Bewusstseinswelten nicht auseinanderfallen zu lassen, sondern zusammenzuhalten, ist damit Rechnung getragen.

Auf die nicht mehr reduziblen Schichten beschränkt sieht die hierarchische Schichtung der realweltlichen Räume wie folgt aus:
1. Der gegenständliche Raum der Körperlichkeit (Es)
2. Der gegenständliche Ich-Raum des Bewussten (meine Welt)
3. Der nichtgegenständliche Ich-Raum des Vorbewussten (nichtgegenständliches Ich)
4. Der nichtgegenständliche Du-Raum des Personalen (Du)

c) Der Aufbau der realen Welt nach N. Hartmann

Eine vergleichbare Schichtung der Wirklichkeit hat N. Hartmann vorgelegt, worauf kurz eingegangen sei. Hartmanns Ontologie ist im Gegensatz zur existentialen Ontologie und zur hermeneutischen Philosophie nicht auf die Auslegung und Selbstauslegung des menschlichen Daseins gerichtet, sondern auf die nüchtern-sachliche Beobachtung der ganzen, gegenständlichen Welt. Und er ist im Gegensatz zum Neukantianismus weniger an kritizistischer Reflexion auf die Bedingungen der Möglichkeit von Erkenntnis als vielmehr am gegenständlichen Erkennen selbst interessiert. Aufgrund seiner realistischen, an den Phänomenen orientierten Ontologie und aus ihnen abgeleiteten Kategorieenlehre, gilt er besonders den Naturwissenschaften als der Philosoph des Realen[963].
Die reale Welt ist nach Hartmann aus Schichten aufgebaut[964], die mit erkenntnistheoretischen Kategorien nur unzureichend erfasst werden. Der Mangel der kantisch-kantianischen, aber auch der vorkantischen, Kategorienlehren besteht darin, dass sie ein einziges Kategorienschema auf das Ganze der Wirklichkeit anwenden. Damit verkennen sie die Schichten oder Stufen der realen Welt, die nicht mehr aufeinander reduzierbar sind und daher kategorial getrennt behandelt werden müssen. Dem Kategorienschema muss als zweites Gliederungsprinzip die

---

[963] Einen Überblick über das Gesamtwerk Hartmanns geben W. Stegmüller, Hauptströmungen der Gegenwartsphilosophie, Bd. 1, 1989, 243–287; M. Morgenstern, Nicolai Hartmann. Grundlinien einer wissenschaftlich orientierten Philosophie, 1992; W. Röd, in: H. Holzey / W. Röd, Die Philosophie des ausgehenden 19. und des 20. Jahrhunderts 2, 2004, 281–300. Weil er die Kausalität als Realkategorie, die Finalität (Teleologie) aber als Bewusstseinskategorie beschrieben hat, gilt er „den herrschenden Evolutionsbiologen als der einzige bedeutende Philosoph des 20. Jahrhunderts" (R. Spaemann / R. Löw, Die Frage wozu? Geschichte und Wiederentdeckung des teleologischen Denkens, 1985, 243). Zu Hartmanns antiteleologischer Realdetermination, die für ein theologisches Naturverständnis nicht unproblematisch ist, worauf wir aber nicht weiter eingehen können, vgl. Altner, Schöpfungsglaube und Entwicklungsgedanke, 61–80.
[964] Hartmann, Aufbau, 188–200.

Schichtung des Realen an die Seite gestellt werden. Dies verhindert, dass die Kategorien fälschlich als erkenntnistheoretische Kategorien apriorisch abgeleitet und nicht induktiv aus den realen Phänomenen erhoben werden. Die Seinskategorien müssen den Differenzierungen innerhalb der realen Welt entnommen werden, welche eine Geschichtetheit von ganz unvergleichbaren Realitäten zeigt, die nicht a priori als einheitlich beschreibbar postuliert werden können. Die Eigenart geschichtlicher Abläufe gegenüber Naturvorgängen etwa kann nur kategorial beschrieben werden, wenn beide auch real als kategorial eigenständig erkannt werden.

Die elementarste Abgrenzung von irreduziblen Schichten innerhalb des Realen ist der Gegensatz von Natur und Geist, der bei Hartmann wie im deutschen Idealismus nicht den cartesischen Dualismus von *extensio* (Materie) und *cogitatio* (Geist, Bewusstsein, Denken) meint, sondern „zwei heterogene Reiche des Seienden …, die sich innerhalb einer und derselben realen Welt überlagern."[965] In jedem Einzelphänomen sind Natur und Geist überlagert. Es gibt keinen materielosen Geist und keine geistlose Materie. Natur und Geist sind kategoriale, irreduzible Schichten, die unterschieden werden müssen, weil sie sich gegenseitig ausschließen, die aber nie isoliert sind, sondern im Realen immer zusammengebunden auftreten.

Die Zweiheit eines einzigen Gegensatzes reicht allerdings für die Vielfalt der Phänomene nicht aus. Wir müssen nach Hartmann mindestens im Natürlichen zwischen dem Anorganischen und dem Organischen und im Bereich des Geistes zwischen dem Seelischen und dem Geistigen unterscheiden, sodass sich vier Hauptschichten des Realen ergeben: Die Schichten des Leblosen, des Lebendigen, des Psychischen und des Sozialen. In jedem Einzelphänomen sind alle vier Schichten präsent, wie beim Menschen am augenfälligsten ist. Die Schichten sind also nicht getrennt, sondern aufeinander oder besser ineinander angeordnet. Die kategoriale Abgrenzung der Schichten hat nicht den Zweck, sie zu isolieren, sondern ihr Verhältnis zu bestimmen. Die kategoriale Analyse bestimmt einerseits die Gesetze innerhalb der Schichten und andererseits die Abhängigkeiten oder Dependenzgesetze[966] zwischen den Schichten.

Die höheren Schichten ruhen auf den niederen auf und sind von diesen abhängig (Gesetz der Stärke = Abhängigkeit des Höheren vom Niederen). Jede niedere Schicht ist in die höheren eingeordnet. Die höhere Schicht kann nicht ohne die niedere bestehen, wohl aber diese ohne jene (Gesetz der Indifferenz = Selbständigkeit des Niederen gegenüber dem Höheren). Die niederere Schicht bildet sozusagen die ‚Materie' der Höheren (Gesetz der Materie = Überformung des Niederen durch das Höhere). Gleichwohl ist die höhere Schicht frei oder autonom

---

[965] Hartmann, Aufbau, 189.
[966] Hartmann, Aufbau, 518–522.

gegenüber der niederen (Gesetz der Freiheit = Automonie des Höheren vom Niederen). Es tritt jeweils etwas Neues auf, ein „Novum"[967], das aus der niederen Schicht nicht erklärbar ist. Der ‚Übergang' vom Leblosen zum Leben, vom Organischen zum Psychischen usw. ist kein Kontinuum, sondern ein Sprung.

Die Stufe zwischen den Schichten ist einerseits durch die Art der Kausalität und andererseits durch den Unterschied von Raum und Zeit markiert. Das Physische ist durch eine lineare Kausalität, einen einlinigen Ursache-Wirkungs-Zusammenhang charakterisiert, das Organische hingegen durch eine rückgekoppelte Kausalität, wie sich an der Fähigkeit zur Selbstregulation des Stoffwechsels oder der Selbstwiederbildung nach Verletzung zeigt.[968]

Das Natürliche, auch das Organische, ist räumlich und materiell, das Geistige hingegen unräumlich und immateriell. Dennoch hat das Geistige Realität, auch wenn es weder räumlich noch materiell ist. Es hat zeitliche Realität.[969] Das Natürliche ist in Raum und Zeit, das Geistige hingegen nicht im Raum, sondern nur in der Zeit. Die Zeit ist daher ontologisch mächtiger als der Raum. Sie dringt im Gegensatz zum Raum bis ins Seelische und Geistig-Soziale vor.

d) Schichtung und Dependenzen der transzendenten Räume

Die Verwandtschaft von Hartmanns Schichtenaufbau der realen Welt zu Heims Hierarchie der Räume ist bei allen Unterschieden auffällig. Von Hartmann her kann Heims Ontologie der Räume noch einmal zusammenfassend charakterisiert werden, wobei gerade die Differenzen zur Profilierung der Heimschen Schichtenstruktur beitragen.

Die Kategorienlehre hat zweifache Funktion. Sie beschreibt einerseits die Unterscheidungsverhältnisse innerhalb der Schichten und andererseits die Dependenzen zwischen den Schichten. Innerhalb jeder Schicht können Teilräume unterschieden und Inhalte angeordnet werden. Dem polaren Unterscheidungsprinzip zwischen Inhalt und Raum und den jeweiligen einzelnen inhaltlichen und dimensionalen Kategorien tritt als zweites Aufbauprinzip die hierarchische Gliederung der Schichten zur Seite. Die Hierarchie der Schichten ist nicht als cartesischer Dualismus gemeint, sondern zielt auf die Überwindung der Schichtenspaltung von *res extensa* und *res cogitans*. Die Unterscheidung der Schichten dient dazu, ihre Abhängigkeiten und Dependenzgesetze bestimmen zu können. Der Zweck der Unterscheidung der Grundräume ist die Zuordnung innerhalb der unteilbaren Ich-Du-Es-Welt. Die Hauptunterscheidung zwischen Natur und Geist fasst Heim als

---

[967] Hartmann, Aufbau, 519.
[968] Hartmann, Aufbau, 196.
[969] Hartmann, Aufbau, 197.

absolute Differenz zwischen den gegenständlichen und den nichtgegenständlichen Räumen. Diese Differenz bezeichnet präzise das, was Schelling mit der absoluten Differenz zwischen Natur und Geist bzw. dem Realen und dem Idealen gemeint hat[970]: Alle Grundräume sind echte Räume. Sie sind unendliche Ganzheiten und umfassen jeweils das Ganze der Wirklichkeit, wenn auch auf andere Weise. In jedem konkreten Phänomen sind aber Natur und Geist, gegenständliche und nichtgegenständliche Momente immer zusammengebunden. Die Grundräume bestehen nicht aus sich selbst oder allein in sich, obwohl sie das Ganze der Wirklichkeit in sich tragen, sondern nur im Verhältnis zu- oder besser ineinander. Die Eigenart der Räume liegt also nicht innerhalb der Schicht, sondern zwischen den Schichten. Auf meinen Gegenstandsraum bezogen heißt dies z.B., dass „die Struktur des Raums weder im Subjekt noch im Objekt begründet ist, sondern nur in der Beziehung, die zwischen einem bestimmten Subjekt und einem bestimmten Objekt zustande kommt."[971] Das Wesen und die Struktur eines Raumes liegt immer im Zwischen begründet. Die Hierarchie der Räume verallgemeinert das Bubersche Prinzip des Zwischen. Nicht nur Ich und Du sind aus dem Zwischen konstituiert, sondern auch Ich und Es. Die Eigenschaften des Zwischen werden durch die kategorialen Dependenzgesetze wiedergegeben.

Die hierarchische Gliederung ist Ausdruck dessen, dass jeder niedere Raum im höheren Raum aufgehoben und als Teilraum in diesen eingeordnet werden kann. Der niedere Raum bildet gleichsam die Materie des Höheren, ohne den dieser nicht wirklich ist. Das Ich etwa ist nur wirklich als leibliches Ich. Im Unterschied zu Hartmann ist bei Heim die Hierarchie aber nicht nur in einer Richtung gesehen. Der höhere Raum kann nicht ohne den niederen real sein, aber auch der niedere nicht ohne den höheren.[972] Die reine, bloße Materie ohne korreliertes Bewusstsein hat für Heim keine Realität, sondern ist eine Als-ob-Abstraktion. Trotz der Abhängigkeit ist der höhere Raum frei gegenüber dem Niederen. Es tritt etwas Neues auf, was im niederen Raum nicht enthalten war, obwohl dieser schon das Ganze der Wirklichkeit umfasste. Die Grundräume sind irreduzibel, sie sind einander transzendent.

Zwischen den Grundräumen besteht ein Transzendenzverhältnis, dessen Grad mit der Schichtung zunimmt. Meine Gegenstandswelt ist gegenüber dem reinen Kör-

---

[970] Auch Schellings absolute Unterscheidung zwischen Natur und Geist bzw. zwischen dem Realen und dem Idealen wäre missverstanden, wenn man daraus das isolierte Auftreten in der Welt folgern würde. Im Gegenteil, überall in der Welt sind reale und ideale Anteile gemischt, nur einmal mehr und einmal weniger. Beim Anorganischen überwiegt das Reale, beim Menschen das Ideale, aber alle sind real-ideale Systeme, vgl. H. Fuhrmans, Einleitung zu: F.W.J. Schelling, Philosophische Untersuchungen über das Wesen der menschlichen Freiheit, 1964, 13f.
[971] GN, 131.
[972] H. Beck, der als Einziger bisher die Verwandtschaft Heims zu Hartmann erkannt hat, vermutet im Hartmannschen Schichtenmodell, weil nur die niederen, physischen Schichten auf die höheren, psychischen einwirken können, aber nicht umgekehrt, einen „versteckten Materialismus" (Weltformel, 46).

perraum vollkommen transzendent. Sie hat keinen lokalisierbaren Ort im Raum der Körperlichkeit. Der Raum meines Vorbewussten ist noch einmal transzendenter, weil er nicht bewusst, nicht gegenständlich ist. Er kann aber in mein Bewusstsein unanschaulich hereindringen, während das Du mir schlechthin jenseitig ist und also den höchsten Transzendenzgrad der Grundräume hat. Das Du Gottes wird gegenüber dem Raum des Du noch einmal transzendenter sein, weshalb Heim den Raum Gottes den überpolaren Raum nennt.

Die Irreduzibilität und der steigende Grad der Transzendenz zwischen den Grundräumen lässt vermuten, dass die Grenzen ontologisch scharf und die Übergänge Sprünge sind. Die Grenzen sind sowohl bei Heim wie bei Hartmann in der Tat kategorial scharf, aber sie sind bei Heim anders als bei Hartmann nicht empirisch scharf.
Der entscheidene Mangel des Hartmannschen Schichtenaufbaus ist der, dass die von ihm postulierten empirisch scharfen Schichtengrenzen dem empirischen Material nicht standhalten. Schon Heim weist darauf hin, dass etwa der Übergang zwischen dem Anorganischen und dem Organischen fließend ist.[973] Nicht nur Lebewesen zeigen Charakteristika von organischer Kausalität wie Selbstreproduktion oder Selbstrestitution, sondern auch schon anorganische Phänomene wie das Wachstum von Kristallen lassen sich mit mechanischer linearer Kausalität nicht erklären.[974] Auch im anorganischen Bereich muss so etwas wie „Ganzheitstendenz"[975] oder, modern gesagt, die Fähigkeit zur Selbstorganisation angenommen werden.[976] Ebenso kann empirisch die Grenze zwischen dem Organischen und dem Seelischen sowie zum Geistigen nicht scharf gezogen werden. Welches Maß an Bewusstsein bei Tieren oder auch Pflanzen vorhanden ist, kann empirisch nur quantitativ von außen bestimmt werden. Das Innen des Tieres ist mir genauso unzugänglich wie das Innen eines anderen Menschen. Daraus folgt nun für Heim aber nicht der naturalistische Schluss, das Innenleben *als Innen* für irrelevant und folglich alles Psychische schon von außen für zureichend erfassbar zu halten.[977]

---

[973] WnW, 200.
[974] WnW, 205–247, das Beispiel 209f.
[975] WnW, 228; hierzu s.u. die Abschnitte 5.a. u. IX.7.b.
[976] Die Theorien der Selbstorganisation wurden von I. Prigogine (vgl. Vom Sein zum Werden, 1992) und H. Haken (vgl. Erfolgsgeheimnisse der Natur, 1990) in den 1960er bis 80er-Jahren entwickelt. Sie erlauben eine einheitliche theoretische Beschreibung aller sich selbst steuernder Entwicklungsprozesse und dürften gegenwärtig als alle Naturwissenschaften übergreifendes organizistisch-ganzheitliches Paradigma gelten. Vgl. bei Haken, Erfolgsgeheimnisse, 85, auch der Hinweis auf Eigens Theorie der Hyperzyklen, welche die autokatalytische Vermehrung von Biomolekülen (RNA-Verdopplung) erklärt und als Übergang zwischen den unbelebten und den belebten Systemen gelten kann. Auch die Selbstrestitution, die bei H. Driesch das Fundamentalbeispiel für organisch-selbstrückgekoppelte Kausalität war (Philosophie des Organischen I, 1909, 110–118), kann mit der Theorie der Selbstorganisation beschrieben werden (Gierer/Meinhard, vgl. Haken, Erfolgsgeheimnisse, 102–108).
[977] Auch Hartmann warnt vor allen „–ismen", die eine Schicht für das Ganze behaupten und die Welt materialistisch, biologistisch, psychologistisch oder historistisch erklären (Aufbau, 190).

Im Gegenteil, die Tatsache, dass wir ein Innen haben, das unbezweifelbare Realität hat, obwohl es nicht objektiviert werden kann, legt die Vermutung nahe, dass auch Tiere, Pflanzen und Gegenstände ein irgendwie geartetes Innen haben, „dass nicht bloß die Leiblichkeit der Menschen und Tiere, sondern die ganze Gegenstandswelt einen nichtgegenständlichen Hintergrund hat."[978] Die Schichtung der Wirklichkeit kann dann aber nicht aus der empirischen, rein gegenständlichen Naturbeobachtung allein gewonnen werden. Eine rein empirische, gegenständliche Ontologie verfehlt das Wesen des Nichtgegenständlichen.

Die kategorial scharfe, aber empirisch flüssige Abgrenzung zwischen Es, meiner Welt, Ich und Du hat ihre Plausibilität ausschließlich aus dem natürlichen Weltumgang, wo wir eben zwischen Ich, Du, Es, meiner und deiner Welt unterscheiden. Die Abgrenzung der Schichten ergibt sich nicht quantitativ empirisch, aber auch nicht transzendental erkenntnistheoretisch, sondern qualitativ aus dem natürlichen Weltumgang. „Ich" heißt dann soviel wie ich-artig, „Du" soviel wie du-artig, „Es" soviel wie es-artig. In jedem konkreten, realen Phänomen sind die vier Grundräume „Es", „meine bzw. deine Welt", „Ich" und „Du" untrennbar ineinander geschichtet. Sie sind gleichwohl irreduzibel, also ontologisch scharf getrennt, d.h. transzendent zueinander.

Nach der kategorialen Analyse der Transzendenzverhältnisse und dem Aufbau der Schichtenstruktur der Räume der phänomenalen Welt wenden wir uns nun der Dynamik der polaren Räume zu.

5. Die Dynamik der polaren Räume

Die potentielle Vielheit der Räume ist darin begründet, dass in jedem realweltlichen Verhältnis immer ein Element mehr vorhanden ist, als jeweils direkt im Blick ist. Alle polaren Relationen sind implizit dreistellig. Als drittes Element ist in jeder Relation ein nichtgegenständlicher Raum latent mit vorhanden, der jederzeit selbst Pol einer Polarität werden kann. Wie in der relationalen Ontologie des „Weltbild der Zukunft" die Hierarchie der Verhältnisse prinzipiell unabgeschlossen blieb, weil jede Relation sich in ihre Glieder aufspalten kann, die ihrerseits sich wieder in neue Relationen zergliedern können, so kann jeder Raum, jedes in sich abgeschlossene Ganze sich in seine Teile spalten, die dann selbst wieder abgeschlossene Ganze, also Räume sind. Der Indifferenzzustand, aus dem die Polarität hervorging, ist in jedem Pol noch latent enthalten, sodass es zu einer unabschließbaren Dynamik von dimensionalen Spaltungen kommt.

Fragen wir, wodurch sich ein neuer Raum eröffnet und wodurch die Dynamik gesteuert wird, so ist die erste Antwort die schon bekannte negative: Ein neuer

---
[978] WnW, 203.

Raum ist immer unerklärlich da, denn er ist dann Realität, wenn ich mit meiner Existenz schon darin stehe.[979] Die neuen Räume, „die potentiell als objektive Möglichkeiten in der Wirklichkeit enthalten sind, … können aber nur realisiert werden, wenn bewusste Wesen da sind, die in bestimmten Räumen leben."[980] Umgekehrt bedeutet dies aber zweitens, dass jede Realisierung eines Raumes eine Möglichkeit voraussetzt, als deren Verwirklichung der neue Raum gelten kann. Die Wirklichkeit ist ihrem Wesen nach offen. Die Offenheit für neue Räume ist nicht erst in der ontologischen und erkenntnistheoretischen Struktur der einzelnen Räume (Dreistelligkeit der Polarität und der Perspektive) begründet, sondern im Wesen des Seins-Ganzen. Die Wirklichkeit ist im Ganzen prinzipiell unabgeschlossen. Die Welt ist ein potentiell unendliches Kontinuum, dessen Rand wir nie erreichen können,[981] sodass immer Möglichkeiten offen sind, die in neuen Räumen realisiert werden können. Diese Offenheit ist das „Weltgeheimnis"[982]. Es drückt sich aus im ständigen Übergang von Möglichkeiten zu Wirklichkeiten. Das „Gesamtgeschehen" durchläuft nach Heim in einem „geheimnisvollen Kreislauf"[983] zwei Zustände oder zwei Grundräume. Vom Raum A, dem nichtgegenständlichen Raum der noch nicht objektivierten Möglichkeiten, Potenzen, Kräfte und Wollungen geht das Geschehen in den gegenständlichen Raum B über, wo es gegenständliche, messbare und abgrenzbare Gestalt annimmt. Der Raum A bleibt aber auch im Raum B latent gegenwärtig, insofern alles Verwirklichte wieder Möglichkeit eines neuen Wirklichen sein kann. Das Objektivierte kehrt sozusagen aus dem Raum B wieder in den Raum A zurück und „nimmt dort wieder die Form einer gestaltlosen Potenz oder unterbewussten Möglichkeit an, die aufs neue Möglichkeit [gemeint ist: Wirklichkeit, U.B.] werden will."[984]

Die dreifache Erklärung für die Dynamik der polaren Räume, die Heim hier gibt – das Wechselspiel von gegenständlichen und nichtgegenständlichen Räumen, die Dynamik von Potenz und Akt und der Zeitfluss – wurde allerdings weniger erklärend, denn „mehr als ‚geheimnisvoll'", als „Höchstmaß von Spekulation"[985], empfunden. Insbesondere Heims Verweis auf das aristotelische Schema von Möglichkeit und Wirklichkeit[986] birgt etliche Unklarheiten. Denn der Möglichkeitsbegriff hat bei Aristoteles eine Vielzahl von Bedeutungen, sodass wir genauer nachfassen müssen.

---

[979] GD 7, 73f.
[980] WnW, 107.
[981] Hierzu s.u. Kap. IX.2.
[982] WnW, 108.
[983] GD 7, 126.
[984] GD 7, 126.
[985] Traub, neue Fassung, 229.233.
[986] WnW, 108.

a) Das Möglichkeits- und Entelechieverständnis bei Aristoteles, Leibniz, Oetinger und Driesch

Aristoteles hatte gegen die sog. Megariker, die in parmenideischer Tradition dem Möglichen jegliches Sein abgesprochen hatten, weil es ja nicht wirklich ist,[987] auch dem Möglichen eine Seinsweise zugesprochen. Das Mögliche ist das noch nicht Verwirklichte. Insofern „ist" es, obwohl es Nichtseiendes ist: τῶν γὰρ μὴ ὄντων ἔνια δυνάμει ἐστίν οὐκ ἔστι δὲ, ὅτι οὐκ ἐντελεχείᾳ ἐστίν. (Denn einiges vom dem Nichtseienden ist der Möglichkeit nach; aber es ist nicht, weil es nicht Wirklichkeit ist.)[988] Es hat zwar kein eigentliches Sein – das eigentliche ἐστίν gilt nur vom Wirklichen –, aber es ist kein bloßes Nichts, sondern ein Noch-Nicht. Das δυνάμει ὄν ist ein οὐκ ὄν, kein μὴ ὄν. Seine Seinsweise hat das Mögliche aber nur vom Wirklichen her bzw. auf dieses hin: ἐξ ἐνεργείας ἡ δύναμις[989].

Der Vorrang der Wirklichkeit vor der Möglichkeit[990] gilt schon für den Möglichkeitsbegriff, der am weitesten vom Wirklichen entfernt ist, nämlich für das Mögliche, das aktual nie wirklich werden kann: das Unendliche. Wir können diese Möglichkeit die *potentia irrealis* nennen. Das Unendliche kann nicht in der Realität als selbständiges, abgetrenntes Wirkliches existieren, wohl aber im Denken: τὸ δ' ἄπειρον οὐκ οὕτω δυνάμει ἐστὶν ὡς ἐνεργείᾳ ἐσόμεμον χωριστόν, ἀλλὰ γνώσει. (Das Unendliche aber ist nicht derart möglich, dass es als Abgetrenntes der Wirklichkeit nach sein wird, sondern nur für das Denken.)[991] Auch das irreal Mögliche, das Unendliche, „ist" vom Wirklichen her, wenngleich sein Wirklichsein nur ein Als-ob ist, ein imaginärer Punkt.

Dieser Begriff des Möglichen gilt im Sinne Heims für die Räume als Ganze u.v.a. für das Seins-Ganze. Die *Wirklichkeit* der Welt als Ganze besteht in der prinzipiellen Offenheit und Unabgeschlossenheit. Abgeschlossen ist die Welt nur im Als-ob des Denkens, im regulativen *Begriff* für das Ganze[992].

Der bei Aristoteles wichtigere Möglichkeitsbegriff, der ganz von der Teleologie auf das Wirkliche hin bestimmt ist, betrifft die Möglichkeiten des Endlichen. Das endliche einzelne Seiende wie die endliche reale Welt ist dynamisch, weil alle Vorgänge nach dem Prinzip der Entelechie ablaufen. Jedes Endliche ist ein Mögliches – nennen wir es *potentia potentialis* –, das auf die Verwirklichung in einem Wirklichen tendiert. Die Gleichsetzung von ἐνέργεια (Wirklichkeit) mit ἐντελε-

---

[987] Aristoteles, Met. IX, 3, 1046b.
[988] Met. 1047b, 1f.
[989] Met. 1051a, 31.
[990] Vgl. J. Stallmach, Dynamis und Energeia, 1959, 135–237; E. Jüngel, Die Welt als Möglichkeit und Wirklichkeit, 1972, 208ff.
[991] Aristoteles, Met. 1048b, 14f.
[992] Vgl. GD 7, 189f.

χεία (Verwirklichung als ἐντελές ἔχειν, als Ins-Ziel-gekommen-Sein)[993] ist der metaphysische und wirkungsgeschichtlich mächtige Kern von Aristoteles' physikalischem und ontologischem Möglichkeitsverständnis.

Das Verhältnis von Möglichkeit und Wirklichkeit ist das der linearen Kausalität, die deshalb linear (einlinig, zielgerichtet) ist, weil das Telos als der anvisierte Zielpunkt jede Bewegung und Tätigkeit bestimmt. Bewegung ist bei Aristoteles nicht etwa der Übergang vom Möglichen zum Wirklichen, sondern die Verwirklichung eines der Möglichkeit nach Seienden: ἡ τοῦ δυνάμει ὄντος ἐντελέχεια, ᾗ τοιοῦτον, κίνησίς ἐστιν. (Die Verwirklichung des der Möglichkeit nach Seienden, insofern es ein solches [Verwirklichtes!] ist, das ist Bewegung.)[994] Die Entelechie ist das den Welt- und die Einzelprozesse steuernde unsichtbare (weil noch nicht verwirklichte) Element, das noch „nicht zum Ziel gelangte In-sich-Haben-des-Zieles"[995]. Entelechie ist die im Prozess präsente, vorweggenommene Vollendung.

Dieser teleologische, auf Vervollkommnung ausgerichtete Wirklichkeits- und Kausalitätsbegriff hat bis in die frühe Neuzeit hinein stark gewirkt,[996] bis er von der mechanischen, von der Ursache statt vom Ziel her determinierten, Kausalität verdrängt wurde.[997] Der Vitalismus[998] hat ihn wieder neu zur Geltung gebracht.[999] Die teleologische Kausalität ist allerdings, auch wenn sie ganzheitlich-final orientiert ist und daher gerne organische Kausalität genannt wird, wie die lineare, mechanische eine einsinnig gerichtete Kausalität. Denn der Entwicklungsprozess verläuft bei Driesch wie bei Aristoteles nur in einer Richtung. Wenn er auch nicht im Einzelnen determiniert ist, so ist er doch im Ganzen auf Ordnung und Höher-

---

[993] Den Zusammenhang zwischen Energeia und dem von ihm selbst gebildeten Wort Entelecheia stellt Aristoteles über das Tätigsein her. Das Werk des Künstlers oder Baumeisters, welches das Ziel des Schaffens darstellt, ist wirklich, wenn es vollendet ist (Met. IX, 8, 1050a, 21).

[994] Aristoteles, Phys. III, 201a, 10f.

[995] G. Picht, Der Begriff der Energeia bei Aristoteles, 1980, 308.

[996] V.a. Leibniz hat Entelechie als „perfectihabia", als „Vollendung der Möglichkeit" verstanden (Theodizée, § 87), vgl. Monadologie, § 18: Die Monaden können „Entelechiae genennet werden. Denn sie besitzen eine gewisse Vollkommenheit in sich (ἔχουσι τὸ ἐντελές)".

[997] Die neuzeitliche Kausalität rezipiert von der vierfachen Ursachenlehre des Aristoteles (vgl. Wieland, aristotelische Physik, 262f) nur noch die causa efficiens, weil der rein materiellen Natur keine Ziele und Zwecke zugeschrieben werden können, vgl. zum neuzeitlichen Abbau der teleologischen Naturbetrachtung H. Blumenberg, Art. Teleologie, RGG³; Spaemann/Löw, Die Frage Wozu?; kurz auch U. Beuttler, Naturverständnis, 16f; ders., Anthropische Prinzip.

[998] H. Driesch, Philosophie des Organischen I und II, 1909; eine ausführliche Darstellung und Auseinandersetzung mit dem Vitalismus, insbesondere von H. Driesch, gibt H. Conrad-Martius, Der Selbstaufbau der Natur. Entelechien und Energien, 1944.

[999] Vgl. auch V.v. Weizsäckers Bewertung der Entelechie: „Und heute noch nennet alle Teleologie, alles Zweckbegreifen der Natur, den Aristoteles ihren Vater. Und in der Tat, er lebt bis heute mächtig in uns allen. Es ist die Entelechie, das Ziel-inne-Wohnen, das Innere des Äußeren. Die Entelechie ist die Kraft, welche dem Stoff die Form gibt, die Kraft der Verwirklichung der Vernunft, das Ausprägende, der Materie den geistigen Ausdruck Einprägende; es ist die bildende Kraft des Künstlers, es ist die Bildungskraft, der Bildtrieb der organischen Wesen, die Lebenskraft der Vitalisten. Sie ist der Träger der Verwirklichung des Möglichen" (Am Anfang schuf Gott Himmel und Erde. Grundfrage der Naturphilosophie, 1954, 94).

entwicklung, auf Perfektion ausgerichtet. Die die Entwicklung steuernde Entelechie ist per se ordnend und vervollkomnend. Aus der Vielzahl der Möglichkeiten wird im biologischen Prozess immer die beste der möglichen ausgewählt, d.h. diejenige, welche das Höchstmaß an Ordnung und Vollkommenheit erzielt.

Der entelechische Weltprozess ist zwar nicht mechanistisch determiniert, da zwischen dem Organismus, welcher sich entwickelt, und der steuernden Entelechie unterschieden wird[1000], sodass der *bestimmte* Zweck anders als bei der Maschine im Verlauf des Prozesses noch offen ist[1001], er ist aber nie chaotisch oder gestaltrückbildend. Die Richtung und das Ziel der Entwicklung liegt zwar nicht im Detail, aber im Ganzen von Anfang an fest. Der Welt ist eine perfektionierende Ordnungstendenz eingestiftet[1002].

Es ist nicht ausgeschlossen, dass Heim dieses über Thomas v. Aquin und Leibniz bis Driesch wirkungsmächtige Entelechieverständnis im Blick hat, wenn er die gestaltbildenden Tendenzen im organischen Prozess „gleichsam als nichtgegenständliche Möglichkeit unörtlich über der ganzen Entwicklungsgeschichte der Gattung"[1003] schweben sieht. Der Latenzzustand, das dritte Element, das die Dynamik der Räume in Gang setzt, wäre dann die ordnende, perfektionierende Entelechie, welche den Weltprozess steuert[1004].

Dagegen, dass Heim dies so gemeint hat, spricht aber, dass er unter die nichtgegenständlichen Gestaltungstendenzen auch „alle unterbewussten Triebe und anorganischen Kräfte"[1005] subsumiert hat, die, wie wir nicht erst seit Freud wissen, nicht nur ordnend, sondern auch chaotisch und zerstörend wirken können. Dann aber „schweben" die Gestaltungstendenzen und Potentialitäten nicht „über" dem Weltgeschehen, weil sie von dem nichtgegenständlichen Ich-Raum, der wir selbst sind, nicht ablösbar sind, weil wir als leibliche Wesen unlösbar in den

---

[1000] Die Entelechie ist bei Driesch „keine ‚causa finalis'. ... Wir wissen bereits, dass unsere Entelechie zwar der Kausalität ähnelt, aber keine Art von Kausalität ist. Eine Ursache ist immer nur eine Veränderung im Raume, welche eine andere Veränderung im Raume eindeutig bestimmt, deshalb ist Entelechie keine Ursache. ... Eine causa ist räumlich wie ihr Effekt, Entelechie ist aber nicht räumlich, obwohl ihre Effekte räumlich sind" (Philosophie des Organischen II, 326f).
[1001] Driesch, Philosophie des Organischen II, 150f.
[1002] „Die primäre Entelechie im Universum" ist nach Driesch die Ordnung: „Ordnung ist in der Seele und in der Natur und im System der Kategorien; Ordnung ist auch im Absoluten – es ist der Urgrund der Ordnung" (Philosophie des Organischen II, 390f).
[1003] GD 7, 126.
[1004] In seinem letzten Werk hat Heim mit Driesch diese ordnend-perfektionierende Entelechie für die Ganzheitstendenz und Höherentwicklung der organischen Evolution verantwortlich gesehen, sie aber sogleich supranaturalistisch überhöht. Denn der Begriff der Entelechie sei nur ein (mythologisch hypostasiertes) Wort für den unerklärlichen gestaltenden Faktor. Erklärt werden könne die Ganzheitstendenz nur unter Annahme einer echten schöpferischen Kraft, die die teleologischen Struktur- und Entwicklungsgesetze der Natur im überpolaren Raum gesetzt hat, sodass sie im polaren Raum lediglich zur Ausführung kommen (WW, 83–88).
[1005] GD 7, 127.

Weltprozess verwickelt sind, sodass es kein steuerndes ich-artiges Außen gibt.[1006] „Wir schweben nicht als naturfremde, überweltliche Seelenmonaden ... über dem Strom des Naturgeschehens."[1007]

Die Kritik an der perfektionistischen Monaden- und Entelechielehre wurde v.a. von F.Chr. Oetinger unter Einbezug der dunklen, ungeordneten Gestaltungstendenzen vorgebracht. Den Leibnizschen Monaden unterstellt Oetinger wegen ihrer Perfektibilität[1008] latenten Determinismus. Oetinger macht gegen Leibniz dessen eigenes Kausalitätskonzept stark, das er in bestimmter Weise interpretiert. Die Kausalität des Lebens ist nach Oetinger weder mechanistisch-linear, noch organisch-zielgerichtet, sondern lebendig-offen. Das von Leibniz gegen den cartesischen und spinozistischen Determinismus gerichtete organische Kausalitätskonzept – wir wollen es Repräsentationskausalität nennen – meint die Repräsentation der Vielheit in der Einheit, des Ganzen im Teil, sodass die Entelechie des Ganzen in jedem Teil präsent ist und so den Einzelprozess von *innen* heraus gestaltet[1009]. Jeder einzelne Teil ist kraft der Repräsentation des Ganzen im Teil omnipotent, d.h. zur Entwicklung zu einem Ganzen hin fähig. Die Repräsentationskausalität ist Ganzheitskausalität[1010].

Diese organische Repräsentationskausalität kann, wie bei Aristoteles, bei Leibniz und bei Driesch als Formentelechie oder Präformationstheorie verstanden werden, sodass die Entelechie als mit der Form (eidos) identisch die Materie formend gestaltet[1011], oder aber, wie bei Oetinger, nicht-präformativ, sondern lebendig-

---

[1006] Bei Driesch hingegen hat die Entelechie notwendig suprapersonalen Charakter. Sie kann nur dann „das individualisierende Agens" sein, wenn sie „selbst supraindividuell oder besser ‚suprapersonal'" ist (Philosophie des Organischen II, 329).

[1007] GD 7, 127.

[1008] Leibniz, Monadologie, § 18.48.62.63.

[1009] Leibniz, Monadologie, § 14: „Der veränderliche Zustand, welcher eine Vielheit in dem einem oder in dem einfachen in sich fasset und vorstellet." Die Repräsentationskausalität ist auch in der Metapher ausgedrückt, dass die Monaden lebendiger Spiegel des ganzen Universums seien (§ 56.62.77.83). Bei Oetinger ist die Repräsentation des Ganzen im Teil das innere Wesen der Natur und im Begriff des Intensum ausgedrückt: „Wenn wir das Innere der Natur besser kennen würden, so würde ... [man] sehen, dass der Himmel und die Erde da voller intensa seien, wo das Ganze im Ganzen und das Ganze wiederum in einem Teil wohnt" (Theologia, 57, zit. nach: Etwas Ganzes vom Evangelium, 1982, 93).

[1010] V.a. A. Titius hat vom Vitalismus den Begriff der Ganzheitskausalität aufgenommen als „Bindeglied zwischen religiöser und wissenschaftlicher Auffassung" (Natur und Gott, 1926, 827; hierzu vgl. Neukirch, „Weltanschauung", 104–126, bes. 123f). Heim hat in einer Rezension zu Titius' Buch kritisiert, „die neuentdeckte Ganzheitskausalität [würde] nicht zum Gottesglauben und zur Willensfreiheit führen, auch nicht in die Nähe derselben, sondern nur auf einen relativen Weltbaumeister und die Eigengesetzlichkeit des Seelenlebens. Gottesglaube und Willensfreiheit kommen aus einer allen diesen Analogien der Erfahrungswelt entgegengesetzten Richtung" (Natur und Gott von Arthur Titius, ThLZ 1927, 5). Auch wenn die Ganzheitskausalität keinen physikotheologischen Analogieschluss auf die *Schöpfer*tätigkeit Gottes erlaubt, hat Heim doch selbst dieses Konzept vertreten, um den mechanistischen Determinismus auch naturphilosophisch zu durchbrechen.

[1011] Vgl. G. Pichts Erläuterung der Aristotelischen Präformationstheorie am Beispiel des Wachstums einer Pflanze: „Der Keim enthält in sich schon präformuliert das eidos. ... Wenn sich die Pflanze von dem Zustand ‚Keim' zum Zustand ‚Baum' bewegt, ist der Endzustand, also das ‚Ziel', das die Entwicklung bestimmt, in gewisser Weise schon gegenwärtig. Sie hat auf gewisse Weise das Ziel in sich, en-tel-exeia" (Aristoteles' ‚De anima', 1992, 294).

offen. Oetinger erklärt die Kausalität des Lebens an seinem berühmten Melissenexperiment[1012], das auch auf Schelling großen Eindruck gemacht und die romantische Naturphilosophie entscheidend beeinflusst hat[1013]. Der Destillationsextrakt aus getrockneter Melisse nimmt auf Wasser die Form der Melissenblätter an. Schüttelt man das Gefäß, so bilden sich nach kurzer Zeit neue, verschiedene Formen von Melissenblättern. Das Formprinzip, so interpretiert Oetinger, „welches ohne Zweifel das Gewächs der ganzen Pflanze regiert und die eigentliche Natur der Pflanze in sich enthält"[1014], kann nicht immer schon inhaerent sein, sondern ereignet sich „in würcklichem Actu continuo"[1015]. Fragt man, wie „diese Form, diese Idee in die zerstäubende Materie unter dem Wachsen" kommt, so lautet die Antwort: „Ich schließe, dass Gott innigst gegenwärtig sei, aber von dem Irdischen unergriffen, in allen Werkzeugen und Geburten. Er dirigiert den idealen Einfluss in allen Samen. … Gott ergießt das Urbild aller Gestalten in alle Arten der Dinge, nicht vermittelt Präformation, sondern in wirklicher fortwährender Wirkung. … Aller Dinge Ursprung liegt in der Voraussicht Gottes, nicht als ein Gebildetes, sondern in stets währender Bildung."[1016] Auch der „toten" Materie wohnt das Formprinzip noch inne, weil es sich lebendig, in immer neuen, vollkommen freien Akten (durch die Präsenz des wirkenden Gottes) vollzieht. Das gestaltbildende Prinzip ist nicht, wie noch bei Driesch[1017], die ideale, immaterielle Form, sondern die Lebendigkeit des Materiell-Leiblichen. Die Ganzheit ereignet sich dynamisch im Werden der leibhaften Gestalt.[1018]

Oetinger findet dieses Verständnis von Entelechie zu Recht in Aristoteles' Seelenlehre wieder und nennt sie gegen Leibniz' Perfektionismus En*d*elechie, was soviel wie das kontinuierliche Fortschreiten zur Gestalt hin meint[1019]. Die organische Entelechie der Seele steht bei Aristoteles unausgeglichen neben der physikalischen und metaphysischen Teleologie.[1020] Die Seele ist die erste Entelechie eines

---

[1012] Oetinger beschreibt sein Experiment wiederholt (Philosophie der Alten II, 2f; Gedanken von den zwo Fähigkeiten, 18f, u.a.), vgl. Weyer-Menckhoff, Christus, das Heil der Natur, 143f.
[1013] Vgl. Benz, Schellings schwäbische Geistesahnen, 107ff.
[1014] Oetinger, Philosophie der Alten II, 2.
[1015] Oetinger, Zwo Fähigkeiten, 20.
[1016] Oetinger, Philosophie der Alten II, 3.
[1017] Driesch, Philosophie des Organischen II, 149.
[1018] Auch Goethe und die romantische Naturphilosophie haben dieses oetingersche, dynamisch-inhaerente Entelechieverständnis: „Die Griechen nannten Entelechie ein Wesen, das immer in Funktion ist. Die Funktion ist das Dasein, in Tätigkeit gedacht" (Goethe, Maximen und Reflexionen, Werke, Bd. 12, 371), vgl. hierzu U. Gaier, Oetinger, Lehrer einer Welt, 2002, 222–224.
[1019] Dass man gewöhnlich entelechia statt endelechia schreibt, komme daher, „weil Leibniz eine Monade enteles exon nennt, aber er hat Aristoteles Sinn weit verfehlt. … Die Seele ist eine progressio continua von einer Gestaltung zur anderen. Das ist Aristoteles Idee, weit unterschieden von der Leibnitzischen [sic!] Idee einer Monade" (Oetinger, Philosophie der Alten II, 39). Zur komplizierten Geschichte der Bedeutung und der Schreibweise als Endelechie, die von Cicero bis Melanchthons Kommentar zu Aristoteles' „De anima" reicht, vgl. Stallmach, Dynamis und Energeia, 182f; Weyer-Menckhoff, Christus, 193–196.
[1020] Vgl. E. Rudolph, Zeit und Gott bei Aristoteles, 1986, 81.

Organismus[1021], was nichts anderes als die Möglichkeit des Lebens meint, also das, was im biblischen Realismus Seele (näphäsch) heißt: Das Lebendig-Sein des Leibes. Diese Entelechie ist eine Potenz, die ihr Telos in sich selbst hat. Das Ziel des Lebendig-Seins ist im Leben schon verwirklicht und wird fortwährend verwirklicht. Die Entelechie der Lebensprozesse steht nicht außer der Lebensbewegung als ihr (präformiertes) Ziel, sondern ist diese Bewegung selbst. Das Leben ist sich-verwirklichend-verwirklichte Potenz, die aber gerade deshalb echte, freie Möglichkeit ist. Wir können sie die *potentia actualis* nennen.

Der Entelechiebegriff der Seelenlehre kommt ungefähr mit diesem aktualen Möglichkeitsbegriff überein, den Aristoteles als dritten Möglichkeitsbegriff kennt, aber nur für den alltäglichen, unreflektierten Sprachgebrauch in Anschlag bringt. Im alltäglichen Leben meint Möglichkeit nicht die ontologische Möglichkeit auf das Sein eines Wirklichen hin, sondern die Möglichkeit, etwas zu tun oder zu erleiden[1022]. Möglichkeit ist hier ein „Relationsbegriff"[1023]. Möglichkeit ist im alltäglichen Leben das Lebendig-Sein im Sinne der Offenheit dafür, dass etwas werden oder geschehen, etwas sich ereignen oder zufallen kann, sei es in Aktion oder in Passion.

Bei Oetinger ist die Offenheit des Lebens, das Lebendig-Sein, das entelechische Prinzip, das den Lebensprozess im Wechselspiel von actio und passio eröffnet und gestaltet. Für das wirkliche Leben braucht es außer der Polarität[1024] der Grundkräfte actio und passio, Licht und Finsternis, Leben und Tod[1025] noch ein drittes Prinzip, wie Oetinger mit Jakob Böhme sagt, nämlich das ‚Und' zwischen den Polen, die dynamisierende Verbindung. Dieses „dritte Prinzip ist die Gestaltwerdung"[1026]. Es ist die Lebendigkeit des Lebens, das ein ständiges Werden ist.

[1021] Aristoteles, Über die Seele, II,1, 412 b, 5.
[1022] Aristoteles, Met. IX, 1, 1046a.
[1023] Wieland, aristotelische Physik, 295.
[1024] Der naturphilosophische Polaritätsbegriff (Newtons korrelierte Zentralkräfte actio und passio, die Pole der Elektrizität, das Pulsieren von Systole und Diastole) ist bei Oetinger von Böhme her immer metaphysisch konnotiert. Der „Streit" und das „Widerspiel" der Kräfte Licht und Finsternis machen die Dynamik des Lebens aus, vgl. Weyer-Menkhoff, Christus, 162ff. Im Begriff des Intensum sind bei Oetinger der Heimsche Raum- und Polaritätsbegriff und die entelechische Repräsentationskausalität vereinigt, vgl. die Zusammenfassung von G. Spindler: „Ein ‚intensum' ist ‚ein unteilbares Wesen', ein Ganzes bzw. eine Einheit, die aus einer bewegten Vielfalt von Kräften besteht, die einander durchdringen, die auseinanderstreben und sich wieder in das Zentrum, aus dem sie ausgehen, zurückwenden. Dabei stellt jede einzelne Kraft das Ganze mit dar und wird selbst bei aller Eigenständigkeit vom Ganzen bestimmt" (in: Oetinger, Etwas Ganzes vom Evangelium, 463).
[1025] Für die Polarität als Lebensprinzip in der romantischen Naturphilosophie vgl. Oken, Naturphilosophie, 425: „In jedem [lebenden Ding] sind daher zwey Prozesse, ein individualisierender, belebender und ein universalisierender, tödtender."
[1026] Weyer-Menkhoff, Christus, 166; zu Böhmes „drey Prinzipien" vgl. a.a.O., 43ff. Das erste Prinzip ist die Kontraktion oder Konzentration (Zentripetalkraft, Finsternis, Kälte, Härte, Materie, Zorn, Angst, Wille etc.), das zweite Prinzip die Expansion oder Ausbreitung (Zentrifugalkraft, Licht, Wärme, Sänfte, Geist, Liebe etc.) und das dritte Prinzip die Gestaltwerdung (Gleichgewicht, Wachstum, Essentifikation, Verleiblichung, Leben, Harmonie). Oetinger gebraucht mehr die naturphilosophischen, Böhme mehr die psychischen Metaphern. Verbunden sind die Qualitäten als kabbalistische Sephirot

Das Werden aber drängt hin zur Gestalt, zur leiblichen Gestalt. Die Ent(d)elechie, das dritte Prinzip, ist die drängende Potenz des Lebens zur Verleiblichung und Gestaltwerdung. Das Wesen des Lebens, seine Entelechie, ist die gestaltbildende Leiblichkeit. Und Leiblichkeit ist das „Ziel der Lebens-Bewegung"[1027], auch eschatologisch, wie Oetinger in seinem berühmtesten Wort formuliert: „Leiblichkeit ist das Ende der Werke GOttes, wie aus der Stadt GOttes klar erhellet."[1028]

b) Polar-dynamisches Naturverständnis

Von den verschiedenen vorgestellten Möglichkeits- und Entelechiebegriffen steht Heims Potenz-Akt-Schema sachlich u.E. dem Oetingerschen am Nächsten. Mit der in den Polaritäten des Lebens unsichtbar anwesenden „gestaltlosen Potenz"[1029] hat Heim der Sache nach das Oetingersche dritte Prinzip gemeint hat oder, mit Schelling gesprochen, den Indifferenzzustand, der in allen Polaritäten mitgeführt wird und als echte, freie Möglichkeit die Dynamik der polaren Räume eröffnet und gestaltet. Der Indifferenzzustand, aus dem die Polaritäten hervorgehen, die Potenzquelle der offenen Räume und Möglichkeiten ist das primäre Werden, der Urvorgang des Lebens, der noch diesseits des Unterschieds von Aktion und Passion steht[1030], das „Noch-nicht-entschieden-Sein"[1031], die *potentia actualis* des Weltgeschehens. Wir können nach Heim für diesen Urvorgang, wenn wir von der Deutung des Glaubens noch absehen, nur mythologische Ausdrücke finden: die Urquelle, der Schoß, die Weltseele, der Weltwille, der Form, Leib, Gestalt werden will.[1032] Dies aber sind eindeutig die Ausdrücke der theosophischen Tradition von Böhme, Oetinger und Schelling. Wie bei Böhme und Oetinger ist bei Heim der noch gestaltlose Urvorgang, der Indifferenzzustand, selbst ein Streit von Polaritäten, ein Kampf von Willen, der für uns unsichtbar ungegenständlich das Werden bestimmt. Zwar haben die Willensmächte bei Heim keine metaphysische Qualität – die Polaritäten bedeuten nicht wie bei Böhme das gute und das böse Prinzip[1033], sondern sind metaphysisch neutral, sodass die theosophisch-spekulative Haupt-

---

oder Geister Gottes in Gott selbst, nämlich im Werden Gottes als Vater, Sohn und Geist, denen nach Joh 1 die drei Prinzipien Finsternis, Licht und Leben entsprechen.
[1027] Weyer-Menckhoff, Christus, 175.
[1028] F.C. Oetinger, Biblisches und emblematisches Wörterbuch (1776), 1969, Art. Leib, 45; hierzu Weyer-Menckhoff, Christus, 175–222, bes. 215.
[1029] GD 7, 126.
[1030] GD 7, 155.
[1031] GD 7, 113.
[1032] GN, 52ff (Wille und Weltgeschehen); 77ff (Die Frage der Weltbeseelung).
[1033] Vgl. J. Böhmes metaphysische Gleichsetzung der Polaritäten im Indifferenzzustand, in Gott: „In ihm ist Licht und Finsternis, Luft und Wasser, Hitze und Kälte, Hart und Weich, Dick und Dünne, Schall und Ton, Süß und Sauer, Bitter und Herbe und das ich nicht erzählen kann" (Aurora oder Morgenröte im Aufgang, 1992, 148).

frage „Unde malum?" schöpfungstheologisch unbeantwortbar bleibt[1034] –, aber dennoch ist schon die natürliche Schöpfung vom Kampf der Willensmächte bestimmt.[1035] „Im Jetztpunkt ist aber die Entscheidung über die neue Weltgestalt eben gerade noch nicht gefallen. Das Ereignis, das wir unmittelbar miterleben, hat noch keine gegenständliche Gestalt angenommen. Um diese Gestalt wird eben erst gerungen. ... Wir sind in den Werdeprozess hineingerissen, aus dem eine neue Weltgestalt geboren werden soll. ... Dieses Ringen ... um die neue Weltgestalt ist eben das, was wir Wille nennen."[1036] Wille ist immer Drang nach Verleiblichung: „Jeder Willensakt ist nur da als der unbändige, aber noch unobjektivierte Drang nach Verkörperung. Der Wille kommt erst zur Ruhe, wenn das Gewollte Leib geworden ist."[1037]

Heim kehrt in seinem Spätwerk zu jenem dynamischen Welt- und Materieverständnis zurück, das sein Frühwerk geprägt hatte: „Die Materie ist nicht, die Materie geschieht."[1038] Damit wird aber das Werdegeschehen wieder vom transzendentalen Ich, das allein Zeit ist (als perspektivischem Zentrum, nichtgegen-

---

[1034] Schellings spekulative Theodizee verlagert wie Böhme die beiden polaren Weltprinzipien, Finsternis und Licht, Reales und Ideales in Gott, in dem sie als zwei Willen, dem Willen der Liebe und des Grundes, im Indifferenzzustand, dem „Urgrund oder vielmehr Ungrund" (Philosophische Untersuchungen über das Wesen der menschlichen Freiheit (1809), 1964, 127f = Sämtliche Werke I/7, 406f), dynamisch, aber asymmetrisch, aufgehoben sind. In Gott ist so ein ständiges Werden und Gebären. Der Wille des Grundes, die Sehnsucht Gottes, sich zu gebären, entfaltet sich in die Schöpfung, aber immer überformt und gebunden an den Willen der Liebe, in dem sich Gottes Wesen in die Natur ausspricht. Die lebendige Einheit beider Willen Gottes in der Natur wird durch das dritte Prinzip, den verbindenden, gestaltenden Geist, gewährt (Freiheit, 114 = Werke I/7, 395). Die in Gott untrennbare und in der Welt untrennbar verbundene Einheit der beiden Willen wurde im Sündenfall des Menschen entzweit, wodurch der dunkle Wille in Gott als Böses freigesetzt wurde. „Diejenige Einheit, die in Gott unzertrennlich ist, muss also im Menschen zertrennlich sein, – und dieses ist die Möglichkeit des Guten und des Bösen" (Freiheit, 77 = Werke, I/7, 364). In Christus ist der Bezug auf Gott und damit die Einheit der Willen und die Möglichkeit zur Freiheit wiederhergestellt, bis eschatologisch das Werden Gottes vollendet wird, sodass Gott, der absolute Indifferenzzustand, in Gestalt des Wesens Gottes, d.h. als Liebe, in allem ganz verwirklicht ist. Dann ist der Potenzzustand, der Wille des Grundes, keine Möglichkeit mehr zum Bösen, sondern im Willen der Liebe aufgehoben als echte Freiheit, und Liebe wird ewige Wirklichkeit sein (Freiheit, 124–126 = Werke I/7, 403–406).

[1035] Den Kampf der Polaritäten als Kampf zwischen Gut und Böse thematisiert Heim erst in der Christologie (JH, 162 u.ö.), weil das Böse nicht in der Schöpfung, sondern allein in der Sünde des Menschen seinen Ursprung hat (so richtig Grüter, Begegnung, 135). Wenn A. Köberle Heims Schöpfungsverständnis als „dämonischen Realismus" (Das Glaubensvermächtnis der schwäbischen Väter, 1959, 69) charakterisiert, ist dies mehr als unglücklich, da die *Dämonie* der Willensmächte bei Heim keine naturphilosophische oder schöpfungstheologische, sondern eine christologisch-apokalyptische Kategorie ist. Nur insofern der Mensch in unlöslicher Einheit mit der Welt und der kosmischen Geschichte verbunden ist, wird das Böse in die Schöpfung hineingezogen, sodass der Kampf Christi gegen die satanischen Mächte ein kosmisch-apokalyptischer Willenskampf wird (JH, 134 u.ö.). Der kosmische Kampf der Mächte ist allerdings kein Dualismus (gegen Grüter, Begegnung, 128), weil er umgriffen ist von der Alleinwirksamkeit Gottes, der in den guten wie in den bösen Mächten seinen Willen ausführt (JH, 111). Der Widerspruch zwischen der erfahrenen kosmischen Dualität der Mächte und der geglaubten Alleinherrschaft Gottes wird aber nicht wie bei Böhme und Schelling mit einer spekulativen Theodizee aufgelöst. Wie bei Luther ist der Widerspruch nur im konkreten Akt des Glaubens, d.h. im Sein en Christo, aber nicht in einer spekulativen Gnosis gelöst (JH, 113f).

[1036] GN, 62f.
[1037] JW, 163.
[1038] GD 7, 182; WnW, 39.

ständlichem Ich und Zeitbewusstsein) abgelöst und in die Natur hineinverlagert. Das Werden ist nicht mehr wie in der „Glaubensgewissheit" und der ersten Auflage von „Glaube und Denken" durch das Ich-Bewusstsein konstituiert, sondern durch die Ichhaftigkeit der Natur. Das Werden ist „Weltprinzip"[1039]. Es gibt keine Schranke zwischen dem Leben und der „toten" Materie. Die Natur ist durchweg ich-artig[1040] und du-artig. Das Werden ist ein Kampf zwischen Aktion und Passion, zwischen Wille und Gegenwille. Das (menschliche) Ich ist eingebunden in den Ich-Raum Natur, aus dem die Möglichkeiten, Potenzen, Kräfte und Wollungen hervorgehen, sich verleiblichen und gegenständliche Gestalt annehmen. Das Ich ist ganz und gar leiblich und in das dynamische Werden der Welt eingebunden. „Ich gehöre mit dem Kosmos zu einer Schicksalseinheit zusammen."[1041]

Die Dynamik der polaren Räume ist wie in der zweiten Auflage der „Glaubensgewissheit" eine Folge von ständigen Entweder-oder-Entscheidungen zwischen den Grundräumen: Es muss zur Entscheidung kommen, welcher der vielen möglichen Gegenstände in mein Blickfeld tritt, welches der vielen möglichen perspektivischen Zentren ich einnehme, wer in der Begegnung zweier Menschen das aktive, wer das passive Moment einnimmt, d.h. wer im Akt Ich und wer Du wird usw.

Die Welt ist eine Folge von dauernden Entscheidungen, die in ständigen Willenskämpfen fallen. Das neue dynamische, willensartige[1042] Weltbild ersetzt das alte statische, objektivistische. „Der Eindruck, die Welt, die uns umgibt, sei ein ruhendes Sein, ist eine Täuschung. So erscheint uns die Welt nur, weil unser Erkennen sie rückschauend immer erst in dem Zustand wahrnimmt, in dem sie nicht mehr zu ändern ist, nämlich als stillstehende Vergangenheit. Die Welt, die wir erleben, ist nicht eine ruhende Dauer, sondern eine Aktion, eine einzige, allumfassende Entscheidung, in der die unübersehbare Fülle aller Einzelentscheidungen – darunter auch unser persönliches Wollen – zu einer ungeheuren Gesamtwirkung zusammengefasst ist."[1043] In das Werden aus dem „Weltwillen" ist die feste Materie ebenso einbezogen, wie das anorganische und das organische Werden sowie

---

[1039] WnW, 226.

[1040] Heim (GN, 89) zitiert zustimmend H. Weyl, der es für möglich hielt, die Elementarteilchen seien „analog dem Ich", dem inneren Wesen nach „vielleicht Leben und Wille", auch wenn die beobachtende Naturforschung nur die quantitative Feldwirkung wahrnehmen kann (H. Weyl, Was ist Materie? 1924, 58). Eine Beseelung der Materie in Art der stoischen oder der platonischen Weltseele, welche durch die ordnenden Naturgesetze repräsentiert wird und in einer Feldtheorie der Elementarteilchen (Fernwirkung!) theoretische Gestalt findet, wurde von vielen Quantenphysikern der 20er und 30er Jahre vertreten. Vgl. die Aufsätze von Planck, Jeans, Einstein, Born, Eddington, Bohr, Schrödinger, Pauli, Heisenberg, Bohm und v. Weizsäcker bei H.P. Dürr, Physik und Transzendenz. Die großen Physiker unseres Jahrhunderts über ihre Begegnung mit dem Wunderbaren, 1990, die bei allen Unterschieden durchweg eine nichtmaterialistische, den Dualismus von Geist und Materie überwindende Interpretation der elementaren Materiestrukturen für sinnvoll halten.

[1041] GD 7, 129, gegen gnostisch-platonische, welt-fremde Ich-Spekulationen.

[1042] Zur Plausibilität des Willensbegriffes als naturphilosophischer Kategorie s.o. Kap. III.4.b.

[1043] GD 7, 169.

das bewusste Wollen. „Damit ist dem statischen Weltbild, das der Alleinherrschaft der Gegenständlichkeit entsprach, eine dynamische Weltauffassung gegenübergetreten, die die Wirklichkeit nicht als Sein, sondern als Akt erlebt. ... Die primäre Wirklichkeit, in der wir selbst mit unserer ganzen Existenz stehen, ist ganz und gar Dynamik und lebendige Aktion. ... In dieser unwillkürlichen Naturbeseelung verrät sich noch ein Gefühl. ... Es ist das Urgefühl dafür, dass die tote Es-Welt nur der sekundäre Niederschlag der Wirklichkeit ist, deren primäre Urform wir als Kampf des Willens mit dem Willen erleben."[1044] Der Willenskampf ist aber immer wie bei Böhme und Oetinger ein Kampf um die die Leibgestalt. „Aller ernste Machtkampf auf dieser Welt ist also ein Kampf zwischen Leibern, in denen ein Wille Form werden und sich andern Mächten gegenüber durchsetzen will, die auch Form werden wollen."[1045]

c) Zeit als polarer Raum

Von der Dynamik der Polaritäten her verändert sich auch Heims Zeitverständnis noch einmal. Die Zeit und das Zeitgeschehen sind ganz in die Dynamik der polaren Räume und den Kampf der Willen einbezogen. Zwar wird wie in der ersten Auflage von „Glaube und Denken" das Verhältnis von Ich und Gegenstand mit dem Verhältnis von Gegenwart und Vergangenheit bzw. von Werden und Gewordensein gleichgesetzt[1046], doch ist im Spätwerk der Akzent entscheidend verlagert. Die Gleichung wird andersherum gelesen. In der ersten Auflage war das Weltverhältnis aus existentialphilosophischen Überlegungen entwickelt worden. Das Ich in der Ich-Welt-Beziehung war zunächst durch fundamentalontologische Analysen bestimmt und dann durch die Gleichsetzung mit dem Zeitverhältnis genauer interpretiert worden. Die Gleichsetzung von Ich und Gegenwart diente der Interpretation des nichtgegenständlichen Ich als Zeit-Sein. Die Neubearbeitung geht nicht vom Ich[1047], sondern von der dynamisch polaren Welt aus. Das Ich ist von vornherein darin eingebunden. Die Zeitlichkeit des Ich wie auch das zeitliche Werden der Welt zeigt sich nicht am Ich und dessen ungegenständlichem Gegenwart-Sein, sondern am Werden der gegenständlichen Welt. An den Phänomenen der Welt sehen wir das unumkehrbare Weltgeschehen, den Übergang von der offenen Gegenwart in den entschiedenen Vergangenheitszustand und erschließen rückschauend von der gewordenen Es-Welt das unanschauliche primäre Wer-

---
[1044] GD 7, 171.
[1045] JW, 164.
[1046] GD 7, 105ff.
[1047] Der Ausgang vom Ich, um von diesem her die Zeit zu verstehen, wird sogar als idealistische Weltentrückung des Ich als einer von der Zeitbewegung losgelösten Seelenmonade gebrandmarkt (GD 7, 112).

den.[1048] Zeit ist nicht primär am Ich und dessen Nichtgegenständlichkeit zu erschließen, sondern an der Welt. Die Unumkehrbarkeit der Zeit zeigt sich schon an den Weltphänomenen, die mit dem Entropiesatz auch physikalisch beschrieben werden können, nicht erst im Zeitbewusstsein und dem unumkehrbaren Zeiterleben des Ich.[1049]

Das Wesen der Zeit ist damit tendenziell von der Gegenwart und dem Ich als *Quelle* des primären Werdens auf den *Übergang* des offenen Möglichen hin zum Wirklichen verlagert. Nicht mehr die Ungegenständlichkeit und Unanschaubarkeit des Werdens, sondern das Werden als *Werden*, die dynamische Veränderung, steht im Vordergrund. Die Zeit hat Teil am Weltgesetz der dynamischen Polarität. Die Zeit ist selbst ein polarer Raum, und zwar in zweifacher Weise. Heim greift hier wieder auf das zweifache aristotelische Zeitverständnis aus dem „Weltbild der Zukunft" zurück und bettet es in die Philosophie der polaren Räume ein.

Die Zeit ist in der Hierarchie der Räume der strukturell einfachste polare Raum, insofern der gegenständliche Zeitraum, der durch die polare Relation von früher und später konstituiert ist (B-Reihe der Zeit), nur eine Dimension hat[1050]. Aufgrund der polaren Relation ist die Zeitstrecke unabschließbar. Jeder Endpunkt einer Zeitreihe kann wieder als Anfangspunkt einer neuen Reihe gesehen werden. Dadurch wird der lineare Kausalzusammenhang konstituiert. Die Ursache ist immer zeitlich früher als die Wirkung.[1051] Jede Ursache ist auf eine Wirkung hin orientiert, jeder Endpunkt einer Zeitreihe als neuer Anfangspunkt wiederum auf einen Endpunkt hin usf. Die Kausalreihe ist unabschließbar. Das Weltgeschehen kann niemals eine erste oder eine letzte Ursache haben.[1052] Der polare Zeitraum erhält seine Unabschließbarkeit von der Polarität von Möglichkeit und Wirklichkeit. Möglichkeit ist hier im zweiten aristotelischen Sinn als potentia potentialis, d.h. von der Verwirklichung in der Wirklichkeit her gesehen. Dadurch entsteht das ruhelose Fließen, die Flucht der Zeit, in die alles hineingerissen wird.[1053]

Die Zeit ist nun aber auch der polare Raum der drei Zeitmodi Vergangenheit, Gegenwart und Zukunft (A-Reihe der Zeit). Die drei Modi des Zeitstroms sind nur im Verhältnis zueinander da. Sie bedingen sich gegenseitig. Weil die drei Urelemente, welche die Zeitstrecke aufbauen, im polaren Verhältnis zueinander stehen, ist die Zeit ein unabschließbarer Raum von stetig ineinander übergehenden Elementen.[1054] Dieser Zeitraum ist der nichtgegenständliche Zeitraum. Er hat Ich-Charakter, denn es ist die Zeit, die jedes Ich erlebt. Dieser Zeitraum kann

---

[1048] GD 7, 115f.
[1049] Die Demonstration eines Filmes, der im Rückwärtslauf absurde Ereignisfolgen zeigt, muss auf Heim großen Eindruck gemacht haben, vgl. GN, 56.
[1050] GD 7, 31.180; WW, 186.
[1051] JH, 24.
[1052] GN, 151.
[1053] GD 7, 182.
[1054] GD 7, 180.

auch als umfassender nichtgegenständlicher Zeitraum verstanden werden, der alle individuellen polaren Zeiträume als Teilräume umfasst.

Als solcher ist er mit dem objektiven, gegenständlichen Zeitraum der Früher-später-Relation auf unanschaubare Weise identisch.[1055] Auch die A-Zeit ist unabschließbar, aber auf andere Weise. Sie ist unabschließbar vom ungegenständlichen Jetztpunkt her, der als nunc aeternum die ganze Zeit, Vergangenheit und Zukunft potentiell in sich trägt. „Was den Jetztpunkt noch nicht passiert hat, das ist noch im feuerflüssigen Stadium des Werdens. Es ist noch unentschieden. Es wird noch darum gerungen. Es trägt noch unbegrenzte Möglichkeiten in sich."[1056]

Nur dieser zweite Zeitraum enthält das Zeitgeschehen als echte, offene Möglichkeit, als *potentia actualis*, und daher als Willensgeschehen im nichtaristotelischen, sondern Oetingerschen Sinn. Die Zeit ist damit selbst ich-artig, ohne an ein Zeit erlebendes, bewusstes, individuelles Ich gebunden zu sein. Der Satz „Ich ist Zeit", der das Zeitverständnis der ersten Auflage von „Glaube und Denken" zusammenfasste, wird im Spätwerk universalisiert. Jetzt gilt: Welt ist Zeit, Zeit ist Ich und daher: Welt ist Ich, also Wille. Zeit ist das Wesen der Natur. Die Natur ist die (unanschauliche!) Quelle, der (ungegenständliche!) Mutterschoß des Weltgeschehens, der alles, was wird, aber auch das, was geworden ist (!), noch immer auf latente Weise im Jetztpunkt enthält.[1057] Der Jetztpunkt ist damit identisch mit dem nur mystisch fassbaren „Urzustand", dem „zeitlichen Indifferenzzustand, in dem alles Gegenwart ist, ‚nunc aeternum', und alles Vergangenheit, in dem also Vergangenheit und Gegenwart in einer höheren Einheit zusammenfallen."[1058] Dieses Zeitverständnis entspricht dem Kausalitätsverständnis der Repräsentation: Jeder einzelne Teil der Welt bzw. jeder Moment der Zeit enthält und repräsentiert das Ganze. Für die Zeit ist damit eingeholt, was die Repräsentationskausalität für den Raum bedeutet. Das Ganze der Zeit ist in jedem Moment präsent, weil jeder in sich indifferente Jetztpunkt die ganze polare Zeitstrecke in der ganzen Erstreckung nach Vergangenheit und Zukunft aus sich heraussetzt. Das entsprechende Schöpfungsverständnis ist das der *creatio continua ex nihilo*: Jeden Augenblick wird die ganze Welt in der *gesamten* zeitlichen und räumlichen Erstreckung wieder neu geschaffen.[1059]

[1055] GN, 56.
[1056] GN, 57.
[1057] GN, 55.
[1058] JH, 24.
[1059] H. Conrad-Martius hat Kritik an der creatio continua ex nihilo geäußert, weil sie 1. eine atomistische Zeitstruktur voraussetze, 2. den Naturzusammenhang unterbreche in eine Folge von Schöpfungsakten und 3. die ständige Vernichtung und Wiederholung der Weltschöpfung bedeute (Zeit, 1954, 219f). Diese Kritik ist unberechtigt, sofern die Gegenwartsbreite der erlebten auch für die objektive Zeit veranschlagt wird. Dann ist die Zeit auch objektiv Kontinuum und das Schöpferwirken Gottes in der Zeit keine atomistisch-punktuelle Folge, sondern kontinuierlicher Akt. Die Welt wird nicht ständig vernichtet und neu geschaffen, sondern kontinuierlich als neue restituiert und fortgeschrieben, sodass jeden Augenblick die Welt, als die sie war, wieder neu *ist*.

Beide Zeitaspekte, der gegenständliche (B-Zeit) und der nichtgegenständliche (A-Zeit), stehen im dimensionalen Verhältnis zueinander. Sie sind auf unanschaubare Weise identisch und beschreiben je das Ganze der Zeit auf unterschiedliche Weise. Mit der dimensionalen Verknüpfung beider Aspekte erreicht Heim die dimensionale Einheit des linearen und des organischen, ganzheitlichen Kausalitätsverständnisses und entsprechend die dimensionale Einheit und Verschiedenheit des naturwissenschaftlichen und des schöpfungstheologischen Werdens. Das Werden der Natur aufgrund des Zeitflusses und der naturgesetzlichen Kausalitäten und das Werden aus dem nach Verleiblichung drängenden Weltwillen, in dem auf unsichtbare und unanschaubare Weise der Schöpferwille Gottes wirkt, sind in dimensionaler Weise identisch. Sie sind zwei Seiten desselben Vorgangs.

Die Zeit als mehrdimensionaler Raum bestätigt das Ergebnis der Analyse der Transzendenzverhältnisse von Räumen allgemein: Bei zwei sich ausschließenden Verständnissen eines Ganzen kann es sich, wenn es sich um dimensionale Verhältnisse handelt, dennoch um eine und dieselbe Wirklichkeit handeln. Die Wirklichkeit der Welt ist wesentlich so verfasst, dass jeder der Räume, in denen die Weltwirklichkeit ‚steht', ein in sich geschlossenes Kontinuum ist, also das Ganze der Welt umfasst, dass aufgrund der Transzendenz der Räume zueinander aber die Vielzahl der Räume sich niemals gegenseitig beschränken, sondern einander durchdringen, einander begegnen und dimensional aufeinander bezogen sind.

6. Der überpolare Raum Gottes und die polaren Räume

Der Transzendenzcharakter der Räume macht es denkbar, dass es einen Raum gibt, der alle Räume durchdringt und umfasst, aber von keinem Raum begrenzt wird: den Raum Gottes. Die ganze Untersuchung der innerweltlichen Transzendenzverhältnisse war „nur Mittel zum Zweck: es soll gezeigt werden, worin im Unterschied von den innerweltlichen Transzendenzen die Transzendenz Gottes besteht."[1060] Die Transzendenz Gottes muss bezogen und ins Verhältnis gesetzt werden zu den Transzendenzen der weltlichen, also der polaren Räume. Dieses Verhältnis belegt Heim mit dem Ausdruck des „überpolaren Raumes".

Heim hat den Gottesbegriff des überpolaren Raumes allerdings auf zwei unterschiedliche Weisen eingeführt, die in Spannung, wenn nicht im Widerspruch zueinander stehen. Den einen Gottesbegriff gewinnt Heim aus dem polaren Zeitverständnis, allerdings so, dass er die Synthese der gegenständlichen und der nichtgegenständlichen Zeitdimension auseinanderreißt und die Zeit ausschließlich als ruhelose Flucht versteht. Den Relativismus der gegenständlich-zeitlichen Welt deutet Heim einseitig als nihilistischen Relativismus, aus dem nur ein der Zeit

---

[1060] Traub, neue Fassung, 243.

enthobener Gott erlösen kann. Dieser Gott ist allerdings nicht mehr als der aristotelische unbewegte Beweger. Den anderen Gottesbegriff gewinnt Heim aus der Analogie zu den einander transzendenten Räumen. Der Raum Gottes meint dann die transzendente Präsenz Gottes in den Räumen der Welt. Beide Gottesbegriffe wurden kritisiert, der erste zu Recht, der zweite zu Unrecht. Wir wenden uns zunächst knapper der unbefriedigenden und auch nur in der spätesten Umarbeitung von „Glaube und Denken" vertretenen Lösung, dann ausführlich der zweiten, das ganze sechsbändige Spätwerk durchziehenden, Lösung zu.

a) Der Gottesbegriff des überpolaren Raumes

Versteht man, wie Heim es, sein eigenes mehrdimensionales Kausalitäts- und Zeitverständnis unterbietend, im neu bearbeiteten Schlussteil der fünften Auflage von „Glauben und Denken" 1957 getan hat, die Zeitstrecke nur noch als linearen polaren Raum und entsprechend die Kausalität nur noch als lineare Kausalität, dann geraten alle raumzeitlichen Verhältnisse unter die Unabschließbarkeit des (zweiten) aristotelischen Möglichkeits-Wirklichkeits-Schemas. Alle Teilräume, aus denen die gegenständliche Welt sich aufbaut, sind hineingerissen in die Flucht der Zeit. In diesem Zeitschema gibt es keinen Ruhepunkt. Wie der Zeiger der Uhr immer weiter tickt, so ist „alles Existieren in diesen Räumen … ein ruheloser Übergang, ein ununterbrochenes Weiterschreitenmüssen und Weitergetriebenwerden von einer Stelle zur anderen. … Es gibt keine Grenze, keine Mitte und kein Zuhause."[1061] Den naturphilosophischen Relativismus der Zeit, dass jedes Ende zugleich der Anfang eines neuen Zeitabschnitts, jeder Endpunkt neue Möglichkeit, kein Raum- und kein Zeitpunkt absolutes Datum, sondern Punkt des unabschließbar unendlichen, linearen raum-zeitlichen Kontinuums ist, deutet Heim, wieder Seins- und Sinnfrage vermischend, eo ipso als kosmologischen Nihilismus. Das Rätsel der Zeit und der zeitlichen Kontingenz ist für ihn im Schlussteil der fünften Auflage, im Gegensatz zur Problemexposition (s.o. VII.1.), ein rein existentiell-religiöses Problem, das nur religiös gelöst werden kann, nämlich durch religiös motivierten Abbruch der unabschließbaren Reihe der linear-unendlichen Kausalitätskette.[1062] Der Sinn des Abbruchs ist die Erlösung aus der relativistisch-nihilistischen Warum-Frage, der Frage nach dem Woher und Wohin, dem Warum und dem Wozu des einzelnen und der ganzen Folge der Ereignisse und Tatsachen. Die erste von drei Möglichkeiten, die unendliche Kausalreihe abzubrechen, ist, die unendliche Reihe als Ganze religiös zu verehren, also das unendliche Weltganze zum Göttlichen zu machen (Pantheismus). Die zweite Möglichkeit ist,

---

[1061] GD 7, 182f.
[1062] GD 7, 186ff.

die lineare Folge an einer bestimmten Stelle dogmatisch abzubrechen, d.h. ein bestimmtes Weltelement für die letzte Energeia zu erklären (Kreaturvergötterung). Die dritte Möglichkeit ist, den Indifferenzzustand, aus dem die Polaritäten hervorgehen, zu vergöttlichen (Indifferenzreligionen).
Alle drei Abbruchversuche der linearen Kausalkette sind sich darin gleich, dass sie innerhalb der polaren Verhältnisse bleiben und also wieder relativierbar sind. Das Verhältnis der Reihe zum Abbruchpunkt ist ein polares Transzendenzverhältnis. Die Reihe verhält sich zum Abbruchpunkt wie der Raum zum Inhalt oder das Ganze zum Teil. Der Abbruchpunkt kann damit aber selbst wieder Teil eines höheren Raumes, Glied einer höheren Kausalkette oder Ausgang für polare Spaltung werden. Weil die Hierarchie der polaren Räume potentiell immer unabgeschlossen ist, so kann es innerhalb der polaren Verhältnisse auch kein Absolutes geben, durch das die Kausalkette definitiv abgeschlossen ist. Der Prozess der Relativierung kann nur dann abgebrochen werden, wenn er von einem wirklichen Absoluten abgebrochen wird, dessen Sein wir in unserer Sprache, d.h. innerhalb der polaren Welt, nur negativ ausdrücken können, indem wir eine innerweltliche absolute Qualität nehmen und ein Ur- davor setzen: Ursprung, Urgrund, Urwille, Ursein etc.[1063]. Gott ist in dieser Logik das überpolare Ursein, das die unendlichen Kausalreihen zum Stillstand bringt, aber selbst diesen Kausalreihen der polaren Räume nicht angehören kann. Er muss das unbedingt Bedingende sein, das Ich, das keines Du mehr bedarf, die ἀρχή und das τέλος, das die Raumzeitlichkeit setzt und in sich enthält.[1064] Dieser Uranfang und Urgrund des unendlichen Raum-Zeit-Kontinuums ist aber, wie M. Theunissen zu Recht bemerkt hat, nichts anderes als „der unbewegte Beweger, die causa prima der aristotelisch-thomistischen Metaphysik"[1065]. Das Ursein, das nie polar werden kann, die Wirklichkeit, die nie Möglichkeit werden kann, die ἀρχή, die nie Glied einer kausalen Kette werden kann, ist eben nichts anderes als die reine ἐνέργεια des πρῶτον κινοῦν ἀκίνητον[1066]. Nur die *reine* Energeia ist „keiner Affektion und keiner Qualitätsveränderung unterworfen (ἀπαθὲς καί ἀναλλοίωτον)"[1067].

Die Abwehr der materialistischen und pantheistischen Abbrüche der Kausalreihen hat Heim hier zu diesem absoluten, nicht mehr relativierbaren, aber auch affektlosen, unveränderlich-apathischen, unbewegt-bewegenden Gottesbegriff geführt[1068],

---

[1063] JH, 30; GD 7, 202ff.
[1064] GD 7, 206f.
[1065] Theunissen, Der Andere, 373.
[1066] Aristoteles, Met. XII, 1073a, 26; zu Aristoteles Gottesbegriff, den er im XII. Buch der Metaphysik aus der Kausalität und Zeitlichkeit der Bewegung als deren (selbst unzeitlichem und akausalem) Grund entwickelt, vgl. Rudolph, Zeit und Gott, 91ff.
[1067] Aristoteles, Met, 1073a, 11.
[1068] E. Rudolph hat schön gezeigt, dass selbst bei Aristoteles' reiner Energeia die Pointe nicht auf der Statik des Unbewegtseins oder dem nur uranfänglichen Bewegen, sondern in der Wirksamkeit *in* der zeitlichen Welt liegt. „Gott aber bewegt nicht nur zweckursächlich als Zweck für (nicht von) den

der von der polaren Welt aus völlig unerreichbar, nicht einmal ‚über' ihr im Empyreum, sondern unräumlich-ortlos und überzeitlich im Nirgendwo angesiedelt ist.[1069] Das einseitige, die echte Zeit reduzierende, lineare Kausalitätsverständnis greift in problematischer Weise auf den Gottesbegriff über, wenn dieses Zeitverständnis, wie Heim es im Schlussteil von „Glaube und Denken" getan hat, auf die personalen Relationen übertragen wird. Daraus, dass das Ich vom Du her ist, schließt Heim völlig gegen das Wesen des Personalen, dass auch das Du eines *anderen* Du bedürfe, um Ich zu werden usf. ad infinitum. Diese unabschließbare, lineare personale Reihe bricht nur ab, wenn ein Du da ist, das an keinem *anderen* Du Ich wird[1070], das also wie Schleiermachers Woher des Gefühls der schlechthinnigen Abhängigkeit nicht affiziert werden kann. Dass Heim die Du-Beziehung zu Gott hier nur ganz einlinig gesehen und keinerlei Rückwirkung auf Gott von mir her zugestanden hat, widerspricht nicht nur seiner Theologie des Gebetes und seinem personalen Gottesverständnis[1071] – oder will Heim das Gebet wie Schleiermacher nur als Ergebung in den Willen Gottes, aber nicht als Dialog und als Bittgebet verstehen?[1072] –, sondern seiner ganzen personalen Wirklichkeitssicht. Gott wird hier im Unterschied zur Erstfassung von „Glaube und Denken" (s.o. Kap. VI.5.c.) problematisch von der Zeit isoliert.

Wäre dies Heims letztes Wort zum überpolaren Ursein Gottes gewesen, wäre die Kritik von D. Evers berechtigt: „Ein letztes, überpolares, relationsfreies Sein wäre ein bloßer Grenzbegriff, Existenzaussagen darüber wären wegen des fehlenden Identifikationszusammenhanges unsinnig, und erst recht wäre es nicht mit dem

---

Kosmos, sondern er hält das in Tätigkeit, dass alles nach Erfüllung, dynamis nach energeia, Nichtsein nach Sein strebt. Er repräsentiert diese Erfüllung auf vollkommene Weise, die in jedem Prozess das letzte telos ist. Von einem ‚transzendenten' Gott kann bei Aristoteles daher keineswegs die Rede sein, sofern diese Prädikat die absolute Unterschiedenheit von sinnlicher und intelligibler Welt beschreiben soll" (Zeit und Gott, 98f). Dasselbe gilt auch für Thomas' Gottesbegriff. Die Unterscheidung von Natur und Übernatur hat den Sinn, den Zusammenhang, den ordo, aufzuzeigen, und zwar in zwei Richtungen, nämlich ontisch (von oben nach unten: Gott als *in der Welt* wirkende außerweltliche prima causa) und erkenntnistheoretisch (von unten nach oben: Die sekundären Kausalitäten der Welt als Erkenntnisgrund Gottes) aufzuzeigen.

[1069] Besonders supranaturalistisch ist das schon erwähnte Schöpfungsverständnis des letzten Werkes „Weltschöpfung und Weltende" (1952). Schöpfung wird fast ganz auf die creatio prima reduziert, die als eine Entscheidung im überpolaren Raum gedacht ist und dann in der polaren Welt zur Ausführung kommt. Die Gegensätze der polaren Welt sind als Dissonanzen, als Widersprüche gegen den unpolaren Gott verstanden, also rein negativ als Wesen der gefallenen Schöpfung bewertet. Sie können nur in der überpolaren Grundform einer neuen Schöpfung aufgehoben werden (WW, 87–89.131–141).

[1070] GD 7, 205f.

[1071] Vgl. „Das Gebet als philosophisches Problem", wo das Beten als Sprechen eines nichtgegenständlichen Ich zu einem *hörenden* und *verstehenden* Du Gottes verstanden wird (GuL, 494). Das Verstehen Gottes ist allerdings idealistisch eingefärbt, denn das Verstandenwerden des betenden Ich besteht in der Teilnahme an Gottes Allwissenheit (ebd.) und das Hören Gottes in seiner *unmittelbar* verstehenden Allgegenwart (493).

[1072] Das Bittgebet, das sich anheischt, eine Einwirkung aus Gott auszuüben, welche seinen Willen und Ratschluss beugt, ist für Schleiermacher der Rückfall ins Magische, weil es gegen die Grundvoraussetzung steht, „dass es kein Verhältnis der Wechselwirkung gibt zwischen Geschöpf und Schöpfer" (Schleiermacher, Der christliche Glaube § 147, Bd. II, 381).

Gott zu identifizieren, der als Vater, Sohn und Geist in sich schon immer beziehungsreich lebt und den der Glaube als den Schöpfer der raumzeitlichen Wirklichkeit bekennt."[1073]

Der nur aus der totalen Negation bestimmte Gottesbegriff, der nicht einmal begrifflich durch eine Verhältnisbestimmung mit den innerweltlichen Relationsreihen oder durch Übersteigerung der größten polaren Gegensätze gefasst werden, also nicht einmal durch *via negationis* oder via eminentiae, sondern nur durch das totale Anderssein bezeichnet werden werden kann, wäre in der Tat ein bloßer Grenzbegriff.

Die wiederholten, totalen Negationen Heims, um einer falschen *theologia naturalis* zu wehren, dass es keinerlei Brücke zum Absoluten gebe, dass keinerlei Form der *analogia entis* diskutabel sei, dass Gott der ganz Andere und völlig Unfassbare sei, der dem Zugriff unseres Denkens und Beobachtens völlig entzogen ist[1074], sowie die Einsicht, dass Gott nicht weltlich von der Welt aus, sondern nur durch Offenbarung erkannt werden kann, dass Gott nur in Christus und nicht in der Welt an sich offenbar ist, dass uns der Zugang zum überpolaren Raum Gottes nur im Glauben zuteil wird[1075], hätte die ganze Philosophie der Räume nicht gebraucht. Wenn am Schluss doch alles auf die Positivität der Offenbarung und des Glaubens ankommt und das Wissen doch bloß im Gegensatz zum Glauben steht, wozu dann, so die Kritik von S.M. Daecke, „der lange, mühsame Anmarschweg, wenn er sich am Ende als ein überflüssiger Umweg herausstellt?"[1076] Es war doch Heims Anliegen, gerade dem *denkenden* Menschen ein Verständnis für die Transzendenz Gottes zu vermitteln, den Worten „überweltlich", „übernatürlich", „jenseitig" einen verstehbaren Sinn zu verleihen, der ohne die primitive räumliche Stockwerksvorstellung auskommt[1077]. Es ging doch in der Philosophie der Räume darum, die Denkmöglichkeit der Transzendenz Gottes mittels des „neuen Denkens [!] in Räumen"[1078] zu begründen, welches auch dem Naturwissenschaftler eine „Brücke"[1079] des Verstehens bieten sollte. Wenn der überpolare Raum Gottes aber mit der ganzen Hierarchie der Räume nur den Namen[1080], aber sonst gar nichts gemeinsam hat, ist Heim dann nicht mit seiner ganzen Konzeption gescheitert und erwiesen, was die dialektischen Theologen schon längst gewusst haben, dass „der

---

[1073] Evers, Raum – Materie – Zeit, 152.
[1074] GN, 158.
[1075] WnW, 158f.
[1076] Daecke, Gott im Hinterhaus, 26f.
[1077] GN, 107.
[1078] GN, 160.
[1079] GN, 121.
[1080] W.H. Austin hat am überpolaren Raum kritisiert, dass er „sermonic in style and quite obscure in content" sei, weil nicht erkennbar sei, inwiefern es sich überhaupt um einen Raum handelt (The relevance of Natural Science to Theology, 1976, 71, zit. nach Pannenberg, ST 2, 111).

Weg von philosophischen Prolegomena zur christlichen Theologie nicht begehbar"[1081], dass eine philosophische Grundlegung der Dogmatik unmöglich ist?

Neben der negativen Einführung des Gottesbegriffes als reiner, unweltlicher Überpolarität hat Heim im ganzen Spätwerk, insbesondere in „Jesus der Herr" und „Der christliche Gottesglaube und die Naturwissenschaft", die der philosophischen Grundlegung der Christologie und des Gesprächs mit den Naturwissenschaften dienen, den Gottesbegriff in der theologisch „richtigen", christlichen Weise eingeführt, indem nämlich positiv das primäre, räumliche Gottesverhältnis des Glaubens vorausgesetzt und in der Sprache der philosophischen Raumlehre lediglich expliziert wird. Daran wird deutlich, dass die Philosophie der Räume „nicht bloß eine philosophische Spielerei ist, sondern eine Sache von entscheidender Wichtigkeit für unser praktisches Leben."[1082] Die Philosophie der Räume ist Theorie, die Räume selbst und insbesondere der Raum Gottes sind real, dann nämlich, wenn sie erschlossen sind.

Die Transzendenz des überpolaren Raumes meint vom Bekenntnis und Erlebnis des Glaubens her, dass der überpolare Gott, gerade weil er ‚außerhalb' der Polarität steht, alles in sich trägt und also allgegenwärtig in allen Dingen, an allen Orten und zu allen Zeiten ist, sodass alles Sein an seinem *Wesen* teilhat, er das Leben in allem Leben ist, das Sein in allem Sein usw.[1083].

Dieser Gottesbegriff der alles bestimmenden Wirklichkeit[1084], seine Allgegenwart und Allpräsenz in der Welt, ist in der Sprache der Raumlehre so formulierbar, dass Gott auf die Welt bezogen ist und diese sich auf ihn (im Glauben) beziehen kann, ohne dass es zu einer polaren, *gegenseitigen* Bedingtheit kommt. Dass damit eine Form der Analogielehre impliziert ist, bedeutet nicht die Möglichkeit des natürlich-rationalen ‚Überschritts' von der Welt zu Gott. Es gibt keine ‚Brücke' vom Wissen zum Glauben[1085]. Die in der Philosophie der Räume angelegte Analogielehre denkt jede im Glauben erfahrene und als Wissen geäußerte Ähnlichkeit von Gott und Welt als noch größere Unähnlichkeit (dimensionale bzw. überdimensionale Verschiedenheit), aber auch jeden im Glauben erfahrenen und bekannten Zusammenhang von Gott und Welt als noch tiefer und enger als er je erfahren werden kann (dimensionale bzw. überdimensionale Einheit). Die Alternative zwischen *analogia entis* und *analogia fidei* wird damit überwunden[1086].

[1081] Soe, Religionsphilosophie, 67; dieselbe Kritik an der ersten Auflage vgl. Bonhoeffer, Glaube, 228f; Dell, ontologische Daseinsanalyse, 232; Kuhlmann, Glaube und Denken, 471.
[1082] GN, 169.
[1083] GD 7, 176; JH, 30.
[1084] Hierzu s.u. Anm. 1109.
[1085] Gegen Diem, Glaube und Denken, 541; die Dimensionenlehre bzw. Philosophie der Räume bildet keine Brücke vom Wissen zum Glauben, sondern eine Brücke zum Verstehen des Geglaubten.
[1086] Hierzu ausführlich Kap. VIII.1.

Dass Heim mit dem Ausdruck „überpolarer Raum" die Differenz Gottes von der Welt über- und seine Immanenz unterbetont hat, als es dem Primärbekenntnis des Glaubens entspricht, ist unglücklich und für die Suggestionskraft des Terminus und die Wirkungsgeschichte der Sache überaus bedauerlich. Besser und sachlich richtiger wäre ein Terminus gewesen, der zwar eine räumliche Konnotation und den Gegensatz zur Polarität, also ein asymmetrisches Verhältnis von Gott zur Welt, aber nicht die Suggestion des „über" impliziert, etwa der „allpolare", „transpolare" oder „alldimensionale" Raum bzw. die Allpolarität oder Alldimensionalität Gottes.

Dennoch erlaubt die Philosophie der Räume in der Sache, die Transzendenz Gottes in Unterscheidung wie in Zuordnung zur Welt konsistent und offenbarungstheologisch vertretbar zu denken, indem die einander transzendenten polaren Räume in analoger Weise zum überpolaren Raum Gottes – wir verwenden Heims Terminus mit Unbehagen weiter – ins Verhältnis gesetzt werden und die dimensionale ‚Begrenzungslinie' analysiert wird. Heim selbst hat seine fünf Kategorien nicht formaliter, wohl aber der Sache nach auf den überpolaren Raum angewandt. Wir systematisieren seine Einzelaussagen und zeigen die formale Analogie der polaren Unterscheidungsverhältnisse mit dem Verhältnis der polaren zum überpolaren Raum auf und beziehen zur Präzisierung die Raumtheorien der Tradition mit ein, auf die sich Heim nirgends explizit bezogen hat.

Die folgenden Abschnitte b) – e) geben die systematische, materiale Ausarbeitung von Heims Analogielehre. Im darauffolgenden Kapitel VIII.1. wird dann die prinzipielle Frage diskutiert, inwiefern und um welche Art der Analogielehre es sich bei der Philosophie der Räume handelt. Dazu bringen wir Heims Philosophie der Räume in ein Gespräch mit den wichtigsten Analogielehren der philosophisch-theologischen Tradition.

b) Grundkategorie Raum

Wenn der Begriff des überpolaren Raumes Gottes einen verstehbaren Sinn haben soll, muss der Raum Gottes ein Raum im Sinne der allgemeinen Definition sein[1087]. Raum ist ein *in sich unendliches Ganzes, in dem nach einem Strukturgesetz eine Mannigfaltigkeit von Inhalten angeordnet ist.*

Versuchen wir mit Bezug auf die theologische Tradition, diesen Strukturbegriff mit einem Inhalt zu füllen, der Heims Verständnis entspricht.

Die *Unendlichkeit* Gottes ist seit Gregor von Nyssa zentrales Gottesprädikat[1088]. Es meint zunächst nicht die die endliche, räumliche Welt unendlich übersteigende,

---

[1087] GN, 156.160.169.
[1088] E. Mühlenberg, Die Unendlichkeit Gottes bei Gregor von Nyssa, 1966, 26.

räumliche Unermesslichkeit Gottes[1089], sondern gegen den Platonismus seine Unerreichbarkeit für die menschliche Vernunft.[1090] Gott ist für die Vernunft unbegrenzbar (ἀόριστος), unbeschreiblich (ἄφραστος) und unfassbar (ἄληπτος). Die Unendlichkeit Gottes ist bei Gregor nicht eminente Steigerung des Endlichen, sondern Negativ-Begriff der Unerkennbarkeit und Unbegreifbarkeit durch die begrifflich-rationale Vernunft.[1091] Noch Nikolaus von Kues verstand unter der Unendlichkeit die Unbegreiflichkeit Gottes und drückte sie in der Metapher der unendlichen Kugel[1092] aus: Gott ist das aktual wirkliche, unendliche, einfache Ganze. Aber auch Thomas Digges und Giordano Bruno, die zuerst das zentrale Gottesprädikat auf die Welt übertrugen[1093], und auch noch Georg Cantor, der als erster die aktuale Unendlichkeit als „ein in sich festes, konstantes, jedoch jenseits aller endlichen Größen liegendes Quantum"[1094] von der aristotelischen potentiellen Unendlichkeit unterschied und als Quantität, nicht mehr nur als Grenzbegriff verstand, unterschieden noch die mathematische bzw. die räumliche Unendlichkeit der Welt von der absoluten Unendlichkeit Gottes.

[1089] So bei Augustinus: „Vor das Auge meines Geistes baute ich die ganze Schöpfung hin, was immer nur in ihr sich zeigt. ... Und diese Masse ließ ich gewaltig groß sein – nicht wie groß sie an sich war, was ich ja nicht wissen konnte, sondern groß nach meinem Belieben, aber nach allen Seiten begrenzt –, Dich aber, Herr, ließ ich diese Masse rings umfluten und sie durchdringen, doch allwärts grenzenlos (infinitum): so als wäre allenthalben Meer und durch's Unermessliche (per inmensa infinitum) allseits nichts als Meer ohne Enden. ... Also dachte ich mir Deine Schöpfung, die endliche, erfüllt von Dir, dem Unendlichen (sic creaturam tuam finitam te infinito plenam putabam)" (Confessiones, VII, 5, 7, S. 312f).

[1090] „Die göttliche Unendlichkeit – nur dieser Begriff eignet sich dazu, das Netz zu zerreißen, welches die allmächtige Vernunft (nous) über Gott geworfen hatte. Durch die Vernunft vermag sich der Mensch nach Platon und Aristoteles zu Gott zu erheben, ja, durch die Vernunft hat der Mensch Anteil am Göttlichen. ... Das Unendliche dagegen lässt sich seinem Begriff nach nicht von der Vernunft einfangen. Es sperrt sich gegen die Gesetze der Vernunft" (Mühlenberg, Unendlichkeit Gottes, 19).

[1091] Vgl. Mühlenberg, Unendlichkeit Gottes, 196.

[1092] „Et sicut sphaera infinita est penitus in actu et simplicissima, ita maximum est penitus in actu simplicissime. / Wie die unendliche Kugel ganz und gar wirklich und absolut einfach ist, so ist das Größte ganz und gar wirklich in absolut einfacher Weise" (N.v. Kues, De docta ignorantia I, Kap. 23, Werke 2002, Bd. 1, 93). Die Einfachheit meint die Unteilbarkeit, Ungegenständlichkeit und Unerkennbarkeit. Die unendliche Kugel hat methodisch und sachlich große Nähe zu Heims überpolarem Raum. N.v. Kues versucht, an polaren Gegensätzen geometrischer Objekte (z.B. Mittelpunkt – Umfang) Paradoxien zu erzeugen, die im Endlich-realen unlösbar sind (eine Kugel, deren Mittelpunkt und Umfang zusammenfallen?), aber durch qualitativen Sprung ins Unendlich-ideale, d.h. durch Übergang in den überpolaren Raum, sich auflösen, weil dort die Gegensätze zusammenfallen. So wird die Allgegenwart Gottes denkbar, der, obwohl der rationalen Erkenntnis verborgen, zugleich Umfang und Mittelpunkt der Welt ist. Heim fasst denn auch „das Weltbild des Glaubens, in dem der persönliche Gott die allbeherrschende Mitte bildet" (GN, 241) mit den Worten des Cusaners zusammen: „Gott ist ein Kreis, dessen Mittelpunkt überall und dessen Peripherie nirgends ist" (ebd.). Das Zitat stammt allerdings nicht von Nikolaus selbst, sondern aus dem „Liber XXIV Philosophorum": „Deus est sphaera infinita cuius centrum est ubique, circumferentia nusquam" (zit. nach A. Fidora / A. Niederberger (Hg.), Vom einen zum Vielen. Texte des Neuplatonismus im 12. Jahrhundert, 2002, 80), hierzu vgl. W. Schmidt-Biggemann, Philosophia perennis, 1998, 441.

[1093] Vgl. Koyré, Universum, 42ff.

[1094] Briefliche Äußerung, zit. nach H. Meschkowski, Das Problem des Unendlichen, 1974, 122.

Als negativer Grenzbegriff im Sinne der rationalen Unermesslichkeit und Unerkennbarkeit[1095], nicht als Superlativ einer weltlichen Quantität oder Qualität, ist die Unendlichkeit des überpolaren Raumes bei Heim verstanden. Die polaren Räume sind *potentiell* unendlich, der Raum Gottes ist *aktual* unendlich. Die Unendlichkeit der polaren Räume ist potentiell im unendlichen Regress der diskursiven Reflexionen erreichbar, die aktuale Unendlichkeit Gottes ist diskursiv unerreichbar. Die unendliche polare Welt ist unabschließbar, der Raum Gottes ist *geschlossen*, er *ist* das Ganze der Wirklichkeit. Der überpolare Raum ist nicht Seinsweise des Seins-Ganzen, sondern das Ganze selbst. Wie die unendlichen polaren Räume besteht er in sich, aber anders als jene auch durch sich[1096]. Als in sich geschlossenes, einfaches *Ganzes* ist der Raum Gottes gleichwohl nicht *ab*geschlossen, denn er hat eine ‚Innen'-Struktur.

Die In-Relation bedeutet einerseits, dass alles, was ist, in Gott ist und Gott alles, was ist, in sich trägt[1097]. Der Raum Gottes ‚enthält' und ‚umfasst' als Inhalt die gesamte polare Wirklichkeit einschließlich ihrer relationalen Strukturen, d.h. der Polarität. Eine spekulative Auflösung der Polaritäten in Gott wie Böhme oder Schelling hat Heim nicht vollzogen, sondern den überpolaren Raum von Gott selbst noch einmal unterschieden[1098]. So sind die Polaritäten im Raum Gottes aufgehoben, aber nicht in Gott selbst. Er bleibt unpolar, d.h. einfach, und zwar in sich und nach außen, in die Welt hinein. Die Theodizeefrage wird nicht am Sein Gottes und der Welt, sondern erst am Handeln des Menschen, d.h. in Anthropologie, Hamartiologie und Christologie virulent. Allerdings entsteht das theoretische Problem, dass Heim keine immanente Trinitätslehre entwirft, sodass das Verhältnis Gottes zu seinem Raum ungeklärt bleibt. Wenn der überpolare Raum „nicht die Wirklichkeit Gottes selbst" ist, damit die „letzte Wirklichkeit … dem Zugriff unseres Denkens und unserer Beobachtung völlig entzogen"[1099] bleibt, erreicht dann auch der Glaube nur den überpolaren Raum der Gegenwart Gottes, aber nie Gott selbst? Glaubensgewissheit wäre so, streng genommen, unmöglich! Heims Motiv, die Wirklichkeit Gottes von seiner Gegenwärtigkeit zu unterscheiden, damit Gott dem denkenden Zugriff entzogen bleibt, tritt in problematische Konkurrenz zum eigentlichen Anliegen, die Nähe Gottes im Glauben auszusagen. Der Heilige Geist und das (leibliche) Wort des Evangeliums, also die Medien (Heils-

---

[1095] JH, 34.
[1096] Gott ist für Heim im Sinne von Descartes und Spinoza die einzige selbstursächliche Substanz, die keiner anderen Substanz bedarf, um zu existieren („id quod nulla alia substantia eget ad existendum", Heim, Gebet, GuL, 493; JH, 26; WnW, 26; das Zitat, das Heim Spinoza zuschreibt, steht bei Descartes, Die Prinzipien der Philosophie I, 51, Ausg. 1992, 17), sodass es außer Gott überhaupt keine in sich und aus sich bestehende Substanz geben kann, sondern alles, was *ist*, *in* Gott *ist* (Spinoza, Ethik, I, Lehrsatz 15).
[1097] JH, 30.
[1098] GN, 138f.158.
[1099] GN, 158.

mittel), *in* denen Gott dem Glaubenden gegenwärtig ist, sind nach reformatorischer und nach Heims Auffassung doch *Gott selbst*, wirkend im Geist.

Der überpolare Raum, so lautet die zweite In-Relation, ist der „Raum, in dem Gott für uns gegenwärtig ist"[1100]. Sinnvollerweise müsste man diese Relation mit den Cambridge-Platonikern More, Newton, Raphson und Clarke so interpretieren, dass der Raum der Welt der Ort und das Medium der Weltgegenwart Gottes ist, d.h. der Ort und die Art, in dem und wie Gott der Welt gegenwärtig ist[1101]. Leider hat Heim darin, den Raum Gottes von den polaren Räumen abzutrennen, den Bezug Gottes zum phänomenalen Anschauungsraum überhaupt nicht thematisiert, wodurch die Gegenwart Gottes eben gerade nicht als Nähe erfahrbar wird, auch nicht im Glauben, der doch auch räumliche Symbole braucht. Was Heim gemeint hat, ist aber der Sache nach das, was die realistischen Raumtheoretiker auch gemeint haben, wenn sie die Ausdehnung des Raumes mit der *immensitas Dei* gleichsetzten: Der Raum (Gottes) ist die Art und Weise seiner Gegenwart, und zwar in zweifacher struktureller Weise als Extensum (Ausdehnung) und als Intensum (Verdichtung). Gott ist so ausgedehnt, dass er überall gegenwärtig ist und er ist so konzentriert, dass er überall ganz da ist. More und besonders Oetinger haben die *immensitas Dei* als das Intensum verstanden, in dem sich der unendlich ausgedehnte, nirgends fixierte und unteilbare Gott (in seinen Geistern) so kontrahiert, dass er das Innen, das Lebensprinzip, in allen Geschöpfen wird[1102]. Heim hat auf

---

[1100] Ebd.

[1101] S. Clarke hat im zweiten Brief an Leibniz dessen Kritik an Newtons Bemerkung zum Raum als sensorium Dei zurückgewiesen und klargestellt, dass das sensorium nicht das Organ Gottes, sondern den Ort der Empfindung seiner Weltwahrnehmung bezeichne (Der Briefwechsel mit G.W. Leibniz von 1715/1716, 1990, 19.22), vgl. hierzu und zu den realistischen Raumtheorien Jammer, Problem des Raumes, 102–137, bes. 123f; Koyré, Universum, 119–185.

[1102] „Das Intensum ist ein unteilbares Wesen, hat aber doch die Eigentümlichkeit, sich durchdringen zu lassen und nachzugeben. Die sieben Geister Gottes können nicht zerteilt werden, einer aber weicht dem andern in Hinsicht auf die Übergewalt. Sie durchdringen einander, ohne sich miteinander zu vermischen. Das ganze Wesen des heiligen Geistes ist in jedem der sieben Geister, und jeder von ihnen ist in dem Ganzen des heiligen Geistes. Hesekiel kann dir hierüber feste und unüberwindliche Gründe an die Hand geben. Die vier Lebewesen sind Intensa, weil jedes einzelne in allen besteht und weil die einzelnen Kräfte im Ganzen sind, sodass die Extensibilität dem Intensum nicht abgesprochen werden kann. Das Intensum hat immaterielle Proprietäten in sich, geht aber zuvörderst in eine innere Leiblichkeit aus. … Jeder innere Körper ist ein absoluter Raum, der nicht aus der Koexistenz äußerer Bestimmungen, sondern aus der inneren Quelle der Intensität und der Subsistenz hervorgeht" (Oetinger, Theologia, nach: Die Weisheit auf der Gasse, 25f). Der Schluss des Zitats macht deutlich, dass auf Intensum genau die Heimsche Definition des Raums zutrifft. Intensa sind in sich (subsistierende) unendliche (absoluter Raum) Ganze (unteilbar, d.h. ohne Vermischung einander durchdringend), die eine Innenstruktur (Eigenschaften = polare Lebenskräfte) und eine Außenstruktur (Ausdehnung) haben. Der Unterschied zu Leibniz' Monaden ist nur die *polare* Innenstruktur und die direkte Wirksamkeit Gottes in ihnen (durch seine Geister), also die Imperfektibilität. Wie Heims Räume und Leibniz' Monaden sind auch Oetingers Intensa geschichtet. „Es gibt körperliche Intensa wie das nach Newton in sieben Farben zerlegbare Licht; es gibt geistige Intensa wie die Psyche und das Pneuma" (ebd.). Die geistigen sind höher als die körperlichen und das Intensum Gottes noch einmal höher: „Die Mathematiker sagen, es gebe ein Unendliches, das größer sei als ein Unendliches. Ich möchte dafür sagen, es gebe ein Intensum, das größer ist als ein Intensum. Der Geist ist ein Intensum größer als die Psyche. Er ist ein höheres Prinzip, ein in Gott bestehendes Wesen, die Psyche dagegen ein in der Natur bestehendes Wesen; beide aber sind nicht körperlich und gehen dabei in ein körperliches

solche kabbalistische Kontraktionstheorie zur Erklärung des Wie der Gegenwart Gottes verzichtet. Die doppelte extensionale und intensionale Struktur aber ist das *Strukturgesetz* des überpolaren Raumes: Wenn er in Kraft tritt, dann tritt er erstens überall und zweitens überall ganz in Kraft. „Wenn dieser höhere Raum überhaupt da ist, so tritt er auf der ganzen Linie in Kraft. Die neue Strukturordnung, die im überpolaren Raum gilt, kann dann nicht bloß innerhalb eines abgegrenzten Bezirks der Wirklichkeit zur Geltung kommen, sondern er muss alles umfassen."[1103] Logisch gesprochen ist das Strukturgesetz des überpolaren Raumes nicht die Neben- oder Nacheinander-Struktur der polaren Räume, nicht die logische Disjunktion, sondern das totale Sowohl-als-auch, das zugleiche Aufgehobensein aller Entweder-oder, das Beantwortetsein aller offenen Fragen. Gott bzw. der Raum Gottes ist wie bei N.v. Kues das unteilbare *unum*, die *coincidentia oppositorum*, die Einheit aller polaren Differenzen, die Antwort, in der alle Fragen zur Ruhe kommen.[1104]

c) Kategoriale Einheit und Verschiedenheit

Der polare Raum der Welt und der Raum Gottes sind nicht inhaltlich verschieden. Es kann keinen zweiten Raum neben dem Raum Gottes geben, sonst wären Welt und Gott polar zueinander und würden sich *gegenseitig* bedingen[1105]. Sie sind auch nicht dimensional verschieden, denn sie können nicht in einem dritten Raum zusammengeschaut werden[1106].

Sie sind aber in analoger Weise dimensional verschieden. Der polare Raum und der überpolare Raum sind zwei Räume, in denen eine und dieselbe Wirklichkeit nach zwei Strukturgesetzen geordnet ist. Es sind „zwei Räume, die beide das Weltganze umfassen, aber unter zwei entgegengesetzten Aspekten"[1107]. Die Ordnungsstruktur des polaren Raumes sind die polaren Strukturen, die die Naturwissenschaften teilweise erfassen, die Ordnungsstruktur des überpolaren Raumes ist die totale Allgegenwart Gottes, d.h. die Aufhebung aller Disjunktionen, die Ganz-

---

Wesen aus" (a.a.O., 27). Das Intensum Gottes ist der überunendliche (= aktual unendliche) überpolare Raum! Sein Drang zur Verleiblichung ist allerdings größer als bei Heim, und damit erfahrungsnäher, realistischer.

[1103] GN, 199f.
[1104] Vgl. GD 7, 192; dort als negative Charakterisierung der Indifferenzreligionen, der Sache nach aber genau, was das Strukturgesetz des überpolaren Raumes meint; vgl. GD 7, 203 die zustimmende Zitierung von Goethes Westöstlichem Diwan: „Und alles Drängen, alles Ringen, ist ewige Ruh in Gott dem Herrn."
[1105] GD 7, 204.
[1106] Auch die Philosophie der Räume ist nicht der dritte Raum, der Über-Gottesstandpunkt (gegen Bonhoeffer, Glaube, 229), in dem Gott und Welt zu einer Wirklichkeit zusammengeschaut werden. Für das Wissen bleibt die Differenz von Gott und Welt unauflösbar, nur im Glauben ist sie auf ungegenständliche und prinzipiell nicht objektivierbare Weise gelöst.
[1107] GN, 163.

heit aller Relationen. Also kann, jedenfalls in analoger Weise, die Weltordnung der Naturwissenschaft und der Gott der Religion identifiziert werden, wie es Max Planck, Albert Einstein und Werner Heisenberg getan haben.[1108] Heim hat darin zurecht keinen Spinozismus gesehen, denn nach dem Kategorienschema ist in der dimensionalen Einheit auch eine Verschiedenheit impliziert. Gott „ist" nicht das Naturgesetz, aber Gott ist wirkend im Naturgesetz. Alles Geschehen kann sowohl als Kausalzusammenhang als auch als Wirken Gottes gesehen werden. Es handelt sich um dieselbe Wirklichkeit, wenn auch auf andere Weise. Die ‚Perspektive' ist eine andere, da das Ordnungsgesetz ein anderes ist. Die polare Betrachtung separiert, differenziert und analysiert, was in der überpolaren Betrachtung des Glaubens als Einheit da ist: Das Weltgeschehen ist als Ganzes und in allen Teilen Gottes Handeln.[1109]

Polarer und nichtpolarer Raum beschreiben denselben ‚Gegenstand' Wirklichkeit (dimensionale Einheit und Verschiedenheit), denn beide umfassen je das Ganze der Welt, aber in unterschiedlicher Weise, und zugleich ist der polare Raum dem überpolaren eingeordnet (dimensionales, asymmetrisches Teilverhältnis). Der polare Raum hat sein Sein ‚im' überpolaren Raum. Da beide dimensionalen Relationen anders bei zwei polaren Räumen instantan zugleich gelten, handelt es sich um ein ‚überdimensionales' Verhältnis. Die polare Welt ist nicht so Teil des Raumes Gottes, wie ein Streckenteil Teil des Kontinuums ist und zugleich mit dem Ganzen identisch ist, sonst wäre jedes Weltelement spinozistisch substantiell die Unendlichkeit Gottes. Wohl aber ist der ganze Gott in jedem Teil repräsentiert und nicht nur präsent oder wirksam. Alles, was ist, hat, sofern es in Gott ist, überpolares Ursein und daraus sein Eigen-Sein. Das Werden der Natur hat von der Präsenz Gottes her entelechische Ganzheitskausalität, von sich selbst her aber nur polar-lineare Kausalität. Mit Heims Worten: „Wenn Gott ist, dann haben wir es bei allem, was wir denken oder erforschen oder tun, mit ihm und mit ihm allein zu

---

[1108] GN, 164, dort zustimmendes Zitat M. Planck: „Unser nach einer einheitlichen Weltanschauung verlangender Erkenntnistrieb fordert es, die beiden überall wirksamen und doch geheimnisvollen Mächte, die Weltordnung der Naturwissenschaft und den Gott der Religion, miteinander zu identifizieren" (Planck, Religion und Naturwissenschaft, 1937, in: Vorträge und Erinnerungen, 331); zum „Gott der Physiker" vgl. Benk, Moderne Physik und Theologie, 221–238 (M. Planck: Gott als naturgesetzliche Macht; A. Einstein: Kosmische Religiosität; W. Heisenberg: Gott als zentrale Ordnung).

[1109] Wir weisen darauf hin, dass von Heim die All- und Alleinwirksamkeit Gottes in allen Dingen der Schöpfungslehre nicht problematisiert wird und auch das Wie der Wirksamkeit Gottes in der Welt, relativ zur naturgesetzlichen Ordnung nicht thematisiert wird, und auch nicht muss, da beide Perspektiven ja inkommensurabel sind. Weil Heim das Wie, d.h. die Zeit hier ausblendet, hat seine späte Schöpfungslehre aber eine Tendenz zum Fatalismus. Das reine Dass des Wirkens Gottes besagt dasselbe wie das Wort Schicksal oder der Begriff Naturgesetz. Hier hatte Heim in der „Glaubensgewissheit" (s.o. Kap. IV.5) und in der Erstfassung von „Glaube und Denken" (s.o. Kap. VI.5) genauer differenziert. Im Spätwerk hat Heim erst in der Christologie, noch nicht in der philosophischen Grundlegung, die Alleinwirksamkeit Gottes (überpolare Perspektive) ins zeitliche Verhältnis zu Freiheit und Widerspruch von Mensch und Natur (polare Perspektive) gesetzt und eschatologisch aufgelöst (JH, 134–140). Die Weltvollendung wird die Aufhebung der polaren Weltform und die Rücknahme in die überpolare Ewigkeit Gottes bringen (WW, 137–143).

tun. Er bedingt an jeder Stelle alles, aber nicht in der relativen Art und Weise, in der innerhalb der Beziehungsreihen, die wir kennen, die Glieder einander kausieren und hervorrufen, sondern auf eine absolute Art, die wir mit keiner der uns bekannten Beziehungen vergleichen können, für die wir also ein besonderes, undefinierbares Wort einführen müssen, das wir nur an dieser Stelle verwenden, nämlich das Wort Schöpfung, creatio."[1110]

d) Erkenntnisweise

Wie jeder polare Raum nicht als ganzer erkannt (objektiviert) werden kann, so kann der überpolare Raum nicht erkannt (objektiviert) werden, und zwar prinzipiell. Er kann aber, wie polare Räume, erlebt werden. Erschlossen ist der überpolare Raum dann, wenn ich mit meiner ganzen Existenz darin stehe. Diese Existenzweise ist der Glaube, wie ganz allgemein Glauben die Art ist, „wie wir in einem Raum existieren, aus ihm heraus leben, ganz und gar in ihm verwurzelt sind"[1111]. Der Glaube impliziert bei Heim die unbedingte Wertsetzung meiner Existenz, aber auch die unbedingte ethische Orientierung, eine „letzte Sanktion des Handelns"[1112] in einer unbedingten Autorität. Der überpolare Raum ist mir nur erschlossen, wenn ich Gott in der zweiten Person begegne, nicht aber, wenn ich von oder über ihn in der dritten Person rede. Die Lehre vom Raum Gottes muss darum „als eine Phänomenologie des Gebetes"[1113] entwickelt werden. Das Inkrafttreten des überpolaren Raumes Gottes ist wie das Sich-eröffnen eines neuen polaren Raumes ein Offenbarungsereignis. Die Offenbarwerdung Gottes hat dieselbe Struktur wie die nichtgegenständliche Erkenntnisweise der Räume. Das Erleben der Jenseitigkeit Gottes im Gebet ereignet sich als irrationales, passives Erschlossensein des Raumes Gottes.

Auf den Raum Gottes bezogen gibt es über das Erleben der polaren Räume hinaus eine besondere Weise des Erlebens: die Zentralschau. Sie hat einen noch größeren Synthesegrad als der (einfache) Glaube. Der Glaube schenkt die Gewissheit meiner Existenz und die Lösung aller *meiner* Fragen, die Zentralschau oder der Zentralblick, wie Heim mit Jakob Böhme sagt, schenkt den Durchblick durchs Ganze, die Durchschau in die ganze Fülle und Tiefe des Universums[1114]. Heim hat allerdings zurecht keine Grade des Glaubens unterschieden, sondern die Zentralschau als das außerordentliche Offenbarungsereignis stehen lassen. Gleichwohl ist die Existenzweise und Schau des Glaubens immer eine „Teilschau" des Zentralblicks.

[1110] GD 7, 210f.
[1111] WnW, 147.
[1112] GD 7, 192.
[1113] Timm, Glaube, 105; vgl. den einleitenden Abschnitt zum Schlussteil „Die Jenseitigkeit Gottes: Das Erleben der Jenseitigkeit Gottes im Gebet" (GD 7, 172–179).
[1114] GN, 185.

Denn der Glaube ist „das Sein des ganzen Menschen in der überpolaren Sphäre"[1115]. Glaube bedeutet die *Teilhabe*, die *participatio*, am überpolaren Raum Gottes. Die Teilhabe an Gott, die in der „Glaubensgewissheit" als das Aufgenommensein in den nichtgegenständlichen Raum Gottes verstanden war, ist hier noch leiblicher gedacht, die *unio mystica* materialisiert zur Theosis. Glaube ist nicht nur das Sein *in* Gott, das Sein ἐν Χριστῷ (2. Kor 5,17), sondern die Teilhabe an der göttlichen Natur (2. Pt. 1,4). Im Glauben wird aber auch die Natur als in das überpolare Sein Gottes aufgenommen erkannt, sodass sie an ihm partizipiert und ihr eigentliches Sein aus der Teilhabe an der Natur Gottes gewinnt. Jedoch nur dem Glauben ist offenbar, was die letzte Wahrheit der Natur als Schöpfung ist: „Alles, was ist, Ich und Du und alle Wesen und alles, was gegenständlich um uns her ist, [hat] sofern es in Gott ist, göttliches Wesen, also ein überpolares Ursein. ... Alles, was in Gott ist, muss teilhaben an seinem Wesen."[1116] Eine spekulative Zusammenschau der Weltwirklichkeit in einem All-Ich, das nur noch dem überpolaren Ur-Du gegenüberstände und in dieses aufgehoben wäre[1117] oder die spekulative Vorwegnahme der eschatologischen Apokatastasis panton, hat sich Heim verwehrt[1118], sodass der Vorwurf des Pantheismus[1119] ganz unberechtigt ist.

e) Hierarchie und dynamisches Verhältnis der Räume

Die Gefahr der Alleinheitsmystik ist völlig gebannt, weil sie in der Anlage der Philosophie der Räume schon unterbunden ist. In der Logik der Transzendenzverhältnisse der Räume ist in der Einheit der Welt in Gott auch die Verschiedenheit

---

[1115] WnW, 147.
[1116] JH, 31; den Zusammenhang zur russisch-orthodoxen Religionsphilosophie herzustellen, bedürfte einer eigenen Untersuchung. Nur der Hinweis auf N. Berdjajew, Versuch einer eschatologischen Metaphysik. Schöpfertum und Objektivation, sei gestattet, der gegen die statische ontologische, naturalistische, deterministische, monistische oder objektivistische Philosophie eine schöpferisch-dynamische, personalistische und eschatologische Philosophie des Subjekts, des Geistes und der Freiheit entwickeln will (85). Er entfaltet, wie Heim, ausgehend von einer relationalen, die Entgegensetzung von Subjekt und Objekt überwindenden, offenbarungstheologischen Erkenntnislehre, nach der Erkenntnisgegenstand und Bewusstsein des Erkennens im Erkenntnisakt geschaffen werden, eine personale Existenz- und Seinslehre, dann eine dynamische, kreativ-werdende, auf einer Kausalität der Freiheit begründeten Schöpfungslehre und eine geschichtliche, universale Eschatologie.
[1117] Gottes Allgegenwart schließt zwar die „Allheit aller Ichwesen, die das Weltganze umfaßt" mit der „Einsamkeit des einzelnen Ich, das von allen anderen Ich abgeschlossen ist" (GN, 207) synthetisch zusammen. Da Gott sich aber nur als Du, d.h. dem Einzelnen im Gebet, erschließt, ist diese Synthese nicht die Aufhebung aller Ich-Unterschiede, sondern der tiefste Zusammenschluss aller Beter zur *personalen* Gemeinschaft.
[1118] Für das Wissen und das Handeln bleibt das Entweder-oder zwischen Apokatastasis panton und doppeltem Ausgang offen, weil auch diese letzte polare Disjunktion (und mit ihr alle anderen) erst im eschatologischen, endgültigen Aufgehobensein ins überpolare Sein Gottes, wenn Gott definitiv alles in allem sein wird, gelöst sein wird (JW, 190–198, vgl. Grüter, Begegnung, 293ff).
[1119] Soe, Religionsphilosophie, 65.

von Gott und Welt impliziert. In der Hierarchie der Räume steigt mit zunehmender Komplexität der Räume zwar der Synthesegrad – niedere Räume können in höhere aufgenommen werden, sodass der höhere den niederen als Teilraum umfasst –, aber auch der Transzendenzgrad. Der höhere Raum ist vom niederen aus gesehen transzendent. Der niedere kann nicht zum höheren hin ‚überschritten' werden, wenn sich nicht der höhere von sich aus erschließt. Das asymmetrische Verhältnis der hierarchischen Räume wiederholt sich im Verhältnis des polaren Raumes der Welt zum überpolaren Raum Gottes.

Die Überpolarität bringt, recht verstanden, genau die im Gebet und im Glauben erlebte und bekannte Präsenz und Jenseitigkeit Gottes als dimensionales Verhältnis von Identität und Differenz zum Ausdruck, und zwar in dreifacher Weise hinsichtlich der Allpräsenz im Raum, der Allwirksamkeit in der Zeit und der Seinsteilhabe an ihm.

Wenn der Glaube bekennt: Gott ist allgegenwärtig in jedem Ding, in jedem Raum, an jedem Ort, zu jeder Zeit, so bedeutet dies einerseits: Gott ist nicht identisch mit dem Universum, er „ist" nicht dieses Ding. „Gott ist vielmehr in jedem Weltinhalt so da, dass er nicht dieser Inhalt selbst ist, sondern jenseits dieses Inhaltes bleibt als der, der ihn jeden Augenblick setzt und in seiner Gewalt hat. Gott ist an jedem Punkt von Raum und Zeit, aber nicht so, dass er dieser Raumpunkt und Zeitpunkt selber ist, sondern so, dass er jenseits desselben bleibt und ihn jeden Augenblick setzt und in seiner Gewalt hat."[1120]

Es bedeutet aber auch andererseits: Gott ist nicht nur mir jetzt im Moment des Glaubensaktes oder des Betens gegenwärtig, er ist mir und der Welt näher, als ich erfahren kann. Er ist mir näher, als ich mir selber bin. Er ist jedem Ich gleich nahe, an jeder Stelle des unendlichen Raums und der Zeit und allen Dingen genau gleich und überall ganz gegenwärtig[1121]. Wie Gott in allem ist, ja alles in allem *ist*[1122], sodass alles in ihm ist, so hat alles, was ist, *in ihm* überpolares Sein[1123]. Weil Gott für den Glauben „alles in allem [ist], dann ist alles, was in der Welt ist, in Gott, alles Weltgeschehen ist Gottes Handeln, die ganze Wirklichkeit ist also

---

[1120] GD 7, 177.
[1121] GD 7, 175f; M. Luther hat in der Abendmahlsschrift für diese Art der *überall ganzen* Gegenwart Gottes im Raum mit der Tradition den Ausdruck *repletive* im Unterschied zur *circumsriptiven* (ein Körper in einem umfassenden Raum) und zur *definitiven* (sinnlich unfassliche Gegenwart geistiger Wesen im Raum) gebraucht: „Wenn etwas zu gleich gantz vnd gar / an allen oertern ist vnd alle oerte fullet / vnd doch von keinem ort abgemessen vnd begriffen wird nach dem raum des orts / da es ist. Diese weise wird allein Gotte zu geeignet" (Vom Abendmahl Christi. Bekenntnis, 1528, WA 26, 329 = Cl 3, 395); vgl. schon Thomas v. Aquin, STh I, 52, 2: „Nam corpus est in loco circumscriptive: quia commensuratur loco. Angelus autem non circumscriptive, cum non commensuretur loco, sed definitive: quia ita est in uno loco, quod non in alio. Deus autem neque circumscriptive neque definitive: quia est ubique. / Denn ein Körper ist umschriebener Weise an einem Ort, weil er durch den Ort umfasst wird. Ein Engel aber ist nicht umschriebener Weise, weil er nicht vom Ort umfasst wird, sondern auf bestimmte Weise: Denn er ist so an einem Ort, dass er nicht an einem anderen ist. Gott aber ist weder auf umschriebene noch auf definite Weise: Denn er ist überall."
[1122] Jetzt (JH, 30), nicht erst eschatologisch (1.Kor 15,28)!
[1123] JH, 31.

ihrem wahren Wesen nach überpolares Ursein und Urgeschehen."[1124] Gott ist äußerer als das Äußerste und innerer als das Innerste, er ist das Außen von allem Außen und zugleich das Innen in allem Innen, sodass die Welt in Gott mit Gott (unanschaubar) identisch – und zugleich verschieden – und Gott in der Welt mit der Welt (unanschaubar) identisch – und zugleich verschieden ist.

[1124] JH, 33.

VIII. Die Philosophie der Räume als theologische Analogielehre und Kosmologie

Die Philosophie der Räume ist ein gegenüber der theologischen Tradition höchst innovativer und eigenwilliger Versuch, die Transzendenz Gottes von den innerweltlichen Transzendenzen und Strukturverhältnissen her neu zu denken. Gleichwohl stehen sowohl die Fragestellung als auch die Problemlösung in einem theologischen und philosophischen Kontext. Das Verhältnis von Transzendenz und Immanenz Gottes im Verhältnis zur Welt in angemessener Weise zu denken, ist der Zweck der sog. Analogielehren. Das Problem der Analogie ist eines der vieldiskutierten Hauptprobleme der Fundamentaltheologie der ersten Hälfte des 20. Jahrhunderts, aber auch der Tradition. Eine angemessene theologische Würdigung von Heims Raumlehre kann nur erfolgen, wenn seine Position innerhalb der theologischen Diskussion bestimmt wird. Das soll im nächsten Abschnitt geschehen (1.). Außerdem steht Heim in einer impliziten Verbindung zu philosophischen Ansätzen, das gegenständliche, atomistische und substanzontologische Weltbild der neuzeitlichen Physik und Metaphysik zu überwinden. Besonders A.N. Whitehead und G. Günther haben hierzu wesentliche Impulse einer nachneuzeitlichen Metaphysik geliefert, eine dynamische Metaphysik und Kosmologie unter den Kategorien der Relation, des Werdens und des Neuen zu entwickeln. Deren kategoriale Strukturlehren stimmen im Grundgedanken mit Heims Philosophie der Räume überein und begreifen ebenso die innerweltlichen Verhältnisse als Transzendenzverhältnisse. Durch den Vergleich mit Whitehead (2.) und Günther (3.) in den folgenden Abschnitten gelingt eine begriffliche Präzisierung von Heims Raumlehre und die Anbindung Heims an die neuere philosophische Kosmologie.

1. Die Raumlehre als theologische Analogielehre

Die Transzendenz Gottes wurde von Heim mittels des Denkens in Räumen so zur Geltung gebracht, dass im Grundbegriff des Raumes sowohl die Einheit wie die Verschiedenheit der Gotteswirklichkeit von der Weltwirklichkeit gedacht werden können. Der überpolare Raum Gottes erlaubt die Transzendenz Gottes in Unterscheidung wie in Zuordnung zur polaren Welt zu denken. In jeder Ähnlichkeit des polaren zum überpolaren Raum ist eine noch größere Unähnlichkeit impliziert. Dem negativen Ausschlusskriterium jeder sachgemäßen Analogielehre, dass bei jeder Ähnlichkeit eine noch größere Unähnlichkeit mitzudenken sei[1125], wurde

---
[1125] Vgl. die Bestimmung des IV. Lateranums (1215): „Inter creatorem et creaturam non potest tanta similitudo notari, quin inter eos maior sit dissimilitudo notanda" (DS 432).

Rechnung getragen und in der kategorialen Gegenüberstellung der polaren und des überpolaren Raumes zur Geltung gebracht. Die dimensionale Analogie der Räume erlaubt tatsächlich – so war das Ergebnis – die Transzendenz Gottes von der polaren Welt aus zu denken, ohne dass sie in Immanenz aufgelöst würde.

Bei der materialen Entfaltung der Heimschen Analogielehre haben wir allerdings bisher die prinzipielle Frage nur am Rande berührt, welche Art von Analogielehre im polar-überpolaren Raumschema genau impliziert ist und ob diese der theologischen Rede von Gott angemessen ist. Es blieb die Frage offen, ob die von Heim gedachte *Transzendenz* Gottes auch wirklich die Transzendenz *Gottes* ist, ob also das in der Analogie der Räume analog Bezeichnete auch tatsächlich der analogen Bezeichnung entspricht, ob mithin die *analogia nominum* auch wirklichkeits- oder seinsgemäß ist. M.a.W.: es geht um die Wahrheit der Heimschen Analogielehre und der darin implizierten Ontologie.

Da die Frage nach Gültigkeit und Möglichkeit analoger Rede von Gott das Grundproblem der Angemessenheit jeder (menschlichen) Rede von Gott ist[1126], soll die Philosophie der Räume profiliert werden, indem sie in ein Gespräch mit den Analogielehren der philosophisch-theologischen Tradition gebracht wird. Dadurch werden die genaue Gestalt und der prinzipielle Anspruch der Heimschen Analogielehre deutlicher hervortreten als es in der materialen Darstellung der Fall war.

Wir reagieren damit auch auf den Vorwurf der Kritiker Heims, die gerade die Unklarheit seines Analogiebegriffs bemängelten. Ian Barbour hat in einer Besprechung von „Gottesglaube und Naturwissenschaft" Heims Religionsphilosophie als „Analogy of Spaces"[1127] charakterisiert und dabei seine Übertragung eines naturwissenschaftlichen Konzeptes auf die Beziehung von Natur und Übernatur kritisiert, weil nicht geklärt sei, ob Raum als Symbol, Analogie oder einfache Metapher zu verstehen sei, sodass sich aufgrund des ungeklärten ontologischen Status der Analogie „epistemological distinctions into metaphysical ones"[1128] verwandeln. Heims Analogie der Räume könne lediglich als suggestiv-metaphorische Veranschaulichung oder Erhellung für den Begriff der Transzendenz Gottes, nicht aber als strenge, begrifflich und ontologisch klare Analogielehre gelten.

Wir versuchen demgegenüber zu zeigen, dass Heims Analogie der Räume sehr wohl eine begrifflich und ontologisch klare wie tragfähige Analogielehre darstellt. Dazu bringen wir die Philosophie der Räume in ein Gespräch mit den Hauptformen philosophisch-theologischer Analogielehre, der *analogia proportionalitatis*, der *analogia attributionis*, der *analogia fidei* und der *analogia entis*. Dargestellt sollen die Hauptformen anhand ihrer wirkungsgeschichtlich bedeutendsten Vertreter, nämlich Immanuel Kant, Thomas von Aquin, Karl Barth und Erich Przywara.

[1126] E. Jüngel, Gott als Geheimnis der Welt, 1977, 357–382 (Das Problem analoger Rede von Gott).
[1127] I. Barbour, Karl Heim on Christian Faith and Natural Science, 1956, 231.
[1128] A.a.O., 236.

a) Analogia proportionalitatis: Heim und Kant

Analogie bezeichnet im allgemeinsten Sinn seit Platon ein Verhältnis (gr. ἀναλογία = lat. proportio), genauer ein Verhältnis der Entsprechung zwischen zwei unähnlichen Dingen, welche durch die Analogie, dem „schönste[n] Band"[1129] der Zusammenführung und Verbindung Zweier zu einer Einheit, zusammengebunden werden. Die Analogie steht als verbindendes und vermittelndes Drittes zwischen den zu vermittelnden Dingen. Sie schafft die Einheit des Verhältnisses, die eine Gleichheit oder eine Ähnlichkeit sein kann. Analogie ist also nicht eine Ähnlichkeit zwischen Dingen, sondern die Einheit von Verschiedenem im Verhältnis. Der einfachste Fall der Analogie ist die geometrische Proportion, also das, was Heim das Proportionalverhältnis nennt: die Übereinstimmung von verschiedenen Proportionen im gleichen (= analogen) Verhältnis (2:6 = 3:9 = 1:3)[1130]. Daraus bildet sich die seit Aristoteles *analogia proportionalitatis* genannte Grundform der Benennungsanalogie, welche nach der Definition Kants „nicht etwa, wie man das Wort gemeiniglich nimmt, eine unvollkommene Ähnlichkeit zweener Dinge, sondern eine vollkommne Ähnlichkeit zweener Verhältnisse zwischen ganz unähnlichen Dingen bedeutet."[1131] Sprachlich ist die Analogie damit eine Form der Metapher[1132], d.h. der sprachlichen Übertragung, um Dinge zu vergleichen, die ihrem Wesen nach nicht vergleichbar sind.[1133] Die Analogie erlaubt es kraft der Übertragung, „uns von intelligiblen Dingen, von denen wir an sich nicht die mindeste Kenntnis haben, doch irgend einigen Begriff zu machen"[1134], also insbesondere von Gott, der unserer Sinneserfahrung nicht zugänglich ist. Weil aber alle Erkenntnis an Erfahrung gebunden ist, muss auch Gott, wenn er nicht als „bloßes Gedankending"[1135], sondern als Gott gedacht werden soll, nach Art der Erscheinungen erkannt werden. Dies gelingt, indem Gott in Analogie zu Erfahrungsbegriffen begriffen wird. So kann Gott nach Analogie der Erfahrungsverhältnisse ins Verhältnis zur Welt gesetzt werden, ohne dass er dabei verweltlicht würde. Etwa können wir das Verhältnis Gottes zur Welt analog dem des Künstlers oder Baumeister zu seinem Kunstwerk begreifen. Die Ähnlichkeit der Verhältnisse in der *analogia proportionalitatis* (Gott : Welt ≈ Uhrmacher : Uhr) lässt den Vergleich der Glieder offen. Wir reden nicht von Gott als dem Baumeister der Welt, sondern von Gott „*als ob*"[1136] die Welt sein Werk wäre. Analoge Rede von Gott

---

[1129] Platon, Tim. 31c.
[1130] „Von analogon rede ich dann, wenn sich gleich verhält das Zweite zum Ersten und das Vierte zum Dritten; dann sagt man statt des Zweiten das Vierte ..." (Aristoteles, Poetik, 1457b).
[1131] Kant, Prol. A 176.
[1132] Vgl. G. Söhngen, Analogie und Metapher. Kleine Philosophie und Theologie der Sprache, 1962.
[1133] So kann man, um das Standardbeispiel seit Aristoteles zu geben, das Alter den Abend des Lebens nennen, weil sich das Alter zum Leben verhält wie der Abend zum Tag (Poetik, 1457b).
[1134] Kant, KrV, B 594.
[1135] Ebd.
[1136] Kant, Prol. A 175.

ist nach Kant diejenige natürliche Theologie, die die Grenzen der Vernunft anerkennt, weil die Benennung Gottes in Erfahrungsbegriffen „nur die Sprache und nicht das Objekt selbst angeht."[1137] Es handelt sich rein um eine Analogie der Benennung, nicht des Seins.

Durch das Mittel der Analogie wird das Verhältnis Gottes zur Welt begrifflich konsistent denkbar. Es wird dadurch aber nicht schon im Sinne der Erfahrungserkenntnis erkennbar. Die *analogia nominum* behauptet die Denkmöglichkeit eines zum Weltverhältnis analogen Gottesverhältnisses, nicht aber die Wirklichkeit. Die Unterscheidung zwischen Denkbarkeit und Erkennbarkeit, zwischen logisch konsistentem begrifflichem Gehalt und Realität oder Existenz einer Sache, ist, darauf verweist E. Jüngel[1138] zu Recht, entscheidend für Kants Analogieverständnis. Aus der Denkanalogie ist kein Überschritt zur Seinsanalogie möglich. Es gibt keine Möglichkeit, per Analogieschluss auf Gott zu schließen.[1139]

Die Unterscheidung zwischen Denkbarkeit und Erkennbarkeit der Analogie, die mit der Behauptung der *analogia nominum* die *analogia entis* bestreitet oder zumindest offenlässt, ist auch die wesentliche Intention des Heimschen Analogieverständnisses. Der überpolare Raum wird mittels der Analogie der Räume denkmöglich. Mehr als die Denkmöglichkeit des überpolaren Raumes, dass, „wenn es einen Raum mit polarer Struktur hat … es auch einen anderen Raum geben könnte, der nicht diese polare Struktur hat" und „von unserem Denken kein Einwand gegen seine Möglichkeiten erhoben werden kann"[1140], ist nicht postuliert. Die Wirklichkeit des überpolaren Raumes ist qua Analogieschluss, überhaupt „mit unserem menschlichen Schlussverfahren"[1141], nicht zu erweisen. Er kann nicht „durch einen kausalen Rückschluss aus der Erfahrungswelt"[1142] erschlossen werden. Den physikotheologischen Gottesbeweis (Analogieschluss) lehnt Heim mit Kant ebenso ab wie den kosmologischen Gottesbeweis (kausaler Rückschluss). Die Wirklichkeit des überpolaren Raumes kann allein durch die Offenbarung Gottes in Jesus Christus erschlossen und allein im Glauben erfahren werden. Die Behauptung der Denkbarkeit des überpolaren Raumes mittels des Analogie des Raumbegriffes hat bei Heim den Zweck, die entsprechende Seinsanalogie, also die Erkennbarkeit der Analogie für die Vernunft, zu bestreiten und seine Wirklichkeit ausschließlich per Offenbarung zugänglich zu machen. Mit scharfen

---

[1137] Ebd.
[1138] Jüngel, Gott als Geheimnis, 138.361.
[1139] Aufgrund der Unmöglichkeit des Analogieschlusses hat Kant auch den physikotheologischen Gottesbeweis, obwohl er „jederzeit mit Achtung genannt zu werden" (KrV, B 651) verdient, abgelehnt; vgl. zu den Gültigkeitsbedingungen des Analogieschlusses und Kants Begründung seines Scheitern R. Groh / D. Groh, Weltbild und Naturaneignung. Zur Kulturgeschichte der Natur, 20f; U. Beuttler, Anthropische Prinzip.
[1140] WW, 188.
[1141] Ebd.
[1142] GN, 232.

Worten hat Heim die *analogia entis* abgelehnt als den „titanischen Versuch des menschlichen Denkens, sich Gottes zu bemächtigen und ihn, der doch ‚das ganz andere' ist, in das Netz unserer menschlichen Begriffe und Kategorien einzufangen."[1143] Die *analogia entis* versuche, Gott und Welt unter einen gemeinsamen Nenner zu bringen, indem beide unter denselben Begriff des Seins gefasst werden, sodass aus dem Sein der geschaffenen Welt auf das Sein des Schöpfers geschlossen werden kann.

Dass diese Ablehnung der *analogia entis* nichts weiter als die gängige protestantische Polemik[1144] an der katholischen Analogia-entis-Lehre darstellt, aber an deren Intention völlig vorbeigeht, sei vorerst nur erwähnt – wir kommen darauf zurück. Die Intention Heims entspricht jedenfalls der Kants: die Denkbarkeit der Transzendenz Gottes als Überpolarität von der Polarität aus zu ermöglichen, ohne dass die Begrenztheit der menschlichen Vernunft übersprungen wird. Gottes Wirklichkeit ist nicht aus Erfahrungsbegriffen erschließbar oder erkennbar, sondern nur nach Analogie der Erfahrungsbegriffe denkbar. Die Analogie der Räume ist für Heim wie für Kant eine reine *analogia nominum*, keine *analogia entis*. Die *analogia nominum* vermeidet gerade die *analogia entis*. Die Analogie der Räume sei sogar „das einzig wirksame Schutzmittel gegenüber der Gefahr"[1145] der *analogia entis*, die unendliche qualitative Differenz zwischen Gott und Mensch übersteigen zu wollen.

Allerdings hat dieses Analogieverständnis ein massives Problem, weil gezeigt werden kann, dass eine reine *analogia nominum* nicht möglich ist. Dieses Problem der Kantschen und der Heimschen Analogielehre wird deutlich, wenn wir die Analogie einmal sprachlich ausführen und die Grundfigur der *analogia proportionalitatis* auf den überpolaren Raum anwenden. Dem überpolaren Raum entspricht auf der Seite der Welt der polare Raum, d.h. Gott verhält sich zur Welt wie der überpolare zum polaren Raum. Die Analogie hat aber – auch darauf hat E. Jüngel hingewiesen[1146] – zur Bedingung, dass die Übertragung verständlich sein muss. Das ist sie nur, wenn beide Verhältnisse als solche bekannt oder wenigstens verstehbar sind. Nur dann kann die Entsprechung der Verhältnisse hergestellt werden. Von Gott kann nur dann Analoges ausgesagt werden, wenn außer dem analogen Weltverhältnis auch das Verhältnis Gottes zur Welt strukturell verständlich ist. Damit im Beispiel Kants das Verhältnis zwischen Uhrmacher und Uhr als Analogans auf das Analogat Gott-Welt übertragen werden kann, muss das Ver-

---

[1143] GN, 157.
[1144] Vgl. Barths vielzitiertes Wort, er „halte die analogia entis für *die* Erfindung des Antichristen und denke, dass man *ihretwegen nicht* katholisch werden kann" (KD I/1, VIII), weil sie eine „überschaubare und durchschaubare, vom Standpunkt eines Schauenden in einer Synthese als Analogie zu *verstehende* Analogie" (252) zwischen göttlichem und geschöpflichem Sein behaupte.
[1145] GN, 158.
[1146] Jüngel, Gott als Geheimnis, 364.

hältnis Gott-Welt strukturell ähnlich, d.h. hier als kausales Abhängigkeitsverhältnis, aufgefasst werden können. Es ist also schon ein bestimmter Gottesbegriff als bekannt und verstehbar vorausgesetzt. Die Gleichheit zweier *Verhältnisse*, die die analogia proportionalitatis aufzeigen will, erfordert eben die *Ähnlichkeit* beider Verhältnisse zu ihrer Vergleichbarkeit.

Die Transzendenz Gottes im Begriff des überpolaren Raumes analog zu denken, also das Verhältnis des polaren zum überpolaren Raum auf das Verhältnis Gottes zur Welt zu übertragen, setzt die Bekanntheit des ersten Verhältnisses voraus. Das ist aber a priori nicht der Fall, denn der Begriff der überpolaren Raumes ist eine Wortschöpfung Heims, mit dem gerade der mit anderen (mathematisch-physikalischen) Räumen vertraute Leser zunächst nichts Sinnvolles verbinden kann. Der überpolare Raum kann sprachlich zunächst nicht identifiziert werden, insbesondere nicht vom Naturwissenschaftler[1147], dem der Raumbegriff die Denkbarkeit der Analogie ermöglichen sollte, da der ihm bekannte polare Raumbegriff nun gerade das Gegenteil von dem meint, was der überpolare Raum bezeichnet. Daher bleibt auch das Verhältnis des polaren zum überpolaren Raum unbestimmt bzw. bloß negativ bestimmt. Wird aber der überpolare Raum bloß via negationis als unpolar bestimmt, so bleibt per analogiam auch das Verhältnis Gott-Welt rein negativ bestimmt.

Die reine Proportionalitätsanalogie erlaubt, wenn Gott und sein Verhältnis zur Welt als schlechthin unbekannt vorausgesetzt wird, nur eine rein negative Theologie und gelangt nur zu einem einzigen Gottesprädikat: der Unerkennbarkeit Gottes oder, schärfer noch, der Undenkbarkeit. In der Tat schien bei Heim dieses Gottesprädikat eine der Intentionen der Einführung des überpolaren Raumes auszudrücken, weshalb wir in unserer Interpretation die Überpolarität Gottes als Unendlichkeit im Sinne der Unerkennbarkeit herausgestellt haben. Die positive Intention Heims, mit der Überpolarität die Allgegenwart Gottes verständlich zu machen, also gerade nicht seine Undenkbarkeit, sondern die Möglichkeit seiner Allwirklichkeit zum Ausdruck zu bringen, wird damit aber eher verdunkelt. Die Unerkennbarkeit oder gar Undenkbarkeit Gottes ist noch nicht die Unerkennbarkeit *Gottes* als des Allwirklichen.

Daraus ergibt sich, dass die kategorische Ablehnung einer *analogia entis*, d.h. die Behauptung der schlechthinnigen apriorischen Unbekanntheit, ja Undenkbarkeit Gottes, den Zweck der Analogie überhaupt aufhebt. Die Analogie nur auf die

---

[1147] Vgl. A. Neuberg, Rez. zu GN, ThLZ 1952, 304.306: „Der exakte Naturforscher hört, wenn er von ‚überpolaren Räumen‘, vom ‚Denken in Räumen‘ hört ... ein seltsames Klingen, eine Fremdsprache, die ihm etwas Unfassliches ist. ... Das ‚Denken in Räumen‘, in ‚nicht-gegenständlichen Räumen‘ wird dem Experimentalforscher als Denken in Träumen erscheinen, in einer illusionären Welt, in der er sich unbehaglich fühlt wie unter Gespenstern"; ders., Rez. zu WW, ThLZ 1953, 304: „Zwar geistern auch hier noch die ‚polaren und überpolaren Räume‘, die ‚Dimensionen des überpolaren Raumes‘ und das ganze ‚Denken in Räumen‘, das uns naturwissenschaftlichen Seelen – ich rechne mich gerne dazu – unbehaglich ist, weil wir nichts damit anfangen können. Aber es tritt doch vor den einfachen Tatsachen der Wissenschaft wie die des Glaubens wohltuend zurück."

Sprache, aber gar nicht auf die Sache zu beziehen, hebt die Analogie auf – bei Kant wie bei Heim.

Die reine Proportionalitätsanalogie ist auf Gott nicht anwendbar. Sie muss erweitert werden um eine gemeinsame Bestimmtheit beider Verhältnisse. Sie müssen geordnet werden auf ein Gemeinsames hin. Die *analogia proportionalitatis* muss ergänzt und untermauert werden durch eine *analogia attributionis*. So hat es Kant de facto getan, indem er beide Verhältnisse als strukturell gleichartig, nämlich als kausales Abhängigkeitsverhältnis vorausgesetzt hat.

Ebenso haben wir oben den überpolaren Raum Gottes und den polaren Raum auf den gemeinsamen Begriff des Raumes hin geordnet, von dem her Unterscheidung wie Gemeinsamkeit beider Räume deutlich werden. Damit haben wir die Proportionalitätsanalogie (Gott : Welt = überpolarer : polarem Raum) um eine Attributionsanalogie ergänzt (überpolarer Raum : Raum = polarer Raum : Raum). Ob damit doch der überpolare und der polare Raum auf einen gemeinsamen Seinsbegriff hin geordnet wurde, sodass unsere Interpretation Heim gerade die von ihm kategorisch abgelehnte *analogia entis* unterschoben hätte, soll hier noch offen bleiben. Die entscheidende Aufgabe muss jedenfalls sein, den ontologischen Status des Raumbegriffs zu klären, weil sich daran Tragfähigkeit und Wahrheit der Heimschen Analogielehre entscheidet.

Es sollte hier vorläufig nur deutlich werden, dass auch die Ablehnung der *analogia entis* sich nicht mit dem absoluten, schlechthinnigen Gegensatz zwischen Gott und Welt begnügen kann. Denn die ausschließliche Behauptung der totalen Verschiedenheit von Gott und Welt, um die Transzendenz, also die Unterscheidung Gottes von der Welt zu denken, denkt gerade nicht Gott, jedenfalls nicht einmal eine Karikatur des allgegenwärtig geglaubten Gottes. Dass man Gott überhaupt kein menschliches bzw. erfahrungsweltliches Attribut zuschreiben dürfe, um seine Gottheit zu retten, hat nur Spinoza gefordert[1148]. Dessen Metaphysik führt nun aber gerade nicht zu einer negativen Theologie, sondern zu einer letzten Identität von Gott und Welt. Der gänzlich unerkennbare und undenkbare Gott wäre ununterscheidbar von der Welt und nach dem *principium identitatis indiscernibilium* mit der Welt identisch.

b) Analogia attributionis: Heim und Thomas von Aquin

Die *analogia proportionalitatis* muss also ergänzt werden um eine *analogia attributionis*. Das Ziel dieser bereits Aristoteles bekannten, aber von ihm noch nicht Analogie genannten, zweiten Grundform der Analogie ist die Vereindeutigung der vieldeutigen Begriffe. Die analoge (paronyme) Prädikation ist zwischen der äqui-

---

[1148] Vgl. Spinoza, Ethik, Prop. 17, Schol., 49–55.

voken (homonymen) und der univoken (synonymen) angesiedelt, indem dasselbe Wort von verschiedenen Dingen ausgesagt wird, ohne dass die Bedeutung sinnidentisch (univok) oder völlig sinnverschieden (äquivok) wäre.[1149] Die Ähnlichkeit (Analogie) besteht im Bezug der verschiedenen mit demselben Wort bezeichneten Dinge auf ein gemeinsames Erstes und Eines hin, auf das sie sich gemeinsam beziehen und von dem sie abhängig sind. Die Attributionsanalogie ist eine Hinordnung auf das Eine hin (πρὸς ἕν)[1150], ein *ordo ad unum*[1151]. Dieses Eine ist im allgemeinsten Fall die οὐσία, von der das Sein im eigentlichsten Sinn, als „ist", ausgesagt werden kann, von allem anderen aber nur, sofern es in Beziehung zur οὐσία steht. Folglich ist alles Erkennen analoges Erkennen. Es gründet in der ontologischen Voraussetzung, dass alles Seiende analog strukturiert ist. Die analoge Erkenntnis und Prädikation hat die Analogie des Seins zur Voraussetzung. Dies ist das metaphysische Prinzip der aristotelisch-thomistischen Analogie- und Seinslehre.

Mittels der *analogia attributionis* können dieselben Begriffe auf Gott und Geschöpf angewandt werden, ohne dass sie sinnidentisch (univok) oder völlig sinnverschieden (äquivok) gebraucht würden. Die Attributionsanalogie erlaubt eine positive, affirmative Bestimmung Gottes mit weltlichen Begriffen gegenüber dem reinen via negationis der Proportionalitätsanalogie. So kann z.B. Gott weise genannt werden wie auch der Mensch weise ist,[1152] ohne dass Gott vermenschlicht würde, da die Abhängigkeit vom gemeinsamen Ersten, also der Weisheit, nicht identisch, sondern nur ähnlich ist. Gott ist nicht in derselben Weise weise wie der Mensch.

Das Problem der Attributionsanalogie besteht nun für Thomas darin, dass die Analogie durch das gemeinsame analogans konstituiert wird. Wenn das sprachlogisch die analoge Benennung konstituierende Erste aber nicht nur in der Erkenntnis-, sondern auch in der Seinsordnung das Erste wäre, dann hinge, auf Gott angewandt, Gott von jenem ersten logisch und ontisch kausal ab. Gott wäre dem Unum untergeordnet. Daher darf das Unum, auf das die Analogie zwischen Gott und Welt hingeordnet ist, nicht ein Drittes, von Gott Unabhängiges, etwa ein allgemeinster Seinsbegriff sein. Sondern alles, was von Gott und dem Geschöpf analog ausgesagt wird, muss hingeordnet sein auf Gott selbst. Das Unum muss in Gott subsistierend gedacht werden, sodass die Analogie nur Gott ursprünglich und eigentlich, den Geschöpfen dagegen abgeleitet, per participationem zukommt. Nur Gott „ist" im eigentlichen Sinn, die Geschöpfe „sind" nur, sofern sie ihr Sein von

---

[1149] Aristoteles, Kat. 1a.
[1150] Aristoteles, Met. IV, 1003 a 33.
[1151] Thomas v. Aquin, ScG I, XXXIV; das Standardbeispiel ist das Wort gesund, das sowohl vom Köper als auch vom Harn oder von der Arznei ausgesagt werden kann. Die Hinordnung auf das Eine, die Gesundheit, ist dabei verschieden: Der Körper ist gesund, weil er gesund „ist", der Harn, weil er die Gesundheit anzeigt, die Arznei, weil sie gesund macht (Thomas, STh I, q. 13, a. 5).
[1152] Thomas, STh I, q. 13, a. 5.

Gott empfangen haben und an ihm teilhaben: Gott allein ist eigentlich (proprie) weise, der Mensch uneigentlich (non proprie), nur insofern als er an Gottes Weisheit teilhat. Die Möglichkeit der analogen Benennung ist also in der Analogie des Seins, verstanden als partizipatorischem Ordo des Seins, begründet. Die Benennungsanalogie setzt den „ordo creaturae ad deum ut ad principium et causam"[1153] voraus: Alles, was ist, hat sein Sein aus Gott, dem *unum et primum* als dem *esse ipsum*.

Vergleichen wir Heims Analogielehre mit der aristotelisch-thomistischen, so ergibt sich folgendes Dilemma: Die Analogie der Räume ist nominell eindeutig eine *analogia attributionis* auf den gemeinsamen Grundbegriff des Raumes hin, von dem her der polare und der überpolare Raum bestimmt werden. Diese Hinordnung darf aber keine ontische Überordnung sein. Der überpolare Raum darf Gott nicht ontologisch übergeordnet gedacht werden. „Raum" darf nicht die ontologische Mächtigkeit subsistierenden Seins haben. Könnte er stattdessen im Sinne Heims wie bei Thomas in Gott subsistierend gedacht werden, sodass der Raumbegriff zum mit *Gott* identischen allgemeinen Seinsbegriff würde, von dem her der überpolare Raum als die Allgegenwart Gottes wie auch die polaren Räume in ihrem Sein bestimmt würden? Bestände ein solcher partizipatorischer Ordo des Seins, so wäre aber der kausale Rückschluss möglich, den Thomas mit seiner Analogielehre ausdrücklich eröffnen will, nämlich aus der Schöpfung Gott zu erkennen und zu beweisen („ex creaturis [potest] cognosci de Deo [et] demonstrari"[1154]). Diesen Weg des kosmologischen Gottesbeweises hat Heim aber mit Kant ebenso ausdrücklich abgelehnt, weil er den Ordo des Seins und die ihn tragende Substanzontologie abgelehnt hat. Er hat darum den per analogiam erreichbaren überpolaren Raum Gottes noch einmal von der unfassbaren, dem Zugriff unseres Denkens und Beobachtens völlig entzogenen Wirklichkeit Gottes unterschieden[1155] und die Analogie des überpolaren Raumes mit den polaren Räumen „nur auf den Raumcharakter als solchen, das heißt auf die allgemeine Form der Räumlichkeit, ... die formale Gleichartigkeit"[1156] bezogen. Das Problem einer solchen rein formalen, rein nominalen Attributionsanalogie ist aber, ob damit noch irgendetwas über die Wirklichkeit *Gottes* gesagt ist. Die abstrakte Entgegensetzung der „formalen Gleichartigkeit" gegenüber dem „totalen inhaltlichen Gegensatz"[1157], also die ab-

---

[1153] Ebd.
[1154] Ebd., mit Verweis auf Röm 1,20; vgl. die Aufnahme dieser Formel im I. Vaticanum, mit Hinzufügung eines „mit Sicherheit": „Eadem Sancta mater Ecclesia tenet et docet, Deum, rerum omnium principium et finem, naturali humanae rationis e rebus creatis certo cognosci posse. / Die heilige Mutter Kirche hält fest und lehrt, dass Gott, Anfang und Ziel aller Dinge, durch das Licht der menschlichen Vernunft aus den geschaffenen Dingen mit Sicherheit erkannt werden kann.", folgt Zit. Röm 1,20 (DS 3004).
[1155] GN, 158.
[1156] GN, 169.
[1157] Ebd.

strakte Trennung von (zugestandener) *analogia nominum* und (verworfener) *analogia entis*, ist nur mit einem strikt nominalistischen Seinsbegriff möglich.

Heim hätte sich der nominalistischen Kritik an der thomistischen Analogielehre anschließen können, die bestritten hat, dass die Analogie ein eigenständiges Drittes zwischen Univokation und Äquivokation sei, und behauptet hat, dass jede analoge Prädikation eine univoke Grundlage erfordert. Benennungs- und Seinsanalogie erfordern eine Begriffsunivokation. Um von Gott und Welt mit demselben Wort verschiedenes auszusagen, muss der Seinsbegriff das kreatürliche und das göttliche Sein umgreifen, sodass vom univoken Begriff her unendliches göttliches und endliches kreatürliches Sein unterschieden werden können. Gerade und nur „die formale Gleichartigkeit" des gemeinsamen Begriffs bringt nach Auffassung des Nominalismus den „totalen inhaltlichen Gegensatz" des Seins zur Sprache. Gott und Welt sind begrifflich univok als *ens* (entsprechend: Raum) zu bezeichnen, der Sache nach aber unendlich unterschieden: Gott ist *ens increatum* (überpolarer Raum), die Welt *ens creatum* (polarer Raum). Der übergeordnete Seinsbegriff ist hier völlig nominalistisch, d.h. rein formal und inhaltsleer gebraucht. Sein oder Realität tritt erst in der differenzierenden Unterscheidung, d.h. von vornherein als unendlich verschiedene Realität auf. Damit in der Feststellung der Differenz aber tatsächlich auch Realität und nicht wieder nur Benennung sich ereignet, muss die Übereinstimmung von Begriff und Realität im Akt der differenzierenden Unterscheidung vollzogen gedacht werden. Eine solche, die *analogia entis* durch nominalistische Seinsunivokation vermeidende konzeptualistische Benennungsanalogie, wie sie v.a. W. von Ockham[1158] vertreten hat, entspricht im Wesentlichen Heims Offenbarungsverständnis. Die Wirklichkeit eines Raumes, d.h. seine spezifische Differenz: ob polar oder überpolar, ob gegenständlich oder nichtgegenständlich, erschließt sich erst im Akt der Erfassung (conceptus), d.h. im Akt der unterscheidenden Bestimmung (conceptus proprius). Die Überpolarität des Raumes Gottes und seine Differenz zur polaren Welt werden erst im Akt der Offenbarung erkannt.

Die Unterscheidung von formaler Identität des Begriffs und totaler inhaltlicher Differenz der Sache bringt zwar den Gegensatz von Gott und Welt scharf zur Geltung, nicht aber die Nähe Gottes und seine Präsenz in der Welt. Die *Wirklichkeit* Gottes auch schon im Raum*begriff* zur Geltung zu bringen, wird so unmöglich. Darum hat Heim einen strikt nominalistischen Seinsbegriff de facto nicht vertreten. Denn der Raumbegriff soll per Analogie aus der Erfahrungswelt die Allgegenwart Gottes, der wir nicht entfliehen können, ausdrücken, wie wir auch dem Raum, in dem wir uns befinden, nicht entfliehen können[1159]. Wenn es tat-

---

[1158] W. v. Ockham, I Sent. prol. q. 2, in: ders., Texte zu Theologie und Ethik, 18ff.
[1159] GN, 162.

sächlich so ist, dass es „für die Gegenwart des unentrinnbaren Gottes keine andere Ausdrucksform als den Raum"[1160] gibt, und zwar auch schon für das Denken, nicht erst im Glauben, wenn also der überpolare Raum raumanalog, d.h. als Raum, nicht nur Formales, sondern Inhaltliches von Gott aussagt, dann ist der Begriff des Raumes sowohl des physischen wie des metaphysischen Gebrauchs fähig[1161], und zwar nicht nur formal, sondern inhaltlich. Dann ist aber in der Analogie der Räume zweifellos und gegen alle Verwerfungen Heims eine Form der *analogia entis* impliziert. Dasselbe Ergebnis ergibt sich auch aus Heims Auseinandersetzung mit Karl Barth. Zwar haben beide übereinstimmend explizit die thomistische Analogia-entis-Lehre verworfen, doch hat Heim gegen Barths alternative Analogielehre Einwände erhoben, die Heim geradezu auf die Seite der von Barth abgelehnten *analogia attributionis intrinsecae* zu stehen kommen lässt.

c) Analogia fidei: Heim und Barth

Karl Barth hat wie Karl Heim die scholastische *analogia entis* mitsamt dem gesamten sie tragenden substanzontologischen Ordo- und Analogiedenken verworfen, dabei aber das wesentliche, im Partizipationsgedanken ausgedrückte, ontische Abhängigkeitsverhältnis des weltlichen vom göttlichen Sein, aufgenommen und offenbarungstheologisch interpretiert.
Mit dem Thomismus, aber auch der lutherischen Orthodoxie, ordnet Barth die Analogie als Drittes zwischen Äquivokation und Univokation ein. Prädikationen sind von Gott und Welt gemeinsam nur analog aussagbar, und zwar so, dass sie Gott primär und absolut, den Kreaturen aber sekundär und abgeleitet zukommen. Was die Kreaturen mit Gott gemeinsam haben, haben sie nur in Abhängigkeit von ihm. Die Barthsche Attributionsanalogie der „Ähnlichkeit, der teilweisen Entsprechung und Übereinstimmung"[1162] unserer Begriffe mit Gott als ihrem Gegenstand ist hingeordnet auf Gott als dem Einen und Ersten, von dem sie her ihre Wahrheit haben. Zu solcher teilweisen Entsprechung und Übereinstimmung kommt es, weil sie vor unserem Erkennen zuvor schon in Gott selber besteht. Wenn Gott auch in sich selber ganz anders ist als in unserem Werk, „so ist er doch dort wie hier, in sich selber und in unserem Werk kein Anderer"[1163]. Barth hat also der sich als christliche natürliche Theologie verstehenden Analogie- und Partizipationslehre darin recht gegeben, dass er die Analogie einem göttlichen Geben entspringen lässt,

---

[1160] Ebd.
[1161] „Es ist ein Begriff gefunden, der den Abgrund überbrückt, der sich zwischen der polaren und der überpolaren Zone auftut. Das ist der Begriff des Raums, der hier auf den überpolaren Bereich angewandt wird, der aber zugleich zu den Grundbegriffen gehört, mit denen die heutige Physik arbeitet" (GN, 157).
[1162] Barth, KD II/1, 256.
[1163] Ebd.

sodass die Analogie zuerst und eigentlich in Gott als dem analogans und dann erst und von ihm her in den Geschöpfen als dem analogatum besteht. Er hat ihr aber widersprochen, weil sie aus dem, was „er gibt" ein „es gibt" gemacht habe: „Dies ist aber ihr Irrtum, dass sie aus dem ‚er' ein ‚es', aus dem Werden ein Sein, aus dem durch Gottes Offenbarung zu uns Kommenden ein auch ohne Offenbarung, auch anders als im Glauben Vorfindliches und Feststellbares macht."[1164] Die Analogie darf daher gegen Quenstedt[1165] nicht als *analogia attributionis intrinsecae*, als von Natur her bestehende, sondern nur als *extrinsicae*, als im Akt der Offenbarung sich ereignende und von Gott im Glauben zugesprochene Analogie verstanden werden. „Dasjenige, was das Geschöpf zum Analogon Gottes macht, liegt nicht in ihm und seiner Natur, auch nicht in dem Sinn, dass Gott etwas von dem in der Natur des Geschöpfs Liegendem von sich aus als Analogon anerkennen und annehmen würde. Es liegt ... vielmehr allein in der Wahrhaftigkeit des in der Erkenntnis Gottes analog erkannten Gegenstandes und also Gottes selber."[1166] Die Analogie ist bei Barth auschließlich *analogia fidei*. Die *analogia fidei*, welche Gott zwar „nicht durch die Kraft der Anschauungen und Begriffe", aber auch „nicht ohne" sie erkennt, sondern unser Anschauen und Begreifen durch die Gnade Gottes in der Offenbarung „in einen Gebrauch genommen [weiß], zu dem es die Fähigkeit aus sich selber und in sich selber nach wie vor nicht hat"[1167], macht Ernst mit „Barths grundlegendem erkenntnistheoretischem Satz"[1168]: „Gott wird nur durch Gott und zwar allein durch Gott erkannt."[1169] Die Analogie, die zwar in Gott schlechthin besteht aber für uns schlechthin nicht zugänglich ist, ereignet sich also nur im Akt des Erkennens und betrifft nur diesen, nicht aber den Gegenstand des analogen Erkennens: das Gott und Geschöpf vereinende Sein. Barth hat darum das mittelalterliche Axiom „operari sequitur esse" umgekehrt: „esse sequitur operari". Die Barthsche *analogia fidei* ist eine reine Aktanalogie, keine Seinsanalogie[1170]. Es gibt in Barths „dynamische[m]"[1171] Analogieverständ-

---

[1164] A.a.O., 261.
[1165] „Essentia substantia, spiritus et consequenter reliqua attributa, quae Deo et creaturis simul tribuuntur, de Deo et creaturis rationalibus non συνωνύμως, univoce, nec ὁμωνύμως, aequivoce, sed ἀναλόγως, analogice praedicantur, ita ut Deo πρώτως et absolute, creaturis δευτέρως et per dependentiam conveniant, quae analogia proprie dicitur attributionis intrinsecae. / Essenz, Substanz, Geist und entprechend die anderen Attribute, die Gott und den Kreaturen zugleich zugesprochen werden, werden nicht synonym, univok, auch nicht homonym, aequivok, sondern analog prädiziert, so nämlich, dass sie Gott primär und absolut und den Kreaturen aber sekundär und abgeleitet zukommen. Diese Analogie nennt man innerliche Hinordnung" (A. Quenstedt, Theologia didactico-polemica, 1685, I, 293, zit. nach: H. Schmid, Die Dogmatik der evangelisch-lutherischen Kirche, 87); vgl. Barth, KD II/1, 267.
[1166] Barth, KD II/1, 270.
[1167] A.a.O., 218.
[1168] W. Kreck, Analogia Fidei oder Analogia Entis? 1956, 288.
[1169] Barth, KD II/1, 47.
[1170] Vgl. Bonhoeffers Charakterisierung von Barths Offenbarungsverständnis im Gegenüber von Akt- und Seinsbegriffen: Wenn Gott „nur im Glaubensakt, eben nie in jener Abstraktion von dem in Gottes alleinigem Verfügen stehenden, streng jeweiligen Ereignis der Gnade" (K. Barth, ZdZ 1929, 325) sich zeigt, dann gilt: „Gottes Sein ist nur Akt und somit auch im Menschen nur als Akt, und das so, daß

nis – der Ausdruck Aktanalogie sollte dem Ausdruck „Dynamismus"[1172] vorgezogen werden – keinen Platz für ein dem Schöpfer und dem Geschöpf gemeinsames Sein. Analogie besteht dann und nur dann, wenn Gott sich in uns selbst erkennt. Sonst aber, u.d.h. für jeden Ort und Zeitpunkt unseres geschöpflichen Lebens bleibt der unendliche qualitative Unterschied zwischen Gott und Mensch und die menschliche Unmöglichkeit der Analogie bestehen.

Gegen diese, eine scharfe und unüberwindliche Barriere zwischen dem geschöpflichen und dem göttlichen Sein aufbauende, Analogielehre Barths hat Karl Heim bei aller Zustimmung am Ende der ersten Auflage von „Glaube und Denken" entschieden Widerspruch eingelegt, auch wenn er sich nur auf KD I/1 und noch nicht auf KD II/1, wo die Analogielehre in extenso entwickelt wird, beziehen kann, und auch nicht den Terminus und das Problem der Analogie explizit anspricht.

Zwar teilt auch Heim den Grundsatz der Barthschen Erkenntnistheorie: Gott wird nur durch Gott erkannt. „Gott bleibt auch in der Theologie immer das Subjekt, das nie Objekt werden kann. ... Alle Gotteserkenntnis kann nur dadurch geschehen, dass Gott in uns sich selbst erkennt."[1173] Doch darf das Verbot der natürlichen Theologie nicht kategorisch ausgesprochen werden. Im Existentiellen muss es aufgehoben werden. Sonst bedeutet das Verbot, menschlich, d.h. analog von Gott zu reden, auch das Verbot, dass Gott konkret zu mir, in meiner Existenz zu mir sprechen darf. Der Gott des unendlichen Abstandes darf keine Sicherung gegen Gott sein. Das kategorische *finitum non capax infiniti* darf nicht „Gott aus dogmatischen Gründen verbieten, konkret zu mir zu sprechen"[1174]. Daher muss in unserem theologischen Reden und Denken, den Propheten und Aposteln gleich, der Anspruch Gottes, in unser Sein einzutreten, immer offen gehalten werden. Es muss also so von Gott geredet werden, dass auch schon vor dem Akt der Offenbarung der Nichtglaubende beständig auf Gott stößt, mit ihm unausweichlich konfrontiert wird. Das wird er aber nur, wenn die Gottesfrage beständig in unserem Leben aufbricht, also aus der Struktur des irdischen Seins immer und überall herausgesetzt werden kann und wird. Die Wirklichkeit Gottes ist so zu denken, dass sie überall im physischen Sein, wenn nicht als Antwort, so doch als Frage aufbricht. Und die Wirklichkeit der Welt ist so zu denken, dass sie überall, wenn nicht als Antwort, so doch als Frage über sich hinausweist auf Gott.

---

jede Reflexion auf den vollzogenen Akt schon aus dem Akt selbst herausgefallen ist, somit der Akt nie begrifflich faßbar werden kann" (D. Bonhoeffer, Akt und Sein. Transzendentalphilosophie und Ontologie in der systematischen Theologie (1931), 1964, 61).

[1171] Barth, KD II/1, 261.
[1172] H.G. Pöhlmann, Analogia entis oder analogia fidei? Die Frage der Analogie bei Karl Barth, 1965, 119.
[1173] GD 1, 407.
[1174] GD 1, 416.

Dies genau, nämlich die Unausweichlichkeit gegenüber Gott und seinem Anspruch schon aus der Struktur des irdischen Seins zu behaupten, leistet der überpolare Raum kraft der Analogie zum unausweichlichen Anschauungsraum. Die Allgegenwart Gottes ist diejenige Eigenschaft Gottes, die vom physikalischen Raumbegriff her analog formuliert werden kann. Als Allpräsenz kann Gott als Gott aus den polaren Räumen heraus gedacht werden. Das wird er nur dann, wenn er als Allgegenwart auch in den physischen Begriffen auftritt, wenn also das polare Sein umgriffen vom überpolaren Raum Gottes gedacht wird. Die Analogie der Räume muss, so dürfen wir Heim im Gegensatz zu Barth interpretieren, als *analogia attributionis intrinsecae* gedacht werden, denn ohne Analogie des natürlichen Seins ist Gott nicht *wirklich* da, also nicht als Anspruch da. Wenn es hingegen gar kein Sein gibt, das Gott und uns gemeinsam wäre, wenn die Gotteswirklichkeit nicht auch als *Wirklichkeit* in der Weltwirklichkeit auftritt, dann ist Gott mit seinem Anspruch auf den Menschen auch nicht wirklich, immer und überall da. Daher besteht die Aufgabe der christlichen Philosophie und Analogielehre nach Heim darin, diesen Raum zu schaffen für Gott selbst, also die Gottesfrage „als letzte unausweichliche Lebensfrage des Menschen"[1175] aus der Struktur der Welt heraus zu formulieren. Die Unverfügbarkeit und Nichtgegenständlichkeit Gottes darf nicht soweit getrieben werden, dass der Gottesbegriff und die Immanenz Gottes ganz nominalistisch inhaltsleer werden[1176]. Statt des *finitum non capax infiniti* gilt mit Heim das *finitum* („der Raum") *capax infiniti*. Die entsprechende philosophische Denkfigur ist die *analogia attributionis intrinsecae*.

Ob Heim mit seiner Kritik an Barth, dass er sich dem Anspruch Gottes mit seiner extrinsischen Analogielehre entziehen wolle, diesen überhaupt getroffen, geschweige denn recht verstanden hat, kann klar verneint werden[1177]. Es wird aber deutlich, daß eine rein extrinsische Analogielehre der bloßen Aktanalogie ohne jede seinsanaloge Fundierung den Gedanken der Analogie überhaupt aufhebt[1178]. Akt- und Seinsanalogie können nicht im Entweder-oder stehen, sondern müssen verbunden werden. Von Heim her ist daher die Frage zu stellen: Ist es möglich,

---

[1175] Ernst, Glaube und Denken, 210.

[1176] Vgl. Bonhoeffer, Akt und Sein, 61: Die Überbetonung der Unverfügbarkeit und Freiheit Gottes bestimmt Gottes Sein bloß formal als Freiheit. Denn wenn Gottes Sein nur Akt ist und auch der Akt nie begrifflich faßbar werden kann, dann ist der „Aktbegriff nicht zeitlich gedacht", und also nicht auf die wirkliche geschichtliche Welt bezogen. „Freiheit Gottes und Glaubensakt sind [dann] wesenhaft überzeitlich", d.h. nominalistisch formal (61). Bei der absoluten Freiheit Gottes handelt es sich um „das ewige Beisichselbstbleiben und um die Aseität Gottes", aber nicht um die Freiheit des Gottes, der sich in Christus an den geschichtlichen Menschen und die geschöpfliche Welt gebunden hat (67f).

[1177] Barth hat immer betont, dass es ihm um die Entsicherung und nicht um die Sicherung des Menschen vor Gott gehe, wenn er auch Heim zugestanden hat, dass auch er – als Sünder – natürlich nicht davor gefeit sei, eine gegen Gott gesicherte Position einnehmen zu wollen (Brief an Karl Heim, ZdZ 1931, 452); vgl. Bonhoeffer, Glaube und Denken, 228.

[1178] So Pannenbergs Kritik an Barths extrinsischer Analogielehre (Zur Bedeutung des Analogiegedankens bei Karl Barth. Eine Auseinandersetzung mit Urs von Balthasar, ThLZ 1953, 23).

eine theologische Analogielehre so zu formulieren, dass der Gottesgedanke sich aus der Struktur der Welt unausweichlich (intrinsisch) ergibt, ohne dass es zu einer Bemächtigung der Offenbarung durch apriorische, der Offenbarung vorausliegende Seinsanalogie kommt. Eine entsprechende Analogielehre hat im Anschluss an Aristoteles und Thomas E. Przywara vorgelegt. Sie hat von allen Analogielehren die größte Nähe zu Heim und soll daher der abschließenden Profilierung von Heims Analogielehre dienen.

d) Analogia entis: Heim und Przywara

Erich Przywara hat versucht, die christliche Analogielehre in Auseinandersetzung mit der philosophischen und theologischen Tradition neu zu begründen[1179]. Nach Przywara speist sich die *analogia entis* historisch wie systematisch aus drei Wurzeln: dem aristotelischen Satz vom Widerspruch, der thomistischen Partizipationslehre und dem Satz des IV. Lateranums. Der Satz vom Widerspruch begreift Sein als Über-sich-hinaus-Sein, mithin als transzendierende Immanenz, Thomas von Aquin hingegen die Transzendenz Gottes als teilgebende, mithin immanierende Transzendenz; das IV. Lateranum transzendiert die immanierende Transzendenz durch absolute Differenz zum In-sich-Sein Gottes. Die in der immanierenden Transzendenz des Seins Gottes begründete und von der absoluten Transzendenz Gottes beschränkte, transzendierende Immanenz des kreatürlichen Seins charakterisiert Przywaras dynamische Analogie des Seins.

Die Analogie als Mitte zwischen reiner Identität und reiner Differenz ist nach Przywaras Aristoteles-Interpretation im Satz vom Widerspruch ausgedrückt, sofern dieser als Satz der Mitte begriffen wird. Der Widerspruchssatz ($A \vee \neg A$, tertium non datur: $A \neq \neg A$) bildet die Mitte zwischen reiner Identität ($A = A$) und reinem Widerspruch ($A = \neg A$). Er ist mit dem Identitätssatz nicht einfach identisch, weil er weder reine Identität, noch auch reinen Widerspruch, sondern aus Widerspruch hervorgehende Identität benennt: $A = \neg\neg A$. Das *principium contradictionis* als Mitte verbindet Widerspruch und Identität und setzt beide in ein Verhältnis. Es ist Proportion, Analogie.

Der Widerspruchssatz als Mitte zwischen Identität und Widerspruch sei schon bei Aristoteles nicht nur noetisch als Bedingung von Denken und Behaupten, sondern auch ontisch verstanden. Das Seiende im Einzelnen wie im Ganzen ist gemäß dem Satz vom Widerspruch strukturiert. Damit ist Wirklichkeit nicht als in reine Differenz und Widerspruch zerfallend, sondern als dynamische Synthese von Identität und Differenz begriffen.

[1179] E. Przywara, Analogia entis. Metaphysik-Ur-Struktur und All-Rhythmus, 1962.

Der Widerspruchssatz bildet logisch und ontologisch die Mitte zwischen der parmenideischen und der heraklitischen Ontologie. Weder ist die Wirklichkeit Alles-Ruhe, reines identischen Sein (ist = ist), noch Alles-Bewegung, reiner Widerspruch (ist = nicht ist). Sondern Sein ist dynamisch bewegte Mitte: ist = nicht nicht ist, Durchgang vom Sein durch das Nicht-Sein zum Sein als Nicht-nicht-Sein. Sein als „ist", das „nicht nicht ist", ist „Sein im nicht". Solches Sein und damit alles Sein *ist* analog, denn es steht zwischen Identität (Univozität) und Widerspruch (Äquivozität).

Wirklichkeit, so interpretiert Przywara Aristoteles' analoge Ontologie weiter, ist im Satz vom Widerspruch nicht statisch, sondern dynamisch verstanden als Bewegungsdrang des Möglichen hin zum Wirklichen. Der Übergang des Möglichen zum Wirklichen ist der Übergang des „ist nicht" zum „ist" als „ist nicht nicht". Alles Wirkliche bewegt sich in der Polarität von Möglichkeit und Wirklichkeit, von Bewegung und Ruhe. Alles sich Verwirklichende ist rückbezogen auf das Mögliche und vorausbezogen auf das, was es wird. Alles (kreatürlich) Seiende befindet sich in der Spannungs-Schwebe zwischen „ist nicht" und „ist". Diese Spannung ist auch die Spannung zwischen dem Seienden und seinem wahren Sein, zwischen Dasein und Sosein, zwischen existentia und essentia, zwischen dem, was es aktual ist, und dem, was es sein soll, also noch nicht oder nicht mehr ist. Diese Spannung ist im Endlichen unauflösbar und unabschließbar. Sie kennzeichnet kreatürliches Sein. Alles Dasein ist im Werden hin auf sein Sosein, aber so, dass das Sosein als die en-tel-echeia, als das Ziel-in-sich-haben, schon im Dasein präsent ist: „Das Werdehafte der Rück- und Vorbeziehung ist aber das alte ‚Werde, was du bist': das So, zu dem hin das Werden geht, bereits doch als Da des Werdenden: also ‚So über Da' und doch ‚So in Da': also ‚So in-über Da'"[1180]. Przywaras Grundformel der „kreatürliche[n] Metaphysik"[1181]: „Sosein in-über Dasein", bestimmt das kreatürliche Sein als sich selbst transzendierendes Sein, als Über-sich-hinaus-Sein. Das endliche Seiende „ist" nur insofern, als es über sich hinaus steht. Woraufhin aber steht es über sich hinaus? Im letzten weist alles Seiende über sich hinaus auf ein Wirkliches, das keine Möglichkeit mehr in sich trägt, auf das Sein, das nicht von seinem Dasein unterschieden ist: auf Gott als die reine Energeia, das reine identische Sein. Wenn alles, was ist, über sich hinaus bezogen ist auf das All-Ist, dann „ist" es nur von dem her, auf das es hin ist. Geschöpfliches „ist" *ist* kraft des göttlichen „Ist in-über ist". Transzendierende Immanenz ist begründet in immanierender Transzendenz. Das Über-sich-hinaus-Bezogensein ist teilnehmendes Bezogensein und begründet im teilgebenden Von-oben-herein-Sein Gottes. Analogie ist „dynamisches Hin und Zurück zwischen

---

[1180] A.a.O., 28.
[1181] Ebd.

Überhinaus- (transzendierender Immanenz) und Von-Oben-hinein (immanierender Transzendenz)."[1182]

Wesentlich für Przywaras Analogieverständnis ist, dass das Über-sich-Hinaussein der Kreatur nicht als direktes natürliches Gegebensein, sondern als dynamisches Teilbekommen und Teilnehmen verstanden ist. Das Über-sich-hinaus-Sein der Kreatur hat ihren ontischen Grund im Inne-Sein des „Ist" im „ist". Geschöpfliches Sein ist bei Thomas-Przywara im Unterschied zu Aristoteles nicht *in sich selbst* über sich hinaus, ist nicht aktive Potentialität, sondern rein passive Möglichkeit. Damit ist gesichert, dass „die Potentialität des Geschöpflichen gegenüber Gott kein Sichbemächtigen Gottes"[1183] ist. Das „ist" des Geschöpfes ist auch als „ist über sich" so sehr „ist nicht nicht", d.h. „ist im nicht", dass es creatio continua ex nihilo bleibt.

Die Transzendenz Gottes, sein Über-sein gegenüber dem Geschöpf, ist bei Thomas und Przywara ein alleswirkendes und alles erhaltendes Innesein. „Deus est supra omnia per excellentiam suae naturae, et tamen est in omnibus rebus ut causans omnium esse."[1184] Gott ist, auf die Kreatur bezogen, „Ist in-über ist". Aber die immanierende Transzendenz, das In-über Gottes, das Wirken Gottes in den Dingen, weist wiederum über sich hinaus auf Gott in Sich. Daher kann das Inne-Sein Gottes nur komparativisch beschrieben werden kann. Gott ist „innerer" und „überer" als innen und über: „interior omni re, quia in ipso sunt omnia, et exterior omni re, quia ipse est super omnia"[1185]. Gott ist und bleibt der *Deus semper maior*. Darum bestimmt das IV. Lateranum jede Ähnlichkeit als noch größere Unähnlichkeit. So wird analogia entis wirklich zur *analogia* entis. Jede Analogie zwischen Schöpfer und Geschöpf, auch die höchste Teilhabe am göttlichen Sein, wird noch durchkreuzt und durchbrochen von der noch größeren Differenz zu dem, was Gott in sich ist. Das Sein des Geschöpfes verhält sich auch als am Sein Gottes teilhabendes Sein zum Sein Gottes noch wie das Nichts zum Sein. Gottes in-über Geschöpf bleibt Gottes über-in Geschöpf und schärfer noch: Im Vergleich zu Gott selbst erscheint auch das ihm seinsanaloge Geschöpf wie ein Nichts. Das geschöpfliche „ist" ist so sehr „ist im nicht", dass „es zwischen-gott-geschöpf-lich sich als ‚Nichts' zum ‚Schöpfer aus dem Nichts' verhält."[1186]

Przywaras *analogia entis* ist zusammengefasst eine dreifache Analogie. Die innergeschöpfliche, sich im Satz vom Widerspruch ausdrückende, Analogie der transzendierenden Immanenz ist begründet in der immanierenden Transzendenz Gottes, die wiederum von der Gottheit Gottes abgrundtief geschieden bleibt. Auch

---

[1182] A.a.O., 121.
[1183] A.a.O., 125.
[1184] Thomas, STh I, q. 8, a. 1 ad 1.
[1185] Augustin, De Genesi ad litteram 8, 26.
[1186] Przywara, Analogia entis, 141.

das Verhältnis der innergeschöpflichen zur teilgebenden und teilnehmenden Analogie zwischen Gott und Geschöpf ist nur als Analogie zu beschreiben. Diese für Przywara entscheidende Analogie, die das Verhältnis des kreatürlichen, teilnehmenden zum göttlichen, teilgebenden Sein noch wie das Verhältnis von Nichts zum Sein begreift, verhindert, dass geschöpfliches und göttliches Sein auf einen gemeinsamen Seinsbegriff, auf ein gemeinsames Genus gebracht werden. Die Analogie des Seins kann darum vom Geschöpf wegen des differenten ontologischen Status von Schöpfer und Geschöpf nicht aus sich erkannt werden. Analogia entis ist daher nur gegeben im Akt der Offenbarung, wenn Gott in seiner Selbstoffenbarung sich in-über der Kreatur zeigt. Doch bleibt auch bei jeder noch so großen, im Glauben erfahrenen Gott-Nähe, die noch größere Unähnlichkeit bestehen. Auch die Analogie des Glaubens bleibt Analogie: letzte, nicht zu überwindende Differenz zwischen Mensch und Gott. Auch „das Erkennen Gottes ist von vornherein und stetig über sich hinaus zum Nicht-Erkennen."[1187] Auch in der Offenbarung wird Gott nur analog erkannt. Das Gottesverhältnis des Glaubens, der seinem Wesen nach (nur) Analogie des Glaubens ist, bleibt für Przywara *analogia* fidei, weil auch in der Offenbarung Gott Gott und der Mensch Mensch bleibt. Daher gilt, dass einzig Christus „als ‚total Mensch, total Gott' die ausschließlich einzige ‚Offenbarung' und ‚Innewerdung' Gottes ist und bleibt."[1188]

Die Lehre von der *analogia entis* behauptet keineswegs, wie Heim und Barth unterstellt haben, „aus dem Sein der geschaffenen Welt, die ja ein Spiegelbild des Schöpfers ist, auf das Sein des Schöpfers schließen"[1189] zu können. Die *analogia entis* ist nicht das Gott und Welt übergeordnete Prinzip, der Über-Gottesstandpunkt[1190]. Ein solches „sachhaftes Prinzip, das das Verhältnis zwischen Gott und Geschöpf ‚regelt' … stünde über beiden, wäre also selber das eigentlich Göttliche"[1191]. Przywara behauptet weder, dass wir Gott aus uns, abgesehen von der Offenbarung erkennen, noch ihn sachgemäß denken könnten, sondern er begründet mit seiner Analogielehre ausschließlich die „‚Nicht-Unmöglichkeit' (dass Gott sich offenbare und dadurch die Theologie begründe) und einer ‚tatsächlichen' Beziehung (‚wenn Gott sich tatsächlich offenbart hat')."[1192] Wenn Gott sich aber tatsächlich offenbart und als Gott erkannt wird, so bleibt er doch nach Przywara der *Deus semper maior*, der „je immer größere Gott in aller noch so großen Gott-Nähe"[1193].

[1187] A.a.O., 82.
[1188] A.a.O., 319.
[1189] GN, 157.
[1190] Gegen Barths Kritik, KD II/2, 591.
[1191] Przywara, Analogia entis, 138.
[1192] A.a.O., 83.
[1193] Przywara, In und Gegen, Stellungnahmen zur Zeit, 1955, 281.

Im Vergleich zu allen anderen betrachteten Analogielehren steht Heim Przywara am nächsten. Wir arbeiten im Folgenden die wesentlichen Gemeinsamkeiten heraus, um von Przywara her Heim schärfer zu profilieren und den ontologischen Status der Analogie der Räume abschließend klären zu können.

Heim geht wie Przywara vom Satz des Widerspruchs aus, dem letzten Prinzip, hinter das kein Denken, auch keine christliche Philosophie mehr zurück kann, sondern der für jede, auch das christliche, Denken schon unbeweisbar vorausgesetzt werden muss. Heim fasst den Widerspruchssatz schärfer als Przywara nicht als Mitte zwischen Identität und Differenz, sondern als ausschließliche Alternative von Identität oder Differenz, d.h. als unauflösbaren Widerspruch. Der Widerspruchssatz ist aber bei Heim aufgehoben im Erleben. In der Zusammenschau wird das Getrennte geeint und der Widerspruch in Identität verwandelt. Dazwischen, also zwischen dem Widerspruchssatz als Gesetz des Denkens und dem Identitätssatz des Erlebens steht bei Heim die dimensionale Einheit und Verschiedenheit. Diese meint die Einheit der Objekte unter der perspektivischen Verschiedenheit und Vielzahl der Erscheinungen oder allgemein die Einheit in Verschiedenheit als Mitte zwischen Identität und Differenz. Genau dies, eine Einheit von Verschiedenem, meint auch Analogie. Einheit ist bei Heim und bei Przywara dynamisch verstanden. Es ist eine Einheit im Vollzug.

Der Überschritt von der Logik zur Ontologie gelingt mit dem Gesetz der Polarität, das einen Zusammenhang im Gegensatz, oder mit Aristoteles und Przywara gesagt, eine „Proportion gegenseitigen Anders-Seins"[1194] ausdrückt. Polarität bzw. Analogie bilden die logische und ontologische Mitte zwischen Identität und Differenz. Polarität ist wie Analogie das logisch-ontologische Weltgesetz. Alles (kreatürliche) Sein *ist* analog, d.h. ein Verhältnis gegenseitigen Andersseins oder polare Relation.

Der Zusammenhang von Logik und Ontologie, von Denken und Wirklichkeit, wird über den analogen Seinsbegriff hergestellt. Seiendes ist bei Przywara und bei Heim nicht einfach ‚Ding', sondern aus Differenz zur Einheit gebrachtes ‚Ding': „ist" als „nicht nicht ist". Diese Doppelbedeutung hat auch der Heimsche Raum. Raum ist der allgemeinste Begriff von Seiendem. Er kann entweder Ding (Inhalt) oder Relation bezeichnen, also die beiden möglichen Seinszustände „etwas im Verhältnis" (Relationsglied) oder „Verhältnis von etwas" (Relation), also ein „ist" als „ist nicht nicht" oder ein „ist dieses" als „ist nicht jenes". Als Sein im Nicht ist alles Dasein von seinem Sosein getrennt und bleibt in der Spannungsschwebe zwischen „ist" und „ist nicht", zwischen Wirklichkeit und Möglichkeit. Dieselbe Möglichkeits-Wirklichkeitsdynamik eröffnet auch die Doppelbedeutung des Heimschen Raumbegriffs, weil jedes Relationsglied Relation (Möglichkeit des Unterscheidens) und jede Relation Relationsglied (Unterschiedenes) werden kann.

[1194] Przywara, Art. Analogia entis, 97; „ὡς ἄλλο πρὸς ἄλλο" (Aristoteles, Met. IV 6, 1016 b 35).

Seinsmäßig wird die Spannung bei Heim nicht aufgelöst. Das Faktische und das Mögliche sind im Seinsbegriff Raum ineinander. Es gibt im Sein keine Differenz von Sein und Nichts. Die logische Negation wird nicht wie bei Przywara in problematischer Weise ontologisiert. Dass etwas nicht Inhalt ist, sondern Relation, bedeutet nicht, dass es reines Nichts (μὴ ὄν) wäre, sondern dass es logisch Wirklichkeit und substanzontologisch Möglichkeit (οὐκ ὄν) ist. Relation hat aber anders als in der Ontologie der Substanz keinen geringeren ontologischen Rang als ‚Ding'. Die im Seinsbegriff Raum vermittelte Differenz zwischen dem Faktischen und dem Möglichen, zwischen Dasein und Sosein, zwischen gegenständlichem Raum als Inhalt und nichtgegenständlichem Raum als Relation wird nur in actu vollzogen, aber so, dass sie gleich wieder geöffnet wird auf neue Differenz zwischen dem jetzt Faktischen als der vollzogenen Einheit von Differenz (in Relation gesetztes Relationsglied) und dem neu Möglichen (in Relation zu setzendes Relationsglied). Diese Doppelgesichtigkeit des Raumes bzw. des Seins als ‚Ding' / Inhalt und Einheit von Differenz / Relation bzw. als „ist" und „ist nicht nicht" öffnet die Akt-Seins-Dynamik unabschließbar. Die Logik und Ontologie des Seins im Nicht wird zur Dialektik der Dynamik überwundenen Widerspruchs. Die Polarität von Sein und Werden, Akt und Potenz bleibt stets bestehen. Der Welt-Raum ist unabschließbar offen, er ist sich transzendent. Das kreatürliche Sein ist vom Seins- bzw. Raumbegriff her als polares, sich selbst transzendierendes Sein begriffen. Das unabschließbar polare Sein der Welt ist geöffnet auf Abschluss im nichtpolaren Sein, auf das hin es offen ist.

Die horizontale Analogie des dynamisch offenen polaren Seins wird durchschnitten von der vertikalen Analogie des „Ist in-über ist". Diese zweite Analogie ist weder bei Przywara noch bei Heim dem Menschen verfügbar oder außerhalb der Offenbarung erkennbar. Die über sich hinausstehende Transzendenz des polaren Seins ist lediglich soweit getrieben, dass die „Nichtunmöglichkeit" der immanierenden Transzendenz Gottes behauptet ist, doch so, dass diese Nichtunmöglichkeit aus dem Seinsbegriff zwingend folgt. Transzendierende Immanenz drängt auf Abschluss, sie kann ihn aber nicht erzwingen, denn solcher Abschluss wäre wieder relativierbar. Der kosmologische Gottesbeweis ist bei Heim wie bei Przywara nicht deduktiv möglich, er ist aber als Frage lebendig, die nach Antwort drängt. Die Immanenz Gottes drängt zur religiösen Entscheidung. „Heim machte den pietistisch-methodistischen Versuch, den einzelnen Menschen davon zu überzeugen, dass er vor der Alternative: ‚Verzweiflung oder Jesus' stehe."[1195] Wir können die religiöse Motivation von Heims Analogielehre mit M. Welker auffassen „als Herstellung der Bedingung der Möglichkeit, eine ‚religiöse Atmosphäre' zu *denken* ..., die vom Osterglauben gefüllt werden soll"[1196]. Aber doch ist die religiöse In-

---

[1195] Bonhoeffer, Widerstand und Ergebung, 218.
[1196] M. Welker, Universalität Gottes und Relativität der Welt, 1988, 20; dieselbe existentielle, aber nicht deduktive Funktion gesteht P. Tillich dem kosmologischen Gottesbeweis zu. Er sei Ausdruck der

tention nur einlösbar, wenn die Struktur der Analogielehre auch denkend nachvollzogen werden kann.

Welcher Gottesbegriff ist also im überpolaren „Ist in-über ist" impliziert? Przywaras „Ist in-über ist" ist Thomas und auch Kant darin überlegen, dass es die Analogie nicht in ein kausales Abhängigkeitsverhältnis zwingt. Gott in-über Welt meint weniger linear-kausale Abhängigkeit der Welt als vielmehr Präsenz Gottes, Repräsentation, Allgegenwart als Erhaltungsmacht.

Ebenso ist Heim der thomistischen und kantischen Analogielehre überlegen, weil er nicht die neuzeitlich problematisch gewordene kausale Abhängigkeit auf das Verhältnis von Gott und Welt überträgt, sondern den allgemeinsten logischen Grundbegriff zur Analogie heranzieht. Gott als Raum meint: Gott ist beziehungsfähig zur Welt und auf die Welt in einer Beziehung gegenseitigen Andersseins bezogen. Dabei wird die Allgegenwart Gottes bei Heim wie bei Przywara der verfügbaren Erkenntnis entzogen, indem sie komparativisch ausgedrückt wird. Gott ist *interior intimo meo* und *exterior extra me*.

Allerdings gilt diese letzte Ferne und Differenz Gottes von seiner Allgegenwart bei Heim nur für das Erkennen. Im Glauben, in der Offenbarung, ist der ganze Gott da. Im Glaubensakt wird der unendliche Abgrund zwischen polarem und überpolarem Raum übersprungen, wenn auch die geschichtliche Gestalt des Glaubens in der Spannung zwischen Zuspruch (Immanenz, Identität, Gegebensein) und Anspruch (Transzendenz, Differenz, Entzogensein) Gottes verbleibt. Der Glaubende bleibt als Mensch dieser Welt ein „Wanderer zwischen zwei Welten", er führt ein „Doppelleben" in zwei Räumen. Es bleibt geschichtlich bei dem „unendlich tiefen Abgrund …, der die ganze endliche und relativen Welt, mit der sich der Naturforscher allein beschäftigen kann, von dem ewigen Gott scheidet, der allein der Absolute und Unbedingte und Allmächtige ist."[1197]

---

angstvollen Frage nach dem Sinn des Seins, die der Mensch stellen muss und immer stellt, weil sein Sein vom drohenden Nichtsein in Frage steht. Daher ist „die kosmologische Gottesfrage unausweichlich" (ST I, 243). Tillichs Analogielehre haben wir nicht zum Vergleich mit Heim herangezogen, weil sein Offenbarungs- und Gottesbegriff ganz unvereinbar ist. Tillich geht in seiner der kosmologischen Frage korrelierten theologischen Antwort nicht von der Welt, sondern von einem univoken Seinsbegriff aus. Wäre Sein nicht univok, dann wäre irdisches Sein nicht vollgültiges Sein, also gar kein Sein und damit Nichts. Damit nun aber das univoke Sein Gottes wie der Welt nicht über Gott zu stehen kommt, muss Sein mit Gott identisch sein. Aus Gott als dem Sein selbst leitet Tillich nun per partizipationem das Sein der Welt ab. Jedes endliche Seiende partizipiert in seinem Sein an Gott, sodass Gott sowohl als schöpferischer Grund der Welt immanent ist als auch als das endliche Seiende transzendierender, unweltlich-abgründiger Grund der Welt transzendent bleibt. Diese partizipatorische, univoke Analogia entis (ST I, 273–278) macht aber eine besondere geschichtliche Offenbarung überflüssig (F. Mildenberger, Gotteslehre. Eine dogmatische Untersuchung, 1975, 156). Die ontologische Nähe Gottes, dass er das Sein in allem Sein ist, verhüllt seine Transzendenz. Seine Abgründigkeit und Transzendenz besteht nicht auch im Widerspruch zum geschöpflichen Sein, nicht auch im Bruch der Offenbarung, sondern nur im drohenden Anderen weltlichen Seins, dem immer schon vom Sein überwundenen Nichtsein. Gott integriert damit als das Sein selbst wie bei Schelling in sich Sein und Nichts, zwar asymmetrisch, aber doch polar.

[1197] GN, 241.

Aber der je größeren Unähnlichkeit auch im Glaubensakt, im Akt der „Entscheidung", also dem Moment, indem die letzte Entweder-oder-Frage gelöst ist, muss mit Heim aufs Schärfste widersprochen werden. Przywaras Analogielehre ist nicht zu kritisieren wegen der zu großen Nähe, sondern wegen der unüberwindlichen Ferne Gottes auch im Glauben. Im Glaubensakt begegnet der Mensch dem ganzen Gott. Glauben ist das *Sein* in der überpolaren Sphäre, das ‚Stehen' in der Dimension Gottes, das *Sein* in Christus.

Wir fassen zusammen:
Przywara und Heim vertreten ein dreifache Analogielehre: eine zweifache, gegenläufige Bewegung, in deren Schnittpunkt sich Offenbarung ereignet. Die horizontale Analogie ist die Offenheit des weltlichen Seins auf Transzendenz hin. Diese wird durchbrochen von der teilgebenden Analogie von oben her, die aber nur im Glauben erkannt wird: Gott ist das Sein in allem Sein, das Leben in allem Leben, das primäre Werden im Werden, die Allgegenwart im Raum.[1198] Am Schnittpunkt der vertikalen mit der horizontalen Analogie ereignet sich Offenbarung: ‚Eintritt' Gottes in die Welt, Erkenntnis seiner allgegenwärtigen Präsenz, Erkenntnis des Gott in-über Welt, *analogia entis* in *analogia fidei* als *participatio entis, fidei et visionis*[1199]. An diesem Punkt geschieht das *finitum capax infiniti*, es geschieht Erkenntnis der Einheit der Wirklichkeit. Gott und Welt sind hier nicht zwei Wirklichkeiten, sondern zwei Aspekte einer Wirklichkeit. Im Offenbarungsakt sind die beiden unendlich unterschiedenen Räume, die transzendierende Immanenz der Welt und die immanierende Transzendenz Gottes, in paradoxer Weise identisch[1200]. Hier besteht die eine Wirklichkeit *in* zwei Räumen, nicht aus zwei Räumen. Während diese paradoxe Einheit der Wirklichkeit aber für das Denken bei Przywara und bei Heim Analogie bleibt, sodass die Differenz von Gottes- und Weltwirklichkeit gewahrt bleibt, so besteht bei Heim im Glauben volle Identität. Im Glauben ist Gott alles in allem! Hier ereignet sich die Einheit der Wirklichkeit, die Vorwegnahme des eschatologischen Einsseins von Gott und Welt, die proleptische Neuschöpfung der nicht mehr von den Polaritäten durchzogenen Welt.
Karl Heims Analogielehre ist, so können wir abschließend zusammenfassen, eine von der eschatologischen Offenbarung, Neuschöpfung und Vollendung durchbrochene *analogia attributionis intrinsecae et participationis*: Der Schöpfungsglaube erkennt die Welt als bestehendes, relativ eigenständiges Sein. Die Welt besteht in sich, doch besteht sie nicht durch sich. Sie hat keine dynamische Potenz aus sich, sondern ist immer gerichtet auf Gott, von dem her sie ihr Sein empfängt. Der Heilsglaube bestätigt einerseits den Schöpfungsglauben darin, dass er die *analogia entis* als *participatio* erkennt. Die Schöpfung ist *creatio continua*. Der Heils-

---

[1198] JH, 31.
[1199] Vgl. G. Söhngen, Analogia entis in analogia fidei, 1956, 268.
[1200] GN, 164.

glaube widerspricht aber auch dem Schöpfungsglauben darin, dass er die Kontinuität der Schöpfung leugnet. Im Heilsglauben besteht nicht *analogia entis*, sondern erkannter und überwundener Widerspruch der Schöpfung gegen den Schöpfer. Die nicht analoge, sondern identische Präsenz Gottes im Glauben offenbart: Auch die Natur ist als Schöpfung creatio continua *ex nihilo*. Sie besteht nur kraft der Präsenz Gottes in Christus als Versöhner und Vollender der *Welt*. Die Analogie des Seins ist in jedem Moment neu vollzogene, aber damit kraft der erhaltenden Schöpfermacht Gottes kontinuierlich bestehende, Analogie: *analogia actionis* als creatio ex nihilo *continua*. Nur insofern ist die Analogie intrinsisch, der Welt innerlich einwohnend. Die *intrinsische analogia attributionis* der Abhängigkeit und Partizipation des geschöpflichen am göttlichen Sein verbindet Gottes- und Weltwirklichkeit, polares und überpolares Sein zur Einheit von Gott und Welt, die sich im Glaubensakt zur paradoxen Identität verdichtet: Das Weltgeschehen *ist* der Wille Gottes.

2. Die Raumlehre als philosophisch-theologische Kosmologie im Vergleich zu A.N. Whitehead

Zwischen Karl Heims dynamischer Ontologie der Verhältnisse und Alfred North Whiteheads[1201] Prozessphilosophie bestehen, obwohl es keine Hinweise auf direkte Einwirkungen gibt[1202], zahlreiche Übereinstimmungen, die bisher allerdings nur summarisch behauptet[1203], denn im Einzelnen aufgewiesen wurden. Wir versuchen im Folgenden Gemeinsamkeiten beider Konzeptionen herauszuarbeiten und konzentrieren uns auf das fast gleichzeitig mit „Glaube und Denken" erschienene Hauptwerk „Process and Reality. An Essay in Cosmology"[1204] und stellen auch dieses stark vereinfacht und verkürzt nur insoweit dar, dass die wesentlichen Parallelen mit Heim sichtbar werden.[1205]

[1201] Einführend zu Whiteheads prozessphilosophischer Kosmologie vgl. E. Wolf-Gazo (Hg.), Whitehead. Einführung in seine Kosmologie, 1980; M. Hauskeller, Alfred North Whitehead zur Einführung, 1994; R. Charbonnier, Grundzüge der Kosmologie A.N. Whiteheads. Ein Beitrag zu einer dynamischen, relationalen Erkenntnistheorie und Ontologie, 1999.

[1202] Whiteheads Prozessphilosophie blieb, obwohl zur gleichen Zeit wie Heims Hauptwerke erschienen (Concept of nature, 1919; Process and Reality, 1929), wohl wegen seiner eigenwilligen und schwierigen Begrifflichkeit in Europa praktisch unbekannt und wurde erst durch Whiteheads Schüler C. Hartshorne, The divine Relativity, 1964, bekannter.

[1203] Daecke, Gott im Hinterhaus, 12; Krause, 221f; als „lockende Aufgabe" eingefordert bei Beck, Götzendämmerung, 32; die Studie von D. C. Stewart, A study of the Philosophies of Karl Heim and Alfred North Whitehead, 1973, ist leider nicht verfügbar.

[1204] 1927/28 als Gifford Lectures in Edinburg vorgetragen, 1929 veröffentlicht. Wir zitieren nach der dt. Übersetzung von H.-G. Holl, Prozeß und Realität. Entwurf einer Kosmologie, 1979 (= PR).

[1205] Für eine ausführliche theologische Auseinandersetzung vgl. M. Welker, Universalität Gottes und Relativität der Welt. Theologische Kosmologie im Dialog mit dem amerikanischen Prozessdenken nach Whitehead, 1988, 35–137; I. Dalferth, Die theoretische Theologie der Prozeßphilosophie

Whiteheads Prozessphilosophie ist der Versuch einer nachneuzeitlichen Metaphysik und Ontologie, welche die in der Neuzeit auseinandergetretene philosophische und naturwissenschaftliche Kosmologie wieder vereinen möchte. Wie Heim geht Whitehead von der Einheit des Weltganzen aus. Ziel ist es, der Einheit der Welt begrifflichen Ausdruck zu verleihen und die neuzeitliche „Bifurkation"[1206], die cartesische Aufgabelung der Welt in Materie und Geist, Objekt und Subjekt, naturwissenschaftlich-objektive Kosmologie und Metaphysik der Subjektivität entgegenzutreten bzw. schon im Ansatz zu vermeiden. Dazu entwickelt er in Rückgriff auf und in Abstoßung von Aristoteles eine Kategorienlehre, welche Subjektivität und Objektivität, Sein und Werden vereint, nun aber nicht in der Grundkategorie der Substanz, sondern der Grundkategorie der Relation und des Prozesses. Daraus ergibt sich eine Kosmologie, eine Perspektive auf die Welt, welche Welt als einen organischen Werdeprozess begreift, der in zunehmender Komplexität von den Atomen über die Ich-Subjektivität bis zu den sozialen Gesellschaften Natur, Geist und Geschichte holistisch umfasst und dabei über sich hinausweist, transzendent ist, auf Gott hin. Der Gottesgedanke resultiert wie bei Aristoteles aus der strukturellen Verfasstheit der Welt, soll aber bewusst nicht einen allgemein philosophischen, sondern den biblisch-christlichen Gottesbegriff aus der Kosmologie, der Gesamtsicht von Wirklichkeit, erschließen.

Im Aufbau der Kosmologie als Kategorienlehre und in der Durchführung unter der Leitkategorie Relation und Prozess bestehen formale und materiale Parallelen zu Heim relationaler Philosophie der Räume.

a) Grundbegriffe und Elementarkategorien

Ausgangspunkt der Whiteheadschen Ontologie ist die kritizistische Einsicht der Untrennbarkeit von Sein und Erfahrung, die aber – gegen den Kritizismus – nicht aus der überindividuellen Struktur des Erkenntnisapparates resultierend, sondern in der konkreten Erfahrung realisiert gedacht ist. Etwas ist nur etwas als Erfahrenes (mit Kant und dem Kantianismus), aber Erfahrung erfährt etwas nicht so, dass die Form der Erfahrung von der konkreten Erfahrung unabhängig bliebe, sodass Objektivität der Erfahrung aus der formidentischen Subjektivität resultierte, sondern Erfahrungsform und -inhalt entstehen und verbinden sich erst in der Erfahrung. „Für Kant entsteht die Welt aus dem Subjekt; für die organistische Philosophie entsteht das Subjekt aus der Welt"[1207]. Der Ausgangspunkt ist wie in Heims „Glaube und Denken, 3. Auflage" nicht das Subjekt, das die Welt als seine Welt

---

Whiteheads. Ein Rekonstruktionsversuch, 1992; E. Orf, Religion, Kreativität und Gottes schöpferische Aktivität in der spekulativen Metaphysik Alfred North Whiteheads, 1996.

[1206] Whitehead, Der Begriff der Natur (Concept of nature, 1919), 1990, 23ff.
[1207] Whitehead, PR, 175.

aus sich entstehen lässt, sondern die gegebene Welt, die allerdings nur als erfahrene gegeben und wirklich ist. Die Ontologie muss darum vom konkreten Gegebenen, nicht vom allgemeinsten Seinsbegriff her entwickelt werden. Das elementarste konkrete Gegebene, das sowohl Etwas wie erfahrenes Etwas, also sowohl Grunddatum des Seins (ontisch) als auch Grunddatum des Erkennens (noetisch) ist, ist das wirkliche Einzelwesen (actual entity), auch wirkliches Elementarereignis (actual occasion) genannt. Beide Termini werden austauschbar gebraucht[1208], was darauf hindeutet, dass „Materie" und „Geschichte", „Ding" und „Geschehen" ontologisch nicht unterschieden werden.

Die wirklichen Einzelwesen sind die ‚Atome', die letzten Realitäten, aus denen die Welt zusammengesetzt ist. Man kann nicht hinter sie zurück, um Elementareres zu finden. „Die letzten Tatsachen sind ausnahmslos wirkliche Einzelwesen; und diese wirklichen Einzelwesen sind komplexe und ineinandergreifende Erfahrungströpfchen."[1209]

Das actual entity ist, wie noch entfaltet werden wird, in einem das Atom der Ojektivität und der Subjektivität. Es ist Elementardatum des Seins („Ding") und der Erfahrung („Ereignis"). Es entspricht der Leibnizschen Monade und dem Heimschen Raum. Das wirkliche Einzelwesen ersetzt den aristotelischen und cartesischen Grundbegriff der Substanz. Es ist gegen Descartes nicht elementar wirklich entweder als Objekt *oder* als Subjekt (res extensa *oder* res cogitans), sondern als Objekt *und* als Subjekt, weil es nicht Etwas oder erfahrendes Etwas, sondern erfasstes Etwas und erfassendes Etwas in einem ist. Denkende und fühlende Subjekte werden der Natur nicht gegenübergestellt, sondern in sie hineingezogen, indem Fühlen, Denken, Empfinden etc. ontologisiert werden und Subjektivität nun allem natürlichen Geschehen eignet.

Die wirklichen Einzelwesen sind aufgrund ihrer Wesenheit als erfassende Subjekte mit anderen ebensolchen im Erfahrungsakt verbunden. Sie erfassen sich gegenseitig. Dadurch sind sie miteinander verbunden. Die Elementarverbindung heißt Nexus.

Der Nexus bringt das ontologische Prinzip zum Ausdruck, nämlich Sein als Werden. Wenn etwas nur als Erfahrenes und Erfahrendes wirklich und nur in der (inneren und äußeren) Relation des Erfahrenen und des Erfahrenden wirkliches Etwas ist (actual entity), dann ist Sein in dynamischer Relation, in „Prozess", begründet.

Auf diese vier Grundbegriffe wirkliches Einzelding, Erfassen[1210], Nexus (Relation) und ontologisches Prinzip (Prozess) baut sich die whiteheadsche Ontologie auf. Sie wird wie bei Aristoteles und Kant als eine (eigenwillig-komplizierte)

[1208] PR, 57; 64; 115f.
[1209] PR, 58.
[1210] Erfassen steht als Oberbegriff für alle Erfahrungsmomente wie empfinden, wahrnehmen, fühlen, denken etc.

Kategorienlehre[1211] entwickelt. Die Kategorien sind weder reine Seins- noch reine Urteils- oder erkenntnistheoretische Kategorien, sondern wie bei Heim sowohl Seins- wie Erkenntniskategorien.

Die unhintergehbaren Grundkategorien, die mit den vier Grundbegriffen zusammenfallen und den Kategorien der Existenz und der Erklärung vorausliegen, sind die drei Kategorien des Elementaren: eins, viele und Kreativität.
Eins bedeutet das konkrete Individuum, das unteilbare Einzelwesen, das einzelne Seiende (bei Heim: Raum als nach außen unteilbares Ganzes); viele sind die getrennten und unterschiedenen Einzeldinge (bei Heim: Inhalte). Den Übergang von den unterschiedenen Vielen zu dem unteilbaren Einen schafft die Kreativität, die „Universalie der Universalien. ... Das elementare metaphysische Prinzip ist das Fortschreiten von der Getrenntheit zur Verbundenheit"[1212]. Kreativität verbindet die Vielen zum einem neuen Einzelwesen, das mehr ist als die Summe der Einzelteile. Kreativität ist das „Prinzip des Neuen"[1213]. Es entspricht dem, was wir bei Heim das dritte Prinzip, das Werden genannt haben.
Logisch sind wie bei Aristoteles und Heim Identität und Verschiedenheit elementar, da für jede Verbindung vorausgesetzt, aber ontologisch (ontisch und noetisch) ist Kreativität basal. Die Elementarkategorie Prozess oder Kreativität ersetzt die aristotelische Primärkategorie der Substanz[1214]. Einheit und Vielheit bleiben logisch elementar, aber ontologisch akzidentiell. Wirklich, substantiell, ist das Fortschreiten von der Vielheit zu neuen Einheit. Das kreative Fortschreiten ist im Sinne von Oetinger, Schelling und Heim Wirkung der potenten Entelechie, die die beiden dimensionalen Polaritäten Eines und Vieles, Identität und Verschiedenheit, zur Einheit einer neuen Gestalt verbindet. Das Prinzip der Kreativität wird auch „Prinzip der Relativität"[1215] (bei Heim: dynamisch-relationale Polarität) genannt. Jedes Seiende ist nicht einfach bloß identisch es selbst, sondern wesenhaft Potential für Werdendes. Jedem einzelnen Seienden wohnt eine Aktivität, ein Drang, ein Streben zur Realisierung von Neuem inne[1216] (bei Heim: die nichtgegenständlichen Gestaltungstendenzen, der Wille, der Form und Leib werden will).
Jedes Einzelwesen ist wie der Heimsche Raum wirkliches, d.h. verwirklichtes Einzelwesen, d.h. als Individuum selbstvollendet[1217] (= aktual abgeschlossen), aber zugleich auch über sich hinausweisend, sich selbst transzendierend. Jedes

---

[1211] Auf 3 Elementarkategorien folgen 8 Kategorien der Existenz, 27 Kategorien der Erklärung und 9 kategoriale Verbindlichkeiten. Wir betrachten nur die Elementarkategorien.
[1212] Whitehead, PR, 62f.
[1213] PR, 62.
[1214] PR, 63; Whitehead sieht anders als Przywara bei Aristoteles eine Spannung zwischen der Logik des statischen Satzes vom Widerspruch und der Metaphysik der prozessualen Dynamik von Potenz und Akt, vgl. PR 78.
[1215] PR, 64.
[1216] PR, 80; mit einem Leibnizschen Ausdruck: „appetition" (ebd.).
[1217] PR, 127.

Wirkliche ist offen, sich zu neuem Wirklichen zu transzendieren. Seiendes als Werdendes befindet „sich immer im Prozess der Konkretisierung und niemals in der Vergangenheit"[1218], ist aber gleichwohl auf sich als Vergangenes bezogen. Die Differenzierung, aber auch die Vermittlung zwischen dem Seienden, das ein Etwas aktual ist, und dem Seienden, von dem es herkommt bzw. zu dem es gerade wird, führt Whitehead wie Heim mittels der Unterscheidung zwischen zwei Arten von Werden durch, die Heims Unterscheidung zwischen primärem und sekundärem Werden entspricht: ein Werden als Selbst (gegenwärtiges = primäres Werden) und das Werden von einem Anderen her bzw. zu einem Anderen hin (vergangenes bzw. zukünftiges = sekundäres Werden). Darin spiegelt sich der Doppelcharakter alles Seienden als Subjekt und Objekt, als „Selbst" und als „Es" bzw. Datum, seine Selbstwerdung (Finalität) und seine Anderswerdung (Kausalität). „Der Übergang von einem wirklichen Einzelwesen zum anderen [kommt] in der Wirkverursachung zum Ausdruck; und die Zweckverursachung drückt den inneren Prozess aus, durch welchen das wirkliche Einzelwesen es selbst wird. Zu unterscheiden sind das Werden des Datums, das in der Vergangenheit der Welt zu finden ist [= sekundäres Werden], und das Werden des unmittelbaren Selbst aus dem Datum heraus [= primäres Werden]. Dieses letzte Werden ist der unmittelbar wirkliche Prozess. Ein wirkliches Einzelwesen ist zugleich das Produkt der wirkenden Vergangenheit und, mit Spinozas Ausdruck, causa sui."[1219] Wirk- und Zweckursache können nur unterschieden, nicht aber getrennt werden. In jedem wirklichen Einzelwesen sind beide wirklich. Der Übergang von einem wirklichen Einzelwesen zu einem anderen (sekundäres Werden) ist in der Wirkursache ausgedrückt, die Zweckursache bringt den inneren Prozess des Selbstwerdens oder des ungegenständlichen primären Werdens zum Ausdruck.[1220] Letzteres ist fundamental, weil der *unmittelbar wirkliche* Prozess. Subjektivität wird also gegen den cartesischen Idealismus nicht aus der Natur heraus-, sondern in die Natur hineingezogen. Jedem wirklichen Einzelwesen wohnt Finalität und Subjektivität inne. „Die organistische Philosophie gibt den unabhängigen Geist auf. Geistestätigkeit

---

[1218] PR, 80.
[1219] PR, 282; Whiteheads Verweis auf Spinoza ist irreführend, meint dieser doch mit causa sui die mit sich selbst immer identische Substanz. Hier ist causa sui aber wie auch bei Hegel als Selbstvollzug der Subjektivität gebraucht (vgl. K. Düsing, Das Problem der Subjektivität in Hegels Logik, 135: Indem bei Hegel die Subjektivität „von sich als dem Sein anfängt, es negiert und zu sich als dem eigentlichen Anfang zurückkehrt, bringt sie als causa sui sich selbst immer neu hervor.", zit. nach G. Scherer, Welt – Natur oder Schöpfung? 1990, 98). Die Hegelsche Dialektik wurde Whitehead durch den Hegelianer F. H. Bradley vermittelt (vgl. PR 419 u.ö.).
[1220] Der Vorwurf, Whitehead vertrete mit seiner atomistischen Ontologie auch ein atomistisches Zeitverständnis im Unterschied zur Prozessphilosophie Bergsons, für den Dauer und Kontinuum fundamental sind (W. Pannenberg, Atom, Dauer, Gestalt: Schwierigkeiten mit der Prozeßphilosophie, 1988, 81), ist nicht haltbar. Die Teilung der Zeit in diskrete Atome, damit die Unterscheidung des Etwas von sich selbst im Verlauf der Zeit möglich und das Werden erkennbar wird, ist nur die Außenseite des von innen unanschaulichen Werdens, das mit der primären Zeit als Kontinuum (durée) verknüpft ist. Wie bei Heim sind beide Zeit- oder Werdeperspektiven zwar unterscheidbar, aber nicht trennbar. Sie sind auf unanschaubare Weise eins.

ist nur eine Weise des Empfindens, die in gewissem Maße allen wirklichen Einzelwesen zugehört, aber nur bei einigen bis zu bewusster Intellektualität gelangt."[1221]

Der Doppelcharakter jedes Einzelseienden, dem der Heimsche Doppelcharakter des Raumes als aktual abgeschlossener und als potentiell offener entspricht, gilt auch für das Universum als Ganzes. Die Welt ist ein expandierender, sich selbst transzendierender Organismus, der in jeder Phase vollständig, abgeschlossen und wirklich ist, und zugleich unvollständig, offen und hinsichtlich der Zukunft unbestimmt. Überwiegen bei den Mikroprozessen der Einzelobjekte die Kausalität, indem das abgeschlossene Einzelwesen die Bedingungen liefert für die Ausbildung von neuer Realität, so überwiegt beim kosmischen Makroprozess die Finalität, d.h. die teleologische Bestimmtheit von der offenen Zukunft her[1222]. Daher ist die Welt als Ganze primär als Subjekt, als offener Organismus, zu sehen. Folglich ist *Freiheit* in jedem wirklichen Ereignis und in der Welt als ganzer.

b) Wirkliches Einzelwesen

Betrachten wir den Grundbaustein, das Atom, der Whiteheadschen Ontologie genauer.
Actual entity ist nicht nach dem Modell der aristotelischen Substanz, sondern nach dem Modell des selbstbezüglichen Subjektes gebildet. Aristoteles folgt nach Whitehead in seiner Substanzontologie dem Subjekt-Prädikat-Schema der urteilenden Sprache: Einer für sich daseienden Substanz kommen sekundär Akzidentien zu. Das, was von einem Etwas prädikativ ausgesagt werden kann, ist dann nicht es selbst, sondern etwas an ihm. Insbesondere hat Relation kein eigenes Sein, sondern besteht nur im beziehenden Verstand. Dass Relation bei Aristoteles nicht für sich bestehend gedacht ist, zeigt sich auch daran, dass sie als eine Kategorie unter anderen nicht zwischen den Relaten gedacht, sondern einem Relat zugeordnet wird. Relation ist ein einstelliges Prädikat, das jeweils nur einem der beiden in Beziehung stehenden Dinge zugeordnet wird: das Größersein dem Größeren, das Kleinersein dem Kleineren usw.. Die Kategorie πρὸς τί ist die eines unselbständigen Relates, nicht der selbständigen Relation.[1223] Das Verhältnis von Substanz und Relation bei Aristoteles entspricht der Korpuskelphysik, die ein gegebenes substantielles Ding voraussetzt, dem sekundär Eigenschaften und Relationen zugeordnet werden.

[1221] Whitehead, PR, 121.
[1222] PR, 396f.
[1223] Zum Nachweis im Einzelnen vgl. G. Böhme, Whiteheads Abkehr von der Substanzmetaphysik. Substanz und Relation, 1980.

Dieser logischen und ontologischen Unterordnung der Relation unter die Substanz hat sich Whitehead widersetzt. Das actual entity ist wesentlich (substantiell) relational konstituiert. Jedes wirkliche Einzelwesen vereinigt in sich Identität und Verschiedenheit, indem es, wesenhaft selbstbezüglich, auf sich selbst aktual bezogen ist. Wie bei Heim ist Relation die Primärkategorie allen Seins. Daher ist Prozess nicht eine Eigenschaft oder ein Ereignis *an* Einzelseiendem, sondern dieses selbst. Jedes wirkliches Einzelwesen ist ein Selbst, ein selbstbezüglicher Erfahrungsakt, ein „Erfahrungströpfchen". Es hat für sich selbst Bedeutung.[1224]

Die Relationen, die ein wirkliches Einzelwesen konstituieren, sind ihm nicht äußerlich, sondern innerlich. Die konkreten Bezogenheiten (nach innen und nach außen) sind wie bei Leibniz Prehensionen oder Empfindungen (= Perzeptionen). Jedes wirkliche Einzelwesen ist ein „‚Subjekt' des Empfindens"[1225]. Es ‚weiß' von seinem Objekt, auf das es sich bezieht, da es von sich ‚weiß'. Die Selbstbezüglichkeit im Empfindungsprozess konstituiert die *Einheit* des Einzeldings. „Jedes wirkliche Einzelwesen wird als Erfahrungsakt interpretiert, der aus Daten hervorgeht. Es ist ein Prozess des ‚Empfindens' der vielen Daten, mit dem Ziel, sie in die Einheit der einen, individuellen ‚Erfüllung' zu absorbieren. ‚Empfinden' steht hier für die grundlegende, allgemeine Operation des Übergehens von der Objektivität der Daten zu der Subjektivität des jeweiligen wirklichen Einzelwesen. ... Ein wirkliches Einzelwesen ist ein Prozess und nicht im Sinne der Morphologie eines Stoffs beschreibbar."[1226] Im Anschluss an H. Bergson und S. Alexander kann das Empfinden auch Intuition, Erleben oder Empfinden genannt werden. „Im Empfinden wird das Empfundene nicht analysiert", sondern ganzheitlich erlebt. „Beim Verstehen wird das Verstandene analysiert."[1227] Der Erfahrungsprozess hat wie bei Heim den Doppelcharakter von Erleben und Erkennen, von ganzheitlichem Empfindungsakt und analysierend-differenzierendem Verstehen. Im Empfinden oder Erleben sind Erfahrenes und Erfahrendes unaufgelöst eins, im Verstehen hingegen in objektivierter Relation. Der Werde- und Erfahrungsprozess ist daher wie bei Heim ein ständig phasenwechselndes Hin- und Her von Selbst- und Objektempfindung, von Erleben und objektivierender Perspektive. „Ein wirkliches Einzelwesen gewinnt seine eigene Einheit durch seine bestimmten Empfindungen hinsichtlich jeder Einzelheit des Datums. Jede einzelne Objektivierung im Datum hat ihre Perspektive ... mit ihrer eigenen Relevanz."[1228] Dem Erleben eignet „Unmittelbarkeit", dem Erkennen hingegen objektive Perspektivität: in Subjektivität absorbierte Objektivität.

[1224] Whitehead, PR, 69; 93f.
[1225] PR, 405.
[1226] PR, 93f.
[1227] PR, 288.
[1228] PR, 289.

Der Empfindungsprozess, die Summe der Perzeptionen, konstituiert das aktuale Einzelwesen als Subjekt. Es ist so etwas wie eine „ins Prozessuale aufgelöste ‚Monade'"[1229], die sich aus ihren eigenen Perzeptionen konstituiert.

Es gibt keine isolierten ‚Dinge' mehr. Kein Etwas ist mehr bloß es selbst, sondern nur in Bezogenheit auf andere ‚Dinge' und in Relation zu sich als Gewordenes und als Werdendes wirklich. Insofern ist jedes wirkliche Einzelwesen Objekt und Subjekt: Objekt, insofern es Potentialität darstellt, Bestandteil im Empfinden zu sein; Subjekt, insofern es durch den Empfindungsprozess zur Einheit konstituiert wird und diesen Prozess einschließt. Daher nennt Whitehead das Subjekt auch Superjekt, damit nicht die aristotelische Assoziation vom ὑποκείμενον, vom Zugrundeliegenden entsteht. Subjekt ist prozessuales, sich selbst transzendierend und seine Empfindungen zusammenfassend zusammenwachsendes actual entity. Dies meint der Ausdruck Superjekt[1230]: das ‚über' sich, nicht ‚unter' sich liegende, synthetische Moment der Selbstzusammenfassung in der Selbstwerdung und Selbstbewusstwerdung, oder mit Kant gesagt: die Synthesis der Apperzeption.

Als Subjekt ist jedes wirkliche Einzelwesen wie bei Leibniz ein Spiegel des Universums. Jedes Atom ist ein System aller Dinge, weil es das ‚Wesen' des Universums, das prozessuale Fortschreiten von etwas her (causa efficiens) auf etwas hin (causa finalis) in sich trägt. Doch ist die Kausalität des Fortschreitens keine lineare Kausalität, kein „serielle[s] Fortschreiten", sondern „kreatives Fortschreiten"[1231], also das, was wir oben mit Repräsentions- oder Ganzheitskausalität bezeichnet haben. Das Ganze, nämlich die Offenheit des Universums, die Freiheit zu Neuem, ist in jedem Teil präsent und repräsentiert, d.h. sich verwirklichend verwirklicht, und zwar ausnahmslos in jedem Einzelnen.

Die Welt ist im Ganzen wie im Teil wesenhaft nicht tote Materie, sondern Subjektivität; die Qualitäten sind nicht sekundär, sondern primär. Materie ist nicht, sondern geschieht. Wirklichkeit ist auf atomarer Ebene nicht Ansammlung von Korpuskeln, sondern Zusammen- und Neuordnung von ‚Wellen', die im Integrationsprozess des Empfindens gebildet werden. So bilden sich aus dem Elementaren Strukturen oder Gesellschaften, wie Whitehead sagt. „Die allgemeinsten Beispiele für solche Gesellschaften sind die regelmäßigen Wellenzüge, einzelne Elektronen, Protonen, einzelne Moleküle, Gesellschaften von Molekülen, wie anorganische Körper, lebende Zellen und Gesellschaften von Zellen, wie Pflanzen und tierische Körper, ... [also] ‚korpuskulare Gesellschaften' und ‚nicht-korpuskulare Gesellschaften'."[1232] Die Welt ist kraft dieser dynamischen Ordnung

---

[1229] H.-G. Holl, in: Whitehead, PR, 659.
[1230] PR, 175f; 406f.
[1231] PR, 86.
[1232] PR, 193.

mehr als die Summe ihrer Teile, sie ist ein selbstwerdender, strukturell verknüpfter Nexus. In einem Satz: Die Welt ist causa sui, Selbstvollzug: „Die Welt erschafft sich selbst."[1233]

c) *Bipolare Natur Gottes*

Der Überschritt von der Welt zu Gott erfolgt bei Whitehead ganz folgerichtig. Gott darf nicht als Ausnahme von den metaphysischen Prinzipien behandelt werden, etwa um deren Zusammenbruch vorzubeugen.[1234] Also ist Gott wie alles andere Seiende als wirkliches Einzelwesen (actual entity) anzusehen. Whitehead bemüht sich zwar, Gott und Welt noch zu unterscheiden, indem er den sonst identischen Terminus „wirkliches Ereignis (actual occasion)" nicht auf Gott bezieht, Gott also als zeitloses Einzelwesen ansieht[1235]. Doch bleibt diese Unterscheidung ohne Konsequenzen.[1236]

Ist Gott ein wirkliches Einzelwesen, so muss er wie die polare Natur dieselbe Polarität von Subjektivität und Objektivität, von Finalität und Kausalität in sich tragen. Gott hat daher eine Natur der Herkunft oder des Seins und eine Natur der Zukunft oder des Werdens. Gottes Natur ist, analog zur Natur der Einzelwesen, bipolar[1237]. Er hat eine zeitlos-begrifflich-geistige Urnatur und eine physisch-konkret-werdende Folgenatur. Mit der Bipolarität Gottes versucht Whitehead den kosmologischen Dualismus Aristoteles' zwischen dem distanziert-affektlosen unbewegten Beweger und der polaren Welt zu vermeiden, aber auch den nominalistischen Seinsdualismus, der Gott und Welt in unendlichen Abstand bringt. Stattdessen soll der christliche Gottesbegriff des auf die Welt in Liebe und Gegenliebe bezogenen, nahen und bewegten Gottes eingeholt werden. Das Gegenüber von Gott und Welt muss als Einheit in *gegenseitiger* Bezogenheit verstanden werden.

[1233] PR, 169.
[1234] PR, 613.
[1235] PR, 175.
[1236] Wenn Gott wie jedes Einzelwesen als actual entity angesehen wird, dann ist er, weil actual entities im Prozess erst werden und daher Geschöpfe sind (PR 64), selbst ebenfalls Geschöpf. Gott ist damit aber Teil und Produkt der sich selbst erschaffenden, werdenden Welt. M. Welker hat Whitehead daher zurecht die Verwechslung von Gott und Himmel vorgeworfen (Universalität, 130ff). Gott übernimmt all die Funktionen, die das Himmelreich in der christlichen und die Ideenwelt in der platonischen Tradition haben. Als zeitloses Einzelwesen ist Gott (in seiner Urnatur) funktional die Summe der zeitlosen Objekte, also die platonische Ideenwelt („Die zeitlosen Gegenstände, wie sie in Gottes Urnatur angelegt sind, begründen die platonische Welt der Ideen", PR 103); als aus dem Weltprozess heraus werdendes Geschöpf ist Gott (in seiner Folgenatur) die Vollendung der sich selbst erschaffenden Welt, also „Gott in seiner Funktion als das Königreich des Himmels" (625). In der Tat findet, da Gott als actual entity und nicht als Ausnahme von den metaphysischen Prinzipien der Welt („Prozess") begriffen wird, eine „Ineinssetzung von Gott und dem von Gott *geschaffenen Himmel* statt" (Welker, Universalität, 131). Diese Konsequenz ist zwingend, wenn Gott unter die Polarität des Weltprozesses gestellt wird, vgl. das Weitere.
[1237] Whitehead, PR, 616.

„Gott und Welt stehen einander gegenüber. … Es können aber noch nicht einmal zwei Wirklichkeiten auseinandergerissen werden: jede ist alles in allem. … In Gottes Natur ist Dauer uranfänglich und Fluss von der Welt abgeleitet; in der Natur der Welt ist Fluss uranfänglich und Dauer von Gott abgeleitet. Darüberhinaus ist die Natur der Welt ein uranfängliches Datum für Gott; und Gottes Natur ist ein uranfängliches Datum für die Welt."[1238] Der Fluss der Welt hat seine Beständigkeit in Gott, der alle möglichen Potentialitäten (zeitlos-begrifflich) in sich trägt. Als Urnatur ist aber Gott „nicht *vor* sondern *mit* aller Schöpfung"[1239]. Dieser Natur nach ist Gott, in der Sprache Heims gesagt, überpolar, d.h. in sich abgeschlossen, vollständig, zeitlos und unveränderlich[1240], aber gleichwohl als unbewegter Beweger auf die polare Welt bezogen. Diese Urnatur Gottes ist das unbewegt Bewegende der Welt. Ohne Gott gäbe es keine Bewegung, keinen Bestand und nichts Neues von Bedeutung[1241]. Gottes Urnatur ist das schöpferische Prinzip der Welt. Er ist der Schöpfer jedes wirklichen Einzelwesens, doch nicht durch singulär-konkrete Willenshandlung, sondern als grundlegendes Prinzip, als uranfängliche Bedingung von Kreativität.

Andererseits ist aber auch die Welt Urnatur für Gott, indem Gott am Werdeprozess der Welt so selbst wieder teilhat, dass er die konkreten Realisierungen nicht nur in Gang setzt sondern auch wieder in sich aufnimmt[1242]. Diese objektivierende, bewahrende Seite Gottes ist seine Folgenatur. Er nimmt alles Werdende in sich auf und macht dadurch das vergängliche Einzelne objektiv unsterblich[1243]. Im Aufnehmen aller wirklichen Ereignisse empfindet Gott sie und wird so der, der er ist. Diese tiefste Teilnahme an der Welt ist Ausdruck seiner Liebe und seines Mitleidens[1244].

Indem sich die Welt im Prozess in Gottes Folgenatur hineinentwickelt, wird das letzte Ziel der Welt, die „Vergottung der Welt"[1245], aber darin zugleich die Gottwerdung Gottes verwirklicht. In einigen Antithesen bringt Whitehead die wechselseitige Polarität von Gott und Welt zum Ausdruck: „Es ist genauso wahr zu sagen, dass Gott beständig ist und die Welt fließend, wie zu behaupten, dass die Welt beständig ist und Gott fließend. … Es ist genauso wahr zu sagen, dass die Welt Gott immanent ist, wie zu behaupten, dass Gott der Welt immanent ist. Es ist genauso wahr zu sagen, dass Gott die Welt transzendiert, wie zu behaupten, dass die Welt Gott transzendiert. Es ist genauso wahr zu sagen, dass Gott die Welt erschafft, wie zu behaupten, dass die Welt Gott erschafft."[1246] Wir können weiter-

---

[1238] PR, 622.
[1239] PR, 614.
[1240] PR, 616.
[1241] PR, 306.
[1242] PR, 616.
[1243] PR, 620.
[1244] PR, 626.
[1245] PR, 622.
[1246] PR, 621.

führen: Es ist genauso wahr zu sagen, dass Gott sich selbst erschafft, wie zu behaupten, dass die Welt sich selbst erschafft.

Whitehead überträgt das Schöpfung und Eschatologie vereinende exitus-reditus-Schema Thomas' von Aquin, dass alles von Gott ausgeht und wieder zu ihm hinstrebt[1247], auf Gott *und* die Welt. Gott geht aus von sich, begibt sich in das andere seiner selbst, die Welt, hinein, und kehrt wieder, alles sammelnd, aufnehmend und aufhebend, zu sich zurück. Gott ist also, wie die Welt, Ursache und Vollzug seiner selbst: *causa sui*, oder besser: Superjekt von sich und der Welt[1248]. Das Verhältnis von Gott und Welt ist ein gegenseitiger, schöpferisch-emanierender, dialektischer Prozess. Am Ende ist Gott „die Verwirklichung der aktuellen Welt in der Einheit seiner Natur."[1249]

d) Whiteheads Bipolarität und Heims Überpolarität Gottes

Karl Heim hätte die Kosmologie Whiteheads bis ins Detail mitvollziehen können mit Ausnahme des Spitzensatzes „Die Welt erschafft sich selbst" und natürlich der Unterwerfung Gottes unter die Polarität und der polar-relativen Gegenseitigkeit von Gott und Welt.

Whiteheads Grundbegriff des actual entity entspricht Heims Grundbegriff Raum. Er bringt zum Ausdruck, dass die Kosmologie nicht vom Ich, sondern von der Welt, also vom wirklichen, konkret Gegebenen ausgehen muss; dass die Kategorien daher Seins- und Erkenntnis-, nicht aber reine erkenntnistheoretische Kategorien sein können, weil die Trennung von Ich und Welt, Subjekt und Objekt, nur als Abstraktion, nicht aber real vollzogen werden kann (Gesetz der Perspektive). Das actual entity bringt weiter den Doppelcharakter des Raumes als etwas, Ding oder Inhalt in Unterscheidung von anderen Inhalten und als unteilbares Kontinuum, d.h. als Subjekt und Ich zum Ausdruck, mithin den Raum als Relation, d.h. als aus Differenz vollzogener Einheit. Raum bzw. Relation als erste Kategorie ersetzt die Substanz als erste Kategorie und ist immer nach zwei Seiten bezogen: auf sich und auf anderes. „Etwas" ist aktual immer Relation oder Relationsglied, aber potentiell auch Glied einer neuen Relation bzw. selbst Relation. Welt ist wesenhaft ein relationales Gefüge von Verhältnissen.

Actual entity bringt weiter den Aktualcharakter des Raumes in der Doppelheit von Abgeschlossenheit und potentieller Offenheit zum Ausdruck und ebenso die inhärente prozessuale Dynamik von Potenz und Akt, von Kausalität und Finalität. Im actual entity ist weiter über die lineare Kausalität hinaus die Kausalität der

---

[1247] Thomas, STh I: Deus „est principium rerum, et finis earum" (q. 2) ; „omnia … habent ordinem ad Deum, ut ad principium, et finem" (q. 1, a. 7).
[1248] Whitehead, PR, 174f.
[1249] PR, 624.

Repräsentation des Universums in jedem Einzelraum ausgedrückt, sodass Werden von innen heraus geschieht. Doch besteht grundlegender Unterschied zu Leibniz' Monadenlehre. Bei Leibniz ist auch das Werden von innen heraus äußerlich determiniert, weil ja jede Monade Spiegel der Urmonade und des Universums darstellt, zwar in der Brechung der eigenen Perspektive, sodass zwar der Einzelprozess offen, die Gesamtentwicklung aber determiniert, d.h. nach äußerlichen Naturgesetzen von statten geht. Bei Whitehead hingegen sind die Monaden nicht fensterlose Spiegel des Ganzen, sondern aus den Relationen und Perzeptionen konstituiert, sodass die Naturgesetze aus den Wechselbeziehungen der wirklichen Einzelwesen hervorgehend gedacht sind. In diesem Sinne haben wir auch Heim von Oetinger her interpretiert. Im Werden entsteht echt Neues. Die Naturgesetze liegen nicht von Anfang der Welt unveränderlich fest, sondern sind im Weltprozess sich entwickelnd begriffen. Um die neue Weltgestalt wird, wie Heim sagt, noch gerungen. Sie setzt sich erst im Prozess der aktiv-passiven Wechselwirkung der Ich-Zentren heraus. Allerdings sind bei Heim anders als bei Whitehead, die Gestalten, die sich bilden, nicht in platonisch zeitlosen Formen vorgebildet, die im Konkreten zur Verwirklichung kommen, sondern sie sind leibhafte Gestalten, die in singulären Willensakten, letztlich aus dem konkreten Willen Gottes, sich durchsetzen.

Auch den Überschritt zur (unpolaren) Urnatur Gottes hätte Heim mitvollzogen. Wie das Universum sich im Werden transzendiert, so transzendiert auch Gott das Universum. Gott ist das überpolare Sein, von dem her und auf das hin der Werdeprozess der Welt kausal und final sich entwickelt. Ohne Gott gäbe es in der Welt nicht wirklich Neues. Gott ist das schöpferische Prinzip der Welt, bei Heim allerdings nur als konkret handelnder, personaler Wille. Heim kann Gott als unpolar *und* als aktual handelnden Willen verstehen, weil er die beiden Naturen, die Whitehead unterscheidet, zusammenhält als gewissermaßen zwei Perspektiven auf den identischen Gott. Gottes überpolares Sein umgreift den gesamten Weltprozess in Raum und Zeit, er ist aber dennoch, sozusagen von innen her, in jedem Moment der Zeit konkret-willentlich Neues schaffend wirksam. Gott als Superjekt und Gott als Subjekt sind bei Heim zusammengedacht als eine Art „Außen-" und „Innenperspektive" Gottes. Wie Whitehead könnte Heim sagen: „Daher verkörpert jedes zeitliche Ereignis Gott und wird in Gott verkörpert"[1250]. Bei Gott und Welt handelt es sich nicht um zwei Wirklichkeiten, sondern um eine. Aber diese Identität des Weltwerdens mit dem Wirken Gottes, sowie der unveränderlich überpolaren und der willentlich-personal-handelnden Natur Gottes ist nicht aufweisbar und daher nicht begrifflich feststellbar. Nur im Glauben ist Gott in der Welt und die Welt in Gott alles in allem.

[1250] PR, 622.

Whitehead hat die Immanenz Gottes spekulativ so weit getrieben, dass er das Weltwerden als Werden Gottes behauptet hat, indem er das Gottesprädikat der *causa sui* auf jedes wirkliche Einzelereignis bezogen hat. Dadurch wird aber jedes Ereignis aus sich heraus schöpferisch. Dann aber ist „Gott nicht Schöpfer, sondern nur Mitschöpfer des realen Geschehens und daher sind die elementaren Ereignisse als sich selbst konstituierend zugleich Grund des ihren Nexus ausdrückenden Kontinuums, das von ihnen ‚abgeleitet' ist. … Der Gedanke des radikalen Selbstschöpfertums eines jeden Elementarereignisses bildet den Grund der Unvereinbarkeit des Metaphysik Whiteheads mit dem biblischen Schöpfungsgedanken und darum auch mit dem biblischen Gottesgedanken."[1251]

Heim hat diese Identifikation der Immanenz Gottes mit der werdenden Welt nicht vollzogen, sondern jeden Raum zwar in sich bestehend und daher schöpferisch-werdend, aber nicht durch sich bestehend und daher nur abgeleitet schöpferisch (causa secunda), nicht selbstschöpferisch, verstanden. Bei Whitehead hingegen wird Kreativität zur Selbstschöpfung. Die sich selbst erschaffende Welt *ist* die Entwicklungsgeschichte Gottes[1252]. Die Folgenatur Gottes *ist* die fließende, sich selbst erschaffende und zu sich selbst werdende Welt[1253].

Heim hat Gott in Bezug auf die Welt zwar eine dauerhaft uranfängliche, den Fluss der Welt heraussetzende Urnatur zugeschrieben, aber keine aus dem Fluss der Welt sich ableitende Folgenatur, sondern den kausalen und finalen Schöpfungsprozess von der Erlösung der Welt, die Whitehead als Versöhnung von Dauer und Fluss versteht, strikt unterschieden. Der Weltprozess hat keine (Rück-)Wirkung auf Gott hin[1254]. Von der Welt zu Gott hin besteht nicht Kontinuum, sondern apokalyptischer Bruch. Das Problem der Sünde und der Theodizee ist bei Heim anders als bei Whitehead nicht ausgeblendet, auch wenn es in der philosophischen Grundlegung noch nicht, sondern erst in der christologischen Entfaltung der Kosmologie bearbeitet wird. Insbesondere ist bei Whitehead eine besondere Offenbarung in Christus und im Glauben als Bruch mit dem Weltprozess überflüssig, ja unvollziehbar. Die sammelnde und alle Widerprüche aufhebende Fol-

---

[1251] Pannenberg, Atom, Dauer, Gestalt, 84.89.
[1252] Die sich so vollendende Welt bedeutet auch die Vollendung der nachneuzeitlichen, relationalen Metaphysik als einer vernünftig-christlichen Trinitätslehre. Whitehead hat auf die Geschichte der Natur und des Kosmos übertragen, was bei Hegel für die Weltgeschichte gilt: Der absolute Geist schafft und vollendet sich selbst, indem er sich seiner selbst entfremdet, sich in das andere seiner selbst, die Weltgeschichte, hinein entäußert und solche Nicht-Identität integrierend wieder alles Nicht-Identische in sich zurückholend vollendet. Der in trinitarisch-dialektischem Prozess er selbst werdende absolute Geist ist so bei Hegel (resp. Whitehead) auch die „Vollendung der abendländischen Metaphysik in ihrem abgeschlossenen, nichts mehr außer sich lassenden Begriff, der alles bislang Geschehene als Entfaltung seiner selbst durchschaut und am Ende des Wegs wieder in sich zurückholt" (M. Frank, Gott im Exil. Vorlesungen über die neue Mythologie, 19).
[1253] Vgl. Whitehead, PR, 620.
[1254] Anders als Whitehead resp. Hegel entwirft Heim keine (spekulative) immanente Trinitätslehre. Der Entwicklung des Weltprozesses von Gott her (trinitarische Ökonomie: Schöpfung – Versöhnung – Vollendung) korrespondiert keine Rückwirkung. Die Entwicklung der Welt bedeutet keine Entwicklung in Gott selbst, vgl. LII 3, 83f.

genatur Gottes, die *coincidentia oppositorum*, die (Auf-)Lösung aller Fragen, die Apokatastasis panton, ist dagegen bei Heim nicht ohne den apokalyptischen Bruch zu denken. Jesus, der Weltvollender, bleibt auch Jesus, der Herr[1255]. Das so sympathisch erscheinende jesuanische Gottesbild Whiteheads, der nicht als monarchischer Herrscher oder unbewegter Beweger, sondern in Liebe und Mit-Leiden bruchlos die Welt bewegt und von ihr bewegt wird[1256], ist christlich unhaltbar, weil es der Realität der Sünde und des Bösen ausweicht. Die *consummatio mundi* in der neuen Welt, in der Gott endgültig alles in allem sein wird, ist auch die Überwindung der ersten Welt einschließlich der „Gegenmacht, die die Vollendung der Schöpfung bisher immer noch hemmte."[1257]. Die „Harmonisierung"[1258] von Gott und Welt um jeden Preis führt bei Whitehead zur Aufhebung des um der Rettung der *Welt* notwendigen nichtpolaren Verhältnisses von Gott und Welt. Die polare Wechselbeziehung der *gegenseitigen* Liebe von Gott und Welt[1259] mündet „in eine Vision unendlicher kosmischer Heiterkeit und Harmonie"[1260]. Die Kosmologie Whiteheads bleibt ein bloßes Spiel, dem es am Ernst der göttlichen Liebe ebenso mangelt wie an der Erlösungsbedürftigkeit der Welt.

3. Die Raumlehre als kybernetische Metaphysik im Vergleich zu G. Günther

Karl Heim mit Gotthard Günther[1261], dem „kybernetisch orientierten Philosophen"[1262] und (nach)hegelschen Dialektiker, ins Gespräch zu bringen, hat wirkungsgeschichtliche und sachliche Gründe. Zum einen lässt der bloße Hinweis

---

[1255] Gott als coincidentia oppositorum bedeutet bei Heim nicht die dialektisch-aufhebende Integration der Polaritäten, sondern die die Polarität von Leben und Tod / Sünde überwindende unpolare Allherrschaft Gottes (JW, 193–195); die apokatastasis panton lehrt Heim als Hoffung auf die Überwindung alles Gott widerstrebenden Wollens, nicht aber als logisch-spekulative, überzeitliche Auflösung des letzten polaren Gegensatzes zwischen ewiger Seligkeit und ewiger Verdamnis, da diese den „Kampf des jetzigen Augenblicks" (LII 3, 88), also die Heilsnotwendigkeit Christi und des Glaubens, und das Ringen um die gegenwärtige Weltgestalt „zwischen Leibern, in denen ein Wille Form werden und sich andern Mächten gegenüberdurchsetzten will, die auch Form werden wollen" (JW, 164) überflüssig machen würde.
[1256] Whitehead, PR, 613.
[1257] JW, 191.
[1258] Whitehead, PR, 618.
[1259] PR, 626.
[1260] Welker, Universalität, 137.
[1261] Aus dem Schrifttum sollen berücksichtigt werden: Das Bewußtsein der Maschinen. Eine Metaphysik der Kybernetik, 1963, sowie die drei Sammelbände der wichtigsten Aufsätze: Beiträge zur Grundlegung einer operationsfähigen Dialektik, Bd. I, 1976; Bd. II, 1979; Bd. III, 1980, mit Gesamtbibliographie auf S. 305–310 (= BGD I–III). Sekundärliteratur zu Günther existiert fast keine, vgl. einführend W. Schulz, Philosophie in der veränderten Welt, 1993, 227–233; D. Köpf, Der Christuslogos und die tellurischen Mächte. Eine kritische Würdigung emergenter kultureller Evolution, 2000, bes. 289–304; sowie H.-P. Bartels, Logik und Weltbild. Studien über Gotthard Günther und Norbert Elias zum Modell der dezentralen Subjektivität, 1988, 7–59.122–183.
[1262] Günther, BGD II, 173.

Günthers, an entscheidender Stelle von Karl Heims „Weltbild der Zukunft" angeregt worden zu sein[1263], Günther zur direkten Wirkungsgeschichte Heims zählen und sachliche Parallelen erwarten. Günther bekundet, dass der entscheidende Grundbegriff seiner im Anschluss an Hegel entwickelten „transklassische[n] ... Logik des geschichtlichen Prozesses"[1264] auch bei Heim schon korrekt beschrieben sei, nämlich der Begriff des „Grundverhältnisses". Günthers logische Dialektik sollte daher als Weiterführung von Heims Logik der Verhältnisse gelesen werden können.

Zum andern hat Günther versucht, die Dialektik Hegels zu operationalisieren. Günthers „Beiträge zur Grundlegung einer operationsfähigen Dialektik" versuchen die zweiwertige aristotelische Logik zu überwinden und münden in die Ausbildung einer mehrwertigen Logik. Eine solche mehrwertige, dialektische Logik ist verknüpft mit einem analogen Seinsbegriff[1265] und vermag die Kategorie des Werdens und des Neuen[1266] logisch und begrifflich exakt zu fassen. Günthers Dialektik kann daher als begriffliche Präzisierung und Weiterführung von Heims Analogielehre und Metaphysik gelten, die wir zuletzt in Auseinandersetzung mit Przywara und Whitehead herausgearbeitet haben, und leistet die Übersetzung der Heimschen Raumlehre in eine dialektische Logik und kybernetische Metaphysik des Werdens.

Zunächst soll in einem kurzen einführenden Abschnitt die für Günther grundlegende philosophische, an das Analogie- und Werdeproblem anknüpfende, Fragestellung herausgearbeitet werden. Hierfür konzentrieren wir uns auf die Arbeit „Das Rätsel des Seins" von 1969. Danach soll im Bezug auf die Arbeit „Die historische Kategorie des Neuen" (1970) die Dialektik Günthers vorgestellt und mit Heims Philosophie der Räume parallelisiert werden.

a) Das Rätsel des Seins

G. Günther wendet sich im Anschluss an Hegel und Heidegger gegen die „Seinsvergessenheit"[1267] der abendländischen Metaphysik und der modernen, naturwissenschaftlich-technisch geprägten Welt. Die europäische Denk- und Technikgeschichte seit Aristoteles kann als Reduktion eines ursprünglich vielschichtigen Seinsbegriffs auf die Pragmatik der ausschließlich zweiwertigen Logik gelesen werden, worauf ihr Erfolg, aber auch ihr Irrtum beruht. Sie blendet Wirklichkeit

---

[1263] Günther, BGD II, 240; III, 94; Bewußtsein, 147; vgl. das Nachwort von M. Bense in BGD III, 298.
[1264] BGD I, XV; vgl. Günther, Das Problem einer trans-klassischen Logik, BGD III, 73–94.
[1265] Günther, Das Rätsel des Seins, BGD II, 171–180.
[1266] Günther, Die historische Kategorie des Neuen, BGD III, 211–235.
[1267] Heidegger, Einführung in die Metaphysik, 19.

aus, indem sie jede Frage auf die ausschließliche Alternative von wahr oder falsch, ja oder nein, 0 oder 1 reduziert. Solche Pragmatik aber hat „das Sein (und damit auch Gott) vergessen"[1268]. Der „Ingenieur in Wolfsburg oder Detroit interessiert sich heute … nur noch für das Empirisch Gegebene, technisch bearbeitbare Seiende, und die Frage nach Sein-überhaupt als transzendentalem Grund des einzelnen Dinges wird als ‚metaphysisch' aus dem Bereich der exakten Wissenschaften und Technik verwiesen."[1269] Die ursprüngliche christlich-religiöse und voraristotelische griechische Metaphysik hatte dagegen einen dialektisch-analogen und nicht eindeutig-univoken Seinsbegriff. Sein ist in Wahrheit „exakt und nicht exakt"[1270]. Der ursprüngliche Seinsbegriff „ist eine *schwebende* Alternative und nicht eine fixierte, gefällte Entscheidung, die sich aus einer Alternative ergibt."[1271] M.a.W.: Sein *ist* in Wahrheit analog und daher nicht exakt, also nicht auf das Entweder-oder der zweiwertigen Logik des tertium non datur zu zwingen, welche auf „einfache, unentzweite Objektivität eines factum brutum hinausläuft."[1272] Diese Verfälschung des analogen in einen nichtanalogen Seinsbegriff, die Günther anders als Przywara schon bei Aristoteles in dem seine Metaphysik bestimmenden Satz vom Widerspruch und von ihm her in der ganzen abendländischen Metaphysik wirksam sieht, bedeutet nichts anderes als die vollständige Objektivierung der Welt und die Verdrängung der Subjektivität aus der Welt, die fortan cartesisch der Welt der Dinge und Fakten „extramundan"[1273] gegenübersteht. Fortan gibt es in der Welt nichts Zukünftig-unbekanntes oder Tief-unergründliches mehr. Veränderung ist nicht wirklich Neues, sondern akzidentelle Modifikation der zeitübergreifend beständigen und logisch-ontologisch identischen Substanz. Das Identitätsprinzip der Substanzmetaphysik begreift die Welt „als reine, vom Licht des Bewusstseins erhellte Oberfläche" und leugnet sowohl die Transzendenz einer jenseitigen wie die Tiefe der diesseitigen Welt, die „ebenso unergründlich ist wie das Jenseits, aber trotzdem zum irdischen Hier und Jetzt gehört"[1274]. Eine solche, Transzendenz und Introszendenz, wie Günther sagt, leugnende Ontologie des „reflexionslosen Seins"[1275], der reinen Faktizität und

---

[1268] Günther, BGD II, 172.
[1269] Ebd.
[1270] Ebd.
[1271] Ebd.
[1272] BGD II, 174.
[1273] BGD III, 79; vgl. Heideggers entsprechende Kritik an der neuzeitlichen Metaphysik *und* Technik in „Die Zeit des Weltbildes" (in: ders., Holzwege, 1972, 69–104). Nach der neuzeitlichen Erkenntnishaltung und der ihr entsprechenden Ontologie sei der Mensch, genauer das Denken, noch genauer das „cogito", das „ich denke", so sehr aus der Welt herausgestellt, dass der erkenntnistheoretische und erkenntnispraktische Vorgang der „Vorstellung" von der Welt im Sinne der „Vergegenständlichung des Seienden" (80), also der vor-stellenden Vor-sich-hin-Stellung, der Objektivierung der „Welt als Bild" (82) und der andere Vorgang „dass der Mensch innerhalb des Seienden zum Subjectum wird … ein und derselbe Vorgang" (85) sind. Zur Interpretation vgl. U. Beuttler, Naturverständnis, 15f.
[1274] Günther, BGD II, 179.
[1275] BGD II, 173.

Objektivität, des „ist, was es ist", macht Neues, Reflexion und Tiefensicht der Wirklichkeit unmöglich.

Wirklich Neues in der Welt kann nur verstanden und begründet werden, wenn 1. Subjektivität nicht aus der Welt herausgestellt, sondern in sie hineingezogen wird, 2. die klassische zweiwertige Logik erweitert wird zu einer mindestens dreiwertigen Logik, 3. die Unumkehrbarkeit der Zeit auch in der Logik Berücksichtigung findet[1276] und 4. jedes System kybernetisch-rückgekoppelt relativ zu seiner Umgebung betrachtet wird, in die es eingebettet ist und mit dem zusammen jedes physikalische System eine „transphysikalisch[e]"[1277] Einheit bildet. Diese Umgebung, diese Transzendenz der Wirklichkeit, ist zwar bei Günther nicht die Transzendenz Gottes, sondern die zweite, Introszendenz genannte Transzendenz, also die subjektiv-relexionsfähige Innen- und Tiefenschicht, „in der sich die empirisch reale Welt durch ein Unergründliches hindurch zu sich selbst verhält"[1278]. Günther lehrt also, im Gegenzug zur klassischen Metaphysik, die alle Subjektivivität „in dem überweltlichen und außerweltlichen universalen Subjekt, d.h. in Gott"[1279] subsistierend denke, die totale Weltimmanenz der Subjektivität. Auch wenn wir ihm in dieser Totalternative nicht folgen können, sondern mit Heim eine dimensionale Unterscheidung der Perspektiven einführen wollen, sodass das subjektive Innen und das Werden der Welt von innen als Subjektivität, aber „von außen", d.h. im Glauben aus der Offenbarung heraus, als Wirken Gottes in den Dingen gesehen werden kann, so zeigen doch Günthers Überlegungen, dass eine subjektive Innenseite des Materiellen die Bedingung dafür ist, eine Transzendenz der Welt über sich als Objektiv-faktisches hinaus und damit die Offenheit der Welt auf Gott hin (transzendierende Immanenz) und das Wirken Gottes in der Welt (immanierende Transzendenz) denken zu können.

Wie das „Innen" der Welt und das dialektische Werden der Welt, mithin Neues durch Subjektivität, begrifflich gefasst und auf eine strenge Logik hin formalisiert werden kann, soll im folgenden Abschnitt in Parallelität zu Heims Raumlehre betrachtet werden.

[1276] Vgl. Günther, Logik, Zeit, Emanation und Evolution, BGD III, 107: „Gelänge also eine logische Formalisierung des Zeitproblems, dann wäre damit wenigstens ein bescheidenes erstes Element von Subjektivität in unser wissenschaftliches Weltbild hineingezogen, denn trotz allem Übergewicht an objektiver Thematik enthält das Zeitproblem ja auch eine Komponente von Subjektivität. ... Solange also die Zeit eliminierbar bleibt, ist das Subjekt ebenfalls eliminierbar, das ohnehin im Formalismus der klassischen Logik keinen designationsfähigen Ort hat."

[1277] BGD II, 179.

[1278] BGD II, 179.

[1279] BGD II, 311.

b) Die historische Kategorie des Neuen

Günther versucht im Anschluss an Hegel das Auftreten von wirklich Neuem, das mehr ist als bloße Veränderung, Umordnung, Monotonie oder Kreislauf der ewigen Wiederkehr des Gleichen als „Struktureigenschaft[] unserer empirischen Wirklichkeit"[1280] zu erweisen. Dazu muss das, was Hegel das Neue in der Geschichte im Unterschied zum ewigen Kreislauf der Natur, also den „Geist", nennt und in Metaphern oder Mythologemen wie Entwicklungsprinzip / neuer Geist und Stufengang / Verklärung / Auferstehung zum Ausdruck bringt, strukturtheoretisch analysiert und auf exakte analytische Begriffe gebracht werden. Es geht Günther darum, die biblisch-mythologische Kategorie des Neuen zu säkularisieren und an den Struktureigenschaften der diesseitigen Welt aufzuweisen. In einer Sammlung von Hegelzitaten[1281] – die Hegelexegese im Einzelnen soll hier nicht weiter verfolgt und von Günthers Interpretation und Folgerungen abgehoben werden – zeigt er, dass bei Hegel Veränderung und entsprechend Gegensatz, Unterscheidung und Negation in zweifacher Weise verwendet werden.

Die erste Verwendung entspricht dem niemals Neuen beim Prediger Salomo: „Es geschieht nichts Neues unter der Sonne" (Koh 1,9). Veränderung ist hier natürliche Umformung, Gegensatz daher relativer Gegensatz, Vergehen natürlicher Tod, Negation partielle Negation: Nicht als nicht dieses, nicht mehr oder noch nicht. Wir können die partielle Negation im Vorgriff auf das Weitere auch *intrakontexturale Negation* nennen.

Die zweite Verwendung entspricht dem ganz Neuen in der Offenbarung des Johannes: „Ich sah einen neuen Himmel und eine neue Erde" (Apk 21,1). Hier ist das Neue prinzipiell neu, theologisch gesagt: neuer Geist und neue Schöpfung. Gegensatz und Negation sind hier nicht partiell, sondern total. Diese Negation ist diskontextural (einfache bzw. totale Negation: Kontexturabbruch) und transkontextural (zweite Negation bzw. Negation der Negation: Übergang zu neuer Kontextur).

Auf den Begriff gebracht werden kann die kategoriale Unterscheidung zwischen diesen beiden Weisen von Veränderung, Gegensatz und Negation durch die beiden Kategorien „Kontexturalität" und „Dis- bzw. Transkontexturalität". In einer,

---

[1280] BGD III, 187.
[1281] „Die Veränderungen in der Natur, so unendlich mannigfach sie sind, zeigen nur einen Kreislauf, der sich immer wiederholt; in der Natur geschieht nichts Neues unter der Sonne, und insofern führt das Vielförmige ihrer Gestaltungen eine Langeweile mit sich. Nur in den Veränderungen, die auf dem geistigen Boden vorgehen, kommt Neues hervor. ... Im Geist aber ist es anders ... er hat sich selbst als das wahre feindselige Hindernis seiner selbst zu überwinden; die Entwicklung, die in der Natur ein ruhiges Hervorgehen ist, ist im Geist ein harter unendlicher Kampf gegen sich selbst. ... Die Weltgeschichte stellt ... den Stufengang der Entwicklung des Prinzips, dessen Gehalt das Bewusstsein der Freiheit ist, dar. ... Der Geist, die Hülle seiner Existenz verzehrend, wandert nicht bloß in eine andere Hülle über, noch steht er nur verjüngt aus der Asche seiner Gestaltung auf, sondern er geht erhoben, verklärt, ein reinerer Geist aus derselben hervor" (Hegel, Vorlesungen über die Philosophie der Geschichte, Sämtliche Werke, Bd. 9, 35.68.70.90f).

Günthers Darbietung ergänzenden, Tabelle mit säkularisierten Ausdrücken und ihrem mythologischen Äquivalent:

	kontextural	**dis- / transkontextural**
Veränderung	Kreislauf (Natur)	neues Prinzip (neuer Geist)
Gegensatz / Negation	partiell: Vergehen (Tod)	total: Stufe (Auferstehung)

Die Kategorisierung entspricht Hegels bekannter mehrfacher Verwendung von „Aufheben": Im natürlichen Tod (partielle Negation) wird das Alte vernichtet und vergessen, in der Auferstehung hingegen neu erschaffen (totale Negation, Diskontexturalität), aber auch in neuer Weise erhalten und emporgehoben und verklärt (zweite Negation oder Negation der Negation, Transkontexturalität). Der neue Leib steht zum alten in keinem natürlichen, kontexturalen Zusammenhang. Alter und neuer Leib sind diskontextural, aber doch ist die Identität der Person gewahrt. Der alte ist im neuen Leib „aufgehoben": zwar vernichtet, aber doch bewahrt und verklärt. Natürlicher und geistlicher Leib (1. Kor 15, 39–49)[1282] sind transkontextural zueinander.

Der strukturtheoretische Grundbegriff Günthers ist die Kontextur, was der Heimschen Dimension oder dem Raum entspricht. Eine Kontextur ist ein in sich geschlossener systematischer Zusammenhang. Eine Kontextur zeichnet sich dadurch aus, dass in ihr die zweiwertige aristotelische Logik gilt. Alle Elemente, die innerhalb einer Kontextur im Zusammenhang stehen, lassen sich mittels des Identitäts- und Widerspruchssatzes unterscheiden. Sie stehen im Verhältnis der intrakontexturalen Identität und Differenz, also der inhaltlichen Gleichheit und Verschiedenheit. Eine Kontextur bildet wie bei Heim eine geschlossene Sphäre oder einen geschlossenen Raum, wie Günther auch sagt[1283]. Beispiele für Kontexturen sind eine logische Kette, eine artithmetische Zahlenfolge, der Zeitstrahl der chronologischen Vergangenheits-Zeit, aber auch die Summe aller Objekte oder der subjektive Bewusstseinsraum eines erlebenden Subjektes, das diese Objekte als seine Welt wahrnimmt. Der Bewusstseinsraum eines Ich ist schließlich von der psychischen Sphäre eines Du zu unterscheiden. Günters Beispiele sind mehr als nur Beispiele: Sie reproduzieren Heims Schichtung der Räume vom eindimensionalen mathematischen Raum über den Es-Raum der Objekte, den Gegenstandsraum meiner Welt bis zu den Bewusstseinsräumen des Ich und des Du. Die größtmögliche Kontextur ist das Sein überhaupt, das in der abendländischen Metaphysik die größte Sphäre angibt, innerhalb der der Satz vom Widerspruch gilt. Entscheidend für Günther ist nun, dass Sein-überhaupt zwar wie in der klassi-

---

[1282] Vgl. hierzu auch Günther, Ideen zu einer Metaphysik des Todes, BGD II, 1–13.
[1283] BGD III, 187f.

schen Metaphysik logisch, im objektivierenden Urteil, als geschlossene Kontextur betrachtet werden kann (als Kontextur aller möglichen Objekte), dass aber das Sein ontologisch kein identisches Seinsganzes bildet, sondern wie bei Heim in irreduzible Teilräume zerfällt, nämlich in die Räume Ich, Du und Es. Die Einheit der Welt besteht nicht im überall identischen Sein, d.h. im überall und immer gültigen Satz vom Widerspruch, sondern im transkontexturalen Zusammenhang der irreduziblen, diskontexturalen Teilräume, also in der unanschaubaren, logisch nicht auflösbaren und nicht konstatierbaren Einheit der Ich-Du-Es-Welt. Die größten, nicht mehr reduziblen Räume sind die Ich-Sphäre (Ich = Subjekt), die Du-Sphäre (Du = subjektives Objekt) und die Es-Sphäre (Es = objektives Objekt), die konkret realisiert sind in unabhängigen, voneinander getrennten Subjektivitätszentren. „Die Welt enthält viele, voneinander getrennte Zentren der Subjektivität, und überdies sind sie gespalten in den flüssigen Gegensatz von Ich und Du"[1284]. Die Welt ist also ein „Universum, welches eine unübersehbare Vielheit von Ichzentren einschließt"[1285]. In jedem Subsystem gilt für sich die zweiwertige aristotelische Logik bzw. die Identität des Seins, nicht aber für den Übergang zwischen den Systemen und nicht für die Welt „als Ganze". Die klassische Metaphysik hat nach Günther, der den Satz vom Widerspruch ganz scharf interpretiert und mit einem univoken Seinsbegriff identisch sieht, die Diskontexturalität, also die Irreduzibilität der Grundräume Ich, Du und Es geleugnet, und die gesamte Wirklichkeit nicht nur logisch, sondern auch ontologisch als dem Satz vom Widerspruch gehorchende Einheit von Denken und Sein behauptet. Der „metaphysische Bruch ... demzufolge alles Denken in ‚eigenes' Denken und ‚fremdes' Denken im Du (im anderen Ich) aufgespalten ist"[1286] wurde in Denken-überhaupt aufgehoben und die Differenz von extramundanem Subjekt und Objekt, resp. von Denken und Sein im Absoluten, in der *coincidentia oppositorum*. Der Zusammenfall aller ontologischen Differenzen im Absoluten repräsentiert nach Günther die Ontologie der klassischen Metaphysik: Sein ist eine einzige, geschlossene, dem Satz vom Widerspruch gehorchende Sphäre. Im Schaubild lautet das ontologische Schema der klassischen Metaphysik nach Günther[1287]:

[1284] Günther, Das Janusgesicht der Dialektik, BGD II, 311.
[1285] Ebd.
[1286] BGD III, 3.
[1287] BGD III, 4.

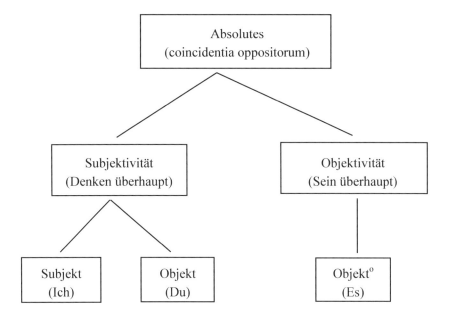

Der Fehler dieser ontologischen Konzeption sei, dass dadurch der unser ganzes Leben beherrschende Gegensatz von Ich und Du sowie von Subjektivität und Objektivität vernichtet wird. Die Identität von Denken und Sein in der absoluten *coincidentia oppositorum* bedeutet nichts anderes, als dass die gesamte Wirklichkeit eine geschlossene Kontextur bildet, in der der Satz vom Widerspruch uneingeschränkt gültig ist und in der es daher nur umordnende Veränderung, aber nichts wirklich Neues geben kann. Alles, was war, ist und sein wird, ist nur Entfaltung des in der *coincidentia oppositorum* schon zusammengefalteten. Gott und Welt bilden einen univoken Seinszusammenhang. Die *coincidentia oppositorum* steht über der Zeit bzw. begreift Zeit als eine geschlossene Kontextur, in der der göttliche Geist beliebig vor und zurückgehen und den Satz vom Widerspruch anwenden kann. Wenn Gott aber mit denselben logischen Mitteln ‚denkt' wie der Mensch, nämlich gemäß dem Satz vom Widerspruch, „dann sieht er sich in seiner Selbst-interpretation auch nicht als Analogia Entis, sondern als coincidentia oppositorum, da nur letztere aus den ... Gesetzen der klassischen zweiwertigen Logik folgt. Beharrt der Mensch aber darauf, das Göttliche als Analogia Entis zu interpretieren, so setzt er sich damit mit der ‚Selbstinterpretation' Gottes in Widerspruch."[1288] Der Gott der abendländisch-christlichen Metaphysik versteht nach Günther sich selbst als der zweiwertigen Logik entsprechenden Identität, mithin Sein als univokes und nicht analoges Sein.[1289]

[1288] BGD II, 177.
[1289] Um Irritationen zu vermeiden weisen wir darauf hin, dass diese Version der coincidentia oppositorum das Ideal der parmeneidischen Metaphysik und der östlichen Indifferenzreligionen darstellt, die

Soll hingegen Neues geschehen können, so muss der absolut univoke Seinsbegriff, in dem Neues nicht geschehen kann, weil der Satz vom Widerspruch streng gilt und also die Zeit aufgelöst ist, rückgängig gemacht werden zu einem analogen Seinsbegriff: Sein darf nicht als geschlossene Kontextur, sondern muss diskontextural und dialektisch-transkontextural begriffen werden.

c) Intra-, Dis- und Transkontexturalität

Was mit der Dis- und Transkontexturalität gemeint ist, ist uns von Heims dimensionaler Raumlehre her vertraut. Die Diskontexturalität der Welt zeigt sich an der Irreduzibilität der Sphären Ich, Du und Es. Das Verhältnis von Ich und Du ist nämlich durch intrakontexturale (inhaltliche) Identität und Differenz nicht ausdrückbar. Wenn ich ‚denselben' Gedanken habe, ‚dasselbe' fühle wie du etc., so ist es doch nicht dasselbe, weil niemals ein Ich die Erfahrungen eines Du als die eigenen erlebt. Zwischen Ich und Du besteht ein Kontexturabbruch. Die Kontexturalitätsschranke zwischen Personen ist unaufhebbar. Dennoch sind sich meine Welt und deine Welt nicht völlig fremd; sie sind, mit Heim gesagt, nicht inhaltlich, sondern dimensional verschieden. Meine und deine Welt können in einen Zusammenhang gebracht werden, ohne dass die kontexturale Schranke zwischen mir und dir übersprungen wird. Doch ist Diskontexturalität nur notwendige, noch nicht hinreichende Bedingung für Neues. Derselbe Gedanke, von zwei Menschen gedacht, ist noch nichts wirklich Neues, sondern derselbe Gedanke nur aus anderer Perspektive, weil Ich und Du symmetrisch vertauschbar sind. Neues tritt noch nicht beim Gegensatz zweier oder beim Übergang zwischen zwei Kontexturen auf, sondern nur, sofern der Übergang *asymmetrisch*, d.h. hierarchisch ist. Zwei Kontexturen müssen, wie Günther mit Heims „Weltbild der Zukunft" sagt, nicht im symmetrischen Umtauschverhältnis, sondern im asymmetrischen Grundverhältnis zueinander stehen. Damit beim Übergang von einer Kontextur in eine andere Neues auftritt, muss ein Wechsel des Strukturprinzips und Strukturanreicherung geschehen. Dabei wird die alte Kontextur im neuen, reicheren Strukturzusammenhang, als Sub-Struktur bewahrt. In der Sprache Heims gesagt: Wenn

---

auch Heim abgelehnt hat, weil sie die apriorische, ontologische Aufhebung aller Polaritäten im wahren, identischen Sein behauptet und die Polaritäten nur als Schein deklariert. Zweifellos hat auch der Gott der abendländisch-christlichen Metaphysik das Moment der absoluten Identität, aber nicht durchweg. Die eschatologische coincidentia oppositorum als apokatastasis panton, als Auflösung aller Fragen, wie wir sie für Heim reklamiert haben, ist als Grenzbegriff gemeint, bei dem Gott unanschaubar alles in allem ist, also auf unanschaubare, paradoxe Weise Gott und Welt eins werden, jedoch ohne daß die Differenz von Gott und Welt für das logische Denken aufgehoben wäre. In dieser Weise, als eschatologischen Grenzbegriff, der im Unendlichen vorgestellt, aber nicht real in der Zeit erreicht werden kann, ist auch bei Nikolaus von Kues die coincidentia oppositorum gemeint. Günther wird der Dialektik, die in der abendländischen Metaphysik auch schon vor Hegel, wohl schon bei Aristoteles, aber sicher bei Nikolaus v. Kues angedeutet ist, nicht gerecht.

ein neuer Raum sich eröffnet, wird der bisherige Raum als Teilraum eingeordnet, aber „diese Sub-Struktur hat jetzt ihren universalen, alles-beherrschenden Kontexturcharakter verloren"[1290]. Wenn wirklich Neues auftritt, dann resultiert dieses Neue immer aus dem asymmetrischen Gegensatz zweier Kontexturen, bei dem die eine Kontextur in die andere „aufgehoben" ist. Mit Hegel gesagt: Das Neue, etwa in der Geschichte, resultiert aus der Arbeit des Geistes an seinem Gegensatz, also aus dem Gegensatz zweier *Kontexturen*, da „der Geist sich selbst *nur* als Kontextur zum Gegensatz haben [kann], und nicht als vereinzelter kontextureller Inhalt."[1291] Neues ist also eine solche Kontextur, die rückbezüglich auf sich selbst *als Kontextur* bezogen ist. Neues bewahrt seine ‚Vergangenheit' als Sub-Kontextur oder Teilraum in sich. Neues ist Subjektivität, die aus Dialektik, d.h. aus Strukturanreicherung durch Reflexivität, resultiert. Im vorigen Beispiel: Neu ist ein Gedanke dann, wenn in dem dialogischen Wechselprozess, bei dem Ich und Du hin und her verschiedenes und dasselbe denken (symmetrische, diskontexturale Kontexturen) plötzlich eine Stufe eintritt. Bisher verhältnislose, diskontexturale Sachverhalte, werden so ins Verhältnis gesetzt, dass ein Mehr daraus entspringt. Die neue Idee, der „Geistesblitz", kann nur als „Vermittlung" im Hegelschen Sinne, als bewahrende Aufhebung und Verklärung der bisherigen Gedanken verstanden werden kann. Das Neue ist dann eine den Gegensatz der beiden Kontexturen, aus dem sie entspringt, bewahrende, aber auch verklärende, neue Kontextur auf höherer Stufe: eine Transkontextur.

Versuchen wir den Unterschied von Intra-, Dis- und Transkontexturalität noch genauer zu fassen und begrifflich zu präzisieren.
Günthers grundlegendes Beispiel für eine asymmetrische Diskontexturalität, also für Transkontexturalität, das viel mehr als nur ein Beispiel, sondern die Strukturalität der Wirklichkeit spiegelt, ist die Zeit. Vergangenheit und Zukunft sind asymmetrisch-diskontexturale Zeitdimensionen, während die Gegenwart den Übergang von einer zur anderen Kontextur bildet. Vergangenheit und Zukunft sind deshalb asymmetrisch, weil, wie schon Aristoteles gesehen hat, der Satz von ausgeschlossenen Dritten zwar für Vergangenheit und Zukunft *gültig*, aber nur auf die Vergangenheit *anwendbar* ist[1292]. Die umkehrbare Vergangenheits-Zeit der klassischen Logik ist chronologisch und reflexionslos. In ihr gilt der Satz vom Widerspruch. Wird er angewandt, so bedeutet dies das Durchlaufen der Zeitstrecke nach vorwärts und rückwärts und erlaubt so das eindeutige, intrakontextural-inhaltliche Unterscheiden der Zeitpunkte.
Der Übergang zwischen den Kontexturen kann auf zweierlei Weise geschehen. Einmal kann der Übergang als Kontexturabbruch, als totale Negation, geschehen.

[1290] Günther, BGD III, 189.
[1291] BGD III, 190.
[1292] Aristoteles, Peri Hermeneias, IX.

Vergangenheit und Zukunft können am Nullpunkt, der Gegenwart, gespiegelt werden, sodass Vergangenheit in Zukunft und Zukunft in Vergangenheit überführt werden. Bei einer solchen isomorphen Abbildung, die die Physik dauernd durchführt, verhalten sich die beiden Kontexturen wie Urbild und Abbild. Das Strukturgesetz bleibt erhalten. Der Widerspruchssatz bleibt erhalten. War er vorher in Vergangenheit und Zukunft gültig, aber nur auf die Vergangenheit anwendbar, so ist er jetzt weiter in beiden Teilkontexturen gültig, aber nur auf die Zukunft anwendbar. Wir nennen eben die Seite der Zeit, in der wir vor und zurückgehen und den Widerspruchssatz anwenden können, Vergangenheit.

Dieselbe isomorphe Abbildung, also die symmetrische Überführung zweier diskontexturaler Kontexturen, kann auch auf den Übergang vom Sein zum Nichts angewandt werden. Mittels der drei Symmetrieoperationen: 1. Jede Aussage wird ihrer Negation zugeordnet. 2. Die Negation wird sich selbst zugeordnet. 3. Die Konjunktion wird der Disjunktion zugeordnet[1293], kann die Affirmation symmetrisch auf die Negation abgebildet werden. Wegen der Zweiwertigkeit der Logik ergibt sich im Nichts nichts Neues gegenüber dem Sein. Beide sind strukturell identisch, da sie nur Spiegelungen voneinander sind, sodass im Abbild nichts zu lesen ist, was nicht schon im Urbild stand. In dieser Weise formierte negative Theologie etwa bringt nichts Neues zur Sprache, was nicht auch affirmativ schon gesagt wäre[1294]. Die undialektische, unvermittelte, symmetrische Entgegensetzung zweier Kontexturen bringt keine strukturelle Anreicherung, weil die Isomorphie den Strukturgrad erhält. Wir können die Menge aller Systeme (Kontexturen), die qua isomorpher Abbildung ineinander überführbar sind, die „Natur" nennen. Alle Subsysteme der Natur sind symmetrisch, d.h. total diskontextural oder mit Hegel gesagt, unmittelbar oder unvermittelt zueinander.

Der Übergang zwischen Kontexturen, muss, damit Neues auftritt, asymmetrisch, also nicht isomorph, sein, was Günther mit Hegel die „zweite Negation"[1295] nennt. Die Menge aller asymmetrischen Kontexturen, also der Transkontexturen, können wir auch „Geist" nennen, weil es sich um vermittelte Relationen handelt. Nur wenn Sein außer im symmetrischen Umtauschverhältnis zum Nichts auch noch im Verhältnis zum Umtauschverhältnis, das zwischen ihm und dem Nichts besteht, also im Grundverhältnis steht, ist die Unterscheidung von Sein und Nichts eindeutig, also nicht mehr per Isomorphie umkehrbar-eineindeutig abbildbar. Die Relation bekommt einen Richtungssinn. Die Relation ist jetzt hierarchisch oder geordnet. Sein ist jetzt im Sinne Hegels und Kierkegaards ein Subjekt oder ein Selbst: ein Verhältnis, das sich zu sich selbst verhält. Der Gegensatz der Kontexturen ist vermittelt, nicht mehr unmittelbar.

[1293] Günther, BGD III, 192.
[1294] BGD III, 193.
[1295] BGD III, 195.

Genau so muss das Verhältnis der echten Zeitdimensionen gesehen werden. Gegenwart und Vergangenheit stehen, wie Heim schon im „Weltbild der Zukunft" gezeigt hatte, im Grundverhältnis zueinander. In der Gegenwart entsteht, die Vergangenheit aufnehmend und integrierend, Neues durch das reflexive Selbstverhältnis der echten Zeit auf sich selbst: Zeit, genauer Gegenwart, und Ich-Subjektivität sind strukturell identisch. Günther reproduziert, wenn auch nicht ausdrücklich ausgesprochen und nur am *Beispiel* Zeit entfaltet, Heims Subjektivitätstheorie der Zeit. Allerdings betont Heim mehr die Offenheit und das Werden der ich-haften Zeit für das unvorhersehbare, schöpferische Wirken Gottes, während Günther mit Hegels Geschichts- und Zeitverständnis eher das Neue als Arbeit an und Integration der Vergangenheit, also die Traditionsbezogenheit und Weltimmanenz des Neuen, betont. Aber bei beiden ist die Zeit ist unumkehrbar, weil Gegenwart nicht nur im Umtauschverhältnis zur Vergangenheit, sondern auch reflexiv im asymmetrischen Grundverhältnis zum Verhältnis zur Vergangenheit steht. Daher ist die Zeitrichtung eindeutig, die Zukunft offen und von der Vergangenheit strukturell verschieden.

Ebenso entsteht Neues aus dem reflexiven Zusammentreffen, dem transkontexturalen Übergang zweier Kontexturen. Auf diese Weise besteht Wirklichkeit aus lauter vermittelten Kontexturen: aus Subjektivitätszentren, die alle selbständig abgeschlossen sind, also nicht zusammen einen einzigen intrakontexturalen Zusammenhang bilden, aber auch nicht total diskontextural, sondern transkontextural zueinander stehen. Wirklichkeit ist polykontextural, oder mit Heim gesagt, polydimensional. „Die Welt [ist] nicht eine geschlossene Kontextur, die alles Inhaltliche umfasst und es auf einen metaphysischen Generalnenner bringt. Sie ist vielmehr ein System von sich unendlich erweiternden Kontexturen von beständig wachsendem strukturellem Reichtum. In ihr verwirklicht sich eine unvollendbare, ins Unendliche ausgespannte Poly-Kontexturalität."[1296] Welt ist im Ganzen wie im Einzelnen transzendent über sich hinaus. Sie ist immer mehr als das, was sie faktisch ist. Welt bildet weder einen determinierten, geschlossenen Seinszusammenhang – keine „Universalkontextur"[1297], wie die abendländische Physik und Metaphysik gemeint hatte, sei es, dass sie den Zusammenhang über ein Laplacesches System von Differentialgleichungen, über Leibnizsche eingestiftete prästabilierte Harmonie oder die absolute göttliche Vorsehung hergestellt hatte –, noch zerfällt sie pluralistisch in isolierte, abgekapselte Atome, sondern bildet kraft der intramundanen Subjektivität einen transkontexturalen Zusammenhang des Werdens und des Neuen. Die Welt ist *offen*, bei Heim für das freie, schöpferische Wirken Gottes, bei Günther für „die ewige schöpferische Offenheit des geschichtlichen Prozesses"[1298].

[1296] BGD III, 197.
[1297] BGD II, 267.
[1298] BGD III, 198.

IX. Karl Heims Naturphilosophie und Erkenntnistheorie in der gegenwärtigen Diskussion

Der Vergleich mit Whiteheads prozessualer Kosmologie und Günthers dialektischer Logik hat ergeben, dass Heims Philosophie der Räume eine zureichende Lösung auf die Frage gibt, wie die Welt logisch und strukturell gedacht werden muss, damit das Wirken Gottes in der Welt gedacht werden kann. Ob die Welt auch angesichts des gegenwärtigen naturwissenschaftlichen und naturphilosophischen Wissenstandes so gedacht werden *kann*, wurde bisher nur an ausgewählten Stellen thematisiert.

Das folgende Kapitel soll der weiteren Klärung und Weiterführung von Heims Weltbegriff dienen, indem Heim einerseits in der Geschichte der Metaphysik situiert wird und andererseits ins Gespräch gebracht wird mit der aktuellen naturphilosophischen Diskussion. Durch die Ausweitung der Diskussionspartner soll gezeigt werden, dass Heims Naturphilosophie nicht nur von den philosophischen Kosmologien Whiteheads und Günthers bestätigt wird, die im naturphilosophischen Diskurs eher eine Randstellung einnehmen, sondern auf breiterer Basis steht.

Wir beziehen dazu die zentralen Gedanken der Hauptwerke Heims auf die gegenwärtige Diskussion und systematisieren sie zu einem Grundriss einer theologisch, philosophisch und naturwissenschaftlich verantworteten Naturphilosophie und Erkenntnistheorie. Heims Einsichten in den Verhältnischarakter der Wirklichkeit aus dem „Weltbild der Zukunft", in das Gesetz der Perspektive aus der „Glaubensgewissheit", in die Mehrdimensionalität der Zeit aus „Glaube und Denken, 1. Aufl." und in die Polarität, die Transzendenzen und kategoriale Schichtung der Räume aus „Glaube und Denken, 5. Aufl." fügen sich zu einer überzeugenden Lösung zusammen, die schöpfungstheologische Perspektive des Glaubens auf die Welt und die naturwissenschaftlich-naturphilosophische Weltperspektive konstruktiv zu vermitteln.

Wir klären zunächst, welche Art von Metaphysik Heims Naturphilosophie darstellt, indem wir seinen systematischen Ort in der Geschichte der Metaphysik bestimmen (1.). Danach bestimmen wir seinen Weltbegriff im Disput mit philosophischen und naturwissenschaftlichen Weltbegriffen (2.). Dann explizieren wir den Weltbegriff jeweils an den fundamentalen Konstituentien der Welt, an der Struktur von Zeit (3.), Raum (4.), Ich (5.), Naturgesetzlichkeit (6.) und Materie (7.). Die Gliederung lehnt sich an die thematische Abfolge der Kapitel des „Weltbild der Zukunft" an. Damit soll angedeutet werden, dass der Anspruch von Heims Frühwerk, eine Gesamtkonzeption einer Naturphilosophie vorzulegen, bei der Zeit, Raum, Ich und Materie in strukturell äquivalenter Weise verstanden werden, tatsächlich eingelöst und in der gegenwärtigen Diskussion vertreten werden kann. Es wird sich zeigen, dass Zeit, Raum, Ich, Naturordnung und Materie strukturell äquivalent sind, insofern alle Konstituentien der Welt sowohl ein geschlossenes Moment implizieren, das die Faktizität, die Bestimmtheit und die naturgesetzliche Determination der Welt repräsentiert, als auch ein offenes Moment, das die Möglichkeiten, Unbestimmtheiten und die schöpferische Kreativität des Weltgeschehens widerspiegelt. Theologisch kann das bestimmte Moment als die bewahrende Kontinuität des Schöpferwirkens Gottes und das offene Moment als die Kreativität des erneuernden Schöpfungshandelns Gottes *in* den Strukturen der raumzeitlichen Welt interpretiert werden. Die große Leistung von Karl Heim besteht darin, dass in seiner Naturphilosophie beide Momente nicht unverbunden nebeneinander stehen, sondern in überzeugender Weise vermittelt werden.

Unsere Darstellung dient sowohl der Zusammenfassung und Systematisierung als auch der Weiterführung der vorangegangenen Heim-Interpretation. Karl Heim wird daher im Folgenden nur an einigen Stellen explizit hervortreten und ansonsten im Hintergrund mitlaufen. Wir nehmen Heims Hauptgedanken in eigener Verantwortung auf und führen sie weiter zu einer konstruktiven Synthese eines theologischen und eines naturwissenschaftlich-naturphilosophischen Weltbegriffs.

1. Die Einheit der Welt unter den polaren Gegensätzen

a) Der systematische Ort Karl Heims in der Geschichte der Metaphysik

Mit der abendländischen Metaphysik teilt Heim die Suche nach der Einheit der Welt unter den polaren Gegensätzen[1299]. Auch die einfachste Naturbetrachtung und –beschreibung seit den Vorsokratikern führt angesichts der beobachteten polaren Gegensätze des Natürlichen zur Urfrage des Denkens nach einer letzten Einheit[1300]. Sind die polaren Gegensätze, die unser sittliches und religiöses Leben, den quantitativen wie den qualitativen Weltumgang, unser Fühlen, Wollen, Denken und Handeln prägen, letztlich unversöhnlich oder mündet Urzweiheit zuallerletzt (oder zuallererst) in Ureinheit? Wenn ja, worin besteht diese ἀρχή, dieses Einheitsprinzip, wie ist es beschreibbar und wie erkennbar? Die Lösung Heims für das Grundproblem des abendländischen Denkens verweigert die spe-

---

[1299] Vgl. H. Heimsoeth, Die sechs großen Themen der abendländischen Metaphysik und der Ausgang des Mittelalters, 1981, Kap. I: Gott und Welt – Die Einheit der Gegensätze, 18–60.

[1300] Vgl. z. B. Anaximanders polare Entgegensetzung der Elemente: „Die Elemente haben nämlich untereinander eine Beziehung der Gegnerschaft; die Luft z.B. ist kalt, das Wasser feucht, das Feuer heiß. … Feuer und Wasser sind Feinde, zwischen denen keine Verwandtschaft besteht" (Fr. 7f, Vorsokratiker I, 69 = DK A 16) und seine Herleitung der Polaritäten aus einer vorgängigen Einheit, dem ἄπειρον als dem Urprinzip, das jedoch – gegen Thales' Urprinzip „Wasser" – nicht mit einem der Elemente identisch sein darf, sonst wären die polaren Gegensätze aufgelöst oder, wie bei Parmenides, nur Schein.

kulative Annahme eines logisch-apriorischen oder empirisch-elementischen Urprinzips. In Heims dynamischer Ontologie der polaren Gegensätze kann innerweltlich die Polarität nicht aufgehoben werden. Die Polarität ist, wie bei Oetinger, Schelling und Tillich, Weltgesetz[1301]. Die Akt-Seins-Dynamik der offenen und unabschließbaren Folge von Möglichkeiten und Wirklichkeiten mündet zuletzt nicht in eine letzte, univoke Einheit des Seins, die Parmenides nur durch einen „Machtspruch der Vernunft"[1302] erreicht, indem Vielheit und Veränderung für Schein und Nichtsein erklärt werden. Sie verbleibt aber auch nicht in einem letzten Dualismus metaphysischer Polaritäten von Gut und Böse (J. Böhme) oder auch nur einem cartesischen Substanzendualismus von Geist und Materie oder dem kantschen transzendentalen Dualismus von intelligibler und sensibler Welt. Der Mensch ist kein Bürger zweier Welten, sondern Mensch-in-der-Welt (Heidegger)[1303]. Die Einheit der Welt besteht bei Heim aber auch nicht *in* den polaren Gegensätzen wie bei Heraklit[1304]. Die Harmonisierung der Differenzen selbst macht den Krieg zum Vater aller Dinge und ontologisiert das polare Weltgesetz zum Seinsgrund der Welt. Die Weltstruktur wäre ihr eigener Grund und das polare Naturgesetz selbst göttlich[1305].

Wenn die Polarität innerweltlich nicht auflösbar ist, weder in eine letzte Identität (ontologischer Monismus) noch eine letzte Differenz (ontologischer Dualismus), dann ist der zugrunde liegende Seinsbegriff weder monistisch-univok, noch dualistisch-äquivok, sondern analog. Die Einheit der Welt ist eine paradoxe Einheit unter den polaren Gegensätzen, ein Zusammenhang im Verschiedensein. Diese Einheit ist weder empirisch noch noetisch konstruierbar oder auffindbar. Sie ist nicht empirisch, sondern nur transzendental gegeben. Sie ist nicht Lösung des Seinsrätsels, sondern Ausdruck der Frage und Suche nach der Einheit der Welt[1306]. Die *coincidentia oppositorum* ist, wie bei N. v. Kues, von der Welt aus unerreichbarer Grenzbegriff des Denkens und Lebens. Sie ist Zielpunkt der Suche nach der Einheit der Welt und für die Suche schon hypothetisch vorausgesetzter Ausgangspunkt. Der Einheitsgrund der Welt ist empirisch unerkennbar. Er ist mit

---

[1301] S.o. Kap. VII.2.b.
[1302] Heimsoeth, Themen, 20.
[1303] S.o. Kap. VI.3.
[1304] „Verbindungen: Ganzheiten und keine Ganzheiten, Zusammentretendes – Sichabsonderndes, Zusammenklingendes; somit aus allem eins wie aus einem alles."; „Das Widerstreitende zusammentretend und aus dem Sichabsondernden die schönste Harmonie" (Heraklit, Fr. 46f, Vorsokratiker I, 259 = DK 22 B 8.10).
[1305] „Der Gott (ὁ θεός) ist Tag-Nacht, Winter-Sommer, Krieg-Frieden, Sättigung-Hunger – alle Gegensätze, das ist der Sinn (ὁ νοῦς)"; „Krieg ist von allem der Vater, von allem der König" (Heraklit, Fr. 45.50, Vorsokratiker I, 257.259 = DK 22 B 67.53).
[1306] Vgl. P. Tillichs Interpretation des kosmologischen Gottesbeweises, der die prima causa als „eine hypostasierte Frage, keine Aussage über ein Seiendes, das die Kausalkette beginnt", verstehen will: „‚Erste Ursache' und ‚notwendige Substanz' sind Symbole, die die Frage ausdrücken, die mit der Endlichkeit gestellt ist, die Frage nach dem, was die Endlichkeit und die Kategorien transzendiert, die Frage nach dem Sein-selbst, das das Nichtsein umfasst und besiegt, die Frage nach Gott" (ST I, 243f).

den polaren Strukturgesetzen nicht zu erfassen, er ist, wie bei Meister Eckart, weiselos[1307]. Die empirische Unerkennbarkeit der Einheit der Welt impliziert die Differenz zwischen Wesen (Sosein) und Existenz (Dasein) der Welt. Das polare Sosein und der transzendente Seinsgrund der Welt fallen nicht zusammen.

Der unpolare Einheitsgrund ist gleichwohl nicht nur als transzendentale, regulative Idee der reinen Vernunft anzusehen, welche sich die Welt vorstellt, *als ob* sie einen innersten Einheitsgrund hätte. Gott darf nicht nur „ein imaginärer Punkt, der symbolische Ausdruck für die ins Unendliche gehende Bewegung der Warum-Frage"[1308] sein. Die unauflösbare Polarität der Welt drängt und sehnt sich nach der Auflösung in die Ureinheit hinter den polaren Gegensätzen. Das Denken jedoch kann nicht in sie einführen, es kann die Polarität des Lebens nicht real überwinden. Realisiert ist die Einheit der Welt in Gott als dem Absoluten, in dem sie auch begründet ist. Er ist der für die Vernunft unerkennbare, aber dem Glauben offenbare Einheitsgrund der Welt. Anders als in der deutschen Mystik Eckarts, A. Silesius', Böhmes oder Schellings wird von Heim die Polarität selbst nicht auf Gottes eigenes Wesen zurückgeführt, sodass die Welt das Werden Gottes darstellte, das aus dem göttlichen (Un-)Grund emanierte. Gott und Welt bleiben auch zuletzt, im mystischen Einheitserlebnis, unterschieden. Gott als unpolarer, *schöpferischer Grund* bleibt auch *tragende Mitte* und *bleibendes Ziel* der polaren Welt.

Im Glauben ist die Einheit der Welt *unter* ihren polaren Gegensätzen *in* Gott realisiert. Die Einheit der Welt, nach der das Denken strebt, wird auch im Glauben nicht außerhalb oder jenseits der Gegensätze in mystizistischer Verewigung des Ich[1309], sondern in ihnen realisiert. Der Glaubende steht *in* der polaren Welt *jenseits* ihrer und seiner selbst in Gott. Er ist „Wanderer" (aber nicht Bürger!) „zwischen zwei Welten"[1310] und steht doch in beiden. Glaube bedeutet einerseits ‚Sprung' aus der polaren Welt in den überpolaren Raum der absoluten Ruhe und des Friedens, sodass von der einen Seite her der polare Weltkreislauf der Akt-Seins-Dynamik, der endgültig erst eschatologisch in Gott, dem Absoluten, zur Ruhe kommt, schon proleptisch aufgehoben ist, nämlich von Gott selbst her im Offenbarungsereignis des Glaubens. Im Glauben ereignet sich ein Stehen in Gott. Obwohl Glaubensakt, ist es doch ein in actu *esse*: *Seins*akt. Glauben ist „Sein"[1311]

[1307] Vgl. Heims Verweis auf M. Eckart auf GD 1, 48.
[1308] GD 7, 190; mit begrenzter Zustimmung zu H. Vaihingers „Philosophie des Als Ob", der alle Kategorien, Allgemeinbegriffe und Idealvorstellungen des Denkens für Als-ob-Fiktionen des wissenschaftlichen, praktischen oder religiösen Lebens hält. Für das Denken hat Heim solchen transzendentalen Nominalismus anerkannt, nicht aber für den Glauben, vgl. das Weitere.
[1309] Vgl. A. Silesius' Sinnspruch: „Ich selbst bin Ewigkeit, wenn ich die Zeit verlasse / und mich in Gott und Gott in mich zusammenfasse". Heim lehnt diese, die Zeit, die Polaritäten und die Zeitlichkeit des Ich aufhebende, unio mystica mit den dialektischen Theologen als Versuch der Vorwegnahme der eschatologischen Schau Gottes ins nunc aeternum ab, weil die mystische Unmittelbarkeit dem Ernst, dem Kampf und den Polaritäten des Lebens kampflos entfliehen, die Welt aber preisgeben will (zit. nach Althaus, letzten Dinge, 4. Aufl., 10).
[1310] GN, 241.
[1311] „Glaube ist also das Sein des ganzen Menschen in der überpolaren Sphäre" (WnW, 147).

in Gott. Gleichwohl bleibt das Stehen in Gott, obwohl *Seins*akt, ein *in actu* esse: Seins*akt*. Der Glaube ist raumzeitlich-materiell an ein individuelles Subjekt der polaren Welt gebunden. Auch entspringt er der geschichtlichen Gestalt Gottes – dem Christus praesens in Wort und Geist – und bindet sich an die geschichtliche Offenbarung Gottes in Jesus Christus. Auch wenn Glauben die Gewissheit über das Weltganze und damit eingeschlossen Gewissheit über das Wesen der Welt und ihren Einheitsgrund bedeutet, so bleibt der Seinsakt des Glaubens doch welthaft-geschichtlich.[1312] Dies verhindert, dass wie bei Hegel Glauben in absolutes Wissen überführt und die Weltgeschichte vom Ende her überblickt werden könnte. Der absolute Ruhe-Standpunkt, der Gottesstandpunkt selbst, oder der Selbststand des absoluten Selbstvollzuges (causa sui), das absolute Wissen, bleiben lebensgeschichtlich verwehrt. „Die objektive Wirklichkeit in ihrer Allseitigkeit" bleibt für Heim „immer jenseits meines Bewusstseins"[1313]. Das Absolute kann gegen W. Pannenberg niemals durch „Überstieg über die Vielheit der Gegebenheiten der Welterfahrung"[1314] erreicht werden. Alle Erkenntnis ist immer perspektivisch und aspekthaft. Sie bezieht sich nie auf das Ganze der Wirklichkeit,

---

[1312] E. Brunner hat in ähnlicher, aber doch verschiedener Weise den Akt- und den Seinscharakter des Glaubens zusammengezogen und mit Bergsons Verständnis der (wahren) Zeitdauer als Ganzheitsakt des Geistes mit den Glaubensakt als überzeitlichen und daher überempirischen Seinsakt bestimmt: „Für diesen ‚Sprung' – braucht es eben prinzipiell keine Zeit. Es ist ein zeitlich unteilbarer, der Zeit gegenüber indifferenter Akt. Im Gebiet des Geistes, des Glaubens, gibt es deshalb auch keine Dauer. … Der Glaube ist ewig – nach der positiven Seite, er ist ein ‚Nu' – nach der negativen Seite bestimmt. Es gibt für ihn kein Wie und Wielange, sondern nur ein Ja oder Nein. Der Glaube ist Akt, darum etwas nur in der Tat Bestehendes, das ‚sofort' erlöscht, sowie der Strom ausgeschaltet wird" (Erlebnis, 101f). So ehrenwert Brunners Versuch ist, den Glauben als „reine Sachlichkeit", als „Akt schlechthin sui generis, … durch den Gott erst für das Bewusstsein *wird*", als „das Auf Gott allein Gerichtetsein" (87.90.88) von allen empirischen Bedingtheiten und subjektiv-psychologischen Anknüpfungen zu reinigen, rein transzendentalphilosophisch zu begründen und so allen möglichen Relativierungen zu entheben, so hängt doch dieser Glaube luftleer im Nirgendwo nur in sich selbst („Der Glaube ist desto reiner, je weniger von ihm ausgesagt werden kann; je leerer er an sich ist", 89). Heim hat den überempirischen, unpolaren Charakter des Glaubens als die eine Seite der Sache angesehen, deren andere Seite die geschichtliche Gebundenheit des Glaubens ist und hat letztere christologisch begründet. So wahr der Glaube die unmittelbare Gegenwart Gottes und seines Willens bedeutet, so offenbart sich Gott doch nur „in einer sichtbaren Wirklichkeit der Erfahrungswelt" – in Person und Werk Christi –, die allerdings deshalb nicht relativierbar ist, weil Person und Werk Jesu im Glauben als mit uns gleichzeitig, als „unmittelbare Gegenwart eines vergangenen Tatbestands" erlebt werden. Die Gottunmittelbarkeit des Glaubens ereignet sich nach Heim jedoch nur so, dass „der geschichtliche Christus gegenwärtig" (LI 3, 42.47) wird, also in Gestalt des personalen „Du", als „Wort-selbst, mit dem … es der Glaube zu tun hat", wie Brunner ebenfalls anerkennt (Erlebnis, 120).
[1313] GD 7, 206.
[1314] So Pannenbergs Programm einer christlichen Metaphysik, die Struktur des (monotheistischen!) christlichen Gottesgedankens philosophisch zu rekonstruieren (Metaphysik und Gottesgedanke, 16–19, Zit. 16). Das Übersteigen des erfahrenen Vielen auf das absolute Eine hin ist bei Heim weder neuplatonisch durch Seinserniedrigung des Polaren noch hegelsch durch rationale Integration aller Gegensätze, sondern nur durch den ‚Sprung' des Glaubens möglich. Allerdings hat auch bei Heim der philosophisch rekonstruierte Gottesbegriff des Absoluten problematische monotheistische Konnotationen, der jedoch ebenso wie bei Pannenberg in der christologischen und eschatologischen Entfaltung der Dogmatik aus dem Gottesbegriff als *trinitarische* Einheit begriffen wird: „In der Erlösung sind also immer drei Elemente in einer unzertrennlichen Einheit zusammengefasst: Gott, gegenwärtig in Christus, erschlossen durch den heiligen Geist" (LII 3, 83).

sondern bleibt regional. Wirklichkeit ist immer ‚größer' als das, was davon erkannt werden kann. Schon die empirische Welt hat unerreichbare Transzendenz und unergründliche Tiefe.

Das erkenntnistheoretische Grundgesetz der Perspektive bedeutet negativ betrachtet die Absage an eine unkritische Metaphysik des Seins des Seienden als solchem und im allgemeinen, die, wie bei C. Wolff, „scientia entis in genere seu quatenus ens est"[1315], also objektives Wissen zu sein beansprucht. Metaphysik kann angesichts der spätneuzeitlichen Metaphysikkritik Kants und v.a. Heideggers, der sich Heim angeschlossen hat[1316], nicht aus einem apriorischen, hypostasierten Seinsbegriff deduziert werden, sondern muss mit N. Hartmann „Zug um Zug den Realverhältnissen abgelauscht"[1317] werden. Metaphysik kann nur als *phänomenologische* Ontologie betrieben werden, d.h. als Strukturbeschreibung der Dimensionen und Relationen der Ich-Du-Es-Welt, wie sie sich im natürlichen Weltumgang zeigen.[1318]

Die Heimsche Phänomenologie ist gleichwohl nicht naiv realistisch. Die kritizistische Einsicht in die für das Denken unaufhebbare Differenz zwischen der Wirklichkeit und der Wirklichkeitserkenntnis und –beschreibung wird festgehalten. Sie ist zwar im praktischen Erleben, das dem Glauben strukturell identisch ist, aufgehoben, insofern im Erlebnisakt erlebte Sache und Erleben eins werden, sie ist aber für das objektivierende und reflektierende Erkennen unaufhebbar. Diese Differenz ist nicht nur Folge des Gesetzes der Perspektive, insofern als der Allstandpunkt von der Begrenztheit jedes möglichen Gesichtsfeldes ausgeschlossen wird, sondern auch deren Voraussetzung. Die Differenz zwischen der Wirklichkeit und der Wirklichkeitserkenntnis ist mit Kant gerade die transzendentale Voraussetzung der erkennenden Bezugnahme auf die Welt, und also auch der distanzierend-objektiven wissenschaftlichen Weltbetrachtung. Sie fungiert erkenntnistheoretisch als Bedingung der Möglichkeit naturwissenschaftlicher und alltagsweltlicher Welterkenntnis. Die ontologische Differenz zwischen der Weltwirklichkeit und ihrem Seinsgrund, dem „*transzendenten* Urgrund aller Dinge"[1319] ermöglicht erst

---

[1315] C. Wolff, Philosophia prima, sive Ontologia, Methodo scientifica, qua omnis cognitionis humanae principia continentur 1730, § 1.

[1316] In „Ontologie und Theologie" hat Heim – Heideggers „Sein und Zeit" aufnehmend – den Seinsbegriff der klassischen Metaphysik als Äquivokation entlarvt. Wer für das Sein der Gegenstände, für das menschliche Dasein und das Sein Gottes einen und denselben Seinsbegriff apriorisch voraussetze, verfehle die existenziale Struktur des menschlichen Daseins im Unterschied zum dinghaft-substantialen Sein der Sachen, das nicht Vorhandensein, sondern Dasein und Mitsein und Aus-sein-auf meint (328). Er verfehlt – nun gegen Heidegger – aber auch den christlichen Gottesbegriff, der nur aus der Ontologie der Ich-Du-Relation, aber nicht aus einem allgemeinen Seinsbegriff expliziert werden kann, weil „das Verhältnis zu Gott und zu Christus ... nach christlicher Auffassung unter allen Umständen ein Verhältnis zwischen Personen, also ein Ich- und Du-Verhältnis" (331) ist.

[1317] N. Hartmann, Neue Wege der Ontologie, 1969, 13.

[1318] S.o. Kap. VII.1ff.

[1319] Heim, Ontologie und Theologie, 331, kursiv U.B.; die Differenz zwischen der Welt und ihrem Grund ist mit Heim nicht nur als ontologische Differenz zwischen Gott und Welt, sondern auch als ontische und eschatologische Differenz zwischen der gegenwärtigen Wirklichkeit der Welt und ihrer ge-

objektive Erkenntnis. Die Unterscheidung zwischen dem außerweltlich-absoluten Grund und der relativ-kontingenten Wirklichkeit der Welt ist transzendentale Voraussetzung für eine kritisch-phänomenologische Metaphysik[1320], wie Heim sie in der Philosophie der Räume ausgeführt hat. Denn sie gewährt positiv die Wahrheitsfähigkeit[1321] des perspektivischen Erkennens, weil sie die *einheitliche* Weltlichkeit der Welt und damit ihre zumindest partielle Verstehbarkeit garantiert. Die Einheit der polaren Welt in Gott, die nur dem Glauben offenbar ist, dem Erfahrungs-Wissen aber unerreichbar bleibt und deshalb als transzendentale Bedingung der Welterkenntnis vorausgesetzt werden muss, garantiert, dass die „unendliche Reihe von Weltaspekten, deren Totalität ich nicht erfassen kann"[1322] sich dennoch auf die eine Welt beziehen, dass dimensionale Einheit unter der Verschiedenheit der Perspektiven, mithin intersubjektive Kohärenz der Vielzahl der subjektiven Welten möglich wird.

b) Metaphysische Voraussetzungen naturwissenschaftlicher Erkenntnis

Die Konsequenzen dieser Einsicht für die Bedingungen naturwissenschaftlichen Erkennens sind die folgenden: Die Annahme der ontologisch transzendenten und erkenntnistheoretisch transzendentalen Einheit der Welt ist Bedingung der Möglichkeit von intersubjektiver Erfahrung. Sie ermöglicht die alltagsweltliche und naturwissenschaftliche empirisch-objektive Bezugnahme auf die Welt. Die Re-

---

schöpflichen und eschatologischen Bestimmung zu sehen. Weil Heidegger die Gottesfrage ausklammere und die Wirklichkeit der Welt und des Menschen allein aus dieser selbst verstehen wolle, aber die Frage nach der „eschatologischen Bestimmung" ausblende, erhalte er auch keine Antwort auf „die Frage nach dem letzten Warum und Wozu der menschlichen Existenz" und der Schöpfung (330).

[1320] Dies ist gegen Heideggers in „Die onto-theologische Verfassung der Metaphysik, in: Identität und Differenz, 1957" verschärfte Metaphysikkritik gerichtet, der behauptete, dass die klassische Metaphysik gerade die Differenz zwischen dem Sein und dem Seienden einebne, indem sie „alles in das Allgemeine" versamle (61) und alles aus dem einen „gründenden Grund" herleite. So komme „der Gott in die Philosophie" (46) und Metaphysik werde in fragwürdiger Weise zu „Onto-Theo-Logie" (45). Wir behaupten dagegen, dass gerade der Gottesbegriff des absoluten in Unterscheidung vom polaren Sein der Welt die Differenz zwischen Sein und Seiendem bzw. zwischen dem Grund und der Wirklichkeit der Welt offen hält und so kritisch-phänomenologische Metaphysik des weltlich Seienden erst ermöglicht.

[1321] Eine theologische Ontologie zeichnet sich nach C. Schwöbel ganz im Sinne Heims dadurch aus, dass „Gott nicht nur als der Grund des Daseins und Soseins der Wirklichkeit verstanden wird, sondern zugleich auch als Bedingung ihres Erschlossenseins für sich selbst im Verhältnis zu ihrem Grund, Sinn und Ziel in Gott. Das Erschlossensein der Wirklichkeit durch Gott wird insofern als Bedingung ihres Erschlossenseins für sich selbst interpretiert. Der Verweis auf Gott als Grund des Daseins und Soseins der Wirklichkeit markiert die kategoriale Differenz zwischen Wirklichkeit und Wirklichkeitsverständnis und sichert so ihre Wahrheitsfähigkeit; der Verweis auf Gott als Grund der Erkenntnis der Wirklichkeit markiert den kategorialen Zusammenhang zwischen Wirklichkeit und Wirklichkeitsverständnis und benennt so die Bedingung der Wahrheit eines Wirklichkeitsverständnisses" (Die Unverzichtbarkeit der Frage nach dem Wirklichkeitsverständnis des christlichen Glaubens in der Dogmatik, 107).

[1322] GD 7, 207.

produzierbarkeit von Experimenten, die Subsumtion von Einzelereignissen unter Naturgesetze sowie die Vergleichbarkeit der verschiedenen Objekte erfordert eine universale Zusammenhangsstruktur des Seins, der Zeit, des Raumes und der Materie. Physik ist nur dann und nur dort möglich, wo eine zusammenhängende Raum-Zeit-Materie-Struktur oder, philosophisch gesagt, eine Analogie des Seins vermutet werden kann.

Die Grundpostulate physikalischer Kosmologie sind die Homogenität und Isotropie des Raum-Zeit-Kontinuums (das sog. kosmologische Prinzip), die ontische Äquivalenz von Teil und Ganzem (die Übertragbarkeit von Laborphysik und kosmischer Physik), der durchgängige nomologische Zusammenhang, die Abbildbarkeit von Experiment und mathematischer Theorie usw.[1323]. Diese Axiome sind nicht empirisch, sondern apriorisch. Der Versuch, z.B. die Isotropie des Raumes empirisch aus der Isotropie der kosmischen Hintergrundstrahlung zu begründen, scheitert nicht nur an der nicht exakt isotropen Strahlungsverteilung, sondern auch, weil die Raumisotropie für die Messung der Raumverteilung der Strahlung apriorisch vorausgesetzt werden muss. Das kosmologische Prinzip ist u.E. ein „Apriori-Prinzip, das eines Beweises weder fähig noch bedürftig ist"[1324].

Der Zusammenhang des Raum-Zeit-Materie-Kontinuums und insofern die Einheitlichkeit der Welt kann weder theoretisch noch empirisch begründet werden, sondern muss als metaphysisches Prinzip der Physik vorausgesetzt werden. Sowohl die Realität der Welt, also die Übereinstimmung von Wirklichkeit und Wirklichkeitserfahrung, als auch die Einheit der Welt im Sinne der induktiven Extrapolierbarkeit der Einzelerfahrungen auf gleichartige Ereignisse, d.h. der epistemische Rückschluss von Ereignissen auf Natur*gesetze*, können nur hypothetisch vorausgesetzt werden. Einheit und Realität der Welt müssen *geglaubt* werden. Insofern ist, wie C.F. v. Weizsäcker zutreffend formuliert, „die Physik ... nur möglich auf dem Hintergrund der negativen Theologie"[1325]!

Die erkenntnistheoretische Folgerung der ontologischen Voraussetzung von Physik ist folgende: Physik kann die Wirklichkeit ihres Gegenstandes, „die Welt", nicht empirisch begründen, sondern muss sie voraussetzen, an ihre Realität und Einheit *glauben*. Insofern haben „*alle* Aussagen über die Welt Hypothese-Charakter", wie G. Vollmer, selbst Vertreter eines hypothetischen Realismus, richtig feststellt. Dennoch hindert „die Einsicht, dass die Existenz der Welt ‚da draußen'

[1323] Vgl. J. Meurers, Kosmologie heute. Eine Einführung in ihre philosophischen und naturwissenschaftlichen Problemkreise, 1984, 174–184; B. Kanitscheider, Kosmologie. Geschichte und Systematik in philosophischer Perspektive, 1991, 412–419.

[1324] Kanitscheider, Kosmologie, 417; hier als schärfste Fassung des kosmologischen Prinzips neben schwächeren Varianten diskutiert: Das Prinzip wird auch als Annäherung an die Tatsachen, die so lange aufrechterhalten wird, wie man über keine anderen Werte verfügt, oder als durch empirisches Material und theoretische Sätze gestütztes Prinzip diskutiert.

[1325] C.F. v. Weizsäcker, Die Einheit der Natur, 1974, 319.

nicht beweisbar ist, ... [den Physiker, U.B.] nicht, an diese Welt zu glauben."[1326] Physikalische Erkenntnis bedeutet den Versuch der Annäherung an das schlechthin Wirkliche, das dem Erkennen aber unerreichbar bleibt. Der erkenntnistheoretische und ontologische Realismus kann nur hypothetisch unterstellt werden. Er hat aber Plausibilität aufgrund des unmittelbaren Erlebens. Vollmer nennt an Plausibilitäten für den hypothetischen Realismus außer dem Realismus der Alltagssprache und der Einfachheit und dem Erfolg des Realitätspostulats in alltäglicher und wissenschaftlicher Praxis v.a. die psychologische Evidenz der Widerstandserlebnisse.[1327] Nach Heim wird die Realität der Welt unmittelbar, evident und zweifellos erfahren, wenn die Wirklichkeit der Welt als „Wille" erlebt wird, wie er in gewisser Hinsicht an Schopenhauer anknüpfend sagt[1328]. Das Widerstandserlebnis, das neben G. Vollmer auch N. Hartmann für die Plausibilität der Hypothese des ontologischen und erkenntnistheoretischen Realismus anführt, dass mein Wille auf einen Gegenwillen und Widerstand trifft, kann nur als Erleben der schlechthin unerklärlichen *Wirklichkeit* der Welt interpretiert werden. M.a.W: „Das Ding an sich, das auf theoretischem Weg unerkennbar blieb, wird also auf praktischem Weg erkennbar."[1329] Das Erkennen und Wissen von der Welt (die Welt als Vorstellung) bleibt perspektivisch, der erkenntnistheoretische Realismus bleibt hypothetisch, die Welt als Wille jedoch ist unmittelbar real(istisch), sie ist wirklich.

Indem Heim die irreduzible Doppelheit der Weltzugänge Erleben und Erkennen und damit die irreduzible Doppelheit des Weltbegriffs als Wille und als Vorstellung vertritt, überwindet er die Aporie der neuzeitlichen Metaphysik und Erkenntnistheorie, die ausweglos – von Kant oder Schelling einmal abgesehen – zwischen realistischen und idealistischen Positionen hin und her schwankte und schwankt, meist ohne erkannt zu haben, dass die Aporie gerade aus der exklusiv-alternativen *Unterscheidung* von Realismus und Idealismus resultiert[1330]. Wir werden das erkenntnistheoretische Problem des Verhältnisses von Erleben und Erkennen im

---

[1326] G. Vollmer, Evolutionäre Erkenntnistheorie, 1994, 35.
[1327] Vollmer, Erkenntnistheorie, 34–40; dass Vollmer den Anspruch der wissenschaftlichen Erkenntnis, Wirklichkeitserkenntnis, d.h. Erkenntnis der Welt an sich, zu sein, damit begründet, dass im Laufe der Evolution das Erkenntnisvermögen des Menschen sich immer genauer der realen Welt angepasst habe, sodass die Erkenntnisstrukturen mit den realen Strukturen übereinstimmen (102), kann nur als naturalistischer Fehlschluss bezeichnet werden, der das, was er empirisch beweisen will, nämlich die Möglichkeit objektiver Erkenntnis (119), schon a priori unterstellt und für die empirische Untersuchung in Anspruch nimmt.
[1328] S.o. Kap. III.4.; VI.5.b.
[1329] W, 236.
[1330] W, 12–31; die Auseinandersetzung zwischen naiven, kritischen, starken, schwachen, hypothetischen, strukturalen und repräsentativen Realismen, subjektiven, objektiven, phänomenalistischen, instrumentalen, operationalen, konventionalistischen und konstruktivistischen Idealismen beherrscht nach wie vor die erkenntnistheoretische und wissenschaftstheoretische Diskussion, vgl. F. Kutschera, Grundfragen der Erkenntnistheorie, 1982, 179–230; B. Kanitscheider, Philosophie und moderne Physik, 1979, 33–60.

übernächsten Abschnitt weiterverfolgen, wenden uns aber zunächst der weiteren Klärung des Weltbegriffs zu.

2. Der offene Weltbegriff jenseits von Positivismus und Kritizismus

Karl Heims Weltbegriff kommt jenseits der neuzeitlichen Alternativen des positivistischen und des kritizistischen Weltbegriffs zu stehen. Man könnte seinen Weltbegriff einen offenen nennen. Um die theologische und naturphilosophische Bedeutung seines Weltbegriffs würdigen zu können, bestimmen wir seinen systematischen Ort innerhalb der neueren philosophischen, theologischen und naturwissenschaftlichen Diskussion. Wir wägen zunächst Vor- und Nachteile des positivistischen und des kritizistischen Weltbegriffs gegeneinander ab (a), fordern daraus theologisch einen offenen Weltbegriff, der zu gewissem Grad auch empirisch vom offenen Weltbegriff der neuesten Naturwissenschaften bestätigt wird (b), und profilieren von daher Heims Verhältnisbestimmung des theologischen und des naturwissenschaftlichen Weltbegriffs (c).

a) *Der Weltbegriff des Positivismus und des Kritizismus*

Der Positivismus bestimmt das Weltganze, indem er den Rand der Welt *definiert* und so bestimmt, was alles innerhalb der Welt angetroffen werden kann. „Welt" ist dann der Inhalt dieses definierten Behälters. Der Kritizismus hingegen bestimmt das Weltganze durch *hypothetische* Aufsummation der Weltinhalte. „Welt" ist dann die Summe, die sich ergäbe, wenn man alles, was zur Welt gehört, addieren würde. Wir können mit I. Dalferth ersteres einen *substantivischen*, letzteres einen *adjektivischen* Weltbegriff nennen[1331]. Der sustantivische Weltbegriff meint Welt als „Welt von" im Sinne eines Behälters von Inhalten mit *definitem* Rand, der adjektivische Weltbegriff Welt als „Welt für" einen Betrachter, der in einen hypothetischen Behälter mit *variablem* Rand alles hineinfüllen kann, was für ihn zur Welt gehört.

Beide Weltbegriffe sind unzureichend, weil sie zu ‚klein' sind und „Welt" einschränken auf einen Teil von Welt.

Der Positivismus bestimmt die Welt als die Menge der Tatsachen: „Die Welt ist alles, was der Fall ist", definiert L. Wittgenstein: Welt ist die „Gesamtheit der Tatsachen" oder „der bestehenden Sachverhalte"[1332]. Wirklich ist dann alles, was als Sachverhalt oder Tatsache angesprochen werden kann, d.h. alles, worüber man

---

[1331] I. Dalferth, Die Wirklichkeit des Möglichen, 2003, 142f.
[1332] Wittgenstein, Tractatus logico-philosophicus, 1; 1.1; 2.04.

eine Existenzaussage treffen kann. Der Fall ist etwas – ein Gegenstand oder ein Ereignis – dann, wenn es tatsächlich existiert. Aussagen über die Welt sind folglich genau dann und nur dann wahr, wenn der benannte Sachverhalt tatsächlich der Fall ist. Es gilt das Tarskische Wahrheitskriterium: Die Aussage „p" ist wahr genau dann und nur dann, wenn p gilt[1333]. Welt als die Menge der Tatsachen ist äquivalent zur Menge der wahren Aussagen. Welt ist die Summe des tatsächlich Wahren und wahren Tatsächlichen.

Im posivistischen, substantivischen Sinn definiert W. Härle den Weltbegriff der christlichen Dogmatik: Welt ist die „Totalität dessen, was ‚es gibt' und was ‚vorkommt'"[1334]. Dazu gehören nicht nur die realen Gegenstände und Ereignisse, sondern auch die Gedanken und Vorstellungen, jedenfalls alles, was in Natur, Geschichte und Bewusstsein vorkommt, alles, worüber Existenzaussagen gemacht werden können, also die Propositionen ‚es gibt' und ‚es kommt vor' angewandt werden können. Härle hält diesen Weltbegriff für zureichend, weil er die Unterscheidung von Gott und Welt insofern gewährleistet, als Gott *nicht* zu dem, was ‚es gibt' und was ‚vorkommt' gerechnet werden kann. Aber der Umkehrschluss, dass wenn Gott nicht zu dem gehört, was es gibt und was vorkommt, alles Weltliche dadurch definiert sei, dass es ‚es gibt', ist problematisch. Zur Welt gehörte dann nur dasjenige, was identifizierbar ist, also alles, worauf die Aussage ‚es gibt' zurecht angewandt wird. Das Tarskische Wahrheitskriterium ist aber nur in formalisierten Sprachen anwendbar, wenn alle Aussagen eindeutig und identifizierbar sind[1335]. Eine Vielzahl dessen, wovon im Alltag (ausgesprochen und unausgesprochen) die Rede ist, kann aber weder eindeutig, noch oft überhaupt identifiziert werden. Es gibt eine Menge ‚Dinge', die keine deiktische Existenz führen, auf die nicht gezeigt werden kann, die keine verifizierbare Existenz besitzen, weil sie nur sekundär oder gar nicht versprachlicht werden können. Dazu gehören alle ‚Gegenstände' der intuitiven Wahrnehmung, wie z.B. Atmosphären[1336] oder Horizonte[1337], die immer jenseits der bewussten Wahrnehmung und Erfahrung bleiben, wie auch diejenigen Weltelemente, die prinzipiell nicht vergegenständlicht werden können, wie z.B. das transzendentale Ich, das nichtgegenständliche Zentrum der Perspektive, das fremdpsychische Innen *als Innen*[1338]. Der positivistische

---

[1333] A. Tarski, Der Wahrheitsbegriff in den formalisierten Sprachen, 1935, 268.
[1334] W. Härle, Dogmatik, 2000, 215.
[1335] Vgl. hierzu Weizsäcker, Einheit der Natur, 59.
[1336] G. Böhme zeigt im Anschluss an H. Schmitz, dass Atmosphären phänomenologisch, obwohl nicht objektivierbar, als quasi objektiv, als „Halbdinge" (Schmitz), begriffen werden müssen (G. Böhme, Aisthetik. Vorlesungen über Ästhetik als allgemeine Wahrnehmungslehre, 2001, 45–72; vgl. H. Schmitz, Die Wahrnehmung, 1978, § 245: Halbdinge in der Wahrnehmung, 116–138).
[1337] „Der Horizont ist nichts, was man unabhängig vom Menschen einfach vorfinden könnte. Er ist kein Ding in der Welt. Er ist ‚irreal'. Aber er ist deswegen auch wiederum nichts, was nur im menschlichen Geist bestünde, als etwas bloß Vorgestelltes, sondern er gehört notwendig zur Welt" (O.F. Bollnow, Mensch und Raum, 1963, 76), vgl. unten den Abschnitt Raum, Horizont, Tiefe.
[1338] Thomas Nagel hat in „What is it like to be a bat 1974 / Wie ist es, eine Fledermaus zu sein? 1994" klar gezeigt, dass aus jeder noch so vollständigen Beschreibung der Welt, die ich geben kann, die Er-

Weltbegriff, in dem das empiristische Sinnkriterium gilt, ist als *Welt*begriff zu eng, weil in ihm nicht nur Gott, sondern auch „das Nichtgegenständliche" nicht vorkommen kann. Weil es keine „Es-gibt-Existenz" führt, *gibt es* das Nichtgegenständliche für den Positivisten nicht. Es gehört nach dem empiristischen Sinnkriterium eines R. Carnap nicht nur nicht zur Welt, sondern muss auch noch als sinnloses und bedeutungsloses Wort angesehen werden[1339].

Der empiristisch-positivistische Weltbegriff hat seine Stärke darin, dass unter „Welt" die wirkliche Welt, d.h. die tatsächliche, unsere Welt im Unterschied zu bloß möglichen Welten verstanden wird[1340]. Er ist aber unzureichend, weil nicht nur das Faktische und das denkbar Mögliche, also das sprachlich-deiktisch Bezeichenbare und Identitizierbare, sondern auch die offenen Möglichkeiten und das Ungegenständliche zu den bedeutsamen *Wirklichkeiten* unseres Lebens gehören. Mein Leben bestimmt nicht nur das, was ich weiß, wissen oder sagen kann. Die Lebendigkeit des Lebens besteht gerade in der Realisierung der unausdenkbaren, unvordenklichen und unableitbaren Möglichkeiten aus der offenen, unentschiedenen Zukunft[1341]. Der positivistische Weltbegriff schließt die Welt ab auf das Faktische und das mit dem Faktischen in Verbindung stehende Mögliche. In dieser Welt regiert die Vergangenheitszeit des sekundären Werdens, es gelten die Erhaltungssätze der Mechanik. Hier gibt es nur Umordnung, aber nichts wirklich Neues. Schöpfung ist ausgeschlossen[1342]!

---

fahrung, wie es ist, ein anderer (oder eine Fledermaus) zu sein, ausgeschlossen bleibt, obwohl es weder einem anderen Menschen noch einer Fledermaus abgesprochen werden kann, die Wie-es-ist-Erfahrung, dieser andere bzw. diese Fledermaus zu sein, zu haben. Das Sein-für-jemand ist inkommensurabel, es ist nicht objektivierbar. Dennoch existiert es (vermutlich), gehört also zum Wirklichkeitsbestand der Welt. Wir müssen anerkennen, „dass es Tatsachen gibt, die nicht in der Wahrheit von Gedanken bestehen, die in menschlicher Sprache ausgedrückt werden können. Wir können zur Anerkennung der Existenz solcher Fälle gezwungen werden, ohne die Fähigkeit zu besitzen, sie festzustellen oder zu erfassen" (141).

[1339] R. Carnap hat das empiristische Sinnkriterium aufgestellt, das nur Beobachtungs- oder Protokollsätze von Erfahrungen als sinnvolle Sätze zulässt. Sätze mit nichtempirischem Gehalt, die nicht verifizierbar sind, sind sinnlose Sätze. Das Wort „Gott" sei genauso bedeutungslos wie das Wort „babig" (oder „das Nichtgegenständliche"), sodass metaphysische Sätze „zum Ausdruck des Lebensgefühls", aber „nicht zur Darstellung von Sachverhalten" geeignet seien (R. Carnap, Überwindung der Metaphysik durch logische Analyse der Sprache, 1931, 227.238).

[1340] Vgl. Kutschera, Erkenntnistheorie, 161.

[1341] Vgl. GD 7, 182; daraufhin weist die Heideggersche Existenzerfahrung der Sorge und der „Angst vor der ungewissen Zukunft, der wir nicht ausweichen können, weil sie unaufhaltsam auf uns zukommt" (ebd.). Die Zukunft kann entgegen dem empiristisch-positivistischen Sinnkriterium nicht in jeder Hinsicht vereindeutigt und versprachlicht werden. Gerade in ihrer Unbestimmtheit und deiktischen Bedeutungslosigkeit liegt ihre Realität und Bedeutsamkeit. Weil der Positivismus den Unterschied zwischen Sinn als Bedeutung und als Bedeutsamkeit nicht kennt, hatten für Carnap auch Heideggers Meditationen über das Nichts in „Was ist Metaphysik?" keinen „Sinn", sodass Carnap die Partikel „nichts" nur als logische Negation zulassen wollte (Überwindung der Metaphysik, 230f).

[1342] Die naturalistische Evolutionsbiologie und die evolutionäre Erkenntnistheorie stehen vor dem Problem, die Sprünge im Verlauf der Evolution im eigenen System nicht verstehen zu können. Wo kommt das Neue her, wenn es nur *Produkt* der Entwicklung, also *Resultat*, sein darf? K. Lorenz hat das Auftreten der höheren Lebensformen, von Bewusstsein, von Sinn etc. behelfsweise „Fulgurationen" (= „Aufblitzungen") genannt (Die Rückseite des Spiegels. Versuch einer Naturgeschichte menschlichen Erkennens, 1997, 47). Der Terminus bezeichnet bei Leibniz die augenblickliche Geburt der

Dies gilt auch für den kritizistischen Weltbegriff. Seit Kant besteht opinio communis, dass „die Welt" kein empirischer, sondern transzendentaler Begriff ist[1343]. Weil das Weltganze nicht Gegenstand der Erfahrung sein kann, kann „die Welt" nur als noumenaler Vernunftbegriff, nicht als Erfahrungsgegenstand gelten. „Die Welt" ist das Als-ob-Resultat einer hypothetischen Summation aller einzelnen Gegenstände, Sachverhalte und Erfahrungen. Welt bezeichnet bei Kant die hypothetische Ganzheit und Totalität des Gegebenen, also die Gesamtheit des endlich Seienden als des Erfahrbaren. Welt ist „die absolute Totalität des Inbegriffs der existierenden Dinge"[1344]. Diese Welt enthält nicht die möglichen Dinge bzw. kann aufgrund des Erfahrungsbezuges maximal auf die möglicherweise erfahrbaren u.d.h. bei Kant auf die sinnlich und/oder begrifflich erfassbaren ‚Dinge' erweitert werden[1345]. Welt ist bei Kant nicht Welt an sich, sondern Welt für jemand: für mich, für dich, für uns usw.. So richtig dieses adjektivische Weltkonzept gegenüber dem substantivischen darin ist, dass die Perspektivität der Weltaspekte und darin die Differenz zwischen der Wirklichkeit und der Erkenntnis der Wirklichkeit der Welt gewahrt bleibt, so problematisch ist doch der Ausschluss des Möglichen als des sinnlich nicht Erfahrbaren und begrifflich nicht Fassbaren aus der Welt. Neues und Schöpfung aus dem Raum des Nichtgegenständlichen sind auch im transzendentalen Weltbegriff ausgeschlossen.

Obwohl der transzendentale Weltbegriff nicht abgeschlossen, sondern unabschließbar ist, soll doch diese Unabschließbarkeit gerade die empirische Realität und Objektivität der erfahrenen und erfahrbaren Welt sichern. Aus der Welt müssen die offenen Möglichkeiten ausgeschlossen werden, damit sie empirische Realität erhält und naturwissenschaftlich-empirisch erforschbar wird. Der *transzendentale offene*, adjektivische Weltbegriff korrespondiert einem *empirisch geschlossenen* Weltbegriff. In der empirischen Welt, die Kosmos oder Universum heißt, gelten die Erhaltungssätze der Mechanik, insbesondere die Erhaltung der Substanz (in Kants Newton-Welt) bzw. der Energie (in der entsprechenden Einstein-Welt). Dieser Weltbegriff lässt höchstens einen deistischen Gottesbegriff zu, aber keine *creatio continua ex nihilo*!

Kreaturen aus dem Nichts durch Gottes Schöpfermacht (Monadologie, § 47)! Terminologisch und sachlich ist dieser Begriff „ist mit dem Evolutionsprogramm inkompatibel; er hat dort den Rang einer puren ad-hoc-Hypothese; er stellt eine spezial-kreationistische Theorie ohne Gott dar" (Spaemann / Löw, Die Frage Wozu?, 273)!

[1343] Vgl. R. Eisler, Art. Welt, Wörterbuch der philosophischen Begriffe, 1927, Bd. 3, 1753: Welt „ist die Gesamtheit aller Dinge, der Inbegriff aller endlichen Dinge und Wesen, deren Zusammen in der Idee einer (empirisch nicht abschließbaren) Totalität, eben der Welt, gedacht wird."

[1344] Kant, KrV, A 419.

[1345] Vgl. die Definition von A. Gethmann-Siefert im Art. Welt, EPWT, Bd. 4, 647, im Anschluss an Kant: Welt als Gesamtheit der wirklichen und möglichen Dinge im Sinne des Inbegriffs aller Erscheinungen und der Möglichkeit ihrer begrifflichen Erfassung.

b) Offener Weltbegriff in Theologie und Naturwissenschaften

Theologisch ist mit der Tradition und mit Karl Heim ein offener, für das Schöpferwirken Gottes offener, Weltbegriff zu fordern, der in gewisser Konkurrenz zum naturwissenschaftlich-positivistischen, aber auch zum erkenntnistheoretisch-transzendentalen Weltbegriff steht. Dabei kann Offenheit der Welt nicht die Offenheit für alle beliebigen, insbesondere die unmöglichen Möglichkeiten bedeuten. Auch die fortgesetzte Schöpfertätigkeit Gottes muss sich in logischer Hinsicht an den Satz des ausgeschlossenen Dritten und in empirischer Hinsicht an die Zeitordnung und die Nichtumkehrbarkeit der Zeit halten[1346]. Die Erhaltungssätze der empirischen Welt müssen auch als Erhaltungstätigkeit Gottes interpretiert werden können. Historisch gesehen traten zwar das Trägheitsgesetz und die Erhaltungsgesetze der Mechanik im 17. Jahrhundert in Konkurrenz zur Erhaltungstätigkeit Gottes, da Trägheit und Impuls- bzw. Massen- und später Energie-Erhaltung Selbsterhaltung bedeuten, die eine äußere Fremderhaltung durch Gott überflüssig machen[1347]. Aber systematisch ist dem mit D. Henrich entgegenzuhalten, dass Beharrung und Erhaltung nicht eo ipso Selbsterhaltung und Selbsterhaltung nicht per se die Überflüssigkeit der äußeren Erhaltung bedeuten, im Gegenteil: „Was sich erhalten muss, muss nämlich wissen, dass es nicht jederzeit und vor allem nicht schlechthin seinen Grund in sich selber hat"[1348]. Was sich selbst erhalten muss, bezeugt, dass es auf Erhaltung angewiesen ist, sodass gerade Selbsterhaltung die Endlichkeit und Abhängigkeit der Existenz impliziert. Nur ein aus und durch sich selbst existierendes Wesen (substantiale *causa sui* im Sinne Spinozas) bedürfte keiner Erhaltung, auch keiner Selbsterhaltung. Die Erhaltungssätze der Mechanik treten nur dann zur Erhaltungstätigkeit Gottes in Konkurrenz, wenn die Welt als schlechthin aus und durch sich selbst bestehend, mithin als göttlich angesehen wird.

Das Welthandeln Gottes knüpft an das Bestehende an und bleibt im Rahmen der Naturgesetzlichkeit. Dabei kann man mit den altprotestantischen Theologen und denen des 20. Jahrhunderts diskutieren, ob man bei der *conservatio* mehr das aktive Handeln Gottes, die *conservatio activa* analog der *creatio prima* betonen soll

---

[1346] I. Dalferth, der ebenfalls für einen offenen Weltbegriff, die Priorität des Möglichen vor dem Faktischen und die Wirklichkeit des Möglichen plädiert, nennt folgende, für die Weltereignisse unmögliche Möglichkeiten: Die logischen (Verletzung des Widerspruchssatzes) und semantischen Unmöglichkeiten (selbstwidersprüchliche Begriffe), die realen Unmöglichkeiten im Blick auf die Zukunft (Inkompatibilität zu gegenwärtig Wirklichem), im Blick auf die Gegenwart (das kontrafaktische, nichtrealisierte Mögliche) und im Blick auf die Vergangenheit (das nicht mehr realisierbare, irreal Mögliche, vgl. Wirklichkeit des Möglichen, 140f).

[1347] Vgl. H. Blumenberg, Selbsterhaltung und Beharrung. Zur Konstitution der neuzeitlichen Rationalität, 1976, bes. 155f.

[1348] D. Henrich, Die Grundstruktur der modernen Philosophie, 1976, 111; ebenso W. Pannenberg, Metaphysik und Gottesgedanke, 47.

– so A. Quenstedt[1349] – oder mehr die Kontinuität der Anknüpfung an die bestehende Schöpfung – so J. Gerhard[1350]. Die Entscheidung hängt davon ab, welche Stabilität man dem Seinsbegriff und welchen Grad an relativer Eigenständigkeit und Permanenz man der Schöpfung zugesteht. K. Barth betonte die Identität des Geschöpfes in der Kontinuität der göttlichen Erhaltung, während E. Brunner in der *continuatio* die Gefahr der pantheistischen Selbständigkeit der Welt und der Begrenzung der Freiheit Gottes witterte. Daher polemisierte er dagegen und betonte weniger das fortgesetzte Erhalten und die Kontinuität der *creatio continuata* als vielmehr das fortgesetzte Erneuern[1351], so heute auch C. Link und J. Moltmann[1352]. Auf jeden Fall bedeutet das erhaltende und erneuernde Wirken Gottes auch die Erhaltung und Erneuerung der Naturordnung. Dabei darf jedoch die Naturgesetzlichkeit weder das ordentliche noch das außerordentliche Wirken Gottes ausschließen, auch nicht das Wunder als die proleptische, eschatologische Machttat Gottes[1353]. Daher darf die Naturgesetzlichkeit keinen deterministisch-geschlossenen, alleinzigen Kausalzusammenhang der Welt implizieren. Die Offenheit der Welt für die weltimmanent unvorhersehbaren Möglichkeiten Gottes muss auch im naturwissenschaftlichen Weltbegriff gewahrt bleiben. Es muss ein auch empirisch tragfähiger, offener, nicht-deterministischer Weltbegriff entwickelt werden, wofür die Naturwissenschaften des 20. Jahrhunderts selbst ihren Beitrag geleistet haben. Doch sind der mikrophysikalisch statistische Kausalitätsbegriff der Quantentheorie, der Erwartungswahrscheinlichkeiten, aber keine Not-

---

[1349] A. Quenstedt, Theologia didactico-polemica, I, 531: „Deus res omnes conservat continuatione actionis, qua res primum produxit. / Gott bewahrt alle Dinge durch Fortsetzung der Tat, durch die er sie erstmals hervorgebracht hat", zit. nach Schmid, Dogmatik, 126.

[1350] J. Gerhard, Loci theologici (1657), 1864, tom. II, loc. VI, cap. 6, § 62: „Conservatio nihil aliud est quam existentiae continuatio. / Bewahrung ist nichts anderes als die Erhaltung der Existenz", zit. nach O. Weber, Grundlagen der Dogmatik I, 555; vgl. die Mittelstellung von Thomas, STh I, 104,1: „conservatio rerum a Deo non est per aliquam novam actionem, sed per continuationem actionis, qua dat esse. / Die Erhaltung der Dinge geschieht von Gott nicht durch eine andere, neue Tat, sondern durch Fortsetzung der Tat, die das Sein gibt."

[1351] E. Brunner, Dogmatik II, 45; K. Barth, KD III/3, 78–80.

[1352] C. Link, Schöpfung. Schöpfungstheologie angesichts der Herausforderungen des 20. Jahrhunderts, 1991, 562f: „Erhaltung ist ein fortgesetztes Anfangen und ‚ex nihilo Erneuern' (Jüngel)"; J. Moltmann, Gott in der Schöpfung. Ökologische Schöpfungslehre, 1987, 217, der allerdings die eschatologische Ausrichtung der Erhaltung überzieht und das Erhalten der creatio originalis *als solches* schon als Antizipation der creatio nova verstehen will. Der apokalyptische Bruch zwischen der gegenwärtigen, erhaltenen und der kommenden, neuen Weltgestalt wird hier völlig überspielt.

[1353] Zu unterscheiden ist bei Heim zwischen der Weltwirksamkeit Gottes, die sich an die Naturordnung hält, und dem außerordentlichen, weil empirisch selteneren, Wunder. Das Wunder ist für Heim nicht als das den Kausalzusammenhang unterbrechende miraculum suspensionis (WnW, 169) zu verstehen, sondern als eine *Gottes Naturgesetzlichkeit* entsprechende heilsgeschichtliche Machttat Gottes, die der Naturordnung in einem Willenskampf abgerungen wurde. Wunder sind Offenbarungsereignisse des Handelns Gottes in und an der Welt und also reale Faktizitäten, ob sie nun im Rahmen des gegenwärtigen naturwissenschaftlichen Wissensstandes verstehbar sind oder nicht. Sie entsprechen immer der Naturordnung der neuen Schöpfung, widersprechen möglicherweise, aber nicht notwendig der Ordnung der alten Schöpfung. Wunder sind punktuelle Wiederherstellungen der supralapsarischen, unpolaren Schöpfungsordnung bzw. proleptische Verwandlungen des polaren in das überpolare Sein, vgl. Schwarz, Verständnis des Wunders, 167–179, bes. 173.

wendigkeiten für zukünftige Ereignisse formuliert[1354], und der offene Systembegriff der Synergetik, der die Selbstorganisation von „neuen" Ordnungsstrukturen zulässt, nur notwendige, aber nicht hinreichende Basis für einen theologischen Weltbegriff.

Die sog. Nichtgleichgewichtsthermodynamik der zweiten Hälfte des 20. Jahrhunderts hat einen neuen, offenen Systembegriff entwickelt und zeigen können, dass sich in offenen Systemen fernab des thermodynamischen Gleichgewichts durch den beständigen Zustrom von Energie die zuvor statistisch ungeordneten mikroskopischen Systemvariablen gleichtaktig zusammenordnen zu einer makroskopischen Ordnungsstruktur[1355]. Im Unterschied zu den geschlossenen Systemen der Gleichgewichtsthermodynamik, die bei Energieerhaltung ins Gleichgewicht der größten Entropie, d.h. in den statistisch wahrscheinlichsten Gleichverteilungszustand übergehen, gilt in den offenen Systemen weder der erste (Energiesatz) noch der zweite Hauptsatz (Entropiesatz). Während in den abgeschlossenen Systemen die Zeit nur als Parameter auftritt und die Entwicklung determiniert, also im Prinzip zeitumkehrinvariant, verläuft, sind die offenen Systeme mit einer echten Zeitrichtung versehen und durch Offenheit des Prozesses hinsichtlich der Zukunft charakterisiert. Die irreversible Zeit tritt als wirkende Größe auf[1356], sodass den offenen Systemen „der Zug von Offenheit als Offenheit gegenüber künftigem Geschehen zukommt"[1357]. Den selbstorganisierenden, offenen Systemen eignet 1. zeitliche Irreversibilität, 2. die Fähigkeit zum Aufbau von Komplexität aufgrund der systemimmanenten Potentialitäten und 3. Offenheit und Nichtdeterminiertheit hinsichtlich der Zukunft[1358]. Allerdings kann der Begriff des offenen Systems naturwissenschaftlich nicht konsistent auf das Universum als Ganzes angewandt werden, da er äußere Umgebung und Energiezufuhr benötigt.

Als theologischer Weltbegriff ist daher der physikalische Begriff des offenen Systems nicht hinreichend[1359]. Denn die offenen Möglichkeiten Gottes gehören nicht zum Bestand, auch nicht zum möglichen (energetischen oder ideellen) Bestand der Welt (gegen Whiteheads Platonismus[1360], der auch im nicht-deterministischen Kausalitätsverständnis in Gestalt der Annahme von universaler, zeitinvarianter Naturgesetzlichkeit fortlebt), sondern kommen aus dem „Nichts" bzw. der

---

[1354] WnW, 135–139, vgl. unten den Abschnitt Naturgesetz, Kausalität, Kontingenz.
[1355] Bekannte Beispiele sind der LASER, die Konvektionsmuster, die in erhitzten Flüssigkeiten entstehen, sowie die Supraleitung und der Magnetismus, vgl. H. Haken, Erfolgsgeheimnisse der Natur, 1990, 39–42.61–72.
[1356] Vgl. I. Prigogines Formulierung der Zeit als Operator, d.h. als wirkende Größe, statt als Parameter (Vom Sein zum Werden, 1992, 240ff).
[1357] H. Wehrt, Über Irreversibilität, Naturprozesse und Zeitstruktur, 1974, 141.
[1358] A.a.O., 135–144.
[1359] Dies unbeachtet, hat J. Moltmann in problematischer Weise den offenen Systembegriff direkt theologisch interpretiert: Wenn offene Systeme offen für die Zukunft sind und die Welt theologisch als für die Zukunft offenes System anzusehen ist, dann sollte die Welt insgesamt ein offenes System im naturwissenschaftlichen Sinne sein. Es muss, wie in der Definition „offenes System" vorgesehen, eine „transzendente Umgebung ... und eine transzendente Zukunft, in die hinein es sich entwickelt", haben, die Moltmann vorschnell „Gott" nennt, sodass die Welt vom thermodynamisch-offenen zum „gottoffenen System" und Gott zu ihrer „außerweltlichen Umgebung" und zur offenen Zukunft mutiert, von der und in den sie sich hineinentwickelt (Gott in der Schöpfung, 212f). Der Begriff des offenen Systems kann aber naturwissenschaftlich nicht konsistent auf das Universum angewandt werden und daher nicht direkt theologisch als „die Welt" identifiziert werden!
[1360] S.o. Kap. VIII.2.c.

offenen Zukunft. Die sich aus den offenen Möglichkeiten realisierende Wirklichkeit der Welt ist in jedem Augenblick *creatio ex nihilo*, d.h. Schöpfung aus Gott.

c) Heims Vermittlung des offenen und des geschlossenen Weltbegriffs

Wie können die beiden Weltbegriffe, der geschlossene, determinierte und der offene, indeterminierte aufeinander bezogen und vermittelt werden? Auf die Frage, wie jedes einzelne Ereignis des Weltgeschehens zugleich als Glied „im polaren Kausalzusammenhang" als auch als freies „Machtwort Gottes"[1361] gesehen werden kann, hat Karl Heim eine bis heute tragfähige Antwort gegeben.
Die Differenz zwischen der naturwissenschaftlich-empirischen und der glaubenden Perspektive auf die Ereignisse der Welt hat Heim in zweierlei Weise beschreiben, nämlich als Widerspruch und als Zusammenhang. Einerseits erscheint die Zweiheit der Gesamtperspektiven auf die Welt als asymmetrische Totalalternative, die nicht vermittelbar ist, und andererseits als vermitteltes, dimensionales Verhältnis. Der unvermittelbare Totalaspekt reproduziert die unaufhebbare totale Differenz zwischen Gott und Welt, der vermittelbare Partialaspekt reproduziert die innerweltlichen Transzendenzverhältnisse, die ein Beziehungsverhältnis zwischen Gott und Welt zu denken erlauben.
Der Totalspekt zeigt sich in der totalen Unvermittelbarkeit der polaren Welt mit dem überpolaren Raum Gottes. Hier erscheint die Polarität als Ausdruck der Gefallenheit der Welt, die durch die Sünde des Menschen in die Vergänglichkeit hineingerissen wurde[1362]. Die Polarität ist selbst ein Kampf von Willensmächten gegeneinander, den noch das unmittelbare Erleben analog dem kindlichen Animismus als Widerstandserlebnis erfährt[1363] und der nur durch einen überpolaren Willen eschatologisch aufgehoben werden kann. Schöpfung bedeutet im apokalyptisch-weltgeschichtlichen Szenario Verwandlung des Kosmos: Aufhebung der polaren Naturgesetzlichkeit zu einer überpolaren Existenzform, also Installation einer neuen, nichtpolaren Naturform, die mit der Auferstehung Christi schon begonnen hat[1364]. Der unvermittelbare Totalaspekt, der auf die *ontische* Differenz zwischen der sündenverhafteten Wirklichkeit der Welt und ihrer gottgemäßen Bestimmung sowie auf die *eschatologische* Differenz zwischen der alten und der neuen Welt rekurriert, versteht die *ontologische* Differenz von Gott und Welt als Antithese, also nicht als schöpfungstheologische, sondern als soteriologische Differenz. Die polare, den Naturgesetzen gehorchende Welt, erscheint hier als Gott

---

[1361] WW, 89.
[1362] WW, 131–140.
[1363] GD 7, 171.
[1364] WW, 161–184.

widersprechende und so sich selbst zerstörende Welt¹³⁶⁵. Vom Standpunkt des Glaubens erscheint das polare Naturgesetz als in Christus schon überwundene und eschatologisch verwandelt werdende Weltordnung¹³⁶⁶, denn der Glaube steht bereits im überpolaren Raum und erfährt proleptisch (in den Wundertaten und der Auferstehung Christi) den Zusammenbruch der absolut erscheinenden Naturordnung sowie die Erlösung aus der polaren Welt und die Verwandlung des gesamten Kosmos in eine überpolare Weltform.

Aber auch schöpfungstheologisch, also indem die Differenz zwischen Gott und Welt als positiv bedingendes, wollendes und erhaltendes Verhältnis begriffen wird, kann nach Heim aufgrund der neueren theoretischen und experimentellen Physik der Zusammenbruch der Absoluta der klassischen Physik: der absoluten Kausalität, des absoluten Objektes, des absoluten Raumes und der absoluten Zeit, konstatiert¹³⁶⁷ und so der Möglichkeit des Wirkens Gottes in, mit und unter den Naturgesetzen Raum verschafft werden. In dieser partialen Sichtweise zeigt sich die Doppelheit des geschlossenen und des offenen Weltbegriffs *in* der Welt am Wesen der Konstituentien der Welt, nämlich an der Struktur von Zeit, Raum, Ich, Materie und Naturgesetzlichkeit. Die soteriologisch unvermittelbaren Totalperspektiven „Welt als Naturzusammenhang" und „Welt aus Gott" können hier vermittelt werden durch ein Element, das beiden Ordnungen angehört. Die Einheit der Wirklichkeit unter den beiden Perspektiven „Welt aus sich betrachtet" und „Welt im Glauben bzw. aus Gott betrachtet" wird durch ein nichtgegenständliches Element gewährt, das die Vermittlung zwischen dem geschlossenen Moment der Welt und dem für das Werden und die Möglichkeiten Gottes offenen Moment der Welt leistet. Dieses nichtgegenständliche Element ist sozusagen das „Einfallstor" des Neuen in die bestehende Welt. Es ist der „Punkt", an dem Gottes Wirken in die Welt hinein aufgrund der Offenheit der Welt für das Neue gedacht werden kann. Die offene „Stelle", oder besser, die „offene Dimension" des Weltgeschehens ist in Bezug auf die Zeit das primäre Werden der Gegenwart und die offene Zukunft, in Bezug auf den Raum der nichtgegenständliche Hintergrund oder Hori-

---

[1365] Den sog. Wärmetod, der nach dem Entropiesatz der Thermodynamik Schlusspunkt der Weltentwicklung sein wird, könnte man als „naturwissenschaftliche Eschatologie" (E. Du Bois-Reymond, zit. ohne Angabe bei Körtner, Weltangst und Weltende, 208) ansprechen. Er wird von Heim zurecht nicht direkt apokalyptisch interpretiert (WW, 127), denn die naturwissenschaftliche Eschatologie ist nicht eindeutig degenerativ. Ebenso kann man umgekehrt die Evolution als entropiereduzierende Gegenkraft ansehen und als Endpunkt der Welt einen höchst geordneten, heilvollen „Omegapunkt" (T. de Chardin, F. Tipler) postulieren, hierzu vgl. außer Körtner, Weltangst, 197–211, K. P. Fischer, Kosmos und Weltende. Theologische Überlegungen vor dem Horizont moderner Kosmologie, 2001, 17–27; Evers, Raum – Materie – Zeit, 334–342.363–373.

[1366] Die „Grundordnungen unseres Daseins", die raumzeitliche Form, die leibliche Verfasstheit etc. sind von der allein in Christus offenbaren und überwundenen Gefallenheit der Schöpfung her nicht als „Schöpfungsordnungen", sondern nur als „Erhaltungsordnungen", als „Daseins*ordnungen*", im Unterschied von Daseins*bindungen*" anzusehen, wie Heim 1938 gegen die NS- und DC-Ideologie klarstellt (Christus und die Schöpfungsordnungen, 754f).

[1367] WnW, 149.

zontraum der Perspektive, in Bezug auf das Ich das nichtgegenständliche Erleben, in Bezug auf die Naturgesetzlichkeit die Kontingenz der Ereignisse und in Bezug auf die Materie die kybernetisch-rückgekoppelte, prozessuale Struktur der Elementar-‚Monaden'.

Wir stellen im folgenden, Heims Ergebnisse implizit aufnehmend und auf aktuelle Fragestellungen weiterführend, die Vermittlung des geschlossenen und des offenen Aspekts der Welt durch ein nichtgegenständliches Element jeweils am Problem der Zeit, am Problem des Raumes, am Problem von Bewusstsein und Erkennen, am Problem von Determination und Kontingenz des Naturgeschehens und am Problem der Fundamentalstruktur der Materie dar.

3. Zeit, Logik, Ewigkeit

a) Logik der irreversiblen Zeit und mehrwertige, zeitliche Logik

Der geschlossene Zeitaspekt zeigt sich in der definitiven, nicht mehr veränderbaren Vergangenheit, der offene in der unentschiedenen Zukunft. Der Einheitspunkt, der den Übergang vom Sein zum Werden markiert, ist der ungegenständliche Jetztpunkt, der die (ungegenständliche) Quelle der Zeit bildet, aus der die unerschöpflichen Möglichkeiten hervorströmen[1368]. Der Jetztpunkt gehört weder der festgelegten Vergangenheit noch der unbestimmten Zukunft an, sondern ist der „Punkt, in dem der unentschiedene Zustand des Geschehens in den entschiedenen Zustand übergeht"[1369] oder besser: Gegenwart ist die Dimension des primären Werdens, der „Übergang"[1370] von dem, was noch nicht ist, zu dem, was ist. Denn die Bestimmung des Jetzt als Punkt darf nicht wie bei Aristoteles so geschehen, dass das Jetzt selbst gar keine Zeit darstellt und abstrakt-logisch nur die Differenz zwischen früher und später bzw. zwischen Vergangenheit und Zukunft (B-Zeit) markiert. Jetzt wäre dann nur Möglichkeitsbegriff, der logisch die Definition der Zeit als Maßzahl der Bewegung zwischen früher und später bzw. als Übergang von Zukunft in Vergangenheit ermöglichte[1371]. Soll die Gegenwart als echter *Zeit*modus verstanden werden, dann muss ihr vom erlebenden Zeitbewusstsein her mit Bergson und Husserl eine gewisse Ausdehnung zugestanden werden.[1372] Die Einheit aller drei Zeitmodi ist wie schon bei Augustinus im intentio-

---

[1368] Vgl. H. Bergson, Das Mögliche und das Wirkliche, 110f.112f: „Die ununterbrochene Schöpfung von unvorhersehbar Neuem, die sich im Universum fortzusetzen scheint ..., der Eindruck von Neuheit bei dem Ablauf meines inneren Lebens" erfordert, dass „das Innerste der Dinge indeterminiert ist. Und sollte die Zeit nicht gerade diese Indetermination selbst sein?"
[1369] Heim, Die neue Welt Gottes, 20.
[1370] GD 1, 128.
[1371] S.o. Kap. III.5.a.; vgl. Weizsäcker, Einheit der Natur, 434.
[1372] S.o. Kap. V.3.b. u. VI.4.b.

nalen Bewusstsein gewährleistet, in dem alle drei Zeitmodi kopräsent sind in Gestalt der memoria (Gegenwart der Vergangenheit = GV), der *contuitus* aufgrund der *attentio* und *distentio animi* (Gegenwart der Gegenwart = GG) und der *expectatio* (Gegenwart der Zukunft = GZ). C. F. von Weizsäcker hat im Anschluss an G. Picht die Einheit der erfahrenen Zeit auch logisch begründet und den drei Modi der Zeit die drei Modi der modalen Logik zugeordnet[1373]: Das Vergangene ist der Raum des Faktischen[1374], das Gegenwärtige das Wirkliche und das Zukünftige der Raum des Möglichen. Weil diese Zuordnung eindeutig ist, verbinden sich nicht erst von der Synthesisleistung der Apperzeption her, sondern schon in der logischen Beschreibung die drei strukturalen Modi der Zeit zu einer Gesamtstruktur, sodass die gegliederte Modalzeit „nicht nur eine Struktur hat, sondern selbst eine Struktur ist"[1375]. Die Weizsäckersche Modalstruktur (faktische V, wirkliche G, mögliche Z als GV – GG – GZ) überwindet die zeitlose, künstlich beschnittene, „präparierte Zeit"[1376] der klassischen Physik hin zur irreversiblen, erfahrenen Zeit.

C.F. v. Weizsäcker hat bereits 1939 zeigen können, dass die Ableitung des zweiten Hauptsatzes der Thermodynamik gegen Gibbs und Boltzmann nicht wahrscheinlichkeitstheoretisch aus einem reversiblen Zeitbegriff oder einer reversiblen statistischen Theorie möglich ist, sondern den Unterschied von Vergangenheit und Zukunft *voraussetzt*. Dieser Unterschied gehört „zu den unzweifelhaften Bewusstseinstatsachen, welche Vorbedingungen jeder möglichen Erkenntnis und daher, methodisch gesehen, das einzig sichere Fundament der Wissenschaft sind"[1377]. Der zweite Hauptsatz kann nur dann wahrscheinlichkeitstheoretisch abgeleitet werden, wenn man die Wahrscheinlichkeiten nur auf die Zukunft, aber nicht auf die Vergangenheit anwendet, also die Modalstruktur der Zeit berücksichtigt[1378]. Ganz allgemein gilt, dass die Wahrscheinlichkeiten der statistischen Mechanik wie der Quantenmechanik nicht bloß unsere subjektive Unkenntnis bezüglich der Zukunft spiegeln, sondern die objektiv inhomogene Struktur der Zeit. Wenn die Zeit objektiv eine Richtung hat, dann

---

[1373] G. Picht, Die Zeit und die Modalitäten, 1971; C.F. v.Weizsäcker, Zeit und Wissen, 1981; vgl. A.M.K. Müller, Die präparierte Zeit, 1972, 287–291.

[1374] Picht hat der Vergangenheit den Modus „Notwendigkeit" zugeordnet, was auch Heims Interpretation der Vergangenheit entspräche, aber das Problem hat, dass die historische Kontingenz des Vergangenen nicht genügend zum Ausdruck kommt. Notwendig ist ein einzelnes vergangenes Ereignis nur in Bezug auf sich selbst, sowie im Sinne einer kontingenten Randbedingung in Bezug auf die folgenden Ereignisse, aber nicht in Bezug auf seine eigene Vergangenheit. Man müsste, um die Kontingenz aller zeitlichen Ereignisse zu erhalten, innerhalb der Vergangenheit noch einmal modale Differenzierungen einbauen, denn „es gibt stets eine Reflexionsstufe, von der aus Notwendiges als kontingent erscheint" (A.M.K. Müller, Naturgesetz, Wirklichkeit, Zeitlichkeit, 1974, 340). Um keine mehrfach iterierten Modaloperatoren einzuführen, wie es im sog. T-System der Modallogik möglich ist (vgl. G.E. Hughes / M.J. Cresswell, Einführung in die Modallogik, 1978, 26; W. Härle, Systematische Philosophie, 1987, 120f), soll die Modalität „Faktisches" das „mögliche Notwendige" im Unterschied zum „notwendigen Notwendigen" zum Ausdruck bringen.

[1375] Link, Schöpfung, 448.

[1376] Müller, präparierte Zeit, 288 u.ö.

[1377] C.F.v. Weizsäcker, Der zweite Hauptsatz und der Unterschied von Vergangenheit und Zukunft, in: Einheit der Natur, 171–182, Zit. 182, erstmals erschienen in: Annalen der Physik 36 (1939).

[1378] Vgl. C.F.v. Weizsäcker, Die Geschichte der Natur, 1954, 41f.64.

sind auch die Wahrscheinlichkeiten hinsichtlich zukünftiger Ereignisse objektiv, d.h. prinzipiell nicht in Faktizitäten oder Notwendigkeiten überführbar[1379].

Soll die Physik die wirkliche Welt beschreiben, so muss sie nach v. Weizsäcker von einer Theorie der wirklichen Zeit her aufgebaut werden, die wiederum eine solche Logik implizieren muss, die auch die Irreversibilität der Zeit und die offene Zukunft adäquat erfassen kann[1380]. Denn die klassische zweiwertige Logik führt nur auf die mit einem univoken Seinsbegriff verkoppelte zeitlose Vergangenheitszeit. Die Erweiterung der Logik kann durch eine modale Logik zeitlicher Aussagen (Lukasiewicz, v. Weizsäcker) oder aber durch mehrwertige Logiken (G. Günther, U. Blau u.a.) erfolgen[1381], die den klassischen Wahrheitswertpaaren „wahr / falsch" bzw. „ist / ist nicht" noch den Modalwert „möglich" bzw. „unbestimmt" hinzufügen, der auf die unbestimmbaren Zukunftsereignisse anzuwenden ist. Diese Logiken enthalten jeweils die klassische, aristotelische Logik als Teilmenge in Bezug auf die wahr-falsch-bestimmten Aussagen. Die zweiwertige Logik ist also nicht falsch, wohl aber in ihrem Gültigkeitsbereich einzuschränken auf die Menge der objektivierbaren Dinge und Ereignisse, die dem Zeitmodus der Vergangenheits-Zeit angehören. Die Logik zeitlicher Aussagen ist sowohl zu einer dreiwertigen Logik der natürlichen Sprache[1382], welche die unbestimmten, vagen oder unerfüllten Ausdrücke, mit denen „keine Kennzeichnungstheorie von Frege bis Quine fertig"[1383] wurde, konsistent einbezieht, als auch zu einer dreiwertigen Quantenlogik äquivalent. Zwar ist umstritten, ob man die sog. Quantenlogik wegen ihres epistemischen Charakters überhaupt im strengen Sinn als Logik-Kalkül ansehen kann. Wenn man aber etwa das Phänomen des sog. Doppelspaltversuchs, bei dem aufgrund der Heisenbergschen Unschärferelation nur entweder der Zustand „Welle" oder der Zustand „Teilchen" beobachtbar bzw. bei einer Messung des Impulses oder des Ortes die jeweils komplementäre Größe notwendig unbestimmt bleibt, logisch analysiert, so zeigt sich, dass der Versuch der gleichzeitigen Objektivierung aller messbaren Eigenschaften zu logischen Widersprüchen führt, die man nur überwinden kann, indem man entweder die

---

[1379] Vgl. Müller, präparierte Zeit, 287.

[1380] „Ich erwarte, dass ein Aufbau der ganzen Physik aus einem Prinzip in der Tat gelingen wird, und meine eigenen noch unfertigen Arbeiten dienen diesem Ziel. Inhaltlich glaube ich, dass der zentrale Begriff eines solchen Aufbaus der Begriff der Zeit in der vollen Struktur ihrer Modi: Gegenwart, Vergangenheit, Zukunft sein muss. An sie lassen sich, so glaube ich, Logik, Zahl, Wahrscheinlichkeit und Kontinuum anknüpfen, und dann lässt sich die Physik aufbauen als die Theorie von Objekten in der Zeit" (Weizsäcker, Einheit der Natur, 425). Das in diesem Programm anvisierte Ziel der Physik als Universalwissenschaft ist allerdings illusionär, weil es die erkenntnistheoretische Differenz zwischen Verstehen und Erklären, zwischen teilnehmender Innen- und objektivierender Außenperspektive überspringt.

[1381] Vgl. W. Stegmüller, Hauptströmungen der Gegenwartsphilosophie, Bd. II, 1987, 182–195; C.F. v. Weizsäcker, Aufbau der Physik, 1988, 47–99, dazu: K. Kornwachs, Logik der Zeit – Zeit der Logik. Eine Einführung in die Zeitphilosophie, 2001, 234–293.

[1382] U. Blau, Zur 3-wertigen Logik der natürlichen Sprache, 1973.

[1383] Stegmüller, Hauptströmungen, Bd. II, 189.

klassische Logik nur auf die tatsächlich gemessenen (objektivierten) Zustände anwendet und die anderen aus dem System ausblendet oder indem man die Logik erweitert um den dritten Wahrheitswert „unbestimmt"[1384]. Weil gezeigt werden kann, dass eine solche dreiwertige Logik der dreiwertigen Logik der natürlichen Sprache äquivalent ist[1385], aber ebenso der modalen Logik der zeitlichen Aussagen entspricht[1386], besteht Grund zu der Annahme, dass eine mindestens dreiwertige Logik sowohl der empirischen Realität als auch unserer Alltagserfahrung entspricht, und folglich die modale Zeit als die die naturwissenschaftliche und die alltägliche Erfahrung integrierende Zeittheorie gelten kann.

b) Die modale Zeitmatrix, die Zeiterfahrung des Glaubens und Heims dimensionales Verhältnis von Zeit und Ewigkeit

Die modal gegliederte Zeit vermag aber auch die religiöse Zeiterfahrung zu integrieren.
Hierzu hat A.M.K. Müller die Weizsäckersche Modalzeit noch einmal erweitert durch Verschränkung der Zeitmodi zu einer 3x3-Matrix[1387].

Zeitgefüge (lässt Transzendenz- erfahrung zu)			→ Abblendung der Zeit- wirkung	Weizsäckersche Zeit (lässt objektivierte Erfahrung zu)			→ Beseitigung der Zeit- wirkung	Newtonsche Zeit (beseitigt irreversible Zeiterfahrung)		
VV	VG	VZ								
GV	GG	GZ		GV	GG	GZ		V	= G	= Z
ZV	ZG	ZZ								

Die mittlere Zeile, die Weizsäckersche Zeit, ist die Zeitstruktur des objektivierbaren Wissens. Sie repräsentiert die Zeit der bewussten Erfahrung und der objektivierenden Erfahrungswissenschaften, stellvertretend der Physik. Sie benennt das aus verschiedenen Zeitmodi jeweils in der Gegenwart erscheinende, also die Welt der objektivierbaren Phänomene: die vermessen Fakten (GV), das in der Messung sich Zeigende (GG) und die prognostizierbaren Phänomene (GZ). In den Zeilen bleibt jeweils der Modus des Erscheinens bei variablem Zeitmodus konstant (hier: der Erscheinungsmodus der Gegenwärtigkeit), während in den Spalten der Zeitmodus fix bleibt und die Modi des Erscheinens wechseln. Jede Zeile repräsentiert die Einheit des Erscheinens, jede Spalte die zeitliche Einheit dessen, was erscheint.
Die mittlere Spalte repräsentiert die Phänomene von Kunst, Mythos und Religion. In diesen Phänomenen zeigt sich Gegenwart nicht „nackt", sondern umspielt von wechselnden Erscheinungsformen in der Spannung des nicht mehr, jetzt schon und noch nicht. Diese Phänomene sind keine nackten Fakten, sondern haben eine „Aura" um sich, in der ihre Vergan-

---

[1384] Vgl. P. Mittelstaedt, Philosophische Probleme der Physik, 1989, 217.
[1385] Vgl. Stegmüller, Hauptströmungen, Bd. II, 191.217, mit Bezug auf B.C. van Fraassens, The Labyrinth of Quantum Logics, 1974.
[1386] Kornwachs, Zeit der Logik – Logik der Zeit, 207–210; vgl. die im Wesentlichen äquivalenten Wahrheitstafeln der dreiwertigen Logiken von Lukasiewicz und Blau bei P. Schroeder-Heister, Art. Logik, mehrwertige, EPhW, 679, sowie von Günther, BGD III, 200.
[1387] A.M.K. Müller, Zeit und Evolution, 1986; ders., Naturgesetz, 356.

genheit und ihre Zukunft mit erscheint. GG ist im Horizont von Kunst und Religion das ästhetische und religiöse Gegenwartserleben, in dem das kulturelle Gedächtnis (VG) und seine künftige Präsenz (ZG) mit anwesend sind. Die Kopräsenz der Zeithorizonte macht es unmöglich, ästhetische und religiöse Phänomene auf bloße Fakten und ihre Erfahrung auf bloßes, objektives Wissen zu reduzieren. Phänomene der Wissenschaft und der Kunst bzw. der Religion stehen nach dieser Zeitmatrix „quer" zueinander.
Spezifisch christlich-theologische Zeitverschränkungen sind VZ, also dasjenige an der Zukunft, was in der Vergangenheit schon erschienen ist, sich aber der Erfahrung in der Gegenwart entzieht (Inkarnation und Auferstehung Christi an sich; Gottes vorlaufendes Handeln in der Geschichte), GZ die Momente der präsentischen Eschatologie (das „schon jetzt" des „noch nicht") und ZZ die unverfügbaren Erwartungen des Glaubens (Hoffnung, die keinen Anhalt am Erfahrenen oder menschlich-weltlich Erwartbaren hat). Schließlich kann VV als das schon vernichtete Vergangene (die Macht des Gesetzes, der Sünde und des Todes) und ZV als Präsenz des Vergangenen in der Zukunft (das im Gedächtnis Gottes Aufbewahrte und im jüngsten Gericht Erscheinende) verstanden werden.

Die etwas schematisch erscheinende Zeitmatrix Müllers bedürfte genauerer Diskussion[1388]. Sie macht aber die Irreduzibilität der religiösen und der wissenschaftlichen Zeithorizonte besonders deutlich. Und die gegliederte Modalstruktur der Zeit erlaubt, das Zeitverständnis der christlichen Eschatologie zeitlogisch zu verstehen und den Zusammenhang der Zeit zur Ewigkeit bzw. zur Zeit Gottes zu denken. Hierzu nehmen wir Heims in der Erstfassung von „Glaube und Denken" und in „Zeit und Ewigkeit" entfaltete Verhältnisbestimmung von Zeit und Ewigkeit wieder auf.[1389]

Die Ausdehnung der Gegenwart kann nicht nur phänomenologisch-empirisch als die äußere Zeitspanne von ca. 1–3 Sekunden gedeutet werden, die das retentionale Bewusstsein maximal zusammenzuhalten vermag[1390], sondern auch als ungegenständliche Ausdehnung sozusagen nach innen hin, welche Gegenwart als Qualitätszeit (kairos), als „Augenblick" oder „Atom der Ewigkeit" (Kierkegaard), begreift. Ewigkeit ist so gesehen eine Dimension der Zeit und Gegenwart die zeitliche „Dimension der Ewigkeit"[1391]. Ewigkeit ist die Ganzheitsdimension der Zeit, die im Zeitmodus der Gegenwart erscheint: „Ewigkeit ist ungeteilte Gegenwart des Lebens in seiner Ganzheit"[1392]. Ewigkeit ist mit dem Modus Gegenwart verknüpft, aber nicht mit ihm identisch, sondern die nichtgegenständliche Innenseite der Gegenwart: das primäre Werden, das qualifiziertes Erleben und Fluss der Zeit ermöglicht. Das nichtgegenständliche Zeitmoment – die Ewigkeits- und Einheitsdimension der Zeit – ist die nichtobjektivierbare, transzendentale Vorausset-

---

[1388] Hierzu G. Liedke, Zeit, Wirklichkeit und Gott, 1974; W. Achtner / S. Kunz / T. Walter, Dimensionen der Zeit. Die Zeitstrukturen Gottes, der Welt und des Menschen, 1988, 170–174; Link, Schöpfung, 452f; kritisch Pannenberg, ST 2, 113f.
[1389] S.o. Kap. VI.5.c.
[1390] Vgl. E. Pöppel, Erlebte Zeit und Zeit überhaupt, 1983, 372; B. Suchan, Die Zeit – eine Illusion? 2004, 21f.
[1391] GD 1, 332.
[1392] Pannenberg, ST 2, 113.

zung der erlebten und der objektiven, sich abrollenden, Zeit. Insofern kann mit C. Link „Gott als Quellort der sich entrollenden Zeit"[1393] verstanden werden, ohne dass er mit einem Zeitmodus identisch und selbst zeitlich würde. Den Zusammenhang von Gottes-Zeit und Weltzeit, von Ewigkeit und zeitlicher Zeit jenseits von Identifizierung und Trennung macht Heims modale Dimensionenlehre der Zeit besonders klar. Ewigkeit ist einerseits als Innen- oder Tiefen-Dimension der (Gegenwarts-)Zeit[1394] gegen Barths (frühe) Diastase von Zeit und Ewigkeit (Ewigkeit als Gericht Gottes über die Zeit)[1395], aber auch gegen das idealistische zeitlose Zeitverständnis, weder Überzeitlichkeit noch Zeitlosigkeit, sondern erfüllte Zeit: Ewigkeit ist „Vollzeit", die Fülle der Zeit, „die allein wahrhaft positive Daseinsform, in der der unabgeschlossene Zustand, in dem wir jetzt leben, zur Erfüllung kommt"[1396] durch die Präsenz Gottes. Andererseits *bleibt* Gott Schöpfer, Quelle und letzter Sinn der Zeit. Die offenen Möglichkeiten der Zukunft kommen nicht aus der Zeit.

Wir müssen, wie J. Moltmann zurecht betont, „unterscheiden zwischen der Zukunft als Zeitmodus und der Zukunft als Quelle der Zeiten"[1397], aber darüber hinaus noch zwischen der Zukunft als Quelle der Zeit und als Quelle der zukünftigen Möglichkeiten. A.M.K. Müller hat in seiner Zeitmatrix für das „Feld des Unverfügbaren" die Verschränkung ZZ reserviert: „die Zukunft an der Zukunft, also … der Überschuss an Zukunft, der jenseits jeder Gegenwart, in der ich mich befinde, liegt. Dieser Überschuss ist seinem Wesen nach unverfügbar und zugleich im transwissenschaftlichen Sinne offen"[1398].

Die prinzipielle Unverfügbarkeit des Zukünftigen vermeidet die Verwechslung zwischen der Zukunft als Zeitmodus, als Quelle der Zeit und als ereigniswirkender Macht. Die polare, modale Weltzeit hat keine schöpferische Qualität, sie gehört zur geschaffenen Welt. Daher muss nach Heim eschatologisch mit der polaren Welt auch die polare Zeit aufgehoben und in die totale Ewigkeit Gottes verwandelt werden. „Die Zeitform [ist] nichts Ewiges, was unverändert fortdau-

---

[1393] Link, Schöpfung, 451.
[1394] Vgl. K.H. Manzkes schon zitierte Zusammenfassung von Heims Zeitverständnis unter „Die Ewigkeit als Tiefendimension der Zeit" (Ewigkeit und Zeitlichkeit, 445).
[1395] In der KD hat Barth gegen sein in Kap. VI.5.c. zitiertes diastatisches Zeitverständnis zwar die Ewigkeit nicht mehr als Negation der Zeit verstanden, sondern als *Zeit* Gottes. Als Zeit *Gottes* sei sie aber absolute Zeit, d.h. Quellort der Zeit und Einheit der Zeitmodi. Daher bleibt diese Zeit Gottes weiterhin überzeitlich und inkommensurabel zur geschaffenen Zeit (KD III/1, 72f).
[1396] GD 1, 387.
[1397] J. Moltmann, Was ist die Zeit und wie erfahren wir sie?, in: Wissenschaft und Weisheit. Zum Gespräch zwischen Naturwissenschaft und Theologie, 2002, 102–116, 109; wenn Moltmann sagt: „Die Erfahrung der Ewigkeit in der Zeit ist nichts anderes als die Tiefendimension der Gegenwart" (114), verwechselt er Seins- und Erkenntnisgrund. Die Zerdehnung der Gegenwart zum ewigkeitserfüllten Augenblick ist Erkenntnisgrund für die Ewigkeitsdimension der Zeit, ihr Seinsgrund ist nicht die im Wesen der *Zeit* liegende Möglichkeit der Ewigkeit, sondern die aus dem nichtgegenständlichen Innenraum hervortretende, also letztlich aus Gott kommende, Ewigkeits-Tiefendimension der Zeit.
[1398] Müller, Naturgesetz, 349.

ern dürfte"[1399]. Die christliche Zukunftshoffnung erwartet auch Erlösung von der Zeit: „Die ganze Kreatur wird aus der ruhelosen Flucht der Zeit erlöst werden und heimkehren in die Sabbatruhe Gottes"[1400]. Doch ist die Aufhebung der Zeit zugleich die Enthüllung ihres jetzt schon kraft der Präsenz Gottes in der Zeit anwesenden, aber noch verborgenen Ewigkeitsgehaltes. Die endgültige Aufhebung der Zeit ist auch Enthüllung der Ewigkeitsdimension der Zeit. Was von der einen Seite wie der letzte Zeitpunkt, also wie Vernichtung der Weltzeit aussieht, ist von der anderen Seite her Enthüllung und Vollendung des „verborgenen Gottesgehaltes der Zeit"[1401]. Heims Eschatologie der dimensionalen Zeit vermeidet die Einseitigkeiten von rein futurischer, axiologischer oder präsentischer Eschatologie[1402], aber auch die exklusive Alternative zwischen theologischem und erfahrungswissenschaftlichem Zeitbegriff, und begreift Gottes Zeit als Quelle und Sinn der Zeit, die in der Zeit als (im Glauben und im erfüllten Erleben) erfahrbare Ewigkeitsdimension der Gegenwart erscheint. Sie verweist als „Urzeit" auf den Grund der Zeit – Gottes ewige *Gegenwart* – und als „Vollzeit" auf die Vollendung der Zeit in Gottes *ewiger* Gegenwart[1403].

4. Raum, Horizont, Tiefe

Der geschlossene und der offene Weltaspekt sowie der dynamische Zusammenhang zwischen beiden Aspekten zeigt sich in Bezug auf den Heimschen Raum als logischem und ontologischem Grundbegriff in der Dualität des Raumes als aktual abgeschlossenem (Raum von außen) und potentiell offenem (Raum von innen) relationalem Kontinuum sowie in der Dynamik des ständigen ineinander Überwechselns der beiden Zustände, sodass sich Räume schließen und vergegenständlichen, aber sich auch Räume öffnen und neue Möglichkeiten der Relatierung bieten. Das Weltgeschehen durchläuft sozusagen in perpetuierendem „Kreislauf",

---

[1399] Zeit und Ewigkeit, 29.
[1400] WW, 148.
[1401] Zeit und Ewigkeit, 23.
[1402] Vgl. Moltmann, Wissenschaft und Weisheit, 115: „Die präsentischen und futurischen Optionen sind nicht nur versöhnbar, sondern bedingen sich sogar gegenseitig. Sie können sich nur nicht ersetzen. Bringt die eschatologische ‚Neuschöpfung aller Dinge' die Überwindung der Vergänglichkeit durch Unvergänglichkeit, dann bringt sie auch das *Ende der Zeit*. Das ist das Ende der geschichtlichen, irreversiblen Zeit des *chronos*. Sie bringt damit zugleich die ‚Erfüllung der Zeit', das ist die Vollendung des *kairos* und der Gegenwart der Ewigkeit in der Zeit."
[1403] I. Dalferth hat aus trinitarischen Überlegungen eine ähnliche Zuordnung und Unterscheidung von Gott und Zeit gegeben: „Gott ist als unterschiedene Einheit von Vater, Geist und Sohn dreifach auf seine Schöpfung bezogen: als zeitloser Grund von allem, als zielzeitiger Begleiter von jedem und als zeitlicher Vermittler des Heils in der bestimmten Lebens-Zeit Jesu Christi und aller, die an ihn glauben. Seine Ewigkeit ist der Inbegriff dieser Zeit-Verhältnisse und mit keinem als solchem zu identifizieren. Gott steht zeitlichem Geschehen also nicht nur als zeitloser Grund gegenüber; er ist auch immer und überall in ihm anwesend; und dennoch nicht in allem, sondern nur in bestimmtem zeitlichen Geschehen auch zugänglich" (Gott und Zeit, 266f).

wie Heim sagt, die beiden Grundräume[1404]. Vom nichtgegenständlichen Raum der noch nicht objektivierten Möglichkeiten geht das Geschehen in den gegenständlichen Raum über, wo es objektivierte und messbare Gestalt annimmt. Jede verwirklichte Möglichkeit ist dabei (ungegenständliche) Potenz für neue Möglichkeiten, sodass die den zeitlichen Modalitäten entsprechende Potenz-Akt-Dynamik der offenen Zeit unabschließbar in Gang kommt. Die Quelle der Potenzen ist dabei der mit der nichtgegenständlichen Gegenwart identische nichtgegenständliche Raum, ‚aus' dem die Möglichkeiten hervorströmen. Er verweist auf Gott als die eigentliche, letzte Quelle der Zeit und des Weltgeschehens, ist aber zugleich in der empirischen Welt unsichtbar situiert in Gestalt des nichtgegenständlichen Ich. Das mit dem empirischen Zentrum der Perspektive identische[1405] transzendentale Ich bildet im empirischen Weltraum den sowohl empirischen wie nichtgegenständlichen Vermittlungs- und Übergangspunkt zwischen dem geschlossenen und dem offenen Raumaspekt. Dadurch können die beiden Weltaspekte auch in Bezug auf den Anschauungsraum und nicht nur logisch, erkenntnistheoretisch und zeitlich vermittelt werden. Allerdings hat Heim seine dimensionale Raumlehre gerade in Bezug auf den Anschauungsraum praktisch gar nicht entfaltet, sondern nur verallgemeinert hinsichtlich der Strukturgesetze und Transzendenzen, der Schichtung und der Dynamik der polaren Räume sowie ihrem Verhältnis zum überpolarem Raum. Dazu ist in Kap. VII alles Nötige gesagt.

Im Folgenden soll im Gespräch mit der neueren Phänomenologie gezeigt werden, in welcher Weise die Heimsche Raumlehre auch auf den Anschauungsraum bezogen und der menschlichen Raumerfahrung angenähert werden kann. Dazu explizieren wir Heims Gesetz der Perspektive an den Phänomenkreisen des Horizontes (a), des räumlichen (b) und des existentiell-religiösen Tiefenerlebnisses (c).

a) Phänomenologie von Perspektive und Horizont

Das nichtgegenständliche Element, welches den offenen und den geschlossenen Weltbegriff vermittelt, gehört als transzendentales Subjekt positivistisch betrachtet „nicht zur Welt", sondern bildet „eine Grenze der Welt"[1406]. In Heims ‚größerem' Weltbegriff bildet es die Grenze des gegenständlichen Teils der Welt, hat aber gleichsam hinter sich im Rücken den verdunkelten Raum des nichtgegenständlichen Teils der Welt, in dem alle mögliche Erkenntnis aufbewahrt ist, bevor sie in den beleuchteten Raum des Gegenständlichen hinübertritt. „Nur kraft dieses dunklen Welthintergrundes, auf den ich immer nur hindeute, wenn ich in der ersten Person rede und das Wort Ich in den Mund nehme, kann ich perspektivisch

---

[1404] GD 7, 126; s.o. Kap. VII.5.
[1405] S.o. Kap. V.4.
[1406] Wittgenstein, Tractatus logico-philosophicus, 5.632.

zusammenfassen, synthetisch zusammenschauen, also objektivieren, erfahren, erleben, denken, Entscheidungen treffen und handeln. Dieser völlig verdunkelte Zuschauerraum ist die allgegenwärtige Voraussetzung für das ganze Schauspiel, das über die Bühne geht"[1407]. Beim Raum des Nichtgegenständlichen und der möglichen Erkenntnisse handelt es sich nicht um eine bloße Metaphorisierung der optischen, perspektivischen Figur, sondern um Realität (im Modus des Möglichen), weil das transzendentale Subjekt als Zeitbewusstsein an das empirische Subjekt der Erkenntnis gekoppelt ist, sodass der metaphorisch ‚hinter' mir liegende Raum real-zeitlich vor mir liegt als ‚Raum' der offenen Zukunft, aber auch real-räumlich hinter mir als Raum der möglichen Gesichtsfelder.

Das perspektivische Zentrum teilt den Raum in einen sichtbaren Raum vor mir – das Gesichtsfeld – und einen unsichtbaren Raum hinter mir. Drehe ich mich einmal um mich selbst, so werden alle möglichen Gesichtsfelder zum Gesamtgesichtsraum integriert. Das perspektivische Zentrum fungiert als Erzeugende und als synthetisierender Einheitspunkt des sichtbaren Raumes meiner Welt. Das Ich, Hier und Jetzt ist aus der Totalperspektive betrachtet nur eines der unendlich vielen möglichen Zentren der Weltbeobachtung, aber es ist für mich unhintergehbares, daher absolutes Zentrum meines Weltraumes. Die daraus folgende Nicht-Subjektivität, sondern Objektivität der Absolutheit jedes perspektivischen Zentrums wird auch von der physikalischen Kosmologie trotz der Auflösung des absoluten Raumes bestätigt.

Die Galileische und Einsteinsche Relativitätstheorie destruierte zwar die Annahme eines objektiven Weltmittelpunktes sowie des objektiven absoluten Raumes und der absoluten Zeit. „Einen solchen absoluten Ruhepunkt", stellt Heim richtig fest, „gibt es in der objektiven Welt nicht, solange wir bei ihrer Betrachtung von uns selbst absehen"[1408]. Jedoch muss schon Newtons berühmte, apriorische Einführung des absoluten Raumes und der absoluten Zeit, nicht zwingend realistisch, sondern kann auch transzendental als Bedingung der empirischen, relativen Orte und Zeiten gelesen werden: Jede Bewegung ist als eine relative anzusehen, die aber zur Objektivierung bezogen werden muss auf ein fingiertes, *ideell* absolutes und ruhendes Bezugssystem.[1409] Konkrete Bewegungen sind daher in Bezug auf ihr Bezugssystem absolut. Auch die einfachsten Lösungen der allgemeinen Relativitätstheorie, die kugelsymmetrischen Friedmann-Universen, haben gegenüber dem unendlich ausgedehnten Newtonschen Weltraum ein Zentrum. Dieses mathematisch frei wählbare, aber für ein konkretes Universum zu fixierende Zentrum, ist mit dem empirischen astronomischen Beobachter identisch, der von der Erde aus die Flucht der Galaxien nach dem Hubbleschen Expansionsgesetz beobachtet. Zwar ist empirisch zur Zeit nicht entscheidbar, ob der unbegrenzte Weltraum sphärisch geschlossen oder hyperbolisch offen gekrümmt ist. Doch ist der sichtbare Raum begrenzt durch den Welthorizont, an dem die Fluchtgeschwindigkeit die Lichtgeschwindigkeit überschreitet[1410]. Die empirische Astronomie ist wie das alltagsweltliche Sehen an das Gesetz der Perspektive gebunden! Der nichtobjektive, relative Raum-

---

[1407] G 3, 227.
[1408] WnW, 65–107, Zit. 75.
[1409] Vgl. Vaihinger, Philosophie des Als Ob, 105–109.
[1410] Vgl. z.B. R. u. H. Sexl, Weiße Zwerge – Schwarze Löcher, 1979, 110–125.

begriff als Relationensystem von Örtern (Aristoteles, Leibniz, Einstein) erfordert ein transzendentales und empirisches *absolutes* Zentrum in Gestalt des konkreten Beobachters zur Objektivität des relativen Raumes!

Die Absolutheit des perspektivischen Zentrums führt zu weitreichenden phänomenologischen Einsichten in das Wesen von „Raum". „In der Weite des Raumes wie des Leibes ist das Hier der primitiven Gegenwart der ursprüngliche, absolute Ort, so wie das Jetzt der Gegenwart, das Plötzliche, absoluter Augenblick ist; aus dieser Urschicht der Leiblichkeit wie der Räumlichkeit bildet sich durch die vermittelnde Richtung ein System von (relativen) Orten aus, an denen sich etwas so außer uns befinden kann, dass es für die ‚äußere' Anschauung … draußen ist."[1411] Dieses „Außen", der Raum, ist mit Heidegger weder im Subjekt (gegen Kant), noch sind die Dinge *im* Raum (gegen Newton), sondern wird dynamisch eingeräumt. Raum ist nicht, Raum *wird*.[1412] Ohne leibliches Ich und ohne die materiellen Körper und ihre Relationen gibt es keinen Raum, weder meinen, noch den Raum des Universums. Raum existiert, phänomenologisch wie auch nach der allgemeinen Relativitätstheorie, nicht, bevor die Welt und ihr Bestand existiert, sondern entsteht mit ihr. Das Vorhandene braucht Raum, der zuvor dem Zuhandenen eingeräumt werden muss. Materie und Raum bzw. Ich und Welt sind koexistent, gleichursprünglich. Welt-Raum eröffnet sich vom räumlich-leiblich existierenden Ich, also von der Existenz her. Die neuen Räume, die sich in Heims dynamischer Raumlehre vom existierenden und erlebenden Ich her auftun, sind auch räumliche Räume. Die Raumwerdung meiner Welt und die Einräumung von Räumlichkeit für die zuhandenen und vorhandenen Dinge geschieht vom leiblichen Ich her, sodass das Ich empirisch und existentiell *raumerzeugend*, *raumzentrierend* und *raumstrukturierend* fungiert.

Das perspektivische Zentrum als Erzeugende ist mit dem Horizont als Grenze des Raumes verknüpft[1413]. Der Horizont schließt das Gesichtsfeld ab. Er bildet die prinzipiell unerreichbare Grenze des Sehfeldes. Die Grenze ist absolut, aber nicht nur *be*schränkend. Der Horizont schließt auch ein und auf. Er ist die gedachte (!) Linie, an der etwas zu erscheinen beginnt, auftaucht und verschwindet. Der Horizont eröffnet den Raum zum Vordringen und schließt die erscheinenden Dinge zur Einheit zusammen. Er umfasst Mensch und Welt in ursprünglicher Einheit.
Der Horizont wandert mit dem wandernden perspektivischen Zentrums mit und öffnet neue Horizonte – im optischen und entsprechend der Identität von Ich, Hier und Jetzt im übertragenen Sinne in Bezug auf den Erkenntnis-, Wissens- und Erfahrungsstandort. Der Horizont ist Übergang vom gerade offenen zum noch

---

[1411] Schmitz, unerschöpfliche Gegenstand, 278.
[1412] S.o. Kap. VI.3.c.
[1413] Zur Phänomenologie des optischen Horizontes vgl. Bollnow, Mensch und Raum, 74–80; Scherer, Welt – Natur oder Schöpfung?, 119–133, im Anschluss an Husserl und Heidegger.

verschlossenen, aber sich öffnenden Raum. Er vermittelt Offenheit und Geschlossenheit des Raumes, bleibt aber selbst unsichtbar. Er steht für den „ungegenständlichen Charakter des Raumes"[1414]. Der Horizont hat unthematische, aber reale Existenz. „In diesem Horizontcharakter manifestiert sich die Unergründlichkeit des Raumes, auf Grund deren er in seiner gesamten ‚Breite' immer zugleich tiefenhaft ist: Das Auftauchen geschieht aus der Tiefe heraus, das Verschwinden in die Tiefe hinein." Die mit dem Horizont verknüpfte Raumdimension ist die Breite, aber auch die Tiefe.

b) Phänomenologie der räumlichen Tiefe

Die Tiefe ist nach Merleau-Ponty die eigentliche Raumdimension. Das Tiefenerlebnis erst erlebt Raum und nicht nur Fläche. Wir erleben Raum aber nicht, wie die Sinnesphysiologie die optische Raumwahrnehmung erklärt, als in die dritte Dimension erweiterte Fläche. Zwar wird physiologisch das zweidimensionale Bild auf der Netzhaut durch die Binokularität der Augenstellung sowie durch „die Leistung der zentralnervösen Datenverarbeitung, ein konstruktiver Beitrag des Subjekts zur Raumwahrnehmung"[1415] dreidimensional rekonstruiert. Aber phänomenologisch wird Tiefe nicht als 2+1-Dimension, sondern direkt, als Dimension für sich erlebt. Ein Schienenpaar, das sich am Horizont berührt, *sehen* wir nicht als zusammenlaufende Schienen, deren Parallelität wir dann aus dem Wissen rekonstruieren, sondern wir *sehen parallele* Schienen, allerdings nicht Parallelen wie auf einer senkrechten Fläche vor uns, sondern von uns aus „in die Tiefe sich erstreckende Parallelen (parallèles en profondeur)"[1416].

Die Tiefe mag geometrisch als die dritte Dimension erklärt werden, die ein um 90° versetzter Beobachter als Breite sieht, wahrnehmbar ist sie nie als zweite Breite, sondern nur als *eine*, von mir aus als Nullpunkt sich erstreckende (Halb-)Dimension. Heims phänomenologische Einsicht aus dem „Weltbild der Zukunft" wird von der neueren Phänomenologie bestätigt. „Die sogenannte dritte Dimension oder Tiefendimension ist nach alledem nichts Drittes, das zur Eindimensionalität der Zeitstrecke, zur Zweidimensionalität der Fläche hinzuträte"[1417], sondern umgekehrt: Die Tiefe ist die „primordiale"[1418] Dimension des Raumes, Linie und Fläche sind Reduktionen der Raumtiefe. Der tiefenhafte Raum ist ein

---

[1414] W. Gölz, Dasein und Raum, 1970, 221, das folgende Zit. 222.
[1415] Vollmer, Evolutionäre Erkenntnistheorie, 49; die Tiefenkriterien, aus denen Entfernung, Räumlichkeit und räumliche Anordnung der Gegenstände erschlossen wird, sind u.a.: Konvergenz der beiden Sehachsen, querdisparate Verschiedenheit der beiden Bilder, Parallaxe, Kontraktionsgrad des Augenmuskels, Bildgröße.
[1416] Merleau-Ponty, Phänomenologie der Wahrnehmung, 304 (frz. 302).
[1417] W, 79.
[1418] Merleau-Ponty, Phänomenologie der Wahrnehmung, 310.

Raum in Relation auf ein Hier. „Die Tiefe ist die Dimension, innerhalb deren sich der Raum von uns aus sich erstreckt bzw. zurückweicht, als die Dimension ‚In-den-Raum-hinein'. Nur auf Grund dieser Tiefenhaftigkeit kann der Raum der auf ein daseiendes Ich bezogene Raum sein. Um umgekehrt folgt aus der Ichbezogenheit …, dass er kein tiefenloser Raum für sich oder an sich sein kann, sondern ein tiefenhaft von einem jeweiligen Hier aus sich erstreckender Raum sein muss."[1419]

Ein solches dynamisches Raumverständnis vom raumerlebenden Ich her hat, wie schon angedeutet, auch O. Spengler entfaltet und mit seinem Zeitverständnis verknüpft[1420].
Die geometrische Erklärung der Tiefe einerseits und das phänomenale Erleben der Tiefe andererseits konstituieren nach Spengler zwei einander widersprechende Raumbegriffe: einen starren und einen lebendigen Raumbegriff. Der geometrische Raum der drei gleichwertigen Dimensionen hat die Zeit getötet. Er „*ist*; er steht damit, dass er *ist*, außerhalb der Zeit, von ihr und damit vom Leben abgelöst."[1421]
Das Tiefenerlebnis hingegen erschließt „das Geheimnis des Raumwerdens … Der Mensch empfindet sich, und das ist der Zustand wirklichen, auseinanderspannenden Wachseins, ‚in' einer ihn rings umgebenden Ausgedehntheit. Man braucht diesen Ureindruck des Weltmäßigen nur zu verfolgen, um zu sehen, dass es in Wirklichkeit nur eine wahre Dimension des Raumes gibt, die Richtung nämlich von sich aus in die Ferne, das Dort, die Zukunft, und dass das abstrakte System dreier Dimensionen eine mechanische Vorstellung, keine Tatsache des Lebens ist. Das Tiefenerlebnis *dehnt* die Empfindung zur Welt."
Die beiden Zeitdimensionen, die erstarrte Vergangenheit und die offene Zukunft, die dem geschlossenen, kausalmechanischen und dem offenen, organischen Weltbegriff entsprechen, finden sich auch als starres Außen- und lebendiges Innenbild des Raumes wieder.
In der Geometrie wird die Tiefe vergegenständlicht, im Erleben der Tiefe ist Raum unmittelbar, als Ganzer und ungegenständlich da. Daraufhin weist auch das nächtliche Tiefenerlebnis, wie es Merleau-Ponty beschreibt:

„Wenn die Welt der klaren und wohlartikulierten Gegenstände sich auflöst, so zeichnet unser seiner Welt beraubtes wahrnehmendes Sein sich eine Räumlichkeit ohne Dinge vor. Nichts anderes geschieht in der Nacht. Sie ist nicht ein Gegenstand mir gegenüber, sie umhüllt mich, sie durchdringt all meine Sinne, sie erstickt all meine Erinnerungen, sie löscht beinahe meine persönliche Identität aus. Ich finde mich nicht mehr auf meinen Wahrnehmungsposten zurückgezogen, von dem aus ich auf Abstand die Profile der Gegenstände vorüberziehen sehe. Die Nacht ist ohne Profile, sie selbst ist es, die mich anrührt, und ihre Einheit ist die mystische Einheit des Mana. Selbst ein Schrei oder ein fernes Licht bevölkern sie

---

[1419] Gölz, Dasein und Raum, 180.
[1420] S.o. Kap. III.5.b. u. IV.5.b.
[1421] Spengler, Der Untergang des Abendlandes, 224, das folgende Zit. 223.

nur vage, als ganze nur belebt sie sich, und sie ist reine Tiefe, ohne Vorder- und Hintergründe, ohne Oberflächen, ohne Abstand von ihr zu mir."[1422]

c) *Religionsphänomenologie der Tiefenerfahrung*

Besonders im Nachterlebnis des Raumes offenbart sich die Unergründlichkeit, die unmittelbare Nähe und unerschöpfliche Potentialität der Raumtiefe. Daher wurde seit jeher die Tiefe mit dem unergründlichen Geheimnis identifiziert, wie Heim betont. „Das Geheimnis der Welt nennen wir ihr Innerstes, ihre tiefste Tiefe, in die kein erschaffener Geist dringt. Das Geheimnis des Menschen nennen wir sein Tiefinnerstes."[1423]

Religionsphänomenologisch hat gerade die Tiefe den Charakter von Transzendenz, worauf besonders R. Otto und P. Tillich hingewiesen haben. „Wahres Wesen und Tiefe der Dinge fassen wir nicht, und die Welt, die wir fassen, ist nicht das wahre Wesen, sondern seine unzulängliche Erscheinung für uns. In Gefühl und Ahnung weist Erscheinung über sich auf das wahre Wesen hinaus."[1424] In der mythischen Raumerfahrung weitet sich die Tiefe ins Unendliche und das ozeanische Gefühl zur Präsenz des Unendlichen selbst[1425]. „Der Name dieser unendlichen Tiefe und dieses unerschöpflichen Grundes alles Seins ist ‚Gott‘ ... Wer um die Tiefe weiß, der weiß um Gott"[1426]. Im religiösen Tiefenerlebnis weitet sich der äußere Raum, aber auch der Raum nach innen hin und es entsteht – analog zum inneren Erleben der Zeit – ein innerer Tiefenraum[1427]. In der Tiefe der Nacht offenbart sich das göttliche Geheimnis im Raum (Lk 2), aber auch in der dunklen Nacht der Seele (Joh. v. Kreuz), in der innersten Wohnung der Seelenburg (Teresa v. Avila)[1428].

Doch ist das Tiefenerlebnis ambivalent. Schon das elementare, innere Spüren des Leibes vollzieht sich als Enge und Weite, als Angst und Freude, Verzweiflung und Zufriedenheit usw. „Enge und Weite bilden die Hauptdimensionen spürbarer Leiblichkeit; was es bedeutet, eng und weit zu sein, kann man nur am eigenen Leib oder in leiblicher Kommunikation spüren"[1429]. Ebenso haben Nacht und

---

[1422] Merleau-Ponty, Phänomenologie der Wahrnehmung, 329f.
[1423] W, 81.
[1424] R. Otto, Naturalistische und religiöse Weltansicht, 1909, 27.
[1425] Vgl. schon das religiöse Tiefenerlebnis der Romantik: „Eine göttlich tiefe Trauer / Wohnt in unser aller Herzen, Löst uns auf in ‚eine‘ Flut. / Und in dieser Flut ergießen / Wir uns auf geheime Weise / In den Ozean des Lebens / Tief in Gott hinein" (Novalis, Gesang der Toten, zit. nach H. Timm, Das Weltquadrat. Eine religiöse Kosmologie, 1986, 112).
[1426] P. Tillich, In der Tiefe ist Wahrheit, 1952, 54f; ders., Die verlorene Dimension, 1962, 106.
[1427] Zur Tiefe und Weite des Gefühlsraumes vgl. Schmitz, Der Gefühlsraum, 1981, bes. 330–341; ders., unerschöpfliche Gegenstand, 307–310, mit Kritik an Kants Raumbegriff als Form nur des äußeren Sinnes (277). Alle inneren Gefühle, Stimmungen, Erregungen etc. „sind räumlich ausgedehnt" (292).
[1428] J. v. Kreuz, Die dunkle Nacht; T. v. Avila, Die innere Burg.
[1429] Schmitz, unerschöpfliche Gegenstand, 277; ders., Der leibliche Raum, 1967, 136–145.

Tiefe bergenden, aber auch verschlingenden Charakter. Das Erleben der äußersten Tiefe im tiefsten Innern hat sowohl göttliche als auch dämonische Dimension. Die geglaubte Allgegenwart Gottes in allen Dingen als das innerlichste Innerste, das Tiefste und der Grund des Seins ist nicht vom Phänomen selbst her offenbar. Grund verschwimmt leicht zum Abgrund, Tiefe zum Apeiron, Sein zum Nichts wie die elementische Dämonie der Wassertiefe in den Psalmen oder bei Nietzsche[1430], der „kopernikanisch-brunoische Schock" vor den unendlichen Welten und die Weltangst bei Pascal und Spengler[1431] sowie der „ontologische Schock" (Tillich) vor dem Nichtsein eindrücklich belegen[1432].

Daher scheint es problematisch, mit H. Conrad-Martius „das Apeiron", den maßlos-unendlichen, „apeirischen Raum" im Unterschied zum metrischen Raum als „Ur-Raum"[1433] zu verstehen, der kraft seiner unerschöpflichen Maß-Losigkeit als Seinspotenz wirkt und, indem er „aus sich heraus" tritt, sich entfaltet, Raum verwirklicht. Als „verwirklichter" Raum heißt er „metrischer"[1434] Raum. Raumwerdung aus dem gähnend-klaffenden Chaos-Raum durch Umschlag oder Selbstnegation ist hier wie schon bei Platon oder Jakob Böhme zugleich Seinswerdung. Das Nichts wäre dann der nichtgegenständliche Raum Gottes und der Möglichkeiten, aus dem alles Wirkliche herströmt. Das Nichts hätte nicht zwingend (göttliche) Seinswirklichkeit, aber auf jeden Fall (schöpferische) Seinspotenz. Kraft seiner Unendlichkeit und Unbedingtheit wäre – wie in B. Weltes negativer Theologie – „das Nichts selber – und nicht etwa *in* ihm – die sich entziehende Anwesenheit der unendlichen Macht. ... Das Nichts ist selber eben als das Nichts das Antlitz, d.h. die Weise des sich Zeigens oder der Phänomenalität der unendlichen Macht."[1435] Dann würde mit Tillich „in der Offenbarung und in der ekstatischen Erfahrung, in der sie empfangen wird, ... der ontologische Schock" vor dem Nichts nicht nur überwunden, sondern „zugleich wiederholt ... Er wiederholt sich

---

[1430] Vgl. Timm, Weltquadrat, Kap. III, Dimension der Tiefe – Wasser, 105–112.

[1431] W. Philipps These vom „kopernikanisch-brunoischen Schock" (Das Zeitalter der Aufklärung, 1988, XXVII) ist für das 16.–18. Jh. nicht gestützt (vgl. U. Krolzik, Säkularisierung der Natur. Providentia-Dei-Lehre und Naturverständnis der Frühaufklärung, 1988, 135f u.ö). Dem Schaudern Pascals vor dem „Schweigen dieser unendlichen Räume" (Pensées / Gedanken, Fr. 206, Ausg. 1987, 37; vgl. Fr. 72. 205, a.a.O., 29) korrespondiert bei Bruno und im Barock der „Rausch der Weite" (Bollnow, Mensch und Raum, 84). Die „Weltangst" (Spengler) wird aber im fin de siècle bestimmt, vgl. Körtner, Weltangst und Weltende, 88–95. Ob der kosmische Nihilismus nur am toten, mechanistischen Weltbild lag und durch ein dynamisches, schöpferisches Universum des Werdens *naturalistisch* überwunden werden kann, wie F.J. Wetz erwartet (Ist der Naturalismus ein Nihilismus? Das Problem der Weltangst im naturwissenschaftlichen Weltbild, in: Die Gleichgültigkeit der Welt, 1994, 138–148), scheint angesichts der unaufhebbaren Ambivalenz und dem Schwanken des Weiteraumgefühls zwischen Leere und Erfülltheit zweifelhaft.

[1432] Tillich, ST I, 137.218 mit Bezug auf die „Grundfrage der Metaphysik" seit Leibniz, Schelling und Heidegger: „Warum ist überhaupt Seiendes und nicht vielmehr Nichts?" (Heidegger, Einführung in die Metaphysik, 1).

[1433] H. Conrad-Martius, Der Raum, 1958, 86.217.

[1434] H. Conrad-Martius, Der heimlich-unheimliche Raum, 1964, 338f.

[1435] B. Welte, Religionsphilosophie, 1997, 109; zu Würdigung und Kritik Weltes vgl. R. Stolina, Niemand hat Gott je gesehen. Traktat über negative Theologie, 2000, 78–96.

in der vernichtenden Macht der göttlichen Gegenwart (mysterium tremendum) und in der erhebenden Macht der göttlichen Gegenwart (mysterium fascinosum)". Offenbarung heißt bei Tillich und Welte, dass die Erfahrung des Abgrundes und die Erfahrung des Grundes, die im Phänomen ambivalent bleibt, nicht nach der einen Seite des Grundes sich vereindeutigt, sondern in der polaren Spannung verbleibt. Die Entzogenheit ist hier als solche das Sich-zeigen Gottes. Offenbare Verborgenheit und verborgene Offenbarkeit Gottes, Deus absonditus und Deus revelatus sind je die andere Seite derselben Macht. Die vernichtende Macht des Deus absonditus enthält in sich und ist schon die Offenbarkeit des Deus revelatus.

Aber die negative Theologie wird unchristlich, wenn sie zu solch dialektischer Symmetrie von Deus revelatus und absonditus, von Sein und Nichts führt. Heideggers existentialontologischer Schluss vom Phänomen auf das Sein: „Die Angst offenbart das Nichts", ergo: „In der hellen Nacht des Nichts der Angst ersteht erst die ursprüngliche Offenbarkeit des Seienden als eines solchen: dass es Seiendes ist – und nicht Nichts."[1436], darf gegen Tillich nicht offenbarungstheologisch „wiederholt" werden. Die Verzweiflung, das Nichts „offenbart" nur den Deus absonditus, d.h. das Nichts *verbirgt* Gott als Deus absonditus, aber offenbart niemals den offenbaren Gott. Sein ersteht nicht aus dem relativen, meontischen Nichts (nihil privativum) oder dem apeirischen Chaos-Raum durch Selbstentfaltung der Potenzen, sondern aus dem totalen Nichts, ex nihilo negativo, d.h. aus Gott[1437]. Die Tiefenerfahrung des Nichts ist nicht als solche der Ort, an dem Gott im Raum der Seele sich zeigt.

Hier hat Karl Heim gegen Böhme, Schelling und Tillich die polare Ambivalenz der Lebens- und Gotteserfahrung zu Recht nicht auf eine letzte Symmetrie von Sein und Nichts zurückgeführt. Die Offenbarung des Deus revelatus ereignet sich bei Heim zu Recht nur dann, wenn die Verzweiflung in Gottesgewissheit *umschlägt* und eine *Asymmetrie* von Sein und Nichts, von Grund und Abgrund, von Tiefe und Apeiron, von Licht und Finsternis sich einstellt. Soll diese Asymmetrie auch räumlich expliziert werden und der Umschlag von Verzweiflung in Gewissheit einen erfahrungsräumlichen Ausdruck finden, so muss der weite Raum (Ps 31,9), in dem der Glaubende steht und die „Durchschau" durch das Ganze der Wirklichkeit erhält, wie Heim sagt, kategorial vom ambivalenten polaren Tiefenraum verschieden sein. Die Welt als Schöpfung und Gott als Tiefe und Grund des

---

[1436] Heidegger, Was ist Metaphysik, 17.19; „Ohne ursprüngliche Offenbarkeit des Nichts kein Selbstsein und keine Freiheit. … Das Nichts ist die Ermöglichung der Offenbarkeit des Seienden als eines solchen für das menschliche Dasein" (20).

[1437] Vgl. G. May, Schöpfung aus dem Nichts. Die Entstehung der Lehre von der creatio ex nihilo, 1978, der zeigt, dass die Schöpfung *aus* dem Nichts gegen den Platonismus und die Gnosis nicht den ungeformten Stoff angibt, *aus* dem Gott schafft, sondern verhindern soll, dass vor der Schöpfung „etwas" außer Gott angenommen wird. In diesem Sinne schafft Gott aus dem reinen Nichts, d.h. ausschließlich aus sich selbst; ebenso E. Brunner, Die christliche Lehre von Schöpfung und Erlösung, Dogmatik II, 1972, 20.

Seins sind vom Nichts abgrundtief und definitiv geschieden. Der Raum der Offenbarkeit Gottes muss über- oder besser allpolar sein, weil nur so die Asymmetrie der Ontologie gewahrt bleibt. Ist dieser Raum auch ein unräumlicher Raum, so ist er doch *real* erlebter Raum. Der ungegenständliche, überpolare Raum Gottes wird im Glauben – gegen Brunners „reine Sachlichkeit" – als real *erlebt*. Inwiefern dieses unräumliche Raumerleben tatsächlich als Erleben, d.h. als leibhafter Vollzug eines Menschen, aufgefasst werden kann, aber zugleich nicht als psychologisch-subjektivistische Selbststabilisierung der Abgründigkeit des Erlebten durch das selbstgewisse, erlebende Ich erscheint, soll im nächsten Abschnitt entfaltet werden, indem der Erlebnisbegriff genau analysiert wird. Insbesondere soll ein theologisch angemessener Erlebnisbegriff herausgearbeitet werden und das Verhältnis von Subjektivität und Objektivität des Erlebens sowie von Erleben und Zeit geklärt werden.[1438]

5. Ich, Erleben, Erkennen

Wurde schon in der Analyse der Zeit und des Raumes deutlich, dass die Einheit der Zeit und des Raumes phänomenologisch in dem mit dem Zeitmodus der Gegenwart und dem lokalen Hier verknüpften nichtgegenständlichen Ich – dem Zeitbewusstsein und raumerzeugenden perspektivischen Zentrum – begründet ist, so ist das nichtgegenständliche Ich nach Heim, wie unsere Analyse ergeben hat, auch als Vermittlungs- und Einheitspunkt der Erkenntnis anzusehen, als transzendentale Apperzeption, die objektive Erkenntnis möglich macht, ohne selbst der Menge der Gegenstände anzugehören. Das transzendentale Ich der Erkenntnis ist als Zeitbewusstsein auch das zeit- und raumerlebende Ich und damit Subjekt des Erlebens insgesamt. Das Erkennen hat das (Zeit-)Erleben zur Voraussetzung. Nichts kann erkannt (= objektiviert) werden, was nicht zuvor erlebt wurde, weil der Jetztpunkt der Gegenwart immer zeitlich vor der objektivierbaren Vergangenheit liegt. Die Vorgängigkeit des Erlebens vor dem Erkennen – mit Natorp gesagt „das subjektive Gegebensein der Erscheinung vor aller Objektivierung"[1439] – ist

---

[1438] Vgl. W. Sparn, Art. Erlebnis, RGG⁴, der einen theologisch angemessenen Erlebnisbegriff ebenfalls vom „Umschlag" des Selbsterlebens in den durch Gottes Wort, also extra se gegründeten Glauben und von der Dialektik des „in me" und des „extra me" her entwickelt, jedoch folgende Probleme noch für klärungsbedürftig hält: das Verhältnis der Subjektivität und der Objektivität von Erfahrung, von Aktivität und Passivität, von Rezeptivität und Konstruktivität des Erkennens, oder kurz: die Wechselbeziehung von Erleben, Erlebtem und Zeit. Der Klärung dieser Fragen dient der nachfolgende Abschnitt.
[1439] P. Natorp, Einleitung in die Psychologie nach kritischer Methode, 1888, 93; das ganze Problem des Erlebnisbegriffs steckt im Begriff des „Gegebenen". Während Heim unter dem Gegebenen das dem erlebenden Bewusstsein real Gegenwärtige verstand (dazu kritisch schon Schumann, Gottesgedanke, 205), verstand der Kantianer Natorp das im Erleben Gegebene nur uneigentlich als Ausgangspunkt für die Reflexionstätigkeit des Bewusstseins. Entsprechend lehnt die sprachanalytische Philosophie den Begriff des unmittelbar Gegebenen als Mythos ab (W. Sellar), weil es nur die Struktur von

nicht nur *transzendental*, sondern auch *zeitlich* zu verstehen, weil das perspektivische Zentrum, der transzendentale, „überkausale Ermöglichungsgrund"[1440] der Erkenntnis, immer auch real-empirisch-kausal gesetzt sein muss, bevor Gegenstandserkenntnis zustande kommen kann. Das asymmetrische Verhältnis von Erleben und Erkennen in transzendentaler und zeitlicher Hinsicht besteht auch *ontologisch*: Die Ich-Welt-Einheit des Erlebens ist unmittelbar und primär, die Ich-Welt-Aufspaltung der Objektivation ist sekundär. Und es besteht *logisch*: Die Logik der Differenzierung durch Unterscheidung setzt den vorlogischen Begriff des Kontinuums voraus. Das logische, metaphysische und erkenntnistheoretische Prinzip von Heims Naturphilosophie lautet: Das Ganze ist vor dem Teil![1441]
Die Erkenntnistheorie Heims ist charakterisiert durch die beiden irreduziblen Weltzugänge „Erleben" und „Erkennen", in denen sich die Welt auf doppelte Weise präsentiert: in der Gestalt „Welt als Wille" und in der Gestalt „Welt als Vorstellung". Beide Weisen der Welterfahrung sind durch das nichtgegenständliche Subjekt asymmetrisch vermittelt. Um als strenge Erkenntnistheorie gelten zu können, müsste hier in vielerlei Hinsicht präzisiert und ausgeführt werden. Besonders der Begriff „Erleben" sowie der Übergang vom Erleben zum Erkennen beinhaltet zahlreiche Probleme, die hier im Gespräch mit der älteren (19./frühes 20. Jh.) und der neueren philosophischen Diskussion im Überblick diskutiert seien (a). Daraus kann dann ein angemessener Begriff religiösen Erlebens erarbeitet werden (b). In Weiterführung von Heims zweiliniger Erkenntnistheorie soll daran anschließend diese an zwei Modellen naturwissenschaftlicher Erkenntnistheorie, an V.v. Weizsäckers Gestaltkreiskonzept (c) und am quantentheoretischen Komplementaritätsbegriff (d) verifiziert werden.

a) Das Verhältnis von Erleben und Erkennen: Woher „weiß" das Ich von seinem Erleben?

Die Ich-vermittelte Zweiheit von Erleben und Erkennen entspricht zwar den beiden Kantschen Stämmen der Erkenntnis samt den zugeordneten Erkenntnishaltungen: der Rezeptivität der Sinnlichkeit und der Produktivität des Verstandes,

---

‚etwas' nicht aber von ‚etwas als etwas' habe, also ohne propositionalen Gehalt, d.h. nichtssagend sei. Demgegenüber zeigt M. Frank, dass ein objektivierendes propositionales „Wissen, dass" das zuvorige Erleben im Sinne des Für-mich-Seins (Pour-soi, Sartre) voraussetzt. Auch nichtintentionale Erlebnisse, die kein explizites Bewusstsein *von* etwas enthalten, seien nicht unbestimmt, sondern als *meine* bestimmt. Daher seien sie, obwohl vorsprachlich und nicht-propositional, unmittelbar *gewiss*. Begründet ist die Erlebnisgewissheit nach Frank in der nicht-propositionalen, präreflexiven, ursprünglichen Vertrautheit des Bewusstseins mit sich selbst (Ist Selbstbewusstsein ein propositionales Wissen? 1991, 248). Zum Verhältnis von Heims Erlebnisbegriff zu den Selbstbewusstseinstheorien von Frank und Henrich vgl. das Folgende.

[1440] G 3, 227.
[1441] So auch Brunner, Erlebnis, 67; Tillich, ST I, 216.

sowie der Differenz zwischen praktischer und theoretischer Vernunft, vermeidet aber mit dem Neukantianismus die Aufteilung auf bestimmte Organe oder Seelenteile. Weder ist das Erleben rein sinnlich-rezeptiv oder rein emotional, noch das Erkennen rein rational, sondern beides sind leiblich-seelisch-ganzheitliche Vollzüge des Menschen in Bezug auf sich und seine Welt.

Erleben meint nicht irrationale, bewusstlose, mystische Unmittelbarkeit[1442], sondern das reflexionsfreie, konkrete und direkte Erfassen der Wirklichkeit im Unterschied zum rationalen, diskursiven, objektivierenden, abstrahierenden und reflektierenden Wahrnehmen und Nachdenken[1443]. Erleben ist Ausdruck des praktischen, „naiven" Realismus der unmittelbaren Einheit von Subjekt und Objekt, die noch nicht in die „Innenwelt" des Bewusstseins und die „Außenwelt" der Dinge gespalten ist. Mit Dilthey gesagt: „Das Bewusstsein von einem Erlebnis und seine Beschaffenheit, sein Fürmichdasein und was in ihm für mich da ist, sind eins: Das Erlebnis steht nicht als Objekt dem Auffassenden gegenüber, sondern sein Dasein für mich ist ununterschieden von dem, was in ihm für mich da ist."[1444] Das erlebende Ich ist sich des Erlebens zwar nicht reflexiv, wohl aber mitlaufend-präreflexiv bewusst, sodass der Erlebnisakt außer dem realistischen, an die Welt selbst stoßenden Gegenstandserleben auch ununterschieden das Selbsterleben mit enthält. Das Erleben ist, weil Subjekt des Erlebens das Zeitbewusstsein ist, bewusstes, wenngleich nicht reflexiv bewusstes, Erleben in der Zeit, wobei genau betrachtet die Innenzeit des Erlebens im Erlebnisakt konstituiert und vollzogen wird, sodass das instantane Erleben des Erlebens ermöglicht wird. Diese Erlebnis-Auffassung, die u.E. genau diejenige Heims ist, entgeht damit der Aporie der „in der nachhegelschen kontinentalen Tradition entwickelten E[rlebnis]-Theorien", die allesamt „keine oder doch nur unzureichende, nämlich zirkuläre bzw. tautologische Antworten auf die Grundfrage anbieten, wie das erlebende Subjekt von seinem Erleben wissen kann."[1445]

Von den verschiedenen aporetischen Lösungen dieses Problems, die bei K. Cramer, D. Henrich und M. Frank diskutiert werden, seien zwei herausgegriffen. Entweder kann die Selbstbezüglichkeit des Erlebens reflexionstheoretisch, d.h. als wissende Beziehung des erlebenden Subjekts von und auf sich selbst gedeutet werden. Das Subjekt weiß von seinem Erleben, weil und insofern es von sich weiß. Das Erleben setzt bei dieser Lösung ein cartesisches, selbstgewisses, trans-

---

[1442] Gegen den Vorwurf von H.W. Schmidt, Zeit und Ewigkeit, 260.
[1443] So auch die Definitionen von Erleben bei L. Richter, Art. Erlebnis II. Religionsphilosophisch, RGG³; A. Gethmann-Siefert, Art. Erleben, EPhW, die zurecht den bewusstlosen Erlebnisbegriff vermeiden wollen, der redundant wäre und allein das propositionale Wissen als Gegenstands- und Selbsterfahrung gelten ließe.
[1444] W. Dilthey, Der Aufbau der geschichtlichen Welt in den Geisteswissenschaften, Gesammelte Schriften VII, 139.
[1445] K. Cramer, Art. Erleben, Erlebnis, HWPh, 709.

zendentales Subjekt voraus. Doch woher weiß das Subjekt von sich? Doch nur aus dem *Erleben* seiner selbst! Der Zirkel der Erklärung resultiert aus dem Zirkel der zugrunde liegenden Selbstbewusstseinstheorie. Die Erklärung des Selbstbewusstseins als wissende Selbstbeziehung eines Subjektes kann nicht verhindern, „dem Subjekt dieser Beziehung bereits Kenntnis von sich zuzuschreiben, ohne die es sich niemals *als es* selber finden könnte" und ist daher „zirkulär"[1446].

Oder der Selbstbezug des Erlebens wird wie bei Dilthey als Erleben des Lebens gedeutet, auf ein transzendentales, bewusstes Subjekt verzichtet und die unmittelbare Identität des Erlebens mit dem Erlebten behauptet. „Im Erlebnis ist Innesein und der Inhalt, dessen ich inne bin, eins."[1447] Er-leben bringt den psychischen Zusammenhang zum Ausdruck und ist der psychische Ausdruck für den Lebenszusammenhang. Erleben ist die psychische Gegebenheitsweise des Lebens. Erleben und Erlebtes, erlebendes Leben und erlebtes Leben sind eins: „Erleben und Erlebnis sind nicht eins vom andern abgeteilt; es sind Ausdruckswendungen für dasselbe."[1448] Wenn Erleben als Teil des Lebenszusammenhanges nur *im* einzelnen Erleben erscheint, dann ist das Erleben selbst unhintergehbar. „Stellt man nämlich die Frage, wie man diese Einheit von Sein und Erlebtsein des Erlebnisses zu *begreifen* habe, so sieht man sich von Dilthey stets auf diese Einheit selbst zurückverwiesen: Diese legt sich eben *selbst* aus, und zwar so, dass ihre Selbstauslegung die Unmöglichkeit impliziert, hinter sie noch zurückfragen zu können."[1449] Die Unhintergehbarkeit des Erlebens wird wieder mit der Zirkularität der Erlebnistheorie erkauft.

Um der Zirkularität dieser Erlebnistheorien zu entgehen, muss ein Bewusstseinsbegriff gefunden werden, der einerseits Erleben als reales Erleben, d.h. als Erleben *in der Zeit*, und andererseits als *bewusstes* Erleben, zu denken erlaubt, sich drittens aber nicht selbst immer schon zirkulär voraussetzt, sondern im Erlebnisakt (mit-)konstituiert wird. Das Bewusstsein des bewussten Erlebens ist kein objektiv-wissendes, reflexives Bewusstsein, sondern mit D. Henrich und M. Frank ein präreflexives Bewusstsein, das „allen zielgerichteten Leistungen vorangehen muss und … deshalb auch dem selbstbewussten Ich vorausliegt."[1450] Das dem reflexiven Selbstbewusstsein vorausliegende Bewusstsein ist ein „Ereignis", nicht eine bewusste Gegebenheit. Es ist „eine Dimension …, in der eine Kenntnis ihrer selbst eingeschlossen ist."[1451] Diese „Bekanntschaft" mit sich ist nicht begriffliches, propositionales Wissen, objektives Verständnis oder Verfügungsgewalt von und über sich, sondern ein Vertrautsein mit sich, welches das Ich nicht aus sich

---

[1446] D. Henrich, Selbstbewusstsein. Kritische Einleitung in eine Theorie, 1970, 275.
[1447] Dilthey, Gesammelte Schriften VII, 27.
[1448] Dilthey, Gesammelte Schriften VII, 231.
[1449] K. Cramer, ‚Erlebnis'. Thesen zu Hegels Theorie des Selbstbewusstseins mit Rücksicht auf die Aporien eines Grundbegriffs nachhegelscher Philosophie, 1974, 591.
[1450] Henrich, Selbstbewusstsein, 275.
[1451] A.a.O., 277.

selbst – durch Selbstobjektivierung oder cartesische Selbstvergewisserung etwa – gewinnt, sondern aus dem „Zusammenhang eines bewussten Lebens, in dem Bekanntschaft mit dem, was es heißt, einer Sache bewusst zu sein, jederzeit gegenwärtig ist"[1452]. Das Selbstbewusstsein ist nach Henrich nicht Herr seiner selbst, es hat sich nicht selbst gesetzt, es ist nicht identisch-einfach, sondern hat eine innere ‚Struktur'. Gleichwohl ist es nicht weiter ableitbar. Es ist „unhintergehbar, aber nicht undifferenziert. ... Der Zusammenhang, unter dessen Voraussetzung endliches Selbstbewusstsein besteht, kann nicht als seine eigene Leistung durchsichtig gemacht werden. So setzt es ihn sich voraus als eine Instanz, die ihm selbst entgleitet, aber seinen Zusammenhalt begründet."[1453] Es vermag die Einheit des Zeiterlebens und die Einheit des Erlebnisstromes zu gewähren, obwohl es keinen cartesischen Einheitspunkt darstellt.

Erleben ist daher weder ein bewusstes Wissen, noch ein bewusstloses „Innesein"[1454] (Dilthey), sondern, wie auch Heim sehr präzise formuliert, ohne die damit zusammenhängenden Probleme theoretisch zu reflektieren, ein „Innewerden"[1455].

Wie bei Henrich ist auch bei Heim das nichtgegenständliche Ich unhintergehbar, aber nicht undifferenziert, sondern als Zeitbewusstsein mit sich und seinem Erleben vertraut und bekannt. Es konstituiert sich aus dem Lebenszusammenhang, bildet aber auch dessen einheitsstiftendes Moment. Es steht, nach der einen Seite, im geschichtlichen Zeit- und Erlebniskontinuum, und ist, nach der anderen Seite, dessen überkausale Voraussetzung. Es ist einerseits willkürlich herausgegriffenes Glied im empirischen, raum-zeitlichen Lebenszusammenhang, und andererseits der einzig mögliche und notwendige Mittel- und Einheitspunkt meiner Welt.

Das Erleben ist daher 1. unhintergehbar und nicht relativierbar, jedoch nicht absolut. Es ist 2. zeitlich und bewusst, jedoch nicht reflexiv bewusst, sondern unmittelbar-präreflexiv bewusst. Es ist 3. weder gegenstands-, noch subjektlos, sondern hat Inhalt und Form, jedoch nicht distinkt. Das Erlebte erscheint als Ganzes. Dieser Erlebnisbegriff kann als zureichende Basis dienen, die Unhintergehbarkeit und zugleich geschichtliche Gebundenheit des religiösen Erlebens subjektivitätstheoretisch zu begründen.

b) *Das religiöse Erleben und die Antinomie des „Ur-Erlebnisses"*

Heims Auffassung vom Bewusstsein und vom Erleben vermeidet auch die Aporien, die entstehen, wenn die reflexiv-bewusste bzw. die apriorische Theorie des Erlebens auf das religiöse Erleben und den Glauben übertragen werden.

[1452] A.a.O., 278.
[1453] Frank, Zeitbewusstsein, 116.
[1454] Dilthey, Gesammelte Schriften VII, 27.
[1455] GD 1, 43.

Wird das reflexionstheoretische Verständnis von Erleben auf den Glauben übertragen, so erfordert der Glaube zur Konstitution und Gewissheit ein seiner selbst reflexiv bewusstes Subjekt. Der Glaube wäre rational begründet und vermittelt oder, mit Brunner gesagt, intellektualistisch[1456] missverstanden. Gerade gegen die Vermittelbarkeit des Glaubens durch die ratio war aber gerade die Kategorie des Erlebens gerichtet, bei Heim genauso wie bei Elert, Holl, Hirsch oder Stange[1457]. Wird das Verständnis von Erleben als unhintergehbarer Einheit von Erleben und Erlebnis auf das religiöse Erleben angewandt, so fungiert eben jene Subjekt-Objekt-Einheit als unhintergehbares religiöses Apriori, so bei Otto, Heiler, Troeltsch u.a.[1458]. Das religiöse Erleben wird dann aber immun gegen Selbst- und Fremdreflexion und gegen Variation seiner Formen. Jedwedes religiöse Erleben wäre legitime Basis von Religion[1459]. Der Glaube wäre psychologisch im Erlebnis begründet und psychologistisch missverstanden[1460].
Die Analyse desjenigen religiösen Erlebens, das Elert und Holl als „Urerlebnis"[1461] der (evangelischen) christlichen Religion ansehen, nämlich das Luthers „Turmerlebnis"[1462] entsprechende antinomische Erleben der existentiellen Gewissensangst vor dem Zorn Gottes und seinem Umschlag in die Lebens- und Heilsgewissheit bzw., mit Heim gesagt, das Erleben der existentiellen Verzweiflung und der Umschlag in Gottesgewissheit[1463], zeigt, dass nicht Erleben überhaupt, sondern nur ein bestimmtes religiöses Erlebnis die Basis für die Begründung der christlichen Glaubensgewissheit sein kann. Die Theorie des Erlebens muss solche Bestimmtheit implizieren und also das Erleben überhaupt antinomisch begreifen. Das Antinomische am Erleben ist bei Heim im Erleben der Welt als Wille ausgedrückt. Erlebter Wille impliziert bei aller Unmittelbarkeit und Einheit eine unübersteigbare Differenz von Erleben und Erlebtem. Im Erleben seiner Welt und seiner selbst ist bei Heim das Erlebnis von Widerstand und Gegenwille impliziert. Beim Erleben trifft Ich auf Gegen-Ich. Das Erlebnis hat über den psychologisch-phänomenalen Gehalt noch eine metaphysische, absolute Dimension, eine Geltung, die nicht aus mir, dem erlebenden Ich kommt, sondern aus dem Erlebten

---

[1456] Brunner, Erlebnis, 59ff.
[1457] Zum Erlebnis als Grundbegriff der Lutherrenaissance und seinen Aporien angesichts der Bewusstseinstheorien von Cramer, Henrich u.a. vgl. Assel, Aufbruch, 38–58.
[1458] Vgl. G. Pfleiderer, Theologie als Wirklichkeitswissenschaft. Studien zum Religionsbegriff bei Georg Wobbermin, Rudolf Otto, Heinrich Scholz und Max Scheler, 1992, zum religiösen Apriori bei Troeltsch (64–68) und Otto (135–137) und der Aporie der mit Immunisierung gegen sich selbst und seinen Gehalt erkauften Immunität gegen Vernunftkritik (236f).
[1459] So Heiler, Art. Erlebnis I, RGG³, 570: „Das r[eligiöse] E[rlebnis] ist im wesentlichen auf allen Stufen identisch; auf höheren Stufen unterscheidet es sich lediglich durch die größere Feinheit und Individualisierung."
[1460] Brunner, Erlebnis, 32ff.
[1461] W. Elert, Morphologie des Luthertums, Bd. 1: Theologie und Weltanschauung des Luthertums (1931), 1952, 15.
[1462] Vgl. B. Lohse (Hg.), Der Durchbruch der reformatorischen Erkenntnis bei Luther, 1968.
[1463] GD 1, 307ff; „Mit dem Wort ‚Gott' meinen wir das, was uns allein vor der Verzweiflung rettet" (Gott oder Verzweiflung, 144).

selbst. Die Welt als Wille hat Wahrheit, Wert und Geltung in sich[1464]. Sie ist quasi-personal, sie hat Selbst- und Ich- und Du-Charakter. In „Glaube und Denken" hat Heim die Widerstandserfahrung, die ich beim Handeln mache, als Du-Erlebnis interpretiert, sodass allgemein die Widerstandserfahrungen des Menschen im Umgang mit der Natur als personale Erfahrungen anzusehen sind. Jedes Erleben hat „das Doppelgesicht" des relativen Freiheits- und des relativen Abhängigkeitsgefühls, wie Heim mit deutlichem Bezug zu Schleiermachers § 4 der Glaubenslehre sagt, das nicht verstanden werden kann, wenn das Ich-Welt-Verhältnis als Ich-Es-Beziehung begriffen wird. Sondern „dieses Aufeinandertreffen einer aktiven und einer passiven Beziehung innerhalb eines und desselben Geschehens, in dem ich begriffen bin, ist offenbar die Form, in der ich der Wirklichkeit des Du inne werde." Wenn „das Du-Erlebnis … also von vornherein ein Leiden"[1465] ist, dann bezeugt, analog zu Schleiermachers Gefühl der schlechthinnigen Abhängigkeit, die Erfahrung der Welt als Wille die schlechthinnige Abhängigkeit von einem absoluten Willen, der, entgegen Schleiermacher, nicht als absolute Kausalität, sondern als Wille, also personal zu denken ist. Das antinomische Wirklichkeitserleben muss bei Heim quasi-personal, „willensartig", gedacht werden, um die *christliche* Urerfahrung der personalen schlechthinnigen Abhängigkeit und der Antinomie des Urerlebnisses aufnehmen zu können.

Die Erfahrung der Welt als Wille ist in diesem Sinn unbedingt (im Doppelsinn: akausal und zwingend). Sie überwindet mich. Im Erleben ereignet sich Wirklichkeit antinomisch an mir. Im Erleben ist Wirklichkeit da, wie sie (an sich) *ist* und *als was* sie ist. Die „Setzung von Realität" und das „Ergreifen der Wirklichkeit"[1466] sind ein und derselbe Vorgang. Erleben bedeutet unbedingtes und damit unhintergehbares Sich-ereignen von Wirklichkeit. Es ist strukturell dem Ereignis der religiösen Offenbarung analog, welche kraft ihrer Unmittelbarkeit und überempirischen Gesetztheit die Gewissheit des Glaubens zu begründen vermag.

Die Unbedingtheit des Erlebens und der Offenbarung bedeutet nun aber gerade nicht, dass das Erleben als solches schon das Erleben des Unendlichen oder die Überkausalität des Schicksals als solche schon die Allgegenwart Gottes bedeu-

---

[1464] Eine Nähe zu Lotzes Metaphysik des Erlebnis' ist bei Heim durchaus erkennbar, insofern bei Lotze Erleben „die Grundbestimmung von Bewusstsein und Selbstbewusstsein" ist und die Bedeutung des Erlebten „durch einen besonderen Modus von Erleben, das Wert- oder Geltungserlebnis" (Cramer, Art. Erleben, Erlebnis, HWPh, 705) konstituiert wird. Bei Heim allerdings wird Wert und Geltung des Erlebten nicht durch den Erlebenden und sein Bewusstsein, sondern durch den erlebten Gegenstand konstituiert. Die Welt hat Bedeutung in sich selbst, sie wird ihr nicht sekundär, auch nicht unmittelbar, *zugeschrieben*. Denn sie hat Ich- und Selbstcharakter. Sie legt sich selbst aus und bringt sich geltend zur Darstellung im Erleben. Erleben ist Entdecken von Neuem, von Wirklichkeit, die sich, analog zur Offenbarung, selbst auslegt. Ein neuerer Versuch, der Natur Bedeutung in sich zuzuerkennen, indem Selbstsein als Begriff von Natur entwickelt wird, ist A. Weber, Natur als Bedeutung, Versuch einer semiotischen Theorie des Lebendigen, 2003.
[1465] GD 1, 218f.
[1466] W, 236.

tete[1467]. Weil das Erleben an das erlebende Ich gebunden ist und Wirklichkeit, die sich an mir ereignet, immer auch von mir erlebt wird, verfällt Heim nicht einem romantisch-pantheisierenden Erlebnisbegriff[1468], der noch in Lotzes Wert- und Geltungserlebnis und in Ottos „Mysterium tremendum et fascinosum"[1469] nachwirkt. „Von mir erlebt" heißt, dass ich im Erleben nicht einer willkürlichen Macht und absoluten Majestät, genannt „Wirklichkeit", begegne, sondern als Person in meiner Existenz angesprochen bin. Im Erleben ereignet sich Sein, aber auch Sollen. Ich muss mich existentiell zu dem, was sich an mir ereignet, verhalten. Das Erleben nimmt mich als sittliche Person in Anspruch, und zwar unbedingt, aber in Freiheit. Der antinomische Charakter des Erlebens hält die Differenz zwischen dem Erlebten und dem erlebenden Ich offen. Das Ich wird nicht vom Erleben verschluckt, sondern als personale Ganzheit, als Wille in Anspruch genommen und gefordert. Das Erlebnis des Sollens ist dann unbedingt und dem Offenbarungserlebnis analog, wenn „ich nicht bloß sage: Ich will das tun, … sondern: Ich muss das tun. Das Bewusstsein, zu sollen und zu müssen, ist der nicht mehr erklärbare Ausdruck dafür, dass ich bei meinem Handeln vom Gefühl der Willkürlichkeit befreit bin. … Dieses heilige Müssen ist nicht die Notwendigkeit eines inneren Schicksals, also das Bewusstsein: Ich handle in voller Freiwilligkeit, aber im allerhöchsten Auftrag."[1470] Auf den Glauben bezogen bedeutet das Wechselverhältnis von unbedingtem Anspruch der Offenbarung und völliger Freiheit des Sollens nach Heim: „Der die Gewissheit vermittelnde Glaube ist also die in jedem Augenblick von Gott neugewirkte Entscheidung für ihn. Durch das mich zur Entscheidung aufrufende ‚Erlebnis des Sollens' weiß ich mich von Gott her angesprochen; indem ich mich aber für Gott entscheide, vollziehe ich einen von oben gewirkten, jenseits von Zwang und Freiwilligkeit liegenden Akt."[1471] Im allgemeinen Welterleben wie im religiösen Erleben des Glaubens sind also die beiden Momente: Widerfahrnis und Entscheidung, unbedingte Passivität und totale existentielle Beteiligung in unauflösbarer Weise zusammen da.

c) Teilnehmer und Beobachterperspektive: V.v. Weizsäckers naturwissenschaftliche Erkenntnislehre

Ganz allgemein kann das Erleben als die Teilnehmerperspektive des Lebens beschrieben werden. Ihr Gegenüber steht die Beobachterperspektive des gegenständlichen Erkennens. Der Übergang vom Erleben zum Erkennen müsste theore-

---

[1467] Vgl. G 3, 266f.
[1468] Vgl. Cramer, Art. Erleben, Erlebnis, 703–706.
[1469] R. Otto, Das Heilige, 1919, 13ff.35ff.
[1470] GD 7, 194.
[1471] Heyderich, Gewissheitslehre, 49.

tisch und phänomenologisch genauer betrachtet werden. Auf jeden Fall ist die logische, erkenntnistheoretische, ontologische und zeitliche Vorrangigkeit des Erlebens vor dem Erkennen zu konstatieren, insofern auch die objektivierende Weltbetrachtung das nichtgegenständliche, erlebende Ich zur Voraussetzung hat, das implizit immer mitgeführt wird und im konkreten Erkenntnisakt das transzendentale und empirische Zentrum der Perspektive zugleich bildet. Dadurch werden die beiden Modi der Welterfahrung aufeinander beziehbar und die Alltags- und die wissenschaftliche Erfahrung vermittelbar über die Synthesisleistung der Apperzeption.

Heims zweilinige Erkenntnistheorie schließt die naturwissenschaftliche Erkenntnisweise (die Beobachterperspektive) nicht aus der existentiellen Weltwahrnehmung (der Teilnehmerperspektive) aus, sondern schließt sie ein. Lässt sich die Naturwissenschaft darauf ein und erkennt auch objektive Erkenntnis als perspektivische, an einen empirischen Beobachter gebundene Erkenntnis an, wie es die Rolle des Beobachters in der Relativitätstheorie und in der, sogleich näher zu erläuternden, Quantenmechanik nahe legen – wir sind, nach dem berühmten Wort von N. Bohr, „in dem großen Drama des Daseins ... zugleich Schauspieler und Zuschauer"[1472] –, so kann daraus (vielleicht) eine anticartesische, „andere" Naturwissenschaft, auf jeden Fall aber qualitativ ein teilnehmend-existierender Zugang zur Natur entwickelt werden, der dem biblisch-christlichen Naturverständnis angemessener wäre und (vielleicht) die ökologisch katastrophale, baconsche „Machtförmigkeit wissenschaftlichen Erkennens"[1473] zurückdrängen könnte. V.v. Weizsäcker etwa hat ein solches Modell der teilnehmenden Naturforschung entwickelt, das wir im Umriss darstellen und danach am quantenmechanischen Verständnis von Komplementarität verifizieren wollen, sodass Heims Erkenntnistheorie auch von der Quantentheorie bestätigt wird, oder richtiger, die Quantentheorie zwingend zu einer zweilinigen, „Heimschen" Erkenntnistheorie führt.

Das Modell der teilnehmenden Naturforschung „setzt voraus, dass der Erkennende sich der auf ihn eindringenden Wirklichkeit nicht nur denkend, sondern existierend aussetzt, also in einem ‚Existentialbezug' zu seiner Umwelt steht."[1474] Das Wissen von naturgesetzlicher Ordnung „*gibt* es ... nur, indem es *praktiziert* wird". Naturwissenschaftliches Wissen ist so verstanden analog der biblischen Weisheit

---

[1472] N. Bohr, Atomphysik und menschliche Erkenntnis, 19f; vgl. 82.
[1473] G. Altner, Die Frage nach der ‚anderen' Wissenschaft – Sinnvermittlung innerhalb oder außerhalb der Naturwissenschaften?, in: Die Überlebenskrise in der Gegenwart. Ansätze zum Dialog mit der Natur in Theologie und Naturwissenschaft, 1987, 153; zu Versuchen einer „anderen" Naturwissenschaft (Vitalismus, Gestaltkreis, Theorie der Autopoiesis und des Fließgleichgewichts offener Systeme) vgl. K. Gloy, ‚Ganzheitliche' Naturbetrachtung und Naturwissenschaft, GDJ 2002; zur „sammelnden" und „ordnenden" statt „messenden" und „zählenden" Naturforschung der Romantik vgl. kurz U. Beuttler, Naturverständnis, 22f.
[1474] Link, Schöpfung, 375; vgl. ders., Die Erfahrung der Welt als Schöpfung. Ein Modell zum Dialog zwischen Theologie und Naturwissenschaft, 1997, wo die Konvergenzen von Weizsäckers Gestaltkreismodell und den biblisch-weisheitlichen Schöpfungserfahrungen aufgezeigt werden.

„im faktischen Lebensvollzug des Menschen ständig in Anspruch genommenes Wissen"[1475].

V.v. Weizsäcker geht von der Einsicht aus, dass Beobachter- und Teilnehmerperspektive immer schon verschränkt sind, weil Leben immer „Wahrnehmung" und „Selbstbewegung"[1476] bedeutet. Indem ich mich bewege, vollzieht sich Wahrnehmung und indem ich wahrnehme, gestaltet sich Selbstbewegung. Der Naturforscher hat eigentlich pathische Existenz. Er erfährt sich in einem inklusiven Verhältnis mit dem Leben und der Natur, bevor er in ein Distanzverhältnis zum Leben und zu den Dingen treten und Kausalerklärungen aufstellen kann.[1477] Die biologische Lebenseinheit ist Voraussetzung für die physikalische Objektivierung. „Physik setzt voraus, dass in der Forschung ein Erkenntnis-Ich einer Welt als einem von ihr unabhängigen Gegenstand gegenübergestellt sei. Biologie erfährt, dass das Lebende sich in einer Bestimmung befindet, deren Grund selbst nicht Gegenstand werden kann."[1478] Alles Lebendige findet sich in einer Abhängigkeit zu einem Grund und zu Bedingungen vor, die es nicht selbst gesetzt hat und nicht selbst gewähren kann. Dieses Verhältnis nennt Weizsäcker – mit durchaus religiösmetaphysischer Konnotation – „Grundverhältnis"[1479]. Den Grund kann man nicht distanzierend erkennen, man kann sich nur in ihm bewegen. Biologische Naturforschung betreiben heißt, sich „im Grund-Verhältnis bewegen, nicht den Grund selbst erkennen. ... Um Lebendes zu erkennen, müssen wir uns am Leben beteiligen"[1480].

Die pathische Existenz ist personal, subjektiv und vorlogisch, ja antilogisch, wie Weizsäcker sagt. Sie ist *personal*, weil sich Erfahrungssätze nur reduktiv von der Ich- in die Es-Perspektive übersetzen lassen. Sie ist *subjektiv*, weil nur sie das Subjekt „in den Gegenstand"[1481] und die Naturforschung einführt. Und sie ist

---

[1475] H.J. Hermisson, Studien zur israelitischen Spruchweisheit, 1968, 140; vgl. G. v. Rads Zusammenfassung des teilnehmenden *und* beobachtenden weisheitlichen Wirklichkeitsverständnisses, das „den Menschen in einen ganz besonderen, höchst dynamischen Existentialbezug zu seiner Umwelt gestellt wusste. Der Mensch ... sah sich wie eingebunden in einen Kreis der mannigfachsten Bezugsverhältnisse nach draußen hin, in denen er einmal Subjekt, einmal Objekt war" (Weisheit in Israel, 1992, 378–389, Zit. 382f); zum biblischen Wissenschaftsverständnis vgl. auch U. Beuttler, Art. Wissen, Wissenschaft, CBL.

[1476] V.v. Weizsäcker, Der Gestaltkreis. Theorie der Einheit von Wahrnehmen und Bewegen, 1947, 21.

[1477] „Der Gegenstand der Wahrnehmung ist vom Gegenstand der Erkenntnis (des Denkens) durch diese Gegenwärtigkeit, die allem Sinnlichen zukommt, unterschieden. Das bedeutet aber weniger wie zeitliche Gegenwart (diese ist eine Unterfrage), als eine an den Körper gebundene Anwesenheit, eine Gegenwart der Berührung hier und jetzt" (Weizsäcker, Gestaltkreis, 88). Auch das Ich konstituiert sich nicht durch Selbstreflexion, sondern darin, dass es sich wahrnehmend in der Welt bewegt und in der Berührung mit den Dingen sich selbst erfährt.

[1478] Weizsäcker, Gestaltkreis, 188.

[1479] Semantisch ist Weizsäckers Begriff des „Grundverhältnisses" Heims Begriff zwar äquivok, aber strukturell doch vergleichbar. Beidesmal ist das akausale und asymmetrische Verhältnis des Teiles zum Ganzen bzw. des Relationsgliedes zur Relation gemeint, also die unvordenkliche Herkunft und Relation des Einzelnen von und zu einem transzendenten Ganzen.

[1480] V.v. Weizsäcker, Anonyma, 1946, 10; vgl. ders., Gestaltkreis, 168.

[1481] Weizsäcker, Gestaltkreis, 21. 168f.

antilogisch, weil „Leben ein sinnvoller Widerspruch"[1482] ist. Denn das Leben als Werden lässt sich in der Logik von „*ist* oder *ist nicht*" nicht erfassen[1483]. Leben ist unvordenklich, ohne Anknüpfung, sondern immer neu. Alles Wirkliche taucht auf „so dass wir es plötzlich haben, als sei es wie aus einem vulkanischen Krater aus dem Unbekannten, nicht für uns Vorhandenen herausgeschleudert, oder als ob es sanft überfließe wie aus einer langsam aufsteigenden Quelle; so wie angetane Gewalt oder so wie empfangenes Geschenk; als neues und einmaliges tritt ein *Ereignis* ein."[1484] Erfassbar wird die ewig neue Wirklichkeit daher nur in der Doppelheit des ganzheitlich-pathischen Erlebens und des auf das Wirkliche ausgerichteten Angespanntseins, oder, mit Heim gesagt, in der irreduziblen Zweiheit von nichtgegenständlichem Erleben und gegenständlichem Erkennen, die jedoch in jedem konkreten Erfahrungsakt immer miteinander verschränkt sind.

Bei allen elementaren Vollzügen, den biologischen Akten, sind Passivität und Aktivität unlösbar ineinander verschränkt: bei Geburt und Tod, beim Essen, Laufen, Sehen, Hören usw.. Die Einheit der Akte im Vollzug – die Einheit des Gestaltkreises – ist transzendent, weil wir uns ja wahrnehmend (erkennend) und bewegend (erlebend) *in ihm* befinden. Weizsäcker nennt die gegenseitige Verborgenheit der Beobachter- und der Teilnehmerperspektive das Drehtürprinzip: „Der Gestaltkreis ist nicht eine Abbildung der Lebensfigur oder Lebensbewegung, sondern er ist eigentlich eine Anweisung zur Erfahrung des Lebendigen. ... Man kann den Gestaltkreis nicht in seiner Integration besitzen (weder denkend noch anschauend), sondern man muss ihn durchlaufen und seine Gegensätze erleiden in einem fortgesetzten Aus-den-Augen-Verlieren, und einem immer neuen Die-Wirkung-Verlieren, um ein Neues zu gewinnen."[1485]

Die Zweiheit von Teilnahme und Beobachtung im Lebens- und Erfahrungsvollzug versteht Weizsäcker wie Heim nicht als statische, exklusive Alternative, sondern als dynamischen, verschränkten Prozess. Teilnahme und Beobachtung stehen nicht in einem alternativen, sondern in einem zirkulären Verhältnis zueinander. Die Drehtür der Lebensbewegung ist eigentlich eine offene Spirale: Teilnehmen erlaubt Beobachten und Beobachten neues Teilnehmen. Die zirkuläre Gestalt von Teilnahme und Beobachtung vollzieht sich aber nicht nur in der Alltagserfahrung, sondern, wie C.F. v. Weizsäcker an Bohrs Komplementaritätsbegriff gezeigt hat,

---

[1482] Weizsäcker, Anonyma, 13.
[1483] Wenn man „ist" mit Przywara dialektisch als „ist nicht nicht" interpretiert, bedarf das Werden keiner neuen Logik, vgl. den entsprechenden Einwand von C.F.v. Weizsäcker gegen V.v.Weizsäckers Begriff des Antilogischen (Gestaltkreis und Komplementarität, in: Zum Weltbild der Physik, 1990, 332–366, 337f); wenn man mit Günther „ist" und „ist nicht" scharf exklusiv versteht, wie es in Mathematik und Informatik geschieht, benötigt man einen dritten Zustand Werden, Kontinuum, Übergang o.ä., so auch bei Heim, GD 1, 128: „Zeit ist ein Werden, also ein Übergang zwischen ‚ist' und ‚nicht ist'". „Werden ist die Wesensbestimmung, in der etwas weder *ist* noch etwas *nicht ist*, sondern ein Sein gerade eben verliert und zugleich ein Sein gerade bekommt. Das Werden enthält immer diesen logischen Widerspruch" (V.v.Weizsäcker, Anonyma, 12f).
[1484] Weizsäcker, Anonyma, 12.
[1485] Weizsäcker, Anonyma, 19f.

auch in der naturwissenschaftlichen, vorgeblich „objektiven" Erfahrung. Wie in Weizsäckers Drehtürprinzip stehen bei Bohr komplementäre Begriffe „durchweg nicht in einem ‚parallelen', sondern in einem ‚zirkulären' Verhältnis zueinander."[1486] Mit diesem Verständnis von Komplementarität kann das Drehtürprinzip von Teilnahme- und Beobachtungsperspektive auch von der Erkenntnistheorie der Quantenmechanik verifiziert werden.

d) Die quantentheoretische Erkenntnistheorie der zirkulären Komplementarität

Zumeist wird Komplementarität[1487] im parallelen Sinne verstanden, nämlich als zwei einander ergänzende, aber ausschließende Beschreibungen desselben Objektes[1488]. Komplementarität ist dann objektbezogen. Beide Beschreibungen gehören derselben Theorieebene an. Klassisches Beispiel ist W. Paulis Deutung der Heisenbergschen Unschärferelation als Welle-Teilchen-Dualismus im Sinne der alternativen Benutzbarkeit zweier Begriffe für dasselbe Objekt.[1489] Demgegenüber zeigt v. Weizsäcker, dass Bohr das Prinzip der Komplementarität nicht nur auf die quantenmechanischen Objekte, sondern auch metatheoretisch auf verschiedene Theoriensysteme bezog, die nicht auf derselben Ebene liegen, aber einander dennoch gegenseitig zirkulär bedingen. *Parallel komplementär* sind Impuls und Ort bzw. Wellen- und Teilchenbild des Elektrons, *zirkulär komplementär* sind die raumzeitliche Beschreibung der klassischen Physik und die nicht-raumzeitliche, sondern wahrscheinlichkeitstheoretisch determinierte Beschreibung der Quantenphysik. Der Zusammenhang wird am Problem des Messprozesses deutlich[1490].
Die Schrödingersche Wellenfunktion beschreibt deterministisch die Entwicklung

---

[1486] C.F.v. Weizsäcker, Komplementarität und Logik, in: Weltbild der Physik, 281–331, Zit. 282; ders., Gestaltkreis und Komplementarität, a.a.O., 345.

[1487] Zu den vielfältigen Facetten und Verwendungsweisen des Begriffs vgl. G.M. Clicqué, Differenz und Parallelität. Zum Verständnis des Zusammenhangs von Theologie und Naturwissenschaft am Beispiel der Überlegungen Günther Howes, 2001.

[1488] So K.M. Meyer-Abich, Art. Komplementarität, HWPh, 933: „Komplementarität heißt die Zusammengehörigkeit verschiedener Möglichkeiten, dasselbe Objekt als verschiedenes zu erfahren. Komplementäre Erkenntnisse gehören zusammen, insofern sie Erkenntnisse desselben Objektes sind; sie schließen einander jedoch aus, als sie nicht zugleich und für denselben Zeitpunkt erfolgen können."

[1489] W. Pauli, Die philosophische Bedeutung der Idee der Komplementarität, in: Aufsätze und Vorträge über Physik und Erkenntnistheorie, 1961, 10–17.

[1490] Zum Folgenden, hier nur im qualitativen Überblick Entfalteten, vgl. außer den Lehrbüchern der modernen Naturphilosophie (u.a. B. Kanitscheider, Wissenschaftstheorie der Naturwissenschaften, 1981, 169–194; M. Elsfeld, Einführung in die Naturphilosophie, 2002, 66–70) und den Aufsätzen in J. Audretsch / K. Mainzer (Hg.), Wieviele Leben hat Schrödingers Katze? Zur Physik und Philosophie der Quantenmechanik, 1996 (mit Einführung von J. Audretsch, Eine andere Wirklichkeit. Zur Struktur der Quantenmechanik und ihrer Interpretation) auch U. Kropač, Naturwissenschaft und Theologie im Dialog. Umbrüche in der naturwissenschaftlichen und logisch-mathematischen Erkenntnis als Herausforderung zum Gespräch, 1999, 55–63; Evers, Raum – Materie – Zeit, 187–206; Benk, Moderne Physik und Theologie, 194–205.

eines quantenmechanischen Systems, sie ist aber nicht beobachtbar, denn sie hat einen komplexen, nicht-reellen Zahlenwert. Sie entwickelt sich in einem hochdimensionalen mathematischen Zustandsraum (Hilbertraum), dessen Punkte keine direkte Zuordnung zu den Orten des dreidimensionalen Anschauungsraumes haben. Die Entwicklung des Quantensystems im quantenmechanischen Zustandsraum ist zwar determiniert, aber nicht in Raum und Zeit unserer Anschauung definiert. Sie enthält quasi virtuell alle möglichen Zustände des Systems samt der Wahrscheinlichkeit ihres Auftretens.

Um Objekteigenschaften experimentell durch Messung zu bestimmen, muss das Quantensystem an ein Messinstrument angekoppelt werden. Bei der Messung tritt eine Wechselwirkung zwischen Quantensystem und Messapparat auf. Diese Wechselwirkung äußert sich im Quantensystem so, dass sich im Augenblick der Messung die Wellenfunktion unstetig ändert. Sie springt in den dem Messwert entsprechenden bestimmten Zustand des Systems. Sie schnurrt sozusagen von dem mit Wahrscheinlichkeiten gewichteten Überlagerungszustand aller möglichen Zustände auf einen bestimmten, nämlich den gemessenen Zustand zusammen (sog. Reduktion der Wellenfunktion). Das angekoppelte Messsystem objektiviert also den Systemzustand. Es übersetzt die mathematischen Systemvariablem in raumzeitliche, beobachtbare Größen. Es erfolgt dadurch ein Schnitt zwischen dem quantenmechanischen System und dem raumzeitlichen Beobachter. Beobachtbar sind nun aber aufgrund der Heisenbergschen Unschärferelation nicht alle Systemvariablen gleichzeitig, sondern nur entweder Ort oder Impuls des Elektrons. Die jeweils andere Variable bleibt bei der Messung unbestimmt. Überlässt man das System nach der Messung wieder sich selbst, so entwickelt es sich entsprechend der Schrödingerschen Wellenfunktion kontinuierlich und determiniert weiter bis zur nächsten Messung, bei der wieder eine Reduktion der Wellenfunktion eintritt und *eine* raumzeitliche Größe wie Ort *oder* Impuls bestimmt wird. Die raumzeitliche Beschreibung des Systems bei der Messung und die determinierte, aber nicht beobachtbare Entwicklung des Systems zwischen den Messungen sind zirkulär komplementäre Systembeschreibungen. Sie bedingen sich gegenseitig, obwohl sie sich gegenseitig ausschließen: Sie können nicht zugleich vorgenommen werden. Der Schnitt zwischen Quantensystem und Beobachter ist der Schnitt zwischen zwei Sprachsystemen, die beide in sich konsistent und geschlossen, aber unvollständig und inkommensurabel sind.

Das quantenmechanische System ohne Beobachter, das Endosystem, wird in der quantenmechanischen Sprache „Wellenfunktion" vollständig und determiniert, aber ohne direkten Realitätsbezug der Variablen dargestellt. Es verbleibt die „semantische Unvollständigkeit jeder Endophysik"[1491]. Der Realitätsbezug, d.h.

[1491] H. Primas, Zur Quantenmechanik makroskopischer Systeme, 1996, 237; das semantische Unvollständigkeitstheorem für Endosysteme entspricht dem Gödelschen Unvollständigkeitstheorem für mathematisch-logische Systeme.

die Objektivierung, kann erst hergestellt werden, wenn das Exosystem, der Beobachter, hinzutritt und das System klassisch in raumzeitlichen Variablen (Ort oder Impuls) beschrieben wird, nun aber real unvollständig, d.h. nur näherungsweise exakt entsprechend der Unschärferelation. Die Unschärferelation bezeichnet die Art und Weise, in der klassische Begriffe wie Bahn oder Teilchen in der Quantentheorie anwendbar sind, nämlich unter Hinzufügung des dritten logischen Zustandes „unbestimmt".[1492]

Ob Schrödingers berühmte, in eine Kammer mit tödlichem radioaktivem Präparat eingesperrte Katze, die in quantenmechanischer Beschreibung mit derselben Wahrscheinlichkeit tot und lebendig, also sich in einem gemischten Zustand „totlebendig" befindet, tatsächlich tot oder lebendig ist, ist endophysikalisch unentscheidbar. Der Zustand bleibt semantisch unbestimmt. Zur Entscheidung muss das Beobachtungssystem angekoppelt und der Zustand abgelesen werden. Der Überlagerungszustand des formal Möglichen muss in das faktisch Wirkliche überführt werden. „Die Quantentheorie ist eine Theorie der probabilistischen Verknüpfung zwischen formal möglichen Fakten. Fakten müssen klassisch beschrieben werden. Wo keine klassische Beschreibung möglich ist, gibt es kein Faktum. Die Irreversibilität von Fakten meinen wir, wenn wir von klassischer Beschreibung sprechen."[1493]

Diese Deutung des Messprozesses und des Schrödingerschen Gedankenexperimentes ist allerdings nicht unumstritten. In einem kleinen Exkurs seien alternative Deutungen qualitativ diskutiert.[1494]

Um der absurden, subjektivistisch-kausalen Deutung E. Wigners zu entgehen, der Lebenszustand der Katze werde durch die Reduktion der Wellenfunktion und das Ablesen des Zustandes *verursacht* – wobei offen bliebe, ob der realitätsschaffende Schnitt das Messgerät, der berechnende, der beobachtende oder der den Beobachter beobachtende Physiker usf. wäre – wurden verschiedene Interpretationen vorgeschlagen. Schrödinger und Einstein wollten den Realismus der Quantensprache retten und interpretierten die Unbestimmtheit als subjektive Unbestimmtheit und die Quantentheorie als objektiv unvollständig, sodass das statistisch erscheinende Quantengeschehen durch noch unbekannte objektive, verborgene Parameter bestimmt sein müsste. Dieser Theorie-Realismus kann auch empirisch als widerlegt gelten (Bellsche Ungleichung). Andere wollen die Anwendbarkeit der Quantentheorie auf mikroskopische Objekte beschränken, haben aber das Problem, dass der Schnitt zwischen mikroskopischen und makroskopischen Objekten nicht empirisch-quantitativ be-

---

[1492] W. Heisenberg, Sprache und Wirklichkeit in der modernen Physik, in: Physik und Philosophie, 1990, 137–153, 147f.
[1493] Weizsäcker, Aufbau der Physik, 371.
[1494] Zu den verschiedenen Interpretationen des Messprozesses vgl. bes. A. Bartels, Grundprobleme der modernen Naturphilosophie, 83–94; K. Mainzer, Naturphilosophie und Quantenmechanik, 1996, 270–277; zum Verhältnis von Sprache und Realität P. Mittelstaedt, Objektivität und Realität in der Quantenphysik, 1996; historische Quellentexte von Bohr, Einstein, Neumann, Schrödinger u.a. geben K. Baumann / R. Sexl, Die Deutungen der Quantentheorie, 1984; F. Selleri, Die Debatte um die Quantentheorie, 1990.

stimmt werden kann[1495]. Wieder andere verzichten ganz auf den Schnitt, den Übergang zum Makroskopischen, die Ankopplung des klassischen Messgerätes und die Reduktion der Wellenfunktion. In der heute zumeist vertretenen probabilistischen Ensembletheorie bezieht sich der quantenmechanische Zustandsvektor gar nicht auf ein einzelnes Teilchen bzw. System, sondern auf den Mittelwert bei unendlich vielen Messungen. Der durch Potenzierung des Theoriesystems erreichte Realismus der Theorie kann aber empirisch nur näherungsweise präpariert werden, da unendlich viele Ensemble-Mitglieder erforderlich sind. Außerdem kann die in der Theorie auftretende Differenz zwischen dem gemischten Zustand „tot-lebendig" und der bloßen Überlagerung „tot und lebendig" nicht verstanden werden. Beide Zustände sind klassisch-realistisch ununterscheidbar.

Nach wie vor die beste Lösung ist die Kopenhagener Deutung von Bohr und Heisenberg, nach der bei der Messung der „Übergang vom Möglichen zum Faktischen stattfindet, sobald die Wechselwirkung des Gegenstandes mit der Messanordnung, und dadurch mit der übrigen Welt, ins Spiel gekommen ist. Der Übergang ist nicht verknüpft mit der Registrierung des Beobachtungsergebnisses im Geist des Beobachters. Die unstetige Änderung der Wahrscheinlichkeitsfunktion findet allerdings statt durch den Akt der Registrierung; denn hier handelt es sich um eine unstetige Änderung unserer Kenntnis im Moment der Registrierung"[1496]. Die unstetige Änderung der Wellenfunktion ist also nicht *verursacht* durch die Beobachtung, sondern implementiert durch den Schnitt zwischen den beiden inkommensurablen, aber aufeinander angewiesenen Sprachsystemen mit zwei Dynamiken (J.v. Neumann), einer endogenen deterministischen, aber unentschiedenen Dynamik des Möglichen, und einer exogenen indeterministischen Dynamik des Faktischen. Der Schnitt ist beliebig wählbar und empirisch durch die Messanordnung realisiert. Er muss aber vollzogen werden – der Beobachter mit seiner unexakten klassischen Sprache ist nicht eliminierbar.

Ergebnis:

Die endophysikalische Beschreibung im „Innensystem" ist exakt und universal, aber semantisch unbestimmt. Das Wissen ist umfassend und vollständig, aber ohne Realitätsbezug zum Faktum. Die exophysikalische Beschreibung ist weder total, noch exakt, aber real-semantisch objektiv. Beide Sprachsysteme sind daher zirkulär komplementär. Die raumzeitliche, klassische Beschreibung objektiviert die quantenmechanische und stellt den Realitätsbezug durch Messung her, die aber aufgrund der objektiven Unbestimmtheit der jeweils zugeordneten, parallel komplementären Größe zur totalen Systembeschreibung wieder auf das quantenmechanische Sprachsystem angewiesen ist usf. Die quantenmechanische Objektsprache ist logisch zweiwertig, die Metasprache der Beobachtung bedarf einer Abänderung der Logik in ein dreiwertiges System, welches der Logik der natürlichen Sprache entspricht. Wirklichkeit ist physikalisch entweder erfassbar mittels der mathematischen, logisch zweiwertigen, Quantensprache oder in der Sprache der klassischen Physik mit abgeänderter Logik, die der Offenheit der echten Zeit Rechnung trägt. Die vollständige begriffliche Objektivierung des Weltganzen, der

---

[1495] Vgl. A. Zeilingers Doppelspaltexperimente mit Neutronen und mesoskopischen Molekülen, die dasselbe Verhalten wie Elektronen oder Photonen zeigen (Fundamentale Experimente mit Materiewellen und deren Interpretation, 1996).

[1496] W. Heisenberg, Die Kopenhagener Deutung der Quantentheorie, in: Physik und Philosophie, 28–40, Zit. 37.

Standpunkt der allseitigen Totalität, bleibt jenseits aller möglichen *wirklichen* Erkenntnis. Das Heimsche Gesetz der Perspektive und das Weizsäckersche Wechselverhältnis von Teilnahme und Beobachtung gilt auch in der Quantentheorie. Wenn es „die objektive Realität", die Wirklichkeit an sich gibt, so muss sie „jenseits des Gegensatzes aller überhaupt denkbaren Bezugssysteme liegen"[1497]. Wahre Erfassung von Wirklichkeit ist nur durch totale existentielle Beteiligung möglich.

Die Analyse des quantenmechanischen Messprozesses zeigt Parallelen zur Erkenntnis der täglichen Erfahrung und vermag Heims perspektivische, zweilinige Erkenntnistheorie auch wissenschaftstheoretisch zu stützen. Die Innenwahrnehmung („Erleben") ist total, sie erfasst das Ganze, ist aber nicht objektiviert. Sobald sie objektiviert wird („Erkennen"), tritt ein Aspekt, eine Region, hervor, während andere Aspekte unbestimmt zurückbleiben. Die Reduktion auf das Faktische fixiert und bestimmt, verengt den Horizont, öffnet ihn aber zugleich auf das noch nicht bestimmte, offene Mögliche.

Das nicht-propositionale, aber ganzheitliche Wahrnehmen von „etwas" und das distinkte, aber reduktive Wahrnehmen von „etwas als etwas" sind zwei zirkulär komplementäre Wahrnehmungen, die im Lebensvollzug beständig ineinander überwechseln. Beide Wahrnehmungsweisen sind inkommensurabel und irreduzibel zueinander. Sie sind „dimensional" verschieden, sind aber beide notwendig zur vollständigen Orientierung und Erfahrung in Leben und Wissenschaft.

6. Naturordnung, Kausalität, Kontingenz

Der folgende Abschnitt dient der weiteren Klärung, inwiefern Heims indeterministisches Naturverständnis auch wissenschaftstheoretisch angesichts neuerer Überlegungen zur Naturgesetzlichkeit vertreten werden kann und wie naturgesetzliche Kausalität, Kontingenz und Wirken Gottes zusammengedacht werden können.

Die Dialektik des geschlossenen und der offenen Weltbegriffs zeigt sich in Bezug auf die Naturgesetzlichkeit daran, dass einerseits alle Gegenstände und Ereignisse im geschlossenen Kausalzusammenhang stehen, insofern jedes Weltereignis mit einem zurückliegenden Ereignis kausal verknüpft werden kann, aber andererseits jedes Ereignis in der unmittelbaren Erfahrung als akausal gesetzt erlebt wird. Alles hat einerseits ein Warum und ist andererseits ohne Warum[1498]. Die unmittelbare existentielle Erfahrung erlebt alles Wirkliche als im Augenblick gesetzt

---

[1497] WnW, 90.
[1498] Vgl. A. Silesius' schönen Sinnspruch: „Die Ros' ist ohn warumb / sie bluehet weil sie bluehet / Sie achtt nicht jhrer selbst / fragt nicht ob man sie sihet" (Cherubinischer Wandersmann, Buch I, Nr. 289).

(irrationaler Tatsächlichkeitsfaktor des Ich, Hier und Jetzt); erst das objektivierende Erkennen löst den unendlichen Regress der kausalen Frage aus.

Die Doppelgesichtigkeit der alltäglichen Naturerfahrung zeigt sich in Bezug auf den naturwissenschaftlichen Begriff des Naturgesetzes in der Dialektik von Gesetz und Randbedingungen bzw. von „Kontingenz und Naturgesetz"[1499]. Jedes bekannte und mathematisch formulierte Naturgesetz enthält aufgrund der mathematischen Form als Differentialgleichungen offene Konstanten und Randbedingungen, die durch dieses Naturgesetz nicht festgelegt sind, sondern höchstens durch übergeordnete Gesetze, die wiederum offene Randbedingungen enthalten usf. Sofern der Naturzusammenhang aus einer Vielzahl von unabhängigen Kausalfäden besteht, die nicht restlos in einen einzigen Kausalzusammenhang überführt werden können – obwohl auch dieser noch die erste Anfangsbedingung offen ließe –, bleiben die konkreten Ereignisse frei. Dass in Bezug auf ein Gesetz gerade diese und nicht jene der möglichen Randbedingungen realisiert wird, unterliegt nicht dem Gesetz, sondern bleibt frei wählbar. Im deduktiv-nomologischen Erklärungsschema von Hempel-Oppenheim kommt der Gesetzesaussage der modallogische Status des Möglichen, den Antecedensbedingungen aber der Status des Wirklichen zu. Das Wirkliche ist in Bezug auf das korrelierte Gesetz akausal, d.h. unerklärbar und unvorhersehbar. Die Freiheit des Wirklichen hat keine Ursache, aber einen Grund: das primäre Werden, das noch diesseits der gegenständlichen, im kausalen Gesetzeszusammenhang gefügten Welt steht. Die Modalstruktur der Zeit schneidet auch die Naturgesetzlichkeit in zwei Teile: den Bereich des Vergangenen, in dem die Kausalgesetze mit Notwendigkeit gelten, und den Bereich des Zukünftigen, in dem Naturgesetze mit dem Status des Möglichen gelten. Die Behauptung, die Zeitstruktur unterbreche auch den Gesetzescharakter der Naturgesetze, bedarf einer wissenschaftstheoretischen Begründung. Inwiefern kann eingesehen werden, dass Naturgesetze höchstens für die Vergangenheit, nicht aber für die Zukunft notwendig gelten?

Bereits die Humesche und Kantsche Analyse der Naturgesetze hat gezeigt, dass Naturgesetze Konstruktionen der objektivierenden und verallgemeinernden Naturbeobachtung sind.[1500] Quantitative empirische Naturgesetze beruhen auf qualitativen Naturerfahrungen und sind zu Gesetzen hypostasierte Regelhaftigkeiten der praktischen Lebenserfahrung. Kein Naturgesetz ist universell verifizierbar. Insbesondere das Induktionsgesetz, dass sich alle Naturgesetze induktiv auf Erfahrung gründen lassen müssen, ist „ein Spezialfall seiner selbst. Unser einziger

---

[1499] Vgl. W. Pannenberg, Kontingenz und Naturgesetz, 1970, der entsprechend dem biblischen Verständnis von Naturordnung Naturgesetzlichkeit *aus* der Kontingenz des Naturgeschehens und nicht im Widerspruch dazu begreiflich macht, vgl. o. Kap. IV.5.a. u. das Weitere.

[1500] „Die Ordnung und Regelmäßigkeit also an den Erscheinungen, die wir Natur nennen, bringen wir selbst hinein, und würden sie auch nicht darin finden können, hätten wir sie nicht, oder die Natur unseres Gemüts ursprünglich hineingelegt" (Kant, KrV, A 125).

Wegweiser im Reich der Erfahrung, lässt es doch selbst sich nicht auf Erfahrung gründen."[1501] Natur*gesetze* gründen, wie Karl Heim scharf und zutreffend bemerkt, „nicht auf Erfahrung, sondern sind dogmatische Konstruktionen"[1502], deren Geltung weder deduktiv noch empirisch verifiziert werden kann[1503], sondern aus näherungsweisen, vereinzelten Hinweisen dogmatistisch behauptet werden muss. Natur*gesetze* können nur geglaubt werden! Sie setzen ihre Geltung zu ihrer Bestätigung schon voraus. Dies gilt im Besonderen für das Kausalgesetz.

Die Analyse von G. Posch[1504] zeigt, dass das Kausalgesetz im Humeschen Sinne: Sofern „Wenn A (Ursache), dann B (Wirkung)" gilt, dann gilt auch „Wenn A', dann B'", um verifiziert werden zu können, schon vorausgesetzt werden muss. Denn sowohl die scharfe Trennung von Ursache und Wirkung sowie der ursächliche Zusammenhang von A und B ist nicht empirisch-rezeptiv, sondern nur konstruktiv und idealiter präparativ möglich[1505]. In der Natur ‚gibt es' weder Ursachen noch Wirkungen noch isolierte ‚Dinge' oder Ereignisse.

Daher verzichtet die moderne Wissenschaftstheorie auf die „animistischen"[1506] Begriffe „Ursache" und „Wirkung" und ersetzt sie durch logische Ausdrücke. Die kausale Notwendigkeit „A verursacht B" wird ersetzt durch die logische Folge „wenn A, folgt unter Voraussetzung von Gesetz G Ereignis B". Kausalität ist damit ein semantisches Konzept zur Beschreibung von bedingenden Folgezusammenhängen zwischen Welt*ereignissen* unter der hypothetisch vorausgesetzten Geltung von Naturgesetzen. Die Rettung des Kausal*gesetzes* hat den Preis des Verzichtes auf den Gesetzesrealismus. Die Kausalrelation kann nicht als Beziehung zwischen Dingen, Eigenschaften oder Zuständen, sondern nur zwischen Ereignissen formuliert werden[1507], wobei die dinglich-atomare Basis und die mikrokausalen Verursachungsrelationen außer Betracht bleiben müssen. Die Möglichkeit der vollständigen experimentellen Präparation eines Anfangszustandes A, dessen kausal-determinierte Weiterentwicklung zum Zustand B durch das mathe-

---

[1501] E. Schrödinger, Was ist ein Naturgesetz? Beiträge zum naturwissenschaftlichen Weltbild, 1962, 56.
[1502] GD 1, 181.
[1503] Der kritische Rationalismus ersetzt daher das empiristische Verifikationskriterium durch das Falsifikationskriterium: „Ein empirisch-wissenschaftliches System muss an der Erfahrung scheitern können" (K. Popper, Logik der Forschung (1934), 2002, 15).
[1504] G. Posch, Zur Problemlage beim Kausalitätsproblem, in: Kausalität. Neue Texte, 1981, 9–29.
[1505] Bereits die kausale Analyse eines einfachsten Vorgangs wie dem Stoß zweier Billardkugeln ist nur idealisiert möglich. Denn wie vollzieht sich der Übergang von der Ursache zur Wirkung? Wo hört real die Ursache auf und fängt die Wirkung an? Welches Mikroereignis kann als letzte Ursache, welches als erste Wirkung gelten? Die Berührung, der Energieübertrag? Gehört der Energieübertrag noch zur Ursache oder schon zur Wirkung? Was ist dann *zwischen* Ursache und Wirkung? Kugel A ist nur dann Ursache für die Richtungsänderung der Kugel B, wenn nicht der raumzeitliche Vorgang, sondern der Anfangs- und Endzustand ins Verhältnis gesetzt werden. Diese müssen aber präpariert werden. In der Natur ‚gibt es' sie nicht. „Zwischen Billardkugeln gibt es natürlich kein ‚Anstoßen', ‚Abgeben', ‚Reagieren' oder ‚Verwenden'. Diese Worte verdanken sich der Gewohnheit, Dinge zu personifizieren, und erleichtern es … von diesem Unsinn zur Verdinglichung von Menschen zu überzeugen" (G. Bateson, Geist und Natur. Eine notwendige Einheit, 1982, 126).
[1506] R. Carnap, Einführung in die Philosophie der Naturwissenschaft, 1969, 189.
[1507] Vgl. M. Bunge, Die Wiederkehr der Kausalität, 1984, 144.

matische Naturgesetz exakt beschrieben würde, ist nicht erst in der Quantenmechanik unmöglich, weil die Unschärferelation die gleichzeitige, exakte Messung von Impuls und Ort verbietet. Schon in der klassischen Physik basieren das Kausalgesetz und die mechanischen Grundgleichungen auf der Annahme des mechanistischen Atomismus, also der Möglichkeit der Separation von substantiell fundamentalen und isolierten Entitäten: von „Massepunkten". Naturgesetze haben Gesetzescharakter unter der Voraussetzung, dass die idealisierte Präparierung der Natur so möglich ist, wie es die Aufstellung, Anwendung und Überprüfung des Gesetzes fordert.

Dennoch ist die Annahme von Naturnotwendigkeit oder wenigstens von Regelhaftigkeit notwendig für Naturerfahrung. Naturgesetze sind also Bedingungen für die Möglichkeit von regelhafter Naturerfahrung, Naturerfahrung ist umgekehrt aber Bedingung für die Erkenntnis der Gesetzlichkeit der Gesetze. Das Verhältnis von Naturgesetzlichkeit und Naturerfahrung hat, mit V. u. C.F. v. Weizsäcker gesagt, die komplementäre „Kreisgestalt alles Erkennens ...: Zwar sind wir in der Welt als ihre Glieder, aber die Welt, die wir kennen, ist unsere Welt. Physik ist auch Menschenwerk und der rationale Charakter der Welt vielleicht nur ein Postulat, eine Bedingung der Möglichkeit einer bestimmten Art menschlicher Erfahrung. ‚Das Kausalgesetz ist wahrscheinlich eine Neurose'"[1508], allerdings eine ziemlich langlebige[1509]. In der Natur *gibt es* keine Notwendigkeit, aber die Naturgesetzlichkeit ist notwendig für unsere Naturerfahrung in Alltag und Wissenschaft.

Daraus folgt: Naturgesetze sind nicht naturnotwendig, sondern sind die notwendigen „Bedingungen der Möglichkeit der Objektivierbarkeit"[1510] des Naturgeschehens. Naturgesetze legen das Naturgeschehen und die Naturerfahrungen nicht fest, sondern ermöglichen sie. Notwendig und hinreichend sind die Naturgesetze nur für die rückblickende Kausalerklärung des vergangenen Naturgeschehens; für die zukünftigen *Erfahrungen* sind Naturgesetze relativ notwendig – weil nur an vergangenes anknüpfendes und mit ihm vergleichbares, d.h. regelhaftes Naturgeschehen identifizierbar und verstehbar ist –, aber nicht hinreichend. Für die zukünftige *Wirklichkeit* sind sie nicht einmal notwendig. Die Naturgesetze könnten, damit die Erfahrung des Wirklichen und die Wirklichkeit so zustande kommt, wie sie zustande kommt, auch anders sein.[1511] Kausalität und Naturgesetzlichkeit sind

---

[1508] Weizsäcker, Weltbild der Physik, 339; Zit. mündlich von V.v. Weizsäcker.
[1509] Vgl. Schrödinger, Naturgesetz, 15: „Woher stammt der allgemein verbreitete Glaube an die absolute, kausale Determiniertheit des molekularen Geschehens und die Überzeugung von der *Undenkbarkeit* des Gegenteils? Einfach aus der Jahrtausenden ererbten *Gewohnheit, kausal* zu *denken*, die uns ein undeterminiertes Geschehen, einen absoluten, *primären* Zufall als einen vollkommenen Nonsens, als *logisch* unsinnig erscheinen lässt."
[1510] Weizsäcker, Einheit der Natur, 288.
[1511] Pannenberg, ST 2, 85, unterscheidet hilfreich zwischen der nomologischen Kontingenz der Naturgesetze selbst und der Geschehens- oder Ereigniskontingenz des einzelnen Ereignisses, das wegen

Reflexions-, aber keine Seinskategorien¹⁵¹². Sie sind notwendig zur Beobachtung und Erklärung der Welt. Primäre Wirklichkeit sind die unerklärlichen und freien Ereignisse, nicht aber die naturgesetzlichen Bedingungen, aus denen sie sekundär erklärt werden können. Naturgesetze können sich ändern. Sie sind Strukturen *in der Zeit*. Erkennbar ist von ihnen das, „was *als Struktur in der Zeit* erscheint"¹⁵¹³. Auch die Objektivierung der Erfahrungen in der Zeit kann nur Beschreibung dessen sein, was *strukturhaft in der Zeit* erscheint. Objektivierende Erklärung des Naturgeschehens aus Naturgesetzen widerspricht nicht der nomologischen und der Ereigniskontingenz, sondern setzt beide, also die wirklichen, unverfügbaren Ereignisse der Welt und ihren Zusammenhang, der aber erst durch die wirklichen Ereignisse konstituiert wird, voraus. Wird diese Einsicht auf den Kausalitätsbegriff übertragen, so wandelt sich die lineare Kausalität der klassischen Physik, die von der früheren Ursache auf die spätere Wirkung schließt, in eine Art zeitumgekehrte, rückwärtsgerichtete Kausalität. Es „tritt mit jeder neuen Gestalt eine neue Ganzheit ins Dasein, die regulierend auf die Bedingungen ihres eigenen Daseins zurückwirkt."¹⁵¹⁴

Absolute Notwendigkeit kommt nur der eigentlichen, primären Wirklichkeit, also dem Geschehen der Gegenwart zu. Dieses aber ist zugleich absolut kontingent von der Zukunft her und relativ kontingent von der bisher erfahrenen nomologischen Struktur der Vergangenheit her. Das zukünftige Geschehen ist akausal und nichtdeterministisch, aber nicht notwendig indeterminiert-regellos. Das freie „Handeln Gottes im Naturgeschehen", die Anknüpfung Gottes am Naturgeschehen *und* die Gleichförmigkeit des Naturgeschehens, werden zusammen denkbar, weil gezeigt wurde, dass erstens die „Kontingenz des Naturgeschehens ... für den Begriff des Naturgesetzes selbst konstitutiv ist, und zweitens Ereigniskontingenz nicht nur für das durch Gesetzesformeln nicht geregelte Einzelgeschehen, sondern generell für alles natürliche Geschehen behauptet werden kann."¹⁵¹⁵

7. Materie, Kreativität, polydimensionale Wirklichkeitsstruktur

a) Das Fundamentalproblem der Materie

Aus der Zirkularität der beiden Einsichten, dass einerseits Naturgesetze für die Kausalerklärung der Vergangenheit sowie für die Möglichkeit der Objektivierbarkeit zukünftiger Erfahrungen notwendig sind, und dass andererseits die bestimmte

---

der Irreversibilität der Zeit einmalig und insofern kontingent ist, unbeschadet seines gesetzmäßigen Zusammenhanges zu anderen Ereignissen.

1512 Mit Kant, KrV, A 80.91, gegen Hartmann, Ontologie, 52.
1513 Müller, Naturgesetz, 323; kursiv U.B.
1514 Pannenberg, ST 2, 91, mit Verweis auf I. Barbour, Issues in Science and Religion, 1968, 295f.
1515 Pannenberg, ST 2, 90.

Gestalt der nomologisch kontingenten Naturgesetze sich erst aus den kontingenten Ereignissen selbst konstituiert, ergibt sich, dass die ‚Bestandteile' der Welt nicht zeitüberdauernde oder zeitlose Entitäten wie Substanzen oder Naturgesetze sein können, sondern die Ereignisse sein müssen. Die Elemente der Welt sind, wie unsere vergleichende Analyse von Heim und Whitehead in Kap. VIII.2. und v. Weizsäckers Einsicht in die Zeitlichkeit der Naturgesetze, des Naturgeschehens und der Naturerfahrung aus dem vorangegangenen Abschnitt ergeben haben, die Ereignisse in der Zeit und ihr Reflex in den alltagsweltlichen und naturwissenschaftlichen Erfahrungen. Die geschehende und geschehene, die erlebte und erfahrene, aber nicht die *be*stehende ist die wirkliche Welt. Die *be*stehende und nomologisch strukturierte Welt ist theoretische, dogmatische Konstruktion bzw. Gegenstand des nur im Moment verifizierbaren *Glaubens* an die Beständigkeit der Welt. Die *wirklichen* Bausteine der Welt sind die Erfahrungsmomente.

Will man nicht in einen phänomenalistischen Subjektivismus abgleiten und wie E. Mach die unendlich teilbaren Empfindungen als Konstituentien der Welt ansehen, muss man mit Whitehead den Erfahrungströpfchen sowohl Vollzugs- (actual occasion) als auch Ding- (actual entity), sowohl Ich- als auch Es-Charakter zuschreiben, oder m.a.W. die ‚Atome' der Wirklichkeit als „Selbste" verstehen. Die ‚Atome' und ‚Gegenstände' der Welt sind, mit Heims Raumlehre gesagt, von außen Diskreta und von innen Kontinua, sie sind sowohl ungeteilte, individuelle als auch unendlich teilbare Ganze. Beide Aspekte sind beständig miteinander vermittelt, insofern das erlebende und erkennende Subjekt neue Ganzheiten erfährt, Objekte zu einem Gefüge von Relationen zerlegt und zusammenfügt, Alternativen entscheidet usw. wodurch ein hierarchischer, sich nach unten und oben immer weiter verzweigender Objektbaum der Ereignisfolgen entsteht.

Dieser Objektbaum repräsentiert den Erkenntnisprozess, aber auch die Geschehens- oder Ereignisfolge, sofern er nicht statisch festgehalten, sondern in der Zeit durchlaufen wird. Dann ist jedes Ereignis auf seine eigene und fremde Vergangenheit bezogen, insofern es sich aus dieser (seinen „Perzeptionen") konstituiert, aber auch auf die eigene und fremde Zukunft, auf die hin es offen ist. Sein hat in diesem Modell wie das Selbst Kreisgestalt.

In der Kreisstruktur des Seinsaktes können drei Stadien unterschieden werden[1516]: Sein ist einerseits In-sich-Sein (relativer Selbststand), welches ein Für-sich- und Mit-sich-Sein (präreflexives Vertrautsein) einschließt, dann Aus-sich-heraus-Sein und schließlich In-sich-zurück-Sein. Da die Rückkehr zu sich die Rückkehr zu sich als einem anderen ist, ist ein analoger Seinsbegriff impliziert, sodass die zweiwertige Logik „Identität" oder „Differenz" um einen dritten Zustand „dimensionale Einheit in Verschiedenheit" ergänzt werden muss. Nur dann kann die Entsprechung von Denken und Sein, von Erfahrung und Realität festgehalten und die

---

[1516] H. Beck, Dimensionen der Wirklichkeit, 2004, 111–114.

Übertragung der Selbststruktur auf die Seinsstruktur logisch konsistent formuliert werden, wie wir an G. Günthers dialektischer Logik gesehen haben[1517].

Kann dieser Übertrag auch epistemisch begründet werden? Kann angesichts heutiger Elementarteilchenphysik plausibel gemacht werden, dass das Modell „Selbst" bzw. „Monade" oder „Prozess" die Empirie ebenso oder besser beschreibt als das Modell „Atom"?
Methodisch muss man zwei Annahmen der traditionellen Atomismushypothese unterscheiden, die nicht notwendig zusammengehören. Die eine Annahme ist, dass es diskrete, mikroskopische, materielle *Teilchen* gibt. Die zweite Annahme ist, dass diese Teilchen *fundamental*, also im wörtlichen Sinn ἄτομος, unteilbar, sind und die letzten, fundamentalen Bausteine der Materie darstellen. War die zweitere Hypothese die – zweifellos erfolgreiche – Schubkraft des Programms der experimentellen und theoretischen Physik und Chemie der letzten 200 Jahre auf der Suche nach der Letztbegründung der Physik durch eine atomistische Materietheorie, so ist sie heute „nicht mehr als ein (vielleicht unerreichbares) Ziel, oder eine regulative Leitidee, des atomistischen Forschungsprogramms."[1518] Das Fundamentalproblem der Materie gilt als vermutlich unlösbar. Daher wird heute nicht mehr nach den *fundamentalen* Teilchen gesucht, sondern nach mikroskopischen *Teilchen*. Von den zahlreichen heute bekannten Teilchen, die weiterhin ungenau unter das Genus „Elementarteilchen" subsumiert werden, sind nur wenige wirklich elementar – viele haben Unterstrukturen (Protonen, Neutronen) oder sind nicht isolierbar (Quarks, Gluonen und andere Kraft-Austausch-Teilchen). Und auch bei den sog. elementaren Teilchen (Elektronen, Neutrinos) ist empirisch schwer entscheidbar, ob sie räumlich exakt lokalisierbar sind oder gar auf einen (harten?) Punkt zusammengedrängt werden können. Isoliert kann sowieso kein Teilchen untersucht werden, sondern nur indirekt in Streu- und Stoßexperimenten. Und die theoretische Physik beschreibt die Teilchen lieber feldtheoretisch als Anregungszustand eines Kontinuums und stellt sich z.B. das energetisch angeregte Elektron umgeben mit einer das „‚nackte' Elektron umschwirrenden ‚Wolke' virtueller Teilchen"[1519] vor. Das schwierige epistemische und erkenntnistheoretische Problem um den Realismus und die Separierbarkeit der Teilchen einmal ausgeklammert, stehen jedenfalls die gegenwärtigen theoretischen und experimentellen Erkenntnisse „im Widerspruch zu allen Behauptungen der traditionellen Substanzmetaphysik und Naturphilosophie über die Struktur der empirischen Realität. ... Nach dem heutigen Standardmodell der Elementarteilchen ist die Materie weder bis ins Unendliche teilbar, noch besteht sie aus lauter wohlunter-

---

[1517] S.o. Kap. VIII.3.
[1518] B. Falkenburg, Teilchenmetaphysik. Zur Realitätsauffassung in Wissenschaftsphilosophie und Mikrophysik, 1994, 266.
[1519] A.a.O., 165.

schiedenen Teilchen, sondern es wird eine Mischform von Teilchen- und Feldontologie, oder von Atomismus und Kontinuumstheorie der Materie im traditionellen Sinn, benötigt."[1520]

Schon E. Mach hatte, seiner Ablehnung einer substantialen Ontologie entsprechend[1521], die Hypothese des mechanistischen Atomismus von harten, undurchdringlichen und unteilbaren Partikeln abgelehnt, weil die Annahme von physikalischen Eigenschaften wie Ausdehnung oder Solidität nicht mit einem *unteilbaren* Atom verträglich ist. Will man dennoch annehmen, dass die Erscheinungen durch Atome verursacht sind, so muss man den Atomen nicht-physikalische, monadische Eigenschaften zulegen: „Gestehen wir es kurz! Wir können dem Atom vernünftiger Weise keinerlei Aussenseite abgewinnen, sollen wir aber überhaupt etwas denken, so müssen wir demselben eine Innenseite beilegen, eine Innerlichkeit analog unserer eigenen Seele. In der That, woher sollte auch plötzlich die Seele in einer Combination von Atomen im Organismus kommen, wenn der Keim nicht schon im einzelnen Atom läge?"[1522] Karl Heim teilt, wie gesehen, mit Mach die Ablehnung der Annahme von substantialen, fundamentalen, harten Atomen als einer dogmatischen, metaphysischen Konstruktion. Und er hat der Abkehr vom „toten" Atomismus und der Hinwendung zur lebendigen „Beseelung" und Innenseite der Natur nicht nur assoziativ-metaphorischen[1523], sondern mit seiner Relationen- und Dimensionenlehre begrifflich exakten Ausdruck verliehen. In unserer vergleichenden Interpretation Heims mit Whitehead und Günther haben wir als elementare Seinsstruktur im Sinne Heims statt des Atoms die kybernetische, prozessuale Monade herausgearbeitet. Wir müssen nun weiter nach der wissenschaftstheoretischen Vertretbarkeit dieser Hypothese und der Relevanz und der Konsequenzen für das Weltbild fragen.

[1520] A.a.O., 296f.
[1521] S.o. Kap. III.3.b/5.c.
[1522] E. Mach, Aus Dr. Mach's Vorträgen über Psychophysik, 1863, 364, zit. nach Heidelberger, innere Seite der Natur, 207.
[1523] Vgl. Heims rückblickende Zusammenfassung der Grundgedanken von W unter Bezugnahme auf Fechners „Tagesansicht gegenüber der Nachtansicht" sowie auf Mach und Avenarius. Im Gegensatz zum mechanistischen Atomismus sind „die Urbestandteile der Wirklichkeit nicht die materiellen Atome, die sich in der Nacht und Öde des Weltraums nach mechanischen Gesetzen durcheinanderbewegen. Die Urbestandteile der Wirklichkeit sind vielmehr nach Mach und Avenarius und auch nach Fechner die Empfindungskomplexe. … Die Urbestandteile der Wirklichkeit sind also hier nicht tote Dinge, die immer erst durch einen komplizierten Prozess zum Bewusstsein gebracht werden können. Diese Urbestandteile der Welt sind vielmehr nach der Tagesansicht von vornherein als Elemente des Bewusstseins gegeben" (Ich gedenke, 72).

b) Innenseite und Strukturaufbau der Wirklichkeit

Die empirische Forschung hat natürlich keinen Zugang zu dem „Innen" der Teilchen. Es kann keine Entscheidung getroffen werden, ob ein Elementarteilchen ein Für-sich-Sein hat, ob es für ein Elektron irgendwie *ist*, ein Elektron zu sein. Die Eigen- und Innenstruktur des Seins kann nur aus einem analogen Seinsbegriff extrapoliert werden, der menschliche Selbst- und Welterfahrung vermittelt. Aber die Hypothese von letzten isolierbaren, substantiellen und distinkten ‚Atomen' hat keine empirische Basis mehr. Fundamental erscheinen Strukturen und Wechselwirkungen sowie strukturhafte ‚Teilchen'. Strukturen aber sind nicht als ‚Dinge' sondern als prozessuale Kontinua zu beschreiben. Als Elementarteilchen des Wirklichen ist nicht ‚Atom', sondern ‚Monade' und ‚Prozess' anzunehmen. Dann gilt, dass „Materie Form und Form Geist" und also „Substanz wesentlich Subjekt"[1524] ist.

Man müsste kategorial zwischen den bewusst apperzipierenden, den präreflexiv apperzipierenden und den bloß perzipierenden Monaden unterscheiden und mit Heim seinskategoriale Schichtengrenzen zwischen Ich, Du und Es einziehen, wohl wissend, dass die Grenzen empirisch flüssig sind.[1525] Da aber apperzipierende, d.h. rückgekoppelte Kausalverhältnisse einen höheren Komplexitätsgrad als nur perzipierende, lineare Kausalitäten aufweisen und die reflexiven, einer dreistelligen Logik entsprechenden Komplexitäten nicht aus den linearen, logisch zweiwertigen, aufgebaut werden können (G. Günther), also Ich nicht aus Es ‚konstruiert', wohl aber Es durch Komplexitätsabbau (Objektivierung) aus Ich abgeleitet werden kann, weil formal die zweiwertige Logik in der dreiwertigen als selbstständiger Unterraum enthalten ist, so scheint es sinnvoll zu sein, zur einheitlichen Beschreibung der Wirklichkeit den höchsten Komplexitätsgrad als elementar anzusehen, also Substanz als Subjekt zu begreifen. Das Elementarteilchen ist in dieser Sicht der Wirklichkeit die kybernetische, prozessuale Monade, das reflexiv auf sich rückgekoppelte Selbst, das eine Innenstruktur und eine an seine Umgebung ankoppelnde Außenstruktur hat[1526]. Die kybernetische Monade

---

[1524] Weizsäcker, Einheit der Natur, 366.
[1525] S.o. Kap. VII.4.c./d.
[1526] Die idealtypische Realisierung der kybernetischen Einheit wäre ein Regelkreis, bei dem die Ausgangsgröße A über den Regler R auf sich selbst zurückwirkt, bis ein Sollwert S am Ausgang erreicht ist, wobei der Sollwert variabel und autonom über R veränderbar sein soll, d.h. die Maschine soll lernfähig sein. Der Durchlauf des Prozesses soll nur in einer Richtung möglich sein, wodurch die Irreversibilität der Zeit implementiert wird. Ein Verbund von solchen Einheiten bildet ein sich selbst steuerndes kybernetisches System, wenn die Ausgangsgrößen als Sollwerte auf die anderen Einheiten wirken, sodass die Ausgangsgrößen durch den eigenen und die fremden Sollwerte unabhängig voneinander gesteuert werden. Die Einheiten sind selbst- und fremddeterminiert, das System aber nicht notwendig deterministisch, sondern offen auf Realisierung aller möglichen Sollwerte. Da die Rückkopplung verschiedene Grade annehmen und auch ausgeschaltet werden kann, sind im kybernetischen Modell die verschiedenen Grade an Reflexions- und Selbststeuerungsfähigkeit, d.h. die Schichtung der ‚Räume' von den reflexionslosen Dingen („irreflexive Ordnung") über die bloß per-

„Selbst" ist, mit Heim gesagt, ‚Raum' als strukturiertes Kontinuum von innen und als in Relationen stehendes distinktes Ganzes von außen. Die makroskopischen, aus Elementen ‚zusammengesetzten' Körper sind dann nicht bloße Aggregate isolierter Entitäten, sondern organische Ganzheiten. Die Elementareinheit ‚Raum' wiederholt sich strukturell auf allen Komplexitätsebenen, sodass das Ganze im Teil wirksam ist (top-down- oder Repräsentations-Kausalität[1527]). Der Aufbau eines *neuen Ganzen* aus Teilen kann nur stattfinden, wenn das Ganze mehr als die Summe der Teile ist, also die bottom-up-Kausalität nicht linear, sondern kreativ-komplexitätssteigernd begriffen wird. Das Ganze kann in der zweiwertigen Logik aus den Teilen nur *re*konstruiert werden. Der Komplexitätsaufbau ist nicht funktional-konstruktiv oder im empirisch-reduktiven Zugriff möglich. Die imitatio naturae ist technisch nicht machbar. Ein Ganzes ist unverfügbar, unerklärlich und nicht objektivierbar. Es ist nur *im Vollzug ‚gegeben'*. Das Ganze ist vor dem Teil – dieses Prinzip ist das unaufgebbare Axiom theologischer Schöpfungslehre und Ethik und ebenso das unaufgebbare wissenschaftstheoretische Prinzip der Verstehbarkeit von reflexiv-rückgekoppelten Systemen wie Organismen, Gehirn, Bewusstsein etc.

In der wirklichen, organischen Welt, im hierarchischen Relationensystem der ‚Dinge' und Ereignisse, findet hingegen von oben nach unten und von unten nach oben, die Schichtengrenzen überschreitend, ein Informationsfluss statt, eine Übertragung von Strukturalität und Komplexität, wenn etwa Ganzheiten ihre Perzeptionen zu neuer Ganzheit integrieren oder meine Welt und deine Welt im Kommunikationsprozess sich erweitern zu unserer Welt. Der Prozess der Verhältniswerdung aus Ganzem und der Synthese von Verhältnissen ist nicht linear, sondern kreativ, also mindestens Komplexität erhaltend oder auch erweiternd. Der kreative Weltprozess führt aber gleichwohl nicht zu einer völligen Verflüssigung der Welt zu einem einzigen holistischen Kontinuum – Welt und Prozess sind nicht pantheistisch-monistisch identisch als „Geist des Universums" (E. Jantsch) oder „evolving god" (F. Tipler)[1528] – sondern hält Strukturen und strukturale Grenzen

---

zipierenden, den einfach rückgekoppelten klassischen Maschinen entsprechenden, Einheiten („reflektierte Seinsordnung") bis zum aktiv reflexiven Ich modellierbar („reflektierte Bewusstseinsordnung"), das sich transklassisch über sich hinausbezieht und „spontan" sein Verhältnis zur Umwelt regelt (Günther, Seele und Maschine, BGD I, 75–90, 85). Zu Modellen kybernetischer Systemtheorie vgl. Beck, Weltformel contra Schöpfungsglaube, 103–142, mit Bezug auf Günthers reflexionslogische und Heims dimensionale Schichtenstruktur.

[1527] In der Theorie der dynamischen Systeme werden Verursachungen von höheren Ebenen auf tiefere, weniger komplexe Ebenen bzw. des Systemganzen auf seine Teile top-down-Kausalität, der umgekehrte Vorgang bottom-up-Kausalität genannt. Lebende Systeme können mit der linearen bottom-up-Kausalität, also dem Programm des Atomismus, das Ganze aus den Teilen im Wortsinn aufzubauen, nicht verstanden werden, vgl. A. Peacocke, Gottes Wirken in der Welt, 1998, 51–68.

[1528] „Gott ist nicht der Schöpfer, sondern der Geist des Universums. ... Gott ist also nicht absolut, sondern er evolviert selbst – er ist die Evolution" (E. Jantsch, Die Selbstorganisation des Universums. Vom Urknall zum menschlichen Geist, 1992, 411. 516); F. Tipler, The Omega Point Theory. A Model of an Evolving God, 1988, 323 u.ö.; ders., Über die Omegapunkt-Theorie, 1994, 203 u.ö.

aufrecht, wie es auch in Karl Heims dimensional strukturierter und geschichteter Raumlehre geschieht.

Um Heims Weltmodell abschließend zu pointieren, unterscheiden wir mit K. Gloy drei Weltmodelle, die den drei verschiedenen möglichen ‚Elementarteilchen': 1. Atom, 2. strukturiertes Kontinuum oder dialektischer Prozess und 3. verflüssigtes, diaphanes Gefüge entsprechen. Den drei Naturmodellen sind wiederum drei Logiken und wissenschaftliche Naturbilder zugeordnet: „1. die dihairetisch-klassifikatorische Methode, auf der die traditionelle binäre Logik basiert, die einen nach außen wie innen wohldefinierten Gegenstand voraussetzt und zum mechanistischen Naturbild führt, 2. die dialektische Methode, auf der die dialektische Logik basiert, die zwar auch auf einen wohldefinierten Gegenstand Bezug nimmt, dessen Prädikate aber ineinander übergehen lässt ... und so zum organischen Naturbild führt, 3. die analoge Methode, die ... zum Gegenstand ein relatives, diaphanes und transitorisches Gefüge aus Aspekten hat, das sich zu einem Totalitätskonzept, zur Natur als Alleinheit, zusammenschließt"[1529]. Mit analoger Methode ist hier, im Unterschied zu unserem und dem üblichen Sprachgebrauch, eine hermetisch-sympathetische Totalentsprechung gemeint, die man heute z.B. im Prinzip der Selbstähnlichkeit von Fraktalen oder dem endlosen, in sich zurückführenden Band von D. Hofstadters „Gödel, Escher, Bach" findet. Dabei entsteht ein metamorphierendes, dauernd umschlagendes, völlig irrationales und unverstehbares bzw. nur esoterisch zugängliches Universum.

Heim hat wie Whitehead und Günther zu Recht nicht die Totalalternative zum atomistischen Weltmodell gesucht, sondern das dialektische gewählt. Hier werden Strukturen und Strukturgrenzen aufrechterhalten. Teilräume sind einander transzendent. Sie fließen nicht ineinander. Die Grenzen sind aber dimensional, also nicht diskontextural starr, sondern transkontextural überschreitbar. Die Wirklichkeit ist, wie E. Wölfel mit K. Heim sagt, „polydimensional geschichtet und strukturiert"[1530].

Der dimensionalen Schichtung der ‚Räume' entspricht zeitlich das dynamisch-dialektische Werden. Wirklichkeit ist ein prozessualer, kreativer Ereigniszusammenhang. Sie *besteht* nicht aus Atomen, Dingen und Entitäten, sondern *entsteht* – dauernd neu – aus Ereignissen, Verhältnissen und Erfahrungen. Dieses dynamische Weltbild bedeutet nach Heim „die Auflösung der festen Materie in lauter energetische Akte, Elementarereignisse, auf die uns die heutige Atomforschung geführt hat. Damit ist dem gegenständlichen Weltbild, das der Alleinherrschaft der Gegenständlichkeit entsprach, eine dynamische Weltauffassung gegenübergetreten, die die Wirklichkeit nicht als Sein, sondern als Akt erlebt. ... Die pri-

---

[1529] K. Gloy, Einheit der Natur – Vielheit der Interpretationen. Zum Begriff der Natur aus der Sicht der Geisteswissenschaften, 1998, 209.
[1530] Wölfel, Welt als Schöpfung, 21.

märe Wirklichkeit, in der wir selbst mit unserer ganzen Existenz stehen, ist ganz und gar Dynamik und lebendige Aktion."[1531]

Die Kreativität als gestaltende ‚Kraft' bleibt im Prozess immer unsichtbar und transzendent. Sie ist im Vollzug nicht objektivierbar. Dies gilt für das Ziel wie für den Grund des Seins. „Die letzte Wirklichkeit, das Ursein, in dem alles ruht, [ist] innerhalb der räumlichen Erfahrungsformen, in denen wir uns bewegen, unsichtbar und unfassbar"[1532].

Daher ist in weltlichen Kategorien „die grundsätzliche Kreativität … als der transzendierende und zugleich bedingende Grund vom einzelnen, welthaft Seienden gerade noch erfassbar als das Schöpferische"[1533]. Damit die Transzendenz des Schöpferischen gewahrt bleibt, sollte man für den bedingenden, bewahrenden und kreativen Grund des Weltganzen nicht pantheistisch-monistische Begriffe wie „das Leben", „die Evolution", „der Geist des Universums" etc. wählen, sondern mit Heim ungegenständliche Ausdrücke suchen wie das Ursein, der Urgrund, das Absolute bzw. das primäre Werden, die schöpferischen Entscheidungen, die gestaltbildenden Potenzen, die nichtgegenständlichen Gestaltungstendenzen o.ä.[1534] Heims Ausdrücke „Weltwille", „Seele des Weltalls", „Urwillen", „Urkraft"[1535] sind hingegen nicht unmissverständlich, bei Heim aber klar weder rationalistisch, monistisch, animistisch oder pantheistisch noch gegenständlich oder substanzhaft, sondern ungegenständlich, ereignis- und akthaft gemeint.

Man kann die Kreativität auch mit Aristoteles, Oetinger, Driesch u.a. als Entelechie – sofern sie nicht deterministisch verstanden wird –,[1536] mit Günther als intramundane Subjektivität oder mit v. Weizsäcker als offene Zeit beschreiben. Alle Ausdrücke sind ineinander übersetzbar. Sie beschreiben die Transzendenz der Welt gegenüber der naturwissenschaftlich-kausalen Objektivierung jeweils von einer anderen naturphilosophischen Kategorie her. Kausaldeterministisch, rein objektiv und zeitlos ist das Weltgeschehen nicht zu verstehen. Zur Kausalität gehört notwendig Kontingenz und Teleologie, zur materiellen Objektivität Subjektivität und zur Zeit die Irreversibilität der Zeitrichtung. Bei allen Ausdrücken ist das Ergebnis unserer naturphilosophischen Analysen impliziert, dass das Weltgeschehen nicht vollständig objektivierbar ist, sondern im Wesen von Zeit, Raum, Ich, Naturgesetzlichkeit und Materie jeweils eine „offene Dimension" bleibt, die in den raum-zeitlich-materiellen Kategorien nicht mehr fassbar ist. Die Welt lässt sich „nicht transzendenzlos begreifen"[1537]. Die Welt hat ihren – bedingenden, bewahrenden und kreativen – Grund nicht in sich selbst. Für das naturwissenschaft-

---

[1531] GD 7, 170f.
[1532] GD 7, 207.
[1533] Wölfel, Welt als Schöpfung, 24.
[1534] Vgl. W, 79; GD 7, 126.207.
[1535] Ich gedenke, 72f; JH, 30.
[1536] S.o. Kap. VII.5.a.
[1537] Wölfel, Welt als Schöpfung, 24.

liche, objektivierende Wissen bleibt diese Stelle offen, nur im Glauben wird sie gefüllt. „Dieses Schöpferische erweist sich auf einer anderen, der biblischen Denkstufe – als ‚der Vater', der ‚das Leben', will sagen: die Schöpferkraft, ‚in sich selber' besitzt."[1538]

Die primäre Welterfahrung ist das vorwissenschaftliche Erleben des primären Werdens, das transzendenzlos nicht begreifbar ist. Es wird erfahren, wenn das Werden der Welt im Glauben als Wirken Gottes erscheint. Die schöpfungstheologisch primäre Gotteserfahrung ist die Erfahrung Gottes als schöpferische Kreativität. Der Erfahrung der Welt als Schöpfung bedeutet, Gott als den in jedem Raum- und Zeitpunkt und in allem Seienden präsenten, alles von innen wirkenden und bewahrenden, aber doch von allem unterschiedenen Schöpfer zu erfahren, ihn „als Kreativität, als schaffendes Zentrum mitten *in* unserem Sein – und gerade so jenseits unseres eigenen Seins erfahren"[1539].

Damit ist das Ziel unserer Untersuchung erreicht, eine naturphilosophisch verantwortete Antwort auf die Frage zu geben, wie die *Welt* gedacht werden kann, sodass das Wirken Gottes in der Welt gedacht werden kann. Wie *Gott* theologisch gedacht werden muss, dass sein Wirken in der Welt gedacht werden kann, und wie sein Wirken im Detail trinitarisch im Bezug auf sich und im Bezug auf die Welt gedacht werden muss, bedürfte weiterer Untersuchungen.[1540] Die hier anstehenden Fragen haben wir nur anschneiden können.

[1538] A.a.O., 25.
[1539] Ebd.
[1540] Vgl. hierzu die theologiegeschichtlich und systematisch weitausgreifende, exzellente Arbeit von R. Bernhardt, Was heißt „Handeln Gottes"? Eine Rekonstruktion der Lehre von der Vorsehung, 1999.

X. Zusammenfassende Thesen: Karl Heims Beitrag zum theologischen Welt- und Wirklichkeitsverständnis

1. „Apologetisches" Motiv: Aktiver Dialog mit den Naturwissenschaften

Karl Heims „neue Apologetik" ist mit einer der gängigen Verhältnisbestimmungen von Glaube und Naturwissenschaft – seit I. Barbour wird idealtypisch unterschieden zwischen dem Konfliktmodell, dem Unabhängigkeitsmodell, dem Dialogmodell und dem Integrationsmodell[1541] – nur schwer zu erfassen. Die von ihm geforderte und praktizierte „aktive Parteinahme im naturwissenschaftlichen Parteienkampf" ist weder aufgrund der „Kriegsmetapher"[1542] als okkupierender Übergriff („Expansion" bzw. „Expansionismus") noch als Verweigerung des Dialogs („Restriktion" bzw. „Restriktionismus"[1543]), noch als „Abgrenzungsapologetik"[1544], noch als „Missionsmodell" zu bezeichnen, welches Glaube und Naturwissenschaft als sich ausschließende Alternativen und pauschal die „Naturwissenschaftler als zu bekehrende Ungläubige"[1545] ansähe. Auch ist Heims Modell des aktiven, teilnehmenden Dialogs dem heute zumeist geforderten „freundschaftlichen" Dialog[1546] nicht unter-, sondern überlegen. Das reaktive „Modell für die freundschaftliche Wechselwirkung zwischen Theologie und Naturwissenschaft": „Ohne Vermischung und ohne Trennung, aber in lebendiger Wechselwirkung"[1547], übersieht die „weltkonstituierende und weltbildgenerierende Kraft der Wissenschaften"[1548], die in Konkurrenz tritt zum „Weltbild des Glaubens", und verharmlost den allgemeinen „Glauben an die Wissenschaft – den Szientismus"[1549]. Es hat überdies eine Tendenz zum „hermeneutischen Naturalis-

---

[1541] I.G. Barbour, Religion in an Age of Science, 1990, 3–30; vgl. V. Mortensen, Theologie und Naturwissenschaft, 1995, 27–80; M. Rothgangel, Naturwissenschaft und Theologie, 1999, 129–214; R. Esterbauer, Verlorene Zeit – wider eine Einheitswissenschaft von Natur und Gott, 1996, 25–86; J. Polkinghorne, Theologie und Naturwissenschaften, 2001, 33–35; A. McGrath, Naturwissenschaft und Religion, 2001, 60–68.
[1542] Mortensen, Theologie und Naturwissenschaft, 29, ohne direkten Bezug zu Heim.
[1543] Ebd.
[1544] So Pöhlmanns Charakterisierung Heims, Art. Apologetik, 214.
[1545] So die überzogene Kritik an Heim von Benk, Physik und Theologie, 146.
[1546] Z.B. G. Altner, Die Überlebenskrise in der Gegenwart. Ansätze zum Dialog mit der Natur in Naturwissenschaft und Theologie, 1987; W. Gräb (Hg.), Urknall oder Schöpfung? Zum Dialog von Naturwissenschaft und Theologie, 1997; A. McGrath, The Foundations of Dialogue in Science and Religion, 1998; U. Kropač, Naturwissenschaft und Theologie im Dialog, 1999; A. Benk, Moderne Physik und Theologie. Voraussetzungen und Perspektiven eines Dialogs, 2000; D. Evers, Raum – Materie – Zeit. Schöpfungstheologie im Dialog mit naturwissenschaftlicher Kosmologie, 2000.
[1547] Mortensen, Theologie und Naturwissenschaft, 269.266.
[1548] J. Mittelstraß, Weltbilder. Die Welt der Wissenschaftsgeschichte, 1997, 241.245.
[1549] C.F. v. Weizsäcker, Die Tragweite der Wissenschaft, 1966, 3.177, hat zurecht behauptet, der Szientismus nehme die „Rolle der beherrschenden Religion unserer Zeit" ein, und hat als religiöse Ele-

mus"[1550], welcher den Naturwissenschaften die „totale Deutungskompetenz"[1551] in Sachen Natur konzediert und den Dialog auf die „existenzielle Interpretation"[1552] der deutungs-offenen Ränder reduziert, an denen die naturwissenschaftlichen Theorien das Selbstverständnis des Menschen, sein Ethos und die Verantwortung für die Natur berühren.

Gegen dieses Dialogmodell spricht außer dem apologetischen das dogmatische Argument, dass der Glaube ein Weltbild *hat*, in welchem die sich auf die Welt beziehenden Glaubensaussagen auch den Status von Wissen haben – wenngleich nicht den des quantitativ erklärenden, sondern des sapientialen Erfahrungswissens, welches aus der *Erfahrung* der Welt als *Schöpfung* resultiert. Daher gehört zur dogmatischen Explikation des Glaubens auch die Klärung und Entfaltung eines adäquaten Weltbegriffs, welcher die Welterfahrung des Glaubens als einen nicht nur subjektiv, sondern auch objektiv bestehenden Zusammenhang darlegt. Die Ausbildung einer eigenen, theologischen Naturphilosophie und Erkenntnistheorie, ist daher für Heim zurecht unverzichtbarer Bestandteil von Theologie – nach „innen" und nach „außen", sowohl der fundamentaltheologischen Grundlegung, der dogmatischen Rekonstruktion und Explikation des Glaubens als auch der apologetisch-dialogischen Bemühung um ein Verstehen des Glaubens im Kontext philosophischen und naturwissenschaftlichen Weltverständnisses. Der Dialog mit den Naturwissenschaften muss u.E., wie es auch Heim getan hat, kritisch *und* konstruktiv als Streit um die Wahrheit der Weltbilder geführt werden.

2. „Metaphysisches" Motiv: Die Suche nach der Weltformel und der Einheit der Welt

Karl Heims „Weltformel" ist kein universelles Prinzip der Naturerklärung wie „die Evolution" oder die „Grand unified Theory (GUT)". Die Rückführung „der Fülle der Erscheinungen auf möglichst wenige Urtatsachen"[1553] ist kein Reduktio-

---

mente den gemeinsamen Glauben (das Vertrauen in die Verlässlichkeit der Wissenschaft), einen gemeinsamen Verhaltenskodex (die Ethik der technischen Welt lautet, alles zu tun, was technisch möglich ist) und eine „organisierte Kirche" genannt (3–8): „Damit rückt der Wissenschaftler ungewollt in die Rolle eines Priesters dieser säkularen Religion ein. Er verwaltet ihre Geheimnisse, ihre Prophetie und ihre Wunder" (ders., Säkularisierung und Naturwissenschaft, in: Weltbild, 1990, 258–265, 260f).

[1550] Gefordert von F.J. Wetz, Hermeneutischer Naturalismus, 1998; auch D. Evers, Raum – Materie – Zeit, 381, neigt solcher Hermeneutik zu.
[1551] C. Schwöbel, Theologie der Schöpfung im Dialog zwischen Naturwissenschaft und Dogmatik, 2002, 156f: „Der kritische Dienst, den die christliche Schöpfungstheologie der Naturwissenschaft leisten kann, besteht darin, dass die Sprache des christlichen Glaubens eine permanente Erinnerung daran bietet, dass die multi-dimensionale Struktur der Wirklichkeit nicht auf eine Erklärungsebene mit totaler Deutungskompetenz reduziert werden kann, ohne dass Naturwissenschaft auf diese Weise in eine meta-wissenschaftliche Ideologie transformiert würde."
[1552] Wetz, Naturalismus, 123.
[1553] GuL, 15.

nismus, sondern die *Generalisierung* der Phänomene der Welt durch *Formalisierung*. Die Komplexität der Welt wird nicht abgebaut, sondern strukturtheoretisch erfasst. Die Weltformel ist dem ontologischen Status nach keine Aussage über die Welt an sich, sondern über die formallogischen Strukturen der phänomenalen Welt. Der universale Geltungsanspruch der Weltformel ist nicht der der rationalen Letztbegründung oder Letzterklärung der Welt. Auf die Weltformel wird keine mathesis universalis aufgebaut, kein geschlossenes, systematisches, widerspruchsfreies System, weder des Denkens noch des Wissens.

Theologie als „Wissenschaft vom Ganzen" ist umgekehrt für Heim jedoch auch nicht rein positive Wissenschaft vom Christentum, sondern, mit Pannenberg gesagt, die Wissenschaft von Gott, die als solche „die Wirklichkeit im ganzen, wenn auch als das noch unvollendete Ganze der Bedeutungszusammenhänge der Erfahrung zum Gegenstand hat."[1554]

Die Weltformel ist bei Heim zum einen die logische Formalisierung des universalen Wirklichkeitsverständnisses des Glaubens. Sie Ausdruck „des umfassenden Charakter[s] des Wirklichkeitsverständnisses des christlichen Glaubens"[1555], oder besser, die naturphilosophische Formel für den kosmologischen Gehalt des Schöpfungsglaubens.

Die Weltformel dient zum anderen der erkenntnistheoretischen Fundierung des Glaubens. Dabei impliziert die Weltformel gleichermaßen die (rationale) Verstehbarkeit des Glaubens und die (irrationale) Unbegründbarkeit des Glaubens, indem sie gleichermaßen die Rationalität wie die Irrationalität der Welt und der Welterfahrung behauptet. Die Weltformel nimmt dabei im Lauf der Entwicklung des Denkens Heims verschiedene Fassungen an, die den Suchprozess anzeigen, das Verhältnis zwischen Verstehbarkeit und Unbegründbarkeit des Glaubens immer neu zu bestimmen. Als „Weltgesetz" gilt Heim das Gesetz der Relativität (= Relationalität) der Verhältnisse und der Unableitbarkeit der Entscheidungen, das Gesetz der Willensartigkeit und irrationalen Gesetztheit aller Wirklichkeit, das Gesetz der Perspektive, d.h. der Perspektivität aller Erkenntnis und der Nichtgegenständlichkeit des perspektivischen Zentrums, das Gesetz der mehrdimensionalen Struktur der Raum-Zeit und der Unableitbarkeit von Du aus Ich und von Ich aus Es sowie das Gesetz der Polarität, der Transzendenzen und der Potenz-Akt-Dynamik der Räume, das nur in Gott, der Allpolarität, aufgehoben ist und „zur Ruhe" kommt. Die Einheit der Welt ist eine Einheit unter den polaren Gegensätzen. Diese Einheit ist aus der Welt heraus nicht aufweisbar, sondern besteht nur in Gott und ist nur im Glauben erfahrbar.

[1554] W. Pannenberg, Wissenschaftstheorie und Theologie, 1977, 266.
[1555] Schwöbel, Theologie der Schöpfung, 137.

3. Die Fragestellung: Naturphilosophische und erkenntnistheoretische Reflexion des Glaubens

Karl Heim entfaltet eine theologische Naturphilosophie und Erkenntnistheorie zu dem Zweck, eine Antwort auf die Frage zu geben, wie die *Welt*, die *Erfahrung der Welt* und das *Verhältnis* von Gott und Welt gedacht werden müssen, damit die Gewissheit des Glaubens und das Wirken Gottes *in der Welt* gedacht werden können. Die Antwort auf diese Grundfrage hat Heim in seinen Hauptwerken in verschiedenen Variationen gegeben, die in einem entwicklungsgeschichtlichen Zusammenhang stehen.

a) Im „Weltbild der Zukunft": Die Welt ist logisch als Relationensystem von (Grund-, Umtausch- und Proportions-)Verhältnissen zu denken. Wirklichkeitswerdung realisiert sich durch („Willens"-)Entscheidungen der Alternativen der Verhältnisse. Wie die Wirklichkeit als wirkliche entschieden wird und zustande kommt, ist „theoretisch völlig unerklärlich[]"[1556]. Sie wird gesetzt durch den grundlosen „Willen", der das weltschöpferische Prinzip ist. Daher eignet allen praktischen Entscheidungen von Verhältnissen, zu denen auch der Glaube als Relation und als (Willens-)Entscheidung gehört, zwar unerklärbar-grundlose, aber dafür nicht-relative Gewissheit. Die Plausibilität der Argumentation hängt daran, ob der Willensbegriff sinnvoll auf das Weltgeschehen übertragen und der Weltwille als eins mit dem Willen Gottes gedacht werden kann. Dies ist u.E. cum grano salis möglich, wenn auch eine etwas „schwärmerische Gleichsetzung von einem Menschheits-, ja Weltwillen und dem göttlichen Willen"[1557] nicht zu leugnen ist.

b) In der „Glaubensgewissheit", erste und zweite Auflage: Die theoretische Unerklärbarkeit der praktischen Gewissheit der Erfahrungen des Lebens und des Glaubens, die im „Weltbild der Zukunft" das Letzte war, was man sagen konnte, wird in der „Glaubensgewissheit" verstehbar gemacht, indem der irrationale Tatsächlichkeitsfaktor der Welterfahrung und des Weltgeschehens als erkenntnistheoretische und naturphilosophische Grundkategorie begriffen wird. Die irrationale Tatsächlichkeit des Geschehens („Schicksal") ist mit der Unumkehrbarkeit der Zeit *und* mit der Nichtaustauschbarkeit des Ich korreliert. Wird die Nichtaustauschbarkeit *meines* Ich und die Unumkehrbarkeit *meiner* Existenz jenseits von Zufall oder Naturnotwendigkeit als „Gottesgeschenk"[1558] angenommen, so ist diese Haltung der Glaube. Wie der Glaube psychologisch, d.h. im konkreten Fall zustande kommt, ist nach wie vor unerklärbar – eben „Gnadengeschenk Gottes"[1559].

[1556] W, 106.
[1557] Müller-Schwefe, Karl Heim, 265.
[1558] G 2, 208.
[1559] GuL, 403.

c) In der „Glaubensgewissheit", dritte Auflage: Wie die Erfahrungsgewissheit zustande kommt, kann auch hier nicht kausal abgeleitet, aber die irrationale Tatsächlichkeit kann doch als Geschehen in der Zeit verstanden werden. Indem Heim nämlich das erkenntnistheoretische Ich als „nichtgegenständlichen Ermöglichungsgrund der ganzen Erfahrungswelt"[1560] versteht, ist das nichtgegenständliche Ich zugleich das empirische Zentrum der perspektivischen Erfahrung. Das Ich wird von Heim, obwohl er den Ausdruck nicht verwendet, als Zeitbewusstsein gedacht, sodass der Erfahrung ermöglichende transzendentale Grund auch der die Erfahrung in der Zeit vollziehende Grund ist. Dadurch kann das an das empirische, raumzeitliche Ich gebundene glaubende Ich als aufgehoben in das nichtgegenständliche Ich Gottes gedacht werden, sodass die allumfassende Gewissheit des Glaubens denkmöglich wird. Gegen den Vorwurf der identitätsphilosophischen, spekulativen Gleichsetzung von Ich und Gott konnte Heim verteidigt werden, obwohl er zweifellos das nichtgegenständliche Ich nicht mehr rein transzendental-erkenntnistheoretisch, sondern als das Nichtgegenständliche, d.h. als Sphäre, als Dimension, als Seinsweise des Wirklichen versteht.

d) In „Glaube und Denken", erste Auflage: Die Zweischichtigkeit der Wirklichkeit als gegenständliche und als nichtgegenständliche wird gegen den Verdacht der metaphysischen, dualistischen Objektivierung in eine objektive und eine subjektive Region geschützt, indem der Zusammenhang und die Zeitlichkeit beider Dimensionen aufgezeigt wird. Die Geschichtlichkeit und Zeitlichkeit des Ich besteht darin, dass das existentielle, erlebende Ich mit dem Zeitmodus der Gegenwart, verstanden mit Bergson und Husserl als „wahre Dauer", identifiziert wird. Die Geschichtlichkeit und Zeitlichkeit des Gegenständlichen besteht darin, dass die raumzeitliche Es-Welt, zu der als Element auch das empirisch-leibliche Ich gehört, die Welt der Vergangenheitszeit ist. Der Fluss der Zeit, das Werden, konstituiert den Zusammenhang von Ich und Welt. Zu Es und Ich kommt als dritte Dimension das Du, das mit Buber und Grisebach als Zeitmodus der Gegenwärtigkeit der Gegenwart verstanden wird. Dadurch wird die personale Präsenz Gottes, des ewigen Ur-Du, als Gegenwärtigkeit, d.h. als Gegenwart des Ewigen in der Zeit denkbar.

e) In „Glaube und Denken", dritte bis siebte Auflage: Die zur zeitlichen Allpräsenz Gottes komplementäre räumliche Allpräsenz wird in der Philosophie der Räume thematisiert, indem die Welt strukturell als hierarchisch geschichtetes und dynamisch wechselwirkendes Gefüge von transzendenten und polaren Räumen gedacht wird, sodass die Transzendenz und Immanenz Gottes in der Welt im Begriff des „allpolaren Raumes" gedacht werden kann. Gegen den von Bonhoeffer, Barth, Diem u.a. erhobenen Vorwurf, Heim wolle Gott und Welt in ein unkritisches, metaphysisch-ontologisches System bringen, weil seine Philosophie der

---

[1560] G 3, 272.

Räume den Übergottesstandpunkt darstelle und er „an einem Ort steht, an dem kein Mensch stehen kann"[1561], konnte Heim verteidigt werden, indem gezeigt wurde, das er das Verhältnis von Gott und Welt als intrinsisch-attributive *und* dynamisch-akthafte Analogie der ähnlichen Unähnlichkeit denkt, sodass Gott in der Welt von der Welt unterschieden gedacht ist.

4. Das Verhältnis von Glauben und Denken und die zweilinige Erkenntnistheorie

In allen Konzeptionen Heims stehen Glauben und Denken nicht im einfachen Verhältnis der totalen Differenz, weder der *duplex veritas* noch der Antinomie von Irrationalität (des Glaubens) und Rationalität (des Denkens), sondern im dimensionalen Verhältnis. Sowohl das Glauben wie das Denken implizieren jeweils ein irrationales und ein rationales Moment. Beide haben einen objektiven Gehalt und sind begründet in irrationaler Positivität. Das objektive Moment des Glaubens besteht in seinem explizierbaren Gegenstand (Credo), das irrational-positive in seinem ungegenständlichen Vollzug (credo). Ebenso gründet das rationale, abstraktive und objektivierende Denken im irrational-positiven *Gegebensein* des Gedachten im Denken. Die Differenz und der Zusammenhang beider Momente kann in einer „einlinigen" Erkenntnistheorie nicht erfasst werden, sondern nur in einer scotistischen, „zweilinigen".

„Erleben" und „Erkennen" verhalten sich wie Teilnehmer- und Beobachtungsperspektive, wie Innen- und Außenansicht der Wirklichkeit. Das Erlebte bildet im Erleben eine „Einheit, deren Teile durch gemeinsame Bedeutung verbunden sind"[1562]. Das Erkannte ist im Erkennen nach seinen Teilen differenziert und bildet vermöge der Synthesis des Ich eine Einheit. Das Erleben ist dem Erkennen vorgängig, und zwar transzendental, zeitlich, logisch und ontologisch: Das nichtgegenständliche, erlebende Ich ist Bedingung der Möglichkeit von gegenständlicher Erkenntnis. Das Erleben, das im Zeitmodus der Gegenwart des Gegenwärtigen (GG) sich vollzieht, ist dem im Zeitmodus der Gegenwart des Vergangenen (GV) sich vollziehenden Erkennen zeitlich voraus. „Etwas" muss zuerst als Ganzes gegeben sein, damit es „als etwas" bestimmt und unterschieden werden kann. Das Kontinuum ist vor dem Diskretum, das Ganze vor dem Teil. Dies bedeutet ontologisch, dass die Ich-Welt-Einheit primär, die Aufspaltung in erkennendes Subjekt und erkanntes Objekt aber sekundär ist.

Beide Erkenntnishaltungen fallen jedoch nicht auseinander. Weder ist das Erleben resp. das Glauben bewusstlos-blind, noch bedeutet das Erkennen absolute Objek-

---

[1561] Bonhoeffer, Glaube und Denken, 229.
[1562] Dilthey, Gesammelte Schriften VII, 234.

tivität. Erleben und Erkennen sind durch das Gesetz der Perspektive vermittelt, welches Subjektivität und Objektivität auch im abstraktesten Denken aneinander bindet. Das abstrakte Denken kann das existentielle Ich nicht abschütteln. Beide Haltungen haben dasselbe Ich zur Voraussetzung. Das erkennende, transzendentale Ich ist als Zeitbewusstsein, so haben wir Heim interpretiert, zugleich das präreflexiv-bewusste, erlebende Ich. Das Erkennen ist regional und durch eine Vielzahl von Horizonten beschränkt – es differenziert innerhalb eines Horizontes –, nur das Erleben schließt Horizonte und neue Räume auf.

Die Welt ist mit einem einzigen Kategoriensystem nicht vollständig erfassbar. Die Differenz von Innen- und Außenperspektive kann nicht geschlossen werden. Die Wirklichkeit der Welt ist nur polar-komplementär erfassbar. Das optische und erkenntnistheoretische Grundgesetz der Perspektive kann in der Ontologie nicht übersprungen werden. Der Unterschied der logischen Zustände „Identität" und „Differenz" kann nicht aufgehoben werden: Ganzes und Teil, Totalität und Unterscheidung sind irreduzibel. Zur Erfassung der phänomenalen Welt bedarf es zweier Kategoriensysteme, die zwei wesenhaft unterschiedenen Erscheinungsweisen des Wirklichen entsprechen. Heim unterscheidet hierzu in seiner zweilinigen Kategorientafel zwischen Inhalt als Teil und Raum als Ganzem bzw. zwischen inhaltlichen und dimensionalen Unterscheidungen.

5. Die kategoriale Struktur des phänomenalen Seins

Der Fehler der klassischen Physik und Metaphysik war, dass sie die Welt mit einem einzigen Kategoriensystem konstruieren und verstehen wollte, entweder vom isolierten, substantiellen Einzelding her oder von der unendlichen Sphäre des absoluten Ich her[1563]. Es gibt aber (mindestens) zwei Ordnungen oder Dimensionen der Wirklichkeit: die zeitlose und die zeithafte, die gegenständlich-substantielle und die nichtgegenständlich-akthafte, die reflexionslose und die reflexive. Wirkliches ist sowohl Ding (in Relation) als auch Ich (in Relation und Selbstrelation). Die kategoriale Differenz zwischen „Es", „Ich" und „Du" ist irreduzibel. Die Welt ist, wie Günther im Anschluss an Heim und Hegel sagt, nicht als eine einzige Universalkontextur reflexionslosen Seins verstehbar. Sein ist nie nur An-sich- und Für-sich-Sein, sondern immer auch Mit-sich-, Aus-sich-heraus- und In-sich-hinein-Sein. Elementarteilchen der Wirklichkeit ist nicht ‚Ding', sondern ‚Selbst' in den beiden Formen, die bei Heim ‚Raum' als Ganzes bzw. Kontinuum

---

[1563] Vgl. GD 1, 37: „Es zeigt sich, dass die ganze Denk- und Forschungsarbeit der nachkartesianischen Philosophie sich immer nur in einer einzigen, in sich unendlichen Sphäre bewegt hat, nämlich in der Sphäre des Erinnerungsraumes und der Bewusstseinsgegenständlichkeit, also im Ichraum der Gewussten. Diese Denkarbeit beruhte auf der falschen Meinung, das sei die einzige Sphäre, es sei die Sphäre der Wirklichkeit, neben der es keine andere gibt."

und Element bzw. Diskretum heißen. Die Akt-Seins-Dynamik des Weltgeschehens wird nicht durch die Polarität von Atom und Gesetz bzw. von Materie und Kraft, sondern durch die Polarität von Relation und Reflexion, d.h. von Fremd- und Selbstrelation konstituiert. Die ‚Atome' der Wirklichkeit sind nicht die Massepunkte, sondern die Relationenbildungen, d.h. die Ereignisse. Das Ereignis ist die zentrale naturphilosophische Kategorie bei Heim. Der Verhältnischarakter der Wirklichkeit meint nicht die statisch-relatierten Entitäten, sondern die dynamische Folge von relatierten Ereignissen, der baumartig sich verzweigende und immer neu sich konstituierende Prozess der Entscheidungen in den Grund- und Umtauschverhältnissen. Auch die Naturgesetze sind in Entwicklung. Um die künftige Weltgestalt wird noch gerungen. Das Geschehen, die Gegenwart, der Vollzug ist die eigentliche Wirklichkeit. *Sein ist Zeit*, gegliedert nach den irreduziblen, jedoch zusammenhängenden modalen Dimensionen der Zeit. Indem Heim wie auch Picht, v. Weizsäcker u.a. *Sein als Zeit* begreift, versteht er *Wirklichkeit* als ständigen *Übergang* aus dem Möglichen ins Gegenständliche. Sein ist *Relation*, in der sich *Wille* verwirklicht. Die Weltwirklichkeit ist unabschließbar offen für die Zukunft und zugleich ständig sich durch Entscheidungen festlegend.

Auf der fundamentalsten Ebene, die dem Denken gerade noch erreichbar und aus der Analogie zum Erleben des eigenen Innen gerade noch erschließbar ist, ist die Welt daher nicht rational, sondern arational verfasst. Der Grund der Wirklichkeit ist, logisch-ontologisch gesagt, Relation statt Substanz, zeitlich gesagt Werden statt unwandelbares Sein, subjektivitätstheoretisch gesagt Wille statt Rationalität, oder mit Schelling: „Es gibt in der letzten und höchsten Instanz gar kein andres Sein als Wollen. Wollen ist Ursein"[1564].

Jedoch bleibt der letzte Grund des Seins, das „Ursein", wie Heim zu Recht betont, für das Erkennen immer transzendent. Die Differenz zwischen der *ratio cognoscendi* und der *ratio essendi* kann durch das Denken nicht geschlossen werden. Weder ist der Schluss vom Denken auf den Seinsgrund (ontologischer Gottesbeweis) noch von der polaren Weltstruktur auf den unpolaren Grund (kosmologischer Gottesbeweis) möglich. Gott wird nur durch Gott erkannt, d.h. wenn er sich als der letzte Grund des Seins, als letzte un- oder allpolare Dimension, in der alles ‚steht', im ungegenständlichen Glaubenserlebnis erschließt.

6. Polydimensionale Schichtung der Weltwirklichkeit

Die naturphilosophische Entfaltung des christlichen Weltverständnisses gestaltet sich bei Heim, u.E. in höchst überzeugender Weise, als induktive, phänomenologische „Metaphysik". Ausgegangen wird vom natürlichen Weltbegriff, der als

---

[1564] Schelling, Freiheit, 62 = Werke I/7, 350.

Konvergenzpunkt von alltagsweltlicher, naturwissenschaftlicher und philosophisch reflektierter Erfahrung dient. Es werden wissenschaftliche Erfahrungen einbezogen, jedoch wird auch direkt, ohne wissenschaftliche Vermittlung, auf alltägliche Welterfahrung rekurriert. Die Einzelerfahrungen werden aufgrund ihrer realen Zusammenhänge, d.h. so wie die Phänomene sich als zusammenhängend zeigen, gedeutet und integriert zu einer zusammenhängenden kategorialen Strukturlehre. Der Zusammenhang der Welt besteht vom natürlichen Weltbegriff her in einer Schichtung von kategorial irreduziblen Dimensionen. Der Zusammenhang ist eine Einheit in Verschiedenheit oder, mit Günther gesagt, nicht kontextural, sondern dis- und transkontextural. Heims dimensionale Relationen-, Raum- und Zeitlehre begreift die Weltwirklichkeit als polydimensional geschichtet und strukturiert. Die irreduziblen Hauptschichten, die je das Ganze der Welt, aber je auf andere Weise umfassen, sind die folgenden: 1. Die „durchsichtigste", unmittelbar „vor Augen" liegende und „vordergründigste" Schicht ist die physikalische Wirklichkeit: die Welt des Sichtbaren und Greifbaren, die Welt als reflexionsloses Sein, als „Es". 2. Die nächsthöhere Schicht ist das Bewusstsein und seine Tätigkeit: der aktive, intentionale Ich-Raum des Bewussten. Das Ich ist die Dimension, in der und durch die die objektiven Strukturen (soweit möglich) durchschaubar werden, indem Welt zu meiner Welt wird. Das Ich umfasst und synthetisiert meine Welt zur Einheit, es hat die Welt ‚vor' sich. Es hat aber auch eine ganze Welt ‚hinter' sich, derer es nicht Herr werden kann, ‚in' der es sich nur präreflexiv bewegen kann, nämlich den nichtgegenständlichen Ich-Raum, der reflexiv gerade noch erfassbar ist als 3. der Raum „des Ungegebenen, Nichtgegenständlichen, das hinter der ganzen raumzeitlichen Gegenstandswelt [steht] als unsichtbarer Welthintergrund, als Ursprung und Quellsee, aus dem alle letzten Geltungen hervor[gehen]"[1565]. „Hinter" der sichtbaren und der bewussten Welt befindet sich die Welt der geistigen Realitäten, die Heim nicht in derselben Weise „ausgeleuchtet" hat, wie die anderen Schichten. Sie befindet sich ‚jenseits' der Raumzeit, doch nicht räumlich jenseits, sondern das Diesseits durchdringend und bestimmend. Man müsste unterscheiden zwischen den zeitlosen geistigen Realitäten (den logischen Gesetzen, die in jeder möglichen Welt gelten müssen) und den zeithaften geistigen Realitäten, wie den kontingenten Naturgesetzen, die Strukturen *in der Zeit* sind und nur *als Strukturen in der Zeit* in Erscheinung treten. 4. Die „höchste" Schicht, das Bewusstsein in sich schließend, aber auch bedingend, ist die Welt des Personalen, des Einzelnen, der Existenz. Sie bildet die *innerste* und *tiefste* Schicht der Wirklichkeit, wie man statt Heims Metaphorik des „Über" und des „All" besser sagen sollte, weil sie nicht mehr hintergehbar und nicht mehr ableitbar ist. In der irrationalen, kontingenten Tatsächlichkeit meiner Existenz „erscheint" der letzte unbegründbare Grund der Wirklichkeit. „Kontin-

---

[1565] GuL, 27.

genz" ist der philosophische Ausdruck für den christlichen Schöpfungsgedanken.
5. Die *allertiefste* Schicht, der *Ur-Grund* des Seins, ist in kategorialen Letztbegriffen, die Heim die undefinierbaren Grundbegriffe nennt: Relation, Substanz, Bewusstsein (Ich), Werden (Zeit), nicht mehr fassbar, sondern nur als alles transzendierender und bedingender Ur-Grund. Doch darf u.E. die Transzendenz Gottes nicht nur negativ gedacht werden als ontologische und erkenntnistheoretische Bedingung der Einheit, Erkennbarkeit und Erforschbarkeit der Welt. Es genügt nicht, mit Heim die Transzendenz Gottes nur abstrakt im formal richtigen Unterscheidungs- und Zuordnungsverhältnis zur Welt zu denken, sondern die Welt muss auch *als Schöpfung gedacht* werden können. Dazu muss Gottes Transzendenz auch *als Kreativität in* den raumzeitlichen Strukturen gedacht werden[1566].

7. Transzendenz und Introszendenz Gottes in der Welt

Trotz der wenig glücklichen Formel von der Überpolarität Gottes hat Heim sachlich die kategoriale Verhältnisbestimmung Gottes zur Welt nicht als „außen" oder „über", sondern als „innen" beschrieben. Gott ist das innerste Innen der Welt, wodurch eine dimensionale Schichtengrenze zwischen dem Innen der Welt (dem primären Werden, der Kreativität, dem Ur- und Selbstsein als Wille) und dem Innen des Innen bzw. präzise dem unserem Erkennen verborgenen Innen *als Innen* etabliert wird. Gott als Innen des Innen der Welt zu begreifen, ist gegen die neuzeitliche Tradition von Physik und Metaphysik theologisch sachgerechter als ihn deistisch aus der Welt herauszustellen. Gott ist nicht als Gegenüber, sondern als Innen von Es, Ich und Du zu denken. Dies ist aber nur möglich, wenn Ich und Du nicht extramundan aus der Welt herausgestellt werden. Subjektivität muss mit Günther (gegen Descartes und Kant) intramundan und Personalität mit Buber und Grisebach (gegen den Idealismus und Tendenzen bei Heidegger) zeitlich gedacht werden. Aufgrund der seinskategorialen Schichtengrenzen besteht keine Gefahr der Verwechslung Gottes mit einer Schicht, weder der existentialontologischen Verwechslung von Gott und Du, noch der idealistischen von Gott und Ich, noch der pantheistisch-naturalistischen von Gott und Es.
Die Transzendenz Gottes hat ihr Ubi, kurz gesagt, nicht in einem exramundanen, äußeren Raum, sondern intramundan im Welt*innen*raum. Heims Unterscheidung von Innen- und Außenperspektive kann u.E. mit Gewinn auf die Transzendenz Gottes angewandt werden. Gott ist bei Heim zurecht nicht vor, über oder nach aller Schöpfung, sondern in, mit und unter aller Schöpfung gedacht. Gottes Zeit ist weniger die Vor-, Über- und Nachzeitlichkeit (Barth), sondern vielmehr die Tiefendimension der Zeit. Gott ist weniger vor-, über- oder unräumlich, als viel-

---

[1566] Mit Wölfel, Welt als Schöpfung, 24 und Schwöbel, Theologie der Schöpfung, 153.

mehr das Innen des Innen der Schöpfung, oder kurz die Tiefendimension raumzeitlichen Seins.

Der offene Ich-, Du- und Werdeaspekt der Welt und der geschlossene, objektive Es-Aspekt lassen sich so vermitteln, oder vielmehr *sind* vermittelt durch die Präsenz Gottes. „Welt" ist Wille, Werden, Selbst und Du nicht aus sich selbst und durch sich selbst, sondern kraft der zeitlichen und räumlichen Präsenz Gottes. Damit ist Gott weniger die causa prima vor, über und nach den causae secundae der materiellen Welt, sondern die teleologische Ganzheits- und Repräsentationskausalität. Der Kontingenz der Welt eignet daher von innen Notwendigkeit und Finalität.

Gott ist bei Heim weniger die abstrakte Allmacht, die erst in die Welt hinein vermittelt werden muss, als vielmehr die direkte Allwirksamkeit im Weltgeschehen, die *in* der Welt als „offene Dimension" von Zeit, Raum und Naturgesetzlichkeit in Erscheinung tritt. Die kategoriale Differenz von Innen und Außen ist in Bezug auf das Verhältnis von Gott und Welt dimensional vermittelt: Das naturgesetzliche Werden und Gewordensein der Welt ist mit dem Werden aus Gott unanschaubar identisch in einem nichtgegenständlichen Element, welches die Repräsentation Gottes im Weltgeschehen darstellt, nämlich dem offenen, primären Werden, der Kreativität und der Kontingenz des Naturgeschehens. Das Weltgeschehen *ist* bei Heim im tiefsten der freie Wille Gottes. Was von außen als Kontingenz erscheint, ist von innen die Notwendigkeit des (freien) Handelns Gottes.

Als Wille Gottes ist das Weltgeschehen nicht objektivierbar. Wenn sich mir jedoch im Glauben Gott als der letzte, alles bedingende, bewahrende, kreativ-wirkende und vollendende Grund der Welt erschließt, dann bedeutet die Glaubensgewissheit zugleich nicht-relative, objektive Gottesgewissheit in der relativen Welt.

Wenn Karl Heim auch oft allzu direkt Seinsfragen als Sinnfragen interpretiert und die Bestimmung des theologischen Weltbegriffs zu sehr mit dem Gewissheitsproblem verquickt hat, so ist seine polydimensionale Strukturlehre doch ein innovativer und im Kern sowohl methodisch als auch materialiter überzeugender Entwurf einer theologischen Naturphilosophie und Erkenntnistheorie, die Struktur der raumzeitlichen Welt, die Erfahrungsweisen der Welt und das Verhältnis von Gott und Welt theologisch angemessen zu denken. Heim hat in bis heute wegweisender Weise Glaube und Naturwissenschaft nicht nur formal in ein Verhältnis gesetzt, sondern den theologischen mit dem naturwissenschaftlichen Weltbegriff konstruktiv vermittelt. Wir schätzen seinen Versuch als eine der wenigen ernsthaften Bemühungen um einen auch naturphilosophisch akzeptablen theologischen Weltbegriff, an dem sich heutige theologische Reflexion messen lassen muss, auf dem sie aber auch mit Gewinn aufbauen kann.

Literaturverzeichnis

Die verwendeten Abkürzungen sind im Folgenden angegeben oder folgen dem Verzeichnis bei Schwertner, Siegfried: Internationales Abkürzungsverzeichnis für Theologie und Grenzgebiete. Berlin / New York 1974.

1. Siglen

Karl Heim

G 1–4	Glaubensgewissheit, 1.–4. Auflage
GD 1–7	Glaube und Denken, 1.–7. Auflage
GN	Der christliche Gottesglaube und die Naturwissenschaft
GP	Das Gewissheitsproblem in der systematischen Theologie
GuL	Glaube und Leben, 1. Auflage
Ich gedenke	Ich gedenke der vorigen Zeiten
JH	Jesus der Herr
JW	Jesus der Weltvollender
LaG	Leben aus dem Glauben, 2. Auflage
LI 1–3	Leitfaden der Dogmatik, Erster Teil, 1.–3. Auflage
LII 1–3	Leitfaden der Dogmatik, Zweiter Teil, 1.–3. Auflage
PA	Psychologismus oder Antipsychologismus?
W	Das Weltbild der Zukunft
WnW	Die Wandlung im naturwissenschaftlichen Weltbild
WW	Weltschöpfung und Weltende

Weitere

BGD I–III	G. Günther, Beiträge zur Grundlegung einer operationsfähigen Dialektik, Bd. I–III
CBL	Calwer Bibellexikon
DS	H. Denzinger / A. Schönmetzer, Enchiridion Symbolorum
EKL	Evangelisches Kirchenlexikon, 3. Auflage
EPhW	Enzyklopädie Philosophie und Wissenschaftstheorie
GDJ	Glaube und Denken, Jahrbuch der Karl-Heim-Gesellschaft, 1988ff
GMS	I. Kant, Grundlegung zur Metaphysik der Sitten
HWPh	Historisches Wörterbuch der Philosophie
Kat.	Aristoteles, Die Kategorien
KD	K. Barth, Kirchliche Dogmatik
KrV	I. Kant, Kritik der reinen Vernunft
KU	I. Kant, Kritik der Urteilskraft
LThK	Lexikon für Theologie und Kirche, 3. Auflage
Met.	Aristoteles, Metaphysik
Phys.	Aristoteles, Physik
PR	A.N. Whitehead, Prozeß und Realität
Prol.	I. Kant, Prolegomena zu einer jeden künftigen Metaphysik …
RGG[1-4]	Religion in Geschichte und Gegenwart, 1.–4. Auflage
ScG	Thomas v. Aquin, Summa contra Gentiles
ST 1–3	W. Pannenberg, Systematische Theologie, Bd. 1–3
ST I–III	P. Tillich, Systematische Theologie, Bd. I–III

STh	Thomas v. Aquin, Summa Theologiae
Tim.	Platon, Timaios
TRE	Theologische Realenzyklopädie
WA	M. Luther, Weimarer Ausgabe

2. Schriften von Karl Heim

Die Absolutheit des Christentums und die Religionsgeschichte. Vortrag in Hall 1923. In: Glaube und Leben, 1. Aufl., S. 419–437.

Die Aufgabe der Apologetik in der Gegenwart. Beilage zum Reichsboten 22/23 (1915). In: Glaube und Leben, 1. Aufl., S. 157–180.

Bilden ungelöste Fragen ein Hindernis für den Glauben? Vortrag auf der 15. Allgemeinen Deutschen Christlichen Studentenkonferenz, Wernigerode 1905. In: Glaube und Leben, 1. Aufl., S. 515–536.

Christentum und Naturwissenschaft. In: Wartburg 40 (1941), S. 101–103.

Christus und die Schöpfungsordnungen. In: Allgemeine Evangelisch-Lutherische Kirchenzeitung 71 (1938), Sp. 754–758.778–782.802–806.

Der christliche Gottesglaube und die Naturwissenschaft. Bd. IV von: Der evangelische Glaube und das Denken der Gegenwart. Grundzüge einer christlichen Lebensanschauung.
   1. Auflage, Tübingen 1949.
   2. Auflage, Hamburg 1953. Mit dem Untertitel: Grundlegung des Gesprächs zwischen Christentum und Naturwissenschaft.
   3. Auflage, mit neuer Seitenzählung, Wuppertal 1976 (= GN).
   4. Auflage, Bad Liebenzell 2004.

Eine neue Apologetik. In: Die Reformation 5 (1906), S. 386–389.

Das Gebet als philosophisches Problem. Vortrag auf der 28. Aarauer Studentenkonferenz 1925. In: Glaube und Leben, 1. Aufl., S. 484–514.

Gebetswunder und Wunderheilungen. In: Leben aus dem Glauben. Beiträge zur Frage nach dem Sinn des Lebens. 2. Aufl., Berlin 1934, S. 150–166.

Der gegenwärtige Stand der Debatte zwischen Theologie und Naturwissenschaft. Studien und Kritiken 3 (1908), S. 402–429. In: Glaube und Leben, 1. Aufl., S. 33–62 (= Stand der Debatte).

Gedanken eines Theologen zu Einsteins Relativitätstheorie. Zeitschrift für Theologie und Kirche, Neue Folge 2 (1921), S. 330–347. In: Glaube und Leben, 1. Aufl., S. 119–137 (= Gedanken).

Das Gewißheitsproblem in der systematischen Theologie bis zu Schleiermacher. Leipzig 1911 (= GP).

Der Glaube an ein ewiges Leben. Ein Vortrag in der Liederhalle, Stuttgart 1921. In: Glaube und Leben, 1. Aufl., S. 325–347.

Glaubensgewißheit. Eine Untersuchung über die Lebensfrage der Religion.
   1. Auflage, Leipzig 1916 (= G 1).
   2., völlig umgearbeitete Auflage, Leipzig 1920 (= G 2).
   3., völlig umgearbeitete Auflage, Leipzig 1923 (= G 3).
   4., vom Verfasser mit neuem Geleitwort versehene Auflage, Berlin 1949 (= G 4).

Glaube und Leben. Gesammelte Aufsätze und Vorträge. Mit einer Einführung über Sinn und Ziel meiner theologischen Arbeit.
   1. Auflage, Berlin 1926 (= GuL).
   3., erweiterte Auflage, Berlin 1928.

Glaube und Denken. Philosophische Grundlegung einer christlichen Lebensanschauung.
>   1. Auflage, Berlin 1931 (= GD 1).
>   3., völlig umgearbeitete Auflage, Berlin 1934. Bd. I von: Der evangelische Glaube und das Denken der Gegenwart. Grundzüge einer christlichen Lebensanschauung (= GD 3).
>   4. Auflage, mit neuer Einleitung, Berlin 1937.
>   5. Auflage, mit neuer Einleitung und neuem Schlussteil, Hamburg 1957 (= GD 5).
>   7. Auflage, mit neuer Seitenzählung, Wuppertal 1985 (= GD 7).
>   8. Auflage, Bad Liebenzell 2004.

Gott oder Verzweiflung. In: Die Furche 18 (1932), S. 143–155.

Ich gedenke der vorigen Zeiten. Erinnerungen aus acht Jahrzehnten.
>   1. Auflage, Hamburg 1957.
>   4. Auflage, mit neuer Seitenzählung, Wuppertal 1980 (= Ich gedenke).

Jesus der Herr. Die Führervollmacht Jesu und die Gottesoffenbarung in Christus. Bd. II von: Der Evangelische Glaube und das Denken der Gegenwart. Grundzüge einer christlichen Lebensanschauung.
>   1. Auflage, Berlin 1935; 2. Auflage, Berlin 1939.
>   4. Auflage, Hamburg 1955. Mit geändertem Untertitel: Die Herrschervollmacht Jesu und die Gottesoffenbarung in Christus.
>   5. Auflage, mit neuer Seitenzählung, Wuppertal 1977 (= JH).
>   6. Auflage, Bad Liebenzell 2004.

Jesus der Weltvollender. Der Glaube an die Versöhnung und Weltverwandlung. Bd. III von: Der Evangelische Glaube und das Denken der Gegenwart. Grundzüge einer christlichen Lebensanschauung.
>   1. Auflage, Berlin 1937; 2. Auflage, Berlin 1939.
>   3. Auflage, Hamburg 1952.
>   5. Auflage, mit neuer Seitenzählung, Wuppertal 1975 (= JW).
>   6. Auflage, Bad Liebenzell 2004.

Der Kampf gegen den Säkularismus. Bericht über die 16. kontinentale Missionskonferenz zu Bremen 1930. In: Die Furche 16 (1930), S. 384–405; in: Leben aus dem Glauben, S. 217–238; zit. nach Köberle, Adolf, Karl Heim. Denker und Verkündiger aus evangelischen Glauben. Hamburg 1973, S. 148–166.

Leben aus dem Glauben. Beiträge zur Frage nach dem Sinn des Lebens (1932). 2. Aufl., Berlin 1934.

Leitfaden der Dogmatik zum Gebrauch bei akademischen Vorlesungen.
>   Erster Teil: 1. Auflage, Halle 1912 (= LI 1).
>   2., veränderte Auflage, Halle 1916 (= LI 2).
>   3., veränderte Auflage, Halle 1923 (= LI 3).
>   Zweiter Teil: 1. Auflage, Halle 1912 (= LII 1).
>   2. Auflage, Halle 1921 (= LII 2).
>   3., veränderte Auflage, Halle 1925 (= LII 3).

Die neue Welt Gottes. Eine Antwort auf die Frage nach dem Sinn des Lebens. 2. Aufl., Berlin 1928.

Natur und Gott von Arthur Titius. In: Theologische Literaturzeitung 52 (1927), Sp. 1–5.

Offener Brief an Professor D. Schlatter. In: Monatsschrift für Pastoraltheologie zur Vertiefung des gesamten pfarramtlichen Wirkens 28 (1932), S. 67–80.

Offener Brief an Karl Barth. In: Die Furche 15 (1929), S. 28–32.

Ottos Kategorie des Heiligen und der Absolutheitsanspruch des Christentums. In: Zeitschrift für Theologie und Kirche, Neue Folge 1 (1920), S. 14–41; in: Glaube und Leben, 1. Aufl., S. 320–350.

Psychologismus oder Antipsychologismus? Entwurf einer erkenntnistheoretischen Fundamentierung der modernen Energetik. Berlin 1902.

Die religiöse Bedeutung des Schicksalsgedankens bei Oswald Spengler. In: Grützmacher, Richard / Heim, Karl, Oswald Spengler und das Christentum. München 1921, S. 3–38; in: Glaube und Leben, 1. Aufl., S. 374–405.

Der Schicksalsgedanke als Ausdruck für das Suchen der Zeit. Vortag im Sozialwissenschaftlichen Verein, Tübingen 1922/23. In: Glaube und Leben, 1. Aufl., S. 406–429.

Selbstanzeige zu: Psychologismus oder Antipsychologismus? Entwurf einer erkenntnistheoretischen Fundamentierung der modernen Energetik. Berlin 1902. In: Kantstudien 8 (1903), S. 123–125 (= Selbstanzeige zu PA).

Selbstanzeige zu: Das Weltbild der Zukunft. Eine Auseinandersetzung zwischen Philosophie, Naturwissenschaft und Theologie. Berlin 1904. In: Kantstudien 10 (1905), S. 228f (= Selbstanzeige zu W).

Die Wandlung im naturwissenschaftlichen Weltbild. Bd. V von: Der Evangelische Glaube und das Denken der Gegenwart. Grundzüge einer christlichen Lebensanschauung.
   1. Auflage, Hamburg 1951.
   4. Auflage, mit neuer Seitenzählung, Wuppertal 1975 (= WnW).
   5. Auflage, Bad Liebenzell 2004.

Die Weltanschauung der Bibel (1919). 4. Aufl., Leipzig 1924.

Das Weltbild der Zukunft. Eine Auseinandersetzung zwischen Philosophie, Naturwissenschaft und Theologie.
   1. Auflage, Berlin 1904.
   2. Auflage, mit neuer Seitenzählung, Wuppertal 1980 (= W).

Weltschöpfung und Weltende. Bd. VI von: Der Evangelische Glaube und das Denken der Gegenwart. Grundzüge einer christlichen Lebensanschauung.
   1. Auflage, Hamburg 1952.
   2., leicht veränderte Auflage, Hamburg 1958. Mit dem Untertitel: Das Ende des jetzigen Weltzeitalters und die Weltzukunft im Lichte des biblischen Osterglaubens.
   3. Auflage, mit neuer Seitenzählung, Wuppertal 1974 (= WW).
   4. Auflage, Abd Liebenzell 2004.

Zeit und Ewigkeit, die Hauptfrage der heutigen Eschatologie. In: Zeitschrift für Theologie und Kirche, Neue Folge 7 (1926); in: Glaube und Leben, 1. Aufl., S. 539–570; zit. nach: Zeit und Ewigkeit. Gesammelte Aufsätze und Vorträge. Moers 1987, S. 9–36.

Zu meinem Versuch einer neuen religionsphilosophischen Grundlegung der Dogmatik. In: Zeitschrift für Theologie und Kirche, Neue Folge 4 (1923); in: Glaube und Leben, 1. Aufl., S. 438–483 (= Versuch).

Zur Frage der Glaubensgewißheit. Eine Antwort auf den Aufsatz von Dr. J.G. Snethlage. In: Zeitschrift für Theologie und Kirche, Neue Folge 9 (1928), S. 417–431.

Zur Frage der philosophischen Grundlegung der Theologie. Antwort auf den Aufsatz von D.Th. Steinmann. In: Zeitschrift für Theologie und Kirche, Neue Folge 13 (1932), S. 175–190.

Zur Geschichte des Satzes von der doppelten Wahrheit. In: Studien zur systematischen Theologie. Theodor von Haering zum 70. Geburtstag von Fachgenossen dargebracht. Tübingen 1918, S. 1–16; in: Glaube und Leben, 1. Aufl., S. 79–103.

Zur Philosophie des Als-Ob. In: Theologische Literaturzeitung 1912; in: Glaube und Leben, 1. Aufl., S. 69–78.

3. Aufsätze und Monographien zu Karl Heim

Althaus, Paul: Das Kreuz und das Böse. Bemerkungen zu Karl Heims Lehre vom Werke Christi. In: Zeitschrift für systematische Theologie 15 (1938), S. 165–193.

Barbour, Ian: Karl Heim on Christian Faith and Natural Science. In: The Christian Scholar 39 (1956), S. 229–237.
Barth, Karl: Karl Barth an Karl Heim. In: Zwischen den Zeiten 9 (1931), S. 451–453.
Barth, Karl: Brief an Karl Heim. In: Die Furche 14 (1928), S. 23–25.
Beck, Horst W.: Götzendämmerung in den Wissenschaften. Karl Heim – Prophet und Pionier. Wuppertal 1974.
Benk, Andreas: Karl Heim und die Relativitätstheorie. Kritische Bemerkungen zu Heims Verhältnisbestimmung von Theologie und modernen Naturwissenschaften. In: Theologie und Philosophie 76 (2001), S. 31–46.
Beuttler, Ulrich: Die gegenwärtige Relevanz von Karl Heims Welt- und Wirklichkeitsverständnis. Eine thesenhafte Skizze. In: GDJ 19 (2006).
Bodenstein, Dietrich: Das Säkularismusproblem und die neue Apologetik bei Karl Heim. In: Evangelium und Wissenschaft. Beiträge zum interdisziplinären Gespräch 2 (1981), S. 4–13.
Bonhoeffer, Dietrich: Zu Karl Heims Glaube und Denken. In: Christentum und Wissenschaft 8 (1932), S. 441–454; in: Ders., Gesammelte Schriften. Bd. III: Theologie. Gemeinde. Vorlesungen. Briefe. Gespräche, 1927–1944. München 1960, S. 138–159; zit. nach: Ders., Werke, hrsg. von Eberhard Bethge, Bd. 12: Berlin 1932–1933. Hrsg. von Carsten Nicolaisen und Ernst-Albert Scharffenroth. Gütersloh 1997, S. 213–231.
Brandenburg, Albert: Art. Heim, LThK, 1. Aufl., Bd. V, Sp. 169.
Büttner, Manfred: Das „physikotheologische" System Karl Heims und seine Einordnung in die Geschichte der Beziehung zwischen Theologie und Naturwissenschaft. In: Kerygma und Dogma. Zeitschrift für theologische Forschung und kirchliche Lehre 19 (1973), S. 267–286.
Burger, Francis: Karl Heim as Apologeet. Academisch Proefschrift. Amsterdam 1954.

Daecke, Sigurd Martin: Gott im Hinterhaus des Weltgebäudes? Die Dimensionenlehre Karl Heims als Entwurf eines theologischen Wirklichkeitsverständnisses. In: GDJ 1 (1988), S. 11–30.
Daecke, Sigurd Martin: Jenseits von Immanenz und Transzendenz. Die Dimensionslehre Karl Heims als Versuch eines theologischen Wirklichkeitsbegriffs. In: Dimensionen der Wirklichkeit. Die Bedeutung Karl Heims für die Theologie unserer Zeit. Bad Boll, Pressestelle, Protokolldienstnummer 1/74, S. 23–35.
Diem, Hermann: Glaube und Denken bei Karl Heim. In: Die christliche Welt 46 (1932), Sp. 481–487.540–547.
Dieter, Theodor: Die Bedeutung des Nichtgegenständlichen in der Religionsphilosophie Karl Heims. Eine kritische Analyse von K. Heim, Glaubensgewißheit^3 1923. Philosophische Magisterarbeit, Altdorf 1978.
Dilschneider, Otto: Theologia universalis. Zum 60. Geburtstag Karl Heims am 20. Januar 1934. In: Die Furche 20 (1934), S. 66–73.
Dimensionen der Wirklichkeit. Die Bedeutung Karl Heims für die Theologie unserer Zeit. Pfarrer-Tagung anläßlich des 100. Geburtstages von Karl Heim vom 7.–9. Januar 1974 in Bad Boll. Pressestelle der Evangelischen Akademie Bad Boll. Protokolldienstnummer 1/74.

Eerikäinen, Atso A.: Two Dimensions of Time. The Dimensional Theory of Karl Heim. An ontological Solution to the Problems of Science, Philosophy, and Theology. Frankfurt a.M. 2003.
Eisenhuth, Heinz Erich: Die Entwicklung des Problems der Glaubensgewißheit bei Karl Heim. Göttingen 1928.
Erdmannsdörfer, Hans-Georg: Karl Heims Beitrag zur Auseinandersetzung zwischen Naturwissenschaft und Theologie. In: GDJ 9 (1996), S. 11–46.

Ernst, W.: Das Problem Glaube und Denken bei Karl Heim. In: Die Wartburg 31 (1932), S. 209–213.

Ewald, Günter: Das kosmische Denken bei Karl Heim und in der New-Age Bewegung. In: Evangelium und Wissenschaft. Rundbrief der Karl-Heim-Gesellschaft Nr. 18 (1987), S. 3f.

Gräb-Schmidt, Elisabeth: Erkenntnistheorie und Glaube. Karl Heims Theorie der Glaubensgewissheit vor dem Hintergrund seiner Auseinandersetzung mit dem philosophischen Ansatz Edmund Husserls. Theologische Bibliothek Töpelmann, 58. Band. Berlin / New York 1994.

Grüter, Verena: Begegnungen mit dem göttlichen Du. Karl Heims Christologie im theologiegeschichtlichen Kontext. Hamburg 1992.

Haenchen, Ernst: Glaube und Denken. Zur Einführung in das gleichnamige Buch von Karl Heim. In: Mitteilungen aus einer Deutschen christlichen Studenten-Bewegung Nr. 364 (1931), S. 139–143.

Hauß, Friedrich: Karl Heim. Der Denker des Glaubens. Giessen / Basel 1960.

Heyderich, Wilhelm: Die christliche Gewißheitslehre in ihrer Bedeutung für die Systematische Theologie. Ein Beitrag zur theologischen Prinzipienlehre in Auseinandersetzung mit den von F.H.R. Frank und K. Heim vertretenen theologischen Grundpositionen. Gotha 1935.

Hille, Rolf: Das Ringen um den säkularen Menschen. Karl Heims Auseinandersetzung mit der idealistischen Philosophie und den pantheistischen Religionen. Giessen / Basel 1990.

Hirsch, Emanuel: Karl Heim. Das Gebet als philosophisches Problem. In: Theologische Literaturzeitung 50 (1925), Sp. 405f.

Hofmann, Otto: Die Eigenart der religiösen Gewissheit. In: Theologische Studien und Kritiken 94 (1922), S. 253–306.

Holmer, P.L.: Karl Heim and the Sacrifice of Intellect. In: Lutheran Quarterly 6 (1954), S. 207–219.

Holmstrand, Ingemar: Karl Heim on Philosophy, Science and the Transcendence of God. Uppsala 1980.

Holmström, Folke: Karl Heims Deutung der Eschatologie als Erlösung von der Zeitform (1926). In: Ders., Das eschatologische Denken der Gegenwart. Drei Etappen der theologischen Entwicklung des zwanzigsten Jahrhunderts. Gütersloh 1936, S. 356–360.

Iwand, Hans Joachim: Über die methodische Verwendung von Antinomien in der Religionsphilosophie. Dargestellt an Karl Heims „Glaubensgewissheit". Königsberg 1924. (verschollen, zusammengefasst in: Ders., Nachgelassene Werke. Hrsg. von Helmut Gollwitzer u.a., Bd. 6. München1964, S. 327–329.)

Jordan, Pascual: Wider das materialistische Weltbild. Theologie und Naturwissenschaft heute. Unbekannter Karl Heim. In: Christ und Welt 11 (1958), Heft 43, S. 6.

Kaftan, Julius: Glaubensgewißheit und Denknotwendigkeit. Studien zur systematischen Theologie. Theodor von Haering zum 70.Geburtstag. Tübingen 1918, S. 37–49.

Kalweit, Paul: Religion und Weltbild. In: Die Christliche Welt 21 (1907), Sp. 538–543.559–564.

Karl Heim. In: Biographisch-Bibliographisches Kirchenlexikon, Bd. 2, Sp. 661–664.

Kattenbusch, Ferdinand: Glauben und Denken. In: Zeitschrift für Theologie und Kirche, Neue Folge 12 (1931), S. 373–399.

Kessler, Kurt: Dynamisches Weltbild und biblisches Evangelium. In: Deutsches Pfarrerblatt 43 (1939), S. 875–877.

Kleckley, Russell: Karl Heim: Leben und Hauptwerke. In: GDJ 1 (1988), S. 140–142.
Köberle, Adolf: Christus und der Kosmos. In: Theologie als Glaubenswagnis. Festschrift für Karl Heim zum 80. Geburtstag. Dargebracht von der evang.-theol. Fakultät in Tübingen. Tübingen 1954, S. 96–112.
Köberle, Adolf: Die Denkleistung des Glaubens: Karl Heim. In: Ders., Glaubensvermächtnis der schwäbischen Väter. Akademische Gedenkreden. Hamburg 1959, S. 62–76.
Köberle, Adolf: Die Gegenwartsbedeutung der Theologie Karl Heims. In: Neue Zeitschrift für systematische Theologie und Religionsphilosophie 16 (1974), S. 121–130.
Köberle, Adolf: Gottesglaube und Moderne Naturwissenschaft in der Theologie Karl Heims. In: Zeitschrift für systematische Theologie 6 (1964), S. 114–125.
Köberle, Adolf: Das Innenbild der Wirklichkeit. Eine Buchanzeige. In: Die Furche 14 (1928), S. 73–88.
Köberle, Adolf: Karl Heim. Denker und Verkündiger aus evangelischem Glauben. Hamburg 1973.
Köberle, Adolf: Karl Heim. Leben und Denken. Stuttgart 1979.
Köberle, Adolf: Polarität als Weltformel. In: Evangelium und Wissenschaft. Rundbrief der Karl-Heim-Gesellschaft Nr. 16 (1986), S. 23–29.
Köberle, Adolf: Das schwäbisch-spekulative Erbe in der Theologie Karl Heims. Zum Gedenken an den 100. Geburtstag. In: Theologische Beiträge 5 (1974), S. 14–24.
Kothmann, Thomas: Apologetik und Mission. Die missionarische Theologie Karl Heims als Beitrag für eine Missionstheologie der Gegenwart. Erlangen 2001.
Kothmann, Thomas: Zeugnis geben von der Wahrheit des Evangeliums. Missionstheologische Impulse aus dem Werk Karl Heims. In: GDJ 15 (2002), S. 195–225.
Krause, Helmut: Theologie, Physik und Philosophie im Weltbild Karl Heims. Das Absolute in Physik und Philosophie in theologischer Interpretation. Kontexte, Neue Beiträge zur Historischen und Systematischen Theologie, Bd. 16. Frankfurt a.M. 1995.
Kubik, Wolfgang: Universalität als missionstheologisches Problem. Der Beitrag von Justin dem Märtyrer, Nicolaus Cusanus und Karl Heim zum Gespräch um Christus und die Mission. Diss. masch., Heidelberg 1973.
Kucera, Zdenek: Art. Karl Heim. In: TRE, Bd. 14, S. 774–777.
Künneth, Walter: Karl Heims systematisches Lebenswerk. Zum 80. Geburtstag! In: Evangelisch-Lutherische Kirchenzeitung 8 (1954), S. 20–23.
Kuhlmann, Gerhardt: Glaube und Denken. Philosophische Grundlegung einer christlichen Lebensanschauung. Von Karl Heim. In: Die Christliche Welt 10 (1931), Sp. 470–471.

Leese, Kurt: Vom Weltbild zur Dogmatik. In: Zeitschrift für Theologie und Kirche 24 (1914), S. 96–128.

Melzer, Friso: Karl Heims Dimension des Nichtgegenständlichen und die Wahrheit der Mystik. Karl Heim zum 80. Geburtstag zugeeignet. In: Monatsschrift für Pastoraltheologie 43 (1954), S. 11–15.
Melzer, Friso: Karl Heim – nur ein „diakonischer Denker"? In: Evangelium und Wissenschaft. Rundbrief der Karl-Heim-Gesellschaft Nr. 13 (1985), S. 29f.
Messer, August: Zum Problem: religiöser Glaube und Philosophie. In: Preußische Jahrbücher 181 (1920), S. 145–157.
Müller-Schwefe, Hans-Rudolf: Karl Heim. In: Greschat, Martin (Hrsg.), Gestalten der Kirchengeschichte, Bd. 10/1, Die neueste Zeit III. Stuttgart u.a. 1984, S. 257–270.

Neuberg, Arthur: Heim, Karl: Weltschöpfung und Weltende. In: Theologische Literaturzeitung 78 (1953), Sp. 303–306 (= Rez. zu WW).
Neuberg, Arthur: Heim, Karl: Der christliche Gottesglaube und die Naturwissenschaft / Die

Wandlung im naturwissenschaftlichen Weltbild. In: Theologische Literaturzeitung 77 (1952), Sp. 304–308 (Rez. zu GN).

Pemberton, John III.: Karl Heim's Conception of the Apologetic Task of Christian Theology. Diss. masch., Duke 1958.
Pfleiderer, Georg: Art. Karl Heim. In: RGG, 4. Aufl., Bd. 3, Sp. 1592.

Ruttenbeck, Walter: Die apologetisch-theologische Methode Karl Heims. Leipzig / Erlangen 1925.

Schlaich, Ludwig: Zur Theologie Karl Heims. In: Zwischen den Zeiten 7 (1929), S. 461–483.
Schlatter, Adolf: Idealismus oder Theologie? Ein Briefwechsel, veranlaßt durch Karl Heims „Glaube und Denken". In: Monatschrift für Pastoraltheologie 27 (1931), S. 356–371.
Schöllgen, Werner: Gott oder Verzweiflung. Zu Karl Heims philosophischer Glaubensbegründung. In: Catholica 2 (1933), S. 43–47.
Schott, Erdmann: Das Problem der Glaubensgewißheit in Auseinandersetzung mit Karl Heim erörtert. Greifswald 1931.
Das Schrifttum Karl Heims bis 1933. Zusammengestellt von Friso Melzer. In: Wort und Geist. Studien zur christlichen Erkenntnis von Gott, Welt und Geist. Festgabe für Karl Heim zum 60. Geburtstag am 20. Januar 1934. Berlin 1934, S. 405–423.
Schwarz, Hans: Art. Karl Heim. In: LThK, 3. Aufl., Bd. 4, Sp. 1364.
Schwarz, Hans: Parapsychologie und Wunder bei Karl Heim. In: GDJ 17 (2004), S. 75–88.
Schwarz, Hans: Das Verständnis des Wunders bei Heim und Bultmann. Arbeiten zur Theologie II. Reihe, Bd. 6. Stuttgart 1966.
Schulte, Heinrich: Vom Weltbilde Karl Heims. Zu seinem Gesamtwerk „Der evangelische Glaube und das Denken der Gegenwart". Stuttgart 1963.
Siegmund-Schulze, Friedrich: Die Überwindung des Solipsismus bei Heim. In: Hefte zur Verständigung über Grundfragen des Denkens Nr. 3 (1906), S. 43–49.
Snethlage, J.G.: Relativität und Glaubensgewißheit bei Karl Heim. In: Zeitschrift für Theologie und Kirche, Neue Folge 9 (1928), S. 350–361.
Spemann, Franz: Karl Heim und die Theologie seiner Zeit. Ein Beitrag zur dogmatischen Arbeit der Kirche. Tübingen 1932.
Spoerri, Theophil: Soziologische Positionen in der Theologie Karl Heims. In: Wort und Geist. Studien zur christlichen Erkenntnis von Gott, Welt und Mensch. Festgabe für Karl Heim zum 60. Geburtstag am 20. Januar 1934. Berlin 1934, S. 283–299.
Steinmann, Theodor: Noch einmal: Zur philosophischen Grundlegung der Theologie. In: Zeitschrift für Theologie und Kirche, Neue Folge 13 (1932), S. 289–306.
Steinmann, Theodor: Zur Auseinandersetzung mit Karl Heims philosophischer Grundlegung. In: Zeitschrift für Theologie und Kirche, Neue Folge 13 (1932), S. 27–50.
Stewart, Dwight Calvert: A Study of Philosophies of Karl Heim and Alfred Whitehead With Special Attention to Their Concepts of Space and Bearing of These on Certain Religious-Philosophical Ideas. Evanston and Northwestern University, Diss. masch. 1973.

Thimme, W.: Einige Fragezeichen und Einwände zu K. Heims „Glaube und Denken." In: Theologische Studien und Kritiken 105 (1933), S. 1–38.
Thust, Martin: Das perspektivische Weltbild Karl Heims. In: Zeitwende 11 (1925), S. 634–652.
Timm, Hermann: Glaube und Naturwissenschaft in der Theologie Karl Heims. Forschungen und Berichte der evangelischen Studiengemeinschaft, Bd. 23. Mit einem Vorwort von H.E. Tödt. Witten / Berlin 1968.

Traub, Friedrich: Über Karl Heims Art der Glaubensbegründung. In: Theologische Studien und Kritiken 90 (1917), S. 168–197.
Traub, Friedrich: Die neue Fassung von Karl Heims „Glaube und Denken". In: Zeitschrift für systematische Theologie 12 (1935), S. 221–254.
Traub, Friedrich: Erkenntniskritische Fragen zu Karl Heims „Glaube und Denken". In: Zeitschrift für systematische Theologie 10 (1933), S. 62–93.

Vollrath, Walter: Religionsphilosophie und Gewissenstheologie oder von Heims Glaubensgewißheit zweiter Auflage. In: Neue kirchliche Zeitschrift 32 (1921), S. 317–336.
Vollrath, Walter: Zum Verständnis der Theologie Karl Heims. In: Neue Kirchliche Zeitschrift 31 (1920), S. 401–432.

Weber, Hans Emil: Heim, Karl, Glaubensgewissheit, 2., völlig umgearbeitete Auflage. In: Theologisches Literaturblatt 42 (1921), Sp. 341–343 (= Rez. zu G 2).
Weber, Hans Emil: Heim, Karl, Glaubensgewissheit, 3. völlig umgearbeitete Auflage. In: Theologisches Literaturblatt 45 (1924), Sp. 34–37 (= Rez. zu G 3).
Weber, Hans Emil: Heim, K., Leitfaden der Dogmatik I und II. In: Theologisches Literaturblatt 34 (1913), Sp. 346–350 (= Rez. zu L 1).
Weber, Hans Emil: Heim, Karl, Leitfaden der Dogmatik. I. Teil, 2. veränderte Auflage; ders., Glaubensgewissheit. In: Theologisches Literaturblatt 38 (1917), Sp. 10–17 (= Rez. zu G 1).
Wehrung, Georg: Heim, Karl, Glaubensgewissheit, 3., völlig umgearb. Auflage. In: Theologische Literaturzeitung 49 (1924), Sp. 454–456 (= Rez. zu G 3).
Wiesner, W.: Art. Karl Heim. In: RGG, 3. Aufl., Bd. 3, Sp. 198f.
Wild, Martin: Die Bedeutung des Zeitbegriffes für die Eschatologie in der Theologie von Karl Heim. Diss. masch., Leipzig 1976.
Winkler: Art. Karl Heim. In: RGG, 2. Aufl., Bd. 2, Sp. 1763f.

4. Weitere Literatur

Abbot, Edwin A.: Flächenland. Ein mehrdimensionaler Roman, verfaßt von einem Quadrat (Flatland. A Romance of many dimensions, 1884). Übersetzt von Joachim Kalka. Stuttgart 1982.
Achtner, Wolfgang / Kunz, Stefan / Walter, Thomas: Dimensionen der Zeit. Die Zeitstrukturen Gottes, der Welt und des Menschen. Darmstadt 1988.
Aichelin, Helmut / Liedke, Gerhard: Naturwissenschaft und Theologie. Texte und Kommentare. Neukirchen-Vluyn, 1974.
Albert, Karl: Bergson über Leben, Philosophie und intuitives Erkennen. In: Albert, Karl (Hrsg.), Vom Philosophischen Leben. Platon, Meister Eckhart, Jacobi, Bergson und Berdjajew. Würzburg 1995, S. 57–68.
Althaus, Paul: Die letzten Dinge (1922). 4., neubearb. Aufl., Gütersloh 1933.
Altner, Günter: Die Überlebenskrise in der Gegenwart. Ansätze zum Dialog mit der Natur in Naturwissenschaft und Theologie. Darmstadt 1987.
Altner, Günter: Schöpfungsglaube und Entwicklungsgedanke in der protestantischen Theologie zwischen Ernst Haeckel und Teilhard de Chardin. Zürich 1965.
Ammon, Fr. von: Die christliche Gewißheit in ihrem Verhältnis zur historischen Kritik. In: Neue Kirchliche Zeitschrift 34 (1923), S. 65–110.
Angelus Silesius: Cherubinischer Wandersmann. Kritische Ausgabe. Hrsg. von Louise Gnädinger. Stuttgart 1984.

Aristoteles: Die Kategorien. Griechisch / Deutsch. Übersetzt und hrsg. von Ingo W. Rath. Stuttgart 1998.
Aristoteles: Metaphysik. Halbbd. 1: Bücher I (A) – VI (E); Halbbd. 2: Bücher VII (Z) – XIV (N). Neubearbeitung der Übersetzung von Hermann Bonitz. Mit Einleitung und Kommentar hrsg. von Horst Seidl. Griechisch – Deutsch. PhB 307f, 3., verbesserte Aufl., Hamburg 1991.
Aristoteles: Peri hermeneias. Übersetzt und erläutert von Hermann Weidemann. Bd. 1/2. 2., veränd. Aufl., Berlin 2002.
Aristoteles: Physik. Halbbd. 1: Bücher I (A) – IV (Δ); Halbbd. 2: Bücher V (E) – VII (Θ). Übersetzt, mit einer Einleitung und mit Anmerkungen hrsg. von Hans Günter Zekl. Griechisch – Deutsch. PhB 380f, Hamburg 1987.
Aristoteles: Poetik. Griechisch / Deutsch. Übersetzt und hrsg. von Manfred Fuhrmann. Stuttgart 1994.
Aristoteles: Über den Himmel vom Werden und Vergehen. Die Lehrschriften, hrsg., übertragen und in ihrer Entstehung erläutert von Dr. Paul Gohlke 1847. Paderborn 1958.
Aristoteles: Über die Seele. Mit Einleitung, Übersetzung (nach W. Theiler) und Kommentar hrsg. von Horst Seidl. Griechisch-Deutsch. PhB 476, Hamburg 1995.
Assel, Heinrich: Der andere Aufbruch. Die Lutherrenaissance – Ursprünge, Aporien und Wege: Karl Holl, Emanuel Hirsch, Rudolf Hermann (1919–1935). Göttingen 1994.
Audretsch, Jürgen: Eine andere Wirklichkeit. Zur Struktur der Quantenmechanik und ihrer Interpretation. In: Ders. / Mainzer, Klaus (Hrsg.), Wieviele Leben hat Schrödingers Katze? Zur Physik und Philosophie der Quantenmechanik. Heidelberg u.a. 1996, S. 15–62.
Audretsch, Jürgen / Mainzer, Klaus (Hrsg.): Wieviele Leben hat Schrödingers Katze? Zur Physik und Philosophie der Quantenmechanik. Heidelberg u.a. 1996.
Augustinus, Aurelius: Bekenntnisse. Confessiones. Lateinisch und deutsch. Eingeleitet, übersetzt und erläutert von Joseph Bernhart. München 1955, Neuaufl. Frankfurt a.M. 1987.
Augustinus, Aurelius: De Genesi ad litteram. Hrsg. von P. Agaesse / A. Solignac. Paris 1972.
Austin, William Harvey: The relevance of Natural Science to Theology. London 1976.
Avenarius, Richard: Kritik der reinen Erfahrung. Bd. I, Leipzig 1888; Bd. II, Leipzig 1890.
Avenarius, Richard: Bemerkungen zum Begriff des Gegenstandes der Psychologie. In: Vierteljahrsschrift für wissenschaftliche Philosophie 18 (1894), S. 137–161.400–420; 19 (1895), S. 1–18.129–145.
Avenarius, Richard: Der menschliche Weltbegriff (1891). 2. Aufl., Leipzig 1905; 3. Aufl., Leipzig 1912.

Baltzer, Armin: Oswald Spenglers Bedeutung für die Gegenwart. Ein bisher uneröffnetes Vermächtnis. Neheim-Hüsten 1959.
Barbour, Ian G.: Issues in Science and Religion. 2. Aufl., Englewood Cliffs 1968.
Barbour, Ian G.: Religion in an Age of Science. London 1990.
Bartels, Andreas: Grundprobleme der modernen Naturphilosophie. Paderborn u.a. 1996.
Bartels, Hans-Peter: Logik und Weltbild. Studien über Gotthard Günther und Norbert Elias zum Modell der dezentralen Subjektivität. Diss. masch., Kiel 1988.
Barth, Karl: Die kirchliche Dogmatik. Bd. II: Die Lehre von Gott. Erster Halbband. 3. Aufl., Zollikon-Zürich 1948.
Barth, Karl: Die kirchliche Dogmatik. Bd. III: Die Lehre von der Schöpfung. Erster – Dritter Teil. 2. Aufl., Zollikon-Zürich 1947–1950.
Barth, Karl: Der Römerbrief. Zweite Fassung 1922. 15. Aufl., Zürich 1989.
Barth, Karl: Die Theologie und der heutige Mensch. In: Zwischen den Zeiten 8 (1930), S. 374–396.

Barth, Karl: Der römische Katholizismus als Frage an die protestantische Kirche. In: Zeitschrift für Theologie und Kirche 9 (1928), S. 329–363; in: Ders., Gesamtausgabe III. Vorträge und kleinere Arbeiten 1925–1930, hrsg. von Hermann Schmidt, Zürich 1994, S. 303–343.

Bateson, Gregory: Geist und Natur. Eine notwendige Einheit. Frankfurt 1982.

Baumann, Kurt / Sexl, Roman: Die Deutungen der Quantentheorie. Braunschweig 1984.

Bayer, Oswald: Theologie. Handbuch systematischer Theologie, hrsg. von Carl Heinz Ratschow, Bd. 1. Gütersloh 1994.

Beck, Heinrich: Dimensionen der Wirklichkeit. Argumente zur Ontologie und Metaphysik. Frankfurt a.M. u.a. 2004.

Beck, Horst W.: Weltformel contra Schöpfungsglaube. Theologie und empirische Wissenschaft vor einer neuen Wirklichkeitsdeutung. Mit einem Geleitwort von Hendrik van Oyen. Zürich 1972.

Beintker, Horst: Verstehen und Glauben. Grundlinien einer evangelischen Fundamentaltheologie. In: Kerygma und Dogma 22 (1976), S. 22–40.

Benk, Andreas: Moderne Physik und Theologie. Voraussetzungen und Perspektiven eines Dialogs. Mainz 2000.

Benz, Ernst: Schellings schwäbische Geistesahnen. In: Schellings Philosophie der Freiheit. Festschrift der Stadt Leonberg zum 200. Geburtstag des Philosophen. Stuttgart 1977, S. 75–138.

Benz, Ernst: Die Theologie der Elektrizität. Zur Begegnung und Auseinandersetzung von Theologie und Naturwissenschaft im 17. und 18. Jahrhundert. Akademie der Wissenschaften und der Literatur, Abhandlungen der Geistes- und Sozialwissenschaftlichen Klasse Nr. 12 (1970). Mainz 1971.

Berdjajew, Nikolai: Versuch einer eschatologischen Metaphysik. Schöpfertum und Objektivation (1941). Übersetzung aus dem Russischen von Gertraude Bambauer, kommentierende Anmerkungen von Klaus Bambauer. Waltrop 2001.

Bergson, Henri: Denken und schöpferisches Werden. Aufsätze und Vorträge (La pensée et le mouvan, Paris 1946). Aus dem Italienischen übersetzt von Leonore Kottje, mit einer Einführung hrsg. von Friedrich Kottje. 3. Aufl., Hamburg 2000.

Bergson, Henri: Das Mögliche und das Wirkliche (1930). In: Ders., Denken und schöpferisches Werden. Aufsätze und Vorträge. 3. Aufl., Hamburg 2000, 110–125.

Bergson, Henri: Die philosophische Intuition (1911). In: Ders., Denken und schöpferisches Werden. Aufsätze und Vorträge. 3. Aufl., Hamburg 2000, 126–148.

Bergson, Henri: Zeit und Freiheit (Sur les données immédiates de la conscience, Paris 1888). Meisenheim am Glan 1949.

Berkeley, George: Eine Abhandlung über die Prinzipien der menschlichen Erkenntnis (A treatise concerning the Principles of Human Knowledge, Dublin 1710; dt. 1869). Nach der Übersetzung von Friedrich Überweg mit Einl., Anm. und Reg. neu hrsg. von Alfred Klemmt. PhB 20, Hamburg 1979.

Bernhardt, Reinhold: Was heißt „Handeln Gottes"? Eine Rekonstruktion der Lehre von der Vorsehung. Gütersloh 1999.

Beuttler, Ulrich: Christus, das Heil der Natur. In: GDJ 12 (1999), S. 81–88.

Beuttler, Ulrich: „Denn Zweck der Welt ist der Mensch" – Das Anthropische Prinzip und die christliche Geschichte des Design-Arguments. In: GDJ 18 (2005), S. 9–40.

Beuttler, Ulrich: Art. Geozentrisches Weltbild. In: Enzyklopädie der Neuzeit, Bd. 5, Stuttgart 2006.

Beuttler, Ulrich: Gestörte Gemeinschaft. Das biblische Verständnis der Sünde. In: GDJ 14 (2001), S. 43–54.

Beuttler, Ulrich: Art. Heliozentrisches Weltbild. In: Enzyklopädie der Neuzeit, Bd. 6, Stuttgart 2007.

Beuttler, Ulrich: Das neuzeitliche Naturverständnis und seine Folgen. In: GDJ 15 (2002), S. 11–24.
Beuttler, Ulrich: Die „offenen Dimensionen" des raumzeitlichen Weltgeschehens. Skizze eines naturphilosophisch und theologisch verantworteten Weltbegriffs. In: Neue Zeitschrift für systematische Theologie und Religionsphilosophie 48 (2006), 192–213
Beuttler, Ulrich: Philosophische Fragen der modernen Physik. In: Evangelium und Wissenschaft. Beiträge zum interdisziplinären Gespräch 32 (1997), S. 58–61.
Beuttler, Ulrich: Art. Stunde. In: CBL, Bd. 2, S. 1285.
Beuttler, Ulrich: Art. Werk, Werke. In: CBL, Bd. 2, S. 1457–1459.
Beuttler, Ulrich: Art. Wissen, Wissenschaft. In: CBL, Bd. 2, S. 1466–1468.
Bieri, Peter: Zeit und Zeiterfahrung. Exposition eines Problembereichs. Frankfurt a.M. 1972.
Blau, Ulrich: Zur 3-wertigen Logik der natürlichen Sprache. In: Papiere zur Linguistik 4 (1973), S. 20–96.
Blumenberg, Hans: Selbsterhaltung und Beharrung. Zur Konstitution der neuzeitlichen Rationalität. In: Ebeling, Hans (Hrsg.), Subjektivität und Selbsterhaltung. Beiträge zur Diagnose der Moderne. Frankfurt 1976, S. 144–207.
Blumenberg, Hans: Art. Teleologie. In: RGG, 3. Aufl., Bd. 6, Sp. 674–677.
Böhme, Gernot: Aisthetik. Vorlesungen über Ästhetik als allgemeine Wahrnehmungslehre. München 2001.
Böhme, Gernot: Whiteheads Abkehr von der Substanzmetaphysik. Substanz und Relation. In: Zeitschrift für Philosophische Forschung 24 (1970), S. 548–553.
Böhme, Jakob: Aurora oder Morgenröte im Aufgang. Hrsg. von Gerhard Wehr. Frankfurt a.M. / Leipzig 1992.
Bohr, Niels: Atomphysik und menschliche Erkenntnis. Aufsätze und Vorträge aus den Jahren 1930 bis 1961. Neuausgabe, Braunschweig 1985.
Bois-Reymond, Emil Du: Über die Grenzen des Naturerkennens. Die Sieben Welträthsel. Zwei Vorträge. Leipzig 1882.
Bollnow, Otto Friedrich: Existenzphilosophie. 6. Aufl., Stuttgart 1955.
Bollnow, Otto Friedrich: Mensch und Raum (1963). 9. Aufl., Stuttgart 2000.
Boltzmann, Ludwig: Zu Herrn Zermelo's Abhandlung „Über die mechanische Erklärung irreversibler Vorgänge". Annalen der Physik und Chemie 15 (1897), S. 392–398. In: Zimmerli, Walther Ch. / Sandbothe, Mike (Hrsg.), Klassiker der modernen Zeitphilosophie. Darmstadt 1993, S. 129–133.
Bolzano, Bernhard: Versuch einer objektiven Begründung der Lehre von den drei Dimensionen des Raumes. Prag 1843.
Bonhoeffer, Dietrich: Akt und Sein. Transzendentalphilosophie und Ontologie in der systematischen Theologie (1931). Hrsg. von E. Wolf. ThB, Bd. 5, 3. Aufl., München 1964.
Bonhoeffer, Dietrich: Widerstand und Ergebung. Briefe und Aufzeichnungen aus der Haft, hrsg. von Eberhard Bethge. Neuausgabe, 2. Aufl., München 1977.
Brandt, Reinhard: Philosophie. Eine Einführung. Stuttgart 2001.
Braun, H.: Art. Materialismus II. Philosophisch. In: RGG, 3. Aufl., Bd. 4, Sp. 800–803.
Bron, Bernhard: Das Wunder. Das theologische Wunderverständnis im Horizont des neuzeitlichen Natur- und Geschichtsbegriffes. Göttingen 1975.
Bruch, Rüdiger vom / Graf, Friedrich Wilhelm / Hübinger, Gangolf: Einleitung: Kulturbegriff, Kulturkritik und Kulturwissenschaften um 1900, in: Dies. (Hrsg.), Kultur und Kulturwissenschaften um 1900. Krise der Moderne und Glaube an die Wissenschaft. Wiesbaden 1989, S. 9–24.
Bruch, Rüdiger vom / Graf, Friedrich Wilhelm / Hübinger, Gangolf: Kultur und Kulturwissenschaften um 1900. Krise der Moderne und Glaube an die Wissenschaft. Wiesbaden 1989.

Bruhn, Wilhelm: Das Problem des Irrationalen und seine Beziehung zur Theologie. In: Zeitschrift für Theologie und Kirche, Neue Folge 5 (1924), S. 323–341.407–434.
Brunner, Emil: Die christliche Lehre von Schöpfung und Erlösung. Dogmatik Bd. II (1950). 3. Aufl., Zürich 1972.
Brunner, Emil: Erlebnis, Erkenntnis, Glaube. Tübingen 1921.
Brunner, Emil: Das Symbolische in der religiösen Erkenntnis. Beiträge zu einer Theorie des religiösen Erkennens. Tübingen 1914.
Brunstädt, Friedrich: Die Idee der Religion. Prinzipien der Religionsgeschichte. Halle a.d.S. 1922.
Buber, Martin: Ich und Du (1923). Stuttgart 1995.
Buber, Martin: Urdistanz und Beziehung (1950). 4., verbesserte Aufl., Heidelberg 1978.
Büchner, Ludwig: Kraft und Stoff oder Grundzüge der natürlichen Weltordnung. Nebst einer darauf gebauten Moral oder Sittenlehre (1855). 21., durchgesehene Auflage, Leipzig 1904.
Bunge, Mario: Die Wiederkehr der Kausalität. In: Kanitscheider, Bernulf (Hrsg.), Moderne Naturphilosophie. Würzburg 1984, S. 141–162.
Busch, Eberhard: Karl Barths Lebenslauf. Nach seinen Briefen und autobiographischen Texten. 3. Aufl., München 1978.

Charbonnier, Ralph: Grundzüge der Kosmologie A.N. Whiteheads. Ein Beitrag zu einer dynamischen, relationalen Erkenntnistheorie und Ontologie. In: Härle, Wilfried (Hrsg.), Im Kontinuum. Annäherungen an eine relationale Erkenntnistheorie und Ontologie. Marburg 1999, S. 297–308.
Carnap, Rudolf: Einführung in die Philosophie der Naturwissenschaft. München 1969.
Carnap, Rudolf: Der logische Aufbau der Welt – Scheinprobleme in der Philosophie. Unveränderter Wiederabdruck der 1. Aufl. 1928, 2. Aufl., Hamburg 1961.
Carnap, Rudolf: Scheinprobleme in der Philosophie. Das Fremdpsychische und der Realismusstreit (1928). Nachwort von Günther Patzig. Frankfurt 1966.
Carnap, Rudolf: Überwindung der Metaphysik durch logische Analyse der Sprache. In: Erkenntnis 2 (1931), S. 219–241.
Carnap, Rudolf / Hahn, Hans / Neurath, Otto: Wissenschaftliche Weltauffassung – Der Wiener Kreis (1929). In: Hegselmann, Rainer (Hrsg.), Otto Neurath. Wissenschaftliche Weltauffassung, Sozialismus und Logischer Empirismus. Frankfurt a.M. 1979, S. 81–101.
Carstanjen, F.: Der Empiriokritizismus. Zugleich eine Erwiderung auf W. Wundts Aufsätze „Der naive und kritische Realismus" II und III. In: Vierteljahresschrift für wissenschaftliche Philosophie 22 (1898), S. 45–95.190–214.267–293.
Casper, Bernhard: Das dialogische Denken. Franz Rosenzweig, Ferdinand Ebner und Martin Buber. 2. Aufl., Freiburg / München 2002.
Cranz, Carl: Gemeinverständliches über die sogenannte vierte Dimension. Sammlung gemeinverständlicher Vorträge, Neue Folge 112/113. Hamburg 1890.
Cicero, M. Tullius: De natura deorum / Über das Wesen der Götter. Übersetzt und hrsg. von Ursula Blank-Sangmeister. Nachwort von Klaus Thraede. Stuttgart 1995.
Clarke, Samuel: Der Briefwechsel mit G.W. Leibniz von 1715/1716 (A collection of papers which passed between the late learned Mr. Leibniz and Dr. Clarke in the years 1715/1716 relating to the principles of natural philosophy an religion). Übersetzt und mit einer Einführung, Erläuterungen und einem Anhang hrsg. von Ed Dellian. PhB 423, Hamburg 1990.
Clicqué, Guy Marcel: Differenz und Parallelität. Zum Verständnis des Zusammenhangs von Theologie und Naturwissenschaft am Beispiel der Überlegungen Günther Howes. Untersuchungen zum christlichen Glauben in einer säkularen Welt 1. Frankfurt a.M. 2001.
Conrad-Martius, Hedwig: Der Raum. München 1958.

Conrad-Martius, Hedwig: Der heimlich-unheimliche Raum. In: Dies., Schriften zur Philosophie. Bd. II, München 1964, S. 320–352.
Conrad-Martius, Hedwig: Der Selbstaufbau der Natur. Entelechien und Energien. Hamburg 1944.
Conrad-Martius, Hedwig: Die Zeit. München 1954.
Coreth, Emerich / Ehlen, Peter / Schmidt, Josef: Philosophie des 19. Jahrhunderts. Grundkurs Philosophie 9. 2., durchges. Aufl., Stuttgart 1989.
Cramer, Konrad: Art. Erleben, Erlebnis. In: HWPh, Bd. 2, Sp. 702–711.
Cramer, Konrad: „Erlebnis". Thesen zu Hegels Theorie des Selbstbewusstseins mit Rücksicht auf die Aporien eines Grundbegriffs nachhegelscher Philosophie. In: Nicolin, F. / Pöggeler, O., Hegel-Studien Beiheft 11, Bonn 1974, S. 537–603.
Cullberg, John : Das Du und die Wirklichkeit. Zum ontologischen Hintergrund der Gemeinschaftskategorie. Uppsala 1933.

Daecke, Sigurd Martin: Teilhard de Chardin und die evangelische Theologie. Die Weltlichkeit Gottes und die Weltlichkeit der Welt. Göttingen 1967.
Dalferth, Ingolf: Gott und Zeit. In: Ders., Gedeutete Gegenwart. Tübingen 1997, S. 232–267.
Dalferth, Ingolf: Die theoretische Theologie der Prozeßphilosophie Whiteheads. Ein Rekonstruktionsversuch. In: Ders., Gott. Philosophisch-theologische Denkversuche. Tübingen 1992, S. 153–191.
Dalferth, Ingolf: Die Wirklichkeit des Möglichen. Hermeneutische Religionsphilosophie. Tübingen 2003.
Daxer, Georg: Zur Lehre von der christlichen Gewißheit. In: Theologische Studien und Kritiken 77 (1904), S. 82–123.
Dell, August: Ontologische Daseinsanalyse und theologisches Daseinsverständnis. In: Bornkamm, Heinrich (Hrsg.), Imago Dei. Beiträge zur theologischen Anthropolgie. Gustav Krüger zum siebzigsten Geburtstag am 29. Juni 1932 dargebracht. Giessen 1932, S. 215–232.
Delling, Gerhard: Das Zeitverständnis des neuen Testaments. Gütersloh 1940.
Dennert, Eberhard: Die Naturwissenschaft und der Kampf um die Weltanschauung. Hamburg 1908.
Dennert, Eberhard. Die Weltanschauung des modernen Naturforschers. Stuttgart 1907.
Dennert, Eberhard. Weltbild und Weltanschauung. Zur Verständigung über das Verhältnis der freien Naturforschung zum Glauben. Schriften des Keplerbundes Heft 2. Hamburg 1908.
Denzinger, Henricus / Schönmetzer, Adolfus: Enchiridion Symbolorum Definitionum et Declarationum de Rebus Fidei et Morum. 32. Aufl., Freiburg 1963 (= DS).
Derrida, Jacques: Ousia und gramme. Notiz über eine Fußnote in „Sein und Zeit" (1968). In: Zimmerli, Walther Ch. / Sandbothe, Mike (Hrsg.), Klassiker der modernen Zeitphilosophie. Darmstadt 1993, S. 239–280.
Diem, Hermann: Analogia fidei gegen analogia entis. Ein Beitrag zur Kontroverstheologie. In: Evangelische Theologie 3 (1936), S. 157–180.
Dilthey, Wilhelm: Der Aufbau der geschichtlichen Welt in den Geisteswissenschaften. Gesammelte Schriften, Bd. VII. 2. unveränderte Aufl., Stuttgart / Göttingen 1958.
Dilthey, Wilhelm: Die Typen der Weltanschauung und ihre Ausbildung in den metaphysischen Systemen. In: Frischeisen-Köhler, Max (Hrsg.), Weltanschauung, Philosophie und Religion. Berlin 1911, S. 3–51.
Dingler, Hugo: Metaphysik als Wissenschaft vom Letzten, München 1929.
Drehsen, Volker / Sparn, Walter: Die Moderne: Kulturkrise und Konstruktionsgeist. In: Dies. (Hrsg.), Vom Weltbildwandel zur Weltanschauungsanalyse. Krisenwahrnehmung und Krisenbewältigung um 1900. Berlin 1996, S. 11–30.

Drehsen, Volker / Sparn, Walter (Hrsg.): Vom Weltbildwandel zur Weltanschauungsanalyse. Krisenwahrnehmung und Krisenbewältigung um 1900. Berlin 1996.

Drehsen, Volker / Zander, Helmut: Rationale Weltveränderung durch ‚naturwissenschaftliche' Weltinterpretation? Der Monistenbund – eine Religion der Fortschrittsgläubigkeit. In: Drehsen, Volker / Sparn, Walter (Hrsg.), Vom Weltbildwandel zur Weltanschauungsanalyse. Krisenwahrnehmung und Krisenbewältigung um 1900. Berlin 1996, S. 217–238.

Driesch, Hans: Philosophie des Organischen. Gifford-Vorlesungen 1907–1908. 2 Bände, Leipzig 1909.

Düsing, Klaus: Das Problem der Subjektivität in Hegels Logik. Systematische und entwicklungsgeschichtliche Untersuchungen zum Prinzip des Idealismus und zur Dialektik (1976). 2., verb. und um ein Nachwort erw. Aufl., Bonn 1984.

Dürr, Hans-Peter (Hrsg.): Physik und Transzendenz. Die großen Physiker unseres Jahrhunderts über ihre Begegnung mit dem Wunderbaren. München 1990.

Duns Scotus, Johannes: Opera omnia. Bd. 1–26, Paris 1891–1895.

Ebeling, Gerhard: Erwägungen zu einer evangelischen Fundamentaltheologie. In: Zeitschrift für Theologie und Kirche 67 (1970), S. 479–524.

Ebner, Ferdinand: Das Wort und die geistigen Realitäten. Pneumatische Fragmente. Innsbruck 1921.

Eckermann, Johann Peter: Gespräche mit Goethe in den letzten Jahren seines Lebens. Mit einer Einführung hrsg. von Ernst Beutler, Zürich 1948. München 1999.

Eckermann, K.E.: Oswald Spengler und die moderne Kulturkritik. Darstellung und Bewertung der Thesen Spenglers sowie der Vergleich mit einigen neueren gesellschafts- und staatstheoretischen Ansätzen. Diss. masch., Bonn 1980.

Eigler, Gunther: Metaphysische Voraussetzungen in Husserls Zeitanalysen. Meisenheim am Glan 1961.

Einstein, Albert: Geometrie und Erfahrung. Vortrag vor der preußischen Akademie der Wissenschaften 1921. In: Ders., Mein Weltbild. Hrsg. von Carl Seelig. 27. Aufl., München 2001, S. 132–141.

Einstein, Albert: Die Grundlage der allgemeinen Relativitätstheorie. In: Annalen der Physik 49 (1916); in: Lorentz, Hendrik Anton / Einstein, Albert / Minkowski, Hermann, Das Relativitätsprinzip. Eine Sammlung von Abhandlungen. Mit einem Beitrag von H. Weyl und Anmerkungen von A. Sommerfeld hrsg. von Otto Blumenthal. 9. Aufl., unveränd. Nachdr. der 5. Aufl. von 1923, Stuttgart 1990, S. 81–124.

Einstein, Albert: Mein Weltbild. Hrsg. von Carl Seelig. 27. Aufl., München 2001.

Einstein, Albert: Zur Elektrodynamik bewegter Körper. In: Annalen der Physik 17 (1905); in: Lorentz, Hendrik Anton / Einstein, Albert / Minkowski, Hermann, Das Relativitätsprinzip. Eine Sammlung von Abhandlungen. Mit einem Beitrag von H. Weyl und Anmerkungen von A. Sommerfeld hrsg. von Otto Blumenthal. 9. Aufl., unveränd. Nachdr. der 5. Aufl. von 1923, Stuttgart 1990, S. 26–50.

Einstein, Albert / Born, Hedwig / Born, Max: Briefwechsel 1916–1955. Kommentiert von Max Born, München 1969.

Einstein, Albert / Sommerfeld, Arnold: Briefwechsel. Sechzig Briefe aus dem goldenen Zeitalter der modernen Physik. Hrsg. und kommentiert von Armin Hermann. Stuttgart 1968.

Eisenhuth, Heinz Erich: Der Begriff des Irrationalen als philosophisches Problem. Beitrag zur existenzialen Religionsbegründung. Göttingen 1931.

Eisler, Rudolf: Art. Dimension. In: Wörterbuch der philosophischen Begriffe. Historisch-quellenmäßig bearbeitet von Rudolf Eisler. 4., völlig neubearb. Aufl., Berlin 1927, Bd. 1, S. 275.

Eisler, Rudolf: Art. Welt. In: Wörterbuch der philosophischen Begriffe. Historisch-quellenmäßig bearbeitet von Rudolf Eisler. 4., völlig neubearb. Aufl., Berlin 1927, Bd. 3, S. 1753–1758.
Elert: Werner: Der Kampf um das Christentum. Geschichte der Beziehungen zwischen dem evangelischen Christentum in Deutschland und dem allgemeinen Denken seit Schleiermacher und Hegel. München 1921.
Elert, Werner: Morphologie des Luthertums. Erster Band, Theologie und Weltanschauung des Luthertums hauptsächlich im 16. und 17. Jahrhundert (1931). 2. Aufl., München 1952.
Elsfeld, Michael: Einführung in die Naturphilosophie. Darmstadt 2002.
Esterbauer, Reinhold: Verlorene Zeit – wider eine Einheitswissenschaft von Natur und Gott. Stuttgart 1996.
Eucken, Rudolf: Grundlinien einer neuen Lebensanschauung. 2. Aufl., Leipzig 1913.
Evers, Dirk: Art. Materialismus. III. Theologisch. In: RGG, 4. Aufl., Bd. 5, Sp. 906f.
Evers, Dirk: Raum – Materie – Zeit. Schöpfungstheologie im Dialog mit naturwissenschaftlicher Kosmologie. Tübingen 2000.
Ewald, O.: Richard Avenarius als Begründer des Empiriokritizismus. Eine erkenntniskritische Untersuchung über das Verhältnis von Welt und Wirklichkeit. Berlin 1905.

Faber, Hermann: Religionswissenschaftliche Literatur. In: Zeitschrift für Theologie und Kirche, Neue Folge 5 (1924), S. 151–164.228–243.
Falkenburg, Brigitte: Teilchenmetaphysik. Zur Realitätsauffassung in Wissenschaftsphilosophie und Mikrophysik. Grundlagen der exakten Naturwissenschaften, Bd. 9. Mannheim 1994.
Fechner, Gustav Theodor: Die Tagesansicht gegenüber der Nachtansicht. Leipzig 1879.
Felken, Detlef: Oswald Spengler. Konservativer Kritiker zwischen Kaiserreich und Diktatur. München 1988.
Ferber, Rafael: Philosophische Grundbegriffe 2. München 2003.
Fichte, Johann Gottlieb: Grundlage der gesamten Wissenschaftslehre als Handschrift für seine Zuhörer. Jena / Leipzig 1794. 2., verbesserte Aufl., Jena und Leipzig 1802. In: Fichtes Werke. Hrsg. von Immanuel Hermann Fichte, Bd. I. Berlin 1971, S. 83–328. Einleitung und Register von Wilhelm G. Jacobs. PhB 246, 4. Aufl., Hamburg 1997.
Fidora, Alexander / Niederberger, Andreas (Hrsg.): Vom einen zum Vielen. Texte des Neoplatonismus im 12. Jahrhundert. Frankfurt a.M. 2002.
Figl, Johann: Art. Materialismus. I. Religionsgeschichtlich. In: RGG, 4. Aufl., Bd. 5, Sp. 903f.
Figl, Johann: Art. Monismus. I. Religionsgeschichtlich. In: RGG, 4. Aufl., Bd. 5, Sp. 1146f.
Fischer, Klaus P.: Kosmos und Weltende. Theologische Überlegungen vor dem Horizont moderner Kosmologie. Mainz 2001.
Flasch, Kurt: Was ist Zeit? Augustinus von Hippo. Das XI. Buch der Confessiones. Historisch-philosophische Studie. Text – Übersetzung – Kommentar. Frankfurt a.M. 1993.
Frank, F. H. R.: System der christlichen Gewissheit. Bd. I und II, Erlangen 1884/1881.
Frank, Manfred: Gott im Exil. Vorlesungen über die neue Mythologie. Frankfurt a.M. 1988.
Frank, Manfred: Ist Selbstbewusstsein ein propositionales Wissen. In: Ders., Selbstbewusstsein und Selbsterkenntnis. Essays zur analytischen Philosophie der Subjektivität. Stuttgart 1991, S. 206–252.
Frank, Manfred: Zeitbewußtsein. Opuscula aus Wissenschaft und Dichtung, Bd. 50. Pfullingen 1990.
Freud, Siegmund: Eine Schwierigkeit mit der Psychoanalyse. In: Ders., Gesammelte Werke, hrsg. von Anna Freud, Bd. XII. Werke aus den Jahren 1917–1920. Frankfurt a.M. 1947, 3–12.

Friedell, Egon: Kulturgeschichte der Neuzeit. Die Krisis der europäischen Seele von der Pest bis zum Ersten Weltkrieg (1927–1931). 11. Aufl. der ungekürzten Ausgabe in zwei Bänden 1976, München 1996.

Frischeisen-Köhler, Max (Hrsg.): Weltanschauung, Philosophie und Religion. Berlin 1911.

Gaier, Ulrich: „Oetinger, der Lehrer einer Welt". In: Glauben und Erkennen. Die Heilige Philosophie von Friedrich Christoph Oetinger. Studien zum 300. Geburtstag. Mit einem Geleitwort von Gerhard Schäfer hrsg. von Guntram Spindler. Metzingen 2002, S. 203–229.

Ganslandt, Herbert R.: Art. Empiriokritizismus. In: EPhW, Bd. 1, S. 542.

Gerhard, Johann: Loci theologici (1610–1625). 2. Aufl., Jena 1657, Berlin 1863–1864.

Gerl, Hanna-Barbara: Einführung in die Philosophie der Renaissance. 2. Aufl., Darmstadt 1995.

Gethmann-Siefert, Annemarie: Art. Erleben. In: EPhW, Bd. 1, S. 586.

Gethmann-Siefert, Annemarie: Art. Welt. In: EPhW, Bd. 4, S. 647–649.

Gethmann-Siefert, Annemarie: Art. Weltanschauung. In: EPhW, Bd. 4, S. 652–653.

Gierer, Alfred: Die Physik, das Leben und die Seele. Anspruch und Grenzen der Naturwissenschaft (1985). 5. Aufl., München 1991.

Glaube und Denken. Jahrbuch der Karl-Heim-Gesellschaft. 1. Jahrgang 1988 – 15. Jahrgang 2002 hrsg. von Hans Schwarz; ab 16. Jahrgang 2003 hrsg. von Martin Bröking-Bortfeldt und Martin Rothgangel (= GDJ).

Glockner, Hermann: Das philosophische Problem in Goethes Farbenlehre. Ein Vortrag. Beiträge zur Philosophie 11. Heidelberg 1924.

Gloy, Karen: „Ganzheitliche" Naturbetrachtung und Naturwissenschaft. In: GDJ 15 (2002), S. 49–88.

Gloy, Karen: Einheit der Natur – Vielheit der Interpretationen. Zum Begriff der Natur aus der Sicht der Geisteswissenschaften. In: Komarek, Kurt / Magerl, Gottfried (Hrsg.), Virtualität und Realität. Bild und Wirklichkeit in den Naturwissenschaften. Wien u.a.1998, S. 207–228.

Gölz, Walter: Dasein und Raum. Philosophische Untersuchungen zum Verhältnis von Raumerlebnis, Raumtheorie und gelebtem Dasein. Tübingen 1970.

Gogarten, Friedrich: Wahrheit und Gewissheit. Vortrag gehalten auf der Versammlung der Freunde der christlichen Welt zu Eisenach, am 2. Oktober 1929. In: Zwischen den Zeiten 8 (1930), S. 96–119.

Goethe, Johann Wolfgang von: Werke. Hamburger Ausgabe in 14 Bänden. Hrsg. von Erich Trunz u.a.. 11. Aufl., München 1994.

Goethe, Johann Wolfgang von: Naturwissenschaftliche Schriften I. Werke, Bd. 13. München 1994.

Goethe, Johann, Wolfgang von: Schriften zur Kunst. Schriften zur Literatur. Maximen und Reflexionen. Werke, Bd. 12. München 1994.

Gräb, Wilhelm (Hrsg.): Urknall oder Schöpfung? Zum Dialog von Naturwissenschaft und Theologie. Gütersloh 1997.

Graf, Friedrich Wilhelm: Kulturprotestantismus. Zur Begriffsgeschichte einer theologiepolitischen Chiffre. In: Archiv für Begriffsgeschichte 28 (1984), S. 214–268.

Graf, Friedrich Wilhelm: Die Positivität des Geistigen. Rudolf Euckens Programm neoidealistischer Universalintegration. In: Hübinger, Gangolf / Bruch, Rüdiger vom / Graf, Friedrich Wilhelm (Hrsg.), Kultur und Kulturwissenschaften um 1900 II. Idealismus und Positivismus. Wiesbaden 1997, S. 53–85.

Graf, Rettung der Persönlichkeit. Protestantische Theologie als Kulturwissenschaft des Christentums. In: Bruch, Rüdiger vom / Graf, Friedrich Wilhelm / Hübinger, Gangolf, Kultur und Kulturwissenschaften um 1900. Krise der Moderne und Glaube an die Wissenschaft. Wiesbaden 1989, S. 103–132.

Grisebach, Eberhard: Gegenwart. Eine kritische Ethik. Halle 1928.
Grisebach, Eberhard: Interpretation oder Destruktion? Zum kritischen Verständnis von Martin Heideggers „Kant und das Problem der Metaphysik". In: Deutsche Vierteljahresschrift für Literaturwissenschaft und Geistesgeschichte 8 (1930), S. 199–232.
Groh, Ruth / Groh, Dieter: Weltbild und Naturaneignung. Zur Kulturgeschichte der Natur. Frankfurt a.M. 1991.
Grützmacher, Richard Heinrich: Die christliche Weltanschauung und die Geschichtsphilosophie Spenglers. In: Heim, Karl / Ders., Oswald Spengler und das Christentum. Zwei kritische Aufsätze. München 1921, S. 39–73.
Grützmacher, Richard Heinrich: Wesen und Grenzen des christlichen Irrationalismus. In: Neue kirchliche Zeitschrift 25 (1914), S. 902–916.
Guardini, Romano: Der Gegensatz. Versuche zu einer Philosophie des Lebendig-Konkreten (1925). 4. Aufl., unveränderter Nachdruck der 2. Aufl. Mainz 1955, Mainz / Paderborn 1998.
Guardini, Romano: Vom Wesen katholischer Weltanschauung. In: Ders., Unterscheidung des Christlichen. Gesammelte Studien. Mainz 1935, S. 1–22.
Günther, Gotthard: Beiträge zur Grundlegung einer operationsfähigen Dialektik. Bd. I, Hamburg 1976; Bd. II, Hamburg 1979; Bd. III, Hamburg 1980 (= BGD I–III).
Günther, Gotthard: Das Bewußtsein der Maschinen. Eine Metaphysik der Kybernetik. Krefeld / Baden-Baden 1963.
Gutberlet, Constantin: Der Streit um die Relativitätstheorie. In: Philosophisches Jahrbuch 26 (1913), S. 109–128.

Haeckel, Ernst: Die Welträtsel. Gemeinverständliche Studien über Monistische Philosophie (Bonn 1899). Nachdruck der 11., verb. Aufl., Leipzig 1919, mit einer Einleitung versehen von Olof Klohr, Berlin 1960.
Haeckel, Ernst: Der Monismus als Band zwischen Religion und Wissenschaft. Glaubensbekenntnis eines Naturforschers, vorgetragen am 9. Oktober 1892 in Altenburg beim 75jährigen Jubiläum der Naturforschenden Gesellschaft des Osterlandes. 16., vermehrte Aufl., mit einem Nachwort Genetica, Leipzig 1919.
Härle, Wilfried: Dogmatik. 2., überarbeitete Aufl., Berlin / New York 2000.
Härle, Wilfried: Systematische Philosophie. Eine Einführung für Theologiestudenten. 2. Aufl., München 1987.
Härle, Wilfried / Herms, Eilert: Rechtfertigung. Das Wirklichkeitsverständnis des christlichen Glaubens. Ein Arbeitsbuch. Göttingen 1979.
Hagenbach, K.R.: Art. Apologetik. In: Realenzyklopädie für protestantische Theologie und Kirche. Hamburg 1854, Bd. 1, S. 430f.
Haken, Hermann: Erfolgsgeheimnisse der Natur. Synergetik: Die Lehre vom Zusammenwirken. Frankfurt / Berlin 1990.
Harnack, Adolf von: Das Wesen des Christentums (1900). Lizenzausgabe München / Hamburg 1964.
Hartmann, Nicolai: Der Aufbau der realen Welt. Grundriß der allgemeinen Kategorienlehre. 2. Aufl., Meisenheim am Glan 1949.
Hartmann, Nicolai: Grundzüge einer Metaphysik der Erkenntnis. 5. Aufl., Berlin 1965.
Hartmann, Nicolai: Neue Wege der Ontologie. 5. Aufl., Stuttgart 1969.
Hauskeller, Michael: Alfred North Whitehead zur Einführung. Hamburg 1994.
Hauser, K. (Hrsg.): Ernst Haeckel, sein Leben, sein Wirken und seine Bedeutung für den Geisteskampf der Gegenwart, unter Mitwirkung von O. Braun, Adolf Wagner. Godesberg 1920.
Hedrich, Reiner: Komplexe und Fundamentale Strukturen. Grenzen des Reduktionismus. Mannheim 1990.

Hegel, Georg Wilhelm Friedrich: Sämtliche Werke. Jubiläumsausgabe in zwanzig Bänden. Auf Grund des Originaldrucks neu hrsg. von Hermann Glockner. Stuttgart 1958.

Hegel, Georg Wilhelm Friedrich: System der Philosophie. 2. Teil: Die Naturphilosophie. Mit einem Vorwort von Karl Ludwig Michelet. Sämtliche Werke, Bd. 9, 3. Aufl. der Jubiläumsausgabe, Stuttgart 1958.

Hegel, Georg Wilhelm Friedrich: Enzyklopädie der philosophischen Wissenschaften im Grundrisse und andere Schriften aus der Heidelberger Zeit. Sämtliche Werke, Bd. 6, 3. Aufl. der Jubiläumsausgabe, Stuttgart 1956.

Hegel, Georg Wilhelm Friedrich: Vorlesungen über die Philosophie der Geschichte. Sämtliche Werke, Bd. 9, 3. Aufl. der Jubiläumsausgabe, Stuttgart 1958.

Heidegger, Martin: Einführung in die Metaphysik. 2. Aufl., Tübingen 1958.

Heidegger, Martin: Kant und das Problem der Metaphysik. Bonn 1929.

Heidegger, Martin: Die onto-theologische Verfassung der Metaphysik. In: Ders., Identität und Differenz. 7. Aufl., Pfullingen 1957, S. 31–67.

Heidegger, Martin: Sein und Zeit (1927). 8. Aufl., Tübingen 1957.

Heidegger, Martin: Überwindung der Metaphysik (1938). In: Ders., Aufsätze und Vorträge. Pfullingen 1954, S. 71–100.

Heidegger, Martin: Was ist Metaphysik? Bonn 1929. Auch in: Ders., Wegmarken. Frankfurt 1976, S. 103–122.

Heidegger, Martin: Die Zeit des Weltbildes. In: Ders., Holzwege. 5. Aufl., Tübingen 1972, S. 69–104.

Heidelberger, Michael: Die innere Seite der Natur. Gustav Theodor Fechners wissenschaftlich-philosophische Weltauffassung. Frankfurt 1993.

Heiler, Fritz: Art. Erlebnis I. Religionswissenschaftlich. In: RGG, 3. Aufl., Bd. 2, Sp. 569–571.

Heimsoeth, Heinz: Die sechs großen Themen der abendländischen Metaphysik und der Ausgang des Mittelalters. 7. Aufl., Darmstadt 1981.

Heinemann, Fritz: Neue Wege der Philosophie. Geist / Leben / Existenz. Eine Einführung in die Philosophie der Gegenwart. Leipzig 1929.

Heisenberg, Werner: Die Goethesche und die Newtonsche Farbenlehre im Lichte der modernen Physik. Vortrag 1941. In: Ders., Wandlungen in den Grundlagen der Naturwissenschaft. Zehn Vorträge. Mit einem Beitrag von Günther Rasche und Bartel L. van der Waerden. 11. Aufl., Stuttgart 1980, S. 85–106.

Heisenberg, Werner: Physik und Philosophie (1959). Frankfurt a.M. / Berlin, 1990.

Heisenberg, Werner: Wandlungen in den Grundlagen der Naturwissenschaft. Zehn Vorträge. Mit einem Beitrag von Günther Rasche und Bartel L. van der Waerden. 11. Aufl., Stuttgart 1980.

Henrich, Dieter: Dimensionen und Defizite einer Theorie der Subjektivität. In: Philosophische Rundschau 36 (1989), S. 1–24.

Henrich, Dieter: Die Grundstruktur der modernen Philosophie. In: Ebeling, Hans (Hrsg.), Subjektivität und Selbsterhaltung. Beiträge zur Diagnose der Moderne. Frankfurt 1976, S. 97–121.

Henrich, Dieter: Selbstbewußtsein. Kritische Einleitung in eine Theorie. In: Bubner, Rüdiger (Hrsg.), Hermeneutik und Dialektik. Aufsätze, H.G. Gadamer zum 70. Geburtstag, Bd. I. Tübingen 1970, S. 257–284.

Hermann, Rudolf: Zum Problem: Gewißheit und Wissen in der Religion. Zur Auseinandersetzung mit Schleiermachers Grundlegung der Religionsphilosophie. In: Zeitschrift für systematische Theologie 3 (1926), S. 248–297.

Hermisson, Hans Jürgen: Studien zur israelitischen Spruchweisheit. Neukirchen 1968.

Herms, Eilert: „Weltanschauung" bei F. Schleiermacher und A. Ritschl. In: Ders., Theorie für die Praxis – Beiträge zur Theologie. München 1982, S. 121–143.

Heron, Alisdair I.C.: The Time of God. In: Deuser, Hermann (Hrsg.), Gottes Zukunft – Zukunft der Welt. Festschrift für Jürgen Moltmann zum 60. Geburtstag. München 1986, S. 231–239.

Hilpert, Konrad /Hassenhüttl, Gotthold (Hrsg.): Schöpfung und Selbstorganisation. Beiträge zum Gespräch zwischen Schöpfungstheologie und Naturwissenschaften. Paderborn 1999.

Hönigswald, Richard: Ernst Haeckel, der monistische Philosoph. Eine kritische Antwort auf seine „Welträthsel". Leipzig 1900.

Höpfner, Felix: Wissenschaft wider die Zeit. Goethes Farbenlehre aus rezeptionsgeschichtlicher Sicht. Mit einer Bibliographie zur Farbenlehre. Beiträge zur neueren Literaturgeschichte / 3, Bd. 106. Heidelberg 1990.

Hofmann, Peter: Goethes Theologie. München u.a. 2001.

Holmström, Folke: Das eschatologische Denken der Gegenwart. Drei Etappen der theologischen Entwicklung des zwanzigsten Jahrhunderts. Gütersloh 1936.

Holzhey, Helmut: Art. Makrokosmos/Mikrokosmos. In: HWPh, Bd. 5, Sp. 640–649.

Holzhey, Helmut / Röd, Wolfgang: Die Philosophie des ausgehenden 19. und des 20. Jahrhunderts 2. Neukantianismus, Realismus, Phänomenologie. Geschichte der Philosophie, hrsg. von Wolfgang Röd, Band XII. München 2004.

Hoppe, Edmund: Das Christentum und die exakten Naturwissenschaften. Acht Vorlesungen, gehalten im apologetischen Seminar in Wernigerode Oktober 1909. Gütersloh 1910.

Hoppe, Edmund: Glauben und Wissen. Antworten auf Weltanschauungsfragen (1914). 2. Aufl., Gütersloh 1922.

Hoppe, Edmund: Der naturalistische Monismus Ernst Haeckels, besonders seine Welträtsel und Lebenswunder. Schwerin 1906.

Hübinger, Gangolf: Art. Monistenbund. In: RGG, 4. Aufl., Bd. 5, Sp. 1450.

Hübinger, Gangolf / Bruch, Rüdiger vom / Graf, Friedrich Wilhelm (Hrsg.): Kultur und Kulturwissenschaften um 1900 II. Idealismus und Positivismus. Wiesbaden 1997.

Hüttemann, Andreas: Art. Materialismus. II. Philosophisch. In: RGG, 4. Aufl., Bd. 5., Sp. 904f.

Hughes, George E. / Cresswell, Max J.: Einführung in die Modallogik. Berlin 1978.

Hummel, Gert: Die Begegnungen zwischen Philosophie und Evangelischer Theologie im 20. Jahrhundert. Die philosophischen Bemühungen des 20. Jahrhunderts. Darmstadt 1989.

Hunzinger, August W.: Das Christentum im Weltanschauungskampf der Gegenwart. Leipzig 1909.

Husserl, Edmund: Vorlesungen zur Phänomenologie des inneren Zeitbewußtseins. Hrsg. von Martin Heidegger. 2. Aufl., unveränderter Nachdruck der 1. Aufl. 1928, Tübingen 1980.

Ihmels, Ludwig: Die christliche Wahrheitsgewißheit. Leipzig 1901.

Iwand, Hans Joachim: Theologiegeschichte des 19. und 20. Jahrhunderts. „Väter und Söhne" (1949). Bearbeitet, kommentiert und mit einem Nachwort versehen von Gerard C. den Hertog. Gütersloh 2001.

Jackelén, Antje: Zeit und Ewigkeit. Die Frage der Zeit in Kirche, Naturwissenschaften und Theologie. Neukirchen-Vluyn 2002.

Jammer, Max: Das Problem des Raumes. Die Entwicklung der Raumtheorien (Concepts of Space. Cambridge / USA 1954). Darmstadt 1960.

Janich, Peter: Euklids Erbe. Ist der Raum dreidimensional? München 1989.

Janich, Peter: Das Maß der Dinge. Protophysik von Raum, Zeit und Materie. Frankfurt 1997.

Janssen, Paul: Edmund Husserl. Einführung in die Phänomenologie. München 1976.

Jantsch, Erich: Die Selbstorganisation des Universums. Vom Urknall zum menschlichen Geist. Neuaufl., München 1992.

Jaspers, Karl: Psychologie der Weltanschauungen (1919). Nachdruck der 6. Aufl. Berlin / Heidelberg 1971, München 1985.

Johannes vom Kreuz: Die dunkle Nacht (El noche obscura 1587). Sämtliche Werke, Bd. 1. Hrsg. und übersetzt von Ulrich Dobhan, Elisabeth Hense, Elisabeth Peters. 3. Aufl., Freiburg u.a. 1997.

Jüngel, Eberhard: Gott als Geheimnis der Welt. Zur Begründung der Theologie des Gekreuzigten im Streit zwischen Theismus und Atheismus (1977). 6., durchgesehene Aufl., Tübingen 1992.

Jüngel, Eberhard: Die Welt als Möglichkeit und Wirklichkeit. Zum ontologischen Ansatz der Rechtfertigungslehre. In: Evangelische Theologie 29 (1969), S. 417–422. Zit. nach: Ders., Unterwegs zur Sache. Theologische Bemerkungen. Beiträge zur evangelischen Theologie Bd. 61. München 1972, S. 206–233.

Kalweit, Paul: Die Stellung der Religion im Geistesleben. Aus Natur und Geisteswelt, 225. Band. Leipzig 1908.

Kamlah, Wilhelm: Philosophische Anthropologie. Sprachliche Grundlegung und Ethik. Mannheim u.a. 1973.

Kanitscheider, Bernulf: Kosmologie. Geschichte und Systematik in philosophischer Perspektive. 2., erweiterte Aufl., Stuttgart 1991.

Kanitscheider, Bernulf: Philosophie und moderne Physik. Systeme – Strukturen – Synthesen. Darmstadt 1979.

Kanitscheider, Bernulf: Über Schellings ‚spekulative Physik' und einige Elemente einer idealistischen Epistemologie in der gegenwärtigen Kosmologie. In: Heckmann, Reinhard / Krings, Hermann / Meyer, Rudolf W. (Hrsg.), Natur und Subjektivität. Zur Auseinandersetzung mit der Naturphilosophie des jungen Schelling. Stuttgart-Bad Cannstatt 1983, S. 239–264.

Kanitscheider, Bernulf: Wissenschaftstheorie der Naturwissenschaft. Berlin / New York 1981.

Kant, Immanuel: Gedanken von der wahren Schätzung der lebendigen Kräfte und Beurteilung der Beweise, derer sich Herr von Leibniz und andere Mechaniker in dieser Streitsache bedienet haben ... (1746). In: Weischedel, Wilhelm (Hrsg.), Werke in zwölf Bänden. Bd. 1: Vorkritische Schriften bis 1768 /1. Frankfurt a.M., S. 7–218.

Kant, Immanuel: Grundlegung zur Metaphysik der Sitten. In: Weischedel, Wilhelm (Hrsg.), Werke in zwölf Bänden. Bd. VII, Frankfurt a.M., S. 7–102.

Kant, Immanuel: Kritik der reinen Vernunft. In: Weischedel, Wilhelm (Hrsg.), Werke in zwölf Bänden. Bd. III u. IV, Frankfurt a.M. 1968.

Kant, Immanuel: Kritik der Urteilskraft. In: Weischedel, Wilhelm (Hrsg.), Werke in zwölf Bänden. Bd. X, Frankfurt a.M. 1968.

Kant, Immanuel: Prolegomena zur einer jeden künftigen Metaphysik, die als Wissenschaft wird auftreten können. In: Weischedel, Wilhelm (Hrsg.), Werke in zwölf Bänden. Bd. V, Frankfurt a.M. 1968, S. 109–264.

Kant, Immanuel: Theorie-Werkausgabe. Werke in zwölf Bänden. Hrsg. von Wilhelm Weischedel. Frankfurt a.M. 1968.

Keitel-Holz, Klaus: Ernst Haeckel. Forscher, Künstler, Mensch, eine Biographie. Frankfurt a.M. 1984.

Kierkegaard, Sören: Gesammelte Werke. Hrsg. von Emanuel Hirsch. Düsseldorf / Köln 1955–1958.

Kierkegaard, Sören: Die Krankheit zum Tode. Eine christliche psychologische Entwicklung zur Erbauung und Erweckung von Anti-Climacus, Kopenhagen 1849. Übersetzt und mit Glossar, Bibliographie sowie einem Essay „Zum Verständnis des Werkes" hrsg. von Liselotte Richter. 3. Aufl., Hamburg 1996.

Kierkegaard, Sören: Philosophische Brocken oder Ein bisschen Philosophie von Johannes

Climacus, Kopenhagen 1844. Übersetzt und mit Glossar, Bibliographie sowie einem Essay „Zum Verständnis des Werkes" hrsg. von Liselotte Richter. Hamburg 1992.

Kierkegaard, Sören: Abschließende unwissenschaftliche Nachschrift zu den Philosophischen Brocken. In: Gesammelte Werke. 16. Abteilung. Erster und zweiter Teil. Übersetzt von Hans Martin Junghans. Düsseldorf / Köln 1957f.

Klein, Joseph: Art. Weltanschauung. In: RGG, 3. Aufl., Bd. 6, Sp. 1603–1606.

Knoll, J.H. / Schoeps, J.H.: Friedrich Albert Lange. Leben und Werk. Duisburg 1975.

Köberle, Adolf: Das Glaubenvermächtnis der schwäbischen Väter. Akademische Gedenkreden. Hamburg 1959.

Köberle, Adolf: Art. Theosophie. In: RGG, 3. Aufl., Bd. 6, Sp. 845–847.

König: Glaubensgewißheit und Schriftzeugnis. In: Neue kirchliche Zeitschrift 1 (1890), S. 439–463.515–531.

König, G.: Art. Perspektive, Perspektivismus, perspektivisch. In: HWPh, Bd. 7, Sp. 363–375.

Körtner, Ulrich H.J.: Weltangst und Weltende. Eine theologische Interpretation der Apokalyptik. Göttingen 1988.

Köpf, David: Der Christuslogos und die tellurischen Mächte. Eine kritische Würdigung emergenter kultureller Evolution. In: Wägenbauer, Thomas (Hrsg.), Blinde Emergenz? Interdisziplinäre Beiträge zu Fragen kultureller Evolution. Heidelberg 2000, S. 285–333.

Köstlin, Julius: Die Begründung unserer sittlich-religiösen Überzeugung. Berlin 1893.

Koktanek, Anton Mirko: Oswald Spengler in seiner Zeit. München 1968.

Koktanek, Anton Mirko: Oswald Spengler in unserer Zeit. Nachwort. In: Spengler, Oswald, Der Untergang des Abendlandes. Neuausgabe 1972. 13. Aufl., München 1997, S. 1250–1269.

Korff, Hermann A.: Der Geist der Goethezeit. Versuch einer ideellen Entwicklung der klassisch-romantischen Literaturgeschichte. Bd. I–IV. 2. durchgesehene Aufl., Leipzig 1954.

Kornwachs, Klaus: Logik der Zeit – Zeit der Logik. Eine Einführung in die Zeitphilosophie. Münster 2001.

Koyré, Alexandre: Von der geschlossenen Welt zum unendlichen Universum (From the Closed World to the Infinite Universe. Baltimore 1957). Übersetzt von Rolf Dornbacher. Frankfurt a.M. 1980.

Krafft, Fritz: Physikotheologie als letzter umfassender Versuch einer Synthese von Naturwissenschaften und Theologie. In: Ders., „...denn Gott schafft nichts umsonst!" Das Bild der Naturwissenschaft vom Kosmos im historischen Kontext des Spannungsfeldes Gott – Mensch – Natur. Natur – Wissenschaft – Theologie, Kontexte in Geschichte und Gegenwart, Neue Folge der Reihe „Physikotheologie im historischen Kontext", hrsg. von Fritz Krafft u.a., Bd. 1. Münster 1999, S. 75–98.

Kreck, Walter: Analogia Fidei Oder Analogia Entis? In: Antwort. Karl Barth zum siebzigsten Geburtstag. Zürich 1956, S. 272–286.

Kreck, Walter: Grundfragen christlicher Ethik. 4. Aufl., München 1990.

Krolzik, Udo: Art. Physikotheologie. In: TRE, Bd. 26, S. 590–596.

Krolzik, Udo: Säkularisierung der Natur. Providentia-Dei-Lehre und Naturverständnis der Frühaufklärung. Neukirchen-Vluyn 1988.

Kropač, Ulrich: Naturwissenschaft und Theologie im Dialog. Umbrüche in der naturwissenschaftlichen und logisch-mathematischen Erkenntnis als Herausforderung zum Gespräch. Münster 1999.

Kümmel, Friedrich: Über den Begriff der Zeit. Forschungen zur Pädagogik und Anthropologie, 6. Band. Tübingen 1962.

Kutschera, Franz v.: Grundfragen der Erkenntnistheorie. Berlin / New York 1982.

Lange, Friedrich Albert: Geschichte des Materialismus und die Kritik seiner Bedeutung in der Gegenwart. Erstes Buch: Geschichte des Materialismus bis auf Kant (1866). Biographisches Vorwort und Einleitung mit kritischem Nachtrag in dritter, erweiterter Bearbeitung von Hermann Cohen. 9. Aufl., Leipzig 1914.

Lange, Friedrich Albert: Geschichte des Materialismus und die Kritik seiner Bedeutung in der Gegenwart. Zweites Buch: Geschichte des Materialismus seit Kant (1866). 9. Aufl., Leipzig 1915.

Laplace, Pierre S. de: Philosophischer Versuch über die Wahrscheinlichkeiten (Essai philosophique sur les Probabilités, Paris 1814). Ostwalds Klassiker der exakten Wissenschaften 233. Reprint nach der Ausgabe Leipzig 1932, Leipzig 1986.

Leibniz, Gottfried Wilhelm: Hauptschriften zur Grundlegung der Philosophie, Band I. Übersetzt von A. Buchenau. Durchgesehen und mit Einleitungen und Erläuterungen hrsg. von Ernst Cassirer. PhB 496, 3. Aufl., Hamburg 1966.

Leibniz, Gottfried Wilhelm: Monadologie. Französisch und deutsch. Zeitgenössische Übersetzung von Heinrich Köhler. Hrsg. von Dietmar Till. Frankfurt a.M. / Leipzig 1996.

Leibniz, Gottfried Wilhelm: Versuche in der Theodicée über die Güte Gottes, die Freiheit des Menschen und den Ursprung des Übels. Übersetzt und mit Anmerkungen versehen von Arthur Buchenau. PhB 499, Hamburg 1996.

Lettau, Rudolph: Die Einsteinsche Relativitätstheorie im Verhältnis zur christlichen Weltanschauung. In: Die Furche. Eine Monatsschrift zur Vertiefung christlichen Lebens und Anregung christlichen Werkes 11 (1920), S. 153–155.

Liedke, Gerhard: Zeit, Wirklichkeit und Gott. Referat, gehalten am 27.2.1974 im Studium Generale der Universität Utrecht.

Link, Christian: Die Erfahrung der Welt als Schöpfung. Ein Modell zum Dialog zwischen Theologie und Naturwissenschaft. In: Ders., Die Spur des Namens. Wege zur Erkenntnis Gottes und zur Erfahrung der Schöpfung. Theologische Studien. Neukirchen-Vluyn 1997, S. 123–170.

Link, Christian: Schöpfung. Schöpfungstheologie angesichts der Herausforderungen des 20. Jahrhunderts. Handbuch Systematische Theologie, hrsg. von Carl Heinz Ratschow, Bd. 7/2. Gütersloh 1991.

Locke, John: Versuch über den menschlichen Verstand (An essay concerning human understanding, 1690). In vier Büchern. Bd. 1: Buch I und II; Bd. 2: Buch III und IV. PhB 75f, 5., durchgesehene Auflage, Hamburg 2000.

Lohse, Bernhard (Hrsg.): Der Durchbruch der reformatorischen Erkenntnis bei Luther, Wege der Forschung Bd. CXXIII. Darmstadt 1968.

Lorentz, Hendrik Anton / Einstein, Albert / Minkowski, Hermann: Das Relativitätsprinzip. Eine Sammlung von Abhandlungen. Mit einem Beitrag von H. Weyl und Anmerkungen von A. Sommerfeld hrsg. von Otto Blumenthal. 9. Aufl., unveränd. Nachdruck der 5. Aufl. von 1923, Stuttgart 1990.

Lorenz, Konrad: Die Rückseite des Spiegels. Versuch einer Naturgeschichte menschlichen Erkennens (1973). München 1997.

Lorenzen, Paul / Schwemmer, Oswald: Konstruktive Logik, Ethik und Wissenschaftstheorie. 2. Aufl., Mannheim u.a. 1975.

Lucadou, Walter von: Art. Parapsychologie. In: TRE, Bd. 25, S. 750–753.

Lübbe, Hermann. Politische Philosophie in Deutschland. Studien zu ihrer Geschichte. Basel/Stuttgart 1963.

Lütgert, Wilhelm: Schöpfung und Offenbarung. Eine Theologie des ersten Artikels. Gütersloh 1934.

Mach, Ernst: Die Analyse der Empfindungen und das Verhältnis des Physischen zum Psychischen (1885). 6., vermehrte Aufl., Jena 1911; 9. Aufl., Jena 1922.

Mach, Ernst: Aus Dr. Mach's Vorträgen über Psychophysik. In: Oesterreichische Zeitschrift für praktische Heilskunde 9 (1863), Sp. 146–148.167–170.202–204.225–228.242–245.260f.277–279.294–298.316–318.335–338.352–354.362–366.

Mach, Ernst: Die Leitgedanken meiner naturwissenschaftlichen Entwicklung und ihre Aufnahme durch die Zeitgenossen. In: Physikalische Zeitschrift 11 (1910). Zit. nach: Ders., Die Mechanik in ihrer Entwicklung. Historisch-kritisch dargestellt. Hrsg. und mit einem Anhang versehen von Renate Wahsner und Horst-Heinrich Borzeszkowski. Berlin 1988, S. 653–669.

Mach, Ernst: Die Mechanik in ihrer Entwicklung. Historisch-kritisch dargestellt (1883). Nachdruck der 7., verb. und verm. Aufl. 1912. Hrsg. und mit einem Anhang versehen von Renate Wahsner und Horst-Heinrich Borzeszkowski. Berlin 1988.

Mainzer, Klaus: Art. Dimension. In: EPhW, Bd. 1, S. 484–486.

Mainzer, Klaus: Naturphilosophie und Quantenmechanik. In: Audretsch, Jürgen / Ders. (Hrsg.), Wieviele Leben hat Schrödingers Katze? Zur Physik und Philosophie der Quantenmechanik. Heidelberg u.a. 1996, S. 245–300.

Mann, Gunter (Hrsg.): Naturwissen und Erkenntnis im 19. Jahrhundert: Emil Du Bois-Reymond. Hildesheim 1981.

Mann, Ulrich: Der Begriff der Dimension und seine Bedeutung für die systematische Theologie. In: Deutsches Pfarrerblatt 57 (1957), S. 265–268.294–296.

Mann, Ulrich: Theologische Religionsphilosophie im Grundriß. Hamburg 1961.

Manzke, Karl Hinrich: Ewigkeit und Zeitlichkeit. Aspekte für eine theologische Deutung der Zeit. Göttingen 1992.

Marcus, W.: Art. Metaphysik, induktive. In: HWPh, Bd. 5, Sp. 1279f.

Mason, Stephen F.: Geschichte der Naturwissenschaft in der Entwicklung ihrer Denkweisen (A history of sciences, main currents in scientific thought, 1953). Unveränderter Neudruck der unter Mitwirkung von Klaus M. Meyer-Abich von Bernhard Sticker besorgten deutschsprachigen Ausgabe 1974. Bassum 1997.

May, Gerhard: Schöpfung aus dem Nichts. Die Entstehung der Lehre von der creatio ex nihilo. Berlin / New York 1978.

McGrath, Alister E.: The Foundations of Dialogue in Science and Religion. Oxford 1998.

McGrath, Alister E.: Naturwissenschaft und Religion. Eine Einführung (1999). Aus dem Englischen von Iris und Michael Held. Freiburg i.Br. u.a. 2001.

McTaggert, John: Die Irrealität der Zeit (1908). In: Zimmerli, Walther Ch. / Sandbothe, Mike (Hrsg.), Klassiker der modernen Zeitphilosophie. Darmstadt 1993, S. 67–86.

Mechels, Eberhard: Analogie bei Erich Przywara und Karl Barth. Das Verhältnis von Offenbarungstheologie und Metaphysik. Neukirchen-Vluyn 1974.

Mehlhausen, Joachim / Dunkel, Daniela: Art. Monismus/Monistenbund. In: TRE, Bd. 23, S. 212–219.

Meier, Helmut G.: „Weltanschauung". Studien zu einer Geschichte und Theorie des Begriffs. Diss. masch., Münster 1967.

Meschede, K.: Art. Materialismusstreit. In: HWPh, Bd. 5, Sp. 868f.

Meyer, Hans: Die Weltanschauung der Gegenwart. Paderborn / Würzburg 1949.

Merleau-Ponty, Maurice: Phänomenologie der Wahrnehmung (Phénoménologie de la Perception, Paris 1945). Berlin 1966.

Meschkowski, Herbert: Das Problem des Unendlichen. Mathematische und philosophische Texte von Bolzano, Gutberlet, Cantor, Dedekind. München 1974.

Meurers, Joseph: Kosmologie heute. Eine Einführung in ihre philosophischen und naturwissenschaftlichen Problemkreise. Darmstadt 1984.

Meyer-Abich, Klaus M.: Art. Komplementarität. In: HWPh, Bd. 4, Sp. 933f.

Mildenberger, Friedrich: Gotteslehre. Eine dogmatische Untersuchung. Tübingen 1975.

Mittelstaedt, Peter: Objektivität und Realität in der Quantenphysik. In: Audretsch, Jürgen /

Mainzer, Klaus (Hrsg.), Wieviele Leben hat Schrödingers Katze? Zur Physik und Philosophie der Quantenmechanik. Heidelberg u.a. 1996, S. 125–156.

Mittelstaedt, Peter: Philosophische Probleme der modernen Physik. 7. überarbeitete Aufl., Zürich 1989.

Mittelstraß, Jürgen: Der arme Wille. Zur Leidensgeschichte des Willens in der Philosophie. In: Ders., Der Flug der Eule. Von der Vernunft der Wissenschaft und der Aufgabe der Philosophie. 2. Aufl., Frankfurt a.M. 1997, S. 142–163.

Mittelstraß, Jürgen: Der Flug der Eule. Von der Vernunft der Wissenschaft und der Aufgabe der Philosophie. 2. Aufl., Frankfurt a.M. 1997.

Mittelstraß, Jürgen: Gibt es eine Letztbegründung? In: Ders., Der Flug der Eule, Von der Vernunft der Wissenschaft und der Aufgabe der Philosophie. 2. Aufl., Frankfurt a.M. 1997, S. 281–312.

Mittelstraß, Jürgen: Das Wirken der Natur. Materialien zur Geschichte des Naturbegriffs. In: Rapp, Friedrich (Hrsg.), Naturverständnis und Naturbeherrschung. Philosophiegeschichtliche Entwicklung und gegenwärtiger Kontext. München 1981, S. 36–69.

Mittelstraß, Jürgen: Leben mit der Natur. Über die Geschichte der Natur in der Geschichte der Philosophie und über die Verantwortung des Menschen gegenüber der Natur. In: Schwemmer, Oswald (Hrsg.), Über Natur. Philosophische Beiträge zum Naturverständnis. Frankfurt am Main 1987, S. 37–62.

Mittelstraß, Jürgen: Weltbilder. Die Welt der Wissenschaftsgeschichte. In: Ders., Der Flug der Eule. Von der Vernunft der Wissenschaft und der Aufgabe der Philosophie. 2. Aufl., Frankfurt a.M. 1997, S. 228–256.

Moltmann, Jürgen: Gott in der Schöpfung. Ökologische Schöpfungslehre. 3. Aufl., München 1987.

Moltmann, Jürgen: Wissenschaft und Weisheit. Zum Gespräch zwischen Naturwissenschaft und Theologie. München 2002.

More, Henry: Enchiridion Metaphysicum; sive De Rebus Incorporeia Succinta & Luculenta Dissertatio. Pars Prima: De Existentia & natura Rerum Incorporeum in Genere. ... London 1671. In: H. Mori Cantabrigiensis Opera Omnia, Vol. II: Opera Philosophica. London 1675–1679.

Morgenstern, Martin: Nicolai Hartmann. Grundlinien einer wissenschaftlich orientierten Philosophie. Basler Studien zur Philosophie 2, hrsg. von Henning Ottmann und Annemarie Pieper. Tübingen / Basel 1992.

Mortensen, Viggo: Theologie und Naturwissenschaft. Aus dem Dänischen übersetzt von Eberhard Harbsmeier. Gütersloh 1995.

Moxter, Michael: Art. Weltanschauung. III/1. Dogmatisch und Philosophisch. In: TRE, Bd. 35, S. 544–555.

Mühlenberg, Ekkehard: Die Unendlichkeit Gottes bei Gregor von Nyssa. Gregors Kritik am Gottesbegriff der klassischen Metaphysik. Göttingen 1966.

Müller, A.M. Klaus: Naturgesetz, Wirklichkeit, Zeitlichkeit. In: Weizsäcker, Ernst v. (Hrsg.), Offene Systeme I. Beiträge zur Zeitstruktur von Information, Entropie und Evolution. Stuttgart 1974, S. 303–358.

Müller, A.M. Klaus: Die präparierte Zeit. Der Mensch in der Krise seiner eigenen Zielsetzungen. Stuttgart 1972.

Müller, A.M. Klaus: Zeit und Evolution. In: Altner, Günter (Hrsg.), Die Welt als offenes System. Eine Kontroverse um das Werk von Ilya Prigogine. Frankfurt a.M. 1986, S. 124–160.

Müller-Freienfels, R.: Metaphysik des Irrationalen. Leipzig 1927.

Nagel, Thomas: Wie ist es, eine Fledermaus zu sein? (What is it like to be a bat, 1974). In: Frank, Manfred (Hrsg.), Analytische Theorien des Selbstbewusstseins. Frankfurt 1994, S. 135–152.

Natorp, Paul: Einleitung in die Psychologie nach kritischer Methode. Freiburg i.Br. 1888.
Natorp, Paul: Die logischen Grundlagen der exakten Wissenschaften. Wissenschaft und Hypothese. 12. Aufl., Leipzig 1910.
Natorp, Paul: Philosophie. Ihr Problem und ihre Probleme. Einführung in den kritischen Idealismus. 2., verb. Aufl., Göttingen 1918.
Neukirch, Johannes: „Weltanschauung" als Thema der Theologie in der Auseinandersetzung mit den naturalistischen Weltanschauungen in der Zeit der „Kulturkrise". Diss. masch., Bayreuth 1991.
Newton, Isaak: Die Mathematischen Prinzipien der Physik (Philosophiae Naturalis Principia mathematica, 1687). Übersetzt und hrsg. von Volker Schüller. Berlin 1999.
Newton, Isaak: Optik oder Abhandlungen über Spiegelungen, Brechungen, Beugungen und Farben des Lichts (Optics: or, a Treatise of The Reflections, Refractions, Inflections And Colours of Light). Übersetzt und hrsg. von William Abendroth. Eingeleitet und erläutert von Markus Fierz. Braunschweig 1983.
Nietzsche, Friedrich: Werke in drei Bänden. Hrsg. von Karl Schlechta. München 1954–1956.
Nikolaus von Kues: De docta ignorantia / Die belehrte Unwissenheit. Übersetzt und hrsg. von Paul Wilpert und Hans Gerhard Senger. 4., erweiterte Auflage 1994. In: Ders., Philosophisch-theologische Werke. Lateinisch – deutsch. Mit einer Einleitung von Karl Bormann. Bd.1, Hamburg 2002.
Novalis: Schriften. Die Werke Friedrich von Hardenbergs. Hrsg. von P. Kluckhohn und R. Samuel. 2. Aufl. Stuttgart 1968.

Oetinger, Friedrich Christoph: Biblisches und emblematisches Wörterbuch dem Tellerischen Wörterbuch und Anderer falschen Schrifterklärungen entgegengesetzt (Stuttgart 1776). Reprographischer Nachdruck, Hildesheim 1969.
Oetinger, Friedrich Christoph: Etwas Ganzes vom Evangelium. Friedrich Christoph Oetingers Heilige Philosophie. Ein Brevier. Unter Mitarbeit von Richard Haug ausgewählt und zusammengestellt von Guntram Spindler. Metzingen 1982.
Oetinger, Friedrich Christoph: Gedanken von den zwo Fähigkeiten zu empfinden und zu erkennen und dem daraus zu bestimmenden Unterschiede der Genien. Antwort auf die von der philosophisch-speculativen Classe der Kön. Preussischen Akademie der Wissenschaften zu Berlin für das Jahr 1775 aufgegebenen Preisfrage. Frankfurt / Leipzig 1775.
Oetinger, Friedrich Christoph: Die Philosophie der Alten wiederkommend in der güldenen Zeit. Zweyter Teil. Frankfurt / Leipzig 1762.
Oetinger, Friedrich Christoph: Theologia ex idea vitae deducta (Frankfurt / Leipzig 1765). Hrsg. von Konrad Ohly. Texte zur Geschichte des Pietismus. Abt. VII, Bd. 2, Teil 1: Text; Teil 2: Anmerkungen. Berlin / New York 1979.
Oetinger, Friedrich Christoph: Die Weisheit auf der Gasse. Aus den theologischen Schriften. Zeugnisse der Schwabenväter, Bd. II. Hrsg. und mit Einführung und Anmerkungen versehen von J. Roessle. Metzingen 1962.
Oetinger, Friedrich Christoph: Des Wirttembergischen Prälaten, Friedrich Christoph Oetinger, sämmtliche Schriften, zum ersten Mal vollständig gesammelt und unverändert hrsg. von Karl Chr. E. Ehmann. Abt. 2 (Bd. 1–6): Theosophische Schriften. Stuttgart 1858–1864.
Oken, Lorenz: Lehrbuch der Naturphilosophie. Nachdruck der 3., neu bearb. Aufl. Zürich 1843, Hildesheim u.a. 1991.
Orf, E.: Religion, Kreativität und Gottes schöpferische Aktivität in der spekulativen Metaphysik Alfred North Whiteheads. Egelsbach 1996.
Ostwald, Wilhelm: Monistische Sonntagspredigten. Erste Reihe, Leipzig 1911; Zweite Reihe, Leipzig 1912.

Ostwald, Wilhelm: Das Problem der Zeit. Rede, gehalten bei der Eröffnung des neuerbauten Physikalisch-chemischen Instituts der Universität Leipzig am 3. Januar 1898. In: Ders., Abhandlungen und Vorträge allgemeinen Inhaltes (1887–1903). Leipzig 1904, S. 241–257.

Ostwald, Wilhelm: Die Philosophische Bedeutung der Energetik. Zuerst veröffentlicht in englischer Sprache in The International Quaterly, 1903. In: Ders, Abhandlungen und Vorträge allgemeinen Inhaltes (1887–1903). Leipzig 1904, S. 258–281.

Ostwald, Wilhelm: Die Überwindung des wissenschaftlichen Materialismus. Vortrag gehalten in der dritten allgemeinen Sitzung der Versammlung der Gesellschaft Deutscher Naturforscher und Ärzte zu Lübeck am 20. Sept. 1895. In: Ders, Abhandlungen und Vorträge allgemeinen Inhaltes (1887–1903). Leipzig 1904, S. 220–240.

Ostwald, Wilhelm: Vorlesungen über Naturphilosophie. Gehalten im Sommer 1901 an der Universität Leipzig. Leipzig 1902.

Oswald Spengler und das Christentum. Zwei kritische Aufsätze von Karl Heim und Richard H. Grützmacher. München 1921.

Otto, Rudolf: Das Heilige. Über das Irrationale in der Idee des Göttlichen im Verhältnis zum Rationalen. 3. Aufl., Breslau 1919.

Otto, Rudolf: Naturalistische und religiöse Weltansicht (1904). 2. Aufl., Tübingen 1909.

Pannenberg, Wolfhart: Anthropologie in theologischer Perspektive. Göttingen 1983.

Pannenberg, Wolfhart: Atom, Dauer, Gestalt: Schwierigkeiten mit der Prozeßphilosophie. In: Ders., Metaphysik und Gottesgedanke. Göttingen 1988, S. 80–91.

Pannenberg, Wolfhart: Eschatologie, Gott und Schöpfung. In: Ders., Theologie und Reich Gottes. Gütersloh 1971, S. 9–29.

Pannenberg, Wolfhart: Kontingenz und Naturgesetz. In: Ders. / Müller, A.M. Klaus, Erwägungen zu einer Theologie der Natur. Gütersloh 1970, S. 33–80.

Pannenberg, Wolfhart: Metaphysik und Gottesgedanke. Göttingen 1988.

Pannenberg, Wolfhart: Systematische Theologie. Bd. 1, Göttingen 1988; Bd. 2, Göttingen 1991; Bd. 3, Göttingen 1993 (= ST 1–3).

Pannenberg, Wolfhart: Wissenschaftstheorie und Theologie. Frankfurt a.M. 1977.

Pannenberg, Wolfhart: Zur Bedeutung des Analogiegedankens bei Karl Barth. Eine Auseinandersetzung mit Urs von Balthasar. In: Theologische Literaturzeitung 78 (1953), S. 17–24.

Pascal, Blaise: Gedanken (Pensées). Eine Auswahl. Übersetzt, hrsg. und eingeleitet von Ewald Wasmuth. Stuttgart 1987.

Pauli, Wolfgang: Die philosophische Bedeutung der Idee der Komplementarität. In: Ders., Aufsätze und Vorträge über Physik und Erkenntnistheorie. Braunschweig 1961, S. 10–17.

Paulus, Rudolf: Gedanken zum Zeitproblem. In: Theologie als Glaubenswagnis. Festschrift für Karl Heim zum 80. Geburtstag. Dargebracht von der evang.-theol. Fakultät in Tübingen. Tübingen 1954, S. 113–136.

Peacocke, Arthur: Gottes Wirken in der Welt. Theologie im Zeitalter der Naturwissenschaften (A Theology for a Scientific Age, Oxford 1990). Aus dem Englischen übersetzt von Elisabeth Dieckmann. Mainz 1998.

Pfleiderer, Georg: Theologie als Wirklichkeitswissenschaft. Studien zum Religionsbegriff bei Georg Wobbermin, Rudolf Otto, Heinrich Scholz und Max Scheler. Tübingen 1992.

Philipp, Wolfgang (Hrsg): Das Zeitalter der Aufklärung. Klassiker des Protestantismus, hrsg. von Christel Matthias Schröder (Bremen 1963). Wuppertal 1988.

Picht, Georg: Aristoteles' ‚De anima'. Mit einer Einführung von Enno Rudolph. 2. Aufl., Stuttgart 1992.

Picht, Georg: Der Begriff der Energeia bei Aristoteles. In: Ders., Hier und Jetzt. Philosophieren nach Auschwitz und Hieroshima. Bd. I, Stuttgart 1980, S. 289–308.

Picht, Georg: Die Zeit und die Modalitäten. In: Quanten und Felder. Physikalische und philosophische Betrachtungen zum 70. Geburtstag von Werner Heisenberg. Braunschweig 1971, S. 67–76.

Pick, Leopold: Die vierte Dimension. 1898.

Pick, Leopold: Die vierte Dimension als Grundlage des transzendentalen Idealismus. Leipzig 1920.

Planck, Max: Die Entstehung und bisherige Entwicklung der Quantentheorie. Nobel-Vortrag 1920. In: Ders., Vorträge und Erinnerungen. Nachdruck der 5. Aufl. Stuttgart 1949, Darmstadt 1983, S. 125–138.

Planck, Max: Religion und Naturwissenschaft. Vortrag 1937. In: Ders., Vorträge und Erinnerungen. Nachdruck der 5. Aufl. Stuttgart 1949, Darmstadt 1983, S. 318–333.

Planck, Max: Vorträge und Erinnerungen. Nachdruck der 5. Aufl. Stuttgart 1949, Darmstadt 1983.

Platon: Phaidon. In: Werke in acht Bänden. Griechisch und Deutsch. Hrsg. von Gunther Eigler. Bd. III, bearbeitet von Dietrich Kurz, Darmstadt 1974, S. 1–208.

Platon: Timaios. In: Werke in acht Bänden. Griechisch und Deutsch. Hrsg. von Gunther Eigler. Bd. VII, bearbeitet von Klaus Widdra, Darmstadt 1974, S. 1–210.

Pöhlmann, Horst Georg: Analogia entis oder analogia fidei? Die Frage der Analogie bei Karl Barth. Göttingen 1965.

Pöhlmann, Horst Georg: Art. Apologetik. In: EKL, Bd. 1, Sp. 213–217.

Pöppel, Ernst: Erlebte Zeit und Zeit überhaupt. In: Die Zeit. Schriften der Carl-Friedrich-von-Siemens-Stiftung 6 (1983), S. 369–382.

Polkinghorne, John: Theologie und Naturwissenschaften. Eine Einführung (1998). Aus dem Englischen von Gregor Etzelmüller. Gütersloh 2001.

Popper, Karl: Logik der Forschung (1934). 10., verbesserte und vermehrte Aufl., Tübingen 2002.

Posch, Günter: Zur Problemlage beim Kausalitätsproblem. In: Ders. (Hrsg.), Kausalität, Neue Texte. Stuttgart 1981, S. 9–29.

Positivismus im 19. Jahrhundert. Beiträge zu seiner geschichtlichen und systematischen Bedeutung. Hrsg. von Jürgen Blühdorn und Joachim Ritter. Frankfurt a. M. 1971.

Prigogine, Ilya: Vom Sein zum Werden. Zeit und Komplexität in den Naturwissenschaften (From Being to Becoming – Time and Complexity in Physical Sciences, San Francisco 1980). Bearbeitete und erweiterte Neuausgabe. Aus dem Englischen von Friedrich Griese. 6. Aufl., München 1992.

Primas, Hans: Zur Quantenmechanik makroskopischer Systeme. In: Audretsch, Jürgen / Mainzer, Klaus (Hrsg.), Wieviele Leben hat Schrödingers Katze? Zur Physik und Philosophie der Quantenmechanik. Heidelberg u.a. 1996, S. 209–244.

Probst, P.: Art. Polarität. In: HWPh, Bd. 7, Sp. 1026–1029.

Przywara, Erich: Analogia entis. Metaphysik – Ur-Struktur und All-Rhythmus. Schriften Bd. III. Einsiedeln 1962.

Przywara, Erich: Art. Analogia entis. In: Herders theologisches Taschenlexikon. Hrsg. von K. Rahner. Bd. 1, Freiburg 1972, S. 97–99.

Przywara, Erich: In und Gegen. Stellungnahmen zur Zeit. Nürnberg 1955.

Quenstedt, Andreas: Theologia didactico-polemica. Wittenberg 1685.

Rad, Gerhard v.: Weisheit in Israel. Gütersloh 1992.

Rade, Martin: Bedenken gegen die Termini ‚Apologetik' und ‚christliche Weltanschauung'. In: Zeitschrift für Theologie und Kirche 17 (1907), S. 423–435.

Reichenbach, Hans: Die philosophische Bedeutung der Relativitätstheorie. In: Schilpp, Paul Arthur (Hrsg.), Albert Einstein als Philosoph und Naturforscher. Eine Auswahl. Braunschweig 1983, S. 142–161.

Rentsch, Thomas: Art. Metaphysikkritik. In: EPhW, Bd. 2, S. 873f.

Rentsch, Thomas / Cloeren, H.J.: Art. Metaphysikkritik. In: HWPh, Bd. 5, Sp. 1280–1294.
Richter, C. v.: Professor Zöllners Hypothese einer vierten Dimension des Raumes, durch Vernunftgründe und Thatsachen widerlegt. Leipzig 1880.
Richter, G.: Bewegung, die vierte Dimension. 1912.
Richter, Ludwig: Art. Erlebnis II. Religionsphilosophisch. In: RGG, 3. Aufl., Bd. 2, Sp. 571–573.
Rickert, Heinrich: Der Gegenstand der Erkenntnis. Einführung in die Transzendental- Philosophie (1902). Dritte, völlig umgearbeitete und erweiterte Auflage, Tübingen 1915.
Riehl, Alois: Zur Einführung in die Philosophie der Gegenwart. 8 Vorträge (1902). 5., durchges. und ergänzte Aufl., Leipzig 1919.
Riemann, Bernhard: Neue mathematische Principien der Naturphilosophie (1853). In: Bernhard Riemanns gesammelte mathematische Werke und wissenschaftlicher Nachlass, hrsg. unter Mitarbeit von Richard Dedekind von Heinrich Weber. 2. Aufl., Leipzig 1892, S. 528–532.
Riemann, Bernhard: Über die Hypothesen, welche der Geometrie zu Grunde liegen (1854). Unveränderter fotomechanischer Abdruck von 1867. Darmstadt 1959. Auch in: Bernhard Riemanns gesammelte mathematische Werke und wissenschaftlicher Nachlass, hrsg. unter Mitarbeit von Richard Dedekind von Heinrich Weber. 2. Aufl., Leipzig 1892, S. 288–293.
Riemeier, Elisabeth: Einstein und Kant. In: Die Furche. Eine Monatsschrift zur Vertiefung christlichen Lebens und Anregung christlichen Werkes 11 (1920), S. 156f.
Ritschl, Albrecht: Die christliche Lehre von der Rechtfertigung und Versöhnung (Berlin 1879–1874). 2. Aufl., Bonn Bd. 1 1882 / Bd. 2 u. 3 1883; 3. Aufl., Bonn Bd. 3 1888 / Bd. 1 u. 2 1889.
Rosenau, Hartmut: Art. Monismus. III. Religionsphilosophisch. IV. Dogmatisch. In: RGG, 4. Aufl., Bd. 5, Sp. 1448–1450.
Rothgangel, Martin: Naturwissenschaft und Theologie. Wissenschaftstheoretische Gesichtspunkte im Horizont religionspädagogischer Überlegungen. Göttingen 1999.
Rothschuh, Karl E.: Emil Du Bois-Reymond (1818–1896). Werden, Wesen, Wirken. In: Mann, Gunter (Hrsg.), Naturwissen und Erkenntnis im 19. Jahrhundert: Emil Du Bois-Reymond. Hildesheim 1981, S. 11–26.
Rudolph, Enno: Zeit und Gott bei Aristoteles aus der Perspektive der protestantischen Wirkungsgeschichte. Forschungen und Berichte der Evangelischen Studiengemeinschaft, Bd. 40. Stuttgart 1986.
Ryle, Gilbert: Der Begriff des Geistes (The concept of Mind, London 1949). Aus dem Englischen übersetzt von Kurt Baier. Stuttgart 1969.

Schaeder, Erich: Theozentrische Theologie. Eine Untersuchung zur dogmatischen Prinzipienlehre. Erster, geschichtlicher Teil. 2., umgearbeitete und vermehrte Aufl., Leipzig 1916.
Scheibe, Erhard: Ursache und Erklärung. In: Krüger, Lorenz, Erkenntnisprobleme der Naturwissenschaften. Texte zur Einführung in die Philosophie der Wissenschaft. Köln 1970, S. 253–275.
Scheler, Max: Die Stellung des Menschen im Kosmos. Bern 1978.
Schelling, Friedrich Wilhelm Joseph: Philosophische Untersuchungen über das Wesen der menschlichen Freiheit und die damit zusammenhängenden Gegenstände (1809). (In: Ders., Sämtliche Werke Abt. I/7, S. 331–416.) Einleitung und Anmerkungen von Horst Fuhrmanns, Stuttgart 1964.
Schelling, Friedrich Wilhelm Joseph: Sämtliche Werke. Stuttgart / Augsburg 1856ff
Schelling, Friedrich Wilhelm Joseph: Stuttgarter Privatvorlesungen (1810). (In: Ders., Sämtliche Werke Abt. I/7, S. 417–484.) In: Ders., Ausgewählte Werke. Schriften von 1806–1813. Darmstadt 1980, S. 361–428.

Schelling, Friedrich Wilhelm Joseph: Vom Ich als Prinzip der Philosophie oder über das Unbedingte im menschlichen Wissen (1795). (In: Ders., Sämtliche Werke Abt. I/1.) In: Ders., Ausgewählte Werke. Schriften von 1794–1798. Darmstadt 1980, S. 28–124.

Schelling, Friedrich Wilhelm Joseph: Von der Weltseele, eine Hypothese der höheren Physik zur Erklärung des allgemeinen Organismus. Nebst einer Abhandlung über das Verhältnis des Realen und Idealen in der Natur oder Entwicklung der ersten Grundsätze der Naturphilosophie an den Principien der Schwere und des Lichts (1798). (In: Ders., Sämtliche Werke Abt. I/2.) In: Ders., Ausgewählte Werke. Schriften von 1794–1798. Darmstadt 1980, S. 400–544.

Schellong, Dieter: „Ein gefährlichster Augenblick" Zur Lage der evangelischen Theologie am Ausgang der Weimarer Zeit. In: Cancik, Hubert, Religions- und Geistesgeschichte der Weimarer Republik. Düsseldorf 1982, S.104–135.

Scherer, Georg: Welt – Natur oder Schöpfung? Darmstadt 1990.

Schlatter, Adolf: Das christliche Dogma. Nachdruck der 2. Aufl., Calw 1923. Mit einem Vorwort hrsg. von Wilfried Joest, Stuttgart 1977.

Schleicher, August: Die Darwinsche Theorie und die Sprachwissenschaft. Weimar 1863.

Schleiermacher, Friedrich: Der christliche Glaube nach den Grundsätzen der evangelischen Kirche im Zusammenhange dargestellt. Aufgrund der zweiten Auflage (1830) und kritischer Prüfung des Textes neu hrsg. und mit Einl., Erläut. u. mit Register versehen von Martin Redeker. Band I und II. 7. Aufl., Berlin 1960.

Schlick, Moritz: Allgemeine Erkenntnislehre (1918, 2. Aufl. 1925). Neudruck Frankfurt 1979.

Schlick, Moritz: Die Relativitätstheorie in der Philosophie. In: Verhandlungen der Gesellschaft Deutscher Naturforscher und Ärzte 87 (1922), S. 58–69.

Schmid, Heinrich: Die Dogmatik der evangelisch-lutherischen Kirche. Dargestellt und aus Quellen belegt (1843). Neu herausgegeben und durchgesehen von Horst Georg Pöhlmann. 9., durchgesehene Aufl., Gütersloh 1979.

Schmidt, Alfred: Art. Materialismus. In: TRE, Bd. 22, S. 262–267.

Schmidt, Axel: Natur und Geheimnis. Kritik des Naturalismus durch scotistische Metaphysik. Freiburg / München 2003.

Schmidt, Wilhelm: Der Kampf der Weltanschauungen. Berlin 1904.

Schmidt, W.: Die Lage. In: Die Reformation 4 (1905), S. 546–563.600f.614–617.

Schmidt, Hans Wilhelm: Zeit und Ewigkeit. Die letzten Voraussetzungen der dialektischen Theologie. Gütersloh 1927.

Schmidt-Biggemann, Wilhelm: Philosophia perennis. Historische Umrisse abendländischer Spiritualität in Antike, Mittelalter und Früher Neuzeit. Frankfurt 1998.

Schmitz, Hermann: Der Gefühlsraum. System der Philosophie, dritter Band: Der Raum, zweiter Teil (1969). 2. Aufl., Bonn 1981.

Schmitz, Hermann: Der leibliche Raum. System der Philosophie, dritter Band: Der Raum, erster Teil. Bonn 1967.

Schmitz, Hermann: Der unerschöpfliche Gegenstand. Grundzüge der Philosophie. Bonn 1990.

Schmitz, Hermann: Die Wahrnehmung. System der Philosophie, dritter Band: Der Raum, fünfter Teil. Bonn 1978.

Schnädelbach, Herbert: Erfahrung, Begründung und Reflexion. Versuch über den Positivismus. Frankfurt 1971.

Schnädelbach, Herbert: Philosophie in Deutschland 1831–1933. Berlin 1983.

Schneider, Friedrich: Erkenntnistheorie und Theologie. Zum Kampf um den Idealismus. Beiträge zur Förderung christlicher Theologie. Begründet von Adolf Schlatter, hrsg. von Paul Althaus und Joachim Jeremias, 45. Band. Gütersloh 1950.

Schöpf, Alfred: Art. Wille. In: Handbuch philosophischer Grundbegriffe. Hrsg. von Hermann Krings, Hans Michael Baumgartner und Christoph Wild. Studienausgabe Bd. 6. München 1974, S. 1702–1722.

Scholz, Heinrich: Zur Analysis des Relativitätsbegriffs. In: Kant-Studien 27 (1922), S. 369–399.

Schopenhauer, Arthur: Die Welt als Wille und Vorstellung (1818). Gesamtausgabe in zwei Bänden nach der Edition von Arthur Hübscher und mit einem Nachwort von Heinz Gerd Ingenkamp. Band I und II, Stuttgart 1997.

Schroeder-Heister, Peter: Art. Logik, mehrwertige. In: EPhW, Bd. 2, S. 678–680.

Schrödinger, Erwin: Was ist ein Naturgesetz? Beiträge zum naturwissenschaftlichen Weltbild. München 1962.

Schröter, Manfred: Metaphysik des Untergangs. München 1949.

Schröter, Manfred: Der Streit um Spengler. Kritik seiner Kritiker. München 1922.

Schütt, Hans-Peter: Art. Monismus. II. Philosophisch. In: RGG, 4. Aufl., Bd. 5, Sp. 1447f.

Schulz, Walter: Philosophie in der veränderten Welt (1972). 6. Aufl., Stuttgart 1993.

Schumann, Friedrich Karl: Der Gottesgedanke und der Zerfall der Moderne. Tübingen 1929.

Schwarz, Hans: Hauptströmungen im Gespräch zwischen Theologie und Naturwissenschaften im angelsächsischen Sprachraum. Zum 100.Geburtstag von Karl Heim. In: Neue Zeitschrift für systematische Theologie und Religionsphilosophie 16 (1974), S. 230–256.

Schwarz, Hans: Schöpfungsglaube im Horizont moderner Naturwissenschaft. Reihe apologetische Themen 7, hrsg. von Werner Thiede. Neukirchen-Vluyn 1996.

Schwarz, Gerhard: Raum und Zeit als naturphilosophisches Problem. Mit einem Vorwort von Herbert Pietschmann. Wien 1972, Neuaufl. Wien 1992.

Schwemmer, Oswald: Art. Wille. In: EPhW, Bd. 4, S. 704–707.

Schwöbel, Christof: Theologie der Schöpfung im Dialog zwischen Naturwissenschaft und Dogmatik. In: Ders., Gott in Beziehung. Studien zur Dogmatik. Tübingen 2002, S. 131–160.

Schwöbel, Christof: Die Unverzichtbarkeit der Frage nach dem Wirklichkeitsverständnis des christlichen Glaubens in der Dogmatik. In: Deuser, Hermann / Korsch, Dietrich (Hrsg.), Systematische Theologie heute. Zur Selbstverständigung einer Disziplin. Gütersloh 2004, S. 102–118.

Selleri, Franco: Die Debatte um die Quantentheorie. 3., überarbeitete Aufl., Braunschweig 1990.

Sexl, Roman u. Hannelore: Weiße Zwerge – Schwarze Löcher. Einführung in die relativistische Astrophysik. 2. erweiterte Aufl., Braunschweig 1979.

Simonyi, Károly: Kulturgeschichte der Physik. Von den Anfängen bis 1990. 2. Aufl., Frankfurt a.M. 1995.

Slenczka, Notger: Selbstkonstitution und Gotteserfahrung. W. Elerts Deutung der neuzeitlichen Subjektivität im Kontext der Erlanger Theologie. Studien zur Erlanger Theologie II. Göttingen 1999.

Skinner, Burrhus F.: Wissenschaft und menschliches Verhalten (Science and Human Behavior 1953, 12. Aufl., New York 1966). München 1973.

Snow, Charles P.: Die zwei Kulturen. Stuttgart 1959.

Soe, N.H.: Religionsphilosophie. Ein Studienbuch. München 1967.

Söhngen, Gottlieb: Analogia entis in analogia fidei. In: Antwort. Karl Barth zum siebzigsten Geburtstag. Zürich 1956, S. 266–271.

Söhngen, Gottlieb: Analogie und Metapher. Kleine Philosophie und Theologie der Sprache. Freiburg/München 1962.

Sommerfeld, Arnold: Albert Einstein. In: Schilpp, Paul Arthur (Hrsg.), Albert Einstein als Philosoph und Naturforscher. Eine Auswahl. Braunschweig 1983, S. 37–42.

Spaemann, Robert / Löw, Reinhard: Die Frage Wozu? Geschichte und Wiederentdeckung des teleologischen Denkens. 2. Aufl., München / Zürich 1985.

Sparn, Walter: Art. Erlebnis II. Religionsphilosophisch, III. Fundamentaltheologisch. In: RGG, 4. Aufl., Bd. 2, Sp. 1426–1428.

Sparn, Walter: Art. Physikotheologie. In: EKL, Bd. 3, Sp. 1211–1215.

Sparn, Walter: Religiöse Aufklärung. Krise und Transformation der christlichen Apologetik im Weltanschauungskampf der Moderne. In: GDJ 5 (1992), S. 77–105.155–164.

Sparn, Walter: Art. Welt/Weltanschauung/Weltbild. IV/4. Kirchengeschichtlich, IV/5. Systematisch-theologisch. In: TRE, Bd. 35, S. 587–611.

Spengler, Oswald: Der Untergang des Abendlandes. Umrisse einer Morphologie der Weltgeschichte. Bd. I: Gestalt und Wirklichkeit (1918). 33.–47. Aufl., München 1923; Bd. II: Welthistorische Perspektiven. 1.–15. Aufl., München 1922. Ungekürzte Ausgabe mit einem Nachwort von Anton Mirko Koktanek, 13. Aufl., München 1997.

Spinoza, Benedictus de: Die Ethik (Ethica Ordine Geometrico demonstrata). Lateinisch und Deutsch. Revidierte Übersetzung von Jakob Stern. Nachwort von Bernhard Lakebrink. Stuttgart, 1977.

Stallmach, Josef: Dynamis und Energeia. Untersuchungen am Werk des Aristoteles zur Problemgeschichte von Möglichkeit und Wirklichkeit. Meisenheim am Glan 1959.

Stegmüller, Wolfgang: Hauptströmungen der Gegenwartsphilosophie. Eine kritische Einführung. Bd. I, 7. Aufl., Stuttgart 1989; Bd. II, 8. Aufl., Stuttgart 1987; Bd. III, 8. Aufl. 1987.

Stephan, Horst: Glaubenslehre. Der evangelische Glaube und seine Weltanschauung (1921). 2., völlig neu bearb. Aufl., Gießen 1928. 3., neubearb. Aufl. mit dem Untertitel: Der evangelische Glaube und sein Weltverständnis, Berlin 1941.

Stolina, Ralf: Niemand hat Gott je gesehen. Traktat über negative Theologie. Berlin / New York 2000.

Strawson, Peter Frederick: Einzelding und logisches Subjekt. Ein Beitrag zur deskriptiven Metaphysik (Individuals, London 1959). Übersetzt von Freimut Scholz, Stuttgart 1972.

Ströle, Albrecht: Art. Keplerbund. In: RGG, 2. Aufl., Bd. 3, Sp. 729f.

Ströle, Albrecht: Art. Monistenbund. In: RGG, 2. Aufl., Bd. 4, Sp. 175–177.

Suchan, Berthold: Die Zeit – eine Illusion? In: Information Philosophie, 4 / 2004, S. 16–25.

Tarski, Alfred: Der Wahrheitsbegriff in den formalisierten Sprachen. In: Studia Philosophica 1 (1935), S. 261–405.

Teresa von Avila: Die innere Burg (Castillo interior 1577). Hrsg. und übersetzt von Fritz Vogelsang. Stuttgart 1979.

Theunissen, Michael: Der Andere. Studien zur Sozialontologie der Gegenwart. 2., um eine Vorrede vermehrte Aufl., Berlin / New York 1977.

Thielicke, Helmut: Glauben und Denken in der Neuzeit. Die großen Systeme der Theologie und Religionsphilosophie. 2., durchgesehene und erweiterte Aufl., Tübingen 1988.

Thomas von Aquin: Summa contra Gentiles. Summe gegen die Heiden. Lateinisch-Deutsch. Hrsg. und übersetzt von K. Albert u.a.. Bd. 1–4, Darmstadt 1974–1996 (= ScG).

Thomas von Aquin: Summa Theologiae (1266–1273). Bd. 1–5, Madrid 1951 (= STh).

Thurnher, Rainer / Röd, Wolfgang / Schmidinger, Heinrich: Die Philosophie des ausgehenden 19. und des 20. Jahrhunderts 3. Lebensphilosophie und Existenzphilosophie. Geschichte der Philosophie, hrsg. von Wolfgang Röd, Band XIII. München 2004.

Tillich, Paul: In der Tiefe ist Wahrheit. Religiöse Reden, Erste Folge. 3. Aufl., Stuttgart 1952.

Tillich, Paul: Die verlorene Dimension. Not und Hoffnung unserer Zeit. Hamburg 1962.

Tillich, Paul: Systematische Theologie. Bd. I (1955), 8. Aufl., Stuttgart 1984; Bd. II (1957), 8. Aufl., Stuttgart 1984; Bd. III (1966), 4. Aufl., Stuttgart 1984 (= ST I–III).

Timm, Hermann: Das Weltquadrat. Eine religiöse Kosmologie. Phänomenologie des Heiligen Geistes, Bd. 1: Elementarlehre. 2. Aufl., Gütersloh 1986.

Tipler, Frank: The Omega Point Theory. A Model of an Evolving God. In: Russell, Robert /

Stoeger, William / Coyne, George, Physics, Philosophy and Theology. A Common Quest for Understanding. Notre Dame 1988, S. 313–331.
Tipler, Frank: Über die Omegapunkt-Theorie. Esslingen 1994.
Titius, Arthur: Natur und Gott. Ein Versuch zur Verständigung zwischen Naturwissenschaft und Theologie. Göttingen 1926.
Titius, Arthur: Religion und Naturwissenschaft. Tübingen 1904.
Traub, Friedrich: Das Irrationale. Eine begriffliche Untersuchung. In: Zeitschrift für Theologie und Kirche, Neue Folge 2 (1921), S. 391–424.
Troeltsch, Ernst: Die christliche Weltanschauung und die wissenschaftlichen Gegenströmungen, Zeitschrift für Theologie und Kirche 3 (1893), S. 493–528; 4 (1894), S. 167–231.

Vaihinger, Hans: Die Philosophie des Als Ob. Berlin 1911.
Vogt, Karl: Köhlerglaube und Wissenschaft. Eine Streitschrift gegen Hofrath Rudolph Wagner in Göttingen. Gießen 1855.
Vollmer, Gerhard: Evolutionäre Erkenntnistheorie. Angeborene Erkenntnisstrukturen im Kontext von Biologie, Psychologie, Linguistik, Philosophie und Wissenschaftstheorie. 6., durchgesehene Aufl., Stuttgart 1994.
Vollmer, Gerhard: Die vierte bis siebte Kränkung des Menschen – Gehirn, Evolution und Menschenbild. In: Grabes, Herbert (Hrsg.), Wissenschaft und neues Weltbild. Gießen 1992, S. 91–108.
Die Vorsokratiker. 2 Bände. Auswahl der Fragmente, Übersetzung und Erläuterungen von Jaap Mansfeld. Stuttgart 1983.

Waldenfels, Bernhard: Einführung in die Phänomenologie. München 1992.
Weber, Andreas: Natur als Bedeutung. Versuch einer semiotischen Theorie des Lebendigen. Würzburg 2003.
Weber, Heiko: Monistische und antimonistische Weltanschauung. Eine Auswahlbibliographie. Berlin 2000.
Weber, Otto: Grundlagen der Dogmatik. 2 Bände, 2. unveränderte Aufl., Neukirchen 1959.
Wehrt, Hartmut: Über Irreversibilität, Naturprozesse und Zeitstruktur. In: Weizsäcker, Ernst v. (Hrsg.), Offene Systeme I. Beiträge zur Zeitstruktur von Information, Entropie und Evolution. Stuttgart 1974, S. 114–199.
Weizsäcker, Carl Friedrich v.: Aufbau der Physik. München 1988.
Weizsäcker, Carl Friedrich v.: Die Einheit der Natur. München 1974.
Weizsäcker, Carl Friedrich v.: Einige Begriffe aus Goethes Naturwissenschaft. In: J.W. v. Goethe, Werke. Hamburger Ausgabe in 14 Bänden. Hrsg. von Erich Trunz u.a.. 11. Aufl., München 1994. Bd. 13, S. 539–555.
Weizsäcker, Carl Friedrich v.: Die Geschichte der Natur. Zwölf Vorlesungen. 2., durchgesehene Aufl., Göttingen 1954.
Weizsäcker, Carl Friedrich v.: Die Tragweite der Wissenschaft. Erster Band. Schöpfung und Weltentstehung. Die Geschichte zweier Begriffe. 2., unveränderte Aufl., Stuttgart 1966.
Weizsäcker, Carl Friedrich v.: Zum Weltbild der Physik. 13. Aufl., Stuttgart 1990.
Weizsäcker, Carl Friedrich v.: Zeit und Wissen. München 1992.
Weizsäcker, Carl Friedrich v.: Zeit und Wissen. In: Maurin, Krzysztof / Michalski, Krzysztof / Rudolph, Enno (Hrsg.), Offene Systeme II. Logik und Zeit. Forschungen und Berichte der Evangelischen Studiengemeinschaft, Bd. 35. Stuttgart 1981, S. 17–40.
Weizsäcker, Viktor v.: Am Anfang schuf Gott Himmel und Erde. Grundfragen der Naturphilosophie. Göttingen 1954.
Weizsäcker, Viktor v.: Anonyma. Sammlung Überlieferung und Auftrag. Reihe Schriften, Bd. 4. Bern 1946.

Weizsäcker, Victor v.: Der Gestaltkreis. Theorie der Einheit von Wahrnehmen und Bewegen. 4. Aufl., Stuttgart 1947.

Welker, Michael: Gottes Ewigkeit, Gottes Zeitlichkeit und die Trinitätslehre. Prolegomena zum Verstehen trinitätstheologischer Metaphernkränze. In: Bernhardt, Reinhold (Hrsg.), Metapher und Wirklichkeit. Die Logik der Bildhaftigkeit im Reden von Gott, Mensch und Natur. Dietrich Ritschl zum 70. Geburtstag. Göttingen 1999, S. 179–297.

Welker, Michael: Universalität Gottes und Relativität der Welt. Theologische Kosmologie im Dialog mit dem amerikanischen Prozessdenken nach Whitehead. Neukirchener Beiträge zur Systematischen Theologie, Bd. 1. 2., um ein Sachregister erweiterte Aufl., Neukirchen-Vluyn 1988.

Welte, Bernhard: Religionsphilosophie. 5., überarbeitete und erweiterte Aufl., hrsg. von Bernhard Casper und Klaus Kienzler, Frankfurt 1997.

Welter, Rüdiger: Art. Goethe. In: EPhW, Bd. 1, S. 788–790.

Wenz, Gunther: Was ist also „Zeit"? Notizen zu einem Welträtsel. In: GDJ 1 (1988), S. 31–50.

Wenzel, Johannes: Zum „Untergang des Abendlandes". Der „Skeptiker" und „Pessimist" Spengler ein Verteidiger der Religion. Königsberg 1922.

Westphal, Christian: Von der Philosophie zur Physik der Raumzeit. Frankfurt a.M. 2002.

Wetz, Franz Josef: Edmund Husserl. Reihe Campus Einführungen, Bd. 1087. Frankfurt a.M. / New York 1995.

Wetz, Franz Josef: Die Gleichgültigkeit der Welt. Philosophische Aufsätze. Frankfurt a.M. 1994.

Wetz, Franz Josef: Hermeneutischer Naturalismus. In: Kanitscheider, Bernulf / Ders., Hermeneutischer Naturalismus. Tübingen 1998, S. 101–138.

Wetz, Franz Josef: Lebenswelt und Weltall. Hermeneutik der unabweislichen Fragen. Stuttgart 1994.

Weyer-Menkhoff, Martin: Christus, das Heil der Natur. Entstehung und Systematik der Theologie Friedrich Christoph Oetingers. Arbeiten zur Geschichte des Pietismus. Im Auftrag der historischen Kommission zur Erforschung des Pietismus hrsg. von K. Aland, E. Peschke und G. Schäfer, Bd. 27. Göttingen 1990.

Weyl, Hermann: Raum – Zeit – Materie. Vorlesungen über allgemeine Relativitätstheorie (1918). 7. Aufl., hrsg. und ergänzt von Jürgen Ehlers, Berlin u.a. 1988.

Weyl, Hermann: Was ist Materie? Zwei Aufsätze zur Naturphilosophie. Berlin 1924.

Whitehead, Alfred North: Prozeß und Realität. Entwurf einer Kosmologie (Process and Reality. An Essay in Cosmology, 1929). Übersetzt und mit einem Nachwort versehen von Hans-Günter Holl. Frankfurt a.M. 1979 (= PR).

Whitrow, G.J.: Why physical space has three dimensions? In: British Journal 6 (1955), S. 13–31.

Wieland, Wolfgang: Die aristotelische Physik. Untersuchungen über die Grundlegung der Naturwissenschaft und die sprachlichen Bedingungen der Prinzipienforschung bei Aristoteles. Göttingen 1962.

Wildiers, N. Max: Weltbild und Theologie. Vom Mittelalter bis heute. Köln 1974.

Wilhelm von Ockham: Texte zu Theologie und Ethik. Ausgewählt, übersetzt und hrsg. von Volker Leppin u. Sigrid Müller. Stuttgart 2000.

Windelband, Wilhelm: Lehrbuch der Geschichte der Philosophie. Mit einem Schlusskapitel „Die Philosophie im 20. Jahrhundert" und einer Übersicht über den Stand der philosophiegeschichtlichen Forschung hrsg. von Heinz Heimsoeth. Tübingen 1935.

Wittgenstein, Ludwig: Tractatus logico-philosophicus. Logisch-philosophische Abhandlung (1921). Frankfurt 1963.

Wobbermin, Georg: Art. Apologetik I. Wesen der Apologetik. In: RGG, 1. Aufl. (1909), Bd. 1, Sp. 558–564.

Wölfel, Eberhard: Welt als Schöpfung. Zu den Fundamentalsätzen der christlichen Schöpfungslehre. Theologische Existenz heute Nr. 212. München 1981.

Wolf-Gazo, Ernest (Hrsg.): Whitehead. Einführung in seine Kosmologie. Freiburg / München 1980.

Wolff, Christian: Philosophia prima, sive Ontologia, Methodo scientifica, qua omnis cognitionis humanae principia continentur. Frankfurt / Leipzig 1730. In: Ders., Gesammelte Werke, 2. Abt.: Lat. Schriften, Bd. 3, hrsg. von Joannes Ecole. Nachdruck der 2. Aufl. 1736, Darmstadt 1962.

Zeilinger, Anton: Fundamentale Experimente mit Materiewellen und deren Interpretation. In: Audretsch, Jürgen / Mainzer, Klaus (Hrsg.), Wieviele Leben hat Schrödingers Katze? Zur Physik und Philosophie der Quantenmechanik. Heidelberg u.a. 1996, S. 63–94.

Zerbst: Die vierte Dimension. 1909.

Zicke, Paul: Monismus um 1900. Wissenschaftskultur und Weltanschauung. Berlin 2000.

Ziehen, Theodor: Psychophysiologische Erkenntnistheorie (1898). 2. Aufl., Jena 1907.

Zimmermann, Robert: Henry More und die vierte Dimension des Raumes. Akademie der Wissenschaften Wien. Phil.-Hist. Klasse, Sitzungsbericht 98. Wien 1881, S. 403–448.

Zimmermann, Rolf Christian: Goethes Polaritätsdenken im geistigen Kontext des 18. Jahrhunderts. In: Jahrbuch der Deutschen Schillergesellschaft 18 (1974), S. 304–347.

Zimmermann, Rolf Christian: Das Weltbild des jungen Goethe. Studien zur hermetischen Tradition des deutschen 18. Jahrhunderts. Bd. 1, München 1969; Bd. 2, München 1979.

Zöllner, Friedrich: Die transcendentale Physik und die sogenannte Philosophie. Eine deutsche Antwort auf eine „sogenannte wissenschaftliche Frage". Wissenschaftliche Abhandlungen, III. Band. Leipzig 1879.

Namenregister

Abbot, E. 234
Achtner, W. 348
Albert, K. 148
Alexander, S. 307
Althaus, P. 210f, 329
Altner, G. 244, 367, 387
Ammon, F. v. 17
Anaximander 327
Anselm 107
Aristoteles 34, 53, 83–87, 94, 110, 115, 117f, 121, 145, 196, 199, 221, 232, 235, 250–256, 261f, 265, 270, 281, 286, 293–295, 297, 303f, 306, 308f, 315f, 322f, 353, 385
Assel, H. 153, 364
Audretsch, J. 370
Augustin 81, 87, 199, 201, 213, 270, 295, 344
Austin, W.H. 267
Avenarius, R. 33, 52–62f, 83, 381
Avila, T. v. 356

Bacon, F. 194
Baltzer, A. 13, 133
Barbour, I.G. 280, 378, 387
Bartels, A. 372
Bartels, H.-P. 314
Barth, K. 13, 23, 34, 50, 173, 202, 210f, 280, 283, 289–292, 296, 340, 349, 396
Bateson, G. 376
Baumann, K. 372
Bavink, B. 13, 44
Bayer, O. 135
Beck, H.W. 13–15, 217, 301, 379, 383
Benk, A. 13, 44, 157, 160, 274, 387
Benz, E. 223, 255
Berdjajew, N. 276
Bergson, H. 33, 70, 87f, 121–123, 126, 132, 146–148, 150f, 188, 199, 307, 330, 344, 391
Berkeley, G. 58, 62, 64
Bernhardt, R. 386
Beth, K. 13, 46
Beuttler, U. 37, 194, 209, 212, 252, 282, 316, 331, 367f
Biel, G. 107
Bieri, P. 200
Blau, U. 346

Blumenberg, H. 252, 339
Bodenstein, D. 16
Bohm, D. 259
Böhme, G. 306, 336
Böhme, J. 34, 223, 256f, 260, 271, 275, 328f, 357f
Bohr, N. 96, 259, 367, 369, 372f
Bollnow, O.F. 336, 353, 357
Boltzmann, L. 95f
Bolzano, B. 235f
Bonaventura 107
Bonhoeffer, D. 47, 174, 180, 207, 209–211, 268, 273, 290–292, 298, 392
Born, M. 259
Bradley, F.H. 305
Brandt, R. 241
Braun, H. 42
Brentano, F. 186
Bruch, R. v. 36
Bruhn, W. 123, 166
Brunner, E. 23, 126, 165, 202, 207, 330, 340, 358f, 360, 364
Bruno, G. 270, 357
Buber, M. 34, 104, 176, 192f, 195, 202–208, 214, 396
Büchner, L. 41–44
Bultmann, R. 173, 210
Bunge, M. 376
Burger, F. 28
Büttner, M. 14

Carnap, R. 18, 40, 72, 94, 243, 337, 376
Carstanjen, F. 54
Casper, B. 204f
Charbonnier, R. 301
Chardin, T. de 343
Cicero, M.T. 69
Clarke, S. 272
Clicqué, G.M. 370
Cloeren, H.J. 18
Comtes, A. 133
Conrad-Martius, H. 252, 262, 357
Coreth, E. 150, 168
Cramer, K. 361–366
Cremer, H. 23
Crookes, W. 97, 237f
Cullberg, J. 192, 202

433

Daecke, S.M. 67, 267, 301
Dalferth, I. 198, 213, 301, 335, 339, 350
Darwin, Ch. 44f
Daxer, G. 17
Dell, A. 173, 193
Delling, G. 212
Demokrit 62
Dennert, E. 13, 37, 44, 46f
Derrida, J. 86, 118–120
Descartes, R. 40, 62, 64, 125, 143, 188, 205, 271, 303, 396
Diem, H. 173, 179, 181, 268
Digges, Th. 270
Dilthey, W. 21, 123, 126, 188, 361–363, 392
Dingler, H. 19
Drehsen, V. 36, 43f
Driesch, H. 46, 232, 242, 248, 251–254, 385
Du Bois-Reymond, E. 39f, 91, 343
Dunkel, D. 41, 43
Duns Scotus, J. 107, 124f
Dürr, H.P. 259
Düsing, K. 305

Ebner, F. 193, 202, 208–210
Eckart, M. 107, 329
Eckermann, J.P. 89
Eckermann, K.E. 129
Eddington, A. 259
Eerikäinen, A. 30f, 198, 221, 226, 230, 242f
Eigen, M. 248
Eigler, G. 200
Einstein, A. 15, 67, 96, 104, 132, 157–164, 235, 238f, 259, 274, 352f, 372
Eisenhuth, H.E. 27, 73, 100, 123, 167, 170
Eisler, R. 234, 338
Elert, W. 21, 26, 134f, 364
Elsfeld, M. 370
Erdmannsdörfer, H.-G. 14
Ernst, W. 173, 175, 292
Esterbauer, R. 387
Eucken, R. 21, 36
Evers, D. 42, 266, 343, 370, 387f
Ewald, O. 54

Faber, H. 139
Falkenburg, B. 380
Fechner, G.Th. 46, 70, 93, 234, 381
Felken, D. 129

Ferber, R. 79, 80
Feuerbach, L. 43f, 99, 202
Fichte, J.G. 125, 150, 167f
Fischer, K.P. 343
Flasch, K. 200f
Frank, F.H.R. 17, 21, 23, 27, 52
Frank, M. 149f, 313, 360–363
Frege, G. 346
Freud, S. 45, 242
Fricker, J.L. 223, 237
Friedell, E. 158
Fries, H. 123
Frischeisen-Köhler, M. 21
Fuhrmann, H. 247

Gaier, U. 255
Galilei, G. 62, 158, 235, 352
Ganslandt, H.R. 59
Gerhard, J. 340
Gerl, H.B. 194
Gethmann-Siefert, A. 22, 338, 361
Geulincx, A. 40
Gierer, A. 47, 248
Giordano, B. 215
Glockner, H. 89
Gloy, K. 367, 384
Goethe, J.W. v. 43, 53, 83, 88–90, 133, 223f, 255, 273
Gogarten, F. 17, 173, 202, 207
Gölz, W. 354f
Gräb, W. 183, 387
Gräb-Schmidt, E. 27, 67, 108, 111–113, 143, 179, 216, 233
Graf, F.W. 36f
Gregor von Nyssa 269
Grisebach, E. 34, 176, 192–195, 202, 396
Groh, D. 282
Groh, R. 282
Grüter, V. 30, 258, 276
Grützmacher, R.H. 26, 123, 129, 134
Guardini, R. 21, 224
Günther, G. 34f, 279, 314–325, 346f, 380–385, 393, 395f
Gutberlet, C. 157

Haeckel, E. 36, 41–44, 46
Haenchen, E. 173, 210
Hagenbach, K.R. 38
Hahn, H. 41
Haken, H. 248, 341
Hamann, J.G. 123

434

Härle, W. 22, 336, 345
Harnack, A. 38
Hartmann, N. 34, 123, 219, 222, 225, 232, 244–248, 331, 334, 378
Hartshorne, C. 301
Hauser, K. 40
Hauskeller, M. 301
Hauß, F. 13
Hegel, G.W.F. 19, 21, 25, 48, 118, 137, 186, 225, 305, 313, 315, 318, 322–325, 330, 393
Hegselmann, R. 41
Heidegger, M. 18, 34, 87f, 104, 118, 121f, 150, 175f, 179, 184–192, 194, 197, 202, 206, 210, 214, 217f, 315f, 328, 331f, 337, 353, 357f, 396
Heidelberger, M. 93, 381
Heiler, F. 126, 364
Heimsoeth, H. 327
Heinemann, F. 187
Heinroth, O. 45
Heisenberg, W. 89f, 259, 274, 346, 370, 372f
Helmholtz, H. v. 62, 70, 90, 234
Henrich, D. 339, 360–364
Heraklit 86, 328
Hermann, R. 17, 152
Hermisson, H.J. 368
Herms, E. 22
Heron, A.I.C. 213
Herrmann, W. 21, 37f, 50, 52
Heyderich, W. 27, 366
Hille, R. 13, 16f, 19, 28, 173
Hirsch, E. 20, 364
Hobbes, Th. 62
Hoffmann, O. 27
Hofmann, P. 89f
Hofstadter, D. 384
Holl, K. 364
Holl, H.-G. 301, 308
Holmstrand, I. 30, 221
Holmström, F. 210
Holzey, H. 141
Hönigswald, R. 40
Höpfner, F. 89
Hoppe, E. 46
Hübinger, G. 36, 43
Humboldt, A. v. 21
Hume, D. 125, 375
Hummel, G. 36, 193
Hunzinger, A.W. 13, 37

Husserl, E. 27, 34, 87, 121f, 150, 176, 186, 188, 192, 198–202, 205, 217f, 344, 391
Hüttemann, A. 41

Ihmels, L. 17
Iwand, H.J. 27, 72, 169

Jackelen, A. 213
Jacobi, F.H. 123
Jammer, M. 235f, 272
Jantsch, E. 383
Jaspers, K. 21
Jeans, J. 96, 259
Jonas, H. 133
Jordan, P. 14
Jung, C.G. 242
Jüngel, E. 251, 280, 282f

Kaftan, J. 17
Kähler, M. 21, 23, 52
Kalweit, P. 66, 68, 71, 77, 87
Kamlah, W. 81
Kanitscheider, B. 224, 333f, 370
Kant, I. 21, 34, 49, 62–64, 71, 75, 80f, 104, 107, 125f, 132, 140f, 144, 146–152, 154, 156f, 160, 162f, 188, 192, 194, 199, 212, 217, 219, 222, 226, 235f, 240, 242, 280–285, 287, 302f, 308, 331, 334, 338, 353, 356, 360, 375, 378, 396
Kattenbusch, F. 173
Keitel-Holz, K. 40
Kepler, J. 44
Kierkegaard, S. 25, 121, 123, 133, 137, 185f, 188f, 209, 324, 348
Klages, L. 123
Klein, J. 22
Knoll, J.H. 42
Köberle, A. 13f, 20, 23, 52, 258
Kobusch, Th. 124
Koktanek, A.M. 129, 133
König, G. 17, 155
Kopernikus, N. 45
Köpf, D. 314
Korff, H.A. 223
Kornwachs, K. 346
Körtner, U. 129, 133, 343, 357
Köstlin, J. 17
Kothmann, T. 13, 28f
Koyré, A. 215, 270, 272
Krafft, F. 37
Krause, H. 13f, 64, 160, 217, 301

435

Kreck, W. 193, 290
Kreuz, J. v. 356
Krolzik, U. 37, 357, 370, 387
Kubik, W. 28
Kues, N. v. 270, 273, 322, 328
Kuhlmann, G. 173, 268
Kümmel, F. 146, 205
Künneth, W. 13
Kunz, S. 348
Kutschera, F. 334, 337

Lange, F.A. 42, 44, 54
Laplace, P.S. de 39f, 130, 325
Leese, K. 26
Leibniz, G.W. 19, 34, 40, 96, 118, 121, 155, 232, 236, 251–254, 272, 303f, 308, 312, 325, 337, 353, 357
Lessing, G.E. 133
Lettau, R. 157
Liedke, G. 348
Link, C. 340, 345, 348f, 367
Locke, J. 62, 90, 200
Lohse, B. 364
Lorentz, H.A. 67, 161
Lorenz, K. 45, 337
Lorenzen, P. 81
Lotze, H. 123, 365f
Löw, R. 244, 338
Lübbe, H. 42f
Lucadou, W. v. 237
Lütgert, W. 174
Luther, M. 81, 107f, 123, 277

Mach, E. 33, 52, 56, 59, 62, 70–72, 75, 88, 95, 97, 381
Mainzer, K. 235, 370, 372
Malebranche, N. 40
Mann, G. 39
Mann, U. 13
Manzke, K.H. 29, 210, 349
Marcus, W. 18
Mason, S. 223
Maxwell, J. 95
May, G. 358
Mayer, J. 94
McGrath, A. 387
McTaggert, J. 86
Mehlhausen, J. 41, 43
Meier, H.G. 21
Melzer, F. 13, 16
Merleau-Ponty, M. 91, 200, 218, 354, 356

Meschede, K. 42
Meschkowski, H. 270
Messer, A. 116f
Meurers, J. 333
Meyer, H. 41
Meyer-Abich, K.M. 370
Michelson, A. 67
Mildenberger, F. 299
Minkowski, H. 67
Mittelstaedt, P. 160, 347, 372
Mittelstraß, J. 19, 42, 81, 387
Moltmann, J. 340f, 349, 350
More, H. 237f, 272
Morgenstern, M. 244
Mortensen, V. 387
Moxter, M. 22
Mühlenberg, E. 269f
Müller, A.M.K. 345–349, 378
Müller, J. 62
Müller-Freienfels, R. 123
Müller-Schwefe, H.-R. 13, 15, 20, 390

Nagel, T. 336
Natorp, P. 52, 118, 359
Neuberg, A. 284
Neukirch, J. 21, 28, 141, 254
Neumann, J. v. 372f
Neurath, O. 41
Newton, I. 89f, 96, 132, 158, 192, 234, 236, 238, 256, 272, 338, 353
Nietzsche, F. 18, 33, 63f
Noether, E. 94
Novalis 224, 356

Ockham, W. v. 107, 288
Oetinger, F.C. 34, 223f, 232, 237f, 254–257, 260, 262, 272, 328, 385
Oken, L. , 223, 225
Orf, E. 302
Ostwald, W. 44, 52f, 63, 70–72, 74f, 84, 91–93, 97
Otto, R. 23, 123, 126, 356, 364, 366

Paecocke, A. 383
Panich, P. 236
Pannenberg, W. 207, 210, 267, 292, 305, 313, 330, 339, 348, 375, 377f, 389
Paracelsus 223
Parmenides 86, 327f
Pascal, B. 123, 133, 357
Pauli, W. 259, 370

Peirce, Ch.S. 126
Pemberton, J. 28
Pfleiderer, G. 14, 364
Philipp, W. 357
Picht, G. 252, 254, 345, 394
Pick, L. 237
Planck, M. 95f, 259, 274
Platon 64, 69, 110, 270, 357
Pöhlmann, H.G. 38, 291, 387
Poincaré, H. 67, 95, 235
Polkinghorne, J. 387
Pöppel, E. 348
Popper, K. 376
Portig, G. 46
Posch, G. 376
Prigogine, I. 248, 341
Primas, H. 371
Probst, P. 223
Przywara, E. 34, 280, 293–300, 315f
Putnam, H. 70

Quenstedt, A. 290, 340
Quine, W.V. 346

Rad, G. v. 368
Rade, M. 37
Raphson, J. 272
Rayleigh, W. 96
Reichenbach, H. 159f
Reinhold, K.L. 150
Reinhuber, T. 81
Reinke, J. 46
Rengstorf, K.H. 13
Rentsch, T. 18
Richter, C. v. 237
Richter, G. 237
Richter, L. 361
Rickert, H. 34, 60, 104, 123, 126, 140–143, 150, 154, 208
Riehl, A. 52, 55, 62, 92
Riemann, B. 235, 238
Riemeier, E. 157
Ritschl, A. 21–23, 38, 48–50, 52
Ritter, J.W. 223
Röd, W. 141, 244
Rothgangel, M. 387
Rothschuh, K.E. 39
Rudolph, E. 255, 265
Ruttenbeck, W. 27, 66, 68, 98, 106, 107, 176
Ryle, G. 79

Sartre, J.P. 160, 360
Schaeder, E. 23, 65, 78
Scheler, M. 13, 123, 188, 202
Schelling, F.W.J. 34, 125, 142, 150, 168, 223–225, 232, 247, 258, 271, 328f, 334, 357f, 394
Schellong, D. 173
Scherer, G. 353
Schlaich, L. 27
Schlatter, A. 50, 173, 196
Schleicher, A. 41
Schleiermacher, F. 17, 21–23, 38, 48f, 107, 152, 213, 266, 365
Schlick, M. 72, 159f
Schmid, H. 290
Schmidt, A. 41, 125
Schmidt, H.W. 198, 210f, 361
Schmidt, W. 44, 71
Schmidt-Biggemann, W. 270
Schmitz, H. 336, 353, 356
Schnädelbach, H. 54, 123
Schneider, F. 167f
Schniewind, J. 52
Schoeps, J.H. 42
Scholz, H. 159f
Schopenhauer, A. 33, 53, 75–77
Schöpf, A. 79
Schott, E. 27, 152, 155, 165, 230
Schrödinger, E. 259, 272, 370, 372, 376f
Schroeder-Heister, P. 347
Schröter, M. 13, 91, 129, 133, 136
Schulte, H. 217
Schulz, W. 314
Schulze, F. 64
Schumann, F.K. 28, 167f, 171, 359
Schwarz, H. 13f, 30, 237, 340
Schwemmer, O. 79, 81
Schwöbel, C. 332, 388f, 396
Sellar, W. 359
Selleri, F. 372
Seuse, H. 107
Sexl, H. 352
Sexl, R. 352, 372
Siegmund-Schultze, F. 52
Silesius, A. 329, 374
Simonyi, K. 96f
Skinner, B.F. 79
Slade, H. 238
Slenczka, N. 135
Snow, C.P. 37
Soe, N.H. 175, 217, 268, 276

Söhngen, G. 281, 300
Sommerfeld, A. 96, 159
Spaemann, R. 244, 338
Sparn, W. 22, 36–38, 359
Spengler, O. 13, 33, 87f, 91, 103, 105, 123, 128f, 132–139, 158, 355, 357
Spindler, G. 256
Spinoza, B. de 43, 271, 285, 305, 339
Spranger, E. 133
Stallmach, J. 251
Stange, C. 364
Steffens, H. 223
Stegmüller, W. 244, 346f
Steinmann, Th. 173
Stephan, H. 21
Stewart, D.C. 301
Stolina, R. 357
Strauß, D.F. 41, 44
Ströker, E. 94
Ströle, A. 44
Suchan, B. 348

Tarski, A. 336
Thales v. Milet 327
Theunissen, M. 205, 207, 243, 265
Thielicke, H. 16, 26, 167
Thimme, W. 173, 196
Thomas v. Aquin 34, 110, 253, 266, 277, 280, 285–289, 293, 295, 311, 340
Thust, M. 25
Tillich, P. 133, 173, 175, 202, 210, 225, 298, 328, 356–358, 360
Timm, H. 13–16, 29, 32, 42, 179, 182, 190, 216, 275, 356f
Tipler, F. 343, 383
Titius, A. 13, 254
Traub, F. 26, 65, 116, 122–124, 128, 173, 181, 190, 195, 226, 250, 263
Troeltsch, E. 21, 23, 37, 364

Vaihinger, H. 329, 352
Vogt, K. 42
Vollmer, G. 45, 333f, 354
Vollrath, W. 26, 138

Waldenfels, B. 218
Walter, T. 348

Weber, A. 365
Weber, H. 41, 44
Weber, H.E. 26, 32, 105, 123, 127, 167, 169
Weber, O. 340
Weber, W. 70
Wehrt, H. 341
Wehrung, G. 26, 72, 167
Weizsäcker, C.F. v. 90, 259, 333, 336, 344–347, 369–372, 377, 379, 382, 385, 387, 394
Weizsäcker, V. v. 252, 360, 366–370, 377
Welker, M. 213, 298, 301, 309, 314
Welte, B. 357
Wenzel, J. 134
Wetz, F.J. 200, 357, 388
Weyer-Menckhoff, M. 237, 255–257
Weyl, H. 62, 64, 259
Whitehead, A.N. 34f, 279, 301–314, 341, 379, 381
Whitrow, G.J. 236
Wieland, W. 221
Wien, W. 96
Wiesner, W. 13
Wild, M. 30
Wilson, E.O. 45
Windelband, W. 56, 123
Winkler 106
Wittgenstein, L. 63, 335, 351
Wobbermin, G. 38
Wölfel, E. 13, 384, 396
Wolff, C. 331
Wolf-Gazo, E. 301
Wollrath, W. 17
Wundt, W. 54

Zander, H. 43f
Zeilinger, A. 373
Zekl, H.G. 145
Zenon v. Kition 69
Zenon v. Elea 86, 115, 144f, 147
Zerbst 237
Zicke, P. 41
Zimmermann, R. 223f, 237
Zöckler, O. 37, 46
Zöllner, F. 237–239

Forum Systematik

Werner Veith

Intergenerationelle Gerechtigkeit

Ein Beitrag zur sozialethischen Theoriebildung

2006. 208 Seiten
Kart./Fadenheftung
€ 20,–
ISBN 3-17-019320-1

Forum Systematik.
Beiträge zur Dogmatik, Ethik und ökumenischen Theologie, Band 25

Die Folgen sozialer Entscheidungen zeigen zunehmend langfristige Wirkungen, so dass etwa in den Bereichen Ökologie, Ökonomie oder Sozialpolitik den Beziehungsgefügen zwischen den Generationen immer größere Bedeutung zukommt. Die Sozialethik ist deshalb herausgefordert, die Leitfrage nach einer gerechten Gesellschaft zeitlich zu erweitern und die Gerechtigkeitstheorie um eine diachrone Dimension auszubauen: Sozialwissenschaftliche Zugänge erlauben es, „Generation" als einen Grundbegriff zeitlich-sozialer Ordnung zu identifizieren, ethische Begründungsmodelle bieten ein angemessenes Kriterium, um Generationenbeziehungen normativ zu reflektieren. Auf solchen Grundlagen lässt sich den Forderungen nach sozialer Gerechtigkeit eine zusätzliche diachrone Dimension hinzufügen. Diese zeitliche Erweiterung greift das „neue" Sozialprinzip der Nachhaltigkeit auf und kann so intergenerationelle Gerechtigkeit im Kontext unterschiedlicher Generationenbeziehungen entfalten.

DER AUTOR

Dr. theol. **Werner Veith** M.A. phil. ist Wissenschaftlicher Assistent am Lehrstuhl für Christliche Sozialethik an der Ludwig-Maximilians-Universität München.

W. Kohlhammer GmbH
70549 Stuttgart · Tel. 0711/7863 - 7280 · Fax 0711/7863 - 8430

Forum Systematik

Ewald Stübinger
Ethik der Energienutzung
Zeitökologische und
theologische Perspektiven
2005. 368 Seiten. Kart.
€ 30,–
ISBN 3-17-018937-9
Forum Systematik.
Beiträge zur Dogmatik, Ethik und
ökumenischen Theologie, Band 24

Die wirtschaftliche Globalisierung ist weder ohne die Informations- und Kommunikationstechnologien noch ohne Nutzung von Energieträgern und -ressourcen denkbar. Hierbei spielen ethische Fragestellungen der Energienutzung eine entscheidende Rolle. Eine Ethik der Energienutzung nimmt auf das Konzept einer „Ökologie der Zeit" Bezug. Dieses stellt einen Theorieansatz dar, der den ökologischen, ökonomischen, sozialen, politischen und kulturellen Bereich in einen einheitlichen Zusammenhang zu bringen versucht. Die daraus sich ergebenden Impulse bilden eine Brücke zu biblisch-theologischen Verweisungszusammenhängen (wie Jobeljahr und Sabbatjahr bzw. Sabbatgebot). Hieraus werden hermeneutische, zeitökologische, semantische und anthropologisch-eschatologische Konsequenzen im Hinblick auf die Energiefrage und deren ethische Dimensionen gezogen.

DER AUTOR:

Dr. **Ewald Stübinger** ist Hochschulseelsorger und Lehrbeauftragter für Christliche Sozialethik an der Universität der Bundeswehr München sowie Privatdozent für Systematische Theologie an der Augustana-Hochschule Neuendettelsau.

W. Kohlhammer GmbH
70549 Stuttgart · Tel. 0711/7863 - 7280 · Fax 0711/7863 - 8430